Götz Eisenberg

Zwischen Anarchismus und Populismus

Zur Sozialpsychologie
des entfesselten Kapitalismus
Band 3

■ EDITION GEORG-BÜCHNER-CLUB

Götz Eisenberg, geboren 1951 in Arolsen, Hessen. Studium der Politikwissenschaft, Soziologie und psychosomatischen Medizin an der Justus-Liebig-Universität Gießen. Promotion mit einer Arbeit zur Geschichte der sozialen Bewegungen. Ausbildung zum Familientherapeuten. Von 1985 bis 2016 Gefängnispsychologe an der JVA Butzbach. Organisierte dort Kulturprojekte, Theateraufführungen und Lesungen. Buch- und Zeitschriftenveröffentlichungen seit den frühen 1970er Jahren in der Tradition der Kritischen Theorie, u. a. zu Amok, Hass und Gewalt.

Götz Eisenberg

Zwischen Anarchismus und Populismus

Zur Sozialpsychologie des entfesselten Kapitalismus
Band 3

VERLAG WOLFGANG POLKOWSKI

Zur Erinnerung an Burkhard Scherer
(1950 – 2017)

»Anarchismus ist Ordnung ohne Herrschaft.«
(Gustav Landauer)

»In den Verfahren der autoritär-populistischen Mobilisierung wird das psychoanalytische Verfahren der Hilfe zur Selbstaufklärung auf den Kopf gestellt. Kollektive Ängste, Orientierungsunsicherheiten und Regressionsneigungen werden systematisch aufgegriffen und verstärkt. Dass der Patient nicht mündig werde, ist die Bedingung der eigenen Machterhaltung.«
(Leo Löwenthal/Helmut Dubiel)

Die Deutsche Nationalbibliothek verzeichnet diese Publikation in der Deutschen Nationalbibliografie; detaillierte bibliografische Daten sind im Internet über http://dnb.d-nb.de abrufbar

1. Auflage 2018
Edition Georg-Büchner-Club
Verlag Wolfgang Polkowski, Gießen
Erlengasse 3, 35390 Gießen

Titelbild: Jacques Armand Cardon
Umschlaggestaltung und Satz: Wolfgang Polkowski
Gesetzt aus der Agmena Pro
Druck: Kopa Printing Solutions, Kaunas, Litauen
ISBN 978-3-9818195-3-3

INHALT

2018

Brauchen wir einen neuen Maschinensturm?

Eine Vorbemerkung

> »Und wenn es Wahnwitz ist, und wenn es zwecklos ist. Wir müssen kämpfen, weil wir Menschen sind. Schweigen wir, so sind wir Tiere, die sich stumm ins Joch beugen.« *(Ernst Toller)*

An der Schwelle zur sogenannten digitalen Revolution müssen wir uns entscheiden, ob wir die Kontrolle über unsere Lebensbedingungen vollends verlieren und an Maschinen abtreten wollen, oder ob wir die verselbständigten Prozesse zurückpfeifen und unserem bewussten Willen unterstellen. Wollen wir zulassen, dass Algorithmen uns versklaven und den menschlichen Geist abtöten? Der Internet-Pionier Jaron Lanier nannte die sogenannten Sozialen Netzwerke unlängst »Imperien der Verhaltensmanipulation«, und Slavoj Žižek schrieb in seiner Kolumne in der FAZ, er sei der Auffassung, »dass soziale Netzwerke wie Twitter und Facebook verboten gehören«. Der Frankfurter Autor Jürgen Roth geht noch weiter: »Ich behaupte, dass die Erfindung von Internet/Smartphone schlimmer als die Erfindung der Atombombe ist. Das hat den ›Wirklichkeitssinn‹ (W. v. Humboldt/Musil) vollends ausradiert. Welt gibt es nicht mehr. Und danach sieht sie aus. … Wer angesichts des Weltzustandes kein Luddit ist, hat sie nicht mehr alle.« Die Schriftstellerin Karen Duve kommentierte meine im Text »The sound of money« enthaltene Aufforderung, das ganze digitale Geraffel wegzuschmeißen, mit dem Satz: »Und ja: weg damit, weg mit diesem ganzen Scheiß!« Einsame Rufer in einer sich ausbreitenden digitalen Wüste.

Wenn man solche Gedankengänge laut werden lässt, bekommt man stereotyp das Argument zu hören, man könne das Rad der Geschichte nun mal nicht zurückdrehen. »Das ist nicht aufzuhalten«, höre ich regelmäßig, wenn ich meine Kritik der Digitalisierung vortrage. Das sind Einwände, die zum Verstummen bringen und den Kritiker als naiven Fortschrittsfeind kenntlich machen sollen. Manchmal muss ich an eine soziologische Grundregel erinnern: Alles, was von Menschen gemacht worden ist, kann auch von Menschen geändert werden! Wir haben also die Wahl – jedenfalls im Moment noch. Noch könnten wir Einfluss nehmen und die Digitalisierung nach menschlich-gesellschaftlichen Maßstäben gestalten oder, wenn das nicht möglich ist, zu stoppen. Irgendwann könnte es zu spät sein, nämlich dann, wenn es der Maschinenwelt gelungen ist, die Menschen nach ihrem Bild und ihrer Logik zu formen. Unter dem Stichwort »Selbstoptimierung« sind viele Menschen bereits dabei, sich an das Maschinen-Ideal anzupassen und sich zu Maschinenmenschen zu entwickeln. Die »prometheische Scham« (Günther Anders), die sie angesichts der Perfektion der Maschinen empfinden, treibt sie der Selbstoptimierungs-Industrie in die Arme, die ihnen verspricht, sie in kürzester Zeit selbst in eine makellose Maschine zu verwandeln. Wir werden Zeugen einer anthropologischen Mutation – im Sinne Pasolinis, nicht Darwins: vom Homo sapiens zum Homo digitalis. Ein neuer Menschentyp ist im Begriff zu entstehen, der alles vergessen haben wird, was vor dem Smartphone und dem Tablet war. Wie Lemminge stürzen wir uns von der digitalen Klippe.

Wo neuerdings so viel von »künstlicher Intelligenz« die Rede ist, stellt sich mir die Frage: Sollten wir nicht, bevor wir uns auf die Abenteuer und Unwägbarkeiten der »künstlichen Intelligenz« einlassen, erst einmal die Potenziale unserer »natürlichen Intelligenz« ausschöpfen? Der durchschnittliche Mensch in dieser Gesellschaft lebt und nutzt nur fünf bis fünfzehn Prozent seines Potenzials, schätzte der Begründer der Gestalttherapie Fritz Perls. Perls sprach von einer systematischen Blockierung menschlicher Möglichkeiten durch diese Gesellschaft, die gewisse kapitalistisch verwertbare Fähigkeiten treibhausmäßig entwickele, andere verkümmern lasse. Die Digitalisierung wird dieser Blockierung und Vereinseitigung noch einmal einen kräftigen Schub verpassen. Nur bestimmte Fähigkeiten werden entwickelt, das Nicht-Digitalisierbare bleibt liegen. Was wird aus ihm?

Die sinnliche Dichte der Welt ist im Begriff zu verschwinden; die wahrgenommene Wirklichkeit wird all ihrer sinnlichen Qualitäten entkleidet, kaum noch ist irgendwo leibliche Anwesenheit erforderlich. Der Alltag verödet zusehends, er wird erfahrungsarm und monoton. Alle sind vernetzt und gleichzeitig sind die Menschen durch Abgründe voneinander getrennt und gegeneinander isoliert – digitale Autisten. Die Menschen kommunizieren ununterbrochen, kennen sich nicht und haben sich eigentlich nichts zu sagen.

Wir müssen die Reißleine ziehen, den Generalstreik ausrufen gegen die Überwältigung des Lebendigen durch das Tote, das Maschinell-Mechanische. »Künstliche Intelligenz«, Roboter und Algorithmen rauben uns Arbeit, Erfahrung und die Kontrolle über unsere Daseinsbedingungen.

Gesetzt, wir wären der von Marx antizipierte »Verein freier Menschen, die mit gemeinschaftlichen Produktionsmitteln arbeiten und ihre vielen individuellen Arbeitskräfte selbstbewusst als eine gesellschaftliche Arbeitskraft verausgaben«, dann könnten wir die neuen digitalen Techniken unserer Kontrolle unterstellen und gesellschaftlichen Zielsetzungen dienstbar machen. Ein »Verein freier Menschen« würde in freier Diskussion und nach gründlicher Abwägung aller Argumente darüber entscheiden, welche Techniken und Apparate er zulassen und entwickeln will und auf welche er lieber verzichtet, weil sie die Gefahr der Entmündigung und Entfremdung mit sich bringen. In der *Deutschen Ideologie*, die im Brüsseler Exil von Marx und Engels geschrieben wurde, heißt es: Im Sozialismus wird es möglich, »heute dies, morgen jenes zu tun, morgens zu jagen, nachmittags zu fischen, abends Viehzucht zu treiben, nach dem Essen zu kritisieren, wie ich gerade Lust habe, ohne je Jäger, Fischer, Hirt oder Kritiker zu werden.« Alle Apparate und Techniken, die einen solchen Lebensentwurf fördern, sind zu begrüßen, alle, denen die Gefahr innewohnt, die Menschen in sich hineinzuziehen und in Anhängsel zu verwandeln, sind abzulehnen. So einfach ist das oder wäre das, wenn wir ein »Verein freier Menschen« wären und in einer menschlichen Gesellschaft lebten. Als Kriterium dafür, ob etwas zuzulassen oder eher zu unterlassen wäre, hat Herbert Marcuse im Jahr 1970 in einem Gespräch mit Friedrich Hacker formuliert: »Alles, was dem Leben, besonders dem glücklichen Leben dient, ist gut. Reduktion der repressiven Erlebens- und Lebensbedingungen ist schließlich das Ziel der erotischen Instinkte.« Und er fügte abschließend hinzu: »Das Kriterium ist das, was lebensbejahend ist, was der Entfaltung menschlicher Fähigkeiten, menschlichen Glücks und

Friedens dient. Ich weiß keine bessere Definition, ich bin einfach nicht gescheit genug.« Im Gespräch mit Jürgen Habermas erklärte Marcuse: Das seien Werturteile, die irreduzibel sind. Wer die nicht akzeptiere, mit dem könne er nicht reden: »Wenn jemand nicht weiß, was ein besseres Leben ist, ist er hoffnungslos.«

In dem Buch *Geschichte und Eigensinn* von Oskar Negt und Alexander Kluge findet sich eine englische Karikatur aus dem 19. Jahrhundert, die »Wirkung des Eisenbahnbaus auf die rohe Schöpfung« betitelt ist und Kutscher und Pferde zeigt, die durch den Eisenbahnbau arbeitslos geworden sind und neuartige Eigenschaften entfalten. Die Pferde tanzen und musizieren, während die ehemaligen Kutscher träge herumliegen oder spazieren gehen. Doch die Fortexistenz des kompakt Falschen, sprich der kapitalistischen Produktionsweise, hat gegen diese Karikatur recht behalten: Seit der Erfindung der Eisenbahn und des Automobils sind die Pferde – in unseren Breiten bis auf wenige Ausnahmen – frei und genießen unbeschwert ihr Pferdedasein, während die Kutscher sich als Lohnarbeiter in den Fabriken verdingen mussten oder Fernfahrer wurden. Wenn es uns in nächster Zeit nicht gelingt, die neuen Techniken in vernünftige gesellschaftliche Zielsetzungen einzubinden und unseren Entwürfen unterzuordnen, werden sie uns in ein Volk von Hightech-Fellachen verwandeln. Gegen diese hochtechnisierte Barbarei müssen Bewegungen initiiert werden, die auf eine Wiederaneignung von Lebens- und Arbeitsbedingungen abzielen. Solche Bewegungen könnten unter anderem Anleihen beim *Luddismus* machen, der Anfang des 19. Jahrhunderts eine breite Bewegung in England war, die sich gegen die Zerstörung agrarisch-handwerklicher Lebens- und Arbeitsformen durch die Industrialisierung und den Siegeszug der kapitalfixierten Maschinen wandte, die das handwerkliche Können entwerteten und den Menschen ihren Rhythmus aufzwangen. Ernst Toller hat sich während seiner Festungshaft im Zuchthaus Niederschönenfeld mit dem Phänomen des Maschinensturms beschäftigt. Nach eingehendem Quellenstudium verfasste er ein Theaterstück mit dem Titel *Der Maschinenstürmer*, das uns in die Welt der frühen Fabrikhöllen und das Elend der in sie eingepferchten Menschen versetzt. Toller lässt Ned Ludd, nach dem die Bewegung benannt wurde, sagen: »In ungeheuerliche Knechtschaft will man unsere Leiber zwängen. … Sie wollen uns in Fesseln schlagen. Sie wollen uns schmieden an ein furchtbar Ungeheuer. An eine Mühle, die von Dampf getrieben, den Menschen krallt und schleudert und zu Tode dreht!« Zahlreiche Ludditen wurden wegen Zerstörung von Maschinen zum Tode verurteilt oder nach Australien deportiert. Die Maschinenstürmer vermochten letztlich den »Fortschritt« nicht aufzuhalten, der nun – rund 200 Jahre später – in Form der Digitalisierung über uns kommt. Die Fabrikhöllen und Knochenmühlen wurden an die Peripherie verbannt, wo sie in der von Toller geschilderten Form fortexistieren. Hierzulande werden die Leute an saubere Arbeitsplätze gekettet, die sie als Hölle nicht mehr erkennen, sondern als Erfüllung ihrer Sehnsucht erleben. In der schönen, neuen Arbeitswelt verschwimmen die Grenzen von Arbeit und Freizeit. Rund zweihundert Jahre, nachdem sich die Produktion aus vorbürgerlichen Lebenszusammenhängen herausgelöst und als abstrakte, kapitalverwertende Arbeit verselbständigt hat, durchdringt die Logik der entbetteten Arbeit und des Geldes alle Lebensbereiche, und es kommt zu einer pervertierten Wiedervereinigung von Arbeit und Leben. Das vom »sozialen Urknall« (Klaus Dörner) der industriellen Revolution zerrissene und fragmentierte Leben wird wieder ein Ganzes, aber ein vollständig kapitalistisch integriertes und von den Imperativen des entfesselten Geldes beherrschtes.

Etienne de la Boétie würde sich angesichts der freiwilligen digitalen Knechtschaft verwundert die Augen reiben und sich fragen, wie dieser weltgeschichtliche Dressurakt gelingen konnte. Die Chancen stehen schlecht, die Digitalisierung stoppen oder ihr wenigstens eine halbwegs erträgliche Form geben zu können. Ernst Toller lässt Ned Ludd wenig später fortfahren: »Und wenn es Wahnwitz ist, und wenn es zwecklos ist. Wir müssen kämpfen, weil wir *Menschen* sind. Schweigen wir, so sind wir Tiere, die sich stumm ins Joch beugen.«

Der vorliegende dritte Band der »Sozialpsychologie des entfesselten Kapitalismus« ist »Zwischen Anarchismus und Populismus« betitelt. Er spannt einen Bogen vom Spanischen Bürgerkrieg der Jahre 1936 bis 1939, über die Russische Revolution und die Bayerische Räterepublik, die vor 100 Jahren große Hoffnungen weckten, bis hin zum zeitgenössischen Rechtspopulismus, der das Leiden der Menschen am Fortschritt und dem herrschenden Politikbetrieb betrügerisch für sich ausschlachtet. Auch seiner amerikanischen Variante, dem Trumpismus, ist ein Kapitel gewidmet. Da die Linke sich noch immer nicht zum »Griff nach der Notbremse«

durchringen kann, zu der Walter Benjamin schon vor beinahe 100 Jahren geraten hatte, und weiter im Zug des Fortschritts mitfährt, dessen Cockpit sie erobern möchte, ist sie strukturell unfähig, viele Leidenserfahrungen der Gegenwart beredt werden zu lassen und in politische Kämpfe für eine menschliche Gesellschaft mit menschlichen Zeitmaßen zu transformieren. Die gegenwärtige Stärke der politischen Rechten ist auch und vor allem der Unfähigkeit der Linken geschuldet, Antworten auf drängende und die Menschen bewegende Fragen zu geben und eine gangbare Alternative aufzuzeigen. Von diesen strukturellen linken Defiziten ist in verschiedenen Texten die Rede. Auch das Thema Amok kommt noch einmal zur Sprache. Anlässlich des Münchner Amoklaufs vom Juli 2016 diskutiere ich das Verhältnis von Amok und Terror, die immer schwerer zu unterscheiden sind und sich verschiedentlich überlagern.

Der Band umfasst Texte, die seit der zweiten Hälfte des Jahres 2016 entstanden und in diversen Blogs wie »Nachdenkseiten«, »Hinter den Schlagzeilen«, »Auswege« oder in der Tageszeitung »junge Welt« erschienen sind. Die Anordnung der Texte folgt der Chronologie ihrer Entstehung, aufsteigend vom Jahr 2016 bis Mitte 2018. Das gibt dem Band etwas von einer Collage. Für Leserinnen und Leser bietet das den Vorteil, dass man vor Überraschungen nie sicher ist und dass man mit der Lektüre an jeder beliebigen Stelle einsetzen kann. Sämtliche Texte wurden für die vorliegende Veröffentlichung ergänzt und überarbeitet, andere – wie der lange Essay zur Bayerischen Räterepublik – sind bisher nirgends erschienen.

Veröffentlichungen in Blogs sind durch eine große Flüchtigkeit gekennzeichnet: Sie schlagen manchmal einige Tage ein paar mehr oder weniger hohe Wellen, dann aber versinken sie ebenso schnell in den Tiefen des World Wide Web und in den Archiven der jeweiligen Blogs. Dieser digitalen Flüchtigkeit verdankt sich mein Wunsch, den Texten noch einmal eine andere, beständigere Form zu geben: die eines Buches. Einzelne kleinere Wiederholungen ließen sich bei dieser Entstehungsgeschichte nicht vermeiden. Obwohl ich mich bemüht habe, Wiederholungen zu vermeiden, sind einige doch stehengeblieben. Das ist nicht nur meiner Bequemlichkeit geschuldet, sondern hat auch damit zu tun, dass sich gewisse Phänomene mit besorgniserregender Regelmäßigkeit wiederholen. Anders gesagt: Manche Aussagen muss man solange wiederholen, bis das von ihnen bezeichnete in der Wirklichkeit verschwunden ist. Solange bestimmte Skandale und Zustände fortwirken, muss man sie immer wieder anprangern. Wie auch in den ersten beiden Bänden sind zwischen die Essays Alltagsminiaturen montiert, die erneut unter der Überschrift »Zur Ethnologie des Inlands« erscheinen.

Ich habe mir vom vielen Sitzen am Schreibtisch eine veritable Thrombose ins Bein geschrieben. Nun haben mir diverse Ärzte geraten, nicht mehr länger zu sitzen und zu stehen. Ich soll, wie es im verdinglichten Jargon der Medizin heißt, möglichst oft die »Muskelpumpe« in Gang setzen, also laufen und mich bewegen. Wie aber soll ich schreiben, wenn ich nicht für längere Zeit sitzen darf? Als Marx im Sommer 1882 in Monte Carlo wegen zahlreicher Beschwerden einen gewissen Doktor Kunemann aufsuchte, empfahl ihm dieser, »so wenig wie möglich zu denken«. Marx schalt ihn einen »Philister« und ignorierte seinen Rat. Soll ich Marxens Beispiel folgen? Ein Jahr später ist er gestorben.

Auf dem Cover dieses dritten Bandes der »Sozialpsychologie des entfesselte Kapitalismus« ist erneut ein Cartoon von Jacques Armand Cardon zu sehen, den er mir zur Verfügung gestellt hat. Er zeigt einen Menschen, oder besser: eine Gestalt, die vor einer Staffelei steht und zeichnet. Die linke Hand hält einen Stift, der über dem Blatt schwebt, während die rechte Hand an die Stirn gelegt ist, um den Blick zu beschirmen, der auf den Horizont gerichtet ist. Was sieht der Zeichner dort? Nichts – da ist nichts, was den Horizont begrenzt, nichts, an das er sich halten, an dem er sich orientieren könnte. Der Himmel ist von auf den Horizont zulaufenden Wolken bedeckt, aber ansonsten leer. Auch von dort ist keine Rettung zu erwarten. Cardons Zeichnung lässt die archaische Angst wieder lebendig werden, über den Rand der Welt hinausgeraten, aus ihr herausfallen zu können. Das Nichts, das der Maler erblickt, spiegelt sich in seiner Zeichnung auf der Staffelei in Form eines menschlichen Kopfes, oder besser: Schädels, dessen Augen und Mund vor Entsetzen weit aufgerissen sind. Was wir auf der Staffelei sehen, erinnert an den Schrei von Edvard Munch, ein Bild, das er gemalt hat, nachdem er auf einem abendlichen Spaziergang von einer Panikattacke heimgesucht worden war. Mit der Interpretation dieses Cartoons von Cardon habe ich in meiner Butzbacher Gesprächsgruppe mit den Gefangenen einen ganzen Abend zugebracht. Niemand blieb von der Zeichnung unberührt, und ich erinnere diesen Abend als einen der intensivsten in der langen Geschichte dieser Gruppe.

Einige der in diesem Band versammelten Essays handeln von der Angst und Panik, die heutige Menschen befallen, wenn sie den gesellschaftlichen Horizont nach Sinnstrukturen absuchen oder in die Zukunft zu schauen versuchen. Auch da erscheint ihnen ein Nichts, eine große Leere. Das Ausmaß des scheinbar Unerklärlichen wird von Tag zu Tag größer, die Lebensläufe vieler Menschen drohen ihre Kohärenz einzubüßen. Die »Furie des Verschwindens«, von der bei Hegel die Rede ist, erfasst alles Tradierte und Gewohnte und löst auf allen Ebenen einen *horror vacui* aus. Ein Geheimnis des Erfolgs der Rechtspopulisten besteht darin, dass sie die sich ausbreitende Leere mit tröstlichen und vertrauten Gestalten aus der Vergangenheit füllen. Die Welt von gestern ist untergegangen, ohne dass die Konturen einer neuen Welt bereits erkennbar wären. Eine solche anomische gesellschaftliche Situation steckt voller Gefahren und gebiert schwere soziale Pathologien und Regressionstendenzen. Die Zeichnung von Cardon regt zum Nachdenken an und entzieht sich jeder schlüssigen Interpretation und Eindeutigkeit. Auch deswegen eignet sie sich für das Cover dieses Buches mit seinen vielen Dimensionen.

Widmen möchte ich diesen dritten Band der Sozialpsychologie dem Andenken meines alten Freundes und Genossen Burkhard Scherer, der im Juli 2017 im Alter von 66 Jahren gestorben ist. Wir haben einige Jahre in einer der ersten Gießener Wohngemeinschaften zusammen gelebt, gemeinsam studiert und Politik gemacht. Burkhard hat mich mit den Schriften Trotzkis, mit rätekommunistischen und anarchistischen Texten und Ideen bekannt gemacht und mir Peter Brückner, Alfred Krovoza, Michael Buckmiller und Michael Vester zur Lektüre empfohlen, die er aus Hannover kannte, wo er zur Schule gegangen war. Durch Michael Buckmiller und Erich Gerlach war er früh mit Karl Korsch in Berührung gekommen, der für sein und in der Folge auch mein Denken wesentlich wurde. Nächte lang zog er mit dem Korsch-Schüler Heinz Langerhans um die Häuser, der, nachdem er die Zuchthäuser und Konzentrationslager der Faschisten überlebt hatte und aus der Emigration zurückgekehrt war, in Gießen eine Professur für Politikwissenschaft erhalten hatte.

Burkhard führte mich in die Welt der Comics von Robert Crumb und in die Rockmusik ein. Nächte lang hörten wir John Mayall, Jimmy Hendrix, Janis Joplin, Cream und Colosseum. Er ermunterte mich, ruhig auch mal einen Roman zu lesen, was in jenen theorielastigen Tagen keine Selbstverständlichkeit und mit Schuldgefühlen belastet war. Er brachte von seinen Besuchen bei *Zweitausendeins* Neuerscheinungen mit und speiste sie in den Lesekreislauf der Wohngemeinschaft ein. Eine Weile lasen wir begeistert Charles Bukowski, was man in Zeiten der Political Correctness und der MeToo-Debatte kaum noch zu gestehen wagt. Burkhard war in allem ausgesprochen großzügig. Mir, der ich von zu Hause ausgesprochen kurz gehalten wurde, griff er gelegentlich auch finanziell unter die Arme. Kurzum: Ich habe ihm in vielerlei Hinsicht viel zu verdanken. Nach einigen politischen Sektierereien und Eskapaden haben wir Anfang der 1970er Jahre gemeinsam eine der ersten Sponti-Gruppen aus der Taufe gehoben. In einem Wahlkampf zum Studentenparlament verfasste Burkhard ein Flugblatt mit dem Titel: »Wider die MarxEngelsLeninStalinMaotsetung-Pfaffen!« Wir gaben eine Zeitschrift heraus, die »Der rote Mythenkiller« hieß und die, wie viele der damaligen Neugründungen, nach einigen Nummern einging. Das machte nichts und musste so sein. Burkhard war von einem tiefen Misstrauen gegenüber einem Phänomen erfüllt, das er »Begriffs-Imperialismus« nannte. Er verfasste einen Text unter dem Titel »Warnung vor Dampfwalzen«. Damit waren das Mundtotmachen und Plattwalzen von Erfahrungen im Namen der Groß-Theorien gemeint. So hatte ein maoistischer Genosse in unserem Beisein einer Genossin, die Liebeskummer hatte und deswegen keine Flugblätter verteilen wollte, an den Kopf geworfen: »Leute wie dich hätte man in der französischen Resistance erschossen!« Burkhard arbeitete als studentischer Tutor an einem Grundkurs »Einführung ins politische System der Bundesrepublik« mit. Zusammen mit den anderen an diesem Kurs beteiligten Lehrkräften veröffentlichte er einen Band, der »Determinanten der westdeutschen Restauration 1945–1949« heißt und 1972 in der Edition Suhrkamp erschien.

Irgendwann machte uns Lothar Baier, den wir im Rahmen einer Lehrveranstaltung an der Gießener Universität kennengelernt hatten, auf Paul Nizan aufmerksam. Der Jugendfreund Sartres und frühe kommunistische Dissident wurde in der Folge einer unserer vielen Hausheiligen. Nizan schrieb Romane, so Lothar Baier in seinem mit Herbert Nagel verfassten Nachwort zu Nizans Roman »Die Verschwörung«, weil es ihm nicht genügte, die Menschen mit den Augen des Theoretikers und Philosophen zu betrachten. »Die Philosophie muss begreifen«, heißt es in einem von

Burkhard (l.) und ich machten Anfang 1981 Ferien im Landhaus von Freunden am Gardasee. Wir haben auf einer steinernen Bank vor der Eingangstür platzgenommen. Ich habe den Selbstauslöser in Gang gesetzt, und nun warten wir auf das Klicken des Apparats. Burkhard sitzt links und hat den Kopf eingezogen. Mit seinen beinahe zwei Metern Körperlänge würde er sonst aus dem Bild herausragen. Nach dieser »Fotosession« brachen wir auf, um in der Kooperative unten am See Rotwein zu holen. Wir waren dreißig, und viele Träume waren bereits geplatzt – private und politische. Wir mussten unsere Lebensentwürfe aus Trümmern und Fragmenten neu zusammenfügen und wussten nicht so richtig, wie es weitergehen könnte und wohin. Es ging dann weiter – irgendwie.

Nizans frühen Aufsätzen, »dass es nicht nur den *homo faber* und den *homo sapiens*, den *homo phenomenon* und den *homo nooumenon* … gibt, sondern auch den Hilfsarbeiter mit dreißig Francs am Tag und den Monsieur, der an den Champs-Elysées wohnt, das Mädchen aus dem 13. Arondissement, das auf seine Monatsregel wartet.« Die Theorie ist unfähig, das wirkliche Leben dieser Menschen zu beschreiben, die Verschiedenheit ihrer Träume, ihrer Sehnsüchte, die verschiedenen Gerüche ihrer Viertel, ihre Redensarten, ihre Krankheiten, ihren Liebeskummer und ihre Todesangst. Nichts kann die gelebte Erfahrung eines jeden dieser Menschen ersetzen. Für all das hat nur der Roman eine Sprache. Deswegen war der Roman für Nizan eine unverzichtbare Ergänzung der Theorie. Nicht aber ihre Ablösung. Literatur ohne Theorie, ohne Fundierung auf die politische Theorie, ist für Nizan undenkbar, ein bloßer mondäner Zeitvertreib. So etwa sahen wir das auch. Man kann diese damaligen Lernprozesse bis in die Konstruktion der Bände der Sozialpsychologie verfolgen, die ja neben theoretischen Essays immer auch Ausflüge ins Alltagsleben enthalten. Die Anfänge dieser Bemühungen gehen in die gemeinsame Zeit mit Burkhard zurück, dem ich deswegen diesen Band widmen möchte. Seine Einflüsse sind auch in den Texten zum Spanischen Bürgerkrieg, zur Bayerischen Räterepublik und zur Russischen Revolution spürbar, die in diesem Band enthalten sind.

Irgendwann trennten sich unsere Wege. Der Liebe wegen zog er in eine andere Stadt, und wir verloren uns im Laufe der folgenden Jahre und Jahrzehnte aus den Augen. Burkhard arbeitete als sogenannter »fester freier Mitarbeiter« für Radio Bremen und verfasste Kolumnen und Rezensionen für den Rundfunk und diverse Zeitungen. Aus einer Reihe von Kolumnen über die bunte und exotische Welt der Hobby-Räume und Garagen-Treffs stellte er einen sehr lesenswerten Band zusammen, der unter dem Titel »Auf den Inseln des Eigensinns« in der Beck'schen Reihe erschien. So hörte und las ich ab und zu etwas von ihm. Manchmal, wenn ich an dem Haus vorübergehe, in dessen zweitem Stockwerk unsere Wohngemeinschaft gelebt und gearbeitet hat, wird mir wehmütig ums Herz und ich rezitiere im Geist eine Passage aus einem Gedicht von W. H. Auden: »Die Freunde, die hier sich trafen und umarmten, sind fort / Jeder zu seinen eigenen Fehlern.« Diese Zeilen stammen aus dem Gedicht »The Crossroads«. Genauso hieß auch Burkhards Lieblingsstück von seinen musikalischen Heroen, die für ein paar Jahre die Band »Cream« gebildet hatten, bevor auch sie sich zerstreuten und ihrer Wege gingen.

Gießen im Juni 2018

2016

Handy-Selbstvernichtung

Die Firma Samsung hat den Verkauf ihres nagelneuen Smartphones Galaxy Note 7 gestoppt und die Käufer aufgefordert, die bereits in Betrieb genommenen Smartphones zurückzubringen. Zuvor hatten Berichte von Käufern über während des Ladevorgangs überhitzte und geschmolzene Geräte das Unternehmen alarmiert. Vereinzelt sollen die Geräte sogar explodiert sein. Der Konzern hatte große Hoffnungen auf das neue Modell gesetzt und es als Konkurrenz zu den Modellen des Rivalen Apple gesehen. Ich finde das einen Schritt in die richtige Richtung und geradezu modellhaft: Handys, die sich bei Gebrauch selbst zerstören. Man sollte Samsung für den alternativen Nobelpreis vorschlagen.

Harald Welzer hat eine so schnelle Realisierung seines Vorschlags, die Smartphones wegzuschmeißen, sicher nicht für möglich gehalten, und schon gar nicht von Seiten der Hersteller dieser kostspieligen Geräte. Er hat in seinem Buch *Die smarte Diktatur* noch einmal daran erinnert, dass NSA-Mitarbeiter sich über Smartphone-Käufer als »zahlende Zombies« lustig gemacht haben, die auch noch Geld ausgeben, um ihre eigene Stasi-Leitstelle mit sich herumzutragen. Wobei die Stasi und ähnliche Geheimdienste sich die Daten, die sie bekommen wollten, auf archaische, stümperhafte, handwerkliche Weise durch Einbrüche, Lauschangriffe, Anheuern von Spitzeln und Belohnung von Denunzianten besorgen mussten. Heute liefern die Smartphone-Nutzer den Diensten alles frei Haus und stehen Schlange vor den Apple-Stores, wenn das neueste Modell auf den Markt kommt. Nach dem in Berlin lebenden Philosophen und Kulturwissenschaftler Byung-Chul Han ist das digitale Medium dabei, sich als neues und sehr effizientes Herrschaftsmedium zu etablieren. Die Hoffnung der Internet-Pioniere, die digitalen Netzwerke würden einen Raum freier Kommunikation jenseits der Macht eröffnen, hat sich als Illusion erwiesen. Das Gegenteil ist eingetreten. Wir leben in einem »digitalen Panoptikum«, in dem keine Freiheit möglich ist. Die digitale Vernetzung hat eine Gesellschaft totaler Überwachung hervorgebracht. Google und Facebook unterwerfen uns einer digitalen Leibeigenschaft.

Welzers Alternative lautet deswegen: Die Smartphones wegschmeißen und sich ein gutes altes Handy besorgen, das gar nichts kann, außer Telefonverbindungen herzustellen. Die gibt es auch gebraucht auf Flohmärkten zu kaufen. Noch besser sei allerdings das iStone, ein Stück Granit, geformt wie ein iPhone. Das könne gar nichts und sei deswegen perfekt.

Der Pokémon-Wahnsinn

Vom Balkon aus – meinem ethnologischen Beobachtungsposten in Gießen, von dem aus ich das Treiben der Eingeborenen verfolge – sehe ich, wie ein Pärchen die Goethestraße heraufkommt und vor dem Eingang zum Nachbargrundstück stehenbleibt. Beide halten ihr Smartphone in der Hand. Irgendetwas hat ihre Aufmerksamkeit erregt. Der junge Mann deutet mit dem ausgestreckten Arm auf etwas und wischt hektisch auf dem Touchscreen herum. Die Frau dreht sich einige Male um die eigene Achse und verfällt ebenfalls in hektische Wischbewegungen. Als ich gerade runterrufen und fragen will, ob ich in der Psychiatrie anrufen soll, kapiere ich, worum es hier geht: Die beiden haben irgendein seltenes Pokémon entdeckt, das sich in meiner Nachbarschaft versteckt hält. Irgendwann stößt der junge Mann einen derben Fluch aus und schlägt mit der freien Hand wütend auf einen Pfosten, der das Grundstück zur Straße hin abgrenzt. Die beiden gehen dann weiter. Kurz darauf legt ein Radfahrer eine quietschende Vollbremsung hin. Auch er hält – man ist beinahe geneigt zu sagen: natürlich – sein Smartphone in der Hand. Offenbar hat auch er das kleine Monster entdeckt und versucht, es durch hektische Wischbewegungen auf dem Smartphone zu fangen. Seine Jagd scheint von Erfolg gekrönt, denn er fährt weiter, ohne zu fluchen. Am Abend darauf spielen sich ähnliche Szenen unter meinem Balkon ab. Eine Gruppe junger Männer kommt die Straße entlang, jeder mit seinem Smartphone in der Hand. Plötzlich brüllt einer: »Ich hab ihn! Jungs, ich hab ihn gefangen!« Die anderen eilen herbei und schauen auf das Display des erfolgreichen Jägers. Darauf trinken sie erst mal einen Schluck aus den mitgeführten Bierflaschen.

Gestern Nacht schien es so, als seien die Kämpfe um die Pokémons in die reale Welt übergeschwappt. Am Rande des Parks und eingangs der Straße, in der ich wohne, kam es zu einer lautstarken Auseinandersetzung zwischen Smartphone-Trägern. Autos hielten, die Fahrer sprangen heraus, es wurde gebrüllt. In Bremen soll es letzten Freitag zu einer Massenschlägerei und Messerstecherei mit mehreren Verletzten gekommen sein, als Pokémon-Jäger aneinandergerieten.

Vorn im Theaterpark, den ich immer noch Johannespark nenne, hat sich eine Pokémon-Arena entwickelt. Ab dem Erreichen eines bestimmten Levels müssen die Spieler eine sogenannte Arena aufsuchen, um weiterzukommen. Dort kämpfen Pokémons verschiedener Spieler gegeneinander und verschiedene Teams um die Hoheit über die Arena, die dann nach der Farbe des siegreichen Teams eingefärbt und markiert wird.[1]

Das Pokémon Go-Fieber hat zur Folge, dass der Park plötzlich von merkwürdigen Gestalten bevölkert ist. Sie lagern auf Decken am Boden,

1 Slavoj Žižek stellte in der Sonntagsausgabe der FAZ vom 28. August 2016 Überlegungen zu Pokémon Go an, die viele als überspannt oder abwegig abtun werden, die ich aber zumindest bedenkenswert finde. Er sieht in diesem Spiel einen ideologischen Mechanismus am Werk, der für alle klassengespaltenen Herrschaftskulturen grundlegend ist. Wir projizieren Wesen in die Realität, gegen die wir dann einen hartnäckigen Kampf führen. »Um es so einfach wie möglich zu machen: Hat Hitler den Deutschen nicht den Fantasy-Rahmen der Naziideologie geboten, der sie ein bestimmtes Pokémon sehen ließ – ›den Juden‹ –, das überall auftauchte und den Schlüssel für alles lieferte, wogegen man kämpfen muss?« Etwas wird der Realität hinzugefügt, was unsere Wahrnehmung spezifisch einfärbt und unsere Energien vereinnahmt und bindet, die besser in den Kampf gegen die wahre Bedrohung flössen. Žižek fährt fort: »Man kann sich ganz leicht eine zeitgenössische, anti-migrantische Version von ›Pokémon Go‹ ausmalen, in welcher der Spieler durch eine deutsche Stadt geht und von muslimischen Vergewaltigern und Dieben bedroht wird, die überall lauern.« Sind die Phantasien der Pegida- und AfD-Leute nicht von solchen migrantischen Pokémons bevölkert? Und selbst wenn diese Phantasien durch die Ereignisse von Köln und die Anschläge von Würzburg und Ansbach einen gewissen Realitätsgehalt erhalten haben, bleibt das paranoide Gerede von der Bedrohung durch Einwanderer und Flüchtlinge doch pathologisch und verrät mehr über diejenigen, die überall stehlende und vergewaltigende Flüchtlinge sehen, als über die Migranten. Noch einmal Slovoj Žižek: »Was ›Pokémon Go‹ auf die Realität projiziert, sind genau solche Phantasien.«

Diese Erkenntnis ist nicht neu. Horkheimer und Adorno haben im Antisemitismus-Kapitel der »Dialektik der Aufklärung« diesen Mechanismus »pathische Projektion« genannt: »Regungen, die vom Subjekt als dessen eigene nicht durchgelassen werden und ihm doch eigen sind, werden dem Objekt zugeschrieben: dem prospektiven Opfer. (…) Die psychoanalytische Theorie der pathischen Projektion hat als deren Substanz die Übertragung gesellschaftlich tabuierter Regungen des Subjekts auf das Objekt erkannt. Unter dem Druck des Über-Ichs projiziert das Ich die vom Es ausgehenden, durch ihre Stärke ihm selbst gefährlichen Aggressionsgelüste als böse Intentionen in die Außenwelt und erreicht es dadurch, sie als Reaktion auf solches Äußere loszuwerden, sei es in der Phantasie durch Identifikation mit dem angeblichen Bösewicht, sei es in der Wirklichkeit durch angebliche Notwehr.«

sitzen auf Klappstühlen oder gehen in tranceartigen Bewegungen umher. Wo früher Hundebesitzer ihre Tölen zum Abkacken ausführten und Bewohner aus dem Altenheim Runden an ihren Rollatoren drehten, wo manchmal sogar noch lesende Menschen auf Bänken saßen, streifen nun digitale Somnambule umher. Die Displays leuchten in der einsetzenden Dämmerung wie zeitgenössische Glühwürmchen. Am nächsten Morgen ist die Wiese mit Coffee-to-go Bechern und Verpackungen aus einem nahegelegenen Fastfood-Restaurant übersät, das an dem Pokémon-Hype kräftig mitverdient. Die wenigen Mülleimer quellen über. Krähen und andere Tiere verteilen ihren Inhalt in der Umgebung.

Am Rande dieses Parks betreibt eine Frau seit ewigen Zeiten einen Blumenladen. Neulich sah ich sie kopfschüttelnd das eigenartige Treiben hinter ihrem Geschäft beobachten. »Können Sie mir erklären, was hier seit einer Woche los ist?«, fragte sie mich. »Was machen die da, was wollen die hier? Was sind das für Leute?« Sie bewegten sich durch den Park wie Untote aus Zombiefilmen, die sie in ihrer Jugend mal gesehen habe. Wenn sie wenigstens ihren Müttern Blumen mitbrächten, seufzte sie. »Die bringen höchstens virtuelle Blumensträuße mit, die sie an einem Poké-Stop erworben haben. Daran verdienen aber nicht Sie, sondern Google und Apple«, sagte ich.

Ich erzählte ihr, was ich bis dato über den Pokémon-Virus wusste. »Bei uns hieß das früher Völkerball«, setzte ich an. »Bei der digitalen Version muss man mit Bällen auf dem Display irgendwelche kleinen Figuren treffen und dadurch fangen. Fragen Sie mich nicht, wie das technisch funktioniert, dass die dort irgendwelche Monster in den Bäumen sitzen sehen«, sagte ich. Ein paar Tage später erzählte sie mir, sie habe auf der Heimfahrt mit dem Taxifahrer über das Spiel gesprochen. Dieser vertreibe sich in den Pausen zwischen den Fahrten die Zeit damit, Pokémon Go zu spielen, und habe ihr auf seinem Handy vorgeführt, wie es geht. »Aber es bleibt dabei: Das ist nicht meine Welt!«, sagte sie schließlich. Wir fühlten uns beide wie Meister Anton aus Hebbels Stück Maria Magdalena, der am Schluss sinnend stehen bleibt und sagt: »Ich verstehe die Welt nicht mehr!«

Am Samstag durchquerte ich mit meinem alten Freund Michael den Park. Wir hatten uns zufällig an der Lahn getroffen, wo ich schwimmen war und er Äpfel aufgesammelt hatte. Angesichts der rund hundert Pokémon-Spieler, die sich am späten Nachmittag auf der Wiese aufhielten, hatte Michael so etwas wie ein Déjà-vu-Erlebnis: »Mitte der 1960er Jahre sah es hier fast genauso aus. Da lagen hier Hippies und Gammler auf der Wiese herum und kifften. Haschischschwaden zogen durch den Park. Jeder Gießener Bürger und Hundebesitzer, der den Park durchquerte, war im Anschluss high. Dazu kamen dann noch die Amis mit ihren riesigen tragbaren Radios, mit denen der Park mit der dazugehörigen Musik beschallt wurde. Die Kiffer lagerten allerdings auf der Nachbarwiese, die näher zum Theater liegt.« Einmal sei es zwischen einheimischen und amerikanischen Dealern zu einem handgreiflich ausgetragenen Konflikt gekommen. Wir sprachen eine Weile über die Analogien zwischen einst und jetzt und begriffen: Wie der Schein trügen kann! Die Ansammlungen, zwischen denen rund 50 Jahre liegen und die auf den ersten Blick ähnlich zu sein scheinen, sind in Wahrheit grundverschieden. Die Hippies bildeten eine Einheit, die von einer gemeinsamen Intention oder Idee gestiftet wurde. Man wollte anders leben und sein Leben nicht damit verplempern, es sich durch harte Arbeit zu verdienen. Die Haschischschwaden, die durch den Park waberten, enthielten wie ein Fluidum die Botschaft: Bloß nicht erwachsen werden. »Erwachsen werden heißt Träumen aufgeben«, hatte Jerry Rubin, eine Ikone der amerikanischen Hippie-Bewegung, verkündet.

Die Pokémon-Jäger verbindet überhaupt keine Idee, die diesen Namen verdient. Sie sind Kinder des Konsumismus; Lemminge, die sich auf Kommando von der digitalen Klippe stürzen; Hanswurste der Geräte, hinter denen sie herlaufen und in deren Anhängsel sie sich verwandeln. Mit Pokémon-Go werden die Überflüssigen bei Laune gehalten. Und die Leute zahlen auch noch für ihre eigene Verblödung und Versklavung. Dass sie nur bloß nicht zum Nachdenken kommen! Das Schlimmste am Handywahnsinn scheint mir zu sein, dass die Leute sich um das Schönste bringen, was das städtische Leben zu bieten hat: Das Herumflanieren mit offenen Augen und wachen Sinnen. Früher verließ man das Haus und hing seinen Gedanken nach. Schon diese Formulierung werden die meisten Zeitgenossen nicht mehr verstehen. »He, was? Seinen Gedanken nachhängen, was soll'n das sein?« Beim oft ziellosen Herumgehen kommen einem die besten Ideen und Einfälle. Kleist ein wenig abwandelnd könnte man von der »allmählichen Verfertigung der Gedanken beim

Gehen« sprechen. Viele meiner Texte sind beim Herumgehen in meinem Kopf in einer Rohfassung entstanden.

Die Pokémon-Spieler bilden im Unterschied zu den Hippies ein Kollektiv, das seine Einheit von außen und oben (buchstäblich: durch einen Satelliten) empfängt. In Termini Sartres, der in seinem Buch *Kritik der dialektischen Vernunft* eine Theorie der menschlichen Kollektive entfaltet hat: Die Hippies waren eine »Gruppe«, während die Pokémon-Spieler eine Ansammlung mit einer »serieller Struktur« bilden. Noch in der Masse bleiben sie isoliert und atomisiert. Sartre erläutert den Begriff der »Serie« anhand eines Beispiels: Stellen wir uns eine Ansammlung von Leuten vor, die auf einen Bus warten. Obwohl sie ein Kollektiv bilden, bleiben sie isolierte Einzelne, die miteinander nichts zu tun haben, außer dass sie zufällig mit semselben Bus zur Arbeit fahren. Sie nehmen keine Beziehung miteinander auf, außer als Nummer in einer bloß quantitativ bestimmten Serie. Die Mitglieder eine Serie sind austauschbar. Ihre flüchtige Einheit wird durch ein Ding hervorgerufen, in diesem Fall einen Bus. Wir brauchen nur den Bus durch das Smartphone und die auf ihm vorhandenen Apps zu ersetzen und schon erkennen wir: Auch die Gruppenbildung der Pokémon-Spieler ist eine vom Typus der Serie. Man kann sehen, dass jeder einzelne austauschbar, unwesentlich, abgesondert und isoliert ist. Eine Beziehung besteht zwischen den Spielern und ihren Geräten, nicht aber untereinander. Das ist kennzeichnend für einen neuen Vergesellschaftungs-Typ, den man Vernetzung nennen kann. Die Macht, die ehedem darauf fußte, dass sie zerteilte, zerlegte, segregierte, stellt nun auf einer höheren Ebene zwischen den Segregierten und Atomisierten auch wieder Verbindungen her, telekommunikative Vernetzungen, die zugleich der Kontrolle von Herrschaft unterliegen und ihrer Aufrechterhaltung und Verfeinerung dienen.

Vernetzung ist eine Erscheinungsform dessen, was Henri Lefèbvre als Entfremdung zweiten Grades beschrieben hat: Die Menschen haben das Bewusstsein ihrer Entfremdung eingebüßt und fühlen sich in ihr heimisch. Damit ist Entfremdung auf eine zynisch-perverse Art und Weise aufgehoben. Statt dass die Subjekte sich die entfremdeten Gestalten ihrer gesellschaftlichen Praxis wieder aneignen, gehen sie selbst in den Formen der Entfremdung auf und erleben die Funktionsimperative des Systems als ihre ureigensten Impulse und intimsten Leidenschaften. Diese Verschmelzung der Menschen mit den Formen ihrer kapitalkonformen Vergesellschaftung stellt das Ende jeder revolutionären Hoffnung dar, die ja immer davon lebte, dass die Menschen nicht ohne Rest in den ihnen aufgezwungenen Rollen aufgehen. Mit dieser Identität von Subjekt und Objekt verliert der Marx'sche Begriff der Charaktermaske seinen Sinn: Hinter den Masken stecken keine Gesichter mehr! Oder, wenn man lieber will: Die Masken sind ins Fleisch gewachsen.

Am Sonntagabend sah ich, wie ein Auto eines Pizza-Lieferservice vor dem Blumenladen hielt. Der Fahrer stieg aus, schaute durch die Scheibe und klopfte dann gegen die Tür. Ich klärte ihn auf, dass irgendein Pokémon-Jäger den Blumenladen als Adresse genannt haben musste. Er solle sein Glück auf der Wiese hinter dem Geschäft versuchen. Wenig später sah ich einen jungen Mann, der die Pizzen bezahlte und entgegennahm.

Vorn an der Ampel stemmte sich ein junger Mann mit Migrationshintergrund auf der Beifahrerseite aus dem Schiebdach eines roten Golfs. Er präsentierte seinen durchtrainierten Oberkörper und brüllte in Richtung zweier Mädchen, die Richtung Pokémon-Arena unterwegs waren: »Hey ihr, wo ist der Bahnhof?« Eine der beiden zeigte Richtung Elefanten-Klo und sagte: »Geradeaus und dann links.« »Habt ihr Marihuana?«, schob der Mann aus dem Golf nun die nächste Frage nach. Die Mädchen lachten und riefen: »Nee, da müsst ihr schon zum Bahnhof fahren.«

Vielleicht gibt es doch so etwas wie ein »kollektives Gedächtnis« einer Stadt, in dem die Erinnerung an die zweite Hälfte der 1960er Jahre aufbewahrt ist und das dafür sorgt, dass noch heute das Gerücht kolportiert wird, man könne im Theaterpark Haschisch erwerben. Das Konzept des »kollektiven Gedächtnisses« stammt vom französischen Soziologen Maurice Halbwachs, der in der Nachfolge von Emile Durkheim stand. Er wurde in Buchenwald von den Nazis ermordet, ein Umstand, der leider nicht Eingang ins kollektive Gedächtnis der Deutschen fand.

Apropos: Wer hat eigentlich den guten-alten Johannespark in Theaterpark umbenannt? Auf alten Stadtplänen kann man sehen, dass dieser Park zwischen Johanneskirche und Theater immer Johannespark hieß. Als irgendein Immobilien-Spekulant vor zehn/zwölf Jahren an der Südanlage zu bauen begann, warb er plötzlich auf riesigen Plakaten mit dem Slogan: Wohnen am Theaterpark. Der Bauherr zielte auf ein Publikum mit viel Geld. Solche Leute verstecken ihre Orientierung am »hündischen Kommerz« (Friedrich Engels) gern hinter einem Interesse für Kunst und Literatur. Das »Wohnen am Theaterpark« verschafft solchen Leuten einen »Distinktionsgewinn«, wie Pierre Bourdieu das Bestreben genannt hat, sein an sich leeres Selbst aufzuwerten, indem man sich von jenen abgrenzt, die keinen Zugang zu solchen Dingen haben. Einer der zahlreichen unappetitlichen Züge der Gegenwart besteht darin, dass man reichen Leuten das Recht zugesteht, Parks und anderen öffentlichen Einrichtungen, ja ganzen städtischen Arealen »Namen zu geben«. Als ich an der Fachhochschule Wiesbaden unterrichtete, lag neben dem Seminarraum, in dem ich meine Veranstaltungen abhielt, ein Hörsaal, der »Aldi-Süd-Hörsaal« hieß.

Zurück zum Pokémon-Wahnsinn. Aus soziologischer Vogelperspektive erschließt er sich uns als Teil einer kollektiven Infantilisierungs-Tendenz. Es existiert eine allgemeine Regression zu Wiege, Schnuller und Rassel. Vor ein paar Tagen kam mir ein Mann mit Anzug und Schlips entgegen – auf einem Tretroller. Wo sie gehen und stehen, nuckeln die Leute aus mitgeführten Fläschchen. Die meisten der Pokémon-Spieler sind formell volljährig und gelten damit als erwachsen. Viele von ihnen sollen, habe ich mir sagen lassen, Studierende sein. Eine Universität, wie die Gießener Justus Liebig-Universität, die mit dem dümmlichen Slogan »Ich bin Justus« um Studierende wirbt, darf sich nicht wundern, wenn sie Pokémon-Studenten anzieht. Wenn die Gießener Universität dereinst endlich Georg Büchner-Universität heißen und Forschung und Lehre an seinen Zielen, also der sozialen Emanzipation, ausrichten wird, wie es die 68er Bewegung schon einmal gefordert hatte, werden sich auch andere Studierende an ihr einschreiben. Justus Liebig, Professor für Chemie und Pharmazie an der Gießener Universität, hat Büchner unter anderem Modell gestanden bei der Gestaltung der Figur des zynischen Doktors in seinem Dramenfragment Woyzeck.

Die Konsumgesellschaft verhindert das Erwachsenwerden und fixiert die Menschen auf einem kindlich-pubertären Zustand, der sie offen hält für ständig neue Beeinflussungen. Wirklich erwachsen gewordene Menschen weisen eine charakterliche Prägung auf, sie sind nicht universell fungibel und mit allem und jedem kompatibel. Charaktere sind heute nicht mehr erwünscht und so entstehen auch keine mehr, weil die Bedingungen für ihre Herausbildung schwinden.

Den Vogel abgeschossen haben aber zwei Typen, die ich in der folgenden Woche am Eingang des Parks sah. Sie hatten ihren schwarzen Riesenschlitten vor dem Blumenladen im absoluten Halteverbot abgestellt, um gleich schon mal zu demonstrieren, dass Regeln für die anderen gelten, aber nicht für tolle Hechte wie sie. Ich kenne diesen Männertyp aus dem Gefängnis aus dem Effeff: Zuhälter- oder Türsteher-Typen. Abgeschorene Schädel, die eigentlich nur kleine Denkbeulen sind, die auf monströsen Körpern sitzen, Gangstersonnenbrillen, die muskelbepackten Oberarme voller Tätowierungen, schwarze Klamotten – halt das volle Programm. Aus dem Kofferraum holten sie irgendein technisches Gerät, das sie mit großem Aplomb eingangs der Fußgängerzone aufbauten. Dann ließen sie eine Drohne steigen, eine kleine, mit einer Kamera ausgestattete Drohne. Auf dem Gehweg bildete sich eine große Zuschauermenge, die staunend dem Gerät hinterher sah, das surrend über den Dächern und den Bäumen des Parks kreiste und den Pokémon-Wahnsinn von oben aufnahm. Im Grunde benahmen sich die Muskelprotze wie kleine Jungs, die den anderen aus der Siedlung ihr neues Modellflugzeug vorführen, das sie zu Weihnachten bekommen haben.

»Das hat ja gerade noch gefehlt! Was ist denn das jetzt wieder?«, meldete sich die Blumenhändlerin zu Wort, die uns schon ein paarmal begegnet ist. Sie hatte ihren Laden verlassen, um zu schauen, was der Anlass für den Menschenauflauf vor ihrem Geschäft war. Irgendwann verloren die großen Jungs das Interesse an ihrem Spielzeug, packten es ein und trollten sich in eins der Cafés in der Fußgängerzone, um einen Drink zu nehmen und sich sehen und feiern zu lassen. Ihren Luxusschlitten ließen sie natürlich im Halteverbot stehen. Scheiß auf die dreißig Euro, die das notfalls kostet.

Die Drohnendemonstration hat – nebenbei bemerkt – auch den Effekt, uns an diese Geräte zu gewöhnen und sie uns als harmloses Freizeitvergnügen zu präsentieren. Wenn wir von Drohneneinsätzen hören oder lesen, sollen wir an dieses harmlose Spielzeug für Erwachsene denken. Dabei wird auch mit den zivilen Drohnen mitunter Krieg geführt, ein Alltagskrieg gegen Nachbarn und Mitmenschen. In ihrer Hauptfunktion als Kampfdrohnen bringen sie Tod und Verderben über ganze Weltregionen. Seit 2001 werden Drohnen vor allem von den USA im »Krieg gegen den Terror« eingesetzt. Rund 200 Menschen werden durch sie jährlich umgebracht, überwiegend unschuldige Zivilisten, nicht nur führende Taliban oder IS-Leute, wie man uns weismachen möchte. Seit Langem wissen wir (oder könnten es doch wissen), dass dieses Töten auch von deutschem Boden aus betrieben wird.

U. und ich flohen aus dem städtischen Wahnsinn in den botanischen Garten. Wir kamen, wie man so sagt, vom Regen in die Traufe. Auch hier wimmelte es von jugendlichen Pokémon-Jägern und Leuten, die in ihre Handys hineinredeten beziehungsweise -brüllten. In den Schaukästen eingangs des botanischen Gartens hängen neuerdings Zettel, die den Garten zu einer »drohnenfreien Zone« erklären. Mit einem dicken Ausrufezeichen hinten dran. Dafür wird es Gründe geben. Offenbar haben auch hier Leute ihre Spielzeuge steigen lassen und Aufnahmen aus der Luft gemacht. Aber, so frage ich mich, was ist eine Drohne gegen den ganzen digitalen Wahnsinn und gegen die grassierende Dummheit? Als Anfang der 1980er Jahre gegen die Stationierung der Pershing-Raketen demonstriert wurde, fragte Rainald Goetz: Was ist eine Pershing-Rakete »gegen die viel zu viele dumme Dummheit?« und antwortete: »Ein geistreicher, stählerner Witz!« Statt den Einsatz von Drohnen im botanischen Garten zu verbieten, zumal ihr Aufkommen dort sehr gering sein wird, sollte man lieber den Besuchern den Gebrauch von Handys, Smartphones, Tablets und Bluetooth-Lautsprechern verbieten und sie dazu auffordern, still zu sein. Man sollte den botanischen Garten mit einer Haltung betreten, mit der man früher eine Kirche betrat: mit Demut und Respekt vor der Größe und Vielfalt der Natur. Wir scheuen die Aura solcher alten Worte und so können wir das von ihnen Gemeinte auch nicht mehr vermitteln. Was bekommen die Leute denn mit von den verwirrenden Düften und der Fülle der Farben, wenn sie nur auf die Geräte starren?

Vor Jahren habe ich einmal den botanischen Garten als eine Oase der Ruhe gepriesen. Im Jahr 2009 schrieb ich aus Anlass seines vierhundertjährigen Bestehens: »Wer die Pforte passiert und in den Garten eintritt, taucht ein in eine andere Zeitzone. Sofort spürt man wohltuend den Kontrast zur hektischen Betriebsamkeit der Stadt und verlangsamt automatisch den Schritt. Bänke stehen unter großen, alten Bäumen und laden zum sitzenden Verweilen und Lesen ein. Wo sonst trifft man so viele lesende Menschen an? Die Geschwindigkeit wird durch ältere Menschen vorgegeben, die sich hier treffen und miteinander redend ihre Runden drehen. Für sie ist der botanische Garten ein Refugium des Vertrauten inmitten einer Welt, die immer unvertrauter und unübersichtlicher wird. (…) Der botanische Garten wird zu einem Asyl für vom Aussterben bedrohte Pflanzenarten und für Stadtbewohner, die unter der fortlaufenden ökonomischen Vergewaltigung der Stadt leiden und nach Orten suchen, die frei sind von aufdringlichen Kaufappellen und rastlos-unruhigen Verwertungszwängen. Solche kommerzfreien Inseln der Stille und der Verlangsamung gehören zum sozialen Immunsystem einer Stadt. Wie wichtig diese für unser aller Leben sind, merken wir oft erst, wenn sie verschwunden sind.«

So ist es nun gekommen. »Gibt es denn überhaupt keine Orte mehr, die frei sind von diesem Wahnsinn?«, fragte U., und setzte hinzu: »Ich werde noch zur Amokläuferin.« Ich hatte ihrer Resignation und Verzweiflung nichts entgegenzusetzen.

Mit Brecht frage ich mich: Was sind das für Zeiten, da ein Gang durch die Stadt einen Menschen, der sich einen Rest an Sensibilität bewahrt hat, in eine präsuizidale Krise stürzt oder Gefahr laufen lässt, zum Amokläufer zu werden? Der Wahnsinnspegel steigt und steigt, und ich kann mich nur noch schreibend über Wasser halten. Ich gebe mir Mühe, meine Wut zu sublimieren und werfe nur symbolische Bomben auf die Wirklichkeit: meine Worte.

ETHNOLOGIE DES INLANDS

Spagettiii im botanischen Garten

Vor ein paar Tagen traf ich im botanischen Garten auf eine Kindergruppe mit ihren Erzieherinnen. Erzieherinnen suchen mit ihren Kindergartenkindern gern den Garten auf, weil sie die Kinder hier gefahrlos von der Leine und herumtollen lassen können. Sie selbst setzen sich währenddessen auf eine der Bänke, reden miteinander, rauchen oder beschäftigen sich neuerdings mit ihren Smartphones. Irgendwann wurden die Kinder zusammengerufen und mussten sich auf einer Treppe für ein Gruppenfoto aufstellen. Als die bunt zusammengewürfelte Kinderschar am Ende eines längeren Dressuraktes schließlich in Positur stand, wurden sie von der Erzieherin, die die Fotos machen wollte, auf-

gefordert, laut »Spagetti« zu sagen. »Spagettiiii«, rief sie immer wieder, wobei das I am Schluss stark gedehnt wurde. »Spagettiiii, Spagettiiii«, schallte es laut durch den botanischen Garten. Ich hielt das zunächst für ein Ritual dieser Kindergruppe, bis ich begriff: Die Kinder sollten »Spagettiiii« brüllen, damit sie ihre Zähne bleckten und es so aussah, als würden sie lachen.
Als ich U. später von meinem Erlebnis erzählte, sagte sie, dass selbst Lehrer bei gemeinsamen Fototerminen mit den Kindern aufgefordert würden, »Cheese« zu sagen, um den Eindruck eines Lächelns und guter Laune hervorzurufen. »Zwangslachen und verordnete Fröhlichkeit«, fuhr U. fort, »gewöhnen die Kinder beizeiten daran, gute Miene zum bösen Spiel zu machen.« Aber die Schule sei ja insgesamt eine Einrichtung, die die Kinder daran gewöhnen solle, ihr Leben lang morgens irgendwohin zu gehen, wohin sie nicht wollen.

Man müsse heute durchgängig gute Laune demonstrieren. Selbst ein Profi-Fotograph, den sie unlängst habe aufsuchen müssen, um Passfotos anfertigen zu lassen, habe sie mit denselben Tricks genötigt zu lächeln und den von ihm erwarteten Gesichtsausdruck hervorzubringen. Um die Sache abzukürzen, habe sie am Ende seinem Drängen entsprochen. Entstanden seien scheußliche Fotos. Synthetisch erzeugte Fröhlichkeit bringe eigenartige Grimassen und den Eindruck einer mühsam unterdrückten und übertünchten Traurigkeit hervor.

Alle wahrhaft großen Fotographen hätten sich solche Mätzchen verbeten. Der Fotograf Peter Köhn ist der Auffassung, für ein gutes Portrait sei ein Lächeln so wichtig wie ein elektrischer Außenspiegel für ein Auto. Man stelle sich vor, August Sander hätte die von ihm portraitierten Menschen aufgefordert, »Cheese« oder »Spagettiiii« zu sagen! Der Reiz seiner Fotographien besteht gerade darin, dass die Menschen selbst entscheiden konnten, welche Miene sie aufsetzten und was sie auf ihren Gesichtern ausdrücken wollten. Sie waren noch frei vom Fröhlichkeits- und Gute-Laune-Diktat. Das Zwangslachen beim Fotographiertwerden verstößt gegen die Menschenwürde und sollte vom Verfassungsgericht untersagt werden.

Pharmakologischer Seelenmord

Immer mehr Eltern gehen dazu über, ihren schlaflosen und schreienden Babys und Kleinkindern Beruhigungsmittel und andere psychoaktive Substanzen zu verabreichen. Sie fügen ihren Kindern damit nicht nur Schaden zu, sondern üben sie obendrein – ohne es zu ahnen – in den Modus der chemisch-pharmakologischen Verhaltenssteuerung und Affektregulierung ein. Normgerechtes Verhalten wird mehr und mehr zu einer Frage der »Einstellung« – auf das richtige Medikament und die richtige Dosis. Der Pharmaindustrie scheint im gesellschaftlichen Modernisierungsprozess die Aufgabe zuzufallen, die Anpassung der Individuen an die Verhaltenszumutungen des »flexiblen Kapitalismus« (Richard Sennett) chemisch-pharmakologisch zu erleichtern und sie bei der Stange zu halten.

> »Welches Kind hätte nicht Grund, über seine Eltern zu weinen?« *(Friedrich Nietzsche)*

Die tägliche Zeitungslektüre, die laut Hegel einmal das »Morgengebet des Bürgers« gewesen ist, lehrt einen das Fürchten. Dieser Tage stieß ich in der Sonntagsausgabe der FAZ unter der Überschrift *Schlaf, Kindlein, schlaf* auf einen Artikel, der darüber berichtet, dass immer mehr Eltern ihren Babys und Kleinkindern, wenn diese zu sehr schreien oder nicht durchschlafen, Sedativa, also Beruhigungsmittel, verabreichen. Kinderärzte stellen offenbar auf Bitten der Eltern bereitwillig entsprechende Rezepte aus. »Atosil« wurde früher Menschen verordnet, die als schizophren galten, heute kommt es als Beruhigungs- und Schlafmittel zum Einsatz. Bei manchen Eltern und Kinderärzten gilt es offenbar auch als probates Mittel zur Beruhigung schreiender und unruhiger Babys und Kleinkinder. Es gibt aber auch Substanzen und Säfte wie »Sedaplus« oder »Wick Medinait«, die man rezeptfrei bekommen kann und die nicht weniger schädlich für Kinder sind. Auch sie enthalten Stoffe, die ins zentrale Nervensystem gelangen und tief in den leib-seelischen Haushalt eingreifen. Jedenfalls können diese Mittel schnell psychisch abhängig machen und innere Organe wie Leber und Niere schädigen.

Eine ungewollte Nebenwirkung dieser Medikamentenvergabe an Kinder besteht darin, dass diese sich zeitig an den Modus der pharmakologischen Moderation der Gefühle gewöhnen. Der »flexible Mensch« der sogenannten Informationsgesellschaft kann sein inneres Gleichgewicht und seine Funktionsfähigkeit oft nur mit Hilfe psychoaktiver Substanzen aufrechterhalten. Den Markt, in dessen Zwänge die Menschen eingespannt sind, hat man ihnen so lange als alternativloses Steuerungsinstrument von Wirtschaft und Gesellschaft angepriesen, dass er inzwischen den Status einer zivilen Religion besitzt. Die Dreifaltigkeit, die in der neoliberalen Marktreligion angebetet wird, heißt: Rationalisierung, Privatisierung und Deregulierung. Ihre Anforderungen, denen die Gläubigen nicht zu widersprechen wagen, sind so beschaffen, dass sie von vielen Menschen nur unter Einsatz von Dopingmitteln erfüllt werden können. Die Bereitschaft zur pharmakologischen Selbstmanipulation muss früh geweckt werden, will man nicht abgehängt werden und auf der ›Loser‹-Seite landen. Selbst grüne Bundestagsabgeordnete bringen sich mit Crystal Meth in Schwung, und jedes Wochenende werden in Clubs tonnenweise irgendwelche synthetisch hergestellten Substanzen eingeworfen, um die Nacht durchzustehen und dabei stets »gut drauf« zu sein – oder zumindest so zu wirken, als sei man »gut drauf«. Man geht auf Partys ja nicht, um wirklich Spaß zu haben, sondern um per geposteten Selfies und Nachrichten zu dokumentieren, dass man Spaß hat.

Die verselbständigte Megamaschine kann nur mit chemikalisch-pharmakologischen Schmiermitteln am Laufen gehalten werden. Statt das von ihr vorgegebene rasende Tempo auf ein menschengemäßes Maß zu drosseln, versuchen die Menschen, ihren Imperativen Folge zu leisten, indem sie sich Mittel einverleiben, die sie von Biorhythmen des Körpers unabhängig machen. Der Rhythmus der rasenden Ökonomie stellt mehr und mehr auch den der Sozialisation ein. Mit der Geburt beginnt ein gnadenloses Rattenrennen um Markt- und Lebenschancen, das Eltern veranlasst, ihren Kindern – meist ohne böse Absichten – Sedativa und andere psychoaktive Substanzen zu verabreichen.

Vor einiger Zeit stieß ich im Wartezimmer meines Zahnarztes in einer Illustrierten auf ein Interview mit einer Mutter. Diese arbeitete, wenn ich mich recht erinnere, in der Werbe-Branche. Sie schilderte ihren Sohn als ein »anstrengendes Kind«. Die Mutter ließ ihm Ritalin verschreiben. Daraufhin war Paul kein anstrengendes Kind mehr, weder für die Mutter noch für die Lehrer. Und die Mutter fügte hinzu: »Wir leben in einer Leistungsgesellschaft und ich möchte, dass mein Kind ganz vorne mitschwimmt.«

Was veranlasst Eltern, zu diesen Substanzen zu greifen und sie ihren Kindern zu verabreichen? In erster Linie tun sie das, weil sie in berufliche Zwänge eingespannt sind und bei Strafe des Jobverlustes tagtäglich funktionieren müssen. Familie und Kinder kommen da notgedrungen zu kurz. Wenn ein Kind nicht schlafen kann und Nächte lang schreit, wächst bei den Eltern neben der Ratlosigkeit die Verzweiflung. Und oft auch eine unterschwellige Wut. Obwohl sie deswegen Schuldgefühle empfinden und wissen, dass das, was sie tun, nicht richtig ist, greifen Eltern schließlich zu chemisch-pharmakologischen Hilfsmitteln. Wer immer sich durch die Härte und Kälte der Zeitläufte hindurch ein Gewissen gerettet hat, sollte niemals den Betroffenen das als Schuld anrechnen, was ohne die falsche Einrichtung der Gesellschaft nicht möglich wäre.

Dennoch gibt es ein Aber. Menschen existieren ja nicht in der Form von Billardkugeln, die durch ein Queue bewegt werden – noch als gesellschaftlich Determinierte behalten sie einen Spielraum für eigene Entscheidungen. Um im Bild zu bleiben: Die Kugeln sind denkende Kugeln, die innerhalb gewisser Grenzen Einfluss auf die Richtung nehmen können, in die sie rollen. Sartre hat seinen Begriff von Freiheit wie folgt formuliert: »Ich bin davon überzeugt, dass der Mensch immer etwas aus dem machen kann, was man aus ihm gemacht hat. Heute würde ich den Begriff der Freiheit folgendermaßen definieren: Freiheit ist jene kleine Bewegung, die aus einem völlig gesellschaftlich bedingten Wesen einen Menschen macht, der nicht in allem das darstellt, was von seinem Bedingtsein herrührt.«

Es existieren auch Gründe für den Griff zu Sedativa, an denen die Menschen etwas ändern könnten, wenn sie denn wollten. Yvonne Staat schreibt im eingangs erwähnten FAZ-Artikel: »Medikamente sind der Weg des geringsten Aufwands. Für die Mütter ist es ein praktischer Weg.

Für die Babys ein brutaler. Es gäbe andere Wege.« Um diese zu finden und zu begehen, müssten die Mütter allerdings ihren Blick vom Display ihres Smartphones oder Tablets heben und das Internet verlassen, das sie über entsprechende Foren dazu ermuntert, ihre Kinder »abzuschießen«, wie der Vorgang der Ruhigstellung durch Medikamente in der zynischen medizinischen Umgangssprache bezeichnenderweise genannt wird. Eltern, die ihren Smartphones mehr Aufmerksamkeit widmen als ihren Kindern, dürfen sich nicht wundern, wenn diese sich aus Verlassenheitsangst und Einsamkeit nächtelang die Seele aus dem Leib schreien.

Heutige Eltern sind normativ verunsichert und wissen häufig selbst nicht, woran sie sich in puncto Erziehung halten sollen. Sie suchen Rat bei fragwürdigen Instanzen und Internetforen. Erziehen ist strapaziös und fordert die Erwachsenen mit Haut und Haaren. Eltern haben oft nicht den Nerv, sich dem auszusetzen, und ziehen sich aus dem Feld der Erziehung zurück. Sie überlassen ihre Kinder sich selbst und der medialen Dauerbeeinflussung. Man sperrt sie in Kinderzimmer, die überquellen von Spielzeug und elektronischem Gerät. Die Kinder sitzen so lange vor Bildschirmen, bis die Welt für sie einen rechteckigen Rahmen hat und ihre Innenwelt von fragwürdigen Computerspiel-Figuren bevölkert ist. Die wild gewordene Weltzeit dringt in die Kinderzimmer ein und überlagert und zerstört die Zeitmaße, in denen ein Kind heranwächst, also den Zeitrhythmus, der erforderlich ist, um das Sprachvermögen eines Kindes, seine moralische Urteilsbildung und seine sozialen Fähigkeiten zu entwickeln. Das, was Margaret S. Mahler als »psychische Geburt des Menschen« gefasst hat, ist ein komplizierter und höchst störanfälliger Prozess, dessen Gelingen von räumlicher und zeitlicher Konstanz und zuverlässigen emotionalen Bindungen abhängig ist. Er bedarf auf all seinen Stufen der elterlichen Begleitung und Unterstützung. Ein Kind muss sich auf seinem Weg in die Welt gestützt und gehalten fühlen, und ein solches Gefühl stellt sich nur unter Bedingungen verlässlicher, leiblicher Anwesenheit der Erziehungspersonen ein. Fehlt es an dieser, wird ein Kind von Angst überschwemmt. Und Angst macht unruhig, raubt den Schlaf und lässt Kinder schreien.

Eltern beschreiten den Weg zu Arzt und Apotheker auch deswegen, weil sie sich selbst an den Modus der pharmakologischen Moderation von Konflikten gewöhnt haben und bei jeder Gelegenheit irgendein Medikament einnehmen. Das als »Unternehmer seiner selbst« konzipierte Subjekt muss bei Strafe des Untergangs lernen, sein als Störfaktor auftretendes Seelenleben mittels Drogen und Medikamenten zu regulieren und auf Vordermann zu bringen. Stressbewältigung und Stimmungsaufhellung durch Einnahme psychoaktiver Substanzen ist gang und gäbe. Andere Wege sind mühevoll, verlangen Geduld und ein Sich-Einlassen auf Näheverhältnisse. Vor allem aber können sie einen in Konflikt mit der Gesellschaft und ihren Funktionsimperativen bringen. So sediert man Babys und Kleinkinder, erstickt ihr Schreien und stellt sie ruhig. Ein paar Jahre später dämpft man ihre motorische Unruhe mit Ritalin und Psychopharmaka. Man bekommt auf diesem Weg ein »braves«, funktionstüchtiges Kind, das aber den Kontakt zu seiner Gefühlswelt verliert und ein »falsches Selbst« (Winnicott) entwickelt. Die aus dieser Selbstentfremdung resultierenden Gefühle innerer Leere und Sinnlosigkeit werden sodann als »Depression« diagnostiziert und durch Verschreibung von Antidepressiva bekämpft. Mitunter nehmen mit Medikamenten groß gewordene Menschen die Medikation in eigene Regie und greifen zu harten Drogen oder Alkohol. Sie geraten in einen Teufelskreis, aus dem es keinen Ausweg zu geben scheint.

Nachdem dieser Text erschienen war, erhielt ich einen Brief von einer Altenpflegerin, die mich auf einen Aspekt hinwies, den ich ausgeblendet hatte und der unbedingt erwähnt werden sollte. Nicht nur Kinder, sondern auch Alte werden mit Medikamenten traktiert. Die einen sind noch nicht, die anderen häufig nicht mehr leistungsfähig und »in der Spur« der gesellschaftlichen Normalität und sollen medikamentös normalisiert werden. Verhaltensweisen von älteren Menschen, welche die geregelten Abläufe der Alten- und Pflegeheime stören und Personal binden, das heißt Kosten verursachen, werden medikamentös unter Beschuss genommen. Das ist billiger. Frau S. schrieb:

> »Beim Lesen erinnerte ich mich, wie ich mit Atosil, Valium 5, Tee mit zwei Sorten, Pfefferminz und Kamille auf dem Teewagen abends die Station im Krankenhaus, egal auf welcher Station, das Ritual war überall gleich, abfuhr und diese – ins Lächerliche gezogen – anpries, wie der Eismann Eis.

Heute ist das zwar anders, als man merkte, dass z. B. im Bundeswehrkrankenhaus die Soldaten insbesondere Valium 5 mit Bier tranken, um so eine besondere Wirkung zu erzielen, wurde es verboten. Valium ist passee. Atosil war eine Zeit auch verschwunden, jetzt aber wieder »In.«

Fast alle alten Menschen, die ich in den letzten Jahren betreut habe, stehen unter irgendeinem Psychopharmakon, oft kombiniert mit Neuroleptika. Inzwischen gibt es auch noch andere, die als kleines Pflästerchen auf Brust und Rücken im Wechsel aufgeklebt werden. Oft bin ich immer noch überrascht, wenn mir manche alten Menschen »komisch« vorkommen und ich zufällig, beim Aus- oder Ankleiden, das Pflästerchen sehe. Kein Wunder, diese Menschen leben in Dauerangst, mit Gefühlen wie auf der Achterbahn.

Es ist nichts dagegen zu machen. Ich habe es zig-Mal versucht, dagegen vorzugehen, auch im Kolleginnenkreis und auch meinen Job riskiert oder sogar verloren. Wenn Menschen anstrengend werden, d. h. Redebedarf haben und unruhig werden, wird sofort ein derartiges Mittel eingesetzt. Meistens sogar zwei. Am Ende konnten einige nicht mehr laufen, nicht mehr richtig sprechen und wurden rollstuhlpflichtig.

Jetzt arbeite ich im Nachtdienst. Auch hier ähnliche Probleme – allerdings habe ich jetzt freiwillig auf meine Examina als Krankenschwester und Pflegedienstleitung verzichtet und arbeite als Pflegehilfskraft. Ich will nicht mehr diese Medikamente austeilen müssen wohl wissend, dass sie mehr schaden als nutzen.«

Ein wirklicher Ausweg aus der »Medizinisierung sozialer Konflikte« (Klaus Dörner) ist nur als gesamtgesellschaftlicher denkbar. Vernünftig und im Sinne einer »Ökonomie des ganzen Hauses« (Oskar Negt) letztlich auch rentabler wäre es, das aberwitzige Tempo der Produktion und des Alltagslebens zu drosseln, allen Menschen anständige, menschenförmige Arbeitsbedingungen zu bieten und ihnen nicht länger zuzumuten, ihr Leben in einem Universum permanenter Verteidigung und Aggression fristen zu müssen. Dann bräuchte es den ganzen psychologisch-medizinischen Reparatur- und Kompensationsaufwand nicht. Eine menschliche

Gesellschaft würde ihr Hauptaugenmerk auf die Schaffung verlässlicher Räume richten, in denen es Kindern möglich wäre, unter Bedingungen raum-zeitlicher Konstanz und leiblicher Anwesenheit ihrer Bezugspersonen ihre »psychische Geburt« zu vollenden und sich zu Menschen in einer menschlichen Gesellschaft zu entwickeln.

ETHNOLOGIE DES INLANDS

Ein höflicher Junge

Es ist an einem Samstagmorgen auf dem Wochenmarkt. Ich habe an einem der Stände Brot und Eier gekauft und wende mich zum Gehen. Nach mir wird ein alter Mann bedient, der einen Einkaufstrolley mit sich führt. Er schickt sich an, einen Laib Brot in dem Wagen zu verstauen und tut sich schwer, ihn in den Sack zu bugsieren. Neben ihm warten ein Mann und sein vielleicht sechsjähriger Sohn darauf, dass sie an die Reihe kommen. Als der kleine Junge sieht, wie der alte Mann sich abmüht, fragt er diesen: »Soll ich Ihnen den Sack aufhalten?« Und schon zog er dessen Öffnung auseinander, so dass der alte Herr sein Brot verstauen konnte. Niemand hatte den Jungen zu dieser Hilfestellung aufgefordert. Er hat eine intakte Wahrnehmung und die Fähigkeit, sich in andere Menschen hineinzuversetzen und deren Notlage zu erkennen.

Warum geht mir diese Szene nicht aus dem Sinn, die doch inzwischen gewiss sechs oder sieben Wochen zurückliegt? Weil sie, die doch eigentlich selbstverständlich sein sollte, inzwischen alles andere ist als das, nämlich eine große Ausnahme und Seltenheit. Und das nicht nur bei Kindern, sondern auch bei Erwachsenen. Indifferenz und Kälte haben von den Menschen Besitz ergriffen und ihre Beziehungen zu den anderen, die doch Mitmenschen sind oder sein sollten, in eine Gletscherlandschaft verwandelt. Keiner kümmert sich um niemanden. Alte Leute werden beim Einkaufen als Störfaktor wahrgenommen: »Was fummelt dieser Mann so lang an seinem Trolley herum und hält den Betrieb auf?«

Die Mühen der Integrations-Ebene

Vor rund einem Jahr – am 31. August 2015 – fiel Merkels berühmter Satz »Wir schaffen das!« Die Euphorie der Willkommenskultur ist schnell verflogen, die geflüchteten Menschen sind geblieben. Die Auseinandersetzung, wie mit ihnen umgegangen werden soll, spaltet zunehmend die Gesellschaft. Die auftretenden Schwierigkeiten und Zwischenfälle mit Migranten leiten Wasser auf die Mühlen der Rassisten und Rechtspopulisten. Am Beispiel eines kleinen nordhessischen Dorfes und einer dort untergebrachten afghanischen Familie wird im Folgenden von den Höhen und Tiefen des Integrations-Alltags berichtet.

Kunst statt Tünche

An einem schönen Sommertag nutze ich die Freiheiten des mir gerade zugewiesenen Rentnerstatus' und fahre an einen Stausee in Nordhessen. Nach einem ausgiebigen Bad im See begebe ich mich auf eine Wanderung. Ich durchquere ein Dorf oberhalb des Sees. An einer Scheunenwand stoße ich auf ein großflächiges Mosaik. Verblüfft, ein derartiges Kunstwerk in dieser dörflichen Umgebung anzutreffen, bleibe ich stehen. Es erinnert mich an Darstellungen des Auszugs des Volkes Israel aus Ägypten, wie ich sie vom Kindergottesdienst her in Erinnerung habe. Auch Frantz Fanons Buch *Die Verdammten dieser Erde* fällt mir ein, das ich vor ein paar Tagen wieder einmal aus dem Regal geholt habe. Auf dem Cover der Rowohlt-Ausgabe sind Menschen in ähnlicher Haltung und Kleidung zu sehen. Hier nun bedecken zwölf bis fünfzehn lebensgroße Figuren in allen Hautfarben und verschiedensten Gewändern den rechten unteren Teil der Scheunenwand. Es sind offensichtlich Menschen auf der Flucht: Frauen, Männer, Alte, Junge, Hinfällige und Kinder. Ihre Körper sind aus Bruchstücken von Fliesen zusammengefügt, die Gesichter aus Ton

Das Mosaik

modelliert und plastisch. Ich entdecke ganz unterschiedliche Gesichtsausrücke, die von Angst, Schrecken und Skepsis zeugen und bis hin zu Hoffnung und Zuversicht reichen. Aus dem rechten Teil des Mosaiks wächst eine Skulptur hervor: ein Gesicht und darunter überdimensional große betende Hände. Das Bemerkenswerteste aber ist, dass eine der Figuren anstelle des Gesichtes einen Spiegel trägt. Als ich näher herantrete, entdecke ich mich selbst unter den Flüchtlingen. Ich bin einer von ihnen. Ich hole meine Kamera aus dem Rucksack und mache ein erstes Foto.

Als ich noch dabei bin, nach der besten Perspektive zu suchen, tritt eine Frau auf mich zu und spricht mich an. Ob ich mich für das Mosaik interessiere und etwas über die Geschichte seiner Entstehung erfahren wolle, fragt sie. Sie sei dessen Urheberin. Das Mosaik sei im Frühjahr 2016 entstanden. Eines Morgens habe sie an der Wand ihrer Scheune fremdenfeindliche Schmierereien entdeckt. »Flüchtlinge raus« habe da gestanden und eine Art Signatur. Neben die Skulptur mit den betenden Händen, die schon vor dem Mosaik existierte, habe man, wohl als Ausdruck der Verachtung ihrer Kunst und Person, einen Penis gesprüht. Es habe noch an anderen Gebäuden des Dorfes ähnliche Schmierereien gegeben. So habe an der Eingangstür ihres Hauses »Hurre« gestanden und daneben habe man ein Hakenkreuz gesprüht. Im Dorf lebten vier Flüchtlinge: eine

Die Parole

Frau aus Afghanistan mit drei Kindern. Sie hätten im Haus eines älteren Ehepaars Aufnahme gefunden. Auf dem Weg zum Bus passierten die Kinder jeden Tag die Scheunenwand, vor der wir gerade stünden und auf der sich die Parole »Flüchtlinge raus« befunden habe. Deswegen sei es für sie vordringlich gewesen, diese zum Verschwinden zu bringen. Die Frage sei gewesen, wie man das bewerkstelligen solle. Sie habe sich dann dafür entschieden, die Schmierereien nicht einfach zu übertünchen, sondern eine künstlerische Lösung zu finden. »Das Übertünchen ist der in dieser Gesellschaft vorherrschende Modus im Umgang mit Unangenehmem, das aus der Vergangenheit immer wieder auftaucht.« Das Übertünchte schlage immer wieder durch. »Ich wollte mit meinen Mitteln reagieren und aus dem Destruktiven etwas Positives entstehen lassen«, sagt sie und weist auf das von ihr geschaffene Mosaik. Als Künstlerin sei sie von der Mosaikkunst des Österreichers Friedensreich Hundertwasser beeinflusst und so habe sie sich für diese Möglichkeit entschieden. »Ich hoffe, es ist mir einigermaßen gelungen«, fügt sie hinzu. Wir gehen ins Haus und sie zeigt mir ein Foto von der Scheunenwand mit den Schmierereien drauf.

Sie habe tagelang an der Scheunenwand gearbeitet und währenddessen zahlreiche Rückmeldungen von Passanten bekommen. Das sei ein nicht zu unterschätzender Vorteil dieser Form öffentlicher Kunst. »Raus aus dem Atelier, rein ins wirkliche Leben«, sagt sie. Fragen danach, was sie mit ihrer Kunst sagen wolle, beantworte sie aber in der Regel nicht. »Lass die Leute phantasieren und erforschen, dann werden sie mehr entdecken, als du ihnen jemals mit Worten beschreiben kannst. Kein Künstler sollte seine Werke erklären. Das nimmt die Spannung weg«, erläutert sie ihre Haltung. Was sie denn mit dem Spiegel beabsichtige, sei sie häufig gefragt worden. Da habe sie manchmal eine Ausnahme gemacht und geantwortet: »Jeder ist ein Flüchtling.« Mehr aber auch nicht, um die Fülle der möglichen Assoziationen nicht vorschnell zu verengen. Auch ich könne mir meinen eigenen Reim auf die Bedeutung des Spiegels machen. Ob sie wisse, wer für die Schmierereien verantwortlich sei, frage ich zum Schluss. »Wir haben eine Vermutung, wissen aber nichts«, sagt sie sibyllinisch. Es sei letztlich auch nicht so wichtig. Wichtiger und schlimmer sei, dass die Schmierereien Ausdruck einer Stimmungslage in der Bevölkerung seien. Gerade hier auf dem platten Land, wo es kaum Ausländer gebe, sei die Fremdenfeindlichkeit verbreitet und tief verwurzelt. Sie habe für ihr Kunstwerk viel Anerkennung und Zuspruch erfahren, aber auch eine Menge diffuser, schweigender Feindseligkeit und Ablehnung erlebt. Von dieser Gemengelage könnten mir auch die Menschen berichten, die die Flüchtlinge in ihr Haus aufgenommen hätten. Wenn ich Interesse hätte, das Ehepaar Weber[1] kennenzulernen, könne sie den Kontakt gern herstellen. Sie seien seit Langem befreundet. Ich nehme das Angebot an und sie greift zum Telefon. Am frühen Nachmittag könne ich gern vorbeikommen, teilt die Künstlerin mir nach dem kurzen Telefonat mit. Ich bekomme eine Wegbeschreibung und Tipps, wie ich die Zeit bis dahin überbrücken kann.

Was sehen wir im Spiegel?

Ich verlasse den Ort und setze mich am Waldrand auf eine Bank. Ich mache mir Notizen und greife die Anregung der Künstlerin auf und denke über die Bedeutung des Spiegels nach. Das »Wir sind alle Flüchtlinge« genügt mir nicht, ist mir zu allgemein. Der Satz mag gut gemeint sein und einen

1 Alle im Text vorkommenden Namen sind erfunden und nicht die wirklichen Namen der Akteure. Das geschieht zu deren Schutz.

aufklärerischen Sinn und eine pädagogische Wirkung haben. Vielleicht bringt er den einen und die andere zum Nachdenken, vorausgesetzt, dass man überhaupt nachdenkt. Was also stört mich an ihm? Er verwischt die gravierenden Unterschiede zwischen den Flüchtlingen und uns. Vor allem den, dass wir und unsere Lebens- und Arbeitsweise zu den Bedingungen ihrer Flucht gehören. Frantz Fanon hätte uns einen solchen Satz um die Ohren gehauen und ihn als zutiefst verlogen zurückgewiesen. Je länger ich über ihn nachdenke, desto problematischer erscheint er mir. Was also sehen wir, wenn wir den Mut haben, wirklich in den Spiegel zu blicken, den uns die Flüchtlinge vorhalten? Wir sehen, dass unser Wohlstand auf ihrem Elend basiert; dass wir Ausbeuter sind, dass unser ganzer Reichtum aus Plünderung und Raub ihrer Besitztümer und Länder stammt; dass wir erst das Gold und die Edelmetalle, dann das Erdöl genommen und in die Mutterländer gebracht haben; dass unsere Kathedralen, Paläste und Industriestädte ihre Blutspuren tragen; dass es die von uns geführten Kriege sind, die ihre Lebensverhältnisse verwüstet und unerträglich gemacht und die staatlichen Strukturen in ihren Ländern zerstört haben. Wir dürften uns nicht wundern, wenn sie in unsere Häuser eindringen, sich an unsere Tische setzen, unsere Vorräte plündern und sich in unsere Betten legen würden. Aber das tun sie nicht einmal. Sie kommen nur und bitten uns um Hilfe. In der Regel wollen sie sich integrieren und sich an den hiesigen Lebensstil anpassen, obwohl sie allen Grund hätten, das Wertesystem der westlichen Mittelklasse abzulehnen. Das muss natürlich nicht so bleiben und ob zukünftige Flüchtlinge ihre Wut ähnlich im Zaum halten werden, ist nicht unbedingt gesagt. Alle gegen sie errichteten Barrieren, Zäune, Wälle und gesetzlichen Maßnahmen werden sie letztlich nicht aufhalten können. Fortgesetzte Kriege, Bürgerkriege, Landaufkäufe durch Konzerne, der Klimawandel, steigende Lebensmittelpreise werden dafür sorgen, dass es nicht weniger Flüchtlinge werden, wie die Politik den Wählermassen scheinheilig und aus Furcht vor einem weiteren Anwachsen der AfD verspricht.

Die Webers öffnen ihr Haus

Über diese Gedanken ist es Zeit geworden, zu den Webers aufzubrechen, die am anderen Ende des Ortes wohnen. Solar-Paneele auf dem Dach und der gute, alte »Atomkraft? Nein danke«-Aufkleber mit der roten, lachenden Sonne an der Tür deuten darauf hin, dass die Webers im grün-alternativen Milieu beheimatet sind. Ich werde herzlich empfangen und auf die Terrasse geführt. Wir stellen uns einander vor und trinken Tee. Dazu gibt es selbstgebackenen Kuchen. Ein Strauß aus Wiesenblumen steht auf dem Tisch. Die Webers sind um die siebzig Jahre alt. Ulrike war bis vor einigen Jahren Lehrerein, Helmut evangelischer Pfarrer. Sie haben einige Jahre in Lateinamerika gelebt und dort im Kontext der Befreiungstheologie und im Kampf gegen Diktaturen prägende Erfahrungen gemacht. Nach dem Auszug aus dem Pfarrhaus haben sie dieses Haus bezogen, zu dem ein fußballfeldgroßer Garten gehört, der auf angenehme Weise verwildert ist und zahlreiche Tiere beherbergt. Zwei Esel kann ich durch die Äste der Bäume hindurch erkennen und vor allem hören. Schafe, Ziegen und ein Pferd grasen auf Wiesen ein Stück weiter weg vom Haus. Der Hund der Webers hatte mich schon an der Tür begrüßt.

Ich erläutere den Grund meines Besuches und frage, ob sie mir etwas über ihr Zusammenleben mit Flüchtlingen erzählen könnten. Als im Herbst 2015 hunderttausende Flüchtende nach Deutschland kamen, entstand bei den Webers relativ schnell die Idee, eine zum Haus gehörende Souterrain-Wohnung, in der bislang gelegentlich Besuch untergebracht wurde, für eine Flüchtlingsfamilie zur Verfügung zu stellen. »Uns war klar, dass es nicht damit getan ist, an Bahnhöfen zu applaudieren und Schokolade und Plüschtiere zu verschenken«, sagt Helmut. Etwas Dauerhaftes wie Integration könne nicht auf etwas Flüchtiges wie die Willkommens-Euphorie gegründet werden. Ich kennte ja sicher die Brecht'sche Formulierung von »den Mühen der Ebene«: Nach den Gipfeln der Willkommenskultur folgten nun die »Mühen der Ebene«. Für ihn und seine Frau sei es ein Gebot christlicher Nächstenliebe, aber auch politischer Solidarität gewesen, sich an der langfristigen Aufgabe der Integration zu beteiligen. Es folgten Verhandlungen mit der Gemeinde und dem Kreis, die sich bereit erklärten, für die Miete und die Nebenkosten aufzukommen. Sie selbst hätten die Wohnung auf Vordermann gebracht, Herd, Waschmaschine, Fernsehgerät und Kühlschrank gekauft. Im Bekannten- und Freundeskreis habe man Geschirr, Bettzeug, Möbel- und Kleidungsstücke gespendet und Unterstützung bei der Betreuung zugesagt. Im Januar 2016 sei es dann so weit gewesen. Eine aus Afghanistan stammende Frau mit drei Kindern sei vom Landkreis ihrer Gemeinde zugewiesen worden und sie hätten »ihre WG« ins Leben gerufen. Es sei etwas anderes als ein gewöhnliches Mietverhältnis. Jeder habe zwar seine separaten Räumlichkeiten, aber im Alltag verbrächten sie doch eine Menge Zeit miteinander. Ulrike und Helmut seien für ihre Mitbewohner eigentlich rund um die Uhr ansprechbar. Seit die wärmere Jahreszeit angebrochen sei, treffe man sich regelmäßig am späten Nachmittag im Garten zur Fütterung der Esel und bespräche alles, was den Tag über angefallen sei. Bei den Eseln träfe man sich nicht zufällig. Sie symbolisierten die Verbindung zwischen der alten und der neuen Heimat. Eine Eselsbrücke ganz eigener Art.

Die neuen Mitbewohner

Die vier neuen Hausbewohner seien Nesrin, die Mutter, der 18-jährige Walid, die 15-jährige Nila und der 8-jährige Aziz. Der Mann von Nesrin und Vater der Kinder sei mit einem weiteren 11-jährigen Sohn an der Grenze zwischen Iran und Türkei von den anderen getrennt worden. Die beiden seien inzwischen nach Kabul zurückgekehrt. Trotz vieler Bemühungen bestünde bisher kein Kontakt zum Vater, worunter vor allem Nesrin sehr leide. Sie sei Analphabetin und nehme an einem Alphabetisierungskurs in der Kreisstadt teil. Sie verstünde inzwischen einiges, ihre aktive Teilnahme an der Kommunikation sei aber durch ihre Trauer um die Trennung von Mann und Sohn spürbar gehemmt. Es sei schwer, ihr Trost zu spenden und Ablenkung zu verschaffen. Auf dem Weg von der Türkei nach Griechenland über das Mittelmeer hätten alle vier miterlebt, wie zwei Boote in ihrer unmittelbaren Nähe untergegangen und die Insassen ertrunken seien. Wie ihre Mitbewohner mit dieser sicherlich traumatischen Erfahrung fertig würden, werde sich zeigen. Deswegen sei es umso wichtiger gewesen, ihnen schnell zu einem geregelten Alltag und zur Teilnahme am Schulunterricht zu verhelfen. »Da ist mir natürlich der Umstand zugutegekommen, dass ich aus meiner aktiven Zeit als Lehrerin viele Schulen und deren Lehrpersonal noch kenne«, sagt Ulrike. Aziz besuche inzwischen die Grundschule im Nachbardorf, Nila die Realschule in der Kreisstadt und Walid sei in eine Integrationsklasse an einer berufsvorbereitenden Schule aufgenommen worden. Die Jungs seien begeisterte Fußballer und spielten in Mannschaften des örtlichen Fußballvereins.

Der Fußball erweise sich als ein äußerst wirksames Vehikel der Integration. Da sie gute Spieler in ihrer jeweiligen Altersklasse seien, erhielten sie viel Anerkennung. Auch ihre deutschen Mitspieler würden etwas lernen: »Man kann hoffen, dass, wer gemeinsam Fußball spielt, nicht mehr so leicht Zugang findet zum gewöhnlichen, an der Haut- und Haarfarbe ansetzenden Rassismus«, sagt Helmut.

Das liefert das Stichwort und wir kommen auf die rechtsradikalen Schmierereien im Ort zu sprechen. Natürlich hätten die Mutter und ihre beiden älteren Kinder verstanden, dass sich die Parole »Flüchtlinge raus« auf sie bezog. Außer ihnen habe es ja damals keine anderen Flüchtlingen im Ort gegeben. Inzwischen seien noch eine weitere Familie aus Afghanistan und fünf junge syrische Männer im Ort untergebracht worden. »Wir haben mit unseren Mitbewohnern in dem Zusammenhang besprochen, dass nicht alle Deutschen *friends* sind – bis dahin hatten sie eigentlich nur Freunde von uns und ihnen wohlgesonnene Menschen erlebt –, aber wir haben das Thema sehr flach gehalten, vor allem, um das Mädchen nicht zu ängstigen. Wir versuchen seither aufzupassen, dass vor allem Nila keinen weiten Weg alleine geht und begleiten sie, wann immer wir können, oder bringen sie mit dem Auto zu irgendwelchen Terminen«, erklärt Ulrike. Auch für die Familie sei es wichtig gewesen mitzuerleben, dass die feindseligen Parolen unter einem Kunstwerk verschwinden und das Negative etwas Positivem weicht. Sie, die Webers, hätten gelegentlich anonyme Briefe erhalten, vom Tenor her aus der AfD- oder NPD-Ecke, ergänzt Helmut. Er zieht eine Schublade auf, holt einen Brief hervor und liest vor: »Leute wie Sie wirken daran mit, dass Deutschland mit Fremden geflutet und die deutsche Bevölkerung durch eine aus allen Teilen der Erde herbeigerufene Bevölkerung ersetzt wird.« Dass er hier jahrelang Gemeindepfarrer gewesen sei, auferlege den Leuten eine gewisse Zurückhaltung und bewahre sie wohl vor Schlimmerem, vermutet er. »Insgesamt überwiegen die positiven Reaktionen«, resümiert Ulrike, »wir bekommen viele Hilfsangebote und Unterstützung.« Einige Bekannte würden der Mutter und den Kindern zusätzlichen Deutschunterricht erteilen.

Es klingelt an der Haustür und Helmut verschwindet für eine Weile. Als er zurückkehrt, berichtet er, ein Fernsehtechniker sei dagewesen und habe das Fernsehgerät der Mitbewohner ausgetauscht. Da von ihnen niemand zu Hause sei, habe er den Mann reinlassen und in die Wohnung begleiten müssen. Überhaupt seien ihre Mitbewohner digital auf dem neuesten Stand und verbrächten viel Zeit mit ihren Smartphones und am Computer. Sie hätten so etwas nicht und seien eher analoge Menschen.

Hoffnungen und Wünsche

Plötzlich dringen aus der Wohnung unter uns Stimmen und Lachen herauf. So langsam trudeln die Familienmitglieder ein. Wenig später treffen sich tatsächlich alle im Garten bei den Eseln, die Knut und Hugo heißen. Nur Aziz, der Jüngste, ist noch beim Fußballtraining. Nila berichtet euphorisch von ihrem Praktikum, das sie bei einer Friseurin im nächsten Ort absolviert. Eine Kundin habe ausdrücklich darauf bestanden, dass sie ihr demnächst die Haare zur Hochzeitsfrisur stecke. Das sei bereits ihr zweites Praktikum, das erste habe sie in den letzten Ferien bei einer Zahnärztin absolviert. Sie könne sich vorstellen, Zahnärztin zu werden. »Mach erst mal Schule fertig«, dämpft ihr großer Bruder ihre Euphorie. Er hat auch bereits ein Praktikum bei einem Schreiner gemacht und möchte sich beruflich in diese Richtung orientieren. Der 18-Jährige Walid erinnert daran, dass sie vor Krieg und alltäglicher Gewalt geflohen seien. »Das ist immer noch hier drin«, sagt er und klopft an seinen Kopf. Sie seien in der Hoffnung nach Deutschland gekommen, hier Frieden, Freiheit und eine Zukunft zu finden. Die Mutter steht still daneben, lächelt und schweigt. Sie trägt ein lose geschwungenes Tuch um den Kopf. Nila trägt ihr Haar offen und ist gekleidet wie hiesige Mädchen in ihrem Alter. Inzwischen ist auch Aziz eingetroffen und erzählt ganz aufgeregt, er sei am nächsten Samstag bei einem Mitspieler zum Geburtstag eingeladen. Er hat von allen am schnellsten Deutsch gelernt und beherrscht es bereits ziemlich gut. Nur wenn er zu viel auf einmal sagen möchte, verhaspelt er sich und sucht nach Worten.

In einigen Wochen wird endlich über den Asylantrag der Familie entschieden. Sie haben einen Anhörungstermin in der Erstaufnahmeeinrichtung erhalten, in der sie bis Ende 2015 untergebracht waren. Die Familie weiß, dass auch nach Afghanistan abgeschoben wird und dass keineswegs sicher ist, dass sie bleiben können. Das erfüllt alle mit Angst und Sorge. Die Webers wollen sie zur Anhörung begleiten und hoffen auf einen positiven Ausgang des Verfahrens. Der Gedanke, dass all die bereits unternommenen Integrationsbemühungen umsonst gewesen seien und die sich andeutenden Zukunftsperspektiven für die Kinder sich zerschlagen könnten, sei im Grunde unerträglich.

Wie Integration klappen könnte und wie sie schiefgeht

Die Versammlung im Garten verläuft sich. Die Webers laden mich zum Abendessen ein. Dabei werden sie ein bisschen grundsätzlicher. Das vor beinahe einem Jahr von Bundeskanzlerin Merkel verkündete »Wir schaffen das!« sei ja möglicherweise gut gemeint gewesen, aber mit diesem Tschakka-Ruf sei es natürlich nicht getan. Integration sei sein langwieriger und mühseliger Vorgang und funktioniere nur unter gewissen Voraussetzungen. Man habe in der Folge versäumt, die zu schaffen. Es brauche eine Unmenge ehrenamtlicher Helfer, die die Neuankömmlingen unter ihre Fittiche nähmen. Und natürlich finanzielle Mittel und einen Abbau bürokratischer und juristischer Integrationshindernisse. »Ihnen das Arbeiten zu verbieten und ihnen gleichzeitig Untätigkeit vorzuwerfen ist doch grotesk und zynisch« sagt Helmut und fährt fort: »Die Flüchtlinge liegen wie Fische auf den Trockenen und erleben, dass die Gesellschaft, in die sie integriert werden sollen, sie nicht braucht.« Eigentlich brauche es eine Betreuung im Verhältnis eins zu eins, also Hunderttausende von Menschen, die bereit seien, eine Art Patenschaft einzugehen und sich intensiv um einzelne Flüchtlinge zu kümmern. Das setze die Bereitschaft voraus, »sich als Mensch zu geben«, wie André Gorz das einmal ausgedrückt habe. Dieses etwas lasse sich weder von oben anordnen noch mit Geld kaufen. Ulrike nimmt den Faden auf:

> »Ich habe ›unsere‹ afghanische Familie vor ein paar Tagen in eine nahegelegene Kleinstadt gebracht, weil dort eine befreundete Familie aus dem Iran untergekommen ist, die sie endlich mal besuchen wollten. Es war das totale Kontrastprogramm zu dem, was wir hier versuchen: mehr als 900 Asylbewerber in ehemaligen Kasernen – weitab vom Ort, keine Einkaufsmöglichkeit, kein Spielplatz, viele herumhängende junge Männer, die versuchen, die Zeit totzuschlagen und auf ihren Smartphones herumwischen. Abbas Khider, der als Flüchtling aus dem Irak selbst Monate in solchen Einrichtungen zugebracht hat, habe diese

Situation in seinem Buch *Ohrfeige* als Zugleich von Trubel und Langeweile beschrieben. Man bringe seine Zeit mit Warten zu und werde von Tag zu Tat dämlicher. Dazu diese Security-Männer, die mir ihr Leid klagten, wie unsauber die Bewohner seien, ›der reinste Saustall sei das hier‹. So kann Integration wirklich nicht gehen! Endlich haben wir dann die gesuchte Familie an einem Fenster entdeckt: zwei Erwachsene, drei Kinder – von drei Monaten bis circa zehn Jahre – in einem Zimmer, Gemeinschaftsküche auf dem Flur – und das seit acht Monaten! Dass man in diesen Massenunterkünften für keinen einzigen Moment allein ist, keine Ruhe findet, oft nicht einmal die Türe hinter sich abschließen kann: Was macht das mit Menschen? Ich bin ziemlich geschockt nach Hause gekommen. Dass so etwas keinen Segen bringt, liegt doch auf der Hand. Diese Ghettobildung, das Zusammenpferchen vor allem junger, unverheirateter Männer, bereitet den Nährboden für Radikalisierungen aller Art: Islamismus, Kriminalität, Drogen- und Alkoholkonsum.«

Inzwischen seien hier im Dorf außer fünf jungen afghanischen Männern noch ein junges syrisches Paar und zwei Frauen mit Kindern angekommen. »Wir haben ganz klar gesagt, dass wir uns nicht noch um andere kümmern können, mal sehen, wer sich findet«, sagt Helmut. Man könne gegenwärtig leider allenthalben beobachten, dass ehrenamtliches Engagement sich zurückbilde.

Wir decken den Tisch ab. Ich bedanke mich für diesen lehrreichen Tag und verabschiede mich. Helmut begleitet mich zur Tür. Auf dem Weg fügt er noch hinzu: »Nicht dass der Eindruck entsteht, wir würden uns aufopfern und es sei alles nur Mühe und Arbeit. Wir haben auch viel bekommen. Es hat unser Leben enorm bereichert. Also, überlegen Sie es sich: So ein Projekt ist ein guter Beitrag zur Rentner-Revitalisierung.«

In der anbrechenden Dämmerung gehe ich nach Hause. Ein harmloser Badeausflug und Wandertag ist unverhofft zu einer politischen Exkursion geworden. So ungefähr hat Oskar Negt sich wohl »exemplarisches Lernen« vorgestellt. Vielleicht wären solche Ausflüge in die Wirklichkeit Modelle für Schulen und Universitäten. Ich jedenfalls habe an diesem einen Tag mehr gelernt, als aus Dutzenden von Büchern.

Klappe zu, Affe tot!

In einer der letzten Sitzungen der Butzbacher Kulturgruppe sprachen wir noch einmal über das Thema Gutachter. Angesichts von chaotisch-triebhaften Unterschichtsmenschen geht manchem Gutachter gewissermaßen das Messer in der Tasche auf, das er dann gutachterlich sublimiert. »Dieser Mensch grenzt sich nicht so ein wie ich!« Unkontrollierte, planlose Lebensführung, unmittelbare Bedürfnisbefriedigung, ein Mehr an Lust und Trieb, Sich-Treiben-Lassen: Das reizt den Gutachter, seine diagnostische Keule rauszuholen und mit ihr zuzuschlagen. Dem, was der bürgerliche Gutachter in sich niederhält, begegnet er in Gestalt mancher Probanden. Alles, was er unter Schmerzen in sich begrub, trifft er hier an: Ausschweifung, Laster, Triebhaftigkeit, Sucht.

Ein Überrest traditioneller Klassenkonflikte, ja Klassenhasses gegen die plebejischen Unterschichten begegnet uns hier: Der Dissoziale ist im Körper des Gutachters anwesend in Gestalt seiner Triebnatur, die er mühsam gebändigt hat und unter fortwährender Anspannung aufrechterhält. Reißt er sich nicht auch zusammen und am Riemen? Bietet er nicht täglich seine Ich- und Willensstärke gegen all diese Verlockungen auf? Bewahrt er nicht »Haltung« gegenüber einer trägen, formlosen und herabziehenden Außen- und Innenwelt? Bekämpft er nicht ein Leben lang seinen »inneren Schweinehund«? Seine eigene distinguierte, anständige Lebensweise kehrt er gegen den Verbrecher, der lasterhaft, ausschweifend und undiszipliniert ist. Der Dissoziale verkörpert wie kaum eine andere Verbrechenskategorie den »verfemten Teil« des bürgerlichen Gutachters. Sein asketisches Ich enthält sich aller verführenden, störenden und ängstigenden Einflüsse. Hat er nicht alle Partialtriebe zu einem einzigen, energischen Willensstrahl gebündelt, den er gegen alle möglichen Versuchungen aufbietet?

Ein Gefangener hat das von der anderen Seite her ungefähr so beschrieben: Die Gutachter, das sind doch die Streber von einst, diejenigen, die in der Schule ständig verprügelt und in den Schwitzkasten genommen wurden, die bei der Wahl der Fußballmannschaften am Schluss übrig blieben und aus denen sich die Mädchen nichts gemacht haben! Ihre heutigen Gutachten sind die späte Rache für diese kindlichen und jugendlichen Niederlagen. Jetzt können sie es uns zeigen! Jetzt haben sie Macht über uns und nutzen sie aus. Die, bei denen man früher Muskelreiten veranstaltete, sind langfristig die Sieger, sitzen am längeren

Hebel. Der Wind ihrer Herkunft trug sie in Machtpositionen, während die Sieger von einst heute im Knast sitzen und ihre nach wie vor überlegene Muskulatur trainieren.

Deutlich spürt man die Wirksamkeit solcher Gegenübertragungen in Gutachten, in denen man fettgedruckt auf Begriffe wie: Sexpartys, Puff, Alkoholkonsum, Freudenhaus, Aggression etc. stößt. Nach der Aufzählung all dieser schrecklichen Dinge wird die Persönlichkeit des Probanden als »Dissozialität in Reinkultur« charakterisiert und eine »antisoziale Persönlichkeitsstörung« diagnostiziert. Der Proband sei charakterlich verwahrlost, treffe Entscheidungen aus dem Augenblick heraus, ohne Vorausschau und Berücksichtigung der Interessen anderer, er prügele sich, neige zu sexuellen und anderen Ausschweifungen, sei gemütsarm, verantwortungs- und gewissenlos. Beim Probanden liege ein verfestigtes kriminelles Denken und Handeln vor, die Dissozialität habe einen chronischen Verlauf und sei gegen jede therapeutische Behandlung immun. »Eine erfolgversprechende Bearbeitung der antisozialen Problematik ist vor diesem Hintergrund ausgeschlossen.«
Basta! Klappe zu, Affe tot!

»Es ist besser, stehend zu sterben, als kniend zu leben! No pasarán!«

Eine Collage zum Spanischen Bürgerkrieg, der vor 80 Jahren begann

> »Und dann, als wir um die Ecke in die Ramblas (die Hauptverkehrsader Barcelonas) einbogen, kam eine gewaltige Überraschung: Schlagartig breitete sich die Revolution vor unseren Augen aus. Es war überwältigend. Es war, als wären wir auf einem Kontinent gelandet, der sich von allem unterschied, was ich bisher gesehen hatte.« *(Franz Borkenau)*

La Pasionaria

Die Sätze des Titels stammen nicht, wie wahrscheinlich viele vermuten, von den *Böhsen Onkelz*, sondern von der spanischen Kommunistin Dolores Ibárruri, die besser bekannt ist unter dem Namen *La Pasionaria*. Sie fallen am Ende einer Rundfunkansprache, die sie am Abend des 19. Juli 1936 gehalten hat. Dort schleuderte sie den Faschisten einen Fehdeschrei entgegen: »No pasarán!«, »Sie werden nicht durchkommen!«, der in ganz Spanien widerhallte und zum Schlachtruf der Linken im Spanischen Bürgerkrieg wurde, später der lateinamerikanischen Guerilla. Als »sie«, die Faschisten, doch durchgekommen waren, konnte sich *La Pasionaria* nach Frankreich und später in die UdSSR retten. Sie wurde Generalsekretärin und Vorsitzende der spanischen Exil-KP. Nach dem Tod des Diktators Franco kehrte Dolores Ibárruri 1977, mit über 80 Jahren, in ihre Heimat Asturien zurück. Im selben Jahr wurde sie als Abgeordnete ins Parlament gewählt, dem sie als junge Frau schon einmal angehört hatte. Sie starb 1989 im Alter von 93 Jahren. Den Untergang »ihrer Welt« des realen Sozialismus, erlebte sie nicht mehr. Man begegnet der *Pasionaria* auch in Hemingways Roman über den Spanischen Bürgerkrieg *Wem die Stunde schlägt*.

»Ein Urvieh mit Sensibilität«

Ernest Hemingway hielt sich als Kriegsberichterstatter 1937/38 mehrfach für längere Zeit in Spanien auf. Er begleitete zum Beispiel den niederländischen Filmemacher Joris Evens zu Dreharbeiten an verschiedene Frontabschnitte und steuerte den Text zu dessen Film *Spanish Earth* bei. Er war stolz darauf, mit einigen Offizieren der *Internationalen Brigaden* wie den deutschen Kommunisten Hans Kahle, Gustav Regler und Ludwig Renn Freundschaft geschlossen zu haben. Obwohl bei Hemingway anfangs Abenteuerlust überwogen haben mag – Bürgerkrieg statt Großwildjagd –, identifizierte er sich im Laufe der Zeit mit der Sache des Freiheitskampfes und wurde vom Korrespondenten zum Mitkämpfer. Als Alfred Kantorowicz, Angehöriger des Tschapajew-Bataillons und Redakteur der Zeitung der Internationalen Brigaden, ihm an der Front zum ersten Mal begegnete, notierte er: »Ein Urvieh mit Sensibilität.« Rückblickend auf seine Zeit an der Seite der *Internationalen Brigaden* schrieb Hemingway: »... und ich darf für alle, die ich kannte, wie man sich überhaupt kennen kann, sagen, dass die Kampfzeit, als wir dachten, dass die Republik den Bürgerkrieg gewinnen könnte, die glücklichste Periode unseres Lebens war.«

Hemingway logierte in Madrid im Hotel Florida, wo er an seinem Schauspiel *The Fifth Column* arbeitete und Whisky trank. Da es im *Hotel Florida* noch im Herbst 1937 fließendes warmes Wasser gab, wurde es zu einem Anziehungspunkt für alle Genossen, die ein paar Tage Fronturlaub und Lust hatten, endlich mal wieder ein Bad zu nehmen. Wenn Hemingway nicht gestört werden wollte, hängte er ein Pappschild an die Tür, auf dem stand: »Go straight through to the bathroom«. Man ging also direkt ins Badezimmer und genoss den unerhörten Luxus, sich im warmen Wasser abseifen zu können. Anschließend wurde man meist zu einem Glas Whisky eingeladen und Hemingway erkundigte sich nach Neuigkeiten von der Front. Als Alfred Katorowicz zum dritten Mal bei Hemingway im *Hotel Florida* aufkreuzte und klopfte, hing kein Pappschild an der Tür. Stattdessen rief er: »Come in!«. Kantorowicz öffnete die Tür, Hemningway lag wieder schreibend auf dem Bett, blickte auf, grinste spöttisch, als er ihn erkannte, und sagte: »There is no bathroom anymore.« Madrid lag unter beständigem Artilleriefeuer, und in der Nacht zuvor hatte eine Granate kleineren Kalibers das Badezimmer weggerissen. An diesem Spätnachmittag tranken sie mehrere Gläser Whisky auf den Schrecken. Als Alfred Kantorowicz auf seiner Flucht vor den Nazis in den USA gelandet war, ist Hemingway ihm großzügig beigesprungen. Nach der Befreiung vom Faschismus kehrte Kantorowicz nach Deutschland zurück und lebte in der DDR, dem vermeintlich besseren Teil des geteilten Landes. Er erhielt einen Lehrstuhl für *Neuere Deutsche Literatur* an der Humboldt-Universität. Nach dem 17. Juni 1953 und dem Ungarn-Aufstand von 1956 geriet er immer mehr in Konflikt mit der Parteilinie und er flüchtete nach Westberlin. Frühere Spanienkämpfer und KPD-Mitglieder hatten in der Bundesrepublik keine Rentenansprüche – im Unterschied zu Mitgliedern der *Legion Condor* und ehemaligen KZ-Schergen –, und Kantorowicz hatte um seine Rehabilitierung lange zu kämpfen. Zeitlebens weigerte sich *Kanto*, wie er von seinen Freunden genannt wurde, sich von der Linken und ihren Zielen loszusagen. Die einzige Hoffnung, die einer wie er hegen dürfe, sei die, dass künftige Geschlechter sich dessen erinnern würden, was er und seine Mitkämpfer getan hätten, schrieb er in seinem *Spanischen Kriegstagebuch*.

Der Putsch der Generäle

1931 war Spanien zur Republik geworden, der König zog sich ohne Gegenwehr ins Exil zurück. Alle noch so zaghaften Reform- und Modernisierungsbemühungen der republikanischen Regierung stießen in dem immer noch weitgehend agrarischen Land auf erbitterten Widerstand der Kräfte, die sich und ihre Privilegien bedroht sahen: Kirche, Armee, Großgrundbesitzer und Anhänger der Bourbonen. Eine rechtsgerichtete Regierung nahm die Reformen ihrer progressiven Vorgängerregierung prompt wieder zurück. Die Unzufriedenheit im Land wuchs stetig. Am 16. Februar 1936 fanden unter dieser rechtsgerichteten bürgerlichen Regierung allgemeine Wahlen statt. Das spanische Volk wählte in seiner Mehrheit demokratisch und links. Es sandte eine Zweidrittelmehrheit von liberalen, sozialistischen und kommunistischen Abgeordneten in die

Cortes, das spanische Parlament. Die nun gebildete Volksfrontregierung versuchte zaghaft, einige der längst überfälligen sozialen Reformen zu verwirklichen und das spanische Volk aus anachronistisch gewordenen, noch halbfeudalen Banden zu lösen. Dagegen rührte sich von Anfang an Widerstand. Am 17. Juli 1936 war es dann so weit: Unter der Führung von General Francisco Franco, der sich schon 1934 bei der blutigen Niederwerfung des asturischen Bergarbeiterstreiks hervorgetan hatte, putschte eine Clique von Offizieren gegen die rechtmäßige Regierung der *Frente popular*. Der Putsch begann in Spanisch-Marokko und griff am 18. Juli aufs Mutterland über. Deutsche Flugzeuge errichteten eine Luftbrücke über die Straße von Gibraltar und flogen die marokkanischen Truppen nach Andalusien. Die Putschisten hatten angenommen, leichtes Spiel mit einer schwachen Regierung zu haben, stießen aber auf den erbitterten Widerstand des Volkes selbst. In Madrid und in Barcelona hatten die Arbeiter die Kasernen erstürmt und sich bewaffnet. Die Bauern holten ihre alten Gewehre vom Dachboden. Die Milizsoldaten exerzierten in Städten und Dörfern mangels Waffen mit Stöcken. Unter ihnen gab es anfangs zahlreiche Frauen, die genauso kampfentschlossen waren wie die Männer. Und obwohl die Putschisten beinahe vom ersten Tag an von Italien und Deutschland mit Waffen und Soldaten unterstützt wurden, geriet ihr Vormarsch ins Stocken. Entscheidend für die militärische Lage war das Schicksal Madrids und Barcelonas. Franco, der rasch den Süden erobert hatte und nach Norden vorgestoßen war, wurde auf der Straße Burgos-Madrid aufgehalten und konnte Madrid im ersten Anlauf nicht nehmen. Die Truppen der Volksfront hielten das Dreieck Madrid-Valencia-Barcelona in langen Kämpfen. Im September 1936 entschloss sich die sowjetische Regierung, der bedrohten Republik mit Waffenlieferungen beizuspringen. Zudem hatte die Komintern mit der Rekrutierung von Freiwilligen aus dem Ausland begonnen, die die sogenannten *Internationalen Brigaden* bildeten, deren bekannteste die nach dem deutschen KP-Chef Ernst Thälmann benannte war. Im Laufe des Krieges bestanden die *Internationalen Brigaden* aus circa 40.000 Freiwilligen aus 53 Ländern, darunter auch 5.000 aus Deutschland. Im Spätherbst 1936 trafen auch die ersten Deutschen des als *Legion Condor* bekannt gewordenen Luftwaffenkorps in Spanien ein, die im Frühjahr 1937 die baskische Kleinstadt Guernica in Schutt und Asche legten. Als deutsche Besatzungssoldaten

Jahre später in Picassos Pariser Atelier eindrangen und eine Reproduktion von Guernica sahen, fragten sie ihn: »Haben Sie das gemacht?« Picassos Antwort: »Nein, ihr.«

Das alles zusammengenommen bewirkte, dass sich aus einem Militärputsch ein Bürgerkrieg entwickelte, der sich über drei Jahre hinzog, beinahe einer Million Menschen das Leben kostete und Hunderttausende zur Flucht zwang. In manchen Teilen des Landes lösten die putschenden Generäle, die als »Kreuzritter gegen den Bolschewismus« auftraten, die soziale Revolution, der sie angeblich zuvorkommen wollten, eigentlich erst aus. Wir werden von den Bemühungen, Krieg und Revolution zu verbinden, noch hören. Verantwortlich für die Niederlage der spanischen Republikaner ist in erster Linie die Politik der Nicht-Einmischung der westlichen liberalen Demokratien. Während Italien und Deutschland sich zu keinem Zeitpunkt an das Nichteinmischungsprogramm hielten, das alle gemeinsam beschlossen hatten, und Franco offen mit Flugzeugen, Panzern und Soldaten unterstützten, hielten Franzosen und Engländer sich strikt an die getroffene Vereinbarung.[1] Ihr Motto: »Nur Hitler nicht reizen!« Das lief faktisch auf eine Unterstützung der Faschisten hinaus, die ohne diese Schützenhilfe wahrscheinlich schnell besiegt worden wären. So aber wurden die spanische Republik und das spanische Volk Opfer einer Appeasement-Politik, die den Konflikt mit Hitlerdeutschland vermeiden wollte und ihn auf diese Weise umso sicherer heraufbeschwor. Liberale und Linke auf der ganzen Welt hatten den Kampf der Spanier zu ihrer eigenen Sache gemacht, in der Hoffnung, den Siegeszug des Faschismus durch dessen Niederwerfung in Spanien stoppen zu können. »Die Niederwerfung Francos hätte dem Faschismus in Europa einen tödlichen Schlag versetzen und eine völlige Wendung der ganzen Weltlage herbeiführen können. Indem man das spanische Volk dem Verderben überließ, riss man den Damm nieder, der allein den Zweiten Weltkrieg verhindern konnte«, resümierte der deutsche Anarchist Rudolf Rocker.

1 Dass viele Deutsche über die Unterstützung Francos durch das Dritte Reich Bescheid wussten, belegt folgender Witz, den Hans-Jochen Gamm in sein Buch Der Flüsterwitz im Dritten Reich aufgenommen hat: »Wer ist der tüchtigste Exporteur? Adolf Hitler; denn er liefert alles franko. –«

Barcelona, das furchtbare Bombardements zu überstehen hatte, fiel am 26. Januar 1939, Madrid am 28. März 1939. In Windeseile erkannten Franzosen, Engländer und Amerikaner das Franco-Regime als rechtmäßige Regierung an und fielen damit der republikanischen Regierung und allen auf ihrer Seite Kämpfenden in den Rücken. Anfang April 1939 ging der Spanische Bürgerkrieg zu Ende, sechs Monate später begann der Zweite Weltkrieg.

Franco überzog das Land mit einer Diktatur, die bis zu seinem sogenannten natürlichen Tod am 20. November 1975 dauerte. Die ersten Jahre seiner Regierung blieben ebenso blutig, wie er den Bürgerkrieg geführt hatte. Gegenüber seinen Gegnern kannte Franco kein Erbarmen. »1939 waren eine halbe Million Menschen in Konzentrationslagern oder Gefängnissen inhaftiert. 200.000 Menschen fielen der Repression der Nachkriegsjahre zum Opfer. Noch bis 1963 wurden Todesurteile wegen Delikten aus der Zeit des Bürgerkriegs vollstreckt«, schreibt Julia Macher. Die Opfer wurden in anonymen Massengräbern verscharrt. Genaue Zahlen existieren bis heute nicht. Viele von denen, die sich nach Südfrankreich gerettet hatten, wurden später Opfer des deutschen Einmarsches und landeten in nationalsozialistischen KZs.

»Nur über Madrid kommen wir nach Deutschland zurück«, hatte Hans Beimler einer verbreiteten Hoffnung Ausdruck verliehen. Für die, die auf einen anderen Ausgang des Bürgerkriegs gehofft hatten, brach nun eine Welt zusammen. Flucht, Exil und eine ungewisse Zukunft bestimmte das Leben vieler. Am 19. Mai 1939 hielt Franco eine große Siegesparade in Madrid ab, am 22. Mai setzte Ernst Toller in einem Hotelzimmer in New York seinem Leben ein Ende. Er hatte sich mit viel Energie darum bemüht, Hilfe für spanische Kinder zu organisieren.

Und Simone de Beauvoir fragte in Paris resigniert: »Gab es denn keine Stelle mehr auf dieser Erde, an die die Hoffnung sich klammern konnte?«

Willy Brandt in Barcelona

Augustin Souchy, ein deutscher Anarchist, hielt sich im Sommer 1936 in Barcelona auf, um an einem Treffen teilzunehmen, dass die spanischen Anarchosyndikalisten einberufen hatten, um zu beraten, wie man mit der wachsenden Kriegsgefahr umgehen solle. Dieses Meeting sollte am

18. Juli 1936 stattfinden, also just an dem Tag, an dem General Franco seinen Putsch von Spanisch Marokko aus ins Mutterland trug. Statt der Friedenskundgebung bereitete man nun den Widerstand gegen den Militärputsch vor. Als Souchy sich einer bewaffneten Kampfgruppe anschließen wollte, winkte ein Genosse ab und sagte: »Lass das nur sein, dein Wort ist auch eine Waffe, wirst bald andere Aufgaben haben.« Souchy wurde, da er mehrere Sprachen beherrschte, so etwas wie der Öffentlichkeitsreferent der Anarchisten. Er richtete sich ein Büro ein und gab ein periodisch erscheinendes Bulletin heraus. Zu seinen Aufgaben gehörte es auch, ausländische Journalisten und Delegationen von sozialistischen Parteien und Gewerkschaften zu empfangen. Zu seinen Besuchern gehörten Ernst Toller, der im amerikanischen Exil Hilfsprojekte für die notleidende spanische Zivilbevölkerung organisierte, Nehru, der spätere indische Ministerpräsident, und George Orwell, der blieb, sich einer Miliz der linkskommunistischen POUM anschloss und an der Aragón-Front kämpfte, bis ihn ein Schuss durch den Hals außer Gefecht setzte.

Eines Tages tauchte ein junger Deutscher im Büro von Souchy auf, der Mitglied der 1931 entstandenen linkssozialdemokratischen SAP war und nun im norwegischen Exil für die dortige Arbeiterpresse aus Spanien berichten sollte. Sein Name: Willy Brandt. Er referierte am 5. Juli 1937 vor der Parteileitung der SAP über »Ein Jahr Krieg und Revolution in Spanien«. Das Referat begann mit den Sätzen: »Ein Jahr lang schon tobt der revolutionäre Krieg in Spanien. Ein Jahr lang sind wir Zeugen dieses größten Ereignisses in der Geschichte der internationalen Arbeiterbewegung seit der großen russischen Revolution. Schon im Oktober 1934, als sich die asturischen Bergarbeiter erhoben und ihre Losung ›sterben oder siegen‹ in die Tat umsetzten, wussten wir, dass wir von Spanien Großes zu erwarten hatten. Nach den demoralisierenden Wirkungen der deutschen Niederlage (vor dem Nationalsozialismus, G. E.) war das damals ein Aufrütteln. Widerstand entfaltete sich gegen die faschistische Reaktion, es zeigten sich Beweise für den Wiederanstieg der sozialistischen Kräfte.«

Als Augustin Souchy Jahrzehnte später hörte, wie der zum Bundeskanzler avancierte Willy Brandt sich über die Mitglieder der Roten Armee Fraktion äußerte und in diesem Zusammenhang von »kriminellen Anarchisten« sprach, schrieb er ihm einen Brief, in dem es heißt:

»Lieber Willy Brandt!

Deine Rundfunkrede über die Attentate der Baader-Meinhof-Gruppe hat mich enttäuscht. Mit der Verurteilung des Terrorismus war und bin ich einverstanden, denn auch ich verabscheue sinnlose Gewalttaten, selbst wenn sie politisch motiviert werden. Enttäuscht aber bin ich, dass leider auch du wildgewordene, sich zu einem konfusen Neomarxismus und Maoismus bekennende Bürgersöhne und Bürgertöchter als kriminelle Anarchisten bezeichnet hast. … Bei einem bürgerlichen Politiker wäre eine solche rhetorische Floskel entschuldbare, bei einem Willy Brandt aber, der aus der SAP kommt und die Geschichte der Arbeiterbewegung kennt, ist sie unglaubwürdig.

Darf ich Dich an unser Gespräch im Hause des syndikalistischen Gewerkschaftsbundes CNT zu Barcelona während des Spanischen Bürgerkrieges erinnern? … Damals hast Du, wie alle Sozialisten und freiheitsliebenden Menschen der ganzen Welt, den spanischen Anarchisten Lob gespendet, die als erste den Kampf gegen den Putschgeneral Francisco Franco – und damit auch indirekt gegen die Diktatoren Hitler und Mussolini – aufgenommen haben. Du hast auch dem sozialistischen Aufbauwerk, das sich in Spanien nach anarchistischen Grundsätzen vollzog, Deine Bewunderung nicht versagt. Hast Du das alles vergessen?«

Zehn Tage später antwortet Willy Brandt freundlich, aber knapp. Er bleibt dabei, dass es neben der von Souchy vertretenen freiheitlichen immer auch eine auf Gewalt fixierte anarchistische Richtung gegeben habe (was auch richtig ist), mit der man es im Falle der RAF zu tun habe. Die beiden Männer, deren Weg sich 36 Jahre zuvor einmal gekreuzt hatte, haben sich nicht mehr viel zu sagen. Den einen, der nach 1949 in die SPD zurückgekehrt ist, haben günstige gesellschaftliche Winde Ende der 1960er Jahre in die Schaltzentrale der Macht getragen, der andere ist in seinem selbst gewählten Abseits geblieben, lebt von Rundfunkbeiträgen und Vortragsreisen und träumt von der Wiederauferstehung eines freiheitlichen Sozialismus. Souchy resümiert am Ende seines Lebens: »Viel erstrebt, wenig erreicht. Aber: Früher dachte ich in Jahrzehnten, heute in Jahrhunderten.

Die Geschichte wird uns letztendlich doch recht geben«. Brandt hatte 1972 wohl Wichtigeres zu tun und scheute sich, im aufgeheizten gesellschaftlichen Klima eine Ehrenrettung des Anarchismus vorzunehmen.

Eine spanische Besonderheit: Der Anarchismus

> »Friede den Menschen, Krieg den Institutionen.« *(Losung der spanischen Anarchisten)*

Schon das Wort »Anarchie« löst bei vielen Menschen Unbehagen und Abwehr aus: »Ohne Herrschaft – also ohne Ordnung, das kann doch nicht sein!« Es sind viele Vorurteile im Schwange, die dafür sorgen, dass Anarchismus beinahe ausschließlich mit Unordnung, Chaos und Zerstörung assoziiert wird. Dabei ist das Wort so alt wie die Zivilisation. Es leitet sich vom griechischen Begriff *an-archia* ab und bedeutet zunächst einmal die Abwesenheit von Herrschaft und Autorität. Anarchisten können sich eine Gesellschaft ohne Staat und Obrigkeit vorstellen, in der Entscheidungsprozesse von unten nach oben verlaufen und die Menschen über die Formen ihres Zusammenlebens und -arbeitens in freier Selbstbestimmung selbst entscheiden. Freilich segelten unter der Flagge des Anarchismus (im Sinne der Argumentation von Willy Brandt) immer wieder auch Gruppierungen und einzelne Individuen, die sich der Gewalt und der Verbreitung von Angst und Schrecken verschrieben hatten.

In Spanien hat der freiheitliche Anarchismus eine lange Tradition. Für rund siebzig Jahre war er dort eine revolutionäre Kraft und erlangte einen Einfluss, wie nirgends sonst auf der Welt. Schon während der Ersten Internationale (1864 bis 1876) unterstütze die spanische Sektion in den Konflikten zwischen Marx und Bakunin stets die Position Bakunins. 1910 schlossen sich in Barcelona einzelne Gruppierungen zur *Konföderation anarchosyndikalistischer Gewerkschaften* (CNT) zusammen, in der schon 1918 rund eine Million Arbeiter, das waren 80 Prozent aller Arbeiter Kataloniens, organisiert waren. 1927 wurde die *Iberische Anarchistische Föderation* (FAI) gegründet, der politische Arm der CNT. Nie und nirgends haben die Anarchisten sich allerdings als eine politische Partei verstanden. In Parteien erblickten sie Embryonen neuer Staatsapparate. Sie wollten sich des Staates nicht bemächtigen, sie wollten ihn abschaffen.

Durruti, eine der Leitfiguren des katalonischen Anarchismus, hat immer darauf bestanden, dass die Revolution nicht auf die Diktatur einer Partei hinauslaufen dürfe, dass die neue Gesellschaft von unten nach oben hin aufgebaut sein müsse und nicht von oben her dekretiert werden dürfe. Ascaso, ein Freund und Genosse Durrutis, sagte: »Kein Mensch hat das Recht, einen anderen zu regieren.« Die CNT war die einzige revolutionäre Gewerkschaft der Welt. Sie war nie ein Zusammenschluss von Beitragszahlern, der die materielle Lage der Arbeiterklasse verbessern wollte. Sie war entschlossen zum Kampf gegen die Kapitalistenklasse – bis zum endgültigen Sieg. Noch 1936 hatte die CNT bei rund zwei Millionen Organisierten nur einen einzigen bezahlten Funktionär. Ein bürokratischer Apparat existierte nicht. Auch die Führungskader arbeiteten weiter in ihren jeweiligen Betrieben. So glaubte man, sich vor der Bürokratisierung und Verselbständigung der Kader schützen zu können, die man an den großen europäischen Arbeiterparteien und Gewerkschaften beobachten konnte. Wahlen galten als Betrugsmanöver, denen man sich verweigerte. Von dieser rigiden abstinentionistischen Haltung rückte man im Vorfeld der Wahlen von 1936 ab, was den Sieg der Volksfront erst möglich machte. Die CNT wurde in die *Frente Popular* eingebunden, trat später sogar in die Regierung ein, was sie zu Kompromissen nötigte, mit denen man sich allerdings schwer tat.

Über die Ursachen der Verbreitung des Anarchismus in Spanien ist viel geschrieben worden. Sie resultierte zum einen aus dem Einbruch der Maschine und der Industrie in eine Bauern- oder Handwerkergesellschaft. Die Masse der spanischen Bevölkerung hatte im Unterschied zu den Arbeitern Nordeuropas den kapitalistischen Geist noch nicht verinnerlicht und lehnte sich gegen die Verhaltenszumutungen der neuen Produktionsweise auf. Während sich die Arbeiter in den fortgeschrittenen kapitalistischen Ländern im Rahmen einer weitgehend friedfertigen Arbeiterbewegung bemühten, unter den gegebenen Bedingungen von Lohnarbeit und Kapital das Beste für sich herauszuschlagen, mangelte es den Spaniern an Vertrauen in die moderne industrielle Version der westlichen Zivilisation. Sie bäumten sich gegen die Arbeit in Fabriken auf, die andernorts längst als Selbstverständlichkeit hingenommen wurde.

Die zweite Wurzel des Anarchismus ist das Elend einer Landbevölkerung, die vielerorts am Rande des Verhungerns lebte und von glühendem Hass auf Großgrundbesitzer, Staat und Kirche erfüllt war, die ihr gegenüber als eine geschlossene Phalanx von Feinden auftraten. Dementsprechend existierten zwei Zentren des spanischen Anarchismus: der vergleichsweise hochindustrialisierte Nordosten Kataloniens rund um Barcelona, wo sich die städtisch-industrielle Variante des Anarcho-Syndikalismus entwickelte, und der ländliche Süden Andalusiens, wo der Anarchismus Anschluss fand an uralte Traditionen eines dörflichen Gemeinschaftslebens und eines im Volk verankerten Brigantenwesens. Franz Borkenau hat darauf hingewiesen, dass einiges von dieser Brigantentradition für immer an der spanischen revolutionären Bewegung haftete. Das Verbindungsglied zwischen dem alten und dem neuen Geist findet sich bei Bakunin, der den revolutionären Räuber als Rächer der Unterdrückten und wahren Hüter des Geistes der Revolte pries. Ein Teilnehmer des asturischen Bergarbeiterstreiks von 1934 erklärte die Militanz der spanischen Arbeiter einem französischen Genossen gegenüber mit den Worten: »Ihr stammt von bürgerlichen Handwerkern ab; unsere Vorfahren waren Räuber.«

Was jedem auffällt, der sich mit der Geschichte des Spanischen Bürgerkriegs beschäftigt, ist die enorme Härte und Grausamkeit, mit der der Klassenkampf ausgetragen wurde – und zwar auf beiden Seiten. Auf Seiten der Anarchisten existierte eine Leidenschaft, Kirchen niederzubrennen. Hunderte von Priestern, Mönchen und Nonnen wurden ermordet. Darin spiegelte sich die bittere Enttäuschung der Bauern und Landarbeiter über den ›Verrat‹ der Kirche an der Sache des Volkes und ihre Kumpanei mit den Großgrundbesitzern und Reichen. Der Traum der Bauern von einer gerechten und freien Welt, der einst in der Kirche seinen Ort hatte, musste also einen neuen Ausdruck finden. Und eben dies war es, was sie im Anarchismus fanden.

André Malraux, der die Luftstreitkräfte der Republikaner organisierte und selber viele Einsätze flog, schildert in seinem Roman *Die Hoffnung* eine Szene, die die Präsenz und Alltäglichkeit der Gewalt im Spanischen Bürgerkrieg verdeutlicht. Drei Faschisten waren von republikanischen Milizionären festgenommen worden. Man machte ihnen vor einem eilig einberufenen Kriegsgericht den Prozess und verurteilte sie zum Tode. »Die drei Männer waren in einer Seitenstraße füsiliert worden: die Leichen lagen auf dem Bauch, mit den Köpfen in der Sonne, den Füßen im

Schatten. Ein ganz kleines, wolliges Kätzchen tunkte seinen Schnurrbart in die Blutlache des Mannes mit der platten Nase. Ein Bursche trat hinzu, schob die Katze beiseite, tauchte seinen Zeigefinger in das Blut und begann auf die Mauer zu schreiben. Manuel, dem es die Brust zusammenschnürte, folgte der schreibenden Hand: ›Tod dem Faschismus!‹ Der Bauernjunge krempelte die Ärmel auf, ging an den Brunnen und wusch sich die Hände.«

Hemingway beschreibt in seinem Roman *Wem die Stunde schlägt* die Tötung von Faschisten, nachdem republikanische Milizen einen Ort eingenommen hatten. Auf der *Plaza* veranstalteten die Dorfbewohner eine Art von Spießrutenlauf mit den ortsansässigen Faschisten und Grundbesitzern. Sie mussten durch zwei Reihen von Leuten laufen, die mit Dreschflegeln, Knüppeln und Ochsenziemern bewaffnet waren und auf sie einschlugen. »›Wir dreschen heute Faschisten‹, sagte einer, ›und aus der Spreu kommt die Freiheit dieses *pueblo*‹.« Der mörderische Parcours endete an einer Klippe, über die die Geprügelten am Ende gestoßen wurden.

Die Bourgeoisie heuerte sogenannte *Pistoleros* an, die Jagd auf Anarchisten und Gewerkschaftsführer machten, die Anarchisten schlugen grausam zurück und verübten Racheakte. Dennoch trägt die Grausamkeit der faschistischen Seite einen besonderen Charakter, einen sadistischen Überschuss. Ihr Wahlspruch und Kampfruf war *Viva la muerte, es lebe der Tod* – eine zum Programm erhobene Nekrophilie. Arthur Koestler beschrieb in seinem *Spanischen Testament* seine Erlebnisse als Kriegsberichterstatter und während der Inhaftierung durch die Faschisten. Die Unterschiede zwischen linker und rechter Gewalt fasste er so: Die Republikaner »waren Soldaten des Volkes, Soldaten des Lebens, nicht des Todes.« Alfred Kantorowicz verschlägt es mitunter die Sprache, wenn er Situationen schildert, in denen Interbrigadisten auf von den Faschisten getötete Kameraden stoßen. Man hatte ihnen Köpfe und Genitalien abgeschnitten. Man wird Theweleits *Männerphantasien* zur Hand nehmen und das Kapitel über *Männerkörper und weißen Terror* lesen müssen, wenn man sich so etwas wie einer Erklärung nähern will. Theweleit hat die faschistische Gewalt aus den Körperzuständen der soldatischen Männer herauszulesen versucht, die »nicht zu Ende geboren« wurden und deswegen gewisser »Ich-Erhaltungsmechanismen« bedürfen, zu denen »Entlebendigung« und die Herstellung von »blutigem Brei« gehören. »Herzustellen durch Schüsse aus nächster Nähe, durch Körperaufschlitzen, Axthiebe, Bajonette, Messerattacken. Das Ziel ist, das im eigenen Körper angenommene beziehungsweise befürchtete undifferenzierte Organinnere, ein Matschkonglomerat aus Blut und Kot, außerhalb des eigenen Körpers, im gemordeten Anderen herzustellen – und es auf diese Weise zu beherrschen.«

Städte, die den Faschisten in die Hände fielen, wurden zu Schauplätzen grauenhafter Massaker und »Säuberungen«. In Sevilla wurden allein in der zweiten Jahreshälfte 1936 etwa 8000 Menschen hingerichtet. In Cordoba waren es circa 10.000 Menschen, rund 10 Prozent der Bevölkerung der Stadt. Historiker schätzen, dass etwa 200.000 spanische Zivilisten dem konterrevolutionären, »weißen Terror« zum Opfer fielen. Oft reichte es schon, intellektuell auszusehen und eine Brille zu tragen.

Die Anarchisten erwarteten die Errichtung einer gerechten und solidarischen Gesellschaft nicht vom Staat und dem Gesetzgeber, sondern von unten, durch die Aktion der Arbeiter und Bauern selbst. In Barcelona wurden nach der Beendigung des Barrikadenkampfes in den ersten Tagen des Militärputsches die Fabriken von den Arbeitern und Technikern übernommen. Innerhalb weniger Tage waren die Privatunternehmungen in von den Belegschaften selbst verwaltete Kollektivunternehmen verwandelt. Wasser-, Gas- und Kraftwerke, Textilfabriken, Metallwerke, Handelshäuser und Kaufhäuser, der Hafenbetrieb, der Lebensmittelgroßhandel, das Hotel- und Gaststättengewerbe und andere Branchen wurden kollektiviert. Orwell hatte nach seiner Ankunft in Barcelona den Eindruck: »Vor allen Dingen aber glaubte man an die Revolution und die Zukunft. Man hatte das Gefühl, plötzlich in einer Ära der Gleichheit und Freiheit aufgetaucht zu sein. Menschliche Wesen versuchten, sich wie menschliche Wesen zu benehmen und nicht wie ein Rädchen in der kapitalistischen Maschinerie.«

Die andalusischen Anarchisten wurden von einem enormen Wissensdurst umgetrieben. Sie rauchten und tranken nicht, dafür lasen sie bei jeder Gelegenheit und in allen Lebenslagen. Hobsbawm berichtet: »Jeder las zu jeder Stunde. Es gab keine Grenze für ihre Neugier und ihren Wissensdurst. Selbst die Reiter lasen auf ihren Tieren und ließen Zügel und Halfter schleifen. Wenn sie ihr Frühstück zusammenpackten, steckten sie immer etwas Literatur mit in die Tasche. … Zwar gab es 70 oder 80

Prozent Anaalphabeten, aber das war kein unüberwindliches Hindernis. Der enthusiastische Analphabet kaufte seine Zeitung und gab sie einem Genossen zum Vorlesen.« Die anarchistischen Ideen wurden durch reisende Propagandisten und sogenannte Gewissensarbeiter, *obreros conscientes* verbreitet, mehr noch aber durch Flugblätter und Broschüren. »Im trüben Licht der überbelegten Landarbeiter-Baracken mühsam entziffert und den Analphabeten vorgelesen, schürten sie Hoffnungen auf eine baldige Erneuerung der Gesellschaft.« (James Joll) Viele bemühten sich, abends lesen zu lernen. Die Analphabeten drängten sich um ihre des Lesens kundigen Freunde, um den Thesen Kropotkins, Malatestas oder der französischen Anarchisten zu lauschen.

Wo sind die lesenden Arbeiter und ihre Fragen, wo sind Wissbegier und Leselust geblieben? Bei RTL 2, Smartphone und Spielekonsole.

Die Landbevölkerung eignete sich ohne Zwang und Befehl von oben den Boden an. Ihr Programm: die Enteignung des Landes, die Abschaffung des Geldes, die gemeinsame Arbeit von Männern und Frauen ohne Besitz und Entgelt, die, was sie brauchten, dem Dorfladen entnahmen. Augustin Souchy hegte die Vermutung, dass, wäre der Bürgerkrieg von den freiheitlichen Sozialisten/Anarchisten gewonnen worden, der spanische Kollektivismus zu einem gangbaren *Dritten Weg* neben Privatkapitalismus auf der einen und Staatskapitalismus auf der anderen Seite hätte werden können. Gegen diese Möglichkeit haben sich, wie wir noch sehen werden, alle verschworen. Wenn es hart auf hart kommt, ist den meisten der Faschismus doch lieber als die Herrschaft des Volkes.

Der Bürgerkrieg im Bürgerkrieg

> »Hier lagen Anarchisten, Kommunisten, Sozialisten, Republikaner. Wie meisterhaft verstanden es doch die unermüdlich dröhnenden Flugzeuge dort oben, das Blut von Menschen, die sich Gegner gedünkt hatten, im Schoß des Todes brüderlich zu mischen!« *(André Malraux)*

Die Anarchisten wollten Krieg und Revolution miteinander verbinden. Die Geschichte der Russischen Revolution hatte sie gelehrt, misstrauisch gegenüber jenen zu sein, die behaupteten, man müsse erst seine Feinde besiegen, bevor man die soziale Revolution in Angriff nehmen könne.

Dieses Argument hatte dazu gedient, neue zentralisierte Machtapparate auf- und auszubauen und die Veränderung der Lebens- und Arbeitsverhältnisse auf den Sankt Nimmerleinstag zu verschieben. Die Sowjets (deutsch: Räte) blieben auf der Strecke, Partei und Staat bestimmten über Lebens- und Arbeitsverhältnisse. Buenaventura Durruti war mit Nestor Machno befreundet, einem russischen Anarchisten und Guerillero, der in Paris im Exil lebte. Er berichtete ihm von seinen Erfahrungen mit den Bolschewiki und warnte ihn vor den Kommunisten. Bald schon stellte sich heraus, dass der Krieg die Revolution ausschloss und ihr Antlitz entstellte. »Der Krieg ist darin schlimm, dass er mehr böse Menschen macht, als er davon wegnimmt«, diese Erkenntnis Kants bestätigte sich auch im Spanischen Bürgerkrieg. Brecht hat das in seinem Gedicht *An die Nachgeborenen* so ausgedrückt:

»Dabei wissen wir ja:
Auch der Hass gegen die Niedrigkeit
Verzerrt die Züge.
Auch der Zorn über das Unrecht
Macht die Stimme heiser.«

Die Anarchisten mussten den Erfordernissen des Krieges Tribut zollen, von ihren Prinzipen abrücken und ein gewisses Maß an Disziplin, Organisation und Zentralisierung der Entscheidungen akzeptieren. Die Erfordernisse des Kampfes begünstigten Haltungen, die nicht unbedingt anarchistisch zu nennen waren, und spülten Charaktere in die Schlüsselpositionen, die eher autoritär dachten und handelten. Die Anarchisten wussten: Das Ziel einer Gesellschaft des *freien Kommunismus* muss in den Mitteln aufscheinen, die zu ihrer Realisierung angewandt werden. Die Mittel, die im Bürgerkrieg zur Anwendung kamen, verwiesen eher auf eine linke Schreckensherrschaft als auf den »Communismo libertario«.

Früh kam es zu Spannungen zwischen Sozialdemokraten und Kommunisten (PCE/PSUC) auf der einen Seite und den dissidenten Kommunisten (POUM) und Anarchisten (CNT/FAI) auf der anderen Seite. Zu verschieden waren die jeweiligen Standpunkte, strategischen Vorgehensweisen und Mentalitäten. Die Sowjetunion verband ihre Waffenlieferungen an die republikanische Seite mit der Bedingung, dass die spanische

KP ihre Verteilung und Verwendung kontrollierte. Die Waffenhilfe der SU war zwar begrenzt, aber in bestimmten Momenten von ausschlaggebender Bedeutung. Der politische Preis, der dafür verlangt wurde, war enorm hoch. Der Einfluss der anfangs zahlenmäßig schwachen KP wuchs von Tag zu Tag. Hatte die PCE Mitte der 1930er Jahre noch 5.000 Mitglieder, waren es 1937 bereits 250.000. Sowjetische Kommissare und Agenten tauchten in Madrid, Barcelona, Valencia auf, übernahmen Beraterfunktionen im Militär- und Polizeiapparat und intrigierten gegen CNT, FAI und die als trotzkistisch geltende POUM. Spanien verwandelte sich in ein Ausbildungslager des NKWD. Trotzki fürchtete die zahlreichen Flüchtlinge aus Spanien, die in Mexiko Aufnahme fanden. Er witterte in ihnen potenzielle Attentäter. Und so kam es letztlich ja auch. Ramón Mercader, der Leo Trotzki im August 1940 mit einem Eispickel erschlug, wurde während des Spanischen Bürgerkriegs vom NKWD angeworben und dann in Moskau gezielt auf das Attentat vorbereitet.

Die Fahndungsmentalität, die in Moskau herrschte – es war die Zeit der großen stalinschen Schauprozesse und der Jagd auf »Trotzkisten« – griff auf Spanien über und vergiftete die Atmosphäre unter den einst gemeinsam Kämpfenden. Alfred Kantorowicz schildert in seinem *Spanischen Kriegstagebuch* das »grassierende Misstrauen«, »jeder überwacht jeden«, man redet den »Parteischranzen nach dem Munde«. »Die beste Sache wird oft von Menschen mitverteidigt, die man lieber auf der Gegenseite wüsste. Bedenklich ist, dass gerade solche neuerdings bei uns zum Zuge kommen, … «, resümiert Kantorowicz bitter.

Auch der junge deutsche Kommunist Walter Janka, der sich den *Internationalen Brigaden* angeschlossen hatte, bekam mit, dass hinter den Fronten Gefängnis für Spione, Agenten und Trotzkisten eingerichtet wurden. Dort verschwanden Verdächtige – mit und ohne Prozess. Der Mann, der das organisierte, war ein gewisser Fritz Leissner, der als Beauftragter des NKWD unterwegs war und auf Anweisungen des Generals Orlow, den Stalin nach Spanien abkommandiert hatte, handelte. Später wurde Leissner unter seinem richtigen Namen Erich Mielke Chef der Staatssicherheit der DDR. Hans Beimler, dem unter abenteuerlichen Bedingungen die Flucht aus dem KZ Dachau gelungen war, gelangte als erstes Mitglied der Führungsriege der KPD nach Spanien und half, das Thälmann-Bataillon aufzubauen und wurde dessen Kommandant. Ernst Busch hat ihm eines seiner populärsten Lieder gewidmet. Am 1. Dezember 1936 wurde er an der Madrider Front hinterrücks erschossen. Sieben Tage vor Beimler war die Leitfigur des spanischen Anarchismus, Buenaventura Durruti, der mit seiner anarchistischen Miliz von der Aragón-Front zur Verteidigung von Madrid herbeigeeilt war, durch eine anonyme Kugel getötet worden, über deren Herkunft bis heute diskutiert und gestritten wird.

Im Mai 1937 entluden sich die Spannungen innerhalb des republikanischen Lagers in Barcelona in tagelangen blutigen Kämpfen, die circa 500 Tote und beinahe 1500 Verwundete hinterließen. Orwell hat diese Tage, die als *Bürgerkrieg im Bürgerkrieg* in die Geschichte eingegangen sind, in seinem Buch *Mein Katalonien* eindrucksvoll beschrieben. Immer wieder erinnert er daran: »Wenn man mit einem Todfeind Krieg führt, ist es zweifellos besser, sich nicht untereinander zu streiten.« Nachdem Polizei-Einheiten der *Guardias de Asalto* auf Geheiß der Regierung in Barcelona auftaucht waren und die Barrikadenkämpfe beendet hatten, setzte unter der Regierung von Juan Negrin, der einen moskautreuen Kurs steuerte, eine Welle der Repression gegen Anarchisten und Mitglieder der POUM ein. Für die POUM und die Anarchisten ging es darum, die kriegerischen Auseinandersetzungen mit der Revolution zu verbinden, während die neue Regierung die revolutionären Experimente beenden und sich auf die Bekämpfung der Putschisten und ihrer Verbündeten konzentrieren wollte. Die POUM warf Stalin vor, er opfere die spanische Revolution den Bedürfnissen der eigenen Politik. Künftige globale Auseinandersetzungen und den unvermeidlichen Krieg mit Nazi- Deutschland vor Augen, ging es Stalin darum, es mit den liberalen Demokratien des Westens nicht zu verderben. Stalin und damit auch die PCE und ihr katalanischer Ableger PSUC hatten aber auch deswegen kein Interesse an der Weiterentwicklung der spanischen Revolution, weil sie befürchteten, dass sie angesichts der Mehrheitsverhältnisse libertäre und anarchistische Züge tragen würde. In puncto Anarcho-Phobie unterscheidet sich ein linientreuer Kommunist kaum vom braven Kleinbürger. Für beide besitzt das Wort Anarchie einen bedrohlichen Klang, der ihrem Wahrnehmungssystem Gefahr und Desintegration signalisiert. Mit dem Begriff Revolution verbindet ein Kommunist das Beharren auf Ordnung und Disziplin. Er will ja am Typus der Industrialisierung nichts ändern, nur neue Verfügungs- und Kommandostrukturen einführen. Den Weg zur Revolution kann er sich nur über bestimmte Typen stabiler, disziplinierender Organisationen mit Strukturen von Befehl und Gehorsam denken, wie sie in kommunistischen Parteien vorliegen. Immer muss erst Ordnung herrschen, bevor Revolution sein kann, und auch danach muss schnell wieder Ordnung einkehren. Anarchisten, so ein alter kommunistischer Spruch, könne man in der Hitze des revolutionären Kampfes ganz gut gebrauchen, danach müsse man sich ihrer schnell entledigen. Anarchisten führten an zwei Fronten Krieg: Gegen die herrschenden Mächte in all ihren Gestalten, dann aber auch gegen Tyrannen und Bürokraten in den Reihen der eigenen Verbündeten. Zwischen diesen beiden Fronten wurden sie zerrieben. Bei Durrutis Begräbnis – er war am 20. November 1936 im Kampf um Madrid von einer Kugel unklarer Herkunft getroffen worden – war ganz Barcelona auf den Straßen. Rund 500.000 Menschen erwiesen ihm die letzte Ehre und manifestierten die Stärke der anarchistischen Bewegung. Einen Monat nach seinem Tod hieß es in der *Prawda*: »Was Katalonien anlangt, so hat die Säuberung von Trotzkisten und Anarchisten begonnen, und sie wird mit derselben Energie durchgeführt werden wie in der UdSSR.« Andrés Nin, ein Vertrauter Trotzkis und in der ersten Regierung der *Frente popular* Justizminister, später Mitglied der katalanischen Regionalregierung, sowie die gesamt Führung der POUM wurden verhaftet und verschwanden spurlos, zumeist für immer.

»Hatten die Stalinisten wirklich der Revolution den Garaus gemacht?«, fragt Simone de Beauvoir in ihren Memoiren bang, und man merkt, wie schwer sie sich mit dieser Erkenntnis tut.

Buenaventura Durruti

Charisma hat man oder man hat es nicht – Buenaventura Durruti jedenfalls muss ein charismatischer Mann gewesen sein. Hans Magnus Enzensberger hat ihm in seinem immer noch sehr lesenswerten Buch *Der kurze Sommer der Anarchie* ein Denkmal gesetzt. Die amerikanische Anarchistin Emma Goldman schrieb einen Nachruf unter dem Titel: *Durruti ist tot, aber er lebt*, der mit dazu beitrug, dass er zu einer beinahe mythischen Gestalt wurde. In ihm verschmolzen brigantische und anarchistische Traditionen zu einer authentischen Einheit. Schon als Junge trat sein anarchistisches Temperament zu Tage. Buenaventura und seine Freunde holten sich das Obst von den Plantagen der Großgrundbesitzer. Als einer von diesen sie beim Diebstahl erwischte und darauf hinwies, dass das »sein Gutshof« sei, fragte der kleine Buenaventura zurück: »Und mein Gutshof, wo ist der? Warum habe ich keinen Gutshof?« Der Klärung dieser Frage widmete er sein Leben.

Durruti überfiel gelegentlich mit Genossen Banken, um anarchistische Projekte zu finanzieren. Sie nannten das »revolutionäre Gymnastik«. Einmal saß er bei einer angeregten Diskussion mit Genossinnen und Genossen in einem Café, als er von der ausgestreckten Hand eines Bettlers unterbrochen wurde. Durruti zog eine Pistole aus seiner Jacke. Er legte sie auf die Hand des Bettlers und riet ihm: »Nimm sie! Frag in einer Bank nach Geld!«

Einige Tage nach dem Sieg über die Putschisten in Barcelona zog Durruti an der Spitze einer vieltausendköpfigen Kolonne in die Provinz Aragón, deren Hauptstadt Saragossa von den aufständischen Militärs besetzt worden war. »In jedem Dorf, in jeder Stadt, durch die Durrutis Kolonne kam, vollzog sich, wie durch die magische Kraft eines Zauberstabes, eine soziale Revolution«, berichtet Augustin Souchy. Er sprach zu den Leuten und drückte aus, was sie fühlten. Weiter heißt es in Souchys Buch »Vorsicht: Anarchist!«: »In Durrutis Kolonne gab es nur gleichberechtigte Kameraden. Er aß das für alle gleich zubereitete Essen. Er schlief auf dem Boden, um sein Bett Bedürftigeren zu überlassen. Disziplin erzwang er nicht durch Subordination, er erreichte sie durch sein beispielhaftes Verhalten. Darin lag seine Stärke als Führer unter Gleichen. Glühender Idealist, unerschrockener Kämpfer, unkorrumpierbarer Charakter: das war Buenaventura Durruti.« George Orwell, der das alles aus unmittelbarer Nähe mitverfolgte, schrieb: »Solange die spanischen Milizen sich hielten, waren sie gewissermaßen der Mikrokosmos einer klassenlosen Gesellschaft. In dieser Gemeinschaft, in der keiner hinter dem Geld herrannte, wo alles knapp war, es aber keine Privilegien und kein Speichellecken mehr gab, fand man vielleicht in groben Umrissen eine Vorschau davon, wie die ersten Schritte des Sozialismus aussehen könnten.«

In einem Interview mit dem *Toronto Daily Star* sagte der Interviewer zu Durruti: »Aber wenn Sie siegen, werden Sie auf einem Trümmerhaufen sitzen.« Und dieser erwiderte: »Soll die Bourgeoisie ihre Welt in Stücke sprengen, bevor sie von der Bühne der Geschichte abtritt. Wir tragen eine neue Welt in uns, und diese Welt wächst mit jedem Augenblick heran. Sie wächst, während ich mit Ihnen rede.«

Zur Dialektik der Disziplin

»Und der Kommunismus ist an sich eine Disziplin.« *(André Malraux)*

Jetzt habe ich mich von meinen Sympathien für den »Communismo libertario«, den »freiheitlichen Kommunismus«, wie ihn die spanischen Anarchisten und Syndikalisten vertraten, aus der Kurve tragen lassen. Das war nur die eine Seite. Worin besteht die andere, was habe ich bisher unterschlagen?

Vor allem, dass zwischen den in Spanien kämpfenden Kommunisten aus aller Welt und dem »System des Stalinismus« zu unterscheiden ist. Nicht alle waren auf Linie und hörten auf, sich ihres eigenen Verstandes zu bedienen. Dann: Die in den *Internationalen Brigaden* kämpfenden Genossen hatten etwas, was den Anarchisten häufig fehlte: Disziplin.

Selbstbeherrschung, Selbstdisziplin sind Fähigkeiten, die uns von unseren leibseelischen Zuständen unabhängig machen, die es uns gestatten, an Plänen, Entwürfen, Hoffnungen auch dann festzuhalten, wenn wir auf Hindernisse stoßen und zu Umwegen genötigt werden. Peter Brückner hat zur Dialektik der Disziplin angemerkt: »Ein jugendlicher Dissident und Anarchist, der begeistert auf die Pfiffe seines Turnherrn reagiert, ist ein überaus peinlicher Anblick; aber wartet nur ab, er wird dabei ›Herr über sich selbst‹ und über gewisse herrschende Verhältnisse – anders würde er später kein leidlich disziplinierter Antifaschist.« Zum Kampf gegen den Faschismus gehört es, nicht wegzulaufen, wenn einem ein Befehl erteilt wird. Damit taten sich die spanischen Anarchisten häufig schwer. Der nach Orwells Vorlage gedrehte Film von Ken Loach »Land and Freedom« liefert Anschauungsmaterial für diese Problematik.

Bei aller Sympathie für die oft jugendlichen Anarchisten verzweifelte George Orwell manchmal an deren Disziplinlosigkeit und Unpünktlichkeit. Vom Exerzieren in der Kaserne berichtet er: »Disziplin existierte nicht: wenn ein Befehl einem Mann nicht gefiel, trat er aus dem Glied und argumentierte heftig mit dem Offizier.« Die Rekruten waren sechzehn- oder siebzehnjährige Jungen aus den Armenvierteln Barcelonas.

»Wenn sie wussten, aus welchem Ende des Gewehrs die Kugel kam, so war das schon ihr ganzes Wissen.« Niemand wusste, wie man ein Gewehr lädt, geschweige denn wie man damit zielt. Alle hatten Zeit und waren unpünktlich. »Theoretisch jedoch bewunderte ich die Spanier, weil sie unsere nordeuropäische Zeitneurose nicht teilen; aber unglücklicherweise bin ich selbst davon befallen.« Die anarchistischen Milizen kämpften in den ersten Tagen und Wochen ausgesprochen tapfer und voller Begeisterung, mangelnde militärische Kenntnisse und Disziplin konnten aber auf lange Sicht nicht durch revolutionären Enthusiasmus kompensiert werden.

Als Alfred Kantorowicz als Assistent des Kommissars der 11. Internationalen Brigade in Madrid eingesetzt war, kam eines Tages ein junger Mann in sein Büro und bat ihn um ein vertrauliches Gespräch. Er sei Mitglied einer anarchistischen Formation aus Katalonien, die zur Verteidigung Madrids herbeigeeilt sei. Er bat den Kommunisten Kantorowicz um Hilfe und die Entsendung von Instrukteuren. Es gehe darum, weitere Opfer zu vermeiden. Was er damit meine, fragte Kantorowicz. Man habe vor ein paar Tagen ein Haus gestürmt und große Verluste dabei erlitten. Dann habe sich herausgestellt, dass in diesem Haus die eigenen Leute, also Republikaner, gewesen seien. Dann habe man versucht, einen Minenwerfer in Gang zu setzen. Dabei sei dieser explodiert und man habe zwölf Tote und acht schwer Verwundete zu beklagen gehabt. Vor allem deshalb sei er hier, denn am selben Abend noch sollten die anderen Minenwerfer ausprobiert werden. Entgeistert fragt Kantorowicz, ob sie denn keine Chefs hätten? Nein, Führer hätten sie natürlich nicht, auch keine Ränge, schließlich seien sie anarchistische Freiwillige. Jedes Mal, bevor sie »an die Front« gingen, wählten sie Kameraden, die für diesen Tag verantwortlich seien. Allerdings niemals die gleichen, sondern reihum, damit möglichst jeder einmal die Verantwortung trage. »In keinem Augenblick meines Hierseins war ich so niedergeschlagen, nahezu hoffnungslos, wie während und nach dieser Unterredung. Alle Bemühungen der paar tausend Mann, die Madrid hielten – es sind mit Einschluss der zuverlässigen spanischen Bataillone nur ein paar tausend Mann – ihr Opfermut, ihre Disziplin schien mir unterzugehen in einem riesen Sumpf von Planlosigkeit, von Selbstvernichtung«, resümiert Kantorowicz und fährt fort: »Ganze Provinzen sind von zahlenmäßig bedeutungslosen, spontan agierenden und kühn geführten Grüppchen erobert worden, ganze Provinzen sind aber auch von führerlosen und kopflos agierenden Gewehrträgern verloren worden.«

Auch Hemingway, dessen Künstler-Temperament ihn eigentlich zum Sympathisanten der Anarchisten prädisponierte, sagt über Robert Jordan, die Hauptfigur seines Romans *Wem die Stunde schlägt*: »Für die Dauer des Krieges hat er sich der kommunistischen Disziplin unterworfen. Hier in Spanien sind die Kommunisten die diszipliniertesten Leute, und sie führen den Krieg auf die klügste und gesündeste Weise. Er unterwirft sich ihrer Disziplin für die Dauer des Krieges, weil sie, was die Kriegsführung betrifft, die einzige Partei sind, deren Programm und Disziplin er respektieren kann …«

Pablo Neruda hielt sich während des Spanischen Bürgerkriegs als Teilnehmer eines antifaschistischen Schriftstellerkongresses in Madrid auf. Angesichts der Disziplinlosigkeit und Gewalttätigkeit gewisser Anarchisten traf er eine Entscheidung: »Während diese Horden sich in Madrids blinder Nacht breitmachten, waren die Kommunisten die einzige organisierte Kraft, die ein Heer auf die Beine stellte gegen Italiener, Deutsche, Mauren und Falangisten. Sie waren gleichzeitig die moralische Kraft, die den antifaschistischen Widerstand und Kampf aufrechterhielt. Mit einem Wort: ich musste einen Weg wählen. Und das tat ich in jenen Tagen und habe meine Entscheidung, die ich zwischen der Finsternis und Hoffnung jener tragischen Epoche fällte, nie bereut.«

Auch Luis Buñuel fühlte sich von der Gewalttätigkeit und dem rüden Benehmen vieler Anarchisten abgestoßen und zu den Kommunisten hingezogen. Dennoch stellt er in seinem Erinnerungsbuch *Mein letzter Seufzer* fest: »1936 hat das spanische Volk zum ersten Mal in seiner Geschichte das Wort ergriffen. Instinktiv hat es zuerst die Kirche und die Großgrundbesitzer angegriffen, die Vertreter der gegnerischen Ordnung seit eh und je. Mit den niedergebrannten Kirchen und Klöstern, mit den niedergemetzelten Priestern verwies es auf seinen Erbfeind. Auf der anderen, der faschistischen Seite wurden die Verbrechen von den vermögenderen, den kultivierten Spaniern begangen. Sie wurden größtenteils ohne wirkliche Notwendigkeit eiskalt begangen. Das lässt mich heute aus einer gewissen Distanz feststellen, dass das Volk im Grunde großzügiger ist. Die Gründe, die es für seine Auflehnung hatte, liegen offen zutage.«

Das zentrale Manko des Anarchismus besteht in seiner Geringschätzung der Eroberung der politischen Macht und seiner Scheu vor dem Umgang mit Macht und Herrschaft. Er strebt nach Machtlosigkeit in einer durch und durch vermachteten Welt. Als CNT und FAI nach wenigen Tagen des Kampfes in Barcelona de facto die Macht zufiel, verstanden sie es nicht, sie zu ergreifen und sinnvollen, gestalterischen Gebrauch von ihr zu machen. Leo Trotzki kommentierte aus der Ferne seines Exils: »Wer auf die Eroberung der Macht verzichtet, schanzt sie denen zu, die sie immer schon gehabt haben, nämlich den Ausbeutern.«

Fazit: Wir benötigen den Anarchismus als eine »Gewaltkur gegen die Alterskrankheit des Kommunismus«, wie die Brüder Cohn-Bendit es 1968 ausdrückten, als Korrektiv gegen die Gefahren der bürokratischen Erstarrung der Revolution. Die Anarchisten benötigen den organisierten Sozialismus/Kommunismus, weil sie es wegen ihres gebrochenen Verhältnisses zu Disziplin und Organisation nicht schaffen, die eruptive, augenblickshafte Energien und den Enthusiasmus der Massen in eine wirklich gefährliche Macht zu verwandeln. Statt sich wechselseitig zu befruchten und zu ergänzen und die jeweiligen Stärken zusammenzuwerfen, begannen Anarchisten und Kommunisten/Sozialisten sich bis aufs Messer zu bekämpfen. Man kritisierte und bekämpfte am anderen gerade das, was einem selber fehlte. Wir kommen nicht umhin festzustellen: Die Niederlage der Linken im Spanischen Bürgerkrieg geht nicht nur auf das Konto der Übermacht der Feinde, sondern auch auf das eines unseligen, selbstmörderischen Bruderkriegs.

Dieser hat seine Vorstufen. Früh gerieten Marx und Bakunin aneinander, die im Pariser Exil der 1840er Jahre zunächst freundschaftlich verbunden waren. Die anarchistische Bewegung und Bakunin beteiligten sich an der Ersten Internationale, die 1864 in London auf Initiative englischer und französischer Arbeiter ins Leben gerufen wurde. Die bakunistischen Sektionen aus Spanien, Frankreich, Italien und der Schweiz dominierten schließlich die Internationale, so dass Marx zu der intriganten List griff, den Sitz des Zentralrates der Internationalen nach New York zu verlegen, wodurch die Internationale quasi Selbstmord beging. Marx folgte der Logik: Besser gar keine Internationale als eine unter bakunistischem Einfluss! Im Jahr 1872 – auf dem Kongress in Den Haag – eskalierte der Konflikt zwischen den Bakunin-Anhängern und der Partei Marx, wie man damals sagte. Bakunin und seine Anhänger wurden ausgeschlossen – ein Schisma mit weitreichenden Folgen. Der anarchistische Flügel verselbständigte sich und ging eigene Wege. Mit der Entstehung der Zweiten Internationale im Jahr 1889 erfolgte die endgültige Scheidung der anarchistischen von der sozialistischen Bewegung. Die Trennung hat beiden Seiten geschadet und sie wichtiger Elemente beraubt. Die Anarchisten setzten auf den revolutionären Willen, der Berge versetzen und die Revolution gewissermaßen jederzeit Wirklichkeit werden lassen könne; die Marxisten beharrten darauf, dass gewisse objektiven Bedingungen gegeben sein müssen, damit Revolution sein kann. Nach dem Schisma wanderten die Spontaneität und der revolutionäre Wille aus dem marxistisch-sozialdemokratischen Lager aus, der Etatismus, der Respekt vor Autorität und Partei und der Gehorsam vermeintlichen geschichtlichen Notwendigkeiten gegenüber wanderten ein. Man begann, die sogenannten »Lumpenproletarier« zu verachten, und betrieb eine Respektabilitätsknechtschaft, die auf den Versuch hinauslief, das Bürgertum in puncto Anstand auf der Über-Ich-Seite zu überholen. Die Anarchisten im Gegenzug dachten, man könne der Revolution Beine machen durch voluntaristische Akte und die »Propaganda der Tat«. Ohne Einblick in ökonomisch-soziale Strukturen und umfassende politische und ökonomische Veränderungen ist der Anarchismus immer in Gefahr, zur Marotte und zum bloßen Desperadotum zu werden. So hat die frühe Trennung von Marxismus und Anarchismus beide als Verlierer und Beschädigte hinterlassen. Dieses Schisma reproduzierte sich in der jungen Sowjetunion, die nach dem Ende des Bürgerkriegs dazu überging, sich ihrer anarchistischen Mitstreiter zu entledigen, die mehr als einmal für die Bolschewiki die Kastanien aus dem Feuer geholt hatten. Es reproduzierte sich nach dem Zerfall der antiautoritären Bewegung in der Bundesrepublik noch einmal, als die Bewegung, die die verfeindeten Traditionen endlich wieder zusammengebracht hatte, sich in Spontis und Marxisten-Leninisten entmischte. Getreu des von Freud beschriebenen Mechanismus des »Narzissmus der kleinsten Differenz« zerfleischten sich gerade die untereinander, die sich im Grunde sehr nahe standen und ähnlich waren.

Der »subjektive Faktor«

> »Die Fetischisten der Ökonomie, die die moralischen Kräfte des Volkes und die großen Impulse der Menschen, die Sehnsucht nach Freiheit, nach Gerechtigkeit, nach Schönheit kleinbürgerliche Untugenden hießen.« *(Ernst Toller)*

Rund einen Monat, nachdem am 2. Juni 1967 der Student Benno Ohnesorg von einem Polizisten erschossen worden war, kam Herbert Marcuse auf Einladung des *Sozialistischen Deutschen Studentenbundes* (SDS) nach Berlin. Im Rahmen einer Veranstaltungsreihe hielt Marcuse im überfüllten Audimax der FU zwei Vorträge und diskutierte im Anschluss mit dem Publikum. Nach dem Vortrag *Das Ende der Utopie* meldete sich Rudi Dutschke zu Wort und fragte, ob angesichts des erreichten Standes der Produktivkräfte nicht das Verhältnis von subjektiver Tätigkeit und objektiven Tendenzen im revolutionären Prozess neu bestimmt werden müsse. Es gehe nicht mehr an, die Subjektivität unter Verweis auf die mangelnde objektive Reife zu gängeln. Die Marxsche Kritik an Bakunin sei hinfällig und dem Anarchismus komme mit seiner Betonung der Spontaneität und Selbsttätigkeit unter den gewandelten Bedingungen des Spätkapitalismus eine ganz andere Legitimität zu. Marcuse gab Dutschke Recht und antwortete: »Ich halte die Neubestimmung des subjektiven Faktors in der Tat für eines der entscheidendsten Erfordernisse der heutigen Situation. Je mehr wir sagen müssen, dass die materiellen, technischen und wissenschaftlichen Produktivkräfte für eine freie Gesellschaft da sind, umso größer wird an uns die Anforderung, das Bewusstsein dieser realisierbaren Möglichkeiten zu befreien.« Angesichts des Wachstums der Produktivkräfte hat der Begriff der »Utopie« seinen bisherigen Sinn eingebüßt; was gegenwärtig als »utopisch« gebrandmarkt wird, ist nicht mehr das, was »keinen Ort« hat und im historischen Universum auch keinen haben kann, sondern vielmehr das, was durch die Macht der etablierten Gesellschaft und der in ihr Herrschenden daran gehindert werden soll, zustande zu kommen.

Die theoretischen Köpfe der antiautoritären Bewegung propagierten eine veränderte Rolle der menschlichen Subjektivität und Spontaneität im Kampf für eine befreite Gesellschaft. Hatte Friedrich Engels die

»Entwicklung des Sozialismus von der Utopie zur Wissenschaft« als große Errungenschaft gepriesen, komme es nun, 100 Jahre später, darauf an, den Weg des Sozialismus von der Wissenschaft zurück zur Utopie ins Auge zu fassen. Es gehe heute nicht mehr darum, einen überbordenden revolutionären Voluntarismus im Namen der objektiven Möglichkeiten zurückzupfeifen, sondern ihn allererst wieder zu entwickeln. Die Überreife der objektiven Verhältnisse lebe von der Unreife der Beherrschten, die es durch Aktionen und »exemplarisches Lernen« (Oskar Negt) zu überwinden gelte.

Auf dem wenige Tage nach der Erschießung Benno Ohnesorgs in Hannover stattfindenden Kongress *Hochschule in der Demokratie* kam es zu einem verbalen Schlagabtausch zwischen Jürgen Habermas und Rudi Dutschke. Dutschke attackierte Habermas mit den Worten: »Die Entwicklung der Produktivkräfte hat einen Prozesspunkt erreicht, wo die Abschaffung von Hunger, Krieg und Herrschaft materiell möglich geworden ist. Alles hängt vom bewussten Willen der Menschen ab, ihre schon immer von ihnen gemachte Geschichte endlich bewusst zu machen, sie zu kontrollieren, sie sich zu unterwerfen, das heißt, Professor Habermas, Ihr begriffsloser Objektivismus erschlägt das zu emanzipierende Subjekt.« Habermas, der den Kongress bereits verlassen hatte, kehrte noch einmal in die Halle zurück und warf Dutschke Aktionismus, frühsozialistischen »Voluntarismus«, ja »linken Faschismus« vor.

Der in der DDR lebende Philosoph Wolfgang Harich erneuerte 1969 im *Kursbuch* einen alten Vorwurf gegenüber dem Anarchismus, den er in der *Neuen Linken* wiederaufleben sah. *Zur Kritik der revolutionären Ungeduld* nannte er seinen Text, der dem alten und neuen Anarchismus vorwarf, er versuche, die mangelnde historische Reife der Verhältnisse durch Spontaneität zu kompensieren und blockierten gesellschaftlichen Prozessen durch Aktionismus auf die zu Sprünge helfen. Gemeint ist mit »Ungeduld« die vermeintliche Unfähigkeit, »das Heranreifen objektiver Bedingungen abzuwarten, von denen eine Begünstigung des Wollens erst später und nicht schon im nächsten Augenblick zu erwarten ist«.

Schon Alexander Herzen hatte seinem Freund Bakunin vorgeworfen, er nehme in seiner notorischen Ungeduld den zweiten Monat der Schwangerschaft für den neunten. Gegen dieses Argument hatte Max Horkheimer in seinem Text *Autoritärer Staat* 1942 eingewandt: »In der Gegenwart verklärt die Rede von der mangelnden Reife das Einverständnis mit dem Schlechten. Für den Revolutionär ist die Welt schon immer reif gewesen. Was im Rückblick als Vorstufe, als unreife Verhältnisse erscheint, galt ihm einmal als letzte Chance der Veränderung. Er ist mit den Verzweifelten, die ein Urteil zum Richtplatz schickt, nicht mit denen, die Zeit haben.«

Herbert Marcuse nahm, ganz in der Tradition des frühen Horkheimer, die *Neue Linke* gegen den von seinem Freund Adorno vorgetragenen Vorwurf des Aktionismus und der Ungeduld in Schutz. Natürlich sehe er, dass die Situation in der Bundesrepublik keine revolutionäre sei, weil der antiautoritären Revolte die Unterstützung des Proletariats fehle. »Aber dieselbe Situation ist so grauenhaft, so erstickend und erniedrigend, dass die Rebellion gegen sie zu einer biologischen, physiologischen Reaktion zwingt: man kann es nicht mehr ertragen, man erstickt und muss sich Luft verschaffen ... es ist die Luft, die wir (wenigstens ich) auch einmal atmen möchten ...« Auch am Ende eines seiner Berliner Vorträge hatte Marcuse den existentiellen Impetus der Revolte noch einmal betont: »Und selbst wenn wir noch keine Änderung sehen, müssen wir weitermachen; müssen wir widerstehen, wenn wir noch als Menschen leben, arbeiten und glücklich sein wollen. Im Bündnis mit dem System können wir das nicht mehr.«

Zurück zur Geschichte des Konflikts zwischen Voluntarismus und Objektivismus – also zwischen der Betonung des menschlichen Willens und der revolutionären Tatkraft und dem Verweis auf die für die Revolution notwendigen objektiven Bedingungen. In der *Zweiten Internationale* (1889 bis 1914) war die revolutionäre Subjektivität zugunsten eines geschichtsgläubigen Objektivismus aufgegeben worden und es hatte sich die Vorstellung durchgesetzt, dass der geschichtliche Verlauf zwangsläufig zum Sozialismus führen werde. Die Geschichte würde das Proletariat wie auf einer Rolltreppe nach oben und zum Sieg tragen. Menschliche Aktivität könne diesen Verlauf allenfalls ein wenig aufhalten oder beschleunigen. Besser aber, man wartete ab und ließ sich auf keine riskanten Abenteuer ein. August Bebel erwartete den »großen Kladderadatsch« und sah die Aufgabe der Partei darin, die Arbeiter auf den Zusammenbruch der bürgerlichen Ordnung und ihre Rolle in der daraus hervorgehenden sozialistischen Gesellschaft vor allem durch Bildung vorzubereiten. Der sozialdemokratische Philosoph Josef Dietzgen formulierte ganz im Sinne Bebels und des sozialdemokratischen Zeitgeistes: »Wird doch unsere Sache alle Tage klarer und das Volk alle Tage klüger.«

Die Vorstellung von gesetzmäßig aufeinander folgenden geschichtlich-gesellschaftlichen Entwicklungsstufen ist ein hegelianisches Erbe im Marxismus. Die Etappen des Weltgeistes folgen nach Hegel einander mit logischer Notwendigkeit, keine kann übersprungen werden. Beim Versuch, Hegel vom Kopf auf die Füße zu stellen und seine Geschichtsphilosophie materialistisch umzustülpen, ist Marx ihm darin treu geblieben. Die Geschichte wird als unverbrüchliche Entwicklung gedacht. In den Niederungen der sozialdemokratischen Arbeiterbewegung nahm dieses Hegelsche Erbe die Form einer quasi-religiösen Gewissheit an, dass der »eherne Gang der Geschichte« gewissermaßen »von selbst« eine sozialistische Gesellschaft hervorbringen würde. Revolutionen galten als Geburtshilfe, als eine Art von Kaiserschnitt; zur Welt käme das Neue auch ohne sie. Aus dieser Annahme resultierte der merkwürdige Quietismus der Arbeiterbewegung. Wie eine reife Frucht würde der Sozialismus eines Tages vom Baum der Geschichte den Arbeitern in den Schoß fallen. Man hatte sich in Geduld zu üben und nichts zu überstürzen. Weil die Produktivkräfte die Verhältnisse quasi im Alleingang umwälzen würden, schien man Kampfgeist durch Geduld ersetzen zu können. Sie wurde zur Kardinaltugend des Sozialdemokraten und Gewerkschafters. Karl Kautskys Ausspruch, dass die SPD eine »revolutionäre«, aber keine »Revolution machende« Partei sei, ist der wohl bekannteste Ausdruck dieser Vorstellung.

Marx selbst hatte einer derartigen Lesart seiner Theorie Vorschub geleistet, indem er im *Kapital* schrieb, die bürgerliche Produktionsweise erzeuge mit der »Notwendigkeit eines Naturprozesses« ihre »eigne Negation«. Die Haltung des fatalistischen Abwartens lähmte auch den Widerstand gegen Hitler, weil man dachte, es handele sich um das letzte Aufbäumen des Kapitalismus vor seinem endgültigen Zusammenbruch und dem dann folgenden Sieg des Sozialismus. Die bestorganisierte und geschulte Arbeiterklasse Europas kapitulierte 1933 und gab über Nacht ihren Geist auf. Statt zum Totengräber des Kapitalismus, wurde sie, wie der Leipziger Historiker Jan Gerber schreibt, zum Totengräber ihrer jüdischen Nachbarn. Wo waren denn die Hunderttausende von Parteimitgliedern der KPD, ihre fünf bis sechs Millionen Wähler, der Rote Frontkämpferbund, die Straßen- und Betriebszellen? Das zu Fußtruppen der Notwendigkeit degradierte Proletariat wurde nicht zum Totengräber der bürgerlichen Gesellschaft, wie das *Kommunistische Manifest* es prophezeit hatte, sondern die zum Faschismus mutierte bürgerliche Gesellschaft wurde zum Totengräber von Kommunisten und Sozialdemokraten. Dass die Vorstellung vom *objektiven Gang der Geschichte* falsch und verhängnisvoll war, darüber wurden die marxistischen Theoretiker erst durch den Triumph des Nationalsozialismus belehrt. Max Horkheimer zog in seinem Buch *Dämmerung* den Schluss: »Die sozialistische Gesellschaftsordnung wird von der Weltgeschichte nicht verhindert, sie ist historisch möglich; verwirklicht wird sie aber nicht von einer der Geschichte immanenten Logik, sondern von den an der Theorie geschulten, zum Besseren entschlossenen Menschen, oder überhaupt nicht.«

Ernst Toller hat seinem autobiographischen Buch *Eine Jugend in Deutschland* in der im Exil erschienenen zweiten Auflage eine kleine Ergänzung hinzugefügt, die *Blick heute* überschrieben ist. Ich zitiere den Beginn in Auszügen:

> »Wer den Zusammenbruch von 1933 begreifen will, muss die Ereignisse der Jahre 1918 und 1919 kennen, von denen ich hier erzähle.
> Hatten die Menschen gelernt aus Opfern und Leiden, aus Niederbruch und Verhängnis, aus dem Triumph des Gegners und der Verzweiflung des Volkes, hatten sie Sinn und Mahnung und Verpflichtung jener Zeiten begriffen?
> Die Republikaner, die die Republik ihren Feinden auslieferten.
> Die Revolutionäre, die über Thesen und Parolen den Willen des Menschen und seine Entscheidung vergaßen. (…)
> Die Bürokraten, die den freien Mut, die Kühnheit, den Glauben erstickten.
> Die Doktrinäre, die über spitzfindigen Fehden versäumten, dem Volk klare und große Ziele zu weisen. (…)
> Die Realpolitiker, die taub waren für die Magie des Wortes, blind für die Macht der Idee, stumm vor der Kraft des Geistes.
> Die Fetischisten der Ökonomie, die die moralischen Kräfte des Volkes und die großen Impulse der Menschen, die Sehnsucht nach Freiheit, nach Gerechtigkeit, nach Schönheit kleinbürgerliche Untugenden hießen.

> Nein, in fünfzehn Jahren haben sie nichts gelernt, alles vergessen und nichts gelernt. Wieder haben sie versagt, wieder sind sie gestrandet, wurden gestäupt und geschunden.
> Sie haben das Volk vertröstet von Tag zu Tag, von Monat zu Monat, von Jahr zu Jahr, bis es, müde der Vertröstungen, Trost in der Trostlosigkeit suchte.
> Die Barbarei triumphiert, Nationalismus und Rassenhass und Staatsvergottung blenden die Augen, die Sinne, die Herzen.
> Viele haben gewarnt, seit Jahren gewarnt. Dass unsere Stimmen verhallten, ist unsere Schuld, unsere größte Schuld.«

Drei Jahre später, um die spanische Hoffnung ärmer und am Ende seiner Kraft, nahm Ernst Toller sich das Leben.

Haben wir – noch einige Katastrophen später – endlich gelernt und die richtigen Schlüsse aus dem Versagen der Linken gezogen? Rudi Dutschke hat sich darum bemüht.

In der Nachfolge von Horkheimer und Toller stehend, setzte Dutschke der Vorstellung von einer naturgesetzlich unaufhaltsamen Entwicklung eine voluntaristische Revolutionstheorie entgegen: Geschichte schreitet nur wirklich voran, wenn die Menschen es wollen und dem geschichtlichen Prozess ihre Richtung aufzwingen. Die Geschichte von sich aus bringt nur Verhängnisse und Katastrophen hervor, alles andere hängt vom bewussten Eingriff der Menschen ab.

Viele deutsche Kommunisten und Linke, die 1936 nach Spanien gingen, sahen in diesem Kampf eine Art zweite und letzte Chance. Man wollte das in Deutschland Versäumte im Kampf gegen die spanischen Faschisten nachholen und den weitgehend kampflosen Sieg der Nazis über die Arbeiterbewegung nun nachträglich korrigieren. Für die aus Deutschland stammenden Linken ging es um alles. Sie waren den Zuchthäusern und KZs der Nazis entronnen und begriffen sich mit einer Formulierung von Eugen Leviné als »Tote auf Urlaub«. Es gab für sie kein Zurück in die Heimat. Alfred Kantorowicz schreibt: »Wir haben kein Zuhause, solange in unserem Lande der Mord, die Lüge, das Unrecht, die Gewalttat im Namen Hitlers herrschen. (…) Auf uns wartet niemand – es seien denn Kerker und Konzentrationslager. Weh uns, wenn wir aus Spanien als Besiegte fliehen müssten! Alles, was wir bisher gelitten, wäre nicht mehr als ein

Vorspiel zu den Leiden, die dann für uns begännen. Nein, wir haben hier nichts zu verlieren als unser Leben, und das wiegt für manch einen von uns nicht mehr schwer. So ist unsere Lage. Sie ist furchtbar eindeutig.«

Tragisch, dass die deutschen Genossen in Spanien mehr und mehr unter die Kontrolle und Kommandostruktur der Komintern gerieten und vom selben Objektivismus eingeholt wurden, der schon in Deutschland in die Niederlage geführt hatte. Nach dem Schema des orthodoxen Marxismus stand im weitgehend vorindustriellen und agrarischen Spanien die bürgerlich-demokratische Revolution auf der Tagesordnung, nicht die soziale Revolution. Die KPS erwies sich als konterrevolutionäre Kraft, die dem Kampf die Spitze nahm und ihren Hauptfeind schließlich in Anarchisten, Anarchosyndikalisten und Trotzkisten erblickte, die sich dem geschichtlichen Schematismus nicht beugen wollten und die Kühnheit besaßen, aus dem halbfeudalen Zustand direkt in den »freien Kommunismus« springen zu wollen. Das war für Stalin und die Komintern offenbar bedrohlicher als der Sieg von Francos *Falange*.

Eingangs seines *Deutschen Tagebuches* erzählt Alfred Kantorowicz eine Parabel, die nur vor dem Hintergrund seiner spanischen Erfahrungen verständlich wird. Die Geschichte spielt irgendwann und irgendwo in China und geht abgekürzt so: Ein Bauer reitet aus seinem abgelegenen Dorf in die nächste Stadt, um etwas einzukaufen. Auf dem Rückweg sieht er zu seinem Entsetzen einen riesigen feuerspeienden Drachen, der ihn verschlingen will. Der Bauer reitet um sein Leben, und tatsächlich gelingt es ihm, zu entkommen. Nicht mehr weit von seinem Dorf entfernt, begegnet er dem Kind eines Nachbarn, das auf dem Weg zur Großmutter in der Stadt ist. Der Bauer warnt das Kind vor dem Drachen, der auf dem Weg zur Stadt lauere, und lässt es hinter sich aufsitzen, um ins Dorf zurückzureiten. Das Kind hinter ihm beginnt ihn neugierig nach dem Drachen auszufragen, ob er Feuer gespien, ob er riesige Drachenzähne und furchtbare Klauen gehabt habe? Als der Bauer alle Fragen beantwortet hatte, schwieg das Kind einen Moment. Dann sagte es mit süßer, einschmeichelnder Stimme: »Sieh dich doch mal um, sah er vielleicht so aus?« Als der Bauer sich umwandte, da saß hinter ihm der Drache auf dem Pferd und drehte ihm mit seinen fürchterlichen Klauen den Hals um.

Warum wird der eine Anarchist, der andere Faschist? Zur Psychodynamik des Faschismus – einst und jetzt

> »An manchen Abenden... entronnen den Schrecken der Ökonomie ...
> erschauert er, sieht er die Horden
> der wilden Jagd vorüberziehen ...« *(Arthur Rimbaud)*

> »Horche auf deine Abführmittelpropaganda, und du erfährst, wer und wie du bist.« *(Wilhelm Reich: Rede an den kleinen Mann)*

Die Frage, warum der eine Mensch zum libertären Sozialist oder Anarchist, der andere zum Faschist wird, treibt mich aus biographischen Gründen schon lange um. Ich habe sie mir anlässlich meiner Beschäftigung mit dem Spanischen Bürgerkrieg erneut gestellt: Warum *verbräunt* sich in der Gegenwart (in den USA und in Europa) die Wut des »kleinen Mannes« und der »kleinen Frau«, während die Wut der Arbeiter und Bauern in Spanien die Form des Anarchismus annahm? Geht es lediglich um ideologische Prägungen, die meist in der Pubertät erfolgen und lebensgeschichtliche Weichen in die eine oder andere Richtung stellen? Der eine trifft in der sensiblen Phase der Orientierungssuche auf eine Gruppe libertärer Sozialisten, der andere gerät an Faschisten? Solche Zufälle spielen sicher eine Rolle, aber ganz so einfach scheint es nicht zu sein. Was für eine Philosophie man hat, hängt davon ab, was für ein Mensch man ist, über welche Reflexions- und Erfahrungsfähigkeit man verfügt. Die Entscheidung für die eine oder die andere Seite hat ihre lebensgeschichtliche Basis, wurzelt in psychischen Prozessen, die entweder lebendig mäandern und pulsieren oder eingefroren und erstarrt sind. Die anfängliche Verliebtheit in die Welt, die kennzeichnend ist für die kindliche Neugier, bedarf der wohlwollenden, liebevollen Zuneigung der Menschen, die das Kind in seiner Umgebung vorfindet. Das eine Kind wächst in einem Klima mitfühlender Akzeptanz auf und bekommt das Gefühl vermittelt, gewollt, erwünscht und »richtig« zu sein; das andere leidet unter ständigen Bestrafungen, Demütigungen und Entwertungen und bekommt das Gefühl vermittelt, unerwünscht, »falsch« und überflüssig zu sein. Das erste wird, erwachsen geworden, mit sich befreundet und ins Leben verliebt sein; das zweite – voller Selbstzweifel und Selbsthass – wird sich vom Tod und dem Toten angezogen fühlen. Sein Lebensfluss wird pädagogisch begradigt, trocknet schließlich aus und versickert in trostloser Monotonie. Alles Lebendige erweckt nun seinen Neid oder gar Hass und kitzelt einen Vernichtungsimpuls hervor. In Christa Wolfs Roman *Stadt der Engel* heißt es: »Wie ist es dazu gekommen, fragte ich ihn, dass unsere Zivilisation Monster hervorbringt. Verhindertes Leben, sagte er. Was sonst. Verhindertes Leben.«

Eines Tages erzählte mir ein Gefangener, er verspüre gelegentlich Lust, in der Frankfurter B-Ebene Bettlern den Hut wegzutreten. Der eine empfindet Regungen des Mitleids angesichts der Not eines Mitmenschen, der andere Wut auf einen »Schmarotzer« und »Parasiten«, der sein Brot nicht im Schweiße seines Angesichts verdient.

»Früh in der Kindheit«, berichtet Theodor W. Adorno in seinem Buch *Minima Moralia*, »sah ich die ersten Schneeschaufler in dünnen schäbigen Kleidern. Auf meine Frage wurde mir geantwortet, das seien Männer ohne Arbeit, denen man diese Beschäftigung gäbe, damit sie sich ihr Brot verdienten. Recht geschieht ihnen, dass sie Schnee schaufeln müssen, rief ich wütend aus, um sogleich fassungslos zu weinen.«

Der kleine Theodor reagiert zunächst ganz im Sinne der Erwachsenenwelt, deren Urteile und Vorurteile er sich zu eigen gemacht hat. Die Schneeschaufler trifft seine mitleidlose Wut. Dann aber besinnt er sich und beginnt zu weinen – aus Scham wegen seiner Anpassung und aus Mitleid mit den frierenden Menschen. Der kleine Junge schlägt sich auf die Seite der gequälten Männer, in deren Leiden er sich wiedererkennt. Adorno kriegt die Kurve zum Menschlichen, weil er in der Morgenstunde des Lebens durch seine Mutter Liebe empfangen hat. Aus dieser erfahrenen Zuneigung hat er einen Kokon aus Urvertrauen um sich bauen können, der ihn schützt und gegen faschistische Versuchungen immunisiert. Glückserfahrungen der frühen Kindheit sind es, die uns ein Leben lang an- und umtreiben und beim Erwachsenen zum Ferment von politisch-libertären Rekonstruktionsversuchen und Utopien werden können.

Peter Brückner erzählt in seinem autobiographischen Buch *Das Abseits als sicherer Ort* davon, wie er, der sich als »Antifaschist im Wildwuchs« verstand, 1943 an der österreichisch-ungarischen Grenze zum ersten Mal russische Kriegsgefangene sah. »Nun wusste ich, wie die russischen Kriegsgefangenen in deutschen Lagern behandelt wurden, und ich war, obwohl ich meine ›Grundzüge des Marxismus‹ zum Teil aus der Großen

Sowjetischen Enzyklopädie beigebracht bekommen hatte, alles andere als ein Antibolschewist. Aber gleichwohl: Ich sah da einen Mann auf der Erde knien, zerlumpt, abgemagert, mit Glatze, blauen Flecken auf der Haut, tiefliegenden, zugleich blutunterlaufenen Augen, schwarzen Zähnen, Schrunden und Rissen überall, außerdem – für mich – ausdruckslos, ohne Physiognomie, nichts mehr zum ›Einfühlen‹. Wie mit einem Schlag erschien vor meinem inneren Auge die Vorstellung des asiatischen Untermenschen; erschien die Vorstellung, dass es doch bei den Tartaren, hinter dem Ural, Russen, Leute gäbe, die überhaupt noch keine Kulturstufe erreicht hatten und deren antizivilisatorische Instinkte, deren Raubtierqualität sich im Bolschewismus hatte entfalten können. Dieses Imago antibolschewistischer Propaganda des Nationalsozialismus steckte so tief und unbemerkt in mir, dass ich dem Kriegsgefangenen gegenüber Widerwillen und Angst empfand. Obwohl ich – oder vielleicht gerade weil ich glaubte, dergleichen Residuen des Faschismus bei mir nicht suchen zu müssen, hatten sie sich meiner Spontaneität bemächtigt. Nun redete mich der Gefangene glücklicherweise an. Er sprach fließend deutsch. Es stellte sich heraus, dass er ein Filmregisseur aus Leningrad war. Man kann wohl sagen, dass ich Glück gehabt habe: dass er mich ansprach, und wie er das tat, durchbrach er schlagartig den spontanen ›Sekunden-Mechanismus‹ der Wahrnehmung. Ich hatte Glück, zum dritten Mal, weil man eine solche Lehre nicht wieder vergisst.«

Man muss für solch ein Glück allerdings auch offen sein und die Differenzwahrnehmung zulassen. Ein wirklicher Faschist hätte es so weit nicht kommen lassen. Später hat Brückner diese Erfahrung auf den Begriff gebracht: »Wer nicht sichtlich unsereiner ist, steht sehr unfest in der Kultur.« Er spricht von einem »Faschismus der Gefühle – weit weg vom Kopf«. Mitunter wird unser aufgeklärt-tolerantes Erwachsenenbewusstsein von Regungen überrascht und manchmal auch überrumpelt, die plötzlich wie durch ein Steigrohr aus den Innenräumen unserer Kinderseele aufsteigen, in denen noch jede Menge faschistoides Gerümpel herumliegt, das unsere Nazi-Vorfahren dort hinterlassen haben.

Der autoritär erzogene und »zur Sau gemachte« Mensch wird eine Neigung davontragen, das, was er selbst unter Schmerzen in sich abtöten und begraben musste, aus sich herauszusetzen und dort – am Anderen und Andersartigen – zu bekämpfen und zu vernichten. Das niedergedrückte und beschädigte Leben brütet über seinen Kompensationen und sinnt auf Rache. Auf der Basis eines an seiner Entfaltung gehinderten, durch pädagogische Dressur partiell getöteten Lebens entwickelt sich eine Tendenz, sich am Anderen schadlos zu halten und zu verfolgen, was einem lebendiger vorkommt: »Der da, der reißt sich nicht so zusammen wie ich!« Ressentiments und Feindseligkeit schlagen dem um sein Glück Betrogenem aus allen Poren. Auf Anzeichen von einem Mehr an Glück und Lebendigkeit wird er mit Härte und Grausamkeit reagieren. »Gleiches Unrecht für alle«, avanciert zur unausgesprochenen Maxime seines ungelebten Lebens. Der Faschismus setzte und setzt bis heute dieses Ressentiment politisch in Gang, er war und ist psychodynamisch die Wiederkehr des Verdrängten: »Wenn die toten Wünsche auferstehen, werden sie verwandelt in die Masse der Umzubringenden«, schreibt Theweleit in seinem leider beinahe vergessenen Buch »Männerphantasien«.

In dem Maße, wie wir Objekt und Opfer solcher Erziehungsprozesse geworden sind, sind wir alle partiell Getötete und tragen in uns den Widerstreit des Toten mit dem Lebendigen aus. Ein Teil von uns ist durch haltende, schützende und wärmende Körper und frühe Liebesobjekte belebt und bewohnt, der andere durch Abwesenheiten, Strafen, Kälte und Verlassenheit unbewohnt, entlebendigt, anästhesiert, im Extremfall totgestellt. Zwischen diesen beiden in uns miteinander ringenden Prinzipien herrscht kein ruhiges, homöostatisches Gleichgewicht, und jeder Mensch muss sich entscheiden, welches von beiden die Oberhand über sein und in seinem Leben gewinnen soll. Entscheidet man sich nicht, hat man sich auch entschieden: Der Überhang der gesellschaftlichen Objektivität, der aufgehäuften und zu Kapital gewordenen toten Arbeit wird dafür sorgen, dass im Zustand scheinbarer Balance das tödliche Prinzip den Sieg davonträgt. Affirmation ans Tote oder Emanzipation, auf diese existentielle Frage antwortet jeder mit seinem Lebenslauf. Die Erzeugung des Menschlichen ist das Kriterium von Emanzipation, weniger die abstrakte politische Entscheidung zwischen links und rechts. Geschichtliche Erfahrungen haben uns schmerzhaft darüber belehrt, dass auch vermeintlich linke Entwürfe in den Sog einer tödlichen und todbringenden Produktionsweise geraten können, wenn sie sich von der regulativen Idee der Emanzipation als der Erzeugung des Menschlichen allzu weit entfernen. Es ist, vermute ich, die Erkenntnis oder doch Ahnung, dass der Kommunist stalinistischer Provenienz (bei allen Differenzen) eine gewisse Ähnlichkeit mit dem Faschisten aufweist, die Alfred Kantorowicz angesichts des NKWD-Terrors und der von ihm ausgelösten Atmosphäre des Misstrauens und des Denunziantentums erschrecken lässt und die er später in seiner Parabel vom chinesischen Bauern verarbeitet hat.

Halten wir fest: Es gibt in Gestalt des Toten oder Totgestellten in uns einen fortdauernden Faschismus weit unterhalb des Kopfes, einen Faschismus der Gefühle oder der Gefühllosigkeit, der uns zu einem lebenslangen Austrag des Kampfes nötigt. Das kann man, wenn man so will, die Innenseite des Klassenkampfes nennen. Wer resigniert und sich der Schwerkraft des Realen überlässt, gibt dem Toten in sich Raum zur Entfaltung, das sich mit dem Überhang des Toten draußen mannigfach verflicht und durch dieses gestützt wird. »Der Tod tritt ein, wenn das Leben nichts mehr hat, das es zu verteidigen gilt«, schreibt John Berger in seinem Buch *Mit Hoffnung zwischen den Zähnen*.

Nun aber zurück nach Spanien. Wo verlief dort jenseits und unterhalb der Ebene der Ideologien die Grenze zwischen Linken und Rechten?

Malraux beschreibt, wie anarchistische Milizionäre Zigaretten an faschistische Gefangene verteilen, die auf einem öffentlichen Platz antreten mussten. Später reden zwei Protagonisten seines Romans *Die Hoffnung* über diese Szene und fragen sich, wie sie zu deuten sei. Einer vermutet: »Sie wollen *denen da oben* beweisen, dass sie keine Recht haben, sie zu verachten. Was ich da sage, klingt wie ein Spaß, aber ich meine es durchaus ernst. In Spanien scheiden sich die Rechte und die Linke dadurch, dass die einen für die Demütigung eine Vorliebe haben, die anderen sie verabscheuen. Die Volksfront stellt unter anderem die Gemeinschaft derer dar, welche die Demütigung verabscheuen. … Das Gegenteil von Demütigung … ist nicht die Gleichheit, sondern die Brüderlichkeit.« Es gibt Leute, die von klein auf gedemütigt wurden und sich nun ein Leben lang von *denen da oben* demütigen lassen. Sie halten sich schadlos, indem sie Demütigungen an jene weiterreichen, die noch weiter unten stehen. Und es gibt andere, die aus den selbst erlittenen Demütigungen den Schluss ziehen, dass niemand mehr gedemütigt werden sollte.

Arthur Koestler schreibt anlässlich des Todes seines Freundes Nicolas, dem er sein Spanisches Testament gewidmet hat: »Der kleine Nicolas ist sicher nicht in guter Haltung gestorben. Er war ein Zivilist. Auch die

Milizianos auf dem Patio waren Zivilisten. Sie hatten im Sterben keine Übung. Sie fürchteten das Sterben sehr. Denn sie waren Soldaten des Volkes, Soldaten des Lebens, nicht des Todes.«

Aus den von Enzensberger gesammelten Berichten über Durruti und die anarchistischen Milizen spricht trotz allen Ernstes und aller Kampfbereitschaft doch auch eine enorme Lebensfreude, eine Lust am Fest und an der Liebe. Die spanische Arbeiterklasse war wilder und, wie wir gesehen haben, auch gewalttätiger als die deutsche oder englische, hatte weniger Respekt vor dem Privateigentum und dem Staat. Sie war noch nicht domestiziert und zu einem Teil der bürgerlichen Welt geworden. In Termini von Norbert Elias' Theorie des Zivilisationsprozesses entsprach die Mentalität der spanischen Unterschichten einem vorbürgerlichen Habitus: Extremlagen des Gemüts lagen dicht beieinander und gingen abrupt ineinander über, die Affektbarrieren waren niedrig, es herrschten eine prompte Handlungsbereitschaft und Mentalitäten des sofortigen Zuschlagens. Die Köpfe der spanischen Tagelöhner und Arbeiter waren noch nicht vom kapitalistischen Geist kolonialisiert, ihre Körper waren noch nicht zu bloßen Arbeitsinstrumenten geworden. Michel Foucault hat daran erinnert, dass »das Leben und die Zeit des Menschen nicht von Natur aus Arbeit sind, sie sind Lust, Unstetigkeit, Fest, Ruhe, Bedürfnisse, Zufälle, Begierden, Gewalttätigkeiten, Räubereien etc. Und diese ganze explosive, augenblickhafte und diskontinuierliche Energie muss das Kapital in kontinuierliche und fortlaufend auf dem Markt angebotene Arbeitskraft transformieren.« Diesen Vorgang kann man als »größtes verhaltensmodifikatorisches Experiment aller Zeiten« (Klaus Dörner) und weltgeschichtlichen Dressurakt betrachten, die dann gelungen sind, wenn die Peitsche des Aufsehers nicht mehr nötig ist und die Menschen ihr kapitalverwertendes Unglück als Erfüllung und Bestimmung erleben. Schließlich, heißt es bei Marx, entsteht eine Arbeiterklasse, die »aus Erziehung, Tradition, Gewohnheit die Anforderungen jener Produktionsweise als selbstverständliche Naturgesetze anerkennt.« Die anfängliche Unmöglichkeit, unter kapitalistischen Bedingungen zu leben, wird auf der Basis dieser Prozesse für sie möglich. Sie benehmen sich manierlich, verzichten auf Gewalt, organisieren sich in Parteien und Gewerkschaften, die die Lage der Arbeiter in der bürgerlichen Gesellschaft verbessern wollen, die sie als Ganze nicht mehr in Frage stellen. Die spanischen Arbeiter, sofern sie anarchistisch gesonnen waren, waren nicht geneigt, sich der Fabrikdisziplin und den anderen Verhaltenszumutungen der kapitalistisch-industriellen Produktionsweise zu unterwerfen und rebellierten gegen sie.

Malraux, Borkenau und Orwell beschreiben aus den Tagen und Wochen nach der Niederschlagung des Militärputsches in Barcelona eine überschäumende Begeisterung, Fröhlichkeit, revolutionären Enthusiasmus und gelebte Brüderlichkeit. In der Hitze des Kampfes legen die Menschen die Stacheln ab, die sie sonst gegeneinander isolieren und auf Distanz halten, sie entdecken im anderen den Menschen. Die revolutionäre Masse erlebt sich wie ein einziger großer lebendiger Körper. »Die Nacht war nichts als Brüderlichkeit, ... immer wieder die gleichen erhobenen Fäuste, die gleiche Brüderlichkeit«, heißt es bei Malraux. Diese Brüderlichkeit schloss im Übrigen Schwestern/Frauen mit ein, die sich gleichberechtigt an den Kämpfen beteiligten: »Alle in irgendeiner Weise Unterdrückten haben sich um uns gesammelt, kämpfen mit uns«, heißt es bei Malraux. Die größte Kraft der Revolution ist die Hoffnung, die Hoffnung auf ein menschenwürdiges und glückliches Leben, ein Leben ohne Herren und Knechte. »Das, was wirklich zählt – ist das nicht etwa das Glück? Wofür macht man denn die Revolution, wenn nicht, um glücklich zu sein?« fragt Pasolini in den *Freibeuterschriften*.

Angesichts dieser Lebendigkeit geht Faschisten »das Messer in der Tasche auf«. Der Anarchist ist im Inneren des Faschisten anwesend in Gestalt seiner verdrängten Begierden und unterdrückten Wünsche. Der Faschist hält in sich ein anarchistisches Double gefangen, das ins Freie möchte und lebendig sein will und dessen Gefangenschaft er verewigt, indem er gegen die Anarchisten draußen zu Felde zieht. »Äußeres weist«, wie Reto Hänny einmal geschrieben hat, »innen auf Verschüttetes.« Wenn sich bei anderen Menschen Wünsche nach einem Mehr an Autonomie und Lust regen, geraten das Anpassungsgefüge und die Festigkeit der Triebverdrängung des Faschisten in Gefahr. Überall sieht er die Kellerratten der Revolution »aus der Tiefe« herausdrängen und das Land überfluten. Überall muss er »Sümpfe trockenlegen« und »Sauställe ausmisten«. Der Hass des Faschisten ist ein Hass auf Teile der eigenen Person, auf abgewehrte und mühsam in Schach gehaltene eigene Triebwünsche und Begierden. Und vor allem Verachtung von und Hass auf Frauen, die die Faschisten aller Länder und Zeiten umgetrieben haben und bis heute um- und antreiben. Vieles von diesem faschistischen Syndrom haben wir gerade im amerikanischen Wahlkampf wieder aufleben sehen. »Lock her up!«, Sperrt sie ein!, »Drain the swamp!«, legt den Sumpf trocken«, »Close the borders!«, Schließt die Grenzen!, wurde da von Trump und seinen Anhängern skandiert. Man müsste sich die Mühe machen, die Sprache Donald Trumps zu analysieren, zu schauen, welche Metaphern und Bilder er verwendet. Den Faschist erkennt man nicht zuletzt an der Sprache, die er verwendet. Die Trump'schen Parolen zielen in erster Linie darauf ab, das aus dem Lot geratene innere Gleichgewicht des »kleinen Mannes« wiederherzustellen – auf Kosten von allen, die nicht sichtlich »unsereiner« sind. Trump ist Viagra für das Selbstwertgefühl des verunsicherten »kleinen Mannes«, der im Übrigen auch eine »kleine Frau« sein kann. In einer eigenartigen »Identifikation mit dem Aggressor« haben über die Hälfte der weißen Frauen für Trump gestimmt, der sie zuvor derb beleidigt hatte. Wie ein deutscher Lehrer in der Ära des Heinrich Mann'schen »Untertanen« der Liebe seiner Schüler erst dann wirklich sicher sein konnte, wenn er sie durchgeprügelt hatte, so hat Donald Trump die Wählerstimmen weißen Frauen dadurch gewonnen, dass er sie zuvor gedemütigt und erniedrigt hat. Für viele von ihnen sind, meist vermittelt über Erfahrungen mit den Vätern, Zuneigung und Demütigung wie zu einem Zopf verflochten, so dass sie sich im Sinne eines Wiederholungszwanges nur bei Politikern aufgehoben fühlen, die sie gleichzeitig hofieren und entwerten.

Leo Löwenthal hat Politiker vom Typus Trump im Rahmen der *Studies in Prejudice* des emigrierten Instituts für Sozialforschung bereits in den 1940er Jahren beschrieben. Der von Löwenthal zusammen mit Norbert Guterman verfasste Teil der Studie heißt *Lügenpropheten*. Eine Studie über die Techniken und Themen des amerikanischen Agitators. Dort entwickeln Löwenthal und Guterman in Ansätzen eine Theorie der faschistischen Agitation, die uns auch heute noch ein Verständnis des rechten Populismus, zumal des Trumpismus eröffnet. Sie beschreiben das Vorgehen der amerikanischen Agitatoren der 40er Jahre des 20. Jahrhunderts als »umgekehrte Psychoanalyse«. Während die Psychoanalyse die Ängste des Einzelnen aufklärt und bisher Unbewusstes ins Bewusstsein zu heben versucht, um ihn mündiger zu machen, will der Rechtspopulismus die Ängste aller bestärken, um sie unmündig zu halten. Ein Beispiel für diesen Vorgang: Statt die vagen Überfremdungsgefühle der Menschen in eine Kritik der real existierenden und von Tag zu Tag wachsenden kapitalistischen Entfremdung zu überführen, lenkt der Populist sie gegen die Fremden, an deren Präsenz es liegen soll, dass man sich in der Heimat nicht mehr geborgen und zu Hause fühlt.

Doch hören wir Löwenthal und Guterman in ihrem Buch *Lügenpropheten*:

> »Der Agitator geht genau den entgegengesetzten Weg (wie die Psychoanalyse G.E.). Er bedient sich solcher populären Stereotypen nur, um die vagen Ressentiments zu verstärken, deren Ausdruck sie sind. Er benutzt sie nicht als Ansatzpunkt für eine Analyse, sondern vielmehr, als wären sie schon das Ergebnis von Analysen: Die Welt ist kompliziert, weil es Gruppen darin gibt, deren Absicht es ist, sie kompliziert zu machen. Er hetzt sein Auditorium zu sozialen Reaktionen auf, die denen des verfolgungswahnsinnigen Individuums gleichen, und er bringt es dahin vor allem durch ein endloses Breittreten der Verschwörungsidee. (…) Statt Vorschläge zu machen für eine bessere Ausnützung der Produktionsmöglichkeiten oder für eine gerechtere Verteilung des Sozialprodukts, unterhält der Agitator lediglich die Ressentiments gegenüber den Exzessen des Luxus. (…) Nach seinen Enthüllungen sollen Pläne bestehen, dass immer neue Einwanderermassen in das Land kommen. Diese Fremden erscheinen dann als eine gefährliche Konkurrenz, ein räuberisches Element, verbündet mit den ›internationalen Bankiers‹. (…) Die Heimatlosigkeit des Flüchtlings wird das psychologische Äquivalent für unterdrückte Triebe des Zuhörers. Solch eine Gleichsetzung ist eine Vorbereitung für ein Loslassen verbannter Triebe gegen ein verbanntes Volk; eine psychologische Brücke ist geschlagen zwischen dem inneren Druck eines Ressentiments gegen die Verdrängung und des Ressentiments gegen ein heimatloses Volk. Wer keine Heim hat, verdient auch keines.«

Der Agitator spricht davon, dass

> »Amerika gereinigt werden müsse, empfiehlt ein reinigendes Bad. (…) Oft spricht er von dem gegenwärtigen Zustand des Landes als von

> einem verwahrlosten Haus. Er beschwert sich darüber, dass die Feinde ›unseres schönen Landes in Unordnung gebracht haben‹, dass ›ideologische und intellektuelle Krankheitskeime‹ Amerika mit ihren Seuchen bedrohen und dass es Zeit für einen ›Hausputz‹ sei. Er wettert gegen diesen ›ganzen stinkenden Unrat‹ und betont die Notwendigkeit, ›das Land von dieser schmutzigen Bande zu säubern‹. Ebenso wie die ›niedere Tiere‹-Metapher tritt die hygienische Metapher so häufig und in so konsistenten Zusammenhängen auf, dass sie nicht als zufällig beiseitegeschoben werden kann. (…) Die Projektion der eigenen unterdrückten Triebe auf den Feind gemahnt die Zuhörer jedoch gleichzeitig daran, dass diese Triebe unanständig und abstoßend sind. So erzeugt die Projektion gleichzeitig Lustgewinn und Feindeinstellung.«

Soweit die Studie über die *Lügenpropheten*, die im Jahr 1950 in den USA erschienen ist. Sind die Parallelen zur Gegenwart nicht erstaunlich und erschreckend? Man müsste sich die Zeit nehmen, Reden von Trump und anderen Rechtspopulisten nach dem Vorbild von Löwenthal und Guterman eingehend auf ihre unterschwelligen Botschaften zu untersuchen. Seit den Studien über Autorität und Vorurteil weiß man, dass so etwas wie ein rechtsradikal-faschistisches Syndrom existiert, zu dem verschiedene »Symptome« gehören. Unter der Federführung von Adorno wurde die sogenannte F-Skala entwickelt (Abkürzung für Faschismus-Skala). Diese ist ein Fragebogen, der antidemokratische Einstellungen und Persönlichkeitseigenschaften der autoritären Persönlichkeit erfassen soll. Der Rechtsradikalismus kann wechselnde Züge annehmen, aber dennoch zeigt sich, dass bestimmte Einzelseiten in seiner Physiognomie regelmäßig im Verein mit anderen auftreten. So ist, wer gegen Ausländer, Juden und andere Minoritäten wettert, in der Regel auch gegen Frauenrechte und für die Prügel- und Todesstrafe. Er verachtet das Parlament als »Quasselbude« und wünscht sich einen »starken Mann«, der »das Land mit harter Hand regiert«. Es existiert hier eine sozialpsychologische Komplementarität, wonach bestimmte gesellschaftliche Affekte sich mit anderen verbinden. Das ist bis auf den heutigen Tag nicht anders geworden und findet sich in unterschiedlichen Mischungsverhältnissen auch im gegenwärtigen Rechtspopulismus, wobei der Antisemitismus häufig nicht offen artikuliert wird. Aber es ist wie so oft: Was zum Verschwinden gebracht werden soll, scheint in der Bewegung durch, durch die der Rechtspopulist es zu verbergen versucht. So war es zuletzt bei Trump im amerikanischen Wahlkampf in puncto Antisemitismus zu beobachten.

Die »umgekehrte Psychoanalyse« ist im Schwange und feiert nach wie vor ihre Triumphe. Statt das dumpf im psychischen Untergrund Schwelende und die frei flottierenden Ängste der Leute über sich selbst aufzuklären und ins Bewusstsein zu heben, wie es psychoanalytische und aufklärerisch-demokratische Praxis wäre, eignet sich der faschistische Agitator beziehungsweise Rechtspopulist diesen Rohstoff so an, wie er bereit liegt, und setzt ihn für seine Zwecke in Gang. Er bedient wiederentflammte Spaltungsneigungen in »nur gut« und »nur böse« und rückt den verunsicherten Menschen einen Feind zurecht, den sie für ihr Unglück verantwortlich machen können. Da einer Erkenntnis Melanie Kleins zufolge alle Menschen das Stadium des frühkindlichen Manichäismus, der »paranoid-schizoiden Position«, durchlaufen, bleibt die Neigung, kognitive Dissonanzen und seelische Spannungszustände auf diese Weise zu entschärfen, nicht nur bei den Menschen virulent, die aufgrund blockierter Reifungsprozesse auf dieses Entwicklungsstadium fixiert blieben, sondern auch bei »durchschnittlich-normalen« Erwachsenen. In Zeiten verbreiteter Verunsicherung und Desorientierung findet eine kollektive Regression auf einfache, kindlich-archaische Mechanismen der psychischen Regulation statt. Urteils- und Differenzierungsvermögen bilden sich zurück und es steigt das Bedürfnis nach entlastenden Vereinfachungen. Wer die simpelsten Polarisierungen liefert, hat nun die besten Aussichten, Gehör und Gefolgschaft zu finden. Wirkliche Aufklärung – unter striktem Verzicht auf alles Populistisch-Reklameähnliche – ist dagegen anstrengend und schmerzhaft. Das ist der Grund, warum in Krisenzeiten, wenn die Menschen sich nach schnellen Lösungen sehnen, linke Aufklärungsversuche gegenüber den populistischen Vereinfachungen kaum eine Chance haben.

Die Resurrektion des libertären Sozialismus

Mit dem Ende des Spanischen Bürgerkriegs endet auch die Geschichte des Anarchismus als Massenbewegung. Er lebte in den Köpfen und Herzen einzelner weiter. Aber, heißt es bei Hegel, das Kommende treibt sich mitunter »sous terre« herum: »Der Geist gräbt oft wie ein Maulwurf unter der Erde fort und vollendet sein Werk.« Irgendwann stößt er wieder zur Oberfläche vor und wirft sichtbar seine Hügel auf.

Ein solcher Maulwurf könnte die Idee der Selbstverwaltung und des libertären Sozialismus sein, die ihre Anziehungskraft über all die Jahre nicht verloren hat und in der Hitze der Kämpfe immer wieder aufs Neue aus dem *sous terre* auftaucht. Zuletzt ergriff sie in Europa um 1968 herum die Massen, vor allem in Frankreich. Für Daniel Guérin, den Geschichtsschreiber des Anarchismus, verkörperte Daniel Cohn-Bendit diese Idee: »Er ist durch und durch libertär, im vollsten Sinne des Wortes.« Daniel wird diese Charakterisierung heute nicht mehr so gern hören. Kürzlich sah ich ihn in einer Dokumentation, die Niko Apel während der Fußballweltmeisterschaft in Brasilien gedreht hat. Sie fahren mit einem alten VW-Bus durch die Gegend und treffen unter anderem mit Repräsentanten der Landbesetzerbewegung zusammen. Eine junge Frau, für die Daniel eine Ikone des Widerstands ist, steht vor ihm und sagt voller Emphase und mit leuchtenden Augen: »Der Sozialismus lebt«. Es muss für Cohn-Bendit eine Begegnung mit seiner eigenen Jugend gewesen sein und man konnte sehen, dass ihn die Szene anrührte.

Der Tiefstand revolutionären Potentials auf dem Höhepunkt der kapitalistischen Entwicklung ist womöglich (und hoffentlich) trügerisch, und die Täuschung würde verschwinden, sobald wir begreifen, dass sich auf dieser Stufe neue Formen der Desintegration und Revolution herausbilden, die der neuen Phase des Kapitalismus entsprechen und von ihr hervorgebracht werden. Um eine Formulierung von Marx aufzugreifen: Die Wirklichkeit drängt durchaus zum Gedanken, aber wo sind unsere Gedanken? Das heißt: Wir müssen die kritische Theorie des Kapitalismus endlich auf die Höhe der Zeit bringen, denn, wie Herbert Marcuse gesagt hat: »Eine Theorie, welche die Praxis des Kapitalismus nicht eingeholt hat, kann schwerlich eine Praxis anleiten, die darauf abzielt, den Kapitalismus aufzuheben.«

Man kann die Hoffnung hegen und in Ansätzen auch bereits beobachten, dass die Auflösungserscheinungen des kapitalistischen Typus der Industrialisierung und Modernisierung zu einer Wiederbelebung der Idee einer solidarischen Ökonomie und der Selbstverwaltung führen werden. Wir müssen uns von alten Bildern der Revolution verabschieden und sie uns als Bündelung verschiedener Widerstandsstränge und alltäglicher Subversionen vorstellen, die sich im *sous terre* anbahnen. Man darf den Feind nicht frontal angreifen und ihm auf diese Weise ins Messer laufen, sondern muss ihm in die Flanken fallen. Das ist die Strategie des Widerstands. Die Herrschenden wollen, dass man sie frontal angreift, den Gefallen dürfen wir ihnen nicht tun. Man muss listig sein und von Seiten kommen, die der Gegner nicht erwartet. Wir müssen natürlich immer auch damit rechnen, dass keine Bewegung entsteht, die dem Zerfall eine emanzipatorische Wendung geben kann. Für diesen Fall zog Marx die Möglichkeit des »gemeinsamen Untergangs der kämpfenden Klassen« in Erwägung, ein Szenario, das Rosa Luxemburg später als »Barbarei«, Antonio Gramsci als »Zeit der Monster« fasste. Wenn sich aber eine emanzipatorische Bewegung herausbildet, wird sie sich in den Kämpfen und Modellen wiedererkennen, die sich im Spanischen Bürgerkrieg entfalteten und die alternative Lebens- und Arbeitsformen vorwegnahmen. »Utopien«, schrieb Gustav Landauer, »sind immer nur scheintot, und bei einer Erschütterung ihres Sarges leben sie wieder auf.«

Arthur Koestler hat sein *Spanisches Testament* einem im Gefängnis hingerichteten Genossen namens Nicolas gewidmet. Eines Tages fehlt er beim Rundgang auf dem Gefängnishof. »Dieses Buch ist dir gewidmet. Was hast du davon? Du könntest es auch nicht lesen, wenn du am Leben wärst. Deshalb haben sie dich ja erschossen: Weil du den unverschämten Wunsch hattest, lesen zu lernen. Du und ein paar Millionen deinesgleichen, die zu ihren alten Schießeisen griffen, um die neue Ordnung zu verteidigen, die euch später vielleicht lesen gelehrt hätte. Das nennt man einen bewaffneten Aufstand, Nicolas. (…) Das nennt man die Instinkte des Pöbels, Nicolas. Dass einer lesen lernen will und leben wie ein Mensch.«

VERWENDETE LITERATUR:

Abel, Werner/Hilbert, Enrico: »Sie werden nicht durchkommen«. Deutsche an der Seite der Spanischen Republik und der sozialen Revolution, Edition AV 2015

Adorno, Theodor W.: Der autoritäre Charakter, Amsterdam 1968

Adorno, Theodor W.: Minima Moralia, Frankfurt am Main 1979

Augstein, Franziska: Von Treue und Verrat. Jorge Semprun und sein Jahrhundert, München 2008
Beauvoir, Simone de: In den besten Jahren, Reinbek 1969
Berger, John: Mit Hoffnung zwischen den Zähnen, Berlin 2008
Bernecker, Walther L.: Kollektivismus und Freiheit, München 1980
Borkenau, Franz: Kampfplatz Spanien, Stuttgart 1988
Blom, Philipp: Die zerrissenen Jahre 1918–1938, München 2014
Brandt, Willy: Hitler ist nicht Deutschland, Bonn 2002
Bredel, Willi: Spanien-Krieg, 2 Bände, Berlin/Weimar 1986
Brückner, Peter: Das Abseits als sicherer Ort, Berlin 1980
Cohen, Robert: Exil der frechen Frauen, Berlin 2009
Cohn-Bendit, Gabriel und Daniel: Linksradikalismus – Gewaltkur gegen die Alterskrankheit des Kommunismus, Reinbek 1968
Conquest, Robert: Am Anfang starb Genosse Kirow, Säuberungen unter Stalin, Düsseldorf 1970
de Pison, Ignacio Martínez: Der Tod des Übersetzers, Hamburg 2007
Dörner, Klaus: Tödliches Mitleid, Gütersloh 1989
Dreßen, Wolfgang: Antiautoritäres Lager und Anarchismus, Berlin 1968
Enzensberger, Hans Magnus: Der kurze Sommer der Anarchie, Frankfurt am Main 1972
Frei, Bruno: Die anarchistische Utopie, Frankfurt am Main 1971
Guérin, Daniel: Anarchismus, Frankfurt am Main 1969
Harich, Wolfgang: Zur Kritik der revolutionären Ungeduld, in: Kursbuch 19
Hemingway, Ernest: Wem die Stunde schlägt, Berlin-Frankfurt am Main 1958
Hobsbawm, Eric J.: Das Zeitalter der Extreme, München/Wien 1995
Hobsbawm, Eric J.: Sozialrebellen, Neuwied/Berlin 1971
Horkheimer, Max: Autoritärer Staat, in: Gesellschaft im Übergang, Frankfurt am Main 1972
Horkheimer, Max: Notizen 1950 bis 1969 und Dämmerung, Frankfurt am Main 1974
Jackson, Gabriel: Annäherung an Spanien 1898–1975, Frankfurt am Main 1982
Janka, Walter: Spuren eines Lebens, Berlin 1991
Joll, James: Die Anarchisten, Frankfurt am Main/Berlin/Wien 1966

Kantorowicz, Alfred: Deutsches Tagebuch, Erster Teil, Berlin 1978
Kantorowicz, Alfred: Exil in Frankreich, Frankfurt am Main 1986
Kantorowicz, Alfred: Spanisches Kriegstagebuch, Hamburg 1979
Karl, Michaela: Rudi Dutschke. Revolutionär ohne Revolution, Frankfurt am Main 2003
Kesten, Hermann: Die Kinder von Gernika, Leipzig 1985
Koestler, Arthur: Als Zeuge der Zeit, Frankfurt am Main 2005
Koestler, Arthur: Ein spanisches Testament, Berlin 1979
Landauer, Gustav: Aufruf zum Sozialismus, Frankfurt am Main 1967
Macher, Julia: Der Pakt des Schweigens, in: Blätter für deutsche und internationale Politik, 7/2016
Malraux, André; Die Hoffnung, München 1986
Mann, Klaus: Der Wendepunkt, München 1981
Mann, Klaus: Mit dem Blick nach Deutschland, München 1985
Marcuse, Herbert: Das Ende der Utopie. Vorträge und Diskussionen in Berlin 1967, Frankfurt am Main 1980
Neruda, Pablo: Ich bekenne, ich habe gelebt: Memoiren, Darmstadt/Neuwied 1974
Padura, Leonardo: Der Mann, der Hunde liebte, Zürich 2012
Patenaude, Bertrand M.: Trotzki. Der verratene Revolutionär, Berlin 2010
Regler, Gustav: Das große Beispiel, Frankfurt am Main 1978
Regler, Gustav: Das Ohr des Malchus, Frankfurt am Main 1975
Reich, Wilhelm: Rede an den kleinen Mann, Frankfurt am Main 1984
Renn, Ludwig: Der Spanische Krieg, Berlin 2006
Rocker, Rudolf: Aus den Memoiren eines deutschen Anarchisten, Frankfurt am Main 1974
Sartre, Jean-Paul: Die Mauer, Reinbek 1973
Schauff, Frank: Der Spanische Bürgerkrieg, Göttingen 2006
Souchy, Augustin: Anarcho-Syndikalisten über Bürgerkrieg und Revolution in Spanien, Darmstadt 1969
Souchy, Augustin: »Vorsicht: Anarchist!« Ein Leben für die Freiheit, Darmstadt/Neuwied 1977
Theweleit, Klaus: Männerphantasien, Zwei Bände, Frankfurt am Main 1977/1978
Toller, Ernst: Eine Jugend in Deutschland, Stuttgart 2011

Weiss, Peter: Die Ästhetik des Widerstands, Frankfurt am Main 1988
Wohlfeil, Rainer: Der Spanische Bürgerkrieg 1936 – 1939, in: Vierteljahrshefte für Zeitgeschichte, April 1968
Wolff, Frank/Windaus Eberhard (Hrsg.): Studentenbewegung 1967–69, Frankfurt am Main 1977

ETHNOLOGIE DES INLANDS

Kampf der Verschratung!

Seit ein paar Tagen bin ich Rentner. Also muss ich üben, Rentner zu sein. Ich kaufe mir beige Klamotten, einen Hut und einen Werkzeugkasten, verbringe halbe Tage im Baumarkt, weise parkende Autofahrer ein, schieße vom Balkon aus mit dem Luftgewehr auf spielende Kinder, bleibe an Baustellen stehen und erteile den Bauarbeitern kluge Ratschläge, nutze die Einkaufszeit für Senioren, führe einen Block mit mir, in den ich die Autonummern von Falschparkern notiere und sitze ansonsten in Wartezimmern von Ärzten. Wenn die Sprechstundenhilfe kommt und fragt, was mir fehlt, sage ich: »Nichts, mir ist nicht zu helfen. Ich bin Rentner und warte auf den Tod. Ich sitze nur hier, weil alle hier sitzen.«

Es ist, als gebe es eine Verordnung, die Rentner dazu verpflichtet, sich grau-beige zu kleiden. Als müssten die Menschen beim Eintritt ins Rentenalter bei der Rentenversicherungsanstalt ihre farbigen Kleidungsstücke abgeben und sich grau-beige einkleiden, wie bei der Einlieferung in ein Gefängnis. Fortan tragen die männlichen Rentner graue Popeline-Jacken oder -mäntel, beige Leinenhosen mit Bügelfalte, hellbeige Hemden und sandfarbene Schuhe mit Löchern beziehungsweise während der Sommermonate Sandalen mit beigen Socken drin. Sie rufen sich, wo immer sie sich begegnen, Telefonnummern von Ärzten und Namen von Arzneimitteln zu und tauschen sich über die Krankheiten aus, unter denen sie selbst leiden oder die in ihrem Bekanntenkreis aufgetreten sind. Im Übrigen betonen sie ständig, wie wenig Zeit sie haben und dass sie jetzt noch viel weniger Zeit haben als früher, da sie noch ihren Berufen nachgegangen sind.

Ich vermute, dass es in Wirklichkeit so ist, dass die Menschen sich farblich an ihre Existenz angleichen. Ihre Kleidung soll so grau sein, wie ihr freudloses Leben. Sie bemühen sich, bei lebendigem Leib so tot wie möglich zu sein, weil sie insgeheim hoffen, dass Freund Hein sie so nicht findet, wenn er sich eines Tages aufmacht, sie zu holen. Vor lauter alten grauen Menschen resigniert der Tod und denkt: »Hier war schon jemand!«

Irgendwann fiel mir auf, dass es bei den Rentnern wie bei den Amseln ist: Die Kleidung der Rentnerweibchen fällt eine Nuance heller aus. Auch erhalten ihre Haare beim Färben häufig einen leichten Stich ins Bläuliche. So kann man sie trotz der bei alten Paaren zu beobachtenden Osmose unterscheiden.

Auch wenn ich nicht vorhabe, mich dem Rentnerlook zu unterwerfen, wie soll ich der Tendenz zur Verschratung und zum Absterben bei lebendigem Leib begegnen, wie der oft mit der Verrentung einhergehenden Tendenz zur Vereinsamung entgegenarbeiten? Zum Beispiel, indem ich nicht aufhöre, Beobachtungen wie diese über das Verhalten von Rentnern anzustellen, diese aufzuschreiben und einzusortieren. Vor allem aber müssen wir gemeinsam dafür sorgen, dass wir wach in der Birne und halbwegs lebendig bleiben.

Von Orlando bis München: Amok oder Terror?

»Doch wird kommen der Tag des großen Zorns ...« *(Boris Sawinkow)*

Der Amoklauf von München markiert den vorläufigen Schlusspunkt einer Blutspur, die Terrorakte und Amokläufe in den letzten Monaten durch Europa gezogen haben. In den USA sind Amokläufe beinahe alltägliche Ereignisse. Die Grenzen zwischen Amok und Terror sind unscharf und müssen in jedem einzelnen Fall bestimmt werden. Den Opfern und ihren Angehörigen wird es egal sein, welcher Kategorie die Mörder zugeordnet werden. Einer kritischen Öffentlichkeit kann es indessen nicht gleichgültig sein, wie Verbrechen gesellschaftlich angeeignet und codiert werden. Mit Etikettierungen verbinden sich strategische Interessen, und zwar sowohl auf der Seite der Täter als auch der Gesellschaft.

Die »Turboradikalisierung« des Mohamed B.?

Nach dem LKW-Amok von Nizza wurde behauptet, der Mann habe sich innerhalb von vierzehn Tagen radikalisiert und in einen Dschihadisten verwandelt. Seit acht Tagen habe er sich als Zeichen seiner radikalen Konversion einen Bart wachsen lassen. Zuvor sei er nicht religiös gewesen, habe Schweinefleisch gegessen und Drogen konsumiert. Von den Behörden sei er bis dato nicht als sogenannter *Gefährder* eingestuft worden, sondern lediglich als Kleinkrimineller geführt worden. So war er vor einiger Zeit wegen eines Körperverletzungsdeliktes im Straßenverkehr zu einer kurzen Bewährungsstrafe verurteilt worden. Mohamed B. war verheiratet und hatte drei Kinder. Allerdings hatte seine Frau ihn wegen fortgesetzter übler Behandlung und Schlägen verlassen und die Scheidung eingeleitet.

Was für eine Kränkung für einen Macho! So etwas brütet Rachegelüste aus. Und genau an dieser Stelle kommt der radikale Islamismus ins Spiel.

Man beginnt zu ahnen, dass die Kausalität genau andersherum verläuft wie von den Behörden angenommen: Er hat nicht gemordet, weil er sich dem Dschihad zugewandt hat, sondern er hat sich dem Dschihad zugewandt, weil er morden wollte, weil er es nicht mehr ertragen hat in seiner Haut. Der Mann hat sich »radikalisiert«, um seine schon lange gehegten Rachepläne mit »Sinn« auszustatten. Auch Täter haben das Bedürfnis, das, was sie zu tun beabsichtigen, vor sich selbst und der Welt zu rechtfertigen und mit einem ideellen Überbau zu versehen. Den Mord ohne Motiv, den leeren, gänzlich abstrakten »acte gratuit«, von dem bei André Gide die Rede ist, gibt es nicht oder nur extrem selten. Selbst Amokläufer haben mitunter den Versuch unternommen, ihre Tat in einen Begründungszusammenhang einzubetten und mit einem Kranz von Ideen zu umgeben, wie abstrus die im Einzelnen auch gewesen sein mögen. Der Ahnherr der deutschen Amokläufer – Ernst August Wagner – hat, nachdem man ihn nach seiner Tat im Jahr 1913 in eine psychiatrische Anstalt eingewiesen hat, ganze Bände damit gefüllt. In seinen Erinnerungen fällt der Satz: »Von dem Vulkan, der in mir brütet und kocht, hat kein Mensch eine Ahnung.«

Auch die Gesellschaft kann mit – wie abstrus auch immer – begründeten Taten besser umgehen, als mit sinnlosen. Wir haben angesichts von brutalen und spektakulären Verbrechen ein starkes Bedürfnis nach einer rationalen Erklärung des Geschehens, und am meisten befriedigt und beruhigt uns eine kausale Erklärung: »Daher kommt das also!« Kausale Erklärungen versprechen Abhilfe und Erlösung, deswegen sind sie so beliebt. Amok wird einstweilen etwas Rätselhaftes behalten, das sich unseren Erklärungsversuchen entzieht. Die Normalität unserer Lebensverhältnisse gebiert Ungeheuer. Der Amokläufer verkörpert die dunkle Seite des Alltags, seinen verborgenen Schrecken.

Beiden Seiten kommt daher der IS gelegen. Er liefert uns Erklärungen und verwandelt Unbekannt-Bedrohliches in leidlich Bekanntes, gegen das wir vorgehen können oder es zumindest glauben. Den diffus tatgestimmten Tätern – ich habe sie vor geraumer Zeit einmal als *Amok-Schläfer* bezeichnet – stellt er eine sprachliche Codierung, eine Sprache des Hasses zur Verfügung. Der Hass, das unter der Oberfläche brodelnde Magma (im

Sinne Wagners), erhält einen sprachlichen Ausdruck und eine Richtung. Aber der Hass war immer vorher schon da, als eine Art diffuses Grundrauschen einer beschädigten, verstörten und verzweifelten Existenz. Der IS liefert also das Libretto zu einer Melodie, die länger schon im Inneren des potenziellen Täters als eine Endlosschleife ablief. Der IS verfügt ja nicht über einen Zaubertrank, der harmlose Leute quasi über Nacht in blutrünstige Killer verwandelt, eine Art von bewusstseinsverengender Droge, die man zur Dschihadisten-Produktion einsetzen kann. In der Regel brüten Amokläufer lange über ihren Plänen und bereiten ihre Taten gründlich vor. Joachim Gaertner hat das in seinem dokumentarischen Roman über die Littleton-Amokläufer Klebold und Harris detailliert nachgezeichnet, der unter dem Titel *Ich bin voller Hass – und das liebe ich* erschienen ist.

Der IS hat eine gut funktionierende PR-Abteilung, die sich gewissermaßen herrenlose Attentate unter den Nagel reißt: »Solange niemand sonst Urheberrechte anmeldet, sagen wir einfach: Das waren wir! Es glauben ja eh alle, dass wir dahinterstecken.« Inzwischen relativieren die Behörden im Fall von Nizza die These von der »Turboradikalisierung« und räumen ein, dass Mohamed B. Komplizen hatte und seine Tat über einen längeren Zeitraum mit ihrer Unterstützung geplant und vorbereitet hat. Es bleibt ein Fall, der auf der Grenze zwischen Amok und Terror siedelt.

Das Automobil als Waffe

Manchmal wundere ich mich, wie vergesslich auch sogenannte Experten sind, die jetzt in Talkshows sitzen so tun, als sei die Amokfahrt von Nizza etwas Neues und eine teuflische Erfindung des IS. Wie ein Blick auf die bei weitem nicht vollständige Liste der Amok-Fahrten zeigt, ist das Automobil schon länger ein Instrument homizidaler und suizidaler Tendenzen. Es sterben in Deutschland jeden Monat im Straßenverkehr mehr Menschen als in einer veritablen mittelalterlichen Schlacht.

2009 ist beim *Koninginnedaag* in Apeldoorn ein junger Mann mit seinem PKW in die Menschenmenge gerast und hat dabei sechs Menschen getötet und ein Dutzend verletzt. Da sprach noch niemand vom Islam, sondern man sortierte das in die Rubrik Amok ein. Karst T., förderten die Ermittlungen nach der Tat zu Tage, sei verzweifelt gewesen, weil er kurz zuvor seine Arbeit und seine Wohnung verloren habe.

Am 1. August 2013 ist in Regensburg ein 46-jähriger Mann mit seinem Auto durch die Stadt gerast. Er durchbrach eine Baustellenabsperrung, fuhr in Höchstgeschwindigkeit durch eine Fußgängerzone, wobei er Passanten erfasste und verletze, und krachte schließlich in die gläserne Eingangstür eines Waschsalons. Dabei erfasste der Wagen ein fünfjähriges Mädchen und seine dreijährige Schwester. Das fünfjährige Mädchen starb, die jüngere Schwester wurde schwer verletzt. Die Motive des Mannes, der verletzt überlebte, sind unklar. Er soll in einer Klinik wegen psychischer Probleme behandelt worden sein.

Während der Fußballweltmeisterschaft 2006 durchbrach ein Mann mit seinem PKW die Absperrung um die Fanmeile am Brandenburger Tor, fuhr in die Menschenmenge und verletzte rund zwanzig Menschen. Ein Gericht erklärte ihn später für geisteskrank und wies ihn in die Psychiatrie ein.

Im Juni 2015 raste der 26-jährige Alen R. mit einem grünen Geländewagen in eine Menschenmenge in der Fußgängerzone der Grazer Innenstadt. Danach ging der Österreicher mit bosnischen Wurzeln mit einem Messer auf Passanten los. Traurige Bilanz der Bluttat: Drei Menschen starben, über 30 wurden verletzt.

Ein neues Skript zur Entäußerung von Hass

Es handelt sich in Nizza nach meiner Einschätzung um einen Fall von Amok, der sich einer zeitgemäßen Codierung bedient. Es gibt offenbar ein neues Skript für die Entäußerung von Hass. Dieses legt Tätern mit oder ohne migrantischen Hintergrund nahe, sich einer islamistischen Codierung zu bedienen und sich zum Sympathisant des IS zu erklären. Das stiftet »Sinn« und sichert ihnen optimale Beachtung und Aufmerksamkeit. Man schreit in schlechtem, imitiertem Arabisch »Gott ist groß«, und schon fühlt man sich als Teil einer weltumspannenden Hass-Föderation und jeder weiteren Erklärung enthoben. »Ach so, so einer ist das«, sagen die Leute und fragen nicht weiter nach. Die betroffenen Gesellschaften sind von der unbequemen Frage entlastet, was das alles mit den gesellschaftlichen Verhältnissen zu tun hat. Der entfesselte Kapitalismus produziert immer mehr »radikale Verlierer«, wie Enzensberger es einmal ausgedrückt hat – Menschen, die vom heiligen Markt als überzählig ausgespuckt werden und wie Fische auf dem Trockenen liegen. Sie geraten in eine abseitige, anomische Position und brüten über ihrem Unglück. Es existiert ja für die wenigsten ein politisches Milieu, das die Erfahrung des Ausschlusses in eine aufklärerische Richtung bringen und in kollektive Gegenwehr transformieren könnte. So geraten die Überzähligen leicht ins Gravitationsfeld radikaler, terroristischer »Lösungen«. Sie schlagen blind auf die gesellschaftliche Fassade und Objekte ein, die ihnen der radikale Islamismus zurechtrückt. Aber auch jetzt gilt: Der Islamismus wird auf etwas längst Vorhandenes aufgepfropft, baut den Zünder in eine schon vorher vorhandene Bombe ein und macht sie scharf.

An dieses neue Drehbuch hat sich auch Paul H. aus dem hessischen Grünberg gehalten. Im Morgengrauen des 10. Mai 2016 stach er auf dem Bahnhofsgelände im bayrischen Grafing wahllos auf Passanten ein, tötete einen Menschen und verletzte drei weitere schwer. In Grünberg war Paul H., der als Drogenkonsument gilt, zuvor aufgefallen, weil er wirres Zeug geredet hatte. Am Sonntag wurde er deshalb zur Beobachtung in eine psychiatrische Klinik in Gießen eingewiesen. Die Ärzte ließen ihn am nächsten Morgen gehen, weil sie keine Anzeichen für eine akute Selbst- oder Fremdgefährdung erkennen konnten. Er verließ die Klinik und machte sich mit dem Zug auf den Weg nach Bayern. Nach Angaben der Ermittler kam er am Montagabend in München an. Er trieb sich im und am Bahnhof herum, weil sein Geld für ein Hotelzimmer nicht gereicht habe. Schließlich bestieg er die S-Bahn und fuhr weiter nach Grafing, wo er seine Messerattacke beging. Der Mann war seit mehreren Jahren arbeitslos und lebte von Sozialhilfe. Zuvor soll er als Schreiner gearbeitet haben. Die Motivation des Täters, der während der Attacke »Allahu Akbar« gebrüllt hatte, sei nach wie vor unklar, teilten die Ermittler mit. Hinweise auf Bezüge zum sogenannten Islamischen Staat oder anderen terroristischen oder extremistischen Vereinigungen habe man nicht gefunden.

Selbst der ohnmächtige und randständige Mensch, in dessen Leben sich Niederlage an Niederlage reiht, kommt in den Genuss der Machtausübung, wenn er andere verletzt und tötet. Für kurze Zeit steht der Täter auf der anderen Seite der Angst: Endlich einmal hat nicht er Angst, sondern die anderen ängstigen sich vor ihm; er spürt seine Macht und verwandelt die Geschichte seiner Zurückweisungen und Niederlagen in einen letzten Triumph über Leben und Tod anderer. Darin liegen nicht zuletzt Lockung und Faszination der Gewalt.

IS als Chiffre

Man möge sich von der rhetorischen Fassade nicht täuschen lassen. Alle Versprachlichungen – mögen sie nun Hitler, Mohammed, IS oder sonst wie heißen – sind letztlich nur Chiffren. Es geht bei den jungen Männern – mit und ohne Migrationshintergrund – im Kern darum, aus dem Nichts einer randständigen Existenz, aus der Bedeutungslosigkeit herauszutreten und ein Gefühl des Existierens zu erzeugen. Anreiz für die Schattenexistenzen sind nicht so sehr die berühmten 72 Jungfrauen, die angeblich im Jenseits auf die Märtyrer warten, sondern eine riesige mediale Resonanz und ein Platz in der Hall of Fame der Übeltäter, die man vorwegphantasiert und im Vorfeld der Tat schon genießt. Die mediale Resonanz ist ein wesentlicher Faktor in der Planung von Tätern, die auf Anerkennung aus sind. Der Täter produziert den Schrecken in der sicheren Gewissheit, dass die Medien ihn verbreiten. Dieser mediale Narzissmus ist etwas, das die heutigen westlichen Terroristen mit anderen jugendlichen Amokläufern gemeinsam haben.

Wenn es stimmt, dass Amokläufer und Selbstmordattentäter von dem Wunsch angetrieben werden, aus der Bedeutungslosigkeit ihrer Existenz herauszutreten und ins Rampenlicht öffentlicher Aufmerksamkeit zu geraten, dann macht sich, wer Bilder der Tat und des Täters verbreitet, unbewusst zu seinem Komplizen und Erfüllungsgehilfen. Der mediale Nachhall der Schüsse und Bombenexplosionen ist wesentlicher Teil der Tatplanung. Die toten Amokläufer/Terroristen und die zukünftigen sind in einer weltumspannenden, imaginären Hassföderation vereint, die medial organisiert ist und von Bildern lebt. Jeder Bericht über die spektakuläre Rache eines Zukurzgekommenen und Übersehenen an seiner kränkenden Umwelt kann Schläfer wecken, die – verborgen in der anonymen Masse der Menschen mit chronischen Anerkennungsdefiziten – auf ihren Aufmerksamkeit garantierenden Auftritt warten. Wem es ernsthaft um Prävention zu tun ist, müsste dafür sorgen, dass die Berichterstattung über solche Massaker auf ein sachliches Minimum begrenzt wird. Vor allem dürften keine Bilder der Täter in Aktion und voller Kampfmontur in Umlauf gesetzt werden, weil diese den bösartigen Narzissmus amok- oder terrorismusgefährdeter Jugendlicher auf besondere Weise stimulieren und sie zur Nachahmung geradezu animieren.

Die Camouflage des Omar M.

Das eben Gesagte gilt mutatis mutandis auch für das Massaker von Orlando. Ein aus Afghanistan stammender Mann hat dort am 12. Juni 2016 49 Menschen getötet und über 50 weitere zum Teil schwer verletzt. Er eröffnete in dem von Homosexuellen bevorzugten Club *Pulse* das Feuer auf die Gäste. Omar M. wurde von den Sicherheitskräften erschossen. Kurz vor der Bluttat hatte der 29-Jährige die Polizei angerufen und sich zum »Islamischen Staat« bekannt. Dabei berief er sich auch auf die Attentäter des Boston-Marathons.

Als sich die Nachricht verbreitete, schnappten sofort die üblichen Reflexe ein: Hinter dieser Bluttat konnte nur der IS stecken, da waren sich alle einig. Die eilfertigen Motivforscher waren nicht weit von jener Satire entfernt, in der eine Reporterin im Umfeld des 11. Septembers 2001 auf die Frage nach den Urhebern eines gerade eingetreten Unglücks sagt: »Al Qaida. Alles andere wäre zum jetzigen Zeitpunkt reine Spekulation.« Wenig später ruderten die Ermittler zurück und ließen verlautbaren, dass Omar M. diese Fährte durch einen Telefonanruf, in dem er sich zum IS bekannte, zwar selbst gelegt hatte, wohl aber nicht im direkten Auftrag des IS gehandelt habe und auch nicht Mitglied eines terroristischen Netzwerks sei. Was aber könnte dann das Motiv einer derartigen Tat sein? Man wird sich mit der Möglichkeit auseinandersetzen müssen, dass ein selbstunsicherer und von Schuldgefühlen geplagter Mann, dem Religion und familiäres Umfeld das Schwulsein verboten haben, sich gewaltsam aus einem sexuellen Identitäts-Dilemma befreien wollte. Das Bekenntnis zum IS wäre dann eine Art Camouflage und diente als Chiffre für seinen externalisierten Selbsthass. Auch das Massaker von Orlando ist wohl eher in die Rubrik Amoklauf als in die des religiös motivierten Terrors einzuordnen.

Amok im Regionalzug

Nach Würzburg stellen sich nun ähnliche Fragen. Auch hier wieder ist von »Turboradikalisierung« die Rede. Ein unauffälliger junger Mann, den die Behörden nicht auf dem Schirm haben, auf dem sie jeden auch nur ansatzweise verdächtigen Ausländer haben, greift zu Messern und Axt und schlägt und sticht auf Passagiere eines Eisenbahnzuges ein.

Auch beim »erweiterten Suizid« scheint es eine Art »Werther-Effekt« zu geben, der aus der Selbstmordforschung seit langem bekannt ist. Man spricht in der Kriminologie von Resonanzstraftaten. Ein Amoklauf zieht andere nach sich. In zeitlicher Nähe zu spektakulären Taten findet man regelhaft Nachahmungstaten und Trittbrettfahrer. Das war vor allem nach Littleton so, und auch nach dem Amoklauf von Erfurt konnte man das beobachten. In seinem Video bezieht der Täter aus dem Regionalzug sich ausdrücklich auf Nizza.

Wie andere Leute ihre Kunststücke mit dem Ball auf dem Sportstudio-Kanal hochladen, um in der Sendung auf die Torwand schießen zu dürfen, schicken amok-gestimmte Jungs ihre Videos an die IS-Medienagentur *Amaq*. Die lädt sie dann hoch, wenn der Betreffende seine Drohung wahrgemacht hat und reklamieren die Tat für sich. Gerade in diesem Fall stellen sich Fragen über Fragen: Wie ist die Lage eines Jugendlichen, der als unbegleiteter Flüchtling ins Land kommt und nun in der unterfränkischen Provinz gelandet ist? Hat er Afghanistan im Kopf, im Körper und seiner Seele? Was fühlt er, was hofft er, wonach sehnt er sich? Hat er Heimweh? Was erwartet er vom Leben und was das Leben von ihm? Ist er einsam und verzweifelt? Er sieht all die Dinge, die er gern besäße, aber sie sind durch Schaufensterglas von ihm getrennt und preislich weit außerhalb seiner Möglichkeiten. Deutschland erscheint als ein Land, in dem es alles gibt, aber nicht für ihn und Seinesgleichen. Die jungen Migranten leben im Zustand einer permanenten Frustration: Sie werden tagein-tagaus mit Bildern des Luxus vollgestopft und gleichzeitig verwehrt man ihnen die Mittel, um die Gegenstände auf legalem Weg erwerben zu können. Man könnte also am Ende auf die Idee verfallen, dass die Tat im Regionalzug Ausdruck von Verzweiflung war und nicht einer durch und durch bösen Gesinnung. Die Zuschreibung zum IS rückt die in seinem Namen begangenen oder ihm zugeschriebenen Taten ins Reich des Dämonischen und damit aus unserer Verantwortlichkeit. »Die sind eben böse«, sagen wir, und können weitermachen wie zuvor. Man bedient sich von Seiten der Herrschenden dieser Taten, um die innere Sicherheit noch weiter zu militarisieren.

Im Interview mit der *taz* wird der Islamwissenschaftler und Terrorexperte Guido Steinberg gefragt, ob es sich in Fällen wie Würzburg nicht eher um einen Amoklauf handele als um Terror. Er antwortet: »Die

Grenze ziehen wir. Am Dienstagmorgen war die Beschreibung des Würzburger Anschlags als Amoklauf noch richtig. Dieses Urteil muss aber nach der Veröffentlichung von Bekenntnis und Video revidiert werden.« Nun ist es, kann man aus dieser Antwort schließen, für Steinberg zweifelsfrei ein Fall von Terror. Ich bleibe dabei: Es ist auch jetzt noch die amokartige Verzweiflungstat eines jungen Migranten, der sich einer in der Luft liegenden Codierung bedient. Am Samstag vor der Tat soll er Nachricht vom Tod eines Freundes in Afghanistan erhalten haben.

Die Migranten oder Migrantenkinder sind eingeklemmt zwischen zwei Welten, denen sie gleichermaßen nicht angehören. Fehlende Anerkennung und Beachtung ist für die Seele, was Hunger für den Magen ist. Umso verlockender ist da das Angebot, das der militante Islamismus bereithält. Er stillt diesen Hunger, sammelt die Wut der jungen Leute auf, bündelt sie und gibt ihr eine Richtung – gegen die Masse der Ungläubigen, die als Feinde angesehen werden. Die zuvor identitätslosen und zerrissenen Jugendlichen und jungen Männer bekommen eine Identität, ihr Leben erhält Sinn und Ziel. Aus Außenseitern und Verlierern werden junge Männer, die für etwas eintreten und kämpfen. Etwas Vergleichbares hat die herrschende Gesellschaft ihnen nicht zu bieten.

Wer immer sich einen Rest sozialer Sensibilität bewahrt hat, wird nicht umhinkommen, dem englischen Schriftsteller und Künstler John Berger zuzustimmen, der konstatiert: »Was einen Terroristen ausmacht, ist zunächst einmal eine bestimmte Art der Verzweiflung. Oder genauer gesagt, das Streben, über die Verzweiflung hinauszugehen, indem er sein Leben einsetzt und so der Verzweiflung einen Sinn gibt.«

»Suicide by cop«

In beiden Fällen – also in Nizza und provinziell verkleinert in Würzburg – muss auch die Möglichkeit in Betracht gezogen werden, dass es sich um Varianten dessen handelt, was man »suicide by cop« nennt. Die in eine aussichtlos erscheinende Lage geratenen Täter legen nicht selbst Hand an sich, sondern legen es darauf an, sich von der Polizei erschießen zu lassen. Mir ist aus meiner Arbeit im Gefängnis ein Fall in Erinnerung, wo sich ein junger Mann, der in eine schwere Lebenskrise geraten war, zwei Mal darum bemüht hat, sich erschießen zu lassen. Beim ersten Versuch war der Scharfschütze zu gut und traf ihn an der Schulter. Beim zweiten ging er in einem Obdachlosenheim mit einem Samurai-Schwert auf Polizisten los, die er zuvor selbst gerufen hatte und die sich nicht anders zu helfen wussten, als ihn zu erschießen.

Nach der Axt- und Messer-Attacke von Würzburg wurden Menschen allen Ernstes von Reportern befragt, ob sie sich denn nun noch trauten, einen Regionalzug zu benutzen. Wurden die Leute das auch gefragt, nachdem sich herausgestellt hat, dass das Zugunglück von Bad Aibling, bei dem im Februar 2016 elf Menschen zu Tode gekommen sind, auf das Konto der Spielleidenschaft des zuständigen Fahrdienstleiters geht? Dieser wurde inzwischen in Untersuchungshaft genommen. Dem Mann wird vorgeworfen, auf seinem Handy bis kurz vor dem Zusammenprall der beiden Züge ein Online-Spiel gespielt zu haben und dadurch abgelenkt gewesen zu sein. Wie viele tödliche Unfälle sind dem Gebrauch von Handys und Smartphones im Straßenverkehr geschuldet? Wäre es nicht höchste Zeit, über ihren Gebrauch in der Öffentlichkeit und vor allem im Straßenverkehr und während der Arbeit zu diskutieren? Zu stark sind die wirtschaftlichen Interessen, die mit dem Verkauf dieser Geräte verknüpft sind, als dass das auch nur einen Moment erwogen würde.

Ich bin davon überzeugt, dass das, was gegenwärtig unter dem Begriff »Terrorismus« verhandelt wird, zumindest eine große Schnittmenge mit dem Phänomen Amok aufweist. Die zeitgenössischen Anschläge und Attentate sind eigentlich Amokläufe, die sich einer in der Luft liegenden pseudoreligiösen Codierung bedienen. Ein an sich richtungs- und subjektloser Hass hat seit einiger Zeit einen Namen und eine Richtung bekommen. Der sogenannte islamistische Terror entwickelt sich zu einem »Modell des Fehlverhaltens« (Georges Devereux) für abgehängte, perspektivlose, frustrierte jugendliche Migranten. Er ist ein Zweig am Amok-Baum.

Feindbild IS

Klassengespaltene und krisengeschüttelte Gesellschaften bedürfen eines äußeren Feindes, um sich zu einen und ein großes *Wir* über der inneren Zerrissenheit entstehen zu lassen. Seit dem Untergang des Ostblocks war die Position des Feindes vakant. Seit dem 11. September 2001 hat diese Funktion »der islamistische Terror« übernommen.

Im Kampf gegen die militanten Gotteskrieger von Al Qaida und IS entsteht ein großes *Wir* über den krisengeschüttelten Gesellschaften des Westens. Sogar der zwischenzeitlich wieder aufgewärmte Ost-West-Konflikt kühlt wieder etwas ab, und der in den letzten Jahren zum Ober-Schurken avancierte Putin wird – zumindest vorübergehend – aus dieser Rolle verdrängt. Dank des IS können wir all die anderen Probleme vergessen. Wer redet noch von der Finanzkrise, von Massenarbeitslosigkeit und den Morden des NSU? Ist das nicht wunderbar: Ein vom Westen selbst mit geschaffener und aus der Flasche gelassener Geist dient nun dazu, uns alle im Kampf gegen ihn zu einen! Im Schlagschatten des Anti-Terror-Kampfes breiten sich islamophobe Einstellungen wie ein Flächenbrand aus und leiten Wasser auf die Mühlen der Ausländerfeinde, Rechtspopulisten und Rassisten.

Eine politische Entspannung kann psychisch gerade die gegenteiligen Folgen haben: Verschwindet ein Feind durch Entspannung oder Kapitulation, schwindet auch die Möglichkeit, eigene Konflikte auf ihn abzuwälzen. Das Bild des »Bösen«, das uns in Gestalt des jeweiligen Sündenbocks und Feindes präsentiert wird, ist das beste Gefäß für alle möglichen Bedrohtheits- und Unsicherheitsgefühle. Denen wären wir ausgeliefert, hätten wir nicht einen Feind, der uns eine Verschiebung unserer diffusen Ängste ermöglicht, diese konkretisiert und im Kampf gegen die vermeintliche Angstquelle zugleich beruhigt. Über Jahrzehnte stand der Feind stabil und verlässlich im »Osten« und wir konnten unseren sozialpsychologischen Giftmüll hinter der Mauer deponieren. George Bush junior hat einmal in einem Interview gesagt: »Als ich aufwuchs, war die Welt gefährlich und wir wussten genau, wer die anderen waren. Es war: Wir gegen die, und es war klar, wer ›die‹ waren. Heute sind wir nicht so sicher, wer die ›die‹ sind; aber wir wissen, es gibt sie.« Eine rastlose Suche nach neuen Bedrohungen setzt ein, und das »Böse« heftet sich mehr oder weniger flüchtig an wechselnde Objekte. Seit dem 11. September haben wir uns darauf geeinigt, wer die neuen »die« sind.

Allgemeine Mobilmachung

Wir alle werden mobilisiert für den »Krieg gegen den Terror«. Es war erschreckend zu sehen, wie man in der Sendung von Sandra Maischberger am 20. Juli 2016 über Renate Künast hergefallen ist. Diese hatte in einem Tweet direkt nach der Tat von Würzburg gefragt: »Wieso konnte der Angreifer nicht angriffsunfähig geschossen werden?«, und einen Shitstorm dafür geerntet. In der Maischberger-Sendung bedrängte man sie massiv, sich für diese spontane Äußerung zu entschuldigen, und warf ihr vor, der gesamten Polizei des Landes in der Stunde der Gefahr in den Rücken gefallen zu sein. Ich habe Renate Künast bewundert für die stoische Gelassenheit, mit der sie das Ansinnen der Distanzierung von ihrer Frage zurückwies und darauf beharrte, dass das Stellen solcher Fragen zu einer Demokratie gehört und das Recht einer Abgeordneten ist. In dieser Situation hat Künast eine Courage bewiesen, die mir Respekt abnötigte. Es wäre bequemer für sie gewesen, in den Chor derer einzustimmen, die sich mit der Tötung eines mit einer Axt bewaffneten 17-Jährigen umstandslos einverstanden erklärten.

Im Anti-Terror-Kampf darf man nicht zimperlich sein und kein Mitgefühl zeigen. »Wo gehobelt wird, da fallen Späne«, sagt der Volksmund in so einem Fall. Rechtsstaatliche Bedenkenträger und zivile Nörgler werden nicht geduldet. »Maul halten, Ordre parieren«, lautet eine alte preußische Maxime. Mir ist nicht erinnerlich, dass irgendjemand in der Talshow-Runde Renate Künast beisprang. Man konnte in dieser Sendung beobachten, was für ein Anpassungsdruck ausgeübt wurde und wie sie in eine Außenseiterposition gedrängt wurde. Wir sollen auf den »Krieg gegen den Terror« eingeschworen werden. Ein Kollateralschaden dieses Krieges wird darin bestehen, dass ihm Rechtsstaat und Demokratie zum Opfer fallen. In Frankreich wurde nach Nizza der Ausnahmezustand noch einmal verlängert, und es gibt auch bei uns Leute, die mit der Beseitigung lästiger demokratischer Beschränkung staatlicher und vor allem polizeilicher Machtbefugnisse liebäugeln.

Amok in München

Ich habe die halbe Nacht von Freitag auf Samstag vor dem Fernseher verbracht und mir angeschaut, wie eine Schreckenstat medial begleitet und inszeniert wird. Zum ersten Mal habe ich mir darüber nach dem Amoklauf in Erfurt im Jahr 2002 Gedanken gemacht, als Johannes B. Kerner in Diensten des ZDF seine Zelte neben dem Tatort aufschlug und noch am

Abend der Tat in seiner Talkshow einen elfjährigen Jungen als Augenzeugen interviewte. Damals schrieb ich in meinem Buch *Gewalt, die aus der Kälte kommt*:

> Die unter die »Diktatur der Einschaltquote« (Pierre Bourdieu) geratenen Medien leben von Sensationen wie dem Massaker von Erfurt. Es scheinen die giftigen Sekrete der Medien zu sein, die den »Amok-Virus« auf Empfänger übertragen, deren Immunsystem geschwächt ist und die infolgedessen für Ansteckung anfällig sind.
>
> Die Flut an Schreckensnachrichten, die täglich über uns hereinbricht, hat darüber hinaus eine »Normalisierung des Grauens« (Herbert Marcuse) zur Folge. Wir verschlingen unentwegt eine derart hohe Dosis an Dramatik, dass wir jede Fähigkeit zur Verarbeitung und Wahrnehmung einzubüßen drohen. Je deutlicher eine Barbarei zu sehen ist, je mehr Wiederholungen uns präsentiert werden, desto schneller vergessen wir sie. Wir konsumieren Horror wie andere Leute Alkohol. Alles zeigen, alles ausbreiten, alles präsentieren: Dies ist das beste Mittel, um uns gegen das Unglück, von dem die Medien berichten und von dem sie vampiristisch zehren, immun zu machen. Die Fülle der Nachrichten wird zum Widersacher der Wahrheit, unsere Aufnahmefähigkeit und Verarbeitungskapazität kollabiert unter dem Ansturm schrecklicher Bilder. Die Metastasen des Zynismus breiten sich aus und drohen unsere Fähigkeit zu Widerstand und Revolte zu zerstören.

Dem ist eigentlich nichts hinzuzufügen. Alles wiederholt sich, allerdings auf erweiterter Stufenleiter und technisch weiterentwickelt. Statt sich auf knappe, sachliche Meldungen zu beschränken, hörte die *Tagesschau* am Freitag gar nicht mehr auf und ging dann nahtlos in die *Tagesthemen* über. Thomas Roth übernahm und stocherte nun statt Jens Riewa im Nebel der Gerüchte und Vermutungen. Im Minutentakt wurden dieselben Reporter und Terrorexperten zugeschaltet, die nichts Neues zu vermelden hatten und lediglich voyeuristische Bedürfnisse befriedigten. Im Hintergrund waren Martinshörner zu hören und zuckendes Blaulicht zu sehen. Permanent wurden die gleichen Filmsequenzen eingeblendet, dieselben Passanten und Polizisten liefen durchs Bild. Thomas Roth und

Georg Mascolo versuchten mehrfach, aus einem privat aufgenommenen Video schlau zu werden, das den mutmaßlichen Täter auf dem Dach eines Parkdecks im Gespräch mit einem Anwohner zeigte, der von oben auf ihn herabbrüllte. Der Mann auf dem Dach beteuerte, Deutscher und hier geboren zu sein, während der Anwohner stereotyp darauf beharrte, er sei ein »Scheiß-Kanake, Wichser, Arschloch«. Ein Amokläufer trifft auf die deutsche Leitkultur. Das Video eignet sich als Lehrfilm für eine missglückte Krisenintervention und sollte als abschreckendes Beispiel überall zum Einsatz kommen, wo Praktiken der Deeskalation eingeübt werden. Der Mann hätte ja auch rufen können: »Steck mal deine Knarre weg und komm hoch. Lass uns einen Tee zusammen trinken und über alles reden.«

Interessant war für mich mitzuverfolgen, welche Rolle die sogenannten sozialen Netzwerke und private Handyvideos inzwischen nicht nur für die Medien, sondern auch für die Polizeiarbeit spielen. Die Bevölkerung erhält im Ausnahmezustand ihre Verhaltensanweisungen inzwischen via Twitter und Facebook: »Bleiben Sie, wo Sie sind, verlassen Sie nicht Ihre Häuser!« Die Vernetzung erweist sich als neues Modell der Verhaltenssteuerung.

Über die sozialen Netzwerke wurden zahlreiche gezielte Falschmeldungen lanciert, die in verschiedenen anderen Stadtteilen Paniken ausgelöst und die die Polizeiarbeit enorm erschwert haben. Zur Ehrenrettung soll aber erwähnt werden, dass auch Hilfsangebote wie Übernachtungsmöglichkeiten via Twitter und Facebook verbreitet wurden. Bei mir überwiegt allerdings dennoch der Eindruck, dass die *sozialen* Netzwerke den ersten Teil ihres Namens wieder einmal Lügen gestraft und sich in der gereizten Stimmungslage der Nacht von München als ein hysterisierender und Panik induzierender Faktor erwiesen haben. Man müsste darüber diskutieren, wie weit die Polizei sich auf diese Medien einlassen sollte und inwieweit sie sich in Abhängigkeiten von ihnen und ihren privaten Betreibern begibt, die ungut und hinderlich sind. Mir ist das zum ersten Mal im Kontext des Bombenattentats beim Boston-Marathon übel aufgestoßen, als die Polizei über Twitter mitteilte: »GEFASST!!! Die Jagd ist vorüber. Die Suche vorbei. Der Terror vorüber. Gerechtigkeit bleibt.«

Als ich gegen Mitternacht den Fernseher ausschaltete, ging man immer noch davon aus, dass zwei der drei vermuteten Täter auf der Flucht seien. Tausende von Polizisten versuchten, ihrer habhaft zu werden. Einen der mutmaßlichen Täter habe man tot in einem Park unweit des Olympia-Einkaufszentrums aufgefunden. Er war zuvor mehrfach in einem privat aufgenommenen Video zu sehen gewesen, das zeigte, wie er auf Passanten vor der Filiale eines Schnellrestaurants schoss.

Ich hatte mich relativ früh am Abend auf eine Version festgelegt, die ungefähr so lautete: Am 22. Juli, also just an diesem Freitag, jährten sich die Taten des Anders Breivik zum fünften Mal. In der Tagesschau um 20 Uhr war mit einem kleinen Bericht aus Norwegen daran erinnert worden. Da ich um die beinahe magische Bedeutung solcher Jahrestage für Amokläufer weiß, vermutete ich, dass irgendwelche Rechtsradikalen zu Ehren ihres Heroen ein Gemetzel veranstalteten. So gegen 23 Uhr wurde diese Hypothese dann auch Gegenstand der medialen und politischen Debatten.

Erweiterter Suizid

Heute Morgen, als ich den gegen Mitternacht fallen gelassenen Faden wieder aufnahm und erneut in den Strom der Nachrichten eintauchte, hieß es nun, es habe höchstwahrscheinlich nur einen Täter gegeben. Dieser habe sich, nachdem er in dem Einkaufszentrum neun Menschen getötet und circa 25 weitere verletzt hatte und auf der Flucht von der Polizei gestellt worden war, selbst umgebracht. Das beinahe klassisch zu nennende Ende eines Amokläufers.

Das, was man »erweiterten Suizid« nennt – und viele Amokläufe sind nichts anderes –, ist eine Option für Menschen, die für den einfachen Selbstmord entweder zu »feige« oder zu »narzisstisch« sind. Der »Narzisst« genießt im Vorfeld der Tat seinen posthumen Ruhm, will seinen Abgang grandios in Szene setzen und in seinen eigenen Untergang tendenziell die ganze Welt mitreißen. Der »Feige« muss sich durch die Tötung anderer in eine Lage bringen, die ihm schließlich nichts anderes mehr übrig lässt, als endlich Hand an sich zu legen. Erst jetzt – hinter sich verbrannte Erde und Leichenberge, vor sich und um sich herum die Einsatzkommandos der Polizei, in sich wachsende Panik – schafft er es, sich den Gewehr- oder Pistolenlauf in den Mund zu stecken und abzudrücken. Es scheint also falsch zu sein, wenn der so genannte gesunde Menschenverstand immer wieder behauptet, ein Amokläufer töte sich am Ende seines Wütens, weil ihm bewusst wird, was er getan hat und der deswegen empfundenen Schuld. Seine Morde sind nicht die Ursache für seinen Selbstmord. Es ist genau umgekehrt: Sein Selbstmord oder besser seine Selbstmordabsicht ist die Ursache für seine Morde.

Der mutmaßliche Täter, hieß es nun aus Ermittlerkreisen, sei ein 18-jähriger Deutsch-Iraner, der in München geboren und aufgewachsen sei und bei seinen Eltern lebte. Über seine Motive sei bislang nichts bekannt. Man habe die Wohnung durchsucht und allerhand Material beschlagnahmt, von dessen Auswertung man sich Aufschlüsse über die Motivation erhoffe.

Gegen Mittag sickerten dann weitere Informationen durch. Der junge Mann habe unter depressiven Zuständen gelitten und Schwierigkeiten in der Schule gehabt. Auch sein Name taucht nun in den Medien auf. Man habe in seinem Zimmer das Buch »Amok im Kopf – Warum Schüler töten« des amerikanischen Psychologen Peter Langman gefunden. Er habe intensiv sogenannte Ballerspiele gespielt und sich mit anderen Amokläufern und ihren Taten beschäftigt. Man stieß in seinem Zimmer auf eine umfangreiche Sammlung von Zeitungsartikeln über vergangene Amokläufe. So habe er sich offenbar intensiv mit dem Amokläufer von Winnenden beschäftigt und ihn verehrt. Auch Bezüge auf die Taten des Anders Breivik wurden von den Ermittlern gefunden. Also lag ich mit meinen anfänglichen Vermutungen gar nicht so falsch.

Erinnern wir uns: Am 11. März 2009 kehrte der 17-jährige Tim K. in schwarzer Kampfmontur an seine ehemalige Schule, die Albertville-Realschule in Winnenden, zurück und schoss mit einer Pistole aus dem Besitz seines Vaters in mehreren Klassenräumen um sich. Er tötete acht Schülerinnen, einen Schüler und drei Lehrerinnen. Nach dem Eintreffen der Einsatzkräfte verließ er die Schule und tötete auf seiner Flucht drei weitere Menschen. Schließlich wurde er auf einem Parkplatz vor einem Autohaus umstellt und angeschossen. Schließlich erschoss er sich selbst. In den folgenden Tagen und Wochen kam es zu unzähligen Amokdrohungen von Trittbrettfahrern und Wichtigtuern. Ich habe mich in meinem nach diesem Amoklauf geschriebenen Buch *»... damit mich kein Mensch mehr vergisst!«* ausführlich mit dem Amoklauf von Winnenden beschäftigt.

Bei Breivik handelt es sich in meinen Augen um einen Grenzfall zwischen Amok und einem faschistischen Massaker. Breivik begreift sich als

»Kreuzritter«, der für eine »Säuberung Europas vom Islam« und gegen den »Multikulturalismus« reitet. Am 24. August 2012 wurde Breivik von einem Gericht in Oslo entgegen dem Antrag der Staatsanwaltschaft für zurechnungsfähig erklärt und wegen Mordes an 77 Menschen zu 21 Jahren Haft mit anschließender Sicherungsverwahrung verurteilt. Vom Gefängnis aus soll er Briefe an Beate Zschäpe geschrieben haben, eine Schwester im Geiste. Ausführliche Anmerkungen zu Breivik und dem Prozess gegen ihn finden sich in meinem Buch *Zwischen Amok und Alzheimer*.

Vielleicht finden sich in seiner Sammlung auch Berichte über den Amoklauf im finnischen Espoo im Jahr 2009. Dort hatte ein Mann an Silvester in einem Einkaufszentrum um sich geschossen. Er tötete vier Menschen und erschoss sich dann selbst.

Vieles von dem, was man in der Präventionsforschung inzwischen für Amok-Vorzeichen und Warnsignale hält: die Äußerung von Suizidabsichten oder tiefer Ausweg- und Hoffnungslosigkeit, das Erdulden von dauerhaften Mobbing- und Dissing-Attacken durch Mitschüler oder in der Peergroup, das Abdriften in gewaltgesättigte virtuelle Welten, apokryphe oder offene Andeutungen, dass »demnächst irgendetwas passieren wird«, das Erstellen von »Todeslisten«, die intensive heroisierende Beschäftigung mit anderen Amokläufern und die Übernahme von deren Zeichen- und Symbolsystemen, scheint auch auf den Münchner Fall des David S. zuzutreffen. Die privilegierte Opferwahl bei einem Amoklauf verweist in der Regel auf die Gruppe, von der die maßgeblichen Kränkungen ausgingen, unter denen der Täter zu leiden hatte. Unter den Opfern des David S. finden sich überwiegend Jugendliche aus seiner Altersgruppe, die er über Facebook aufgefordert haben soll, sich am Freitagnachmittag in das Schnellrestaurant zu begeben, vor dem er dann auf sie schoss. Bei Robert S. in Erfurt waren unter den Opfern viele Lehrerinnen und Lehrer, die ihn ein halbes Jahr vor der Tat der Schule verwiesen hatten. Tim K. in Winnenden schoss bevorzugt auf Mitschülerinnen und Lehrerinnen, von denen er sich zurückgewiesen und gemobbt fühlte. Er hatte, wie viele jugendlich Amoktäter, ein Problem mit Mädchen, von denen er sich nicht beachtet fühlte.

Nachbarn und Anwohner schildern David S. als freundlichen, netten und unauffälligen jungen Mann. Ein Nachbar sagt in gebrochenem Deutsch: »Er war eine gute Mensch.« Damit entspricht er exakt dem Profil des Amokläufers, das sich dadurch auszeichnet, dass es keines ist, weil es auf Millionen von unauffällig lebenden Menschen zutrifft. Das markiert auch die Grenzen und Schwierigkeiten der Prävention: Man kann den zukünftigen Amokläufer nicht erkennen, weil er die personifizierte Unauffälligkeit ist.

»Psychisch gestörter Einzeltäter« oder »religiös motivierter Terrorist«?

Man könne davon ausgehen, dass es keine politischen oder religiösen Motive gebe und David S. auf eigene Faust und ohne Unterstützung von anderen gehandelt habe. Die Tat falle also nicht, wie gestern den ganzen Abend über von den sogenannten Experten gemutmaßt worden war, unter die Kategorie »Terrorismus«. Es war beinahe so etwas wie Erleichterung spürbar, dass es sich offenbar ›nur‹ um einen Fall von »Amok« handele. Eine interviewte Passantin kleidete diese Erleichterung in die Worte: »Ich bin froh, dass die ISIS jetzt nicht auch noch hier ist.«

Im offiziellen Diskurs wird in jüngster Zeit zwischen zwei Kategorien von Tätern unterschieden: dem »psychisch gestörten Einzeltäter« und dem »religiös motivierten Terroristen«. Und auf Ersteres scheint man sich im Münchner Fall zu einigen.

Warum hat sich diese Kategorisierung durchgesetzt? In beiden Fällen kann die Gesellschaft, der der Täter entstammt und deren Produkt er ist, sich von Verantwortung freisprechen und sagen: Der Mann ist wahnsinnig oder er handelt im Auftrag des IS, der zeitgenössischen Inkarnation des »Bösen«. Je unmittelbarer die Täter das Ensemble ihrer und unserer gesellschaftlichen Verhältnisse sind, desto vehementer weist eine medial verwaltete Öffentlichkeit diesen Zusammenhang von sich und betrachtet die Gewalt, als stamme sie von einem fremden Stern. Bernhard Vogel hatte nach der Tat von Erfurt von einem »Unheil« gesprochen, »das vom Himmel gefallen ist.« Das Massaker am Gutenberg-Gymnasium war demnach ein Ereignis wie das Erdbeben von Lissabon. Gegen so etwas kann man nichts tun, da hilft nur Beten und Gottvertrauen.

Ich habe im Fall des Andreas L., der im März 2015 in den französischen Alpen ein Flugzeug zum Absturz gebracht und 149 Menschen mit in den Tod gerissen hat, zu zeigen versucht, dass auch »psychische Störungen«

wie Depressionen ihren historischen und gesellschaftlichen Index haben und also mitnichten etwas ausschließlich Privates und Zufälliges sind. Ich habe seine Tat als »Amok« eingestuft, der sich eines Flugzeugs zur Realisierung seiner mörderischen und selbstmörderischen Absichten bediente. Meine Anmerkungen dazu und zum Zusammenhang von Depression und Aggression finden sich in meinem 2016 erschienenen Buch »Zwischen Arbeitswut und Überfremdungsangst«. Auch David S. soll ja, wie wir bereits gesehen haben, depressive Züge aufgewiesen haben. Er habe sich deswegen und wegen einer sozialen Phobie in psychiatrischer Behandlung befunden, war am Tag nach der Tat aus Ermittlerkreisen zu hören.

Der Staat lebt vom Vertrauen seiner Bürger, dass er ihnen Sicherheit und Schutz vor Gefahren aller Art gewährt. Da es gegen den Amoklauf so gut wie keine Präventionsmöglichkeiten gibt, muss der Staat wenigstens so tun, als gäbe es sie. Um die durch die jeweilige Tat erschütterte Innerlichkeit und Loyalität der Bürger zu restabilisieren, verabreicht man ihnen die üblichen Palliativa aus der sicherheitspolitischen Hausapotheke: Man verschärft das Waffenrecht geringfügig, novelliert irgendwelche gesetzlichen Bestimmungen, diskutiert eine Weile aufgeregt über die Rolle der Ego-Shooter-Spiele, rüstet die Polizei weiter auf und installiert noch mehr Überwachungskameras. Staat und Gesellschaft lassen es sich etwas kosten, die Ursachen der Gewalt bestehen zu lassen und ihre Folgen mit technischen und repressiven Mitteln zu bekämpfen.

Wem es wirklich um Prävention zu tun ist, wird sich fragen müssen: Welche menschlichen Haltungen gedeihen eigentlich in einem gegebenen sozialen Klima, welche sterben ab? Der Neoliberalismus hat treibhausmäßig eine Atmosphäre der Konkurrenz und zwischenmenschlichen Feindseligkeit gezüchtet und die Herausbildung einer »Kultur des Hasses« (Eric J. Hobsbawm) befördert. Die Fähigkeiten zu Mitleid, gegenseitiger Hilfe und Solidarität verdorren, weil sie durch die gesellschaftlichen Verhältnisse keine Stützung erfahren und als Karriere-Hindernisse gelten. Die Menschen werden systematisch aufeinander gehetzt und zerfleischen sich untereinander, statt sich gegen zunehmend unerträgliche Verhältnisse zusammenzuschließen und zu wehren. Aggressionen häufen sich an den Rändern des Bewusstseins, der Angst- und Wahnsinnspegel steigt, eine gereizte Stimmungslage breitet sich aus. So dürfen wir uns nicht wundern, wenn Amok und Terror die kriminelle Physiognomie des neoliberalen Zeitalters prägen.

Als ich diesen Text am Sonntagabend noch einmal durchging, hörte ich mit einem Ohr in den Nachrichten, dass in der Innenstadt von Reutlingen ein Mann mit einer Machete um sich geschlagen hat. Er tötete eine Frau und verletzte zwei weitere Menschen. Der Täter konnte überwältigt und festgenommen werden. Es soll sich um einen 21-jährigen Asylbewerber aus Syrien handeln. Seine Motive sollen privater Natur sein, heißt es. Man vermute eine Beziehungstat.

Am Montagmorgen ereilte uns die nächste Schreckensnachricht. Im bayrischen Ansbach hat sich ein abgelehnter Asylbewerber aus Syrien am Eingang eines Musikfestivals in die Luft gesprengt. Zwölf Menschen wurden verletzt, drei davon schwer. Der Mann soll der Polizei bekannt gewesen sein, die Hintergründe der Tat sind aber noch unklar. Bayerns Innenminister Joachim Herrmann hält es für wahrscheinlich, dass der Anschlag das Werk eines islamistischen Selbstmordattentäters war. »Meine persönliche Einschätzung ist, dass ich es leider für sehr naheliegend halte, dass hier ein echter islamistischer Selbstmordanschlag stattgefunden hat«, sagte er am frühen Montagmorgen.

Hoffentlich wird der Amoklauf von München nicht noch andere Täter aus der Reserve locken.

ETHNOLOGIE DES INLANDS

Idyll und Grauen

Im *Gießener Anzeiger* vom Samstag, dem 30. Januar 2016 findet sich ein ganzseitiger, betulicher Artikel von Friedhelm Häring über Gießen. »Schön und zweckmäßig« sei diese Stadt, wird der ehemalige Leiter des Oberhessischen Museums bereits in der Überschrift zitiert. Andere Standpunkte seien »boshafte Vorurteile«. Häring beginnt seinen Artikel mit einer peinlichen Paraphrase von Heines Gedicht *Nachtgedanken,* die kennzeichnend ist für den ganzen Text: »Denk ich an Gießen in der Nacht, das Herze mir im Leibe lacht.« Härings Beitrag ist eine einzige kritiklose Lobhudelei, eine Art von Hofberichterstattung. Georg Büchner würde sich im Grabe herumdrehen, müsste er so etwas lesen. Büchners Leiden an dieser Stadt, an der Armut ihrer Bewohner und ihrer »hohlen Mittelmäßigkeit« ist bekannt und hat seinen Blick für soziale Ungerechtigkeit geschärft. Hätten wir nicht heute angesichts der immer größer werdenden Kluft zwischen Arm und Reich und der eskalierenden Gewalt gegen Flüchtlingsunterkünfte und Migranten eher Anlass, eine Neufassung des *Hessischen Landboten* zu schreiben als solche Lobhudeleien? Härings Blick auf die Stadt ist einer von oben, aus der Perspektive der Privilegierten und Etablierten. Daran ändert auch seine Schlussbemerkung zur großen Integrationskraft Gießens nichts, das seit 1945 »immerwährend Menschen aufgenommen, integriert, bezahlt, versorgt hat: die verzweifelten Kranken, die hoffnungsvoll Studierenden, die Armen, Asozialen, Vertriebenen, Geflohenen.« Gießen schafft es, »alle aufzufangen«, sogar die »Asozialen«! Ich erinnere mich daran, wie die auch damals rot-grün regierte Stadt 1993 einen kleinen Pavillon im Johannespark niederreißen ließ, in dem Obdachlose Unterschlupf gesucht und gefunden hatten. Büchners Parole *Friede den Hütten! Krieg den Palästen!* wurde ins Gegenteil verkehrt. Das ist nur ein Kapitel aus einer langen Geschichte des Umgangs mit Außenseitern, die kein Ruhmesblatt ist. Der Beitrag von Häring legt sich wie ein seichter Schaumteppich über eine Geschichte voller Konflikte und Widersprüche.

Unter dem Text findet sich ein Foto von Gießen aus der Mitte der 1930er Jahre. Darunter die Bildunterschrift: »Im Herzen unzerstört: Die Ansicht zeigt Gießen rund um die Stadtkirche Mitte der 30er Jahre – als an die Bombardierungen während des Zweiten Weltkrieges noch nicht zu denken war.«w

Wieso war Mitte der 30er Jahre noch nicht an den Krieg und seine Folgen zu denken? Siedelte die vermeintliche Idylle, die auf dem Bild zu sehen ist, nicht damals bereits dicht am Grauen? »Die Idylle ist der Tumormarker des Verdrängten«, hat Thomas Hettche, der in Gießen zur Schule gegangen ist, geschrieben. Tausende von Sozialdemokraten, Kommunisten, Gewerkschaftlern waren Mitte der 1930 Jahre bereits in Gefängnissen und Konzentrationslagern verschwunden oder umgebracht worden, kritische Intellektuelle hatten Deutschland verlassen, die Universitäten hatten sich ihrer jüdischen Professoren und anderer kritischer Geister entledigt. Wer Augen hatte zu sehen, der konnte sehr wohl bereits Mitte der 30er Jahre eine wachsende Kriegsgefahr erkennen. »Nationalsozialismus bedeutet Krieg«, war eine Erkenntnis vieler Menschen, die keine Parteigänger des Nationalsozialismus waren. Die Mehrheit der Deutschen war von Blindheit geschlagen und so lange vom sogenannten Dritten Reich begeistert, wie es siegreich war und ihnen Vorteile einbrachte.

Adorno sagte, als *Der Spiegel* ein Interview mit ihm mit der Bemerkung eröffnete: »Herr Professor, vor zwei Wochen schien die Welt noch in Ordnung ...«: »Mir nicht.«

In diesem Sinn hätte die Bildunterschrift unter dem Foto, das wahrscheinlich die Redaktion unter den Beitrag von Friedhelm Häring gesetzt hat, lauten können: Die Ansicht zeigt Gießen rund um die Stadtkirche Mitte der 30er Jahre – hinter den idyllischen Fachwerkfassaden nistet bereits das Grauen. In Zeiten, da die Zeichen neuerlicher Barbarei an die Wand geschrieben sind, sind Bildunterschriften wie die zitierte mindestens gedankenlos, wenn nicht dumm und gefährlich.

Lauter »psychisch gestörte Einzeltäter«?

Amok und Terror könnten zur kriminellen Signatur des neoliberalen Zeitalters werden

Das rätselhafte Phänomen »Amok«

Amok ist ein geheimnisvolles Phänomen und greift tief in unsere Phantasie. Wir alle sind erschrocken, wenn sich hierzulande ein Amoklauf ereignet und sagen dann im Brustton der Überzeugung: »Ich könnte das nicht! Der Täter muss ein Wahnsinniger sein!« In Gedanken aber sind wir alle schon einmal Amok gelaufen. Wer hat nicht gelegentlich ein Gefühl von Klaustrophobie und verspürt die Lust, das grausame Spiel zu beenden und die Figuren mit einer wütenden Handbewegung vom Brett zu fegen? Im Internet kann man T-Shirts mit dem Aufdruck bestellen: »Ich lauf hier gleich Amok« – wohl einer der häufigsten stillen oder halblauten Stoßseufzer in Büros, Fabrikhallen und auf den Gängen von Behörden. »Ich liege Amok«, ruft in einem der Romane von Gerhard Roth eine Frau aus, die einschlafen möchte, vom fortwährenden Lärm aus der Nachbarwohnung aber daran gehindert wird.

»Fanatiker«, hat Georg Christoph Lichtenberg gesagt, »sind zu allem fähig, sonst aber zu nichts.« Da sie bereit sind, ihr Leben in die Waagschale zu werfen, lassen sich unsere zeitgenössischen Fanatiker durch nichts von der Ausführung ihres Vorhabens der Auslöschung und Zerstörung abbringen. Aufklärung, Verbote und Strafandrohungen reichen in ihre hermetisch abgeriegelte Welt nicht hinein und bleiben wirkungslos. Stefan Zweig sprach in seiner Erzählung Der Amokläufer aus dem Jahr 1922 von »diesem furchtbaren Blick geradeaus«, den man an den Amokläufern in Indonesien beobachten könne. Sie kennen keine Handlungsalternativen mehr, blenden alles Irritierende aus und sind voll und ganz auf das Ziel der Vernichtung möglichst vieler anderer gerichtet. Im gesamten südostasiatischen Raum besaß der Amoklauf den Status eines kulturellen Musters, einer Ventilsitte, wie es in der Ethnologie genannt wird. Ventilsitten fungieren als sozialpsychologische Schleusen, durch die Gesellschaften den Spannungs- und Panikpegel des Gesellschaftskörpers und ihrer Mitglieder regulieren. Wer einen nicht zu verkraftenden Gesichtsverlust, eine außerordentliche Kränkung, ein schweres Trauma erlitten hat, dem stellte die Kultur den Ausweg zur Verfügung, nach einer Phase des sozialen Rückzugs und »Brütens« mit dem Ruf »Amok!Amok!« und »verdunkeltem Blick« auf die Straße zu stürzen und mit seinem Dolch auf jeden einzustechen, der seinen Weg kreuzt. Auf diesen Ruf, so der Ethnopsychoanalytiker Georges Devereux, reagierten die Malaien etwa so, wie wir auf eine Alarmsirene reagieren. An den Straßenecken hatten die Behörden Lanzen aufgestellt, mittels derer die Passanten versuchen konnten, sich den Amokläufer vom Leib zu halten. Der Amoklauf endete im Regelfall mit dem Tod des Amokläufers.

In der zweiten Hälfte des 20. Jahrhunderts begegnen wir in den USA einer abgewandelten Form des Amoklaufs. Der Krummdolch wird durch Schusswaffen ersetzt, gegen die keine Lanzen mehr Schutz bieten. Der ehemaligen Marinesoldat, Pfadfinderführer und Waffenliebhaber Charles Whitman erstach im August 1966 zunächst seine Mutter und seine Frau, verbarrikadierte sich anschließend auf der Aussichtsplattform eines Turms, von wo aus er das Feuer auf den Campus der Universität von Austin eröffnete und 15 weitere Menschen tötete, bevor er selbst schließlich von einem Polizisten erschossen wurde. Eine literarische Schilderung dieses Amoklaufs finden wir in Lars Gustafssons Erzählung Die Tennisspieler, Peter Bogdanovich drehte 1968 in freier Anlehnung an diesen Fall den Film *Targets* – Bewegliche Ziele. Im Rückblick bildet die Campus-Schießerei des 25-jährigen Charles Whitman den Auftakt einer nicht mehr abreißenden Serie von Amokläufen in den USA und der westlichen Welt.

Going postal und School-Shooting

Eine Unterform des Amoklaufs bildet der Firmen-Amoklauf. Als man in den 1980er Jahren in den USA im Namen des Neoliberalismus dazu überging, die Post zu privatisieren und zu ›verschlanken‹, kehrten einige ehemalige Angestellte bewaffnet an ihren Arbeitsplatz zurück und schossen dort um sich. »Going postal«, aufs Postamt gehen, ist seither in den USA ein Synonym für Amoklaufen. In Frankreich hat die seit einigen Jahren betriebene Privatisierung des Telekommunikationskonzerns France Telecom eine Selbstmordwelle ausgelöst: Innerhalb von nur achtzehn Monaten nahmen sich fünfundzwanzig Angestellte das Leben. In Europa scheint noch immer der Modus einer Reprivatisierung gesellschaftlicher Konflikte vorzuherrschen. Die Menschen geben sich selbst die Schuld und versinken in Resignation und stiller Verzweiflung. In den USA schlug die Deregulierung viel schneller auf die Individuen durch als in Europa, wo es noch zählebige bürgerliche Residuen gab und gibt. In den USA bildeten sich zeitig deregulierungstypische Verbrechen heraus, wie das Massaker eines frustrierten Daytraders unter Angestellten einer Brokerfirma Ende Juli 1999 in Atlanta.

Nachdem Klebold und Harris 1999 an der Colombine Highschool in Littleton ein Massaker unter ihren Mitschülern anrichteten, entstand eine spezifisch jugendliche Variante, die man School-Shooting nennt. Die beiden dürsteten nach Ruhm und Anerkennung, und da sie diese auf üblichem Weg nicht finden konnten, entschieden sie sich, ihren Abgang aus der Welt in ein grandioses Feuerwerk zu verwandeln. Am 20. April 1999 schritten sie nach einjähriger Vorbereitungszeit und nicht zufällig am einhundertzehnten Geburtstag Adolf Hitlers zur Tat. Sie trugen Masken und lange schwarze Trenchcoats, betraten mit selbstgebauten Bomben und Gewehren bewaffnet kurz nach 11 Uhr die Schule und eröffneten das Feuer auf ihre Mitschüler. In der Bibliothek und der Cafeteria töteten sie zwölf als Jocks (sportliche Jungen) oder aus rassistischen Gründen verhasste Mitschüler und einen Lehrer, bevor sie sich selbst erschossen.

Auch vor Littleton hatte es bereits vereinzelt Schulamokläufe gegeben, aber das Columbine-Massaker markiert nicht nur wegen der bis dato unerreichten Brutalität und der Anzahl der Opfer eine Zäsur: Es ist der erste Schulamoklauf des globalen und digitalen Zeitalters. Das Fernsehen ist live dabei, und die aus dem Hubschrauber aufgenommenen Bilder fliehender Schülerinnen und Schüler gehen um die Welt. Überwachungskameras halten den mörderischen Auftritt von Klebold und Harris in der Schulcafeteria fest, die Bilder gelangen später ebenso ins Internet wie die

Tonbandaufnahmen der Handy-Notrufe. Beinahe zwei Jahrzehnte nach Littleton müssen wir konstatieren, dass Columbine zum Oberbegriff und Symbol für Schießereien an Schulen und Universitäten geworden ist und grausige Mode begründete. Bereits einen Monat nach dem Amoklauf von Littleton griff der nächste Jugendliche in Conyers, einer Kleinstadt bei Atlanta, zum Gewehr, betrat, ebenfalls mit einem schwarzen Trenchcoat bekleidet, seine Schule und verletzte sechs Mitschüler. Im November 1999 übersprang der ›Virus‹ den Atlantik und erfasste den 16-jährigen Lehrling Martin P. aus Bad Reichenhall, der mit väterlichen Waffen aus dem Fenster der elterlichen Wohnung auf Passanten feuerte und vier Menschen und sich selbst tötete. Seither reißt die Kette jugendlicher Amokläufe und Schulschießereien in Nordamerika und Mittel- und Nordeuropa nicht ab. Im Sinne von George Devereux müssen wir uns fragen, ob der ursprünglich im südostasiatischen Raum beheimatete »Amok« sich nicht längst, mit entsprechenden kulturspezifischen Modifikationen, auch in den Metropolen des Westens als ein »Modell des Fehlverhaltens«, als Ventilsitte etabliert hat. Es ist so, als würde die Gesellschaft dem Individuum sagen: »Tu es nicht, aber wenn du es tun musst, dann muss es so und so gemacht werden.« Die Indikation für den jugendlichen Amok lautet: »Wenn du dich ausgegrenzt und nicht wahrgenommen fühlst, wenn sich in deinem Leben Kränkung an Kränkung reiht und du deswegen einen wachsenden Hass verspürst, dann kannst du einen Amoklauf in Erwägung ziehen. Zu dessen Vorbereitung empfiehlt es sich, am Computer das Schießen und die Choreographie zu trainieren und dich systematisch zu desensibilisieren. Denke rechtzeitig an deine multimediale Selbstdarstellung, um deinen Nachruhm zu sichern. Wenn der Tag der Rache gekommen ist, hole die Waffen aus dem Versteck, kleide dich schwarz und maskiere dich. Begib dich ins Epizentrum deiner Kränkungen und zeige aller Welt, dass sie dich verkannt hat und wozu du imstande bist. Verwandele die Stätte deiner Traumatisierungen in den Ort deines Triumphes und lass dein geschundenes und verkanntes Selbst in einem gigantischen finalen Feuerwerk verglühen.« Für kurze Zeit steht der Täter auf der anderen Seite der Angst: Endlich einmal ist es nicht er, der Angst hat, sondern die anderen fürchten sich vor ihm; er spürt seine Macht und verwandelt die Geschichte seiner Zurückweisungen und Niederlagen in einen letzten Triumph.

Die Lage der jungen Migranten

Warum dieser Exkurs in die Geschichte des Amoklaufs? Weil ich davon überzeugt bin, dass das, was gegenwärtig unter dem Begriff »Terrorismus« verhandelt wird, eine große Schnittmenge mit dem Phänomen Amok aufweist. Möglicherweise sind einige der Anschläge der jüngsten Zeit – von Paris und Brüssel über Nizza bis Würzburg und Ansbach – Amokläufe, die sich einer in der Luft liegenden pseudoreligiösen Codierung bedienen. Ein an sich richtungs- und subjektloser Hass hat seit einiger Zeit einen Namen und eine Richtung bekommen. Der »islamistische Terror« entwickelt sich zu einem »Modell des Fehlverhaltens« für abgehängte, perspektivlose, frustrierte jugendliche Migranten. Es ist, als würde der IS im Internet und in den Umsonst-Zeitungen der westlichen Welt Inserate aufgeben, in denen es heißt: »Du planst einen niedrigschwelligen Anschlag mit einfachen Mitteln? Wir beraten Dich gern. Ruf unsere Hotline an, die 24 Stunden für Dich erreichbar ist. Schick uns Dein Video. Wenn Du Deinen Anschlag begangen hast, laden wir es hoch, damit alle Welt sehen kann, welche Heldentat Du mit Gottes Hilfe vollbracht hast.«

Dieser Terrorismus ist trotz aller islamistischen Rhetorik wohl doch eher ein Zweig am Amok-Baum.

Viele Jugendliche – mit und ohne sogenannten Migrationshintergrund – »haben einen Hass«, wie ein verbreiteter und bezeichnender Ausdruck lautet. Er ist das Produkt der Ghettolage und des Gefühls, menschlicher Abfall und Müll zu sein. Im Jahr 2005 entlud sich dieser Hass in den Pariser Vororten in wochenlangen tumultuarischen Krawallen, die den Charakter von Ghetto-Revolten aufwiesen. Wer eine Ahnung von der Beschaffenheit des Hasses der abgehängten Jugendlichen in den Banlieues bekommen möchte, schaue sich Mathieu Kassovitz's Film Hass aus dem Jahre 1995 an, der uns das Gemisch aus Arbeits- und Perspektivlosigkeit, Langeweile, Verzweiflung und Wut vor Augen führt, das zehn Jahre später explodierte. Ähnliches wiederholte sich 2011 in Großbritannien. Blind und ungerichtet schlugen Jugendliche auf die gesellschaftliche Fassade ein, plünderten Geschäfte und lieferten sich Straßenschlachten mit der Polizei.

Nichts hat sich an der Ghetto-Lage dieser Jugendlichen seither geändert. Von ihrer damals vehement geforderten »Integration in die Gesellschaft« kann nach wie vor keine Rede sein. Die Migrantenkinder sind eingeklemmt zwischen zwei Welten, denen sie gleichermaßen nicht angehören. Fehlende Anerkennung und Beachtung ist für die Seele, was Hunger für den Magen ist. Umso verlockender ist da das Angebot, das der militante Islamismus bereithält. Er stillt diesen Hunger, sammelt die Wut der jungen Leute auf, bündelt sie und gibt ihr eine Richtung – gegen die Masse der Ungläubigen, die als Feinde angesehen werden. Die zuvor identitätslosen und zerrissenen Jugendlichen und jungen Männer bekommen eine Identität, ihr Leben erhält Sinn und Ziel. Aus Außenseitern und Verlierern werden junge Männer, die für etwas eintreten und kämpfen. Etwas Vergleichbares hat die herrschende Gesellschaft ihnen nicht zu bieten.

Wie ist die Lage eines Jugendlichen, der als unbegleiteter Flüchtling ins Land gekommen und nun in irgendeinem Provinznest gelandet ist? Was fühlt er, was hofft er, wonach sehnt er sich? Hat er Heimweh? Was erwartet er vom Leben und was das Leben von ihm? Er sieht all die Dinge, die er gern besäße, aber sie sind durch Schaufensterglas von ihm getrennt. Deutschland erscheint als ein Land, in dem es alles gibt, aber nicht für ihn und Seinesgleichen. Die jungen Migranten leben im Zustand einer permanenten Frustration: Sie werden tagein, tagaus mit Bildern des Luxus beliefert und gleichzeitig verwehrt man ihnen die Mittel, um die Objekte des Begehrens auf legalem Weg erwerben zu können. Man könnte also auf die Idee verfallen, dass ihre Taten eher Ausdruck von Verzweiflung als Produkte einer bösen Gesinnung sind. Der Schriftsteller John Berger sagt: »Was einen Terroristen ausmacht, ist zunächst einmal eine bestimmte Art der Verzweiflung. Oder genauer gesagt, das Streben, über die Verzweiflung hinauszugehen, indem er sein Leben einsetzt und so der Verzweiflung einen Sinn gibt.«

Soziale Amok-Prävention

Die einzig denkbare Amok-Prävention wäre eine soziale. Wir müssten der Demontage des Sozialstaats Einhalt gebieten und Solidarität an die Stelle des entfesselten Konkurrenzkampfes setzen. Es gilt, gesellschaftliche Verhältnisse herzustellen, in denen der Mensch dem Menschen kein Wolf mehr und Freundlichkeit der vorherrschende Kommunikationsstil ist. Das würde langfristig den Nährboden austrocknen, auf dem Amoklauf und Terrorismus gedeihen. Die Menschen des kapitalistischen Zeitalters leben in einem Universum permanenter Verteidigung und Aggression und werden von der Angst umgetrieben, aus der Gesellschaft, ja aus der Welt herauszufallen und einen sozialen Tod zu sterben. Wer seine Arbeit verliert, verliert ja weit mehr als seine Arbeit. Er büßt seine Gesellschaftlichkeit ein, das Gefühl gebraucht zu werden und etwas wert zu sein. Wer so von der Teilhabe am gesellschaftlichen Prozess ausgeschlossen wird, kann leicht fallen. Welche Netze halten seinen Sturz auf? Da ist kein Glaube mehr, der tröstet, kein gewerkschaftlich-politisches Milieu, das den Verlust mit Sinn ausstattet und in gemeinsamen Widerstand überführt. Schwere Persönlichkeitsstörungen, die im geregelten Alltag und der beruflichen Identität leidlich eingekapselt waren, können nun aufbrechen. Gelingt der Rückweg in die Normalität nicht, wird der aus der Welt gefallene Mensch mehr und mehr von seiner Tagtraumwelt aufgesogen. Er brütet über seinen inneren Unglücksvorräten und droht in den Bann einer destruktiven Dynamik zu geraten, die sich schließlich suizidal oder amokartig entladen kann. Wenn der mit den Zwängen der weltweiten Konkurrenz begründete Trend zu Rationalisierung und Stellenabbau sich fortsetzt, große Teile der Jugend ohne jede Perspektive bleiben und ältere, leistungsschwächere, psychisch labile und mental unflexible Menschen weiter aus dem Arbeitsprozess heraus- und in eine abseitige Position hineingedrängt werden, droht der Amoklauf zur kriminellen Signatur des neoliberalen Zeitalters zu werden.

Die von Amok und Terror heimgesuchten Gesellschaften haben sich inzwischen darauf geeinigt, die Täter in zwei Kategorien einzuteilen: den religiös motivierten Terroristen und den psychisch gestörten Einzeltäter. Diese Etikettierung hat den unschätzbaren Vorteil, dass die herrschenden gesellschaftlichen Zustände nicht mit diesen Taten in Zusammenhang gebracht werden. Der Terrorist kommt von außen oder wird von dort gesteuert. Er ist die Inkarnation des Bösen, dem die westlichen Gesellschaften den Krieg erklärt haben. Man militarisiert die innere Sicherheit, rüstet die Polizei auf und verhängt den Ausnahmezustand. Wir sollen uns an den Anblick von Maschinenpistolen im Alltag gewöhnen und es hinnehmen, dass unsere bürgerlichen Freiheitsrechte auf dem Altar der inneren Sicherheit geopfert werden. Mitunter kann man den Eindruck gewinnen, dass gewissen Politikern der Terror wie gerufen kommt.

Im anderen Fall sagt man: »Nun, es handelt sich offenbar um einen Geisteskranken! Solche Leute gibt es, dagegen ist kein Kraut gewachsen.« Die Tat wird individualisiert, der Täter pathologisiert. Die Frage, was mit einem Menschen geschehen sein muss, bevor er zu einer derartigen Tat schritt, stellt sich auch in diesem Fall nicht. Er ist eben krank und wird, wenn er seine Tat überlebt, in einer psychiatrischen Anstalt untergebracht. Schon die bloße Anzahl psychisch kranker Individuen und sogenannter Einzeltäter belehrt uns darüber, dass die These von den Einzelfällen nicht stimmen kann. Wenn die Täter krank sind – und es gibt Gründe daran festzuhalten –, so sind sie nicht kränker als die Gesellschaft, in der sie (und wir) leben. Das wahnsinnig anmutende Bestreben des Amokläufers, in den eigenen Untergang möglichst viele Unbeteiligte mit hineinzureißen, weist eine mehr als nur formale Analogie zum Vorgehen der Global Player der Geldwelt auf, die sich mitunter wie Gurus von Selbstmord-Sekten verhalten. Sind die Strategen der New Economy nicht nach einem amokartigen Muster vorgegangen, als sie in ihren absehbaren Untergang möglichst viele Leichtgläubige mit hineinrissen? Stellt die zeitgenössische Finanzblasen-Ökonomie nicht einen einzigen Amoklauf des Geldes dar? Wer bilanziert eigentlich die Opfer dieses Amoklaufs der Banker und Hypothekenmanager?

Wir könnten uns im Spiegel von Terror und Amok selbst erkennen, aber bevor wir das riskieren, zerbrechen wir den Spiegel. Wir spalten Taten und Täter von uns ab und betrachten sie, als stammten sie von einem fremden Stern.

Die gesellschaftliche Produktion von Amokläufern

Auf dem Weg zum Wochenmarkt sah ich am Samstag einen vielleicht zehnjährigen Jungen. Er saß allein am Rande der Fußgängerzone auf einer Bank. Er war dick, trug ein blaues T-Shirt und eine Hornbrille. Etwas Trauriges umgab ihn. In der rechten Hand hielt er eine blau-gelbe Spielzeugpistole, mit der er auf Passanten zielte. Wenn er den Abzug betätigte, erzeugte die Plastikpistole ein knackendes Geräusch. Ruhig wählte der Junge seine »Opfer« aus, zielte und schoss. Immer wieder. Irgendwann legte er sich auf den Bauch und schoss im Liegen weiter, wobei er die Hand mit der Waffe auf den Unterarm legte.

»Ein Amokläufer von morgen«, dachte ich. Wahrscheinlich schaut er sich seit einer Woche auf Youtube das Video an, das den Amokläufer von München zeigt, wie er vor einem Fastfood-Lokal steht und auf Passanten schießt. Zehnjährige verfügen in ihrer Mehrheit über internetfähige Handys und haben somit Zugriff auf alles. Niemand nimmt Notiz davon und spricht mit ihnen darüber. Heutige Kinder sind gleichzeitig verwöhnt und vernachlässigt. Da sie von den Erwachsenen, deren Aufmerksamkeit ihrerseits von Smartphones beansprucht wird, ignoriert werden, unternehmen sie alles Mögliche, um Aufmerksamkeit auf sich zu ziehen. Dieser Junge tat das, in dem er auf Passanten »schoss«. Niemand reagierte darauf, auch ich nicht.

Als Tante Polly Tom Sawyer zu Unrecht schilt und bestraft, stellt er sich vor, wie es wäre, wenn er stürbe und sie auf seiner Beerdigung alle um ihn weinten. Dann wird Tom aber bewusst, dass er selbst von seinem Triumph nichts mitbekäme. Denn er wäre ja tot. Diese von Mark Twain beschriebene Kinderphantasie treibt womöglich auch einige unserer heutigen Selbstmordattentäter und Amokläufer an. Allerdings hält sie das eigene Totsein am Ende ihres Rachefeldzugs von nichts mehr zurück. Sie begehen ihre Taten in der sicheren Gewissheit, dass die Medien ihren Ruhm verbreiten und dafür sorgen werden, dass sie ihren Platz in der Hall of Fame der Übeltäter finden. Sie genießen das vorab. Das scheint ihnen zu genügen.

ETHNOLOGIE DES INLANDS

Pharmakologischer Seelenmord

Ein Blick in die Zeitung lehrt einen das Fürchten. Ich habe gerade einen Artikel in der Sonntagsausgabe der FAZ vom 23. Oktober 2016 gelesen, der darüber berichtet, dass immer mehr Eltern ihren Babys und Kleinkindern, wenn diese zu sehr schreien oder nicht durchschlafen, Sedativa verabreichen. Kinderärzte stellen offenbar auf Bitten der Eltern bereitwillig entsprechende Rezepte aus. »Atosil« wurde früher Menschen gegeben, die als schizophren galten, heute kommt es als Beruhigungs- und Schlafmittel zum Einsatz. Bei manchen Eltern und Kinderärzten gilt es offenbar auch als probates Mittel zur Beruhigung schreiender und unruhiger Babys und Kleinkinder. Es gibt aber auch Substanzen und Säfte wie »Sedaplus«, die man rezeptfrei in der Drogerie erwerben kann und die nicht weniger schädlich für Kinder sind. Auch sie enthalten Stoffe, die ins zentrale Nervensystem gelangen und dadurch tief in den seelischen Haushalt eingreifen. Jedenfalls können diese Mittel schnell psychisch abhängig machen und innere Organe wie Leber und Niere schädigen.

In jedem Fall werden diese Kinder zeitig an den Modus der pharmakologischen Moderation der Gefühle gewöhnt. Der »flexible Mensch« der sogenannten Informationsgesellschaft kann sein inneres Gleichgewicht und seine Funktionsfähigkeit nur mit Hilfe von psychoaktiven Substanzen aufrechterhalten. Die Anforderungen des losgelassenen Marktes, den die Menschen anbeten und dessen Geboten sie Folge leisten wollen, sind so beschaffen, dass sie von Menschen nur unter Einsatz von leib-seelischen Dopingmitteln erfüllt werden können. Die Bereitschaft zur chemischen Selbstmanipulation muss früh geweckt werden, will man nicht abgehängt werden und auf der ›Loser‹-Seite landen. Selbst grüne Bundestagsabgeordnete bringen sich mit Crystal Meth in Schwung, und jedes Wochenende wird in Clubs tonnenweise irgendwelche synthetisch hergestellten Substanzen eingeworfen, um die Nacht durchzustehen und dabei stets »gut drauf« zu sein, oder zumindest so zu wirken, als sei man »gut drauf«. Man geht auf Partys ja nicht, um wirklich Spaß zu haben, sondern um per geposteten Selfies zu dokumentieren, dass man Spaß hat. Die verselbständigte Megamaschine kann nur mit chemikalisch-pharmakologischen Schmiermitteln am Laufen gehalten werden. Statt das von ihr vorgegebene rasende Tempo auf ein menschliches Maß zu drosseln, versuchen die Menschen, ihren Imperativen Folge zu leisten, indem sie sich Mittel einverleiben, die sie von Biorhythmen des Körpers unabhängig machen. Auch Eltern, die ihren Kindern ohne böse Absichten Sedativa verabreichen, begehen ein Verbrechen. »Medikamente sind der Weg des geringsten Aufwands. Für die Mütter ist es ein praktischer Weg. Für die Babys ein brutaler. Es gäbe andere Wege. Die Mütter müssten allerdings das Internet verlassen«, schreibt Yvonne Staat in der FAZ.

Die Versteinerung der Herzen

Über den Ursprung und die Ausbreitung sozialer Kälte

»Die negative Tugend: der Gefrierpunkt des Ich.« *(Friedrich Hebbel)*

»Es sind also nicht nur Tier- und Pflanzenarten, die heute vernichtet werden oder vom Aussterben bedroht sind, sondern Stück für Stück auch unsere menschliche Werteordnung. Sie wird systematisch besprüht – nicht mit Pestiziden, sondern mit Ethiziden – Wirkstoffen, die die Ethik und damit auch jeden Sinn für Geschichte und Gerechtigkeit töten.« *(John Berger)*

Ein Sterben zwischen Geldautomaten

In der Süddeutschen Zeitung vom 29./30. Oktober 2016 stieß ich auf eine Meldung, die mich seit der Lektüre nicht mehr losgelassen hat. Am Nachmittag des 3. Oktober 2016, also am *Tag der Deutschen Einheit*, brach ein 82-jähriger Mann im Foyer einer Essener Bank zusammen. Statt sich um ihn zu kümmern, stiegen in den folgenden 20 Minuten mehrere Kunden über den am Boden liegenden Mann hinweg oder machten einen Bogen um ihn. »Teilweise gingen sie nah an dem Sterbenden vorbei oder stiegen hinüber, um ihre eigenen Finanzgeschäfte durchzuführen«, heißt es von Seiten der Ermittler. Anschließend hätten die Kunden den Vorraum wieder verlassen. Auf den Videoaufnahmen ist laut Polizei zu sehen, wie etwa fünf Minuten nach dem Zusammenbruch die erste Person den Vorraum betritt und den Mann ignoriert. Dieser habe mitten in dem Raum gelegen und sei gut gekleidet gewesen, sagte der Polizeisprecher. Erst der fünfte Kunde habe den Rettungsdienst alarmiert. Der Mann ist letzte

Woche verstorben. Erst sein Tod war der Anlass, über den Vorfall breiter zu berichten. Die Polizei habe inzwischen von dem Kreditinstitut eine Liste derjenigen bekommen, mit deren Karten im betreffenden Zeitraum Geldgeschäfte getätigt wurden, teilte ein Polizeisprecher mit. Die Ermittler gehen davon aus, dass alle auf dem Überwachungsvideo zu sehenden Personen – drei Männer und eine Frau – mit ihren eigenen Karten am Geldautomaten waren. Die Vier würden jetzt zu einer Vernehmung geladen. »Gegen sie läuft ein Strafverfahren wegen unterlassener Hilfeleistung«, erklärte die Polizei.

Soweit die Spur, die ein gelebtes Leben in einer knappen Zeitungsmeldung hinterlässt. Über den nun gestorbenen Mann erfahren und wissen wir nichts, außer dass er »gut gekleidet« gewesen ist. Wie sollen wir den Hinweis des Polizeisprechers auf die gute Bekleidung des Mannes verstehen? Er wollte damit ja wohl sagen: Hätte der Mann heruntergekommen oder gar verwahrlost gewirkt, hätte man das Verhalten der Bankkunden verstehen können. »Das ist halt ein Penner, der seinen Rausch ausschläft«, hätten die vier untätigen Bankkunden dann denken können und wären exkulpiert gewesen.

Am Tag, nachdem ich auf die Meldung gestoßen war, betrat ich den Vorraum einer hiesigen Bank und versuchte, mir die Szenerie vorzustellen. Ein Leben erlischt zwischen Bankautomaten. Der alte Mann stirbt an der Gleichgültigkeit der anderen, die gleichsam lebende Geldautomaten sind. Ein heutiger Tod, in dem sich allegorisch der Zustand unserer Gesellschaft ausdrückt. Der Stand des moralischen Bewusstseins zeigt sich im Verhältnis zum anderen, zu den Mitmenschen. Im Foyer der Essener Bank traten eine zwischenmenschliche Gleichgültigkeit und Mitleidlosigkeit in Erscheinung, die auf einen rapiden Schwund der Moral schließen lassen. Wenn wir den Gründen dieses Schwundes nachgehen wollen, wird über eine Gesellschaft zu reden sein, die sich der Geldvermehrung verschrieben hat und Werte nur noch an der Börse kennt. Das Geld besitzt keine Moral, ihm ist, salopp gesagt, alles egal. Die Leute, die man nun ermitteln wird, werden sich als ›anständige‹, vollkommen ›normale‹ Bürger erweisen. Ihre Mitleidlosigkeit ist die Mitleidlosigkeit aller – die Mitleidlosigkeit einer Gesellschaft, deren einziger kategorischer Imperativ die private Nutzenmaximierung und Bereicherung ist. Alles andere ist bloß Gerede und Vernebelung.

Rabiate Vergleichgültigung

In den vom Neoliberalismus beherrschten letzten Jahrzehnten haben wir uns offenbar an den Anblick von auf der Straße, auf Parkbänken und in Hauseingängen liegenden Menschen gewöhnt. Man steigt beim Champagner-Kauf über Bettler hinweg. Die Jahre im arktischen Klima des entfesselten Marktes haben die Menschen selbst eisig werden lassen und abgestumpft. Der Anblick eines am Boden liegenden Menschen löst kein Mitgefühl mehr aus und schon gar keinen Impuls, tätig zu werden und zu helfen. Mitleid und Hilfeleistung gelten als Eigenschaften von »Gutmenschen« und als »Sozial-Klimbim«. Heute Morgen hörte ich einen jungen Mann in sein Telefon hineinsprechen: »Wieso sagst du das? Die Leuten denken ja, ich wäre ein Loser.« Schon unter Kindern ist das Wort *Loser* ein gängiges Schimpfwort.

Das Geschehen in der Essener Bank ist ja beileibe kein Einzelfall. Ende des Jahres 2015 brach ein Mann in einem Aufzug der Wiener U-Bahn zusammen. Stundenlang lag er am Boden der Kabine, in die ständig Leute ein- und wieder ausstiegen. Erst das Reinigungspersonal verständigte am nächsten Morgen den Rettungsdienst, der nur noch den Tod des Mannes feststellen konnte. Die Obduktion ergab, dass der Mann an einer Alkoholvergiftung gestorben war und dass er durchaus hätte gerettet werden können, wenn man früher Hilfe geholt und ihn künstlich beatmet hätte. Fünf Stunden lag der Mann am Boden der Kabine, ohne dass irgendjemand auf die Idee kam, etwas zu unternehmen.

Ich erinnere mich an einen Vorfall, der schon etwas länger zurückliegt und sich in München ereignete. Kinder betraten im Winter den zugefrorenen Olympia-See und brachen ein. Am Ufer standen etliche erwachsene Personen und wohnten dem Unglück bei. Niemand kam auf die Idee, zu helfen oder wenigstens Hilfe zu rufen. Der Rettungswagen und die Feuerwehr trafen erst nach über 20 Minuten ein und konnten mindestens eines der Kinder nur noch tot bergen. Dabei ist dieser See an seiner tiefsten Stelle gerade mal ein Meter tief. Für keinen Erwachsenen hätte ernstlich Gefahr bestanden, wenn er sich entschlossen hätte, den Kindern zu Hilfe zu kommen.

Wie ist ein solches Verhalten zu erklären? Niemand will Verantwortung übernehmen, jeder verlässt sich darauf, dass irgendein anderer schon etwas unternehmen wird, niemand will etwas falsch machen. Selber in die Bresche zu springen und Hilfe zu leisten, ist aus unserem Verhaltensrepertoire offenbar verschwunden. »Haben wir für solche Situationen nicht ausgebildete Kräfte?«, sagen die Leute. Experten, ursprünglich auf den Plan gerufen, um gesellschaftliche Mangelkrankheiten zu kompensieren, tragen, wenn sie sich als Berufszweig einmal etabliert haben, dazu bei, das »soziale Immunsystem« durch Enteignung von Kompetenzen weiter zu schwächen. Irgendwann sagen sich die Leute: »Bevor ich beim Helfen irgendetwas falsch mache, überlasse ich es lieber den Fachleuten und halte mich raus.« All das mag zur Klärung der Frage, wie es zu dem Verhalten der Essener Bankkunden und der Zuschauer am Olympia-See hat kommen können, beitragen. Wir kennen das Phänomen des Zuschauer- oder Non-helping-bystander-Effekts auch von den U- und S-Bahn-Attacken der letzten Jahre.[1] Dieses Verhalten hat indessen tiefer liegende gesellschaftliche Ursachen.

Entstehung und Ausbreitung der »bürgerlichen Kälte«

Die zwischenmenschliche Kälte und Gleichgültigkeit, die uns an diesen Beispielen so erschreckt, entstammt der »ökonomischen Zellenform« der bürgerlichen Gesellschaft, der »Ware«. Das Grundmodell dieser Indifferenz bildet die Tauschabstraktion. Um ganz verschieden beschaffene Dinge gegeneinander tauschen zu können, muss von ihrer konkre-

1 Es gibt aktuelle Nachrichten zum Thema unterlassene Hilfeleistung. Der Gießener Anzeiger vom 26. November 2016 berichtet, dass am 16. November 2016 mehrere Autofahrer in Wächtersbach, einer Kleinstadt zwischen Frankfurt/Main und Fulda, im großen Bogen um einen querschnittsgelähmten Mann herumgefahren sind, der mit seinem Rollstuhl gestürzt war und hilflos auf der Fahrbahn lag. Erst ein Rollerfahrer und ein Migrant halfen dem Mann auf und setzten ihn wieder in den Rollstuhl. »Vielen Dank an die Autofahrer, dass sie so rücksichtsvoll gewesen sind, wenigstens einen Bogen zu fahren«, kommentierte der Gestürzte ironisch. Der Mann berichtete über eine insgesamt gewachsene Rücksichtslosigkeit und Ignoranz im Alltag.

Aus Essen wird ein ähnlicher Fall geschildert. Ein Mann hatte sich gerade von der Fahrertür seines Wagens zum Kofferraum gehangelt und wollte seinen Rollstuhl auf die Straße heben, da rutschte er ab und fiel zu Boden. Mindestens zehn Passanten seien vorbeigekommen. Einige davon bat er ganz direkt um Hilfe. Doch ohne Erfolg. Einige hätten nur kurz von ihrem Smartphone aufgeblickt. Schließlich reagierte eine Anwohnerin auf seine Hilferufe und half ihm auf.

ten stofflichen Gestalt abgesehen werden. Nur als Verkörperung unterschiedsloser, abstrakter Arbeit werden die Gegenstände kompatibel. Tauschen kann man nur unter der Bedingung, dass man von den spezifischen Momenten der zu tauschenden Gegenstände absieht und sie auf eine abstrakte, ihnen gemeinsame Form bringt. Diese Form nennt Marx die Äquivalent- oder Wertform. Das ist das Prinzip, das das Leben der gesamten bürgerlichen Gesellschaft beherrscht. Die Abstraktion vom Gebrauchswert und die Reduktion auf den Tauschwert verwandelt auch die Tauschenden selbst in einander gleich geltende und gegeneinander gleichgültige Waren- und Geldsubjekte. Indem sich die Wertform gewaltsam gegenüber dem durchsetzt, was die Produkte menschlicher Tätigkeit sonst noch sind, nämlich bedürfnisbefriedigende Gebrauchswerte, stirbt die Beziehung der Menschen zu letzteren ab. Lebendiges wird verdrängt durch Totes, Qualitatives durch abstrakte Quantität, die sinnliche Fülle des Lebens durch die Wiederholung des Immergleichen. Die Null nullt vor sich hin und erzeugt in einer tautologischen, inhaltslosen Selbstbewegung stets neue Nullen. Unter der Herrschaft des Tauschwerts verkümmert die Erfahrungsfähigkeit der Menschen. Sie werden zynisch-pragmatische Tauschmaschinen, deren Verkehr untereinander von störenden Gefühlsbeimengungen gereinigt wird. Sie sind ›abgehärtet‹ im physischen und im psychologischen Sinn. Ihre Kälte ist eines ihrer prägnantesten Merkmale – kalt fremdem Leiden gegenüber, aber auch sich selbst gegenüber. Aus der Härte gegen sich selbst, leiten sie die Berechtigung ab, hart gegen andere sein zu dürfen. Das ist die Grundform dessen, was Adorno als »bürgerliche Kälte« begriffen hat, deren Auswirkungen er bis in den industriellen Massenmord von Auschwitz verfolgt, der ohne sie nicht möglich gewesen wäre. Als mit der Warenform aufs Engste verknüpfte und aus ihr resultierende, ist sie der bürgerlichen Gesellschaft wesentlich und nicht irgendeine späte Zutat, die sich ohne grundlegende Änderungen, etwa Appelle, sich mehr zu lieben und einander Wärme zu spenden, überwinden ließe. Auch die Intoleranz gegen das Verschiedene, die Wut auf die Differenz, wurzelt letztlich in der Dominanz des Tauschwerts über den Gebrauchswert. Alles, was den Tauschprozess stört, wird abgeschnitten und eliminiert. Solange ganze Bereiche der Gesellschaft von der Logik des Tausches ausgenommen waren, konnten sich reservatartig andere Weisen des zwischenmenschlichen Verkehrs durchhalten – an Bedürfnissen und am

Gebrauchswert orientierte Beziehungen. Mit der Universalisierung der Warenform, die sich in der Gegenwart vollzieht, fressen sich Indifferenz und Kälte durch alle Schichten des Gesellschaftsbaus und dringen bis in die letzten Poren des Alltagslebens und die intimen Binnenwelten vor. Unter unseren Augen entsteht ein durch und durch kapitalistischer Menschentyp, der zur Einfühlung in andere unfähig und dessen Innenwelt eine einzige Gletscherlandschaft ist. Was heute noch als »Psychopathie« diagnostiziert und pathologisiert wird, droht, wenn sich die Verhältnisse nicht grundlegend ändern, in einer nicht allzu fernen Zukunft zur Normalität und zum hegemonialen Sozialcharakter zu werden.

»Das kalte Herz«

Es ist sicher kein Zufall, dass dieser Tage eine Neuverfilmung des Hauff-Märchens *Das kalte Herz* in die Kinos kommt. Es ist eine merkwürdige, aber hoch aktuelle Geschichte, die der große romantische Märchenerzähler Wilhelm Hauff 1827 verfasst und in seinem »Märchenalmanach« veröffentlicht hat. Im Zentrum steht der arme Kohlenbrenner Peter Munk. Seine Heimat ist der Schwarzwald, er lebt unter Menschen, die mit Holzfällen, dem Flößen von Baumstämmen, der Köhlerei, mit der Uhrenfabrikation oder der Glasbläserei ihr oft karges, aber aufrechtes Leben bestreiten. Sie stellen handfeste Gebrauchsdinge her, die zwar in Geld umsetzbar sind, nicht jedoch um des Geldes willen produziert werden. Die Menschen lebten natürlich nicht in einem »Goldenen Zeitalter«, sondern, wie der italienische Filmemacher und Schriftsteller Pasolini schrieb, in einem »bitteren Zeitalter des Brotes«, das aber seine eigene Kultur und Würde besaß. Peters Armut und Not und der verschwenderisch-dumme Umgang mit den drei Wünschen, die das Glasmännlein ihm gewährt, treiben ihn dem Holländer-Michel, einem skrupellosen Geschäftsmann, in die Arme. Dieser eignet sich als Gegenleistung für seine Hilfe Peters lebendig-schlagendes Herz an und verpasst ihm stattdessen ein Herz aus Stein. Fortan verfügt Peter über die richtige Innenausstattung für das Geschäftemachen, ist geizig und habgierig. Aber er vermag weder zu lachen noch zu weinen, ist unfähig zur Liebe und Anteilnahme am Schicksal anderer. Er fühlt nichts mehr und geht für den geschäftlichen Erfolg über Leichen. Den Ausgang der Geschichte sollte jeder selbst nachlesen.

Das Märchen erzählt von einer großen gesellschaftlichen Umbruchsituation, von einer tiefgehenden Krise der menschlichen Lebensverhältnisse. Das Geld und die Warenproduktion breiten sich aus und dringen in die Poren der Gesellschaft vor. Die Menschen leiden unter der zunehmenden Entfremdung, die sich wie Raureif auf Menschen und Dinge legt. Die Geldwirtschaft erzeugt Unzufriedenheit und schafft das Bedürfnis, schnell reich zu werden. Die Kategorie des Genug wird durch eine neue Grenzenlosigkeit ersetzt. Der Tauschwert ist seinem Wesen nach grenzenlos, wie schon Aristoteles erkannt hat. Der Kapitalismus, der sich aus ihm entwickelt, ist ein System, das in ständiger Bewegung sein muss, ständige Überschreitung und das Niederreißen aller Begrenzungen gehören zu seinem Wesen. In seinem »Werwolfshunger« (Marx) nach ständig neuen Quellen des Profits läuft das Kapital Gefahr, über sein Ziel hinauszuschießen. Die kapitalistische Gesellschaft zerstörte zunächst keineswegs das gesamte Erbe aus der vorbürgerlich-ständischen Zeit, sondern nutzte dieses Erbe für ihre eigenen Zwecke und zehrte von ihm. Aber Marx sollte mit seinen Prophezeiungen recht behalten: Der Kapitalismus ist die Kraft der »permanenten Revolution«. »Logischerweise musste er auch jene Teile der vorkapitalistischen Vergangenheit zerstören, die für seine eigene Entwicklung notwendig und vielleicht sogar entscheidend gewesen waren. Früher oder später musste er mindestens einen der Äste absägen, auf denen er selbst saß. Eben das geschah seit Mitte des Jahrhunderts«, heißt es Eric J. Hobsbawms Buch über das 20. Jahrhundert, das er *Das Zeitalter der Extreme* nannte.

Inseln gebrauchswertbezogener Zwischenmenschlichkeit

Kapitalistische Gesellschaften sind »ungleichzeitig«. Quasifeudale, agrarisch-handwerkliche, zünftige Elemente blieben von der reellen Subsumption unter das Kapital lange Zeit ausgespart. Dabei ist manche Rückständigkeit für das Kapital funktional und lebenswichtig: Familie, Kindererziehung, Lernen, Heilen, Gastfreundschaft und andere Felder dürfen nicht gleichzeitig organisiert werden, ohne im Kern beschädigt zu werden und ihre Funktion – auch für das Kapital selbst – einzubüßen. Von Waren und wie eine Ware kann menschliche Identität und letztlich auch menschliche Arbeitskraft nicht gefertigt werden.

In der Gegenwart müssen wir uns fragen, ob der Tauschwert nicht im Begriff ist, den Gebrauchswert vollständig aufzufressen? Wenn dem so wäre, gäbe es keine Geschichte und keine Dialektik mehr, denn diese leben von der Spannung und dem Widerspruch zwischen Gebrauchs- und Tauschwert. In der Beziehung einer Mutter zu ihrem Kleinkind hat sich zum Beispiel lange eine an Bedürfnissen orientierte Produktionsweise durchgehalten, ohne die aus Neugeborenen keine Menschen mit menschlichen Eigenschaften geworden wären. Können wir das angesichts neuartiger Formen von »digitaler Kindsaussetzung« noch umstandslos annehmen? Gegenwärtig werden im Namen von Mobilität und Flexibilität die Bedingungen der Sozialisation der Neugeborenen und Heranwachsenden radikal verändert und zerstört. Die Kinder sind von Apparaten und Bildmaschinen umgeben, eine Gerätesozialisation löst die Erziehung durch lebendige und leiblich anwesende Bezugspersonen ab. Die Kinder stürzen aus dem Mutterleib direkt in die Gesellschaft des losgelassenen Marktes, ohne dass ein familiärer Airbag den Aufprall abfedert. Was nach außen manchmal noch wie eine Familie aussieht, ist im Innern oft eine einzige Szenerie von Indifferenz und Kälte, das bloße Nebeneinander von Einsamkeiten. Ein Stück geglückter anfänglicher Bemutterungserfahrung ist unerlässlich, damit sich basale Ich-Strukturen als Voraussetzung von Symbolisierung, Sublimierung und Frustrationstoleranz ausbilden können. Unsere soziale und emotionale Intelligenz, die Fähigkeit also, uns in andere einfühlen, mit ihnen mitzufühlen, und unser Verhältnis zu ihnen in richtiger Perspektive zu sehen, mag in uns angelegt sein, aber sie bildet und formt sich vor allem durch sehr frühe Erfahrungen – besser oder schlechter, und unter widrigen Umständen auch gar nicht. Die frühe Mutter-Kind-Eltern-Kind-Beziehung bildet die Basis all dieser menschlichen Vermögen oder Unvermögen. Wenn an meiner These etwas dran ist, dass auf heutige Kindheiten ein massiver Kälteschatten fällt, müssen wir uns fragen: Was für psychische Strukturen bilden sich unter diesen Bedingungen aus, wie und an was soll sich das Selbstgefühl der Kinder erwärmen?

Noch sind wir nicht vollends ins »Nirwana des Geldes« (Robert Kurz) eingetreten, noch leben wir in einer Übergangszeit. Einige der beschriebenen Prozesse sind unabgeschlossen, vieles ist noch in der Schwebe. Aber schon die häufige Verwendung des Wörtchens *noch* verweist auf den prekären Zustand der inselartigen Überbleibsel anderer Lebensformen und Existenzweisen. All das Ungleichzeitige droht von der Furie des Verschwindens erfasst und nach dem Muster der »gefühllosen, baren Zahlung« (Marx) organisiert zu werden. Noch sind die Herzen vieler Menschen nicht komplett versteinert, noch existieren Mitgefühl und Solidarität, wie zum Beispiel das Engagement für die Geflüchteten und in anderen gesellschaftlichen Feldern zeigt.

Eine »Ökonomie des Glücks«

Wir müssen uns fragen: Welche menschlichen Haltungen gedeihen eigentlich in einem gegebenen sozialen Klima, welche verkümmern? Die Eigenschaften und Fähigkeiten, die wir für die eigentlich menschlichen halten, bedürfen der äußeren Stützung. Auch und gerade aus diesem Grund brauchen wir, solange wir unter kapitalistischen Bedingungen leben, einen voll entfalteten und handlungsfähigen Sozialstaat. Wie die Haager Landkriegsordnung und die Genfer Konvention Regeln und Grenzen für den Krieg zwischen Nationen zu formulieren und durchzusetzen versuchten, so versucht der Sozialstaat den innergesellschaftlichen »bellum omnium contra omnes« einzuhegen. Er setzt ihm Begrenzungen und formuliert Regeln, die die schlimmsten Auswirkungen des Kapital- und Marktprinzips mildern und für die Betroffenen abfedern sollen. Er fördert in den Phasen, wo er nicht nur propagiert sondern praktiziert und gelebt wird, Tugenden wie Pflichtgefühl, Verantwortungsbewusstsein, gegenseitige Hilfe und Solidarität. Umgekehrt begünstigt seine Schleifung und Planierung die in der Grundstruktur der kapitalistischen Gesellschaft verankerten Tendenzen zu Aggression, Feindseligkeit und zwischenmenschlicher Gleichgültigkeit. Es macht einen nicht zu unterschätzenden Unterschied, ob man in einer Gesellschaft aufwächst und lebt, in der Schwachen und weniger Leistungsfähigen solidarisch beigesprungen und unter die Arme gegriffen wird, oder in einer, in der sie der Verelendung preisgegeben und als sogenannte *Loser* zu Objekten von Hohn und Spott werden. Der Andere, der Mitmensch, wird unter solchen Bedingungen zum feindlichen Konkurrenten, zum Überzähligen, schließlich zum Gegen- oder Nicht-Mensch, dem jede Einfühlung verweigert und Unterstützung aufgekündigt wird. Man gewöhnt sich daran, dass das Glück der einen mit dem Leid der anderen zusammen existiert: Glück ist, wenn der Pfeil den Nebenmann trifft.

Noch sind wir nicht so weit, aber wir müssen uns ranhalten, wenn wir die angedeuteten Vorgänge aufhalten und eine Umkehr erzwingen wollen. Es geht darum, die gebrauchswertorientierten Prozesse, die das Kapital niemals wirklich unter sich hat begraben können, aufzugreifen und zu stärken. Wir müssen uns auf das beziehen, was das Kapitalprinzip den Menschen antut und verhindern, dass die noch verbliebenen menschlichen Regungen den Kältetod sterben. In Krisenzeiten wachsen Gleichgültigkeit und Kälte umso nachdrücklicher, je verdunkelter die Perspektiven der Krisenlösung sind. Wo sich aber der »Kältestrom« (Ernst Bloch) verbreitert, sind in der Regel auch die Brandfackeln nicht weit. Das Fremde und Fremdartige bietet sich leicht für Brandherde an, um die herum trügerisch-falsche Gemeinschaftsgesinnungen entstehen und kalte Hände sich wärmen lassen. Wir können das seit nunmehr zwei Jahren jeden Montag in Dresden beobachten.

Dagegen müssen wir einen anderen, einen wirklichen »Wärmestrom« setzen. Kälte- und Wärmeströme entspringen dem Zentrum der Gesellschaft; was an den Rändern passiert, ist davon abgeleitet. Deswegen benötigen wir eine solidarische Ökonomie, eine »Ökonomie des Glücks« (Pierre Bourdieu), deren Ziel nicht der Profit, sondern die Befriedigung menschlicher Bedürfnisse ist. Auf ihrer Basis könnte eine Gesellschaft entstehen, die ihre soziale Integration und den zwischenmenschlichen Verkehr auf Formen solidarischer Kooperation und gelebter Mitmenschlichkeit gründet, statt auf einer letztlich a-sozialen Vergesellschaftung durch Markt und Geld. Wir sind noch keine vollständigen Menschen, wir sind von der Klassengesellschaft niedergedrückte und verstümmelte Noch-nicht-Menschen. Im besten Fall sind wir Wesen, die sich mühen, zu menschlichen Beziehungen zu gelangen. Wenn eine zur Vernunft gekommene Menschheit eines Tages Warenproduktion und Geld abgeschafft und eine Ökonomie eingeführt haben wird, die sich an sinnlichen Bedürfnissen und ökologischen Verträglichkeitskriterien orientiert, könnte es sein, dass Menschen wahrhaft menschliche Züge annehmen und sich füreinander interessieren. Niemand müsste dann einen einsamen Tod zwischen Geldautomaten sterben.

2017

Irrealisierungszustände

Wenn ich mich vom Schreibtisch oder aus dem Ohrensessel oder dem Bett erhebe und in die Stadt gehe, bekomme ich immer öfter Irrealisierungszustände. Ich fürchte verrückt zu werden. Ich spüre, dass ich mit »dem da draußen«, den Hauptströmungen der Gesellschaft, immer weniger zu tun habe. Vorn beim Herrenausstatter Köhler hält sich eine täglich größer werden Gruppe sogenannter Punks auf. Sie führen einen Ghettoblaster mit großer Kapazität und jede Menge Bier mit sich. Sie sind laut und grölen den ganzen Tag herum. Wie das die Anwohner ertragen, weiß ich nicht. Und das ausgerechnet am »Tag gegen Lärm«, der dieses Jahr zum 19. Mal stattfindet. Hundert Meter weiter steht eine Gruppe sogenannter Studenten herum, die ebenfalls zwei Kästen Bier vor sich auf dem Boden platziert haben. Die ersten Flaschen sind bereits geöffnet, ihr Inhalt wird in die Köpfe geschüttet. Ein weiterer, offenbar mit ihnen bekannter junger Mann, kommt mit dem Rad vorüber und fragt: »Na, habt ihr euch schon für's Wochenende eingedeckt?« »Nee, nee«, schallt es zurück, »das ist unsere tägliche Dosis.« Ich bin geneigt, ihnen zu glauben. Wieder hundert Meter weiter begegnet mir ein älterer Mann auf seinem Fahrrad. Auf dem vorderen Gepäckträger hat er ein Radio montiert, aus dem laut das schlechte Programm eines miesen Radiosenders dringt.

Ein junger Vater trägt sein Kind in einem Tragetuch vor seiner Brust mit sich. In der linken Hand hält er sein Smartphone, dem seine ganze Aufmerksamkeit gilt. Ungefähr ab dem neunten Lebensmonat fangen Kinder an, dorthin zu blicken, wohin die Erwachsenen blicken. »Geteilte Aufmerksamkeit« nennt man dieses Phänomen. Und so folgt auch dieses Kind dem väterlichen Blick und schaut, was die väterliche Aufmerksamkeit in Beschlag nimmt. Das kleine flimmernde Etwas in der Hand des Vaters scheint viel spannender zu sein scheint als es selbst. Dagegen kann es nichts ausrichten. Es wird warten müssen, bis es eines Tages selbst über so ein magisches Gerät verfügt, das auf diese Weise zum Inbegriff seiner Sehnsucht wird.

Geteilte, oder besser: gemeinsame Aufmerksamkeit ist ein spezifisch menschliches Kommunikationsverhaltens. In diesen frühen Situationen des Zusammenwirkens entstehen soziale Gefühle, Motive zum Handeln, die Vorformen der Sprache und der Sinn für soziale Zusammenhänge: ein perspektivischer Blick auf sich und den anderen. Man ahnt, welcher menschliche Schaden angerichtet wird, wenn Eltern ihrem Kind diese Erfahrung verweigern, weil sie mit ihrem Smartphone beschäftigt sind. Man kann gar nicht oft genug auf die Bedeutung des Blickkontakts zwischen Mutter/Vater und Kind in dessen frühesten Entwicklungsphasen hinweisen: Er ist das elementarste Echo, das das Kind nach der Geburt erfährt, und der erste Spiegel, in dem es sich und die anderen erkennt. Der Blickkontakt stellt eine belebende Dynamik für Neugeborene dar, lockt und leitet sie in die Welt. Erlebt ein Kind kein Echo in den frühesten Interaktionen, wird sein suchender Blick nicht gespiegelt, ist das genauso furchteinflößend wie eine körperliche Bedrohung, die für das Kleinkind einem Sterben gleichkommt.

Mit der üblichen Zeitverzögerung nimmt jetzt auch die Wissenschaft Notiz von dem von mir schon vielfach beschriebenen Phänomen. Forscher fanden heraus, dass Kinder mit Frust, Wut, Hyperaktivität und anderen Auffälligkeiten darauf reagieren, dass ihre Eltern immer öfter in die digitale Welt abtauchen und ihren elektronischen Liebling dem analogen Kind vorziehen. Während sie mit ihren Kindern zusammen sind, kümmern sich Eltern schwerpunktmäßig um ihr digitales Baby und checken unablässig, ob dort irgendwelche Nachrichten eingegangen sind. Der ständige Handygebrauch der Eltern führt dazu, dass es diesen immer schwerer fällt, ihre analogen Kinder zu verstehen und einen emotionalen Zugang zu ihnen zu finden. Die Leute nehmen Warnungen ja offenbar erst dann ernst, wenn sie den Status der Wissenschaftlichkeit besitzen und auf messbaren Daten beruhen. Die *Süddeutsche Zeitung* berichtet in ihrer Ausgabe vom 29. April 2016 darüber, dass die Kognitionsforscher Chen Yu und Linda Smith von der Universität Indiana in der Zeitschrift »Current Biology« ein Studie veröffentlicht haben, die folgende verstörende Botschaft für heutige Eltern bereit hält: »Wenn Eltern beim Spiel abgelenkt sind, könnte das die Entwicklung des Konzentrationsvermögens ihrer Kinder langfristig beeinträchtigen.« Die Forscher haben für ihre Experimente untersucht, wie 36 Eltern-Kind-Paare im Labor interagieren und wie Eltern mit ihren Kindern spielen. Die Kleinen widmen ihre Aufmerksamkeit länger einem Spielzeug, wenn die Eltern ihre Aufmerksamkeit ebenfalls auf das Objekt richten, schreiben die Forscher. Wer seinem Kind eine gute Konzentrationsfähigkeit mitgeben möchte, kann demnach schon im zartesten Alter damit anfangen, die Aufmerksamkeitsspanne zu verlängern. Das gemeinsame Spiel und das Eingehen auf die Interessen des Kindes sind dabei von zentraler Bedeutung.

Zweierlei scheint mir daran bemerkenswert: Die Wissenschaftler warnen die Eltern, dass ihr Verhalten Leistungsschwächen beim Kind verursachen kann. Ihr Argument ist nicht: Das, was ihr da tut, liebe Eltern, ist unmenschlich und eine grobe Missachtung eurer Kinder, sondern: Eltern, ihr sorgt dafür, dass euer Kind im Rattenrennen um Erfolg und Karriere auf hintere Startplätze zurückfällt. Und zweitens: Mir reichen ein paar Beobachtungen in der Stadt oder vom Balkon aus, um zu sehen, dass hier etwas extrem schief läuft, die Wissenschaft pocht auf Experimente im Labor und auf Statistik. Max Horkheimer hat zu diesem wissenschaftlichen Zugriff einmal gesagt: »Wissenschaft ruft nach der Statistik, der theoretischen Erkenntnis ist ein Konzentrationslager genug.« Man muss doch keine Eltern mit ihren Kindern im Labor durch Einwegspiegel und Kameras beobachten, um zu der Erkenntnis zu kommen, dass es für die Entwicklung der Kinder schädlich ist und eine Misshandlung und Missachtung darstellt, wenn ihre Erwachsenen sich in ihrem Beisein ständig mit ihrem Smartphone oder anderen elektronischen Geräten beschäftigen.

Das große Unbehagen der kleinen Leute

Über die Aneignung linker Energien von rechts[1]

> »Die Menschheit befindet sich in der Krise – und es gibt keinen anderen Ausweg aus dieser Krise als die Solidarität zwischen den Menschen.« *(Zygmunt Bauman)*

> »Der Mensch wird – in dieser Gesellschaft – überflüssig, vorher schwinden seine Fähigkeiten.« *(Max Horkheimer)*

> »… damals, als alles noch besser, nein, besser nicht, aber weniger schlimm gewesen ist.« *(Werner Kofler)*

Erich Kästner hat 1958 in Hamburg anlässlich des 25. Jahrestages der Bücherverbrennung eine Rede gehalten, in der es heißt: »Die Ereignisse von 1933 bis 1945 hätten spätestens 1928 bekämpft werden müssen. Danach war es zu spät. Man darf nicht warten, bis der Freiheitskampf Landesverrat genannt wird. Man darf nicht warten, bis aus dem Schneeball eine Lawine geworden ist. Man muss den rollenden Schneeball zertreten. Die Lawine hält keiner mehr auf. Drohende Diktaturen lassen sich nur bekämpfen, ehe sie die Macht übernommen haben.«

Dieser Passus enthält Handlungsanweisungen für diejenigen unter uns, die in Deutschland und Europa die Gefahr einer Faschisierung erkennen. Wir müssen uns dringend um linke Aneignungsformen von Energien, Sehnsüchten, Ängsten und Leidenserfahrungen bemühen, die sich sonst

1 Eine erste und wesentlich kürzere Fassung dieses Textes ist unter dem Titel »Das Gespenst des Populismus« in der Tageszeitung *Junge Welt* vom 14./15. Januar 2017 erschienen.

die Rechten unter den Nagel reißen, um sie nach rückwärts in Gang zu setzen. Wenn es den Faschisten und Rechtspopulisten gelingt, wie in den Jahren vor 1933, die real existierende kapitalistische Entfremdung in die völkische Schimäre der Überfremdung zu verwandeln, werden wir Zeugen einer Faschisierung – mit Migranten, Flüchtlingen und Linken in der Rolle der Sündenböcke und Opfer. Die Umformulierung von Entfremdungserfahrungen in Hass auf Fremde und Fremdes ist die basale rechte Operation und das Geheimnis ihres Erfolges. Das nicht mitzumachen und darauf zu beharren, dass es die sich selbst antreibende Teufelsmühle des Kapitals ist, die uns alles entfremdet, markiert eine klare Scheidelinie zwischen linker und rechter Politik.

Das Gespenst des Populismus

»Ein Gespenst geht um in der westlichen Welt« – es ist nicht mehr, wie zu Marx' Zeiten, das Gespenst des Kommunismus, sondern das des *Populismus*. Der Begriff Populismus stammt aus dem Lateinischen, wo *populus* das Volk bezeichnet. Soziologisch verweist der Begriff »Volk« auf vorbürgerlich-feudale Zustände. Könige und Kaiser sprachen von »meinem Volk«. Die bürgerliche Gesellschaft ist durch den Klassengegensatz von Bourgeoisie und Proletariat gekennzeichnet, nicht durch den Gegensatz von der in Stände und Kasten sich gliedernden Masse des Volkes und Obrigkeit. Die Mitglieder der bürgerlichen Gesellschaft werden vom Markt und unsinnlichen Abstraktionen beherrscht, die sich zwar durch den Mund bestimmter Personen artikulieren, aber in diesen Personifizierungen nicht aufgehen und durch deren Beseitigung oder Ersetzung nicht verschwinden. Selbst die Mitglieder der herrschenden Klasse sind »Charaktermasken« (Marx) und verkörpern lediglich ökonomische Kategorien. Inzwischen können wir in den fortgeschrittensten Ländern von einem Kapitalismus ohne Bourgeoisie sprechen. Marx hatte das vorhergesehen, als er davon sprach, dass der Kapitalist verschwindet, während die kapitalistische Produktionsweise fortexistiert. Das Kapital emanzipiert sich von der menschlichen Arbeitskraft und vermehrt sich in einer gespenstischen tautologischen Selbstbewegung. Die Null nullt und gebiert noch mehr Nullen.

»Das Volk« existiert im Alltag des bürgerlichen Politikbetriebs eigentlich nur als legitimierendes »Ding an sich«, das für die Konstruktion einer politischen Gesamtordnung benötigt wird. Schließlich hatte das Grundgesetz das Volk als Souverän eingesetzt, von dem alle Staatsgewalt ausgehen sollte. Aber wo geht sie hin? fragte Brecht. Souverän ist das Volk nur in den Schriftsätzen der Staatsrechtler; Gerichte verkünden Urteile in seinem Namen; Politiker rufen es gelegentlich an, wenn sie irgendwelche Sonderinteressen als Ausdruck eines allgemeinen Willens erscheinen lassen wollen. Ansonsten stört das Volk eher den geregelten Betrieb, der bestens ohne seine direkte Beteiligung auskommt. Die politischen Institutionen und ihr Personal haben sich verselbständigt und führen ein Eigenleben. Das Volk hat alle vier Jahre das Recht, zwischen verschiedenen Fraktionen dieses Personals zu wählen und zu entscheiden, wer in der nächsten Legislaturperiode als »geschäftsführender Ausschuss« der herrschenden Klasse fungiert. Merkwürdigerweise hat der Kapitalismus die Einführung der Massendemokratie überlebt. Das lässt sich nur durch den Umstand erklären, dass die Massen bei ihrer Wahlentscheidung gegen ihre eigentlichen, wohlverstandenen Interessen agieren und die Spielregeln bürgerlicher Politik akzeptieren. Gegenwärtig erschreckt das Volk die etablierten Politiker, die in seinem Namen agieren. Es betritt unangemeldet und ohne Einladung die politische Bühne und klagt jenen Verlust an Volkssouveränität ein, der durch die komplexen repräsentativen Mechanismen moderner Massendemokratien entstanden ist. In die repräsentative Demokratie sind zahlreiche Filter eingebaut, die dafür sorgen, dass bestimmte Themen im Parlament nicht zur Sprache kommen. Das Herausgeschwiegene und Unterschlagene wird seiner öffentlichen Ausdrucksformen beraubt und bildet unterhalb der Ebene der offiziellen symbolischen Ordnung einen Schwarzmarkt der Wünsche und der Träume. Es entsteht ein Parlament der Straße und der Körper, in dem sich artikuliert, was im Parlament nicht repräsentiert ist. Diese Artikulation ist mitunter krude und ungekonnt. Rechte Betrüger und Scharlatane versuchen, sich den gewaltigen Rohstoff anzueignen und für ihre Zwecke in Gang zu setzen. Die Linke hätte dem ihre eigenen Aneignungsformen entgegenzusetzen, solange das Nicht-Repräsentierte noch demokratischer Bindung fähig ist. Der Begriff »Populismus« ist inzwischen zu einem Kampfbegriff geworden, der all diese Einmischungsversuche des »Volkes« und des Nicht-Repräsentierten als illegitim und irrational verteufelt und in den Bereich des Anrüchigen verweist. Dieses Verdikt trifft Linke wie

Rechte gleichermaßen. Die Bezeichnung der Anhänger der Populisten als »Pöbel« und »Mob« zeugt davon, dass bei den Herrschenden die alte Verachtung der Unterschichten immer noch virulent ist.

Linker Populismus?

Der unmittelbare Ausdruck der Ansichten und Wünsche der »kleinen Leute« ist nicht per se progressiv und eine Kraft gesellschaftlichen Wandels; er kann auch das Gegenteil darstellen. Die Linke kann sich nur solange auf »das Volk« berufen und »Alle Macht dem Volke!« fordern, wie das Volk das *allgemeine Interesse* und die Vernunft repräsentiert. Das hier gemeinte »Volk« besteht nicht aus denjenigen, die heute die bürgerliche Demokratie stützen: die Wähler, die Steuerzahler, die große Zahl der braven Staatswichtel. Das Volk, das die Macht hätte, sich zu befreien, wäre nicht mehr dasselbe Volk wie das, das heute den Status quo reproduziert – selbst wenn es aus denselben Individuen bestünde.

Oskar Negt hat einmal geschrieben, dass es wahrhafte »Demokratie ohne Demokraten« nicht geben könne. Was aber ist ein Demokrat? Wodurch zeichnet er sich aus? Über welche Eigenschaften muss er verfügen? Demokratisch ist ein Mensch nicht bloß im Kopf, sondern auch innen, von den Gefühlen her. Was für einer Ideologie man anhängt, welche Philosophie man hat, hängt davon ab, was für ein Mensch man ist. Damit, so Negt weiter, »sind nicht zufällige Merkmale des empirischen Charakters gemeint, sondern die Reflexions- und Erfahrungsfähigkeit des Subjekts, die auch ein Produkt seiner Sozialisationsgeschichte ist«. Demokratische Einstellungen und Haltungen wird man eher bei Menschen finden, die unter hinreichend guten Bedingungen aufgewachsen und mit sich befreundet sind. Wer das Verschiedene in sich selbst akzeptiert, wird es auch draußen akzeptieren können. Demokratie ist keine Gesinnungsgemeinschaft von Gleichen, sondern eine Gesellschafts- und Lebensform, die die Entfaltung von Verschiedenheit und den geregelten Austrag von Konflikten ermöglichen soll. Die psychischen Voraussetzungen der Demokratie bestehen in einer, wenn nicht bei allen, aber doch bei einer Mehrheit anzutreffenden Ich-Stärke, die vor allem die Fähigkeit beinhaltet, mit Ambivalenzen, Schwebezuständen, offenen Fragen und Konflikten umgehen zu können. Diese reifen, dialektischen Ich-Funktionen, die

Menschen befähigen, unlösbare Widersprüche prüfend in der Schwebe zu belassen, Dissens und Verschiedenheit zu ertragen, nach Kompromiss und vernünftigem Ausgleich zu suchen, stehen auf dem Spiel, wenn Massen von Menschen unter dem Druck von Angst und aufkeimender Wut auf einfachere Mechanismen der psychischen Regulation regredieren. Das ursprünglich schwache Ich gewinnt seine Stärke erst aus einem nichtselektiven Umgang mit einer ambivalenten Umgebung. Unter Spannung und Stress droht das Ich auf die Ebene archaischer Spaltungen zurückzufallen. Auch unter durchschnittlichen Erwachsenen bleibt das Bedürfnis wirksam, unerträgliche Spannungszustände und kognitive Dissonanzen durch Spaltung und Projektion zu entschärfen.

Über welche Eigenschaften und Fähigkeiten muss ein demokratischer Mensch also verfügen? Es sind dies: die Entwicklung reifer, dialektischer Ich-Funktionen, Ambivalenz-Toleranz, Sublimierungs- und Symbolisierungsfähigkeit, kritisches, selbstständiges Urteilsvermögen, Differenzierungsfähigkeit, Fähigkeit zum Perspektivenwechsel, Distanz zum Bereich der privaten Gefühle und Affekte, zu Triebbedürfnissen, die Fähigkeit zur Kompromissbildung, eine weitgehende Vorurteilsfreiheit. Max Horkheimer sagte einmal über das Vorurteil: »Aus der Verkürzung des Gedankens, die ein Mittel bei der Erhaltung des Lebens ist, wird es zum Schlüssel, eingepresste Bosheit loszulassen.« Vor allem muss also eine demokratische Gesellschaft daran arbeiten, den Angst- und Panikpegel abzusenken, indem sie Arbeits- und Lebensverhältnisse herstellt, die den Menschen weniger »Bosheit einpressen« und die Entwicklung und Aufrechterhaltung dialektischer Ich-Funktionen begünstigen. Der Sozialstaat, dessen Demontage im Namen des Neoliberalismus seit einigen Jahrzehnten betrieben wird, bedeutet immer auch Begrenzung menschlicher Not und Existenzangst durch die Bereitstellung von solidarischen Netzen, die einen Menschen auffangen, wenn er aus der Welt zu fallen droht. Eine Gesellschaft, die sich voll und ganz dem Markt und seinen Funktionsimperativen ausliefert, die es zulässt, dass in einer entfesselten sozialdarwinistischen Leistungskonkurrenz immer mehr ältere, psychisch und mental »unflexible« und instabile Menschen als unbrauchbar auf der Strecke bleiben, die massenhaft indentitätsbedrohende Entwurzelungen produziert, bereitet den Boden dafür, dass sich unter dem Firnis der Anpassung Hass und Ressentiments ansammeln

So richtig es ist, dass das Volk sich selbst aus seiner Knechtschaft befreien muss, so richtig ist es auch, dass es sich zuerst von dem befreien muss, was von der Gesellschaft, in der es zu leben gezwungen ist, aus ihm gemacht wurde. In seiner gegenwärtigen Verfassung ist »das Volk« eher der Bezugspunkt der Rechten, die die im Volk umlaufenden Vorurteile, Ressentiments und Meinungen aufgreifen und so, wie sie sie vorfindet, für ihre Zwecke in Dienst nehmen kann. So ist es Donald Trump gelungen, das »große Unbehagen« der kleinen Leute und ihre Wut auf das Establishment für sich und die Republikaner zu mobilisieren. Sein Triumph lehrt uns: Man sollte die Angst, enteignet und herumgestoßen zu werden, nicht ignorieren.

Linke Aneignungsversuche dieser Energien haben es natürlich schwerer. Wirkliche Aufklärung ist im Vergleich zu der rechten Indienstnahme der trüben Melange aus Ressentiments und Wut mühsam und schmerzhaft. Sie muss den steinigen Acker der Vorurteile bestellen, den herumliegenden Rohstoff an alltäglichen Meinungen und Ängsten komplizierten Bearbeitungsprozessen unterziehen. Sie muss lange Wege und Umwege gehen, um von der Ebene der erscheinenden Wirklichkeit zum Wesen der Dinge vorzudringen. Aber wir müssen es bei Strafe unseres Untergangs versuchen und dürfen den verstreuten Rohstoff nicht den Rechten überlassen. Leo Löwenthal und Norbert Guterman haben in ihrer Studie über nordamerikanische *Lügenpropheten* schon Ende der 1940er Jahre dazu geschrieben: »Man kann diese Gefühle nicht einfach als zufällig oder den Menschen eingeredet abtun; sie gehören zum Grundbestand der modernen Gesellschaft. Misstrauen, Abhängigkeit, Sich-ausgeschlossen-fühlen, Angst und Desillusionierung fließen in eins zusammen und ergeben einen grundlegenden Zustand im heutigen Dasein: das große Unbehagen.« Ich will im Folgenden versuchen, gegenwärtige Formen des »großen Unbehagens« zu umreißen.

Beschleunigter Wandel

> »Alles ist wie früher«, sagte Wera und blickte umher. »Das letzte Mal war ich vor zehn Jahren als kleines Mädchen hier.« *(Anton Tschechow: In der Heimat)*

In seinem Buch *Raumpatrouille* schildert Matthias Brandt eine Reise mit seiner Mutter in einen kleinen Ort in Norwegen, in dem sich das Ferienhaus der Familie Brandt befand. »Nach dem Ausladen des Gepäcks öffnete sie alle Fenster und Türen und ließ die kühle Mailuft durchs Haus wehen. Sie schaltete das alte Radio an, Musik tönte über das Grundstück bis in den dahinter gelegenen Wald. Schön war es in dieser Welt, die sich nicht gleich veränderte, wenn man ihr mal kurz den Rücken zudrehte.«

Brandt beschreibt hier eine Erfahrung, die viele Menschen machen, seit der gesellschaftliche Wandel sich drastisch beschleunigt hat: Kehrt man irgendetwas den Rücken zu, ist es beim Wiederumdrehen entweder verschwunden oder bis zur Unkenntlichkeit verändert. Die sprachliche Form, diese allgegenwärtige Erfahrung auszudrücken, ist die des »Eben noch – und nun schon ...«. – eben war etwas noch da, jetzt ist es schon verschwunden. Man kommt nach Jahren in seinen Heimatort und erkennt kaum etwas wieder. Nichts ist mehr an seinem angestammten Platz. War hier nicht die Schule, die man besucht, dort das Kino, in dem man seine ersten Filme gesehen hat? Wo ist der Sportplatz geblieben, auf dem man das Glück des Fußballspielens und die Wonnen der Gemeinschaft entdeckte? War hier nicht mal die Post und dort drüben der Schuster? Wo sind die alten Ulmen geblieben und die Bänke in ihrem Schatten?

Peter Kurzeck war der Chronist dieses Verschwindens. All das Verschwundene und Verschwindende festzuhalten, begriff er als seine schriftstellerische Lebensaufgabe. In seinem grandiosen Roman *Vorabend* heißt es: »Und die unbelehrbaren Bäche, weil sie sich nicht zuschütten lassen wollen, zur Strafe unter die Erde. Mit Gewalt. Wieder ein Sieg! Ortsdurchfahrten ausgebaut. Ecken weg, Kanten weg. Schnell ein paar alte Häuser abgerissen und dafür mitten im Dorf eine große übersichtliche Kreuzung, die nachts wie ein Spuk im grellen Lampenlicht liegt. Der Vorplatz vom Jenseits. Ein Treffpunkt für Geister. Die Bäume weg. Hundertjährige Dorfeichen und Linden. Kastanien, die bis an den Himmel reichen. Weg damit. Der Brunnen auch weg. Das ganze alte Zeug weg. Auch keine neuen Bäume mehr. Betonblumenkübel. Die Vorgärten abrasiert. Holunder, Flieder, Jasmin. Jede Ortsdurchfahrt so, dass man jederzeit im vierten Gang durchfahren kann. Und auch der Blick nirgends hängen bleibt. Nicht Blick noch Gedanken. Damit man nicht erst zurückschalten muss und auch nicht sich erinnern. Und weil man die Kinder jetzt nicht mehr auf die Straße lassen kann, für jedes Dorf einen neuen Kindergarten. Komplett. Neubau mit Fördermitteln und Sandkasten. Sandkasten, Rutsche, Schaukeln und Normklettergeräte mit TÜV-Plaketten. Und ein Sortiment mit pädagogisch wertvollem Spielzeug. Von namhaften Behördenpsychologen empfohlen. Spielzeug mit Diplom. Und ausgebildete städtische Kindergärtnerinnen mit ausgebildeten städtischen Kindergärtnerinnenstimmen.«

Ganze Landschaftsbilder ändern sich. Wälder werden gerodet, Bach- und Flussläufe verlegt, Autobahntrassen zerschneiden die Landschaft. Demnächst sollen im Nahverkehr die Papierfahrkarten abgeschafft und durch e-Tickets ersetzt werden. Die Kassiererinnen in den Supermärkten werden verschwinden und durch Scanner ersetzt, die jeder Kunde selbst in die Hand nehmen soll. Nachdem die Nullzinspolitik der Banken das Sparen ad absurdum geführt hat, soll nun demnächst das Bargeld ganz aus dem Verkehr gezogen werden. Die Digitalisierung fegt über das Land wie ein Wirbelsturm. Die eingespielte Ordnung der Dinge wird erschüttert und durcheinandergewirbelt. Routinen sind ja dazu da, Menschen von den Strapazen ständiger Entscheidungsfindung zu entlasten. Es geht heute im Zeitalter des *Projekts* nicht mehr darum, Leute zur Erfüllung bestimmter Routinen zu dressieren und zur Betriebstreue anzuhalten, sondern umgekehrt, Leute von der Fixierung an Routinen und Berufsbilder wegzubringen. Es soll gar nicht mehr dazu kommen, dass sich Routinen und Bindungen ausbilden. Die Subjekte müssen sich darauf einstellen, nicht mit Kontinuitäten, sondern mit Diskontinuitäten zu leben. Sie werden darauf verpflichtet, sich für Einflüsse und Veränderungen offen zu halten und die Fähigkeit zu entwickeln, sich psychisch permanent ›umzumontieren‹ und neu zusammenzusetzen.

Peter Kurzeck verdanke ich eine frühe Beobachtung, in der sich der Übergang zur Produktion des flexiblen Menschen bereits andeutet: Die Schließung der alten vierklassigen Volksschulen auf den Dörfern. Im Anschluss an die oben zitierte Passage fährt er fort: »Zwecks Fortschritt die Dorfschulen abschaffen. Wenigstens nach der Grundschule. Gesamtschulen. Mittelpunktschulen. Modern. Zeitgemäß. Sehen aus wie Firmenzentralen, Fabriken, Verwaltungszentren. Wie ein Einkaufszentrum in einem Gewerbegebiet. Bloß ohne Firmenlogo und weniger Parkplätze. Manchmal auch wie eine Klink oder sonstige Anstalten öffentlichen

Rechts. Regelvollzug. Die Kinder mit Schulbussen morgens und nachmittags. Pendler. Noch klein und schon Pendler. Bunte Ranzen und bunter Mützen und Jacken und kleine graue Gesichter. Immer in Eile und nie bei sich selbst. Damit sie das dann schon können, wenn sie ins Erwerbsleben müssen. Und weil den Erwachsenen ja auch nix geschenkt wird. Gesamtmittelpunktzentrum. Schulen für mehrere tausend Schüler.«

Die neuen Gesamt- und Mittelpunktschulen bereiten die Kinder auf ein Leben als Pendler vor. Kant hatte noch gesagt, die Schule lehre die Kinder zweierlei: Stillsitzen und Pünktlichkeit. Sie übten ein, ein Leben lang morgens irgendwo hinzugehen, wohin sie nicht wollen. Sie trainierten Gehorsam, Konstanz und Regelmäßigkeit. Heute vermittelt die Schule den Kindern zeitig, dass man mobil und flexibel zu sein hat. Keine Klassenverbände mehr, sondern ständig wechselnde Kurse, permanent wechselndes Lehrpersonal, zu dem keine emotionale Beziehung mehr entstehen kann. Alles ist flüchtig, es hat keinen Sinn, sein Herz an irgendetwas zu hängen, weder an Orte noch an Personen.

Dabei wird einzig gelernt, wenn das Herz des Schülers an einer Lehrerin, einem Lehrer hängt und umgekehrt.

Flexibilität und Mobilität sind die Kardinaltugenden einer Gesellschaft, deren einzige Konstanz der ständige und immer schnellere Wandel ist. Wohlgemerkt: Nicht die Flüchtlinge sind die Ursache dieser Verunsicherung, wie rechte Populisten den Leuten weismachen wollen, sondern der Kapitalismus selbst ist es, der nicht existieren kann, ohne bei seiner Jagd nach neuen Verwertungsmöglichkeiten ständig alles umzuwälzen und von Innovation zu Innovation fortzuschreiten. Die Menschen erleben, dass nirgends mehr Heimat ist; alles ist zerstört und wird fortwährend weiter zerstört im Namen eines ruinösen Fortschritts. Überall nur Kälte und Entfremdung, es gibt kein Entrinnen. Es zieht sich um sie zusammen. Helmut Dahmer schreibt in seinem Essay *Antisemitismus, gestern und heute*: »Weil aber der Fortschritt ein ruinöser ist, weil er die Menschen aus jeder traditionalen Bindung, aus jeder vertraut gewordenen Lebenswelt aufscheucht und sie in immer neue Fremden treibt, klammern sie sich so nostalgisch wie fanatisch an ›heimische‹ Verhältnisse, über die die Entwicklung längst hinweggegangen ist. Darum kommt es in jeder Krisensituation zu einer neuerlichen Nationalisierung der Politik.« Die verstörten Menschen erleben die neu eintreffenden Flüchtlinge als ›Boten des Unglücks‹, wie Brecht es ausgedrückt hat: Diese Nomaden erinnern sie »auf irritierende, ärgerliche und erschreckende Weise an die (unheilbare?) Verwundbarkeit« ihrer eigenen Stellung und »an die endemische Zerbrechlichkeit« ihres hart erarbeiteten Wohlstands, schreibt Zygmunt Bauman. Einer alten menschlichen Gewohnheit folgend, machen sie den Boten für die unerwünschte Botschaft verantwortlich, die er überbringt: »In diesem Fall also für jene rätselhaften, undurchschaubaren und zu Recht beargwöhnten globalen Kräfte, die wir (aus guten Gründen) im Verdacht haben, für das lähmende und demütigende Gefühl existenzieller Unsicherheit verantwortlich zu sein, das unsere Zuversicht schmälert oder zerstört und unsere Wünsche, Träume und Lebenspläne durchkreuzt.« (Zygmunt Bauman) Seit der damalige Bundesbankpräsident Hans Tietmeyer Mitte der 1990er Jahre die deutschen Arbeitnehmer dazu aufgefordert hat, nicht so sehr an ihren jeweiligen Jobs und Aufenthaltsorten zu hängen, sondern dorthin zu gehen, wo Arbeit nachgefragt wird, sehen sich die Menschen vermehrt von Flexibilitäts-Imperativen umstellt: Sie sollen sich an nichts mehr wirklich binden und, wie Oskar Negt es ausgedrückt hat, »wie Trabanten die Sonne des Kapitals umkreisen«.

Auch der Münchner Soziologe Stephan Lessenich hat in einem Beitrag für die *Frankfurter Allgemeine* (2. Oktober 2016) darauf hingewiesen, dass der grassierende Fremdenhass unbewusst von einer verschobenen Wut auf die permanenten Veränderungen und Flexibilitätszumutungen gespeist wird, denen die Menschen ausgesetzt sind. »Der Fremde ändert etwas. Der Fremde bringt Veränderung – und es ist nicht der Andere oder das spezifisch Andersartige, was den Kern unseres Unbehagens ausmacht, unseres Befremdens gegenüber dem Fremden. Sondern die Veränderung an und für sich. Der Fremde symbolisiert die Veränderung, er führt sie uns vor Augen, er verkörpert sie geradezu. Er hat sich, indem er von irgendwo fortging und hierherkam, selbst verändert.« Die Menschen sollen, so haben wir gesehen, flexibel, mobil und offen für ständige Veränderungen sein. Wir alle sollen zu »Unternehmern unseres Selbst« werden, die bereit sein müssen, ihre Zelte jederzeit abzubrechen und ständig in Bewegung zu bleiben.

Wer würde diese Charaktereigenschaften und Verhaltensorientierungen überzeugender verkörpern und eindrucksvoller repräsentieren als der Flüchtende, die Geflüchtete? Bei Lessenich heißt es weiter: »Der Flüchtling und die Geflüchtete stehen für die Signatur unserer Zeit: für Mobilität und den Zwang zur Bewegung, für das Ende der Behaglichkeit und den Sprung ins kalte Wasser, für die Nötigung zur Risikobereitschaft und die Möglichkeit des – im Zweifel existentiellen – Scheiterns. Mit Flüchtenden und Geflüchteten kommt die Veränderung zu uns, kommt die Welt des Wandels zu uns nach Haus – und die Gesellschaft der Bewegung und Beweglichkeit, der Flexibilität und Aktivität zu sich selbst. (…) Und projiziert ihren Unmut ob der von ihr geforderten permanenten Veränderungsbereitschaft nicht auf die Apologeten der gesellschaftlichen Mobilmachung, sondern auf die Protagonisten der erzwungenen Mobilität. Die Ablehnung der Flüchtenden ist die Ablehnung des Flüchtigen: Eine hilflose Rebellion gegen den Verlust der Welt, wie wir sie kannten, und gegen die uns aufgezwungene Veränderung.«

Noch einmal mit meinen Worten: Die Flüchtlinge, deren massenhafte Ankunft viele erschreckt und ängstigt, sind der vollkommen falsche Adressat des Protests, ein klassischer Sündenbock. In Oskar Negts autobiographischem Buch *Überlebensglück* heißt es: »Der Fremdenhass lebt von der Täuschung, dass die Gesellschaft gesund und krisenfrei gemacht sei, wenn der letzte Ausländer das Land verlassen hat.« Die Flüchtenden befinden sich auf einer endlosen Reise ohne sichere Ankunft; da, wo sie herkommen, kann man nicht leben, dort, wo sie gelandet sind, will man sie nicht haben und können sie nicht bleiben. Sie verkörpern die Flüchtigkeit und Flüssigkeit unserer Gegenwart. Im Schicksal der Migranten könnten wir uns und unsere Zukunft als deterritorialisierte, bindungslose und entwurzelte Nomaden erkennen. Über kurz oder lang werden wir alle zu »überflüssigen Menschen« und zu Bewohnern von *transit-points*. Die Flüchtenden sind eine lebende Prophezeiung; möglicherweise ist das eine der verschwiegenen Quellen der Wut, die sie auf sich ziehen.

Der Einbruch der Zukunft in die Gegenwart eröffnet den Menschen nicht nur Chancen, sondern verunsichert sie auch. In ihrer Frankfurter Poetik-Vorlesung hat Christa Wolf postuliert, wir müssten lernen, »Freude aus Verunsicherung zu ziehen«, und diesen Imperativ sogleich mit der skeptischen Frage verbunden: »Wer hat uns das je beigebracht?« Je traditioneller ein Mensch geprägt ist, je mehr man ihn in einen Charakterpanzer gezwängt hat, desto schwerer wird er sich damit tun, angesichts von Unbekanntem Freude zu empfinden. Vielen Menschen geht es wie

Meister Anton, der am Ende von Friedrich Hebbels Theaterstück *Maria Magdalena* sinnend stehenbleibt und ausruft: »Ich verstehe die Welt nicht mehr!«

Der gerade verstorbene Soziologe Zygmunt Bauman hat in seinem letzten Buch *Die Angst vor den anderen* zwei verschiedenen Reaktionen auf das massenhafte Auftauchen von Fremden unterschieden. In den gentrifizierten Rucola- und Smoothie-Bezirken der Großstädte treffe man auf *Mixophilie*, das heißt eine Vorliebe für vielfältige, heterogene Umgebungen, gepaart mit der Lust auf neue Erfahrungen und Abenteuer; bei den Verlierern der Globalisierung eher auf *Mixophobie*, das heißt die Angst vor der Vermischung und dem Einbruch des Unvertrauten ins Reich des Vertrauten. Didier Eribons Mutter sagt an dieser Stelle zu ihrem Sohn, der als linker und mixophiler Intellektueller herausfinden möchte, warum sie den *Front National* wählt: »Man merkt schon, wo du wohnst. In deinen Vierteln gibt's so was nicht.«

Jean Améry, der als Auschwitz-Überlebender über jeden Verdacht erhaben ist, ein Nachzügler der Blut- und Boden-Ideologie zu sein, hat in seinem Buch *Jenseits von Schuld und Sühne* eine Lanze für die »Heimat« gebrochen: »...da ich ein gelernter Heimatloser bin, wage ich einzustehen für den Wert Heimat ...« Weiter schreibt er: »In der Heimat leben heißt, dass sich vor uns das schon Bekannte in geringfügigen Varianten wieder und wieder ereignet. Das kann zur Verödung und zum geistigen Verwelken im Provinzialismus führen, wenn man nur die Heimat kennt und sonst nichts. Hat man aber keine Heimat, verfällt man der Ordnungslosigkeit, Verstörung, Zerfahrenheit.« Améry verhält sich skeptisch gegenüber dem modernen Furor des Verschwindens: »Wir brauchen ein Haus, von dem wir wissen, wer es vor uns bewohnt hat, ein Möbelstück, in dessen kleinen Unregelmäßigkeiten wir den Handwerker erkennen, der daran arbeitete. Wir brauchen ein Stadtantlitz, das zumindest schwache Erinnerungen erweckt an den alten Kupferstich im Museum.« Das Kapitel *Wieviel Heimat braucht der Mensch?* endet mit den Sätzen: »Denn der Mensch braucht Heimat. Wieviel? ... Es lässt sich, was der Mensch an Heimat nötig hat, nicht quantifizieren. Und doch ist man gerade in diesen Tagen, da die Heimat an Reputation verliert, stark versucht, die bloß rhetorische Frage zu beantworten und zu sagen: Er braucht viel Heimat, mehr jedenfalls, als eine Welt von Beheimateten, deren ganzer Stolz ein kosmopolitischer Ferienspaß ist, sich träumen lässt. … Weh dem, der keine Heimat hat, heißt es bei Nietzsche. Man mag nicht exaltiert erscheinen und verdrängt die lyrische Klage. Was bleibt, ist die nüchterne Feststellung: Es ist nicht gut, keine Heimat zu haben.«

Sinnentzug

In Oskar Negts Autobiographie *Überlebensglück* spielen die Überlegungen des in den USA geborenen, später nach Israel emigrierten Medizinsoziologen Aaron Antonovsky eine wichtige Rolle. In seinem Buch *Salutogenese* hat dieser Faktoren benannt, die für die Aufrechterhaltung der menschlichen Gesundheit von Bedeutung sind. Es geht vor allem um das Gefühl der *Kohärenz*, das er als zentrale Voraussetzung von Gesundheit bezeichnet und das auf guten Beziehungserfahrungen basiert. Negt fasst Antonovsky wie folgt zusammen: »Zur Kohärenz gehören drei Aspekte: die Fähigkeit, die Situation, in der man sich befindet, und die Zusammenhänge zu verstehen – also das Gefühl der Verstehbarkeit; weiterhin die Überzeugung, dass man das eigene Leben gestalten kann – das Gefühl der Handhabbarkeit; sowie schließlich der Glaube, dass das Leben einen Sinn hat – das Gefühl der Sinnhaftigkeit.« Ein intaktes Gefühl von Kohärenz hält die Angst im Zaum, die die Grundlage der meisten psychischen Erkrankungen ist.

Wenn wir uns vergegenwärtigen, wie es gegenwärtig für viele Menschen um die Verstehbarkeit ihrer Lage, um die Möglichkeit, ihr Leben aktiv zu gestalten und als mit Sinn erfüllt zu erleben, bestellt ist, wird klar, dass sie unter inkohärenten, Angst auslösenden und krankmachenden Bedingungen zu leben gezwungen sind. Statt Verstehbarkeit, Handhabbarkeit und Sinnhaftigkeit erleben sie Kontrollverlust, Hilflosigkeit, Ohnmacht und das Gefühl des Ausgeliefertseins. Sie erleben sich als Anhängsel intransparenter finanzieller Abstraktionen und anonymer Superstrukturen und spüren, dass es auf sie und ihre Motive überhaupt nicht mehr ankommt. Auf ihrem Gipfelpunkt scheint sich die Konzentration der ökonomischen Macht in Anonymität zu verwandeln. Die Menschen wissen nicht mehr, wen sie für ihr Unglück verantwortlich machen und gegen wen sie ihre berechtigte Wut richten können. Nachdem Herta Müller aus Rumänien in die Bundesrepublik emigriert war, schrieb sie: »In dem anderen Land habe ich verstanden, was die Menschen so kaputtmacht. Die Gründe lagen auf der Hand. Es hat sehr wehgetan, täglich die Gründe zu sehen. Und hier? Ich weiß, es gibt Gründe. Ich kann sie nicht sehen. Es tut weh, täglich die Gründe nicht zu sehen.« Auf der Basis dieser verbreiteten Erfahrung wächst die Anziehungskraft von populistischen Vereinfachungen und Verschwörungstheorien. »Die Bösen sind wir los, das Böse ist geblieben«, hat Peter Brückner geschrieben. Verschwörungstheorien bieten den Vorteil, dass »das Böse« pseudologisch aus seiner Anonymität herausgeholt wird und man am Ende den oder die Bösen präsentiert bekommt.

Wo Veränderungen und Wandlungen epochalen Ausmaßes geschehen, wie in den letzten Jahrzehnten im Kontext der auf die Mikroelektronik gestützten *Dritten industriellen Revolution*, entsteht eine Diskrepanz zwischen dem gewaltigen Überhang an veränderten Verhältnissen und der Innenausstattung und Lernfähigkeit der Menschen. Das subjektive Verarbeitungsvermögen vieler Menschen hinkt den objektiven Umbrüchen hinterher: Die Art und Weise, wie sie gelernt haben, ihre Wahrnehmungen und Erfahrungen zu organisieren, taugt zur Erfassung vieler neuartiger Phänomene nicht länger. Die Menschen fallen aus ihrer gewohnten Ordnung und machen massenhaft eine Erfahrung, die Alexander Kluge als *Sinnentzug* beschrieben hat. Darunter versteht er »eine gesellschaftliche Situation, in der das kollektive Lebensprogramm von Menschen schneller zerfällt, als die Menschen neue Lebensprogramme produzieren können.« Die Synchronisation von Identitäts- und Realitätsstruktur, die sich während ruhigerer Phasen der gesellschaftlichen Entwicklung herstellt und den Individuen das Gefühl der Kohärenz ermöglicht, geht verloren. Bisher gut angepasste Menschen haben das Gefühl, dass der Film der äußeren Realität schneller läuft als der innere Text, den sie dazu sprechen. Sie fühlen sich aus ihrer Ordnung der Dinge katapultiert, desorientiert, entwirklicht und werden von der Angst heimgesucht, eines nicht mehr fernen Tages vollends aus der Welt zu fallen. Nach der im Namen des Neoliberalismus betriebenen Schleifung des Sozialstaats stellt sich für viele die Frage: Welche Netze sind imstande, diesen Sturz aufzufangen? Göran Rosenberg schildert in seinem Buch *Ein kurzer Aufenthalt* die Rückkehr seines Vaters aus den Lagern der Nazis. Nach 1945 versucht dieser, in einer schwedischen Kleinstadt heimisch zu werden. Der Sozial- und Wohlfahrtsstaat fungiert als eine Art von Behelfsheimat: »Die beste aller Welten heißt Folkhemmet, ›Volksheim‹, oder auch Wohlfahrtsstaat oder soziale Demokratie, und ist eine unvergleichliche Erfindung, die das Bedürfnis des Menschen nach Sicherheit, Geborgenheit und Zusammengehörigkeit mit seinem Verlangen nach Freiheit und Selbstverwirklichung vereint und die sich gerade an diesem Ort nach der Unterbrechung besser verwirklichen lässt als vorher. In der besten aller Welten soll keiner mehr ohne Arbeit und Versorgung und einem Dach über dem Kopf sein, und alle Schulkinder erhalten täglich eine Mahlzeit und alle haben Anspruch auf unentgeltliche Krankenversorgung und eine sichere Rente, und alle können sich die ständig neuen Maschinen leisten, mit deren Hilfe die Freiheit verwirklicht werden soll.« Diese Schilderung lässt uns erahnen, was für ein Skandal und Verbrechen die Planierung des Sozialstaats gewesen ist

Wenn die Unübersichtlichkeit eskaliert und die symbolische Ordnung der Welt durch ein Übermaß fremder, unverständlicher Bedeutungen zu erodieren droht, steigt der Angst- und Panikpegel und die Wünsche beginnen von der Gartenlaube zu träumen. Wie im Nähkästchen der Großmutter liegt dort alles an Ort und Stelle. Im Dämmerlicht des Kerzenscheins wird aus der bürgerliche Kälte die heimelige Wärme der »Volksgemeinschaft«.

Die Entwertung des Alters

Richard Sennet hat schon vor vielen Jahren in seinem Buch *Der flexible Mensch* darauf hingewiesen, dass der Übergang zu einer gesellschaftlichen Entwicklungsstufe, die er *flexiblen Kapitalismus* nennt, mit einer Entwertung langfristiger Tugenden und der Erfahrung einhergeht. Das, was man einst Charakter nannte, erodiert. Dass ein Mensch in Kindheit und Jugend eine Prägung erfährt, die er dann in den Grundzügen ein Leben lang beibehält, erweist sich auf der gegenwärtigen Stufe der kapitalistischen Entwicklung als dysfunktional. Wer am Erlernten trotzdem festhält, wird zum Kauz und Sonderling.

Neulich stand ich beim Bäcker hinter einer alten Frau in der Warteschlange. Als die Frau an der Reihe war, reichte sie der Verkäuferin eine von zu Hause mitgebrachte Tüte über die Theke und bat sie, ihre zwei Brötchen dort hineinzugeben. Die anderen Kunden, die Zeuge dieser

Szene wurden, sahen sich peinlich berührt an. Die Verkäuferin versuchte sich ihre Irritation nicht anmerken zu lassen. Sie blieb freundlich, legte die neue Tüte, die sie bereits in der Hand hatte, zur Seite und nahm die zerknitterte Tüte entgegen. Sie habe noch mehr gebrauchte Tüten in ihrer Tasche, sagte die alte Frau, und schickte sich an, sie aus ihrer Tasche hervorzukramen. »Ach«, erwiderte die Verkäuferin, »lassen Sie mal. Es ist sehr freundlich von Ihnen, aber wir haben Hygienevorschriften, die uns die Verwendung gebrauchter Tüten verbieten.«

Wir sind inzwischen geneigt, das Verhalten der alten Dame als schrullig oder gar neurotisch zu betrachten, dabei hält sie lediglich an etwas Erlerntem und zur Gewohnheit Gewordenem fest. Vor noch nicht allzu langer Zeit waren Tüten und Papier noch etwas relativ Kostbares, das man nach dem Auspacken nicht einfach wegwarf, sondern glatt strich und für die Wiederverwendung aufbewahrte. Eine gesellschaftliche Entwicklung ist über solche Gesten der Sparsamkeit und des pflegenden Umgangs mit Dingen des täglichen Gebrauchs hinweggegangen. Im Namen des Massenabsatzes von Waren hat man sie als dysfunktional aus dem Verkehr gezogen und uns das Wegwerfen und ständige Neukaufen gelehrt. Wer dennoch alten Normen und Verhaltensweisen die Treue hält, läuft Gefahr, zur komischen Figur zu werden und in eine Position abseitiger Starrheit zu geraten. Gewohnheiten und Routinen kann man nicht einfach wegwerfen wie ein altes Wischtuch. Sie sitzen in uns und fungieren als mentale Haltevorrichtungen. Es ist nicht leicht, das Geländer loszulassen, an dem entlang man durchs Leben gegangen ist. Viele ältere Menschen machen gegenwärtig eine schmerzhafte Erfahrung, die sich in Umkehrung eines alten volkstümlichen Spruches so formulieren lässt: Was Hänschen gelernt hat, nutz Hans nichts mehr.

Von Zygmunt Bauman stammt die Idee, dass man die Moderne in eine »feste« und eine »flüssige« Phase unterteilen kann. Während der »festen« Phase existierten eindeutig vorgeschriebene Laufbahnen und beständige Routinen. »Seinem Betrieb« hielt man oft lebenslang die Treue; man wurde dort in Rente geschickt, wo man auch seine Lehre absolviert hatte, und oft trat auch der Sohn in die Firma ein, in der Vater bereits gearbeitet hatte. Veränderungen in der Arbeitsorganisation gingen langsam vonstatten, einmal erworbene Fähigkeiten behielten lange ihren Nutzen und wurden als Erfahrungen von Chefs und Kollegen geschätzt. Die »flüssige«

Phase beschreibt Bauman als einen Zustand, in dem soziale Formen ihre Gestalt nur für kurze Zeit behalten, weil sie so schnell zerfallen, dass sie schon geschmolzen sind, während sie noch geformt werden. Nichts hat Bestand, alles ist flüchtig, auf nichts kann man sich ausruhen, auf nichts ist Verlass. In einer solchen Gesellschaft sind Gefühle der existenziellen Unsicherheit und diffuse Angst vor schwer greifbaren Gefahren endemisch. Es herrscht eine große Labilität und Verletzlichkeit der Individuen, die nunmehr den Schutz verloren haben, den ihnen das dichte Netzwerk sozialer Bindungen in der Vergangenheit in selbstverständlicher Weise geboten hatte. Während der »festen« Phase der Moderne bot der Sozialstaat leidlich Schutz vor Risiken und eine kollektive Absicherung gegen individuelles Unglück. Seine Schleifung beschreibt Bauman als Quelle einer Angsterzeugung in großem Stil, die zum Motor der Unterwerfung unter die Marktgesetze wird und jeden Widerstand erstickt. Es herrscht das überwältigende Gefühl, dass die Welt aus den Fugen geraten ist. Jeder muss befürchten, aus einem immer schneller fahrenden Zug zu fallen oder auf der »Reise nach Jerusalem« in der nächsten Runde keinen Stuhl mehr zu ergattern. Im sozialen Vorurteil wird den Menschen ein Objekt benannt, dem man die Schuld an der Misere zuweisen und gegen das sich die Wut wenden kann. Die Gestalt des Migranten und Flüchtlings wird zur Projektionsfigur, auf die die Angst verschoben wird.

Gegen diejenigen, die den Übergang zur konsumistischen Wegwerfmentalität als Fortschritt feiern und sich über alles lustig machen, was nicht *up to date* ist, muss man darauf hinweisen, dass die Flexibilität eine Beziehungs- und Bindungslosigkeit mit sich bringt, die langfristig den libidinösen Kitt bröckeln lässt, der eine Gesellschaft zusammenhält. Zum ersten Mal in der Geschichte sind die die Wirtschaft beherrschenden Mächte damit beschäftigt, im Rahmen einer sich totalisierenden Warenproduktion Bindungen bewusst zu zerstören. Theodor W. Adorno hat das schon früh gesehen. In seinem Text *Zum Verhältnis von Soziologie und Psychologie* aus dem Jahr 1955 heißt es: »Leicht könnte die Psychologie etwa die Verhaltensweise des Sammlers von ehedem als neurotisch diagnostizieren und mit dem analen Syndrom zusammenbringen; aber ohne Fixierung der Libido an Dinge wäre Tradition, ja Humanität selber kaum möglich. Eine Gesellschaft, die jenes Syndroms sich entledigt, um alle Dinge wie Konservenbüchsen wegzuwerfen, springt kaum anders mit den

Menschen um. (…) Gegenüber dem unbeschränkt anpassungsfähigen, dem subjektlosen Subjekt, ist freilich das Gegenteil, der Charakter, archaisch. Er offenbart sich am Ende nicht als Freiheit, sondern als überholte Phase der Unfreiheit: amerikanisch heißt ›he is quite a character‹ dasselbe wie komische Figur, Sonderling, armer Kerl.«

Der im Namen von Flexibilität und Mobilität vorgetragene Angriff auf die langfristigen Tugenden ist zugleich ein Angriff auf das Alter. In traditionellen Gesellschaften waren die Alten stets die Lehrmeister, allein schon wegen ihres Alters kam ihnen eine besondere Wertschätzung zu. Die Weisheit war auf der Seite derer, die Erfahrung, ein langes Leben und ein hohes Alter vorzuweisen hatten. Die kulturelle Transmission war über die Generationen innerhalb der Familie und der Hausgemeinschaft vermittelt: Die Vergangenheit des Großvaters war die Gegenwart des Vaters und die Gegenwart des Vaters markierte zugleich die Zukunft des Sohnes. Heute hat sich die Werthierarchie der Lebensalter in ihr Gegenteil verkehrt. Die neuen digitalen Technologien befinden sich in den Händen der jungen Leute, die zum ersten Mal in der Geschichte über Fähigkeiten und Kenntnisse verfügen, die sie den Älteren und Alten voraushaben. Dementsprechend wird seit einiger Zeit der größte Wert der Jugend beigemessen und sie genießt einen beinahe kultischen Status. Die Erfahrungen der Eltern und der Älteren taugten unter den neuen Bedingungen nichts mehr. Diese Entwertung der Erfahrung beinhaltet für die Alten eine enorme Kränkung. Der alte Mensch wird immer mehr zu dem, der kein Wissen hat, die neuen Medien und Techniken nicht beherrscht und insgesamt hinter dem Mond lebt. Großeltern müssen sich von ihren Enkeln erklären lassen, wie ein Smartphone funktioniert und was ein Tablet ist. Der italienische Schriftsteller Norberto Bobbio hat vor rund zwei Jahrzehnten ein Buch geschrieben, das *Vom Alter – De senectute* heißt. Dort lesen wir: »Wie Jean Améry in seinem Buch Über das Altern bemerkt, neigt der alte Mensch dazu, dem Prinzipien- und Wertesystem treu zu bleiben, das er in den Jahren zwischen seiner Jugend und dem reifen Erwachsenenalter gelernt und verinnerlicht hat, oder er hält zumindest an seinen Gewohnheiten fest, die, wenn sie sich einmal gebildet haben, nur sehr mühsam abzulegen sind. Da die Welt um ihn herum sich ändert, neigt er dazu, ein negatives Urteil über das Neue abzugeben, einzig darum, weil er es nicht mehr versteht und keine Lust mehr hat, Mühe aufzuwenden, um es zu begreifen. ... Wenn er von der Vergangenheit spricht, seufzt der Alte: ›Ach, das waren Zeiten.‹ Wenn er ein Urteil über die Gegenwart abgibt, flucht er: ›Was für Zeiten!‹ Je beharrlicher er auf den Bezugspunkten seines kulturellen Horizonts besteht, desto stärker entfremdet sich der alte Mensch seiner Gegenwart.«

In vielen Strömungen und Bewegungen der Gegenwart drücken sich diese Entfremdungserfahrung und das Beharren auf gewohnten Bezugspunkten aus. Viele Ältere haben das Gefühl, abgehängt und vergessen worden zu sein. Die gesellschaftliche Entwicklung, die sie über Jahrzehnte mit beeinflusst haben, ist über sie hinweggegangen. Unter großen Entbehrungen haben sich Kenntnisse und Erfahrungen herausgebildet, die nun nicht mehr abgerufen werden. Sie bleiben wie Müll liegen oder werden wie Ballast abgeworfen. Darüber wird man entweder traurig oder wütend, manchmal auch beides zugleich. Manche aktuellen Auseinandersetzungen sehen an der Oberfläche deshalb so aus, als handele es sich um Konflikte zwischen Alten und Jungen. Nach dem britischen Votum für den Brexit war häufig von enttäuschten Jüngeren zu hören: »Die Alten verbauen uns unsere Zukunft!« Statt zur Abstimmung zu gehen und sich für ihre Interessen einzusetzen, sind sie am Tag der Abstimmung zu Hause geblieben, ins Fitness-Studio gegangen oder haben auf ihren Smartphones herumgewischt. Urban Priol hat in seinem Rückblick auf das Jahr 2016 gesagt: Um die Jungen zur Abstimmung über den Verbleib in der EU zu bewegen, hätte man Pokémon-Monster in den Wahlkabinen platzieren müssen. Nun gingen sie auf die Straße und gaben den Alten die Schuld.

Hinter dem auf der Oberfläche erscheinenden Konflikt zwischen Alt und Jung liegt ein Klassenkampf besonderer Art: der zwischen verschiedenen »Psychoklassen«. Unter Psychoklassen versteht der amerikanische Psychohistoriker Lloyd deMause Gruppen von Menschen mit dem gleichen Kindheitsmuster und halbwegs homogenen Denk-, Gefühls- und Affektgewohnheiten. Die Angehörigen einer Psychoklasse teilen eine gemeinsame symbolische Ordnung und deuten die Welt und ordnen ihre Erfahrungen auf eine ähnliche Weise. Eine gegebene Bevölkerung zerfällt unter der Hand in verschiedene Teilvölker. Wenn man die psychohistorischen Annahmen von deMause mit Ernst Blochs Kategorien der Gleichzeitigkeit, Ungleichzeitigkeit und Übergleichzeitigkeit kreuzt, könnte man sagen: Es gibt die ungleichzeitige Psychoklasse der autoritär dressierten, arbeitsamen, sparsamen, pünktlichen Menschen. Sie weisen politisch eine Neigung zum Autoritarismus und Konzepten ethnischer Homogenität auf. Sie sind, wie wir gesehen haben, Überbleibsel aus einer vergangenen Stufe der Durchsetzungsgeschichte der kapitalistischen Gesellschaft. Es gibt die Psychoklasse der »gleichzeitigen« Menschen, die ein leidenschaftliches Verhältnis zum Geldausgeben und zum Konsumieren haben. Sie praktizieren einen konsumistischen Lebensstil und frönen einem Fitnesscenter-Narzissmus. Es sind flexibel driftende Menschen, die gelernt haben, sich an nichts und niemanden zu binden. Wie Taumelkraut überlassen sie sich den wechselnden Winden des Marktes. Sie hängen, wie Nietzsche gesagt hat, ihren Mantel so lange in den Wind, bis sie selbst zu diesem Mantel werden. Sie sind in bestimmten großstädtischen Arealen anzutreffen – den oben angesprochenen Rucola- und Smoothie-Bezirken – und beruflich schwerpunktmäßig der IT-Branche und anderen Fortschrittsindustrien zuzuordnen. Wenn sich nichts Gravierendes ändert, wird dieser dritten Klasse die Zukunft gehören. Politisch sind ihre Mitglieder weitgehend indifferent. Sie wollen Karriere machen, Geld verdienen, sich permanent selbst optimieren und ihren Spaß haben. Sie sind, wie Bauman gesagt hat, oberflächlich mixophil und finden rechtspopulistische Strömungen wie Pegida peinlich, uncool und unsexy. Über andere Kategorien und Normen der Beurteilung verfügen sie nicht, weswegen sie, wenn es hart auf hart kommt, einer Faschisierung nichts entgegenzusetzen haben und sich schnell arrangieren werden.

Nach Bloch wäre nun über die Psychoklasse der »übergleichzeitigen« Menschen zu sprechen, die für eine revolutionäre Emanzipationsrichtung der Gesellschaft stehen und für etwas Noch-nicht-Gewordenes eintreten. Sie ist als Bewegung derzeit nicht vorhanden und existiert lediglich in kleinen Gruppierungen oder in Gestalt einzelner Menschen. Mit dazu beizutragen, dass sich dieser bedauerliche und schwer zu ertragende Zustand ändert, ist das Hauptanliegen dieses Textes.

Die gegenwärtig sich um Pegida und die sogenannte Flüchtlingsfrage kristallisierenden rechtspopulistischen Bewegungen lassen sich der Psychoklasse der »Ungleichzeitig-Gestrigen« zuordnen. Es handelt sich, wenn man so will, um den Aufstand der Welt von gestern gegen die Welt von heute und morgen, des Analogen gegen das Digitale. Angesichts der

Digitalisierung geraten die analogen Menschen in die Position der Heizer, die nach der Elektrifizierung der Eisenbahn noch ein paar Stationen mitfahren dürfen, bevor man sie aufs Abstellgleis schiebt.

Ich muss einen Satz, der ein paar Zeilen weiter oben steht, ein wenig korrigieren oder präzisieren: Wir erleben in Gestalt des erstarkenden Rechtspopulismus den Aufstand der kapitalistischen Welt von gestern gegen die kapitalistische Welt von morgen. Wir benötigen aber etwas, das sich dieser schmählichen Alternative entzieht und das kapitalistische Universum überschreitet in Richtung von etwas qualitativ Anderem, noch nie Dagewesenem.

Der linke Kältestrom

In einigen aktuellen politisch-gesellschaftlichen Strömungen artikulieren sich, wie wir gesehen haben, Bedürfnisse nach Nichtveränderung: Es soll endlich mal alles so bleiben, wie es ist. Solche regressive Sehnsüchte werden traditionell von der politischen Rechten aufgegriffen und mit rückwärtsgewandten Konzepten beantwortet. Es sind rechte Rattenfänger, die den herumliegenden Angstrohstoff aufsammeln und für ihre Ziele missbrauchen. Aber sind diese Sehnsüchte schon in der Wolle rechts eingefärbt? Sind nicht auch andere, linke Aneignungsformen dieser Leidenserfahrungen möglich und denkbar?

Ernst Bloch hat in seinem Buch »Erbschaft dieser Zeit« der Weimarer Linken, vor allem den Kommunisten, den Vorwurf einer »utopischen Unterernährung der sozialistischen Phantasie« gemacht. Die Linke habe allzu vieles dem Feind überlassen, dem der Missbrauch dieser Themen leichtgemacht wurde, »weil die echten Revolutionäre hier nicht Wache gestanden haben.« Die linke Propaganda sei vielfach kalt, schulmeisterlich und ökonomistisch gewesen. Während die Rechten in Bildern und Metaphern schwelgten, die in die Phantasie der Menschen griffen, langweilten die Linken die Menschen mit dem sturen Ableiern von ökonomistischen Parolen: »Nazis sprechen betrügend, aber zu Menschen, die Kommunisten völlig wahr, aber nur von Sachen. Die Kommunisten strapazieren oft gleichfalls Schlagworte, aber viele, aus denen der Alkohol längst heraus ist und nur Schema drinnen. Oder sie bringen ihre richtigen Zahlen, Prüfungen, Buchungen denen, die den ganzen Tag über mit nichts als Zahlen, Buchungen, Büro und Trockenarbeit verödet werden, also der gesamten ›Wirtschaft‹ subjektiv überdrüssig sind.« Die auf die Entlarvung ökonomischer Widersprüche fixierte Linke geriet in den Bann des »Kältestroms«, der von der kapitalistischen Ökonomie ausgeht, und vernachlässigte den »Wärmestrom«, der das ist, was in die Phantasie greift und die Menschen berührt und antreibt. Die Vorstellungen von der Revolution waren blutleer und abstrakt; manchmal schien es, als wollte man sie nur machen, um den historischen Materialismus durchzusetzen, wie Brecht bissig bemerkte. Der Triumph des Nationalsozialismus resultierte in Blochs Wahrnehmung auch aus der Unfähigkeit der sozialistischen und kommunistischen Linken, die unglücklichen, hungrigen – hungrig vor allem auch nach Sinn! –, ohne Ziel umherirrenden Menschen satt zu machen: »Der Mensch lebt nicht vom Brot allein, besonders wenn er keines hat.« Man macht nicht die Revolution, weil die Akkumulation des Kapitals ins Stocken gerät und der Kapitalismus Krisen produziert, sondern weil man wie ein Mensch leben und glücklich sein will. »Das, was wirklich zählt – ist das etwa nicht das Glück? Wofür macht man denn die Revolution, wenn nicht, um glücklich zu sein?«, schrieb der italienische Filmemacher, Schriftsteller und Kommunist Pasolini in seinen »Freibeuterschriften«.

Wenn Ernst Bloch noch leben würde, würde er der heutigen Linken empfehlen, sich um emanzipatorische Aneignungsformen aktueller Leidenserfahrungen zu bemühen und den Begriff »Heimat« der nostalgischen Rechten abspenstig zu machen, die ihn betrügerisch ausschlachtet. Das Leiden der Menschen unterm ruinösen Prinzip des Fortschritts ist massenhaft vorhanden, aber es ist in den psychischen Untergrund gedrängt, wo es sich in ein chiffriertes, körpersprachliches Ausdrucksgeschehen verwandelt, mit dessen Bearbeitung rechte und esoterische Scharlatane befasst sind. Die gegenwärtigen Gestalten des »großen Unbehagens« beredt werden zu lassen und gegen ihre gesellschaftliche Verursachung zu kehren, wäre Aufgabe der heutigen Linken.

Linker Fortschrittsglaube

Warum tut sich die Linke mit der Aneignung der angedeuteten Leidenserfahrungen so schwer? Weil sie kein Sensorium für die Leiden der Menschen unter dem besitzt, was man euphemistisch *Fortschritt* nennt und was doch in Wahrheit nichts anderes ist als der fortdauernde Schrecken der kapitalistischen Industrialisierung. Der geschichtsmächtig gewordene Sozialismus und der Kapitalismus wachsen auf demselben Holz. Sie stellen lediglich zwei Varianten einer technisch-industriellen Zivilisation und ihrer instrumentellen Rationalität dar und weisen das gleiche Raubbauverhältnis zur inneren und äußeren Natur auf. Natur ist ihnen Konterpart und bloßes Material.

Eine der Urszenen der linken Fortschrittsgläubigkeit ist uns durch Wilhelm Liebknecht überliefert. Auf dem Sommerfest des Londoner *Kommunistischen Arbeiterbildungsvereins* begegnet er 1850 der Familie Marx. Von seinem längeren Gespräch mit Marx berichtet Liebknecht: »Bald waren wir auf dem Gebiet der Naturwissenschaft, und Marx spottete der siegreichen Reaktion in Europa, welche sich einbildete, die Revolution erstickt zu haben und die nicht ahne, dass die Naturwissenschaft eine neue Revolution vorbereite. Der König Dampf, der im vorigen Jahrhundert die Welt umgewälzt, habe ausregiert, an seine Stelle werde ein noch ungleich größerer Revolutionär treten: der elektrische Funke. Und nun erzählte mir Marx, ganz Feuer und Flamme, dass seit einigen Tagen in Regent's Street das Modell einer elektrischen Maschine ausgestellt sei, die einen Eisenbahntrain ziehe. ›Jetzt ist das Problem gelöst – die Folgen sind unabsehbar. Der ökonomischen Revolution muss mit Notwendigkeit die politische folgen, denn sie ist nur deren Ausdruck.‹ In der Art, wie Marx diesen Fortschritt der Wissenschaft und der Mechanik besprach, trat seine Weltanschauung und namentlich das, was man später als die materialistische Geschichtsauffassung bezeichnet hat, so klar zutage, dass gewisse Zweifel, die ich bisher noch gehegt hatte, wegschmolzen wie Schnee in der Frühlingssonne.«

Die Dampfmaschine und die Elektrizität werden es schon richten. In dieser simplifizierten und kruden Form ist der historische Materialismus während der *Zweiten Internationale* unters Volk und in die Arbeiterbewegung gekommen. Der Anarchist Gustav Landauer spottete in seinem *Aufruf zum Sozialismus*: »Der Vater des Marxismus ist der Dampf. Alte Weiber prophezeien aus dem Kaffeesatz. Karl Marx prophezeit aus dem Dampf.«

Man nahm an, dass man sich auf ein vermeintlich objektives Gesetz verlassen konnte: Die Geschichte und der technische Fortschritt werden uns wie auf einer Rolltreppe nach oben in eine lichte Zukunft tragen. Sozialismus schrumpfte auf das Projekt, die Produktivkräfte von ihren bürgerlichen Fesseln zu befreien und der ökonomischen Vernunft vollends zum Durchbruch zu verhelfen. »Außer den Aufgaben bürgerlicher Parteien enthielt das Programm der sozialistischen Vereine noch die Revolution. Sie erschien als das abgekürzte Verfahren dazu, das ideologische Ziel des Bürgertums, den allgemeinen Wohlstand zu verwirklichen. Die Aufhebung des Privateigentums an Produktionsmitteln, die Überwindung der Kraft- und Materialvergeudung des Marktsystems durch Planwirtschaft, die Abschaffung des Erbrechts und so fort waren rationale Forderungen im Zug der Zeit. Die Sozialisten vertraten gegen das Bürgertum seine eigene fortgeschrittenere Phase und strebten schließlich eine bessere Regierung an. Die Einrichtung der Freiheit galt dann als mechanische, selbstverständliche Folge der Eroberung der Macht oder gar als Utopie«, schrieb Max Horkheimer in seinem frühen Aufsatz *Autoritärer Staat*.

Einer der maßgeblichen Köpfe der deutschen Sozialdemokratie vor dem Ersten Weltkrieg, Karl Kautsky, lieferte ein Beispiel für einen Vulgärmaterialismus und -ökonomismus, der sich in der Zweiten Internationale breitmachte: »So ist denn die Reformation nichts anderes als der ideologische Ausdruck für tiefgehende Veränderungen auf dem europäischen Wollmarkt.« Ernst Bloch kommentiert diese Interpretation in seinem Aufsatz *Utopische Funktion im Materialismus* wie folgt: »Derart abgeleitet weiß man endgültig und klar erwiesen, was die Reformation war – einschließlich der Bauernkriege und Thomas Münzers. Indem die Veränderungen auf dem europäischen Wollmarkt des Pudels Kern sein sollen, hat man allerdings den Gegenstand der Untersuchung verloren.« Alle vermittelnden Zwischenglieder zwischen dem Wollmarkt und Martin Luther werden unterschlagen und fehlen. Viele Marxisten, bemerkte Sartre bissig, hielten das Auftauchen der Dampfmaschine für wichtiger als die Französische Revolution. Auf diesen Fetischismus der Produktion traf er um 1949 herum auch in Warschau, wo in der ganzen Stadt Plakate hingen, auf denen stand: »Die Tuberkulose hemmt die Produktion«. Sie zeigten ihm klarer als alles andere, welche Rolle der Mensch in der marxistischen Anthropologie des Ostblocks spielte: Er ist praktisch ausgeschaltet und auf eine Produktivkraft reduziert. Schon in der Sozialdemokratie der Zeit vor dem Ersten Weltkrieg hatte ein hohes Arbeitsethos geherrscht und waren Nichtarbeit, Faulenzerei und Müßiggang verpönt gewesen. In seinem Bestseller *Die Frau und der Sozialismus* schrieb Bebel: »Der Sozialismus stimmt mit der Bibel darin überein, wenn diese sagt: Wer nicht arbeitet, soll auch nicht essen.«[2]

Von Lenins Formel, Kommunismus sei »Sowjetmacht plus Elektrifizierung«, blieb am Ende nur die Elektrifizierung und die mehr oder weniger terroristische Industrialisierung der Sowjetunion. Die Elektrifizierung verschlang die Sowjets. Die Arbeiter, von der Herrschaft des Profits befreit, gerieten unter die Herrschaft der »fetischisierten Produktion« (Sartre). Sie tauschten die alte Entfremdung ein gegen eine neue, die umso schwerer zu durchschauen war, als sie in ihrem eigenen Namen ausgeübt wurde. Beim Projekt des Sozialismus geht es ja eigentlich darum, die Arbeiter von ihren Ketten zu befreien, was nur ihr eigenes Werk sein kann, der Ausbeutung ein Ende zu setzen, die Diktatur des Profits, in der die Menschen die Produkte ihrer Produkte sind, durch die freie, klassenlose Gesellschaft zu ersetzen, in der sie ihr eigenes Produkt sind. Mit den Worten von Oskar Negt und Alexander Kluge: »Man kann sagen: Kapitalismus ist massenhafte Güterproduktion mit daranhängenden Menschen. Sozialismus ist massenhafte Produktion der Beziehungen zwischen den Menschen und zur Natur, mit daranhängender Güterproduktion.« Der Staatssozialismus sowjetischer Prägung verlor diese wesentliche Differenz aus den Augen und verwandelte die Arbeiter in Anhängsel einer »etatistischen Produktionsweise« (Henri Lefebvre), eines Systems staatlich organisierter Produktion.

Bekannt ist das von Abwertung und Verachtung geprägte Verhältnis des Arbeiterbewegungs-Marxismus zu den *Ludditen*, die sich gegen die Vernichtung ihrer Existenz durch die Industrialisierung zur Wehr setzten und dabei auch vor Brandstiftung und Zerstörung von Maschinen nicht zurückschreckten. Sie galten als Fortschrittsfeinde und rückwärtsgewandte Spinner, von denen man sich scharf abgrenzte. Edward P.

2 Ich habe vor etlichen Jahren unter diesem Bebel entliehenen Titel einen Essay geschrieben, der in einer Langfassung in der Zeitschrift *psychosozial*, Nummer 43 (Gießen 1990) und in einer gekürzten Version in dem unter anderem von Robert Kurz herausgegebenen Sammelband *Feierabend. Elf Attacken gegen die Arbeit* (Hamburg 1999) enthalten ist. Dort gehe ich der Frage nach, durch welche Praktiken es dem Kapitalismus gelungen ist, die anfängliche Auflehnung gegen die Arbeit in eine regelrechte Arbeitssucht zu verwandeln.

Thompson hat in seinem zweibändigen Werk *Die Entstehung der englischen Arbeiterklasse* den Versuch unternommen, den Ruf des Luddismus zu rehabilitieren und ihn als Teil eines plebejischen Radikalismus zu beschreiben, der in England bis etwa 1830 eine breite Strömung darstellte. Dieser wollte die Zumutungen der kapitalistischen Industrialisierung nicht hinnehmen und setzte sich militant gegen die Verwandlung von Handwerkern und Bauern in Fabriksklaven zur Wehr. Eine Ausnahme von der linken Verurteilung des Maschinensturms bildet Ernst Toller, der im Zuchthaus Niederschönenfeld ein Theaterstück mit dem Titel *Der Maschinenstürmer* verfasste. Nach eingehendem Quellenstudium kam er zu einer differenzierteren Beurteilung der tumultuarischen Revolten des englischen Früh-Proletariats gegen den Siegeszug der Maschinen. Auch er sieht natürlich, dass sie einen Versuch darstellten, den technischen Fortschritt aufzuhalten, aber er erblickt in ihnen auch eine aufrichtige revolutionäre Dynamik. Waren die Maschinen nicht Symbol und Medium einer kapitalistisch-verknechtenden Macht? So ließ sich die Maschinenstürmerei als echter revolutionärer Vorgang deuten, der sich gegen die kapitalistische Erniedrigung gelernter Handwerker zu Handlangern der Maschinen und die Verwüstung aller plebejischen Werte und traditionellen Lebensformen richtete. Wie sein Lehrer Gustav Landauer fragte sich auch Toller, ob diese frühen Kämpfe nicht die Möglichkeit geboten hätten, die kapitalistische Entwicklung zu umgehen und die tradierten Formen lebendiger Gemeinschaft als »Keime und Lebenskristalle einer kommenden sozialistischen Kultur« zu betrachten. Beide sind von einem tiefen Misstrauen gegen den Fetischismus der Produktion erfüllt, den sie im Marxismus am Werke sahen, der sich von der kapitalistischen Entfesselung der Produktivkräfte die spätere Befreiung versprach. Eine gewisse Geringschätzung des Landes und der Bauern ist dem Marxismus von Anfang an eigen. Im »Kommunistischen Manifest« werden die Bourgeoisie und die von ihr vorangetriebene Verstädterung überschwänglich gepriesen. Ein stets wachsender Teil der Bevölkerung werde auf diese Weise dem »Idiotismus des Landlebens« entrissen. In John Bergers wunderbarem Buch über Migration »Der siebte Mensch« heißt es dazu: »Hinsichtlich der Verblödung des Landlebens hat Marx übertrieben. Als er das 1848 schrieb, überschätzte er die Fähigkeit der urbanen Rationalität und beurteilte das Dorf nach den Maßstäben der Stadt.« Für Bauern und Kleinbürger und andere

Zwischen- und »Lumpen«-Existenzen war im rigiden Klassenschema des Marxismus kein Platz. Alles »Individualisten« und »unsichere Kantonisten«, mit denen kein sozialistischer Staat zu machen ist. »Abstraktionen in der Wirklichkeit geltend machen, heißt Wirklichkeit zerstören«, heißt es bei Hegel, und diese Zerstörung von Wirklichkeit nahm unter Stalin mörderische Formen an. Es besitzt eine bittere Logik, dass er die Widersprüche, die für die Bolschewiki mit der Existenz der Bauern verbunden waren, irgendwann zu lösen versuchte, indem er die Bauern, die Bauern bleiben wollten, auch physisch massenhaft vernichtete.

Man findet maschinenstürmerische Phänomene an der Nahtstelle zwischen handwerklich-agrarischen zu modernen Lebens- und Arbeitsverhältnissen in vielen Ländern. So auch in der jungen Sowjetunion: Als Stalin sich anschickte, die Industrialisierung auch in der Landwirtschaft durchzusetzen, kam es hier und da vor, dass aufgebrachte Bauern die Dreschmaschinen zerschlugen, die die Partei ihnen geschickt hatte. Sie wurden als »Rückschrittler« entlarvt und in Gefängnisse und Lager gesperrt. Als Massenphänomen gibt es das Sich-Aufbäumen der agrarisch-handwerklichen Welt gegen die Industrialisierung zuletzt im spanischen Anarchismus während des Bürgerkriegs von 1936 bis 1939 und in den italienischen Klassenkämpfen Ende der 1960er Jahre, deren Radikalismus von jungen Einwanderern aus dem agrarischen Süden geprägt wurde, die nicht bereit waren, sich der Fabrikdisziplin und dem Kommando des Kapitals zu unterwerfen.

Lange Zeit weigerte sich die offizielle linke Geschichtsschreibung zur Kenntnis zu nehmen, dass es sozialistische Revolutionen nur dort gegeben hat, wo überlieferte vorbürgerliche agrarisch-handwerkliche Arbeits- und Lebensformen und die neue kapitalistische Produktionsweise aufeinanderprallten und die Menschen noch über Differenzerfahrungen verfügten. Sie erinnerten sich, dass es einmal anders gewesen ist, nicht unbedingt materiell besser, aber menschengemäßer und weniger entfremdet. Der Explosionspunkt scheint der zu sein, wenn innerhalb des historischen Milieus einer Gesellschaft Produktionsweisen, Aneignungsformen und Lebenszusammenhänge verschiedener Art und Qualität aufeinanderstoßen – wo also die Entfaltung des Wertgesetzes noch nicht alle Formen des Gemeineigentums, der handwerklichen und bäuerlichen Produktionsweise aufgezehrt und zerstört hat. Der amerikanische Anarchist Murray Bookchin hat früh auf diese Zusammenhänge hingewiesen. In seinem luziden Text *Hör zu, Marxist!* schrieb er bereits Ende der 1960er Jahre: »Ganz allgemein gesagt, das ›Proletariat‹ war in den Übergangszeiten immer dann besonders revolutionär, wenn es nicht dem seelischen Druck der ›Proletarisierung‹ durch das industrielle System ausgesetzt war. Die großen Brennpunkte der klassischen Arbeiterrevolutionen waren Petrograd und Barcelona, wo die Arbeiter direkt aus einer ländlichen Umwelt herausgerissen waren, und Paris, wo sie noch immer handwerklich tätig waren oder doch dem Handwerker-Milieu entstammten. Diesen Arbeitern fiel es außerordentlich schwer, sich an die industrielle Beherrschung zu gewöhnen, und sie wurden so zu einem nie versiegenden Quell sozialer und revolutionärer Unruhen. Im Gegensatz dazu zeigt eine in Generationen herangewachsene Arbeiterklasse überraschend wenig Lust zu revolutionärer Betätigung.«

Halten wir fest: Eine besondere Radikalität wiesen Massenbewegungen dann auf, wenn sie sich in einer Zeit des Übergangs zwischen zwei geschichtlichen Epochen abspielten. Solche Zeitenwenden und Umbruchsphasen sind der Ort, an dem sich ein volkstümlicher Radikalismus entfaltet. Möglicherweise treten wir gerade, noch ohne es recht zu begreifen, neuerlich in eine solche Phase ein. Der Übergang von der industriellen zur informationell-digitalen Produktionsweise ruft Widerstand hervor, der sich zum Teil in verqueren Formen wie dem *Trumpismus* und dem *Brexit* artikuliert, der den Klassenkampf, freilich populistisch verdreht, wiederbelebt. Das kann er auch deswegen tun, weil die Linke es bisher nicht vermocht hat, dieses Potenzial des Widerstands zu erkennen und zu begreifen. Die Linke hätte sich die Wut der kleinen Leute zu eigen zu machen, statt sie als primitiv zu verachten. Die Umbrüche der Gegenwart setzen Formen von Aggression und Wut frei, die dringend einer intellektuellen wie moralischen Kontrolle bedürfen und in eine aufklärerische Richtung gelenkt werden müssen, weil sie sich andernfalls rechtspopulistisch oder auch ungerichtet und blind als Vandalismus entäußern.

Wenn wir uns instand setzen wollen, das Leiden der Menschen am kapitalistischen Fortschritt aufzugreifen und es nicht den Rechten zu überlassen, müssen wir die Bindung des Sozialismus an das Leistungsprinzips und seine Werte kritisch hinterfragen und den Fetischismus der Produktion und der Technik überwinden. Das niedergedrückte und an der Entfaltung gehinderte Leben bildet Schattenräume, in denen Träume, Wünsche und Sehnsüchte entstehen, die die Linke nicht als irrational abtun und ignorieren darf. Es sind Wünsche nach Glück, Solidarität, aufrechtem Gang, menschlichen Zeitmaßen und Stille; Träume von Heimat, aufgehobener Entfremdung und einem Leben ohne stupide Plackerei und versklavenden Konsum.

Donald Ray Pollock schildert in seinem Roman *Die himmlische Tafel*, dessen Handlung Anfang des 20. Jahrhunderts in den USA angesiedelt ist, ein Gespräch unter Männern über die »neue Zeit«: »Er rieb sich das Kinn und erinnerte sich daran, wie sie eines Abends im letzten Winter um den Ofen in Parkers Laden gestanden hatten und jemand, Tick Osborne vielleicht, sagte, das sei jetzt die ›neue Zeit‹, wie die das nannten. Die meisten der dort Versammelten pflichteten ihm bei, dass die Welt sich wohl Hals über Kopf in das verliebt hätte, was die Industriemagnaten und Politiker andauernd als ›Fortschritt‹ bezeichneten, doch bevor sie noch über die Vor- und Nachteile diskutieren konnten und was genau das auf lange Sicht zu bedeuten hatte, meldete sich Jimmy Beulah zu Wort und sagte: ›Endzeit passt ja wohl eher.‹ Dann spuckte er auf den Ofen, Kermit Saunders reichte ihm eine Flasche und sagte: ›Amen‹.«

Der leider bereits verstorbene österreichische Schriftsteller Werner Kofler hatte ein genaues Empfinden für das Ruinöse des Fortschritts und die von ihm entfesselte Furie des Verschwindens. In seinem Buch *Ida H. – Eine Krankengeschichte* schildert er den Abriss der Wiener Großmarkthallen. Diese waren Ende des 19. Jahrhunderts erbaut worden. In ihnen wurden Fleisch, Fisch, Wild und Geflügel sowie Obst, Gemüse und Lebensmittel meist von ihren unmittelbaren Erzeugern zum Verkauf angeboten. Nun hieß es plötzlich, die Halle sei überaltert und entspreche nicht mehr den sanitären Erfordernissen. Eine Sanierung sei für die Gemeinde unrentabel. Also weg damit! Der an selber Stelle geplante Neubau werde hygienisch, vollklimatisiert, sterilisiert, pasteurisiert und homogenisiert sein. Letztlich werde es wohl niemand geben, wurde verkündet, der die alte Halle ernstlich vermissen werde. Solche Menschen gab es aber durchaus. Etliche Lebensmittelhändler, Milch- und Gemüsefrauen lösten ihre Geschäfte auf gingen vorzeitig in den Ruhestand, weil sie – so Kofler – »das Tempo dieses Fortschritts nicht mithalten konnten und die späteren erhöhten Mieten ohnehin nicht hätten bezahlen können«. Vom Fortschritt war auch eine Geflügelhändlerin betroffen. Sie klagte, »sie stehe nun schon dreißig Jahre in dieser Halle, ihre Eltern schon hätten dieses Geschäft geführt, ›dreißig Jahre steh ich da herinnen, und jetzt reißn's es weg …‹.« Nach der Übersiedlung in ein vorübergehendes Ausweichquartier »blieb die für sie vorgesehene Koje leer; die Frau habe, so hieß es, völlig überraschend ins Spital müssen, sie liege plötzlich schwer krank, mit Krebs im Krankenhaus«.

»Der Fortschritt ist nicht aufzuhalten«, resümiert Kofler.

Die Linke will nur die Fortschritte der Naturbeherrschung, nicht die Rückschritte der Gesellschaft wahrhaben, die mit ihrer Durchkapitalisierung einhergehen. In der Linken steckt im Sinne Ernst Blochs zu viel naiver technischer Fortschrittsglaube und zu wenig romantischer Protest gegen einen Fortschritt, der in dem Maße ein ruinöser und destruktiver ist, als er ein kapitalistischer ist. Die Romantik wurde von der Linken stets als reaktionär und sentimental diffamiert, ihr Protest gegen die kalte Rechenhaftigkeit und die »Entzauberung der Welt« wurde nicht verstanden und aufgegriffen. Die Thesen, Deklarationen, Resolutionen und Analysen der Linken sind oft formelhaft-trocken und greifen nicht in die Phantasie. Sie enthielten und enthalten zu viel Schema und zu wenig Sehnsucht nach der »blauen Blume« und »mondbeglänzter Zaubernacht«, von denen bei Novalis beziehungsweise Ludwig Tieck die Rede ist. Herbert Marcuse hatte kein Problem damit, mitten in der Revolte der späten 1960er Jahre zu bekennen, er sei ein »absolut unverbesserlicher und sentimentaler Romantiker«.

Mythos Proletariat

> »Nur im Namen der allgemeinen Rechte der Gesellschaft kann eine besondere Klasse sich die allgemeine Herrschaft vindizieren« *(Karl Marx, Kritik der Hegelschen Rechtsphilosophie)*

Mit der großen Wertschätzung von Technik und wissenschaftlichem Fortschritt aufs Engste verknüpft ist eine der marxistischen Linken eigene Tendenz zur Fetischisierung der Arbeit und der Arbeiterklasse. Bei seinem Vorhaben, Hegel vom Kopf auf die Füße zu stellen, war Marx auf der Suche nach einem innerweltlichen Praxispartner der Philosophie, der an die Stelle des Weltgeistes treten und die Geschichte praktisch vollenden könnte. Auf dem Weg zu einer Revolution, die nicht neuerlich einer partikularen Klasse zum Sieg verhelfen, sondern den allgemeinen Menschheitsinteressen zur Durchsetzung verhelfen sollte, entdeckten Marx und Engels das Proletariat. »Die deutsche Arbeiterbewegung ist die Erbin der deutschen klassischen Philosophie«, schrieb Engels in seiner Auseinandersetzung mit Ludwig Feuerbach. Der mit der KPD verbundene deutsche Historiker Arthur Rosenberg beschrieb diese Marxsche Entdeckung so: »Diese letzte entscheidende Revolution kann aber nur von einer Klasse gemacht werden, die das Schicksal von allen Ideologien, Hemmungen und Autoritäten der feudalen wie der bürgerlichen Gesellschaft loslöste, nämlich vom Proletariat. So erhält die Arbeiterklasse in dem System von Marx eine ebenso eigenartige wie großartige Aufgabe. Sie soll die Philosophie vollenden. Sie soll den Argumenten der kritischen Köpfe zu Wirklichkeit verhelfen. Der bürgerliche Geist in seinen letzten und kühnsten Folgerungen hebt seine eigene Klasse auf. Er mobilisiert die soziale Unterwelt, um die Richtigkeit seines Denkens zu beweisen. So besteht für Marx eine untrennbare Verbindung zwischen Theorie und Revolution. Ohne die Revolution ist die Theorie ein leeres Spiel. Der Marxismus ist wie ein grundgelehrtes Buch, dessen Schlusskapitel der Aufstand ist.«

Diese Ineinssetzung von revolutionärem Subjekt und Arbeiterklasse hatte zu Marx' Zeiten eine hohe Plausibilität und war gewissermaßen empirisch gedeckt. Das entstehende Industrieproletariat blieb aus der bürgerlichen Gesellschaft ausgeschlossen und verkörperte deren lebende Negation. Eines nicht mehr allzu fernen Tages würden die Arbeiter »gegen die Schlange ihrer Qualen ihre Köpfe zusammenrotten« (Marx) und die Stunde des kapitalistischen Privateigentums schlagen lassen. Mit der im 20. Jahrhundert einsetzenden Integration des Proletariats in die bürgerliche Gesellschaft verlor die marxistische Theorie ihr designiertes revolutionäres Subjekt, und die Hoffnung auf eine revolutionäre Veränderung wurde abstrakt und ortlos, eine bloße vage objektive Möglichkeit, die durch kein virulentes Interesse, das Arbeiter zur Leidenschaft des geschichtlichen Kampfes treibt, mehr vermittelt werden konnte. Von der integrierten Arbeiterklasse kann man nicht behaupten, dass sie in ihrer partikularen Praxis das Allgemeine repräsentiert. Von den drei Eigenschaften, die nach der Marxschen Theorie die Arbeiterklasse zum potentiellen revolutionären Subjekt machen: sie allein kann den Produktionsprozess zum Stillstand bringen; sie bildet die Mehrheit der Bevölkerung und stellt in ihrer ganzen Existenz die Negation des Bestehenden dar, trifft in den westlichen Metropolen keine mehr so richtig zu. Als die Arbeiterbewegung den Aufstieg des Faschismus nicht verhinderte und offenkundig wurde, dass Teile des Proletariats den Faschismus sogar herbeisehnten, kam die sozialistische Theorie nicht umhin zu konstatieren, dass das Band zwischen der Arbeiterklasse und der Revolution gar nicht so eng und natürlich ist, wie man unter dem Einfluss der Marxschen Annahmen geglaubt hatte. Zudem hatte die Linke ein Bild vom Arbeiter, das absolut rationalistisch ausgerichtet war und ihn als ein Wesen begriff, das sich seinen objektiven Interessen gemäß verhielt. Theoretiker wie Erich Fromm und Wilhelm Reich begannen der Frage nachzugehen, wie und auf welchem Weg ökonomisches in den menschlichen Kopf und die Seele gelangen. Es geht seither um die komplizierende Rolle der psychischen Zwischenglieder, die zwischen objektiver Lage und subjektivem Bewusstsein vermitteln. Psychologie wurde, wie Max Horkheimer formulierte, zur – freilich unentbehrlichen – Hilfswissenschaft des historischen Materialismus, einer materialistisch gedeuteten Geschichte. Der ehemalige Partisanenarzt und linke Psychoanalytiker Paul Parin stellte fest, dass für Marxisten der Mensch als soziales Wesen geboren wird, »wenn er die erste Lohntüte in Empfang nimmt«. Dabei existiert er natürlich schon lange vorher.[3] Er war der Sohn eines autoritären Vaters; er musste zur Schule gehen und dort lernen, still zu sitzen und pünktlich zu sein; war Schüler eines prügelnden Lehrers, der ihn »zur Sau machte«; er war Konfirmand und geriet unter den Einfluss von Pfaffen und Kirche; er war Soldat und wurde auf blinden Gehorsam und Pflichterfüllung gedrillt; er las und liest bürgerliche Zeitungen, die den Nebel, der über den Verhältnissen liegt,

3 Dieser Tage blätterte ich in Jean-Paul Sartres Buch »Marxismus und Existentialismus« und stieß auf folgende Passage, die ich bei einer früheren Lektüre bereits angestrichen hatte: »Die Marxisten von heute kümmern sich nur um die Erwachsenen: Wenn man sie liest, könnte man glauben, wir kämen an dem Tag zur Welt, an dem wir unser erstes eigenes Geld verdienen; sie haben ihre eigene Kindheit vergessen, und alles geschieht bei ihnen, als verspürten die Menschen ihre Selbstentfremdung und Verdinglichung erstmalig bei ihrer eigenen Berufsarbeit, während sie doch jeder schon als Kind in der Arbeit der Eltern erlebt.«

verdichten statt zu lichten; er liest schlechte Literatur, schaut fern und ist auch ansonsten mannigfachen Indoktrinationen und ideologischen Manipulationen ausgesetzt; er führt eine kleinbürgerliche und trostlose Ehe mit einer frustrierenden Sexualität und gibt das Gelernte und Erlittene an seine Kinder weiter; er spielt Lotto und putzt am Samstag vor der Sportschau seinen Mittelklassewagen. Kurzum: er ist ein Mitglied der bürgerlichen Gesellschaft und reproduziert deren Normen und Werte. Es ist die Funktion der Familie als Agentur des Kapitals, Menschen lebensgeschichtlich so herzurichten, dass sie zur Lohnarbeit fähig sind, also zum Ableisten entfremdeter Arbeit, und sich die Produkte ihrer Arbeit widerstandslos wegnehmen lassen. Der Arbeiter ist ja auch Marktteilnehmer, und der dort herrschende »freie Vertrag« vernebelt den Zwang und die Gewalt, deren Opfer er in der Sphäre der Produktion ist. Erlebt er hier Ansätze von Solidarität und Klassenbewusstsein, verwandelt der Konsum ihn in ein serielles, vereinzeltes Wesen. So wird die Innerlichkeit der Arbeiter als Insgesamt ihrer Wünsche, Sehnsüchte und Bedürfnisse zum »libidinösen Kitt« einer Gesellschaft, deren Totengräber sie der Theorie nach eigentlich hätten werden sollen. Mit diesen Arbeitern war nur noch Staat, aber keine Revolution mehr zu machen. »Horche auf deine Abführmittelpropaganda, und du erfährst, wer und wie du bist«, heißt es in Wilhelm Reichs *Rede an den kleinen Mann*, der die Enttäuschung des einstigen Liebhabers deutlich anzumerken ist.

Braucht's des?

Vielleicht sollte die Linke, statt auf jeden mit technischen Neuerungen beladenen Zug aufzuspringen – ich sah vor ein paar Tagen Herrn Hofreiter im Fernsehen, wie er auf einer Pressekonferenz der Grünen auf seinem Smartphone herumwischte –, dem Rat Walter Benjamins folgen, der in seinen Geschichtsphilosophischen Thesen geschrieben hat: »Marx sagt, die Revolutionen sind die Lokomotive der Weltgeschichte. Aber vielleicht ist dem gänzlich anders. Vielleicht sind die Revolutionen der Griff des in diesem Zuge reisenden Menschengeschlechts nach der Notbremse.« Praktisch würde das bedeuten, dass man angesichts neuen technischen Schnickschnacks nicht immer in Begeisterung ausbricht, sondern einfach mal mit dem Gestus von Gerhard Polt laut und vernehmlich fragen würde:

»Braucht's des? Muss des sein?« So hat sich die Bremer Bildungssenatorin Claudia Bogedan von der SPD gerade für die Nutzung privater Smartphones im Unterricht ausgesprochen. Medien sollten in allen Fächern eine Rolle spielen, sagte die derzeitige Vorsitzende der Kultusministerkonferenz. Die Schule lasse die Schüler allein mit Problemen des Netzes und der sozialen Medien. »Konkrete Anleitungen, wie man Shitstorms oder rassistische Postings übersteht, bleiben aus«, heißt es weiter zur Begründung. Was für ein Quatsch! Wer keinen Facebook-Account hat, den erreichen auch keine Shitstorms. Also weg mit diesem ganzen Geraffel, ab in den nächsten Container mit Sondermüll!

Auch Heiner Müller teilt die Benjaminsche Sichtweise: »Der poetische Satz von Marx, die Revolutionen seien die Lokomotiven der Geschichte, ist sicherlich falsch. Revolutionen sind eher der Versuch, die Zeit anzuhalten, die Beschleunigung der Geschichte zu bremsen. ... Die totale Beschleunigung führt zum Nullpunkt, in die Vernichtung.« Wir erleben eine Form der Beschleunigung, »die Wirbel produziert, in denen ungeheuer viel untergeht – auch an menschlicher Substanz.«

Wenn man solche Gedankengänge laut werden lässt, bekommt man stereotyp das Argument zu hören, man könne das Rad der Geschichte nun mal nicht zurückdrehen. »Das ist nicht aufzuhalten«, hörte ich dieser Tage einen Agrar-Experten über die Digitalisierung der Landwirtschaft, die sogenannte Landwirtschaft 4.0, sagen. Das sind Argumente, die zum Verstummen bringen sollen. Soziale Verhältnisse und Prozesse werden behandelt wie Naturereignisse. Wer sagt eigentlich, dass das so ist? Wir alle sind bereits in der Wolle mit Wachstumsideologie eingefärbt und können uns, wie Hartmut Rosa gesagt hat, eher das Ende der Welt vorstellen als ein Leben ohne Wachstum. Wenn das Rad der Geschichte in eine falsche Richtung gelaufen ist, kann eine zur Vernunft gekommene Menschheit sehr wohl in die Speichen greifen und das Rad zurückdrehen bis zu einem Punkt, der vor der falschen Abzweigung liegt. Die Verhältnisse sind, obwohl sie sich verselbständigt haben und ein gespenstisches Eigenleben führen, von Menschen gemacht und also auch von Menschen änderbar.

Wir benötigen statt Wachstum und Fortschritt Tugenden des Unterlassens: Kontemplation statt Produktion, Faulheit statt rastlosem Tun, einfach im Gras liegen und zuschauen, wie die Wolken dahinziehen. Dann könnte die Hoffnung von Herbert Achternbusch wahr werden: »Aber wenn ein paar Tage vergangen sind und die Autos verrostet sind und die Wege wieder krumm sind, dann laufen wieder ein paar Menschen rum, die ganz nüchtern sind und nicht dieses von Angst besoffene Allerweltsmenschenungeheuer.«

ETHNOLOGIE DES INLANDS

»Baby-Smartphones«

Gestern wollte ich einer Bekannten ein Päckchen schicken. Da ich nicht wusste, ob es mit der 1,45 Euro-Briefmarke ausreichend frankiert war, ging ich zur Post, um mich am Schalter nach dem Porto zu erkundigen. Als ich die Schalterhalle betreten hatte, prallte ich umgehend auf das Ende einer Warteschlange, die sich bis zu einer Art Absperrung hinzog, von der aus man einzeln an einen frei werdenden Schalterplatz gerufen wird. Seit die DDR nicht mehr existiert, deren Mangel man traditionell durch die Warteschlangen symbolisiert sah, gehört sie auch bei uns zum Alltag. Ungefähr zehn Menschen warteten vor mir und schoben sich langsam Richtung Absperrung vor. Wenn am Schalter ein Mensch steht, der eine Überweisung nach Usbekistan tätigen möchte und kaum Deutsch kann, kann es dauern. Und so richtete ich mich auf eine längere Warterei ein. Als Rentner hat man ja Zeit wie Sand und Heu. Ich nutze solche Gelegenheiten für ethnologische Studien. Mein umherschweifender Blick fiel auf eine Gruppe Kopftuch tragender Frauen mit ihren Kindern. Während die Frauen dabei waren, ein Formular auszufüllen, saß ein vielleicht einjähriges Kind in einem Kinderwagen, der etwas abseits der Gruppe abgestellt war. Ich traute meinen Augen nicht, aber auch beim nochmaligen Hinsehen blieb es dabei: Das Kind wischte tatsächlich auf einem Smartphone herum, aus dem leise Musik drang. Der Umgang des Kleinkindes mit dem Gerät wirkte ziemlich professionell, was auf einen regelmäßigen Gebrauch schließen ließ. Staunend starrte ich das Kind an. In meiner Fassungslosigkeit wandte ich mich an die junge Frau, die in der Warteschlange vor mir stand, und wies sie auf das Kind hin. Ich fragte sinngemäß, ob sie so etwas schon einmal gesehen habe. Sie reagierte mit keinem Wort, sondern wandte sich brüsk ab und schaute ostentativ in eine andere Richtung. Als hätte ich ihr ein unsittliches Angebot gemacht oder als würde sie denken: »Was quatscht dieser alte Sack mich an!« Wenig später sah ich, dass sie sich selbst mit ihrem Smartphone befasste und genauso darauf herumwischte wie das Kleinkind. Die Unterschiede zwischen sogenannten Erwachsenen und Kindern verschwimmen oder lösen sich auf. Wieso soll sie sich über das Kind wundern, das genau dasselbe tut wie sie?

Wenige Augenblicke später wurde ich von einer Panik erfasst und ich verließ fluchtartig die Post. Ich warf das Päckchen in den vor der Tür stehenden Kasten – in der Hoffnung, dass die Empfängerin nicht zu einem Strafporto verdonnert werden würde. Ich fuhr dann raus aus der Stadt, setzte mich an einem Waldrand auf eine Bank und genoss die erste Frühlingssonne. Über mir kreisten Bussarde. Später hörte ich das heisere Schreien von Kranichen und wenig später sah ich ihre V-Formation am tiefblauen Himmel Richtung Norden ziehen. Mäuse raschelten im Laub und ein erster Schmetterling taumelte vorüber. Langsam kam ich zur Ruhe und ich erholte mich von dem Realitätsschock.

Abends schaute ich im Internet nach und fand heraus, dass von einschlägigen Firmen tatsächlich »Baby Smartphones« angeboten werden. Sie bieten den Kleinkindern Musik und Spiele. Um das eventuell vorhandene schlechte Gewissen der Eltern zu beruhigen, wird das Ganze pädagogisch aufgemotzt und als Frühförderung verkauft. Das Baby Smartphone diene der »Hand-Auge-Koordination, dem fantasievollen Spiel, dem Entdecken und Erforschen und der Förderung der Sprachentwicklung«.

Ich denke, dass diese Geräte in erster Linie der Ruhigstellung der Kinder dienen und sie früh an das Tragen einer elektronischen Fußfessel und an ein Leben im digitalen Panoptikum gewöhnen. Von ihnen ist kein Widerstand gegen die neuen Kontroll- und Überwachungsstrategien mehr zu erwarten. Dass ich das so wahrnehme, liegt an meinem bösen Blick auf die ach so tolle neue digitale Welt, in der ich partout nicht leben möchte. Ich glaube einfach nicht, dass diese Geräte und die über sie hergestellte Vernetzung aller mit allen zu einem gelingenden Leben beitragen. Noch eins hat diese kleine Szene mir klargemacht: Um die Integration des migrantischen Nachwuchses muss man sich keine Sorgen machen. Wenn die Vergesellschaftungsform der kapitalistischen Zukunft die Vernetzung ist, sind die meisten Migranten schon jetzt gut integriert und ganz vorne dran.

Ein gelehriger Schüler, oder: verlogene Empörung

Als von Seiten der Ermittler verlautete, dass hinter dem Anschlag auf die Mannschaft von Borussia Dortmund mutmaßlich ein Aktienspekulant steckt, war die Empörung groß. Politiker aller Parteien beeilten sich, ihre Betroffenheit über die Tat und ihren Abscheu vor dem Motiv des Täters zu äußern: Habgier. Die zur Schau gestellte und lautstark vorgetragene Empörung über die Tat von Dortmund ist insofern verlogen, als sie von einem Schweigen über den Handel mit Derivaten und die Spekulation mit Nahrungsmitteln begleitet wird, die rund um den Globus täglich massenhaft Tote produzieren. Habgier nennt man auf dieser Ebene Profit, und an diesem Motiv wagt kaum noch jemand Kritik zu üben. Natürlich ist der Täter von Dortmund, wenn ihm der Anschlag im Rahmen einer Gerichtsverhandlung nachgewiesen werden kann und seine Steuerungsfähigkeit zum Tatzeitpunkt nicht eingeschränkt war, im juristischen und auch moralischen Sinn schuldig. Und dennoch nötigt uns dieser Fall, in besonderer Weise zu fragen, wie es um die Mitschuld einer Gesellschaft bestellt ist, die sich als Ganze den Imperativen des Marktes ausliefert und deren einziger kategorischer Imperativ der der schnellen Bereicherung ist. Wenn die Menschen vollends vom Kapitalprinzip durchdrungen und von Indifferenz und Kälte geprägt sind und sich auch so verhalten, tut man so, als handele es sich um Monster von einem fremden Stern.

Ein 28-jähriger Mann wollte Fußballprofis töten, um sich zu bereichern. Er hatte nach den Erkenntnissen der Ermittler für circa 80.000 Euro Optionsscheine erworben, die meisten davon wenige Stunden vor dem Bombenanschlag am 11. April. Der Plan des Mannes: Die Tötung von Spielern des Bundesliga-Vereins Borussia Dortmund sollte zu einem massiven Kursverlust der BVB-Aktien führen und ihm dank der auf diesen

Verfall abgeschlossenen Wetten zu einem immensen Gewinn verhelfen. Dieser hätte wegen der sogenannten Hebelwirkung solcher Papiere ein Vielfaches des Einsatzes betragen und im Millionenbereich liegen können.

Heribert Prantl hat kurz nach der Lehman Brothers-Pleite in einem Kommentar der *Süddeutschen Zeitung* unter Rückgriff auf eine Anekdote, auf die er in der Zeitschrift *Die Gazette* gestoßen war, erklärt, was ein Derivat ist und wie die ganze zeitgenössische Woodoo-Ökonomie funktioniert: »Chuck kauft für 100 Dollar einen Esel. Das Tier stirbt vor der Lieferung. Chuck will sein Geld zurück, aber der ehemalige Besitzer hat es angeblich bereits ausgegeben. Nun will Chuck den toten Esel, um ihn zu verlosen. Verlosen? Ich sag den Leuten einfach nicht, sagt Chuck, dass er tot ist. Einen Monat später trifft der Farmer Chuck wieder und erkundigt sich, was aus dem Esel geworden ist. Ich hab' ihn verlost, 500 Lose zu zwei Dollar verkauft und 998 Dollar Gewinn gemacht. Hat sich keiner beschwert? Nur der Kerl, der den Esel gewonnen hat. Dem habe ich seine zwei Dollar zurückgegeben.« Prantls Erzählung endet mit der Bemerkung: »Heute arbeitet Chuck für Goldman-Sachs und das Esel-Modell ist zum Weltfinanzprinzip geworden.«

Als herauskam, dass hinter dem Anschlag auf die Mannschaft des Fußball-Bundesligisten Borussia Dortmund mutmaßlich ein Aktienspekulant steckt, war die Empörung groß und einhellig. Politiker aller Parteien beeilten sich, ihre Betroffenheit über die Tat und ihre Abscheu vor den Motiven des Täters zu äußern. So sagte zum Beispiel Justizminister Heiko Maas: »Sollte der Beschuldigte tatsächlich aus bloßer Geldgier versucht haben, mehrere Menschen zu töten, wäre das einfach grauenhaft.« Und der Innenminister Baden-Württembergs ließ mitteilen: »Es erschreckt mich ... die besonders verwerfliche kriminelle Energie, mit der der Täter zu Werke ging – Geldgewinn auf Kosten einer Vielzahl von Menschenleben.« Landauf-landab war man sich einig: Eine derart motivierte Tat sei abscheulich und perfide und zeuge von einer unvorstellbaren kriminellen Verderbtheit.

Hat man jemals erlebt, dass sich unsere Spitzenpolitiker ähnlich aufregen, wenn infolge von Spekulationen mit Nahrungsmitteln Massen von Menschen hungers sterben? Sind die Motive von Großbanken und Hedgefonds andere als die des Täters von Dortmund? Ist dieser Mann mit seiner Tat nicht vollkommen auf der Höhe der Zeit? Hat er den neoliberalen Zeitgeist nicht perfekt verinnerlicht? Der Mann ist das, was man einen »devianten Konformisten« nennen könnte: Er will, was alle wollen und was das Grundprinzip des neoliberal entfesselten Kapitalismus ist.

Die Finanzpsychopathen und Bankster überschwemmen seit Jahren den Markt mit toxischen Produkten; sie spekulieren mit Grundnahrungsmitteln und agrarischen Rohstoffen und tragen so dazu bei, dass in der sogenannten Dritten Welt die Lebensmittelpreise steigen und Menschen hungers sterben; sie verwandeln Banken in Spielcasinos und schließen – vom Geruch des Blutes angezogen – Wetten ab auf den Niedergang ganzer Volkswirtschaften und den Bankrott von Staaten; sie verkaufen ihrem Nachbarn eine Brandschutzversicherung, und wetten gleichzeitig darauf, dass es in Bälde bei ihm brennen wird – und schicken schließlich Leute, die es anzünden. Wenn Banken so vorgehen, nennt man es »gängige Geschäftspraxis«, das Motiv Profit; wenn ein Einzelner auf eigene Faust dasselbe macht, ist es ein abscheuliches Verbrechen, das Motiv Habgier. Genau das hatte Brecht vor Augen, als er Mac in der *Dreigroschenoper* sagen lässt: »Was ist ein Dietrich gegen eine Aktie? Was ist ein Einbruch in eine Bank gegen die Gründung einer Bank? Was ist die Ermordung eines Mannes gegen die Anstellung eines Mannes?«

Die *Deutsche Bank* hatte eine Weile einen Lebensversicherungsfonds namens *Kompass Life 3* im Angebot, der mit der Lebenserwartung von Menschen spekulierte. Man konnte Wetten auf den Tod anderer Menschen abschließen und damit Geld verdienen. Nach Kritik an diesen Todeswetten aus den eigenen Reihen ruderte die Deutsche Bank zurück und bot den Kunden den Ausstieg aus dem Fonds an. Diese Wetten auf das Leben Fremder existieren auch nach dem Rückzug der Deutschen Bank aus diesen Geschäften weiter. Sie hatten im Jahr 2012 ein Volumen von 30 Milliarden Dollar angenommen. Das funktioniert so: Man kauft die Lebensversicherungspolice einer erkrankten oder älteren Person, bezahlt die laufenden Prämien und kassiert nach dem Todesfall die Versicherungssumme, in manchen Fällen Millionen. Je früher der Unbekannte stirbt, desto besser für den Käufer. Erinnern Sie sich an einen Aufschrei der Empörung von Seiten der politischen Klasse und der Medien?

Bei *Goldman-Sachs* hat man nach dem Esel-Prinzip faule Immobilienkredite mit anderen Papieren zu einem Finanzpaket verschnürt, sich von willfährigen Ratingagenturen ein Triple A für dieses hochtoxische Produkt beschafft, sie sodann an Banken in aller Welt verkauft und gleichzeitig Wetten auf den Niedergang dieses Produkts abgeschlossen.

Die Welt der losgelassenen Märkte ist eine Konkurrenzhölle, die mehr und mehr von sozial gestörten Menschen bevölkert ist. Sie sind bloße Tauschmaschinen, Geldsubjekte, innerlich abgestumpfte Rest-Menschen, denen jedes Mittel Recht ist, um immer höhere Gewinne zu erzielen. Man geht dabei buchstäblich über Leichen. Wer bilanziert eigentlich das Leiden, das Banker und Spekulanten über die Menschheit bringen? In welcher Statistik tauchen die Selbstmorde, psychosomatischen Krankheiten und die Verzweiflung auf, die die Finanz-Psychopathen zu verantworten haben?

Max Horkheimers berühmtes Diktum abwandelnd könnte man sagen: Wer über die Praxis der Finanzmarkt-Hasardeure nicht reden will, sollte auch vom privaten Terrorismus eines kleinen Elektrotechnikers schweigen. Seit der Kapitalismus von der Leine sozialstaatlicher Regulierung gelassen wurde, haben es die Märkte und das Geld geschafft, unser Leben komplett in Beschlag zu nehmen und bis in die letzten Poren vorzudringen. Der Tauschwert ist zur Leitwährung auch der intimen Binnenwelten geworden. Alles rutscht, wie Brecht sagte, in die Funktionale und wird ausschließlich nach seinem ökonomischen Wert und seiner Nützlichkeit beurteilt. Warum sollte diese Tendenz vor dem Menschen haltmachen? Aus einer ausschließlich ökonomisch begründeten Vernunft lässt sich kein Einwand gegen den Mord herleiten. Von der wertzynischen Motorik des Geldes werden sozial-moralische Polster und Traditionsbestände verzehrt, ohne die ein Gemeinwesen nicht existieren kann. Export, Wohlstand, Markt und Macht, Geld und Karriere, das ganze Sortiment der Wertabstraktion, halten eine Gesellschaft auf Dauer nicht zusammen. Die Geldsubjekte verwildern moralisch und werden psychisch frigide und gefühllos. Der Psychopath mit seiner Skrupel- und Empathielosigkeit droht zum dominanten Sozialcharakter des neoliberalen Zeitalters zu werden. Über den Gesellschaften des losgelassenen Marktes breitet sich ein moralisches Ozonloch aus, im Inneren ihrer Bewohner grassieren Zynismus und Egomanie. Das Schlimme ist, dass das, was da an moralischer Substanz auf der Strecke bleibt und in den Individuen abstirbt, unwiederbringlich verloren zu gehen droht. Wenn wir noch etwas retten wollen, müssen wir das Steuer schleunigst herumreißen und den Wahnsinn des losgelassenen Marktes und den Amoklauf des Geldes stoppen. Welche menschlichen Haltungen gedeihen eigentlich in einem gegebenen sozialen Klima, welche verdorren? Unter den gegenwärtig herrschenden Verhältnissen entsteht ein hemmungsloser Individualismus, in dem niemand mehr Weggefährte der anderen ist, sondern nur noch Gegner, vor dem man auf der Hut sein muss. Wir benötigen eine solidarische Ökonomie, die sich ihre Ziele von der Gemeinschaft mündiger Bürger vorgeben lässt. Das erst wäre gelebte Demokratie, die die Entfaltung wahrhaft menschlicher Eigenschaften wie Solidarität und gegenseitige Hilfe begünstigen würde.

Der menschenfeindliche Charakter einer auf Kälte, Konkurrenz und Gleichgültigkeit gestimmten Gesellschaft und ihre Tendenz zur Selbstzerstörung werden vom Amokläufer und Terroristen gleichsam aus der Abstraktion gerissen und zur Kenntlichkeit gebracht. Der destruktive Wahn, der individuelle Täter zu ihren Taten treibt, ist Teil und Ableger eines Wahns, von dem das gesellschaftliche Ganze befallen ist. Je direkter dieser sich in jenem ausdrückt, je offensichtlicher der Täter also das Ensemble seiner und unserer gesellschaftlichen Verhältnisse ist, desto lauter der Aufschrei der Empörung und desto vehementer der Wunsch nach individueller Schuldzuschreibung und harter Bestrafung. Je direkter die privat angewandte Gewalt ein Ableger der Gewalt des gesellschaftlichen Ganzen ist, desto mehr wird sie betrachtet, als stamme sie von einem fremden Stern.

ETHNOLOGIE DES INLANDS

Blickverhältnisse zwischen Lehrer und Schülern

Im Sommer sah ich in der Glotze einen Film aus dem Jahr 2015, der *Die Kinder des Fechters* heißt und dessen Handlung Anfang der 1950er Jahre angesiedelt ist. Er erzählt die Geschichte eines jungen Fechters namens Endel, der vor Stalins Geheimpolizei in die baltische Provinz flieht. Um dort über die Runden zu kommen, heuert er als Sportlehrer an der örtlichen Schule an und beginnt, den Kindern die Kunst des Fechtens beizubringen. Während die Kinder begeistert sind von dem neuen Sport und ihrem Lehrer, begegnen sowohl Kollegen als auch Vorgesetzte dem Neuling skeptisch, und schon bald droht Endels Tarnung aufzufliegen. Doch im Unterrichten hat er seine Berufung gefunden. Daher ist Endel nicht bereit, seine Arbeit mit den Kindern aufzugeben, die ihm in der Zwischenzeit ans Herz gewachsen sind. Bei seinen Bemühungen, den vom Krieg traumatisierten und oft vaterlosen Heranwachsenden neues Selbstbewusstsein zu verleihen, wird Endel von einer jungen Kollegin unterstützt. Aber auch sie kann ihrem Kollegen nicht mehr helfen, als er vor einer schweren Entscheidung steht: Soll er dem sehnlichsten Wunsch seiner Schüler nachkommen, sie zu einem Fecht-Wettbewerb nach Leningrad begleiten? Oder ist das Risiko, dort verhaftet zu werden, zu groß? Mehr soll hier nicht verraten werden.

Was mich besonders beeindruckt hat: Der Lehrer besteht im Unterricht darauf, dass die Kinder absolut ruhig sind und ihn anschauen, wenn er zu ihnen spricht. »Schaut mich an, wenn ich mit euch rede!«, sagt er immer wieder und beharrt darauf, dass sie seiner Aufforderung Folge leisten. Zunächst hielt ich das für eine autoritäre Marotte, dann aber verhalf mir diese kleine Filmsequenz zu einer wichtigen Erkenntnis. Man kann als Erzieher seine Zöglinge nur erreichen, wenn dieser Blickkontakt besteht. Über den Sehstrahl rutschen die Worte und Inhalte nach innen. Sie erreichen ihre Adressaten nur, wenn man auf dieser Verbindung besteht. Wie soll Unterricht gelingen, wenn der Lehrer so in den Raum hineinredet? Er muss darauf bestehen, dass die Blicke der Kinder auf ihn gerichtet sind, auf seine Augen. Sie müssen ihn anblicken. Der Blickkontakt symbolisiert die Bindung der Kinder an den Lehrer, und die Bindung ist das Medium, das Lehren und Lernen vermittelt. Blickverhältnisse bilden die Urform menschlicher Beziehungen. Sie schlagen eine Brücke zwischen Menschen und bahnen emotionale Bindungen an. Ohne Blickkontakt kann sich die Bindungsfähigkeit nicht oder nur eingeschränkt entwickeln. Die Bindung an die Eltern bildet die Matrix für alle anderen späteren Bindungen. Sie ist die primäre und tiefste, alle anderen sind von ihr abgeleitet. Die Lehrperson muss Anschluss finden an frühe positive Bindungen und sie fortsetzen. Nur dann hat er Chancen, etwas zu erreichen und die Kinder zu prägen.

Ich kenne aus eigener Erfahrung noch die autoritäre Variante der Aufforderung: »Sieh mich an, wenn ich mit dir rede!« Der Blick zwang uns Kinder nieder, unterwarf uns dem elterlichen Willen. Wir hatten während der Gymnasialzeit noch Lehrer, die es genauso machten wie der Fechtlehrer aus dem Film. Sie gingen durch die Bankreihen und inspizierten uns. Sah man dem Lehrer nicht in die Augen, fragte er: »Kannst du keinen Männerblick aushalten?« Und er bestand darauf, dass man ihn anblickte, ohne den Blick zu senken und zu zwinkern. Dem Blick des Lehrers nicht standzuhalten, galt als Ausdruck von Verschlagenheit, Schwäche, Unehrlichkeit und Insubordination. In der Erziehung und Brechung des kleinen Fritz durch seinen strengen Vater Friedrich Wilhelm von Preußen spielt das Niederringen mit Blicken eine große Rolle. Wenn das Blickverhältnis bei der Erzeugung des soldatischen, autoritären Menschen eine derart wichtige Rolle spielt, ist es dann nicht diskreditiert? Sollte eine demokratische Erziehung nicht darauf verzichten, auf der Forderung des Angeblicktwerdens zu bestehen? Das ist eine wichtige Frage, über die geredet werden muss, bevor man solche Erbschaften antritt. Man darf sie aber auch nicht vorschnell mit dem Verweis auf ihren Missbrauch als erledigt und ein für alle Mal entschieden abtun. Ich glaube, man begäbe sich des wichtigsten Bindemittels zwischen Lehrer und Schüler. Ohne eine wie immer beschaffene emotionale Bindung zwischen beiden funktioniert kein Unterricht. Gerade in Zeiten, wo Bindungen nur noch schwer zustande kommen, die Unruhe grassiert, die Blicke ständig auf zuckende Bildschirme treffen, sollten wir dieses älteste Bindeglied zwischen Menschen nicht leichtfertig aufgeben, sondern es für die Humanisierung des Menschen zurückgewinnen.

Versuch, den Trumpismus zu verstehen

»Ich denke, das qualifiziert mich nicht nur als schlau, sondern als Genie … und als sehr stabiles Genie noch dazu.« *(Donald Trump)*

Eine pervertierte Form direkter Demokratie

Donald Trump twittert rund um die Uhr. Im Wahlkampf gab es Tage, an denen er bis zu 70 Tweets absetzte. Er scheint das Land vom Smartphone aus mittels 140-Zeichen-Botschaften regieren zu wollen. Auch andere Rechtspopulisten wie der Holländer Geert Wilders haben eine Vorliebe für die sogenannten sozialen Medien, vor allem den Kurznachrichtendienst Twitter. Seit Jahren wendet er sich per Tweets an seine Gefolgschaft. Kürzlich hat er voller Begeisterung eine Karikatur verbreitet, in der Donald Trump einen mit »soziale Medien« beschrifteten Football über die Köpfe von Journalisten hinweg in ein privates Wohnzimmer wirft. Die rechtspopulistischen Agitatoren umgehen auf diese Weise das, was man Öffentlichkeit nannte und in Demokratien eine wichtige Instanz der Vermittlung zwischen staatlichen Institutionen und Bürgern gewesen ist. Der Idee nach war Öffentlichkeit die Sphäre, in der mündige Bürger sich zum Publikum versammeln, ihre unterschiedlichen Interessen diskutierten und schließlich zu einem Konsens fanden. In den neuzeitlichen Massendemokratien spielten die Medien, zunächst vor allem die Presse, eine wichtige Rolle in diesem Prozess der Meinungs- und Urteilsbildung. Sie lösten die Religion als wesentliche Quelle der Orientierung ab. Die Zeitungslektüre, sagte Hegel, sei das »Morgengebet des Bürgers«. Trump jedenfalls hängt dieser Zivilreligion nicht an, sein Morgengebet ist das Twittern. Ob die zeitgenössischen Medien ihre aufklärerische Aufgabe noch ausfüllen und zur kritischen Urteilsbildung und Orientierung beitragen, ist die Frage, aber Twitter erfüllt sie ganz sicher nicht. Schon die 140-Zeichen-Begrenzung steht jeder wahrhaften Aufklärung entgegen. Die Ablehnung der Mühen und Gepflogenheiten der parlamentarischen Demokratie und die Verachtung ihrer Repräsentanten bringt eine pervertierte Form direkter Demokratie hervor. Trump sieht sich selbst als Führer und Sprachrohr einer »Bewegung«, mit deren Mitgliedern er per Twitter kommuniziert und mit denen er im Hass auf das Establishment und die Eliten verschmilzt. Wir sind Zeugen der Herausbildung einer nachdemokratischen, autokratischen Herrschaftsmethode, nicht nur in den USA. Noch bedient man sich demokratischer Methoden zur schrittweisen Abschaffung und Aushöhlung der Demokratie. Auch in den noch liberal verfassten Demokratien liebäugeln viele mit diesen Modellen.

König Donald

In einer Dokumentation, die der Sender *Arte* ausstrahlte, kam ein Mann zu Wort, der eine Trump-Biographie verfasst hat. Er sagte, Trump träume tatsächlich davon, König der Amerikaner zu sein. Ein von Trump in Auftrag gegebenes Bild der Trump-Familie zeigt ihn denn auch auf einer Art von vergoldetem Thron sitzend. Seitlich hinter ihm steht seine junge, im landläufigen Sinne hübsche Frau in einem Kleid, das ein wenig an ein Negligee erinnert. Rechts im Bild sitzt sein Sohn auf einem Stofflöwen und übt sich in die Rolle des Prinzregenten ein. Zu seinen Füßen sieht man Modelle von Stretchlimousinen und einen Oldtimer-Rennwagen, die wie Ikonen seiner zukünftigen Macht und seines Reichtums dort platziert wurden. Georg Seeßlen hat dieses Bild in seinem Buch »Trump! Populismus als Politik« einer gründlichen Interpretation unterzogen.

Hier ein Beispiel dafür, dass sich das Twittern Donald Trumps zu einer Bedrohung auswachsen kann. Nachdem Mitte Dezember ein chinesisches Kriegsschiff eine amerikanische Forschungsdrohne beschlagnahmt hatte, protestierte das Pentagon und es folgten Verhandlungen über die Rückgabe der Drohne. Zwei Tage nach dem Vorfall setzte der gewählte Präsident Trump folgenden Tweet ab: »China stiehlt in internationalen Gewässern eine Forschungsdrohne der US-Navy – reißt sie aus dem Wasser und nimmt sie in einem präzedenzlosen Akt mit nach China.« Staat »unprecedented« hatte Trump zunächst »unpresidented« geschrieben, und diesen Verschreiber finde ich eigentlich interessanter als den Sachverhalt selbst. Wie wir von Freud wissen, ermöglichen uns Versprecher, Verschreiber und andere Fehlleistungen Einblicke in die unbewussten Antriebskräfte eines Menschen. Statt beispiellos, unerhört, noch nie dagewesen schreibt er »unpresidented«, also im Klartext: ohne mich zu fragen. Der zukünftige Präsident der Vereinigten Staaten von Amerika reagiert wie ein gekränkter kleiner Junge, dem ein Nachbarsjunge ein Spielzeug weggenommen hat. Diese glücklicherweise harmlos verlaufene Krise zeigt uns, wohin das Regieren mit dem Smartphone in der Hand und per Tweet führen kann. Aus einer Farce kann durch einen twitternden Präsidenten, der offenbar distanzlos seinen spontanen Impulsen und Gefühlsregungen ausgeliefert ist, schnell eine veritable und bedrohliche Krise werden. Trump ist eine Katastrophe, weil er sich – nicht nur in dieser Szene und dem Verschreiber – als pathologischer Narzisst erweist. Narzissten besitzen in der Regel ein schwaches Selbstwertgefühl und sind unfähig zum Perspektivenwechsel. Sie sehen die Welt als Echoraum und begreifen die anderen nur als Resonanzboden und Spiegel der eigenen Großartigkeit. Das, was als Narzissmus nach außen in Erscheinung tritt, ist der Versuch, die Selbstwertschwäche durch großspuriges Verhalten und geckenhaft-protziges Auftreten zu kompensieren. Der Narzisst versucht, sich durch Größenphantasien vor dem Gewahrwerden der eigenen Zwergenhaftigkeit (oder doch mindestens Durchschnittlichkeit) zu schützen. Das Größenselbst geht natürlich auf tönernen Füßen und ist extrem leicht zu kränken. Die Folge der Selbstwertschwäche ist also eine enorm hohe Verletzbarkeit. Auf Kränkungen und Kritik wird in der Regel mit Zorn und Wut reagiert – keine Eigenschaften, die einen Menschen zum Präsidenten einer Supermacht qualifizieren. Als ein Bundesrichter es wagte, Trumps Einreiseverbot für Menschen aus gewissen muslimischen Ländern außer Kraft zu setzen, griff er sofort zum Smartphone und twitterte: »The opinion of this so-called judge, which essentially takes law-enforcement away from our country, is ridiculous and will be overturned!« Wie kann ein hergelaufener Richter es wagen, ein königliches Dekret aufzuheben und seine Allmacht anzuzweifeln? Von Gewaltenteilung als Grundprinzip von Demokratie und Rechtsstaatlichkeit hat Trump noch nie etwas gehört, und wenn doch, dann ist er nicht geneigt, sie zu respektieren. Er scheint davon auszugehen, dass der Staat durch seinen Wahlsieg in seinen Besitz übergegangen ist, mit dem er nun nach Gutdünken verfahren kann. Er führt den Staat wie einen Privatbetrieb, stellt ihm genehme Leute ein und feuert andere, die sich seinen Anweisungen nicht fügen oder es wagen Kritik zu üben. Er wird von der Angst umgetrieben, dass jemand ihn negativ beurteilen könnte, dass gleichsam die Luft aus dem Ballon seines pathologisch aufgeblähten Größen-Selbst herausgelassen wird. Der kritisch-beurteilende Blick des Anderen ist für den narzisstisch Gestörten, was für den Vampir das Tageslicht ist. Er könnte das innere Idealbild vernichten. Gegen die Gefahr des Kollapses des grandiosen Selbstbildes ist Kampf mit beinahe allen Mitteln geboten.

Jetzt treten die malignen, also bösartigen Varianten des Narzissmus in Erscheinung, auf die der Psychoanalytiker Otto Kernberg hingewiesen hat. Wenn ihr Stern zu sinken droht, weisen Despoten vom narzisstischen Typus eine Neigung auf, ihren eigenen unaufhaltsamen Untergang mit dem Untergang der Welt verknüpfen zu wollen. »Statt darauf zu warten«, heißt es in Lothar Baiers letztem Buch *Keine Zeit*, »dass die Welt das eigene Leben verschlingt, soll die Welt in der Selbstvernichtung verschlungen werden, damit auf diese Weise Weltzeit mit Lebenszeit zusammenfällt.« In der tödlichen und Tod bringenden Kongruenz von Lebenszeit und Weltzeit erweisen sich ein letztes Mal die eigene Grandiosität und Allmacht. Auch Hitler teilte die Obsession, die eigene Lebensgeschichte mit der Weltgeschichte zur Deckung bringen zu wollen. Dem Luftwaffenadjudanten Nicolaus von Below hatte Hitler nach dem Scheitern der Ardennenoffensive mitgeteilt: »Wir kapitulieren nicht, niemals. Wir können untergehen. Aber wir werden eine Welt mitnehmen.« Hans Blumenberg, dessen Buch *Lebenszeit und Weltzeit* dieses Zitat entstammt, bezeichnet die Haltung, aus der Verfehlung des eigenen Lebensziels den Schluss zu ziehen, die ganze Welt habe ihren Sinn verfehlt und nun keine Existenzberechtigung mehr, in Anlehnung an Freud als »absoluten Narzissmus«. Falls die Amerikaner sich ihres grandiosen Präsidenten Trump als nicht würdig erweisen, die Kritik an seiner Amtsführung zunimmt und sich ein Scheitern bei der Wiederwahl abzeichnet, besteht die Gefahr, dass er den Versuch unternimmt, das Ende seiner Amtszeit in ein planetarisches Feuerwerk zu verwandeln und die Welt in seinen absehbaren Untergang mitzureißen. Über die Mittel dazu verfügt er.

Narzisstisch Gestörte sind häufig gelotophob, das heißt sie können es nicht ertragen, wenn über sie gelacht wird. Hinter der sogenannten Gelotophobie liegen in der Regel frühe Kränkungserfahrungen, die deswegen traumatisierend waren, weil sie zu einer Zeit erlitten wurden, da sich Mechanismen der Kränkungsbewältigung noch nicht hinreichend entwickelt hatten und die deswegen auf das sich gerade bildende Selbst voll durchschlugen. An dieser Stelle wird ein solcher Mensch zeitlebens enorm empfindlich und verwundbar bleiben. Es gibt Menschen, die das Lachen der anderen zeitlebens begleitet und die es schließlich auch dann auf sich beziehen, wenn sie gar nicht gemeint sind. Sie hören, wie man so sagt, die Flöhe husten, beziehungsweise lachen. Ich kann mir vorstellen, dass Trump zu diesen Menschen gehört; dass er schon in der Schule verlacht wurde und zu denen zählte, die bei der Wahl der Baseball-Mannschaften am Schluss noch dastanden, weil sie keiner haben wollte. Die Versuche, seine Selbstunsicherheit mit Pomp und Machogebaren zu überbauen, sind derart komisch und schnell zu durchschauen, dass sie einen zum Lachen bringen. Zum Beispiel der überdimensionale rote Schlips, den er zu tragen pflegt und der offensichtlich Potenz und phallische Stärke demonstrieren soll, wo wahrscheinlich eher das Gegenteil zu vermuten ist. Das Lachhafte von Leuten wie Trump besteht darin, dass sie unter ihrer psychischen Störung gar nicht zu leiden scheinen, sondern sie zelebrieren und öffentlich zur Schau stellen. Alles, was man sonst mühsam aufdecken muss, liegt offen zu Tage. Trump trägt die Symptome seiner Störung wie eine Monstranz vor sich her. Das bringt einen beinahe unwillkürlich zum Lachen. Das Lachen verletzt einen umso mehr, wenn es von Leuten kommt, zu denen man gern gehören würde und auf deren Anerkennung man Wert legt. Dieses Lachen zum Verstummen zu bringen, ist ein starkes Motiv von Leuten wie Trump. Er mobilisiert den gesellschaftlichen Untergrund und macht sich zum Sprecher der kleinen Leute, um deren Rachegelüste gegen die zu wenden, von denen er sich nicht akzeptiert und verspottet fühlt.

Auch Hitler litt unter fortwährenden Kränkungen und Zurückweisungen, und keine davon geriet in Vergessenheit. Am 8. November 1942 hielt Hitler eine Reichstagsrede, in der das Motiv, Rache zu nehmen an jenen, die einst über ihn lachten, offen zu Tage tritt: »Sie werden sich noch erinnern an die Reichstagssitzung, in der ich erklärte: Wenn das Judentum sich etwa einbildet, einen internationalen Weltkrieg zur Ausrottung der europäischen Rassen herbeiführen zu können, so wird das Ergebnis nicht die Ausrottung der europäischen Rassen, sondern die Ausrottung des Judentums in Europa sein. [Beifall] Sie haben mich immer als Propheten ausgelacht. Von denen, die damals lachten, lachen unzählige nicht mehr. [vereinzeltes Lachen, Beifall] Die jetzt noch lachen, werden in einiger Zeit vielleicht auch nicht mehr lachen. [Gelächter, starker Beifall] Diese Welle wird sich über Europa hinaus über die ganze Welt verbreiten.«

Wenn Trump tatsächlich vier Jahre Präsident sein sollte und sich während und vor allem gegen Ende seiner Amtszeit keine Katastrophe ereignet, werden wir das als Gottesbeweis nehmen können.

Eine Pause der Besinnung

Vor Jahren hatte der damalige Bundespräsident Wulff eine Nachricht an den Chefredakteur der Bild-Zeitung auf dessen Mailbox gesprochen und sich ihm damit auf Gedeih und Verderb ausgeliefert. Unterstellt, so kommentierte die Süddeutsche Zeitung damals, »eine hochrangige Persönlichkeit wird für einen Moment vom Zorn übermannt, ruft beim Chefredakteur einer befreundeten Zeitung an und spricht, weil dieser nicht rangeht, finstere Drohungen auf den Audiorekorder. Kaum aber hat der Mann seinem Ärger Luft gemacht, meldet sich der Verstand zurück, und zwar mit der niederschmetternden Botschaft: Das war eine Dummheit. Aber diese Riesendummheit ist auf der Mailbox, und kein Machtwort holt sie wieder zurück.« Früher diktierte oder schrieb man einen Brief, eine Kulturtechnik, die zwischen einen wütenden Impuls und seine Umsetzung eine Phase der Besinnung einlegte. Wie hilfreich der Brief als Mittel der Deeskalation ist, kann man bei Karl Valentin nachlesen. In einem seiner Dialoge diktiert er schwer beleidigt ein Schreiben an einen Freund, der unter anderem als »hundsgemeiner Sauhund« beschimpft wird. Nachdem er sechs Briefbögen wegen inhaltlicher und juristischer Bedenken zerrissen hat, findet er endlich die richtigen, in ihrer Schlichtheit und Kürze vorbildlichen Worte: »Geehrter Herr! Ich beschließe nun mein Schreiben und erachte die ganze Angelegenheit für entwichen.« Zu dieser eleganten Formulierung wäre Valentin nie gelangt, wenn er seinen hundsgemeinen Sauhund direkt in die Mailbox gebrüllt, als SMS oder gar als Tweet an alle Welt verschickt hätte.

»Umso schlimmer für die Tatsachen«

Bei seinem Antrittsbesuch bei den Geheimdiensten verkündete Trump, er befinde sich im Krieg mit den Medien und er macht keine Anstalten, an diesem Zustand etwas zu ändern. Er beklagte sich, dass die Medien Lügen über ihn verbreiteten und zum Beispiel behaupteten, die Zahl der Teilnehmer an seiner Amtseinführung sei niedriger als bei denen seiner Vorgänger gewesen. Was genau so wahr ist wie der Umstand, dass die Zahl derer, die gegen die Amtseinführung Trumps protestierten, die Zahl seiner Anhänger bei Weitem überstieg. Trump behauptete: Noch nie sei die Inauguration eines Präsidenten vor den Augen so vieler Menschen über die Bühne gegangen. Es sei die größte aller Zeiten gewesen. Trump ließ diese Version später durch seinen Sprecher verkünden. Der bizarre Streit über die Besucherzahlen bei Trumps Inauguration ging aber noch weiter. Eine Beraterin des US-Präsidenten, die von der verfeindeten Presse gefragt wurde, warum Trump gleich an seinem ersten Amtstag seinen Sprecher bewusst Lügen verbreiten lasse, erklärte, sein Team habe nicht gelogen, sondern »alternative Fakten« präsentiert. Trump und seine Leute entpuppen sich als rechte Anhänger Hegels, von dem der Satz stammt: »Wenn die Tatsachen nicht mit der Theorie übereinstimmen – umso schlimmer für die Tatsachen!« Gleich in den ersten Tagen seiner Amtszeit kreiert der Trumpismus einen neuen Begriff für das Orwellsche Newspeak-Lexikon: Lügen heißen ab sofort »alternative Fakten«. Jeder kann behaupten, was er will, es soll keine objektiven Kriterien mehr dafür geben, ob etwas wahr ist oder nicht. Was wahr ist, bestimmt König Trump; wahr ist, was er per Twitter verkündet. Es wird in nächster Zeit ein königliches Dekret ergehen, das jeden Amerikaner dazu verpflichtet, einen Twitter-Account einzurichten, damit das Volk die Stimme seines Herrn vernehmen und erfahren kann, was entgegen den Lügen und Verleumdungen der Presse als wahr und faktisch zu gelten hat.

Trumps Primat der Politik?

Die Rede, die Trump bei seiner Inauguration gehalten hat, war die Fortsetzung des Wahlkampfes und eine neuerliche Kampfansage an das, was er Establishment und Eliten nennt. Dazu passte die kämpferisch hochgereckte Faust. Erstaunt müssen wir zur Kenntnis nehmen, dass nicht alles, was er da verkündete, kapitalkonform ist und im Interesse der herrschenden Klasse liegt. Ganze Passagen seiner Rede könnten auch aus dem Mund eines Revolutionärs stammen: »Die heutige Zeremonie hat eine ganz besondere Bedeutung. Denn heute übergeben wir die Macht nicht nur von einer Regierung an die andere oder von einer Partei an die andere, sondern wir nehmen die Macht von Washington DC und geben sie an euch, das Volk, zurück. Zu lange hat eine kleine Gruppe in der Hauptstadt unseres Landes von der Regierung profitiert, und das Volk hat die Kosten getragen. ... Politikern ging es gut, aber die Arbeitsplätze wanderten ab und die Fabriken schlossen. Das Establishment schützte sich selbst, aber nicht die Bürger unseres Landes. ... All das ändert sich hier und jetzt. ...Worauf es wirklich ankommt, ist nicht, welche Partei unsere Regierung führt, sondern ob unsere Regierung vom Volk geführt wird. Der 20. Januar 2017 wird als der Tag in der Erinnerung bleiben, an dem das Volk wieder zum Herrscher dieser Nation wurde. Die vergessenen Männer und Frauen unseres Landes werden nicht mehr vergessen sein.«

Wir werden das Wesen des rechten Populismus nicht verstehen können, wenn wir diese rebellische Seite nicht zur Kenntnis nehmen. Was Trump da macht, ist das, was Ernst Bloch unter der Aneignung linker Energien von rechts verstanden hat. Trump geht mit unseren Symbolen: der hochgereckten, geballten Faust der Arbeiterbewegung, und unseren Begriffen: Alle Macht dem Volk! hausieren. Kritik am »Establishment«, einer zentralen Kategorie im Denken Herbert Marcuses, an der bürgerlichen Presse und der parlamentarischen Demokratie als der der Plusmacherei günstigsten Staatsform – das war doch alles einmal linkes Stammland, das jetzt von den Rechten eingenommen und besetzt worden ist. Dieser Coup konnte nur gelingen, weil sich die Linken aus diesen Gebieten zurückgezogen haben.

Diese Rhetorik erschreckt nicht nur die etablierten Politiker und die Salon-Linken, sondern auch die Finanzwelt. Besorgt nimmt man dort zur Kenntnis, dass Trump Freihandelsabkommen aufkündigen und die USA zu einer Festung des ökonomischen Protektionismus umbauen will. Es ist schon grotesk: Zur gleichen Zeit, da der neu gewählte Präsident der Vereinigten Staaten von Amerika Schutz- und Strafzölle einführen will, hält der chinesische Ministerpräsident auf dem Weltwirtschaftsforum in

Davos ein flammendes Plädoyer für den Freihandel. Vertreter der deutschen Industrie und Finanzwelt, von der Deutschen Bank bis Siemens, äußerten gegenüber ihrem Zentralorgan, der *Frankfurter Allgemeinen Zeitung*, ihre Besorgnis über die Entwicklungen in den USA und mahnten zu einem besonnenen Umgang mit der neuen US-Regierung. Nach dem Motto: nur nicht reizen, sondern auf Zeit spielen und darauf setzen, dass nicht so heiß gegessen wie gekocht wird. Wolfgang Fink, Ko-Deutschland-Chef der Investmentbank Goldman Sachs, beruhigt sich selbst mit den Worten: »Die Gesetze der Wirtschaft gelten weiterhin, die setzt niemand außer Kraft. Auch ein Donald Trump wird als Präsident die Realitäten des Wirtschaftslebens akzeptieren müssen.«

Was, wenn sich Trump auch hier als Hegelianer erweist, auf die Gesetze der Wirtschaft pfeift und ihr seine Richtung aufzwingt? Als »Führer einer Bewegung« oder »König seines Volkes«, als der er sich begreift, wird er sich seiner Basis und den ihr gemachten Versprechungen gegenüber ganz anders verpflichtet fühlen als ein gewöhnlicher bürgerlicher Politiker, der sich allenfalls an seine Partei gebunden fühlt. Es wird gerade für die Linke spannend sein zu beobachten, wie dieser Konflikt verläuft und ausgeht. Gelingt es dem Kapital, Trump zurückzupfeifen und an die Leine zu legen oder schafft er es, seine Vorhaben durchzusetzen? Seit Jahrzehnten versucht man mit genau diesem von Herrn Fink vorgetragenen Argument linke Gegenentwürfe zu diskreditieren. Es wird gerade für die Linke spannend sein zu beobachten, wie dieser Konflikt ausgeht. Wenn es Trump gelingt, den Primat seiner rechten Politik gegen die Widerstände bestimmter Kapitalfraktionen und »der Märkte« durchzusetzen, entkräftet er – ohne es zu wollen – auch jene Vorbehalte, die man gegen linke Entwürfe seit Jahrzehnten vorbringt und die die Linke im Laufe der Zeit verinnerlicht und zu eigen gemacht hat. Es wäre der Nachweis erbracht, dass man sich den »ehernen Gesetzen« der Ökonomie und den sogenannten Sachzwängen nicht beugen muss.

Super-Trump als »seelischer Schadenschnelldienst«

Die kleinen Leute empfanden die Angriffe der liberalen Eliten auf Trump als Angriffe auf sich selbst und identifizierten sich umso mehr mit ihm. Trumps Botschaft, die seine Ausfälle und Aggressionen transportierten, war: »Ich bin einer von euch!« Wir alle möchten einmal unsere Feinde öffentlich demütigen, unserem Chef sagen, was wir von ihm halten und dass wir ihn einsperren werden, wie Trump es Hillary Clinton im Wahlkampf angekündigt hatte. Trump übt stellvertretend Rache für all die Demütigungen, die der kleine Mann und die kleine Frau erlitten haben. Er übernimmt die Aufgabe eines »seelischen Schadenschnelldienstes«, wie Silvia Bovenschen es einmal ausgedrückt hat. Die Rachephantasie gehört zum Inventar der Kränkung. Früh nistet sich das Heldengespenst in uns ein. Es erwacht zum vollen Leben, erhält Kontur und Kraft mit der ersten Kränkung. Silvia Bovenschen schreibt: »Schon die erste Demütigung, die erste als Schmach erlebte Niederlage zeugt kompensatorische Phantasieaktionen. Sie schreit nach szenischen Imaginationen eigener stolzer Siege. Triumphe werden erträumt, Rachen werden phantastisch bebildert. Die Demütigung des Demütigers. Die Phantasien Gedemütigter sind immer furchtbar. Im Dreck soll der andere liegen, sein Dreirad soll mit ihm zerschellen; seine Sandburg wird geschleift. Das ist das mindeste. ... Die Rache wird vollzogen, wenn es an Kraft, Mut und Möglichkeit mangelt, muss sie in die Phantasie. Immerhin geht es um Heilung, um die Wiederherstellung des kleinen Ichs, das wir uns gerade erst spiegelbildlich gebastelt haben. Da wird es dann in unserem Traum wieder ganz und etwas größer noch als zuvor; das Ich, von dem Freud (oder war es Lacan?) behauptete, dass es aus einer Wunde entstünde. Der innere Held ist ein seelischer Schadenschnelldienst. Wenn uns im Leben wenig mehr bleibt als solche Phantasien, wenn sie schließlich alles überwölben, uns ganz beherrschen, werden wir wirklich zu furchtbaren Leuten.«

Trump ist der Held und Racheengel der kleinen Leute. Die Geschichte des »kleinen Mannes« ist eine der Übervorteilung und des Betrugs an ihm. An diesem Grundgefühl des »kleinen Mannes« hat sich seit Falladas Zeiten wenig geändert. In seinem Roman *Kleiner Mann – was nun?* aus dem Jahr 1932 sagt Pinneberg zu seiner Frau Emma: »Mit uns kleinen Leuten machen sie, was sie wollen ...« Der kleine Mann zahlt immer die Zeche, er ist immer der Dumme, mit ihm kann man's machen, er hat stets die »Arschkarte« gezogen. Er fühlt sich gekränkt und das ist mehr als eine bloße Empfindung: Er wird tatsächlich und höchst real herumgestoßen, enteignet und gekränkt. Er beschwert sich, klagt und murrt, aber er geht nicht zum Aufstand über. Er hat sein Leben lang »hart gearbeitet« und sich

»am Riemen reißen« müssen. Er verachtet die Schwachen und Armen und ist davon überzeugt, dass sie selbst an ihrem Unglück schuld sind. Er hält nichts davon, sie zu unterstützen, was in seinen Augen nur ihre Faulheit begünstigt. Sie sollen die Lebensordnung erleiden, in die man sich selbst unter Zwang und ohne Liebe gefunden hat. Verbissen wird die introvertierte Gewalt an Schwachen und Außenseitern wiederholt, deren bloße Existenz ihn daran erinnert, dass auch er einmal schwach war und davon träumte, wie ein Mensch zu leben. Unter Schmerzen musste er diese Hoffnungen begraben und hasst nun alle, die ihn daran erinnern. Deswegen hat er nichts dagegen, wenn Trump *Obama-Care* zurücknimmt, ein Projekt, das den Armen den Zugang zur Krankenversicherung ermöglichen sollte. Und er ist einverstanden, wenn Trump in Richtung Islamischem Staat und Muslimen sagt: »Ob ich für Waterboarding bin, das simulierte Ertrinken? Da könnt ihr euren Arsch drauf wetten. Glaubt mir, es wirkt! Selbst wenn es nicht wirkt: Sie verdienen es.« Der kleine Mann ist geistig obdachlos, er macht nie die Erfahrung der Solidarität, bleibt vereinzelt und isoliert. Andere kleine Männer trifft er allenfalls am Stammtisch oder in Vereinen, denen er sich anschließt. Er sehnt sich nach einem starken Mann, einem Führer, der an seiner statt handelt und Rache nimmt.

Es muss in den USA unter einem dünnen Firniss angepassten Verhaltens eine Menge Wut und Rachephantasien geben. In Dennis Hoppers Film *Easy Rider* aus dem Jahr 1969 bin ich der konformistischen Bösartigkeit und dem dumpfen Hass der amerikanischen Provinz auf alles, was anders und fremd ist, zum ersten Mal begegnet. Warum verbräunt sich die Wut des kleinen Mannes, heute wie ehedem, statt sich nach links zu wenden? Im Unterschied zum rechten Populismus, der das dumpfe, ressentimentgeladene Grummeln im Bauch des kleinen Mannes einfach so aufgreifen kann, wie er es vorfindet, muss die Linke es einer komplizierten Aufbereitung unterziehen. Sie muss den Weg hinter die Verbräunung zurückgehen, bis dahin, wo der Hass gegen das Fremde und die Fremden sich als Selbsthass zu erkennen gibt. Das, womit wir in uns selbst nicht übereinstimmen, was unter dem Einfluss schmerzhafter Eingriffe ins Unbewusste abgesunken ist und sich dort als fremdartig und bedrohlich abgelagert hat, wird nach außen gestülpt und dort im Fremden gefürchtet und gehasst. Während der rechte Populismus die Ängste der Menschen schürt und sie geschickt bewirtschaftet, muss die Linke sie über sich selbst aufklären, damit sie mündig werden. Das ist vergleichsweise mühsam und schmerzhaft. Aber es geht nicht anders. Oskar Negt schreibt in seiner Autobiographie *Überlebensglück*: »Wo der Selbsthass im Eigenen aufgehoben wird, verliert sich der Hass gegen das Fremde, und es beginnt, wie Marx das in seinem kategorischen Imperativ formuliert hat, entschieden der Kampf, ›alle Verhältnisse umzuwerfen, in denen der Mensch ein erniedrigtes, ein geknechtetes, ein verlassenes, ein verächtliches Wesen ist‹.«

Aber wo ist die Linke, die in der Lage wäre, diese Aufklärungsprozesse in Gang zu setzen und die aufbereiteten Ängste und Nöte der kleinen Leute zu bündeln und streitbar gegen die herrschenden Zustände zu wenden? Slavoj Žižek hat die Vermutung geäußert, dass die Demokraten mit einem Bernie Sanders als Präsidentschaftskandidaten vielleicht eine Chance gehabt hätten, das »große Unbehagen« der kleinen Leute in einen Kampf um Gerechtigkeit zu transformieren. Die Botschaft des »Hillary-Konsens« an die Linken habe hingegen gelautet: »Ihr könnt alles fordern, solange ihr das ungehinderte Funktionieren des globalen Kapitals nicht in Frage stellt. Ihr könnt euch für die Rechte von Frauen und Homosexuellen, für Multikulturalismus und gegen Rassismus einsetzen, aber lasst die Finger von der Eigentumsordnung.« Durch diese Sperrklausel wurde die Chance der Demokraten vertan.

Größenphantasien

Ein stadtbekannter Obdachloser redete, als ich heute in der Fußgängerzone an ihm vorüberging, halblaut in den Strom der Passanten hinein: »Ich bin einer der wichtigsten Menschen auf der Welt. Ich bin großartig!« Es gab keine Resonanz, aber das schien ihm auch nicht wichtig. Er wollte es einfach mal gesagt haben. Warum soll es Donald Trump vorbehalten sein, in Größenphantasien zu schwelgen?

Donald Trump in Marburg

Beim Gang durch Marburg stieß ich gestern Mittag vor einer Buchhandlung auf ein Gruppe junger Männer. Sie waren durchschnittlich verfettet und stiernackig, hatten Glatzen oder eine Marco Reus-Frisur. Sie gehörten zu der Sorte Menschen, die nur ein plötzlicher Regen zum Betreten einer Buchhandlung zwingen kann, wie Loriot einmal bemerkte. Das Schicksal wollte es, dass eine junge Frau an den Jungmännern vorübergehen musste. Kaum waren sie ihrer ansichtig geworden, dröhnte es aus der Gruppe: »Echt geiles Gerät!«. Ein anderer brüllte ihr nach: »Bück dich mal, dass man deinen Arsch besser sehen kann!« So und noch derber ging das eine Weile, bis sie beschlossen, in einer nahegelegenen Kneipe einen trinken zu gehen.

Ich hatte mich Jahre lang in dem Glauben gewiegt, dass derartig dumme, sexistische und beleidigende Sprüche ausgestorben wären. Aber wahrscheinlich hatten sie sich nur aus der Öffentlichkeit in die Schattenräume von Männerbünden, Umkleidekabinen und Kneipen zurückgezogen. Eines der vielen ekelhaften Resultate der Wahl von Donald Trump könnte darin bestehen, dass man es wieder wagen kann, zu seinen sexistischen und rassistischen Impulsen zu stehen, sie öffentlich zu äußern und sich zu ihnen zu bekennen. Was ist das für ein Signal gerade an die Männerwelt, wenn einer programmatisch verkündet: »Als Star kannst du dir alles leisten, du kannst ihnen zwischen die Beine greifen« (»You can do anything... grab them by the pussy«) – und damit Präsident der Vereinigten Staaten von Amerika wird?

Es ist offenbar das Signal an die Männer, dass man nun endlich wieder hemmungslos »die Sau rauslassen« kann.

An die Adresse all derer gerichtet, die sich über die Vulgaritäten von Trump aufregen, hat Slavoj Žižek gesagt: »War das nicht zu erwarten? Natürlich. Um es geschmacklos zu formulieren, klingt das so, als lüde man Hitler zum Essen ein und zeigte sich dann überrascht, wenn dieser mit antisemitischen Sprüchen um sich wirft.«

Das Automobil als Waffe und Selbstwertprothese

In Berlin wurde Anfang der Woche das Urteil im Prozess gegen zwei junge Männer gesprochen, die bei einem illegalen Autorennen einen Mann zu Tode gebracht haben. In Heidelberg raste am 25. Februar ein 35-Jähriger mit einem Auto in eine Menschenmenge eingangs der Fußgängerzone, tötete einen und verletzte zwei weiter Passanten. Anlass, wieder einmal über die Rolle des Automobils in dieser Gesellschaft und das Phänomen »Amok« nachzudenken.

Am 27. Februar 2017 wurden zwei 25 beziehungsweise 28 Jahre alte Männer in Berlin wegen eines illegalen nächtlichen Autorennens, das sie im Februar 2016 auf dem Kurfürstendamm veranstaltet hatten und bei dem ein unbeteiligter Autofahrer zu Tode kam, wegen Mordes zu einer lebenslangen Freiheitsstrafe verurteilt. Sie hatten während des Rennens mehrere rote Ampeln überfahren. Einer der beiden rammte dann mit circa 160 Stundenkilometern einen Wagen, der rund 70 Meter weit geschleudert wurde und dessen Fahrer noch am Ort des Unfalls verstarb. Das Gericht befand, die beiden jungen Männer hätten mit »bedingtem Vorsatz« gehandelt und bei ihrem Handeln den Tod und die Verletzung anderer Verkehrsteilnehmer billigend in Kauf genommen. Die Verteidiger hatten dagegen Schuldsprüche wegen fahrlässiger Tötung für den einen Fahrer und wegen Gefährdung des Straßenverkehrs für den anderen gefordert. Sie argumentierten, der Vorsatz, an einem Rennen teilzunehmen, sei nicht mit einem Tötungsvorsatz gleichzusetzen. Ihnen würde »bei so einer Fahrt das Risiko nicht in den Sinn kommen«. Die Männer seien davon ausgegangen, alles unter Kontrolle zu haben. Die Verteidigung kündigte an, in Revision zu gehen.

Viagra des männlichen Stolzes

Wenn das Berliner Urteil in einer Revision beim Bundesgerichtshof Bestand hätte, würden die Richter damit, wie man so sagt, Rechtsgeschichte schreiben1. Denn bislang wurden illegale Straßenrennen wie Kavaliersdelikte behandelt und die Raser wurden auch dann, wenn Todesopfern zu beklagen waren, in der Regel wegen fahrlässiger Tötung verurteilt. Die Höchststrafe ist hier fünf Jahre. Kommt bei einer innerstädtischen Raserei niemand zu Schaden, wird sie, wenn überhaupt, als Ordnungswidrigkeit geahndet und die Raser kommen mit einer Geldstrafe und einem befristeten Führerscheinentzug davon. Ich erinnere mich noch an einen ähnlich gelagerten Fall in Köln, bei dem die Täter, die eine Radfahrerin zu Tode gebracht hatten, mit Bewährungsstrafen belegt wurden. Die Angehörigen der jungen Frau waren ob des Urteils und der in ihm zutage getretenen Geringschätzung des Lebens fassungslos. Sie waren in ihrem Gerechtigkeitsempfinden tief verletzt und ihr Glaube an den Rechtsstaat war erschüttert. Die Tat hat das prekäre Gleichgewicht der Gesellschaft gestört, die von einem Gericht ausgesprochene Strafe soll es wieder herstellen. Am Ende von Berufung und Revision steht ein rechtskräftiges Urteil, das den Rechtsfrieden wiederherstellen und der Gesellschaft und den Betroffenen ein Weiterleben ermöglichen soll. Urteile, wie sie bisher in solchen Fällen üblich waren, erfüllen diese Funktion nicht und lassen bei den Angehörigen des Opfers Rachegelüste entstehen.

Das Berliner Urteil stellt in meinen Augen klar, dass das menschliche Leben das höchste Rechtsgut ist und dass die Gesellschaft auf Verletzungen dieses Rechtsgutes konsequent reagieren muss. Es ist ein Urteil mit einer möglicherweise großen generalpräventiven Wirkung. Potenzielle Täter wissen nun, dass die zur Rechenschaft gezogen werden und mit einer harten Bestrafung rechnen müssen, wenn sie das Leben anderer leichtfertig aufs Spiel setzen.

1 Der Bundesgerichtshof hob im März 2018 das erstinstanzliche Urteil auf. Die Karlsruher Richter sahen einen bedingten Tötungsvorsatz nicht ausreichend belegt und verwiesen den Fall zur Neuverhandlung an das Landgericht zurück.

Autos fungieren in unserer Kultur als Viagra des schwächelnden männlichen Stolzes. Der Gashebel wird zum einzigen Hebel, den man noch betätigen kann. Ein kleines alltägliches Beispiel: An einer Ampel unweit meiner Wohnung halten kurz nacheinander zwei schwarze Autos. Sie kommen nebeneinander zu stehen. Die Fahrer haben rasierte Schädel und tragen Gangstersonnenbrillen. Die beiden jungen Männer haben Witterung aufgenommen, Reflexe schnappen ein und setzen einen Mechanismus in Gang, der kaum noch zu stoppen ist: Die Autos werden zu männlichen Selbstwertprothesen, die das Selbstgefühl aufblähen und ihren Besitzern das Gefühl vermitteln, grandios zu sein. Die Kraft der Motoren wird über ihren Status entscheiden. Sie betreiben ein nervöses Wechselspiel zwischen Kupplung und Gaspedal, so dass die Autos leicht vor und zurück wippen. Ihre Blicke gehen hektisch zwischen den Lichtern der Ampel und dem Rivalen hin und her. Beide warten auf das Startsignal. Verspätete Fußgänger oder Radfahrer hätten keine Überlebenschance. Die Ampel springt auf Gelb, innerhalb von Sekundenbruchteilen geben sie Gas, Motoren heulen auf, Reifen quietschen und die Wagen schießen leicht schlingernd davon. Ein paar hundert Meter weiter müssen sie ihr Rennen vor der nächsten roten Ampel ebenso rabiat unterbrechen. Wer die erste Etappe gewonnen hat, kann ich nicht erkennen.

»Spitzenleistungen« wie das Berliner Ereignis sind nur auf der Basis eines »Breitensports« möglich, von dessen massenhafter Ausübung sich jeder Verkehrsteilnehmer jeden Tag ein Bild machen kann. Das Automobil erfüllt wie der Fußball eine wichtige sozialpsychologische Funktion: die gestaute Wut derer loszulassen, die in Unmündigkeit und Ohnmacht gefangen sind. Wie gewisse Hunde keine Tiere, sondern das nach außen verlegte Aggressionspotenzial ihrer Besitzer sind, so sind gewisse Autos keine Fortbewegungsmittel, sondern lackierte Kampfhunde, die ihre Fahrer aufeinander loslassen. Kaum vorstellbar, dass kapitalistische, auf Konkurrenz basierende Gesellschaften wirklich zum selbstfahrenden Automobil übergehen. Wo sollten die gestauten Aggressionen hingehen, wenn man ihnen den Zugang zum Gaspedal und das Ausagieren im Straßenverkehr verwehrt? Wahrscheinlich ist, dass sich die Wut im Kreis drehen und unter den Unterdrückten ihre Verheerungen anrichten würde, sie könnte sich aber auch gegen ihre Verursacher kehren. Damit das nicht geschieht, nimmt diese Gesellschaft nach wie vor Menschenopfer in Kauf.

Einschnappende Reflexe

In Heidelberg raste am Nachmittag des 25. Februar 2017 ein Auto in eine Menschenmenge vor einer Bäckerei eingangs der Fußgängerzone. Das Auto erfasste drei Passanten, bevor es gegen einen Pfosten prallte und zum Stehen kam. Zwei dieser Passanten wurden leicht verletzt, ein 73-jähriger Mann erlag Stunden nach der Tat in einer Klinik seinen Verletzungen. Der Fahrer verließ das Auto und floh zu Fuß und mit einem Messer bewaffnet. Kurze Zeit später wurde er von der Polizei gestellt und aufgefordert, sein Messer niederzulegen. Nach Polizeiangaben soll er sich stattdessen mit dem Messer in der Hand bedrohlich auf die Beamten zubewegt haben. Nachdem er auch mit Pfefferspray nicht zu stoppen gewesen sei, habe ein Beamter auf ihn geschossen. Er wurde mit einem Bauchschuss in eine Klinik gebracht und soll nach einer Operation außer Lebensgefahr sein. Es handele sich um einen 35-jährigen in Heidelberg lebenden Studenten, ließen die Ermittler verlauten. Er sei zuvor nicht polizeibekannt gewesen. Nichts weise auf einen terroristischen oder islamistischen Hintergrund der Tat hin, es sei eher von der »Amokfahrt eines psychisch labilen Mannes« auszugehen. Näheres könne man zu diesem Zeitpunkt über die Motive des Täters noch nicht sagen.

Soviel Zeit wollten sich andere nicht lassen. Kurz nach Bekanntwerden der Amokfahrt schnappten die inzwischen üblichen Reflexe ein. Die Nutzer der sogenannten sozialen Medien wussten mehr als die Polizei und begannen wild herumzuphantasieren und zu -twittern. Es handele sich um die Tat eines Flüchtlings, wurde behauptet. Die Polizei sah sich genötigt, gegen die ins Kraut schießenden Gerüchte und Falschmeldungen vorzugehen und twitterte ihrerseits: »Und noch mal für alle: Tatverdächtiger: Deutscher OHNE Migrationshintergrund.« Dennoch war weiterhin vom Migrationshintergrund des Täters die Rede; wenn auch das nicht zutreffen sollte, handele es sich mindestens um einen zum Islam konvertierten Deutschen. Wenn die Polizei das nicht bestätige, habe man es wieder mal mit einer gezielten Fehlinformation und arglistigen Täuschung der Behörden zu tun. Hatte die Polizei nicht auch nach den Kölner Silvesterereignissen erst nach tagelangem Leugnen und massiver Kritik von außen eingeräumt, dass in jener Nacht etwas vorgefallen war und dass daran schwerpunktmäßig junge männliche Migranten aus dem

Maghreb beteiligt waren? Eine Folge der (Des-)Informationspolitik der Kölner Polizei besteht darin, dass die Polizei insgesamt massiv an Glaubwürdigkeit eingebüßt hat und dass man Flüchtlingen und Migranten einen Bärendienst erwiesen hat. Die Ausländerfeinde argumentieren seither nach einem berühmten Schweizer Motto: »Ob Wilhelm Tell gelebt hat weiß man nicht. Aber dass er den Landvogt Geßler umgebracht hat, steht fest.«

So schnell geben jene, die im Bann ihrer Vorurteile Bescheid zu wissen glauben, nicht klein bei. Sie lassen sich wie ihr großes Vorbild Donald Trump auch durch Fakten nicht irritieren und verfahren nach dem Motto: »Wenn zwischen meiner Meinung und den Tatsachen Differenzen auftreten: umso schlimmer für die Tatsachen!« Immer aufs Neue bekommen wir Beispiele geliefert für die Ohnmacht eines aufklärerischen Ansatzes, der davon ausgeht, man müssen die Leute bloß mit den sogenannten Fakten und »der Wahrheit« konfrontieren und schon ließen sie von ihren irrigen Meinungen ab. Vorurteile sind keine bloßen Fehlinformationen, sondern denktechnische Verhütungsmittel, die ihre Träger davor schützen, sich mit Wirklichkeit zu infizieren und von ihr aus dem Konzept bringen zu lassen. Vorurteile sind gegen die Realität und Korrekturen durch gegenläufige Erfahrungen perfekt abgedichtet. Puschkin sagte: »Teurer als die bittere Wahrheit ist uns der erhabene Wahn«. Vorurteilsbeladene Menschen sind immer bestrebt, ihre Meinung zu validieren. Dazu blenden sie störende Elemente einfach aus. Harald Welzer hat dazu kürzlich bemerkt: »Vorurteile sind Orientierungsmarken und Wegweiser in einer komplexen Welt, weshalb man gern an ihnen festhält, insbesondere dann, wenn sie den Vorteil aufweisen, die Welt widerspruchsfrei zu erklären.«

Schwierige Motivsuche

Da der Täter sich über seine Motive ausschweigt, kann man über sie nur Vermutungen anstellen. Auch dann, wenn Amoktäter überleben und reden könnten, finden sie oft keinen Zugang zu ihren Motiven. Polizei, Richter und forensische Gutachter bemühen sich, jene Motive nachzuliefern, an denen es den Tätern offensichtlich mangelt oder die ihnen nicht zugänglich sind. Schon Franz Alexander und Hugo Staub haben die Antwort des Angeklagten auf die Frage des Richters nach seinen Motiven:

»Ich weiß es nicht« mit dem Kommentar versehen: »Dieses einzige wahre Wort, das bei der Gerichtsverhandlung gefallen ist, glaubt kein Mensch.« In der Regel kommt das Kausalitätsbedürfnis der Justiz, die bis heute an dem Grundsatz festhält: »Jener hat die Tat begangen, dem sie nützt«, erst dann zur Ruhe, wenn es dem Täter im Laufe langwieriger Befragungen gelingt, seine Tat in eine halbwegs plausibel klingende Erzählung einzubetten, die sich gesellschaftlich produzierter und lizenzierter Codierungen bedient. Die Ehrlichkeit des »Ich weiß es nicht« bricht unter dem Dauerbeschuss der Fragen schließlich zusammen und weicht einer Nachproduktion von Motiven, die die Justiz und die beunruhigte Öffentlichkeit aufatmen lassen: »Aha, das ist es also!« Der Schrecken »zweckfreier« Gewalt und »reinen« Hasses scheint gebannt, wenn Unbekanntes in leidlich Bekanntes verwandelt ist und die Tat sich approbierten Deutungsmustern schließlich doch zu fügen scheint.

Da auch ich ein Kausalitätsbedürfnis habe und es nur schwer ertragen kann, einen Fall wie diesen in der Schwebe zu belassen, beteilige ich mich aus der Ferne an der Motivsuche. Meine Phantasie zum Heidelberger Fall, die durch meine Erfahrung mit Tätern dieser Art und die Art der Tatbegehung genährt wird, ist die, dass es sich um einen Fall dessen handeln könnte, was Kriminologen »suicide by cop« nennen. In eine aussichtlos erscheinende Lage geratene Menschen bringen sich nicht selbst um, sondern legen es darauf an, sich von der Polizei erschießen zu lassen. Es handelt sich meist um vom Leben enttäuschte, gescheiterte, anomisch vereinsamte Menschen, die über ihren inneren Unglücksvorräten brüten. Mir ist aus meiner Arbeit im Gefängnis ein Fall in Erinnerung, wo sich ein junger Mann, der in eine schwere Lebenskrise geraten war, zwei Mal darum bemüht hat, sich erschießen zu lassen. Beim ersten Versuch war der Scharfschütze zu gut und traf ihn an der Schulter. Beim zweiten ging er in einem Obdachlosenheim mit einem Samurai-Schwert auf Polizisten los, die er zuvor selbst gerufen hatte und die sich nicht anders zu helfen wussten, als ihn zu erschießen.

Gerade fällt mir ein, dass sich mir die Selbstmord-Hypothese womöglich auch deswegen aufgedrängt hat, weil mein Unbewusstes das Heidelberger Ereignis mit etwas anderem verknüpft hat. Vor etlichen Wochen erhielt ich die E-Mail eines mir unbekannten Mannes, in der er seinen bevorstehenden Abschied von der Welt ankündigte. Er habe, schrieb er zur Erklärung, warum er seine Abschieds-Mail ausgerechnet an mich und noch einen anderen Autor adressierte, dessen und meine »Veröffentlichungen der letzten Jahre mit größtem Interesse verfolgt«. Wie ich jetzt beim nochmaligen Lesen der Mail sehe, ist auch er Student und ungefähr im gleichen Alter wie der Heidelberger Amok-Fahrer. In der Mail heißt es unter anderem: »seit 3 Jahren auf Nikotin, Alkohol, Tetrahydrocannabinol ... Fragen: Warum? Warum leben? Warum leben auf Kosten anderer? Entwicklung Sinn des Lebens: Beantwortung zweier Fragen: Was ist Mensch? Warum tut Mensch, was Mensch tut? ... Was sind das denn für Kommilitonen/innen? ›Jeder gegen Jeden?!?‹ ›JA KLAR!!!‹ ... Freundin sagt Adieu, seit dem ... frei nach Camus ›La vie est absurde!‹ Ich wünsch Euch was«

Vielleicht ebnet diese Mail einen Weg zum Verständnis der präsuizidalen Stimmung, in der sich möglicherweise auch der Heidelberger Student befunden hat. Nebenbei bemerkt: Ich habe, um die Ankündigung nicht einfach auf sich beruhen zu lassen oder als drogeninduzierten Versuch abzutun, Aufmerksamkeit auf sich zu ziehen, die Mail an die Polizei jenes Ortes weitergeleitet, in dem ich den Absender vermutete. Man versprach mir, dem nachzugehen. Was daraus geworden ist, weiß ich nicht.

Inszenierungsschablonen

Seit Jahren wird im Namen der Prävention vor Anschlägen auf Weihnachtsmärkten und anderen großen Menschenansammlungen gewarnt. Anfang Dezember 2012 notierte ich: »Um die Weihnachtszeit herum hat man doch immer ein gewisses Katastrophenbedürfnis und die Hoffnung, dass ein äußeres Ereignis uns näher zusammenrücken und die guten Seiten an uns entdecken lässt. Die Ermittler warnen nun wieder vor möglichen Anschlägen auf Weihnachtsmärkte. Es beginnt die inzwischen fast zu einem Ritual gewordene alljährliche vorweihnachtliche Mobilmachung der Bevölkerung gegen einen unsichtbaren Feind, der überall und nirgends vermutet werden kann und soll.«

Ich möchte die guten präventiven Absichten, mit denen diese alljährlichen Warnungen verbreitet werden, gar nicht in Abrede stellen. Aber wir sollten zur Kenntnis nehmen, dass ein Kollateralschaden dieser

Warnungen eben darin besteht, dass man vage tatgestimmte Menschen auf Möglichkeiten der Tatbegehung hinweist. Politik und Medien stellen »Inszenierungsschablonen« zur Verfügung und zeigen, wie man es machen kann, wenn man es denn machen möchte. Ist dann irgendwann einmal eine solche Tat begangen worden, ziehen sie in der Regel ähnliche Taten nach sich. Die Medien und ihre Berichterstattung sorgen dafür, dass ein bis dato unbekannter Täter aus dem Schatten heraus- und ins Licht der Scheinwerfer hineintritt und sich, salopp gesagt, eine Mode entwickelt. Georges Devereux spricht in seinem Buch *Normal und anormal* von »Modellen des Fehlverhaltens«.

Wie gewisse der medizinischen Vorsorge und gesundheitlichen Aufklärung verschriebene TV-Magazine und entsprechende Rubriken von Zeitschriften unterhalb der Ebene der manifesten Botschaft dafür sorgen, dass die jeweilige »Krankheit der Saison« in den gesellschaftlichen »Symptompool« (Edward Shorter) eingespeist wird, aus dem sich der auf der Suche nach einer Konkretisierung seines diffusen leib-seelischen Leidens befindliche Zeitgenosse bedienen kann, so tragen die der Aufklärung und Kriminalitäts-Prävention dienenden Fernsehsendungen dazu bei, neue »Modelle des Fehlverhaltens« zu etablieren. Bekannt und erforscht wurden die verheerenden Folgen des Fernsehspielfilms »Tod eines Schülers«, der das Publikum für die Identitätsnöte Pubertierender sensibilisieren wollte. In zeitlicher Nähe zur Ausstrahlung des mehrteiligen Films stieg die Rate der Eisenbahn-Suizide in der entsprechenden Altersgruppe drastisch an. Ein »Kollateralschaden« solcher Sendungen, wie auch der angeblich der Prävention verpflichteten Kriminal-Magazine der privaten Sender, besteht darin, dass sie »ansteckend« wirken, neue Codierungen für abweichendes Verhalten produzieren und bereits approbierte vermassen. Im Laufe meiner Tätigkeit im Gefängnis sind mir wiederholt Gefangene begegnet, die sich von der Sendung »Aktenzeichen XY ungelöst« zu ihren Taten anregen ließen.

Chronik der Amokfahrten

Manchmal wundere ich mich, wie vergesslich auch sogenannte Experten sind, die jetzt in Talkshows sitzen so tun, als sei die Amokfahrt von Nizza etwas Neues und eine teuflische Erfindung des IS. Wie ein Blick auf die bei weitem nicht vollständige Liste der Amok-Fahrten zeigt, ist das Automobil schon länger ein Instrument homizidaler und suizidaler Tendenzen.

2009 ist beim Koninginnedaag in Apeldoorn ein junger Mann mit seinem PKW in die Menschenmenge gerast und hat dabei sechs Menschen getötet und ein Dutzend verletzt. Da sprach noch niemand vom Islam, sondern man sortierte das in die Rubrik Amok ein. Karst T., förderten die Ermittlungen nach der Tat zu Tage, sei verzweifelt gewesen, weil er kurz zuvor seine Arbeit und seine Wohnung verloren habe.

Am 1. August 2013 ist in Regensburg ein 46-jähriger Mann mit seinem Auto durch die Stadt gerast. Er durchbrach eine Baustellenabsperrung, fuhr in Höchstgeschwindigkeit durch eine Fußgängerzone, wobei er Passanten erfasste und verletze, und krachte schließlich in die gläserne Eingangstür eines Waschsalons. Dabei erfasste der Wagen ein fünfjähriges Mädchen und essen dreijährige Schwester. Das fünfjährige Mädchen starb, die jüngere Schwester wurde schwer verletzt. Die Motive des Mannes, der verletzt überlebte, sind unklar. Er soll in einer Klinik wegen psychischer Probleme behandelt worden sein.

Während der Fußballweltmeisterschaft 2006 durchbrach ein Mann mit seinem PKW die Absperrung um die Fanmeile am Brandenburger Tor, fuhr in die Menschenmenge und verletzte circa 20 Menschen. Ein Gericht erklärte ihn später für geisteskrank und wies ihn in die Psychiatrie ein.

Im Juni 2015 raste der 26-jährige Alen R. mit einem grünen Geländewagen in eine Menschenmasse in der Fußgängerzone der Grazer Innenstadt. Danach ging der Österreicher mit bosnischen Wurzeln mit einem Messer auf Passanten los. Traurige Bilanz der Bluttat: Drei Menschen starben, über 30 wurden verletzt.

Im Januar 2017 raste ein Amok-Fahrer im Zentrum der australischen Stadt Melbourne in eine Fußgängerzone und tötete dabei drei Menschen. Etliche weitere wurden schwer verletzt, teilten die Behörden mit. Die Polizei betont, es handele sich nicht um einen Terroranschlag.

Reiner Hass, blinde Wut

Rechtsradikale und islamistische Gewalt haben uns in der letzten Zeit derart in Beschlag genommen, dass wir überrascht sind, wenn sich Taten wie der Amoklauf von München und nun in Heidelberg ereignen – Taten ohne terroristischen oder islamistischen Hintergrund. Wir schienen eine Weile lang vergessen zu haben, dass es auch »reinen Hass« gibt, der auf jede ideologische Begründung verzichtet und sich blind und richtungslos entäußert. Dabei ist diese Form des Hasses zeitgemäß und diejenige, die diese Gesellschaft ex negativo am exaktesten spiegelt. Rechtsradikale und islamistische Formen der Gewalt sind im Vergleich dazu, salopp gesagt, Ausdruck rückständiger Leidenschaften.

Der englische Historiker Eric J. Hobsbawm vermutet, dass es kein Zufall ist, » dass von den zehn größten Massenmorden in der amerikanischen Geschichte acht seit 1980 geschehen sind«. Als Folge neoliberalistischer Praktiken habe sich eine »Kultur des Hasses« ausgebreitet, die Männer, nachdem sie eine Zeit lang einsam, frustriert und voller Wut gewesen sind, dazu ermuntert habe, ihre Taten zu begehen. Die Deregulierung von Staat und Wirtschaft scheint mit einer psychischen Deregulierung einherzugehen, die all jene Hemmungen beiseite räumt, die bislang dafür sorgten, dass Aggressionen in der inneren Watte stumpf wurden und sich in Gestalt von Depression oder Krankheiten gegen die eigene Person wendeten. Der von Ökonomie und Markt geforderte »flexible Mensch« (Richard Sennett) soll alle Hemmungen ablegen, damit er zu allem fähig werde. So ist denn auch. Man kann offensichtlich nicht beides zugleich haben: den hochflexiblen, wendigen, allseits anschlussfähigen Menschen und einen Fundus von in der Person fest verankerten handlungsleitenden Normen und Werten. Deswegen ist für die Zukunft damit zu rechnen, dass es vermehrt zu unkontrollierten Trieb- und Impulsdurchbrüchen kommt.

Soziosen

Vielleicht müssen wir uns fragen, ob sich die zeitgenössischen und auf dem Vormarsch begriffenen Störungsbilder, deren destruktive Äußerungsformen die Öffentlichkeit erschrecken, überhaupt noch zureichend in den traditionellen psychiatrisch-psychologischen Diagnose-Manualen und Begriffen unterbringen lassen, oder ob wir nicht vielmehr genötigt sind, sie als »Soziosen« zu begreifen? Waren die klassischen Neurosen, in deren Behandlung die Psychoanalyse sich herausbildete, das Produkt einer patriarchalischen Traditionsfamilie, in der eine ungebrochene

Vaterautorität Triebverzicht und Unterwerfung unters Realitätsprinzip erzwang, so zeugen die neuen Krankheitsbilder eher von einem Zuwenig an (gelungener) Verdrängung und zugemuteter Enttäuschung. Wo treffen wir noch familiäre Beziehungen und Bindungen an, die sich zu ödipalen Dramen oder auch nur persönlich ausgetragenen Konflikten zuspitzen? Unter den Realitätseinbrüchen der Gegenwart ist der familiäre Binnenraum zusammengebrochen, die Eltern verblassen zu Statisten. Das, was man euphemistisch immer noch Familie nennt, ist häufig bloß noch eine einzige Szenerie von Gleichgültigkeit und Kälte. Die Gesellschaft nimmt die Kinder umweglos in Beschlag und formt sie nach ihrem Bilde. Innerlichkeit, einst ein von der Außenwelt geschiedener seelischer Raum, der dem Individuum im besten Fall eine gewisse Autonomie gewährte, ist nur noch die Herstellung einer Beziehung der Außenwelt zu sich selbst auf dem Wege einer flachen Verinnerlichung. Was wir gegenwärtig gehäuft antreffen, sind psychisch vermittelte soziogene Erkrankungen, die unmittelbar die Pathologie des gesellschaftlichen Ganzen widerspiegeln und weniger Ausdruck einer familiär vermittelten Störung der psycho-sexuellen Kindheitsentwicklung sind. Der gewaltsame und menschenfeindliche Charakter einer auf Kälte und Gleichgültigkeit basierenden Gesellschaft und die Tendenz zur Verrohung der Verkehrsformen werden durch die scheinbar motivlose und zweckfreie Gewalt gleichsam aus der Abstraktion gerissen und zur Kenntlichkeit gebracht. Die kriminelle Physiognomie der Zukunft wird vom Amoklauf geprägt sein. »Wenn die Gewalt aus der Unterdrückung aufsteigt, dann der Hass aus der Entleerung«, schrieb Jean Baudrillard. Der »reine Hass« entsteht aus vollkommener Indifferenz, er ist frei flottierend und ohne stabiles Objekt. Indifferent tötet der Amokläufer ebenso indifferente Wesen. Im Vergleich dazu ist der Rechtsextremismus Ausdruck kleinbürgerlich-rückständiger Affekte. Da aber die Bevölkerung aus ungleichzeitigen Teilvölkern zusammengesetzt ist, die verschiedenen »Psychoklassen« (deMause) angehören, werden wir damit rechnen müssen, dass verschiedene Formen der Aggression und Gewalt noch eine Weile nebeneinander existieren. Einstweilen wird sich die Wut derer, die autoritär dressiert und zur Sau gemacht wurden, weiter in rechtsextreme und rassistische Gewalt verwandeln. Was sie in sich begraben mussten und dann krampfhaft niederhalten, setzen sie aus sich heraus und verfolgen es dort in Gestalt von Fremden und Minoritäten.

Wenn wir vollends ins »Nirwana des Geldes« (Robert Kurz) eingetreten sein werden und alle Ungleichzeitigkeiten getilgt sind, wird als letzte Zuckung menschlicher Vitalität nur subjekt- und objektloser Hass übrig bleiben.

ETHNOLOGIE DES INLANDS

Die tote Ente

Auf einer meiner ausgedehnten Radtouren durch den Süden der Niederlande stieß ich auf eine tote Ente. Sie lag am Rand des Radwegs im Gras. Sie hatte auf der Suche nach etwas Süßem versucht, ihren Kopf in eine Getränkedose zu stecken. Sie war dann mit dem Schnabel in der scharfkantigen Öffnung hängen geblieben und hatte ihn nicht mehr herausbekommen. Sie war vermutlich einen qualvollen, langgestreckten Tod gestorben. Die Symbolik dieses Todes ging mir lange nach. Aber worin liegt sie? Und warum fällt mir diese Szene am Wegesrand beinahe zehn Jahre später wieder ein? Weil es sich um eine Allegorie handelt, eine allegorische Darstellung unser aller Lage.

Sie erzählt uns eine zeitgenössische Version der Midas-Geschichte, in der es um Gier und Dummheit geht: Wir alle drohen am Befriedigungsersatz zu ersticken. In der Zeitung »junge Welt« stieß ich auf folgende Sätze, die das Gemeinte treffend beschreiben: »Kapitalismus funktioniert nur, weil unsere Gesellschaft das Habenwollen als Ersatzbefriedigung für all die Sachen kultiviert, die wir am meisten wünschen: Nähe zum Mitmenschen, sinnvolle Tätigkeit und die Gelegenheit, sich weiterzuentwickeln, Punkt.«

Töten, um Bilder zu erzeugen

Zur kriminellen Physiognomie des neoliberalen Zeitalters

Nach spektakulären Straftaten wird nicht etwa geschwiegen, sondern tage-, ja wochenlang aufgeregt geredet und gesendet. Kriminologen wissen seit Langem, dass es in den Wochen nach solchen Taten oft zu einer Häufung ähnlicher Straftaten kommt. So wird man auch das Londoner Attentat vom 22. März 2017 als Resonanzstraftat begreifen können, die vom Datum her auf die Brüsseler Anschläge vor exakt einem Jahr, von der Art der Durchführung – mit einem Auto als Waffe – auf die Attentate von Nizza und Berlin Bezug nimmt. Islamistisch motivierte Taten haben ihr eigenes Bezugssystem, ihre eigenen Jahrestage. Spektakulär werden Verbrechen erst durch ihre mediale Resonanz, wozu in jüngster Zeit vor allem auch die sogenannten sozialen Medien gehören. Der Amoklauf von München hat dafür ein aufschlussreiches und abschreckendes Beispiel geliefert. Für eine Weile ist die jeweilige Tat die »Topstory«, Reporter und Kamerateams belagern die Elternhäuser der Täter, interviewen Nachbarn und ehemalige Mitschüler und wetteifern in dem Bemühen, den vollen Namen des Täters in Erfahrung zu bringen und Fotos von ihm zu ergattern. Es scheinen die giftigen Sekrete der unter die Diktatur der Einschaltquote geratenen Medien zu sein, die den ›Virus‹ auf Empfänger übertragen, deren seelisches Immunsystem geschwächt ist und die deswegen für ›Ansteckung‹ anfällig sind. Wenn es stimmt, dass amokartige Straftaten häufig aus medialen Narzissmus begangen werden, also von dem Wunsch der Täter angetrieben sind, aus der Bedeutungslosigkeit ihrer Existenz herauszutreten und ins Rampenlicht öffentlicher Aufmerksamkeit zu geraten, dann macht sich, wer Bilder der Tat und des Täters verbreitet, zu ihren Komplizen und Erfüllungsgehilfen. Denn neuerdings werden Menschen getötet, misshandelt und gefoltert, um Bilder zu erzeugen und zu verbreiten. Die

Wahrnehmung der Betrachter wird das Ziel der Tat. Der mediale Nachhall der Schüsse, Messerstiche oder Axthiebe ist wesentlicher Teil der Tatplanung und wird von den Tätern intensiv vorphantasiert und genossen. Der Täter produziert den Schrecken in der sicheren Gewissheit, dass die Medien ihn verbreiten. Florian Rötzer hat für diese Art Taten den Begriff »Aufmerksamkeitsterror« vorgeschlagen. Jeder Bericht über die spektakuläre Rache eines Zukurzgekommenen und Übersehenen an seiner kränkenden Umwelt weckt »sleeper«, die – verborgen in der anonymen Masse der Menschen mit chronischen Anerkennungsdefiziten – auf ihren Beachtung garantierenden Auftritt warten. Eine möglicherweise wirksame Form der Amok- und Terror-Prävention bestünde darin, die Berichterstattung auf das sachlich Notwendige zu beschränken. Gäbe es den medialen Hype nicht und würden Meldungen über Amoktaten und Terrorakte auf Seite sieben der Lokalzeitungen landen, gäbe es solche Taten in viel geringerem Ausmaß. Da jede neue Tat uns wieder ein zum medialen Paroxysmus gesteigertes Gegenbeispiel zu dieser eigentlich geforderten Enthaltsamkeit liefert, könnte man auf die Idee kommen, dass diese Gesellschaft den Amoklauf unbewusst fördert, weil er uns mit Bildern beliefert, die wir schaudernd genießen, und er uns kurzfristig ein panikinduziertes Gefühl der Zusammengehörigkeit beschert.

Die Axt-Attacke von Düsseldorf

Knapp zwei Wochen nach der Amokfahrt von Heidelberg hat sich in Düsseldorf erneut eine amokartige Tat ereignet. Am 9. April gegen 21 Uhr begann ein Mann beim Aussteigen aus der Regionalbahn, mit einer Axt auf Mitreisende einzuschlagen. Der Täter wurde dann aus dem Zug gedrängt und setzte sein Gemetzel auf dem Bahnsteig fort. Zehn Menschen wurden verletzt, vier von ihnen schwer. Eine Person schwebte zunächst in Lebensgefahr, soll aber nach einer Notoperation inzwischen außer Lebensgefahr sein. Auch der Tatverdächtige, der nach Polizeiangaben aus dem ehemaligen Jugoslawien stammen und 36 Jahre alt sein soll, befindet sich im Krankenhaus und wird unter Polizeiaufsicht behandelt. Er war nach der Attacke auf dem Bahnhof über die Gleise gelaufen und dann auf seiner Flucht von einer Brücke mehrere Meter hinab auf eine Straße gesprungen. Die dabei erlittenen Verletzungen seien nicht lebensgefährlich, sagte die Polizei weiter. Er habe mehrere Knochenbrüche erlitten und werde daher weiterhin im Krankenhaus behandelt. Von einem terroristischen Hintergrund der Tat gehen die Ermittler nicht aus. Der Mann wurde nach seinem Sprung von der Brücke festgenommen. Dabei stellte die Polizei eine Axt sicher. Er habe sich in einer »psychischen Ausnahmesituation« befunden, aufgrund derer er wohl diese Tat begangen hat, sagte ein Polizeisprecher am frühen Freitagmorgen. Ein Angehöriger des Mannes habe sich an die Polizei gewandt und diese Information an die Ermittler weitergegeben. Um was für eine Ausnahmesituation es sich gehandelt hat, werde noch ermittelt.

Paranoide Projektionen

Wenig später stieß man in der Wohnung des Mannes auf Medikamente und ein ärztliches Attest, das ihm eine »paranoide Schizophrenie« bescheinigt. Da man seit Langem weiß, wie gefährlich Menschen mit einer Psychose, besonders aus dem paranoiden Formenkreis, sein können, fragt man sich, warum man nichts unternommen hat, um andere vor ihm und ihn vor sich selbst zu schützen. Gefährlich sind Paranoiker deswegen, weil sie dazu neigen, innere Verfolger nach außen zu verlegen und dort zu attackieren. Unvermittelt können sie eigene aggressive Tendenzen auf Fremde projizieren und diese dann in vermeintlicher Notwehr angreifen. Urplötzlich kann ein wildfremder Mensch, der zufällig den Weg eines Paranoiden kreuzt, für diesen zur Inkarnation alles Bedrohlichen und Bösen werden.

Nicht erst seit der Attacke im Würzburger Regionalzug im Juli 2016 werden Äxte und Samurai-Schwerter für amokartige Attacken verwendet. Äxte und Beile sind in vielen Haushalten zuhanden und eine wirksame Nahwaffe. Die Axt kommt als Tatwaffe für jene in Betracht, die nicht an Schusswaffen kommen oder für ihren Erwerb kein Geld haben. Eine mit einer Axt ausgeführte Tat bedarf keiner langen Planung. Die Verbindung zwischen Kopf und Hand ist kurz und relativ spontan. Man braucht nur einen Ort auszuwählen, an dem zuverlässig größere Menschenmengen anzutreffen sind und schon kann das Wüten beginnen. Der Täter verbreitet Angst und Schrecken, weil seine Attacke mit viel Blutvergießen einhergeht.

Im September 2003 betrat der 24-jährige Stefan A. das Bader-Versandhaus in Pforzheim, in dem er Jahre zuvor eine Lehre absolviert hatte und nach einem gescheiterten Versuch, ein Studium zu beginnen, nun wieder angestellt war. Er trug ein Samurai-Schwert bei sich, stürmte in die Marketingabteilung im sechsten Obergeschoss und schlug sofort zu. Eine Frau starb, einer weiteren wurde beinahe der Oberarm abgetrennt und eine Hand abgehackt, zwei weitere Menschen wurden schwer verletzt. »Ich hasse die Welt, ich hasse die Menschen«, sagte der junge Mann zur Erklärung. Mehr hat auch das Gericht über seine Motive nicht in Erfahrung gebracht, das ihn zu einer lebenslänglichen Freiheitsstrafe verurteilte.

Auch bei einer der wenigen von einer Frau geplanten Amoktaten sollte ein Samurai-Schwert zum Einsatz kommen. Am 11. Mai 2009, also exakt zwei Monate nach dem Amoklauf von Winnenden, konnte die 16-jährige Gymnasiastin Tanja O. aus dem nordrhein-westfälischen Sankt Augustin gerade noch daran gehindert werden, Brandsätze in Klassenzimmer zu werfen und mit einem Samurai-Schwert zu wüten. Eine 17-jährige Mitschülerin hatte sie auf der Schultoilette während der Vorbereitungen entdeckt. Sie verlor im Handgemenge mit der Täterin einen Daumen. Tanja O. wurde im November 2009 vom Landgericht Bonn zu einer Jugendstrafe von fünf Jahren verurteilt. Ihre Unterbringung in der Psychiatrie wurde vom Gericht nicht als notwendig erachtet.

Die Axt als Instrument eines Amoklaufs begegnet uns auch in einem Theaterstück von Max Frisch, das *Graf Öderland* heißt. Ein Staatsanwalt hat die Anklage gegen einen Bankangestellten zu vertreten, der aus scheinbar heiterem Himmel den Hausmeister seiner Bank mit einer Axt erschlagen hat. Auf die Frage nach seinen Motiven, sagt der geständige Mörder immer wieder: »Ich habe kein Motiv, es gibt keinen Grund.« Einzig der Staatsanwalt bringt Verständnis für den Täter auf und bricht schließlich selbst aus der sterilen Normalität seines Lebens aus. Er folgt der im Volk lebendigen Legende vom Grafen Öderland und zieht nun seinerseits mit einer Axt durchs Land. Plötzlich scharen sich Massen von Menschen um ihn, eine allgemeine Rebellion bricht aus. Am Ende wird ihm die Macht angetragen, die er aber ausschlägt.

Angriff aus dem Nichts

Am Tag nach dem Axt-Amoklauf von Düsseldorf, als die Tat in den Medien heftig wiederhallte, ging ein junger Mann in einem Gewerbegebiet im südhessischen Eschborn mit einem Messer auf einen Passanten los, rammte es ihm in die Brust und verletze ihn lebensgefährlich. Beide waren sich zuvor nie begegnet und das Opfer hat nicht das Geringste zur Eskalation beigetragen. Nach der Tat war der Messerstecher zunächst geflüchtet, konnte jedoch im Rahmen der sofort eingeleiteten Fahndung wenig später festgenommen werden. Er gestand die Tat, seine Motive blieben aber im Dunkeln. Das Opfer überlebte schwer verletzt.

Als ich auf der Suche nach den Umständen der Eschborner Tat den Begriff »Messerattacke« in die Suchmaschine eingab, war ich erstaunt über die Vielzahl solcher Vorfälle. In jüngerer Zeit kommt es offenbar gehäuft zu affektiven Kurz- und Fehlschlüssen. Diese führen zu Erregungen am falschen Ort und gegen versetzte Objekte, die zufällig und willkürlich als Opfer gewählt werden. Immer mehr Menschen laufen als offene narzisstische Wunden und lebende Spaltungen durch die Gegend und sind auf der Suche nach einer Bestätigungsmöglichkeit für ihre Projektionen oder einem Container für innere Ängste und Wut. Die englische Psychoanalytikerin Melanie Klein hat diesen Vorgang zu den archaischen Abwehrmechanismen gezählt und »projektive Identifizierung« genannt. Zunächst wird das, was einen Menschen im Innern bedroht und in Angst versetzt, auf einen oft zufällig gewählten Anderen projiziert. Im zweiten Schritt wird dieser Andere solange manipuliert, bis er sich die auf ihn projizierten Affekte tatsächlich zu eigen gemacht hat. Jetzt fühlt sich der Projektor tatsächlich verfolgt, der Andere hat sich in das ›böse‹, verfolgende Objekt verwandelt, gegen das er sich verteidigen muss, indem er in ›Notwehr‹ zuschlägt. Manchmal werden solche projektiven Identifizierungen durch einen »falschen Blick« in Gang gesetzt, der einen Moment zu lang auf dem Verletzbaren ruht und auf ihn bedrohlich wirkt. Ein viel zu wenig beachtetes Konfliktfeld zwischen Migranten aus fremden Kulturen und den Einheimischen besteht darin, dass man wechselseitig die Gesichter der Menschen nicht sicher entziffern kann. Zeichen, Gebärden, Gesichtsausdrücke sind keine deutbaren Signale. Ist das Lächeln des Polizeibeamten, der die Papiere kontrolliert, gutmütig, indifferent oder höhnisch? Zeugt der Blick des Passanten von Feindseligkeit, Wohlwollen oder Gleichgültigkeit? Ein Feld für interkulturelle Missverständnisse, die bei entsprechender narzisstischer Verwundbarkeit zur Quelle von Gewalt werden können. Nur unter der Bedingung, dass dieses hochkomplizierte

Regelwerk der Dechiffrierung von Mimik und Gestik von der Masse der Menschen intuitiv beherrscht und im Alltag respektiert und eingehalten wird, ist und bleibt die Straße ein Bereich des Vertrauten, in dem wir uns einigermaßen angstfrei bewegen können.

Es gibt allerdings auch eine abgekürzte, psychotisch entglittene Variante der »projektiven Identifizierung«. Psychotisch entglitten deswegen, weil sie ohne jeden noch so flüchtigen emotionalen Austausch mit dem Opfer der Projektion vonstattengeht. Der Projektor kann sich gar nicht mehr Zeit lassen und die Mühe machen, an irgendwelchen Affekten des Anderen anzudocken oder sie in ihm wachzukitzeln, sondern deponiert seine eigene innere Hölle unvermittelt im erstbesten Mensch, der seinen Weg kreuzt. Um sich selbst vor der psychotischen Entgrenzung und der Vernichtung durch innere ›böse‹ Objekt- und Selbstanteile zu retten, tötet oder verletzt er andere Menschen. Wegen dieser brutalen Indienstnahme des Anderen für eigene Selbsterhaltungszwecke sprach der englische Anti-Psychiater David Cooper davon, dass die »Paranoia ... eine Form der Hypernormalität, eine faschistische Existenzform« sei. Auch in der *Dialektik der Aufklärung* von Horkheimer und Adorno ist im Antisemitismus-Kapitel von der »pathischen Projektion« die Rede: »Unter dem Druck des Über-Ichs projiziert das Ich die vom Es ausgehenden, durch ihre Stärke ihm selbst gefährlichen Aggressionsgelüste als böse Intentionen in die Außenwelt und erreicht es dadurch, sie als Reaktion auf solches Äußere loszuwerden, sei es in der Phantasie durch Identifikation mit dem angeblichen Bösewicht, sei es in der Wirklichkeit durch angebliche Notwehr.« Bis in die Gegenwart des Rechtspopulismus können wir diesen Mechanismus der »pathischen Projektion« beobachten: Die Verfolger von der AfD und anderer ausländerfeindlichen Gruppierungen spielen sich auf, als wären sie die Verfolgten.

Damit wir uns nicht falsch verstehen: Auch wenn einer paranoid ist, heißt das nicht, dass sie nicht hinter ihm her sein können! Häufig werden reale Verfolgungserfahrungen, gegen die sich ein Mensch nicht wehren kann, verallgemeinert und ins Phantastische ausgedehnt. »Die objektive Welt nähert sich dem Bild, das der Verfolgungswahn von ihr entwirft«, heißt es bei Adorno, oder, anders ausgedrückt: Das Leben selbst nimmt kafkaeske Züge an, und der Paranoiker überzeichnet lediglich eine reale Tendenz. Die Paranoia wäre also das psychologische Korrelat einer immer undurchschaubarer werdenden Welt. »Sie entspringt dem Bewusstsein der völligen Abhängigkeit des einzelnen Menschen von weitläufigen, anonymen Prozessen, die er weder verstehen noch gar beeinflussen kann, und ist insofern durchaus realitätsgerecht. Tatsächlich wird ja heute die paranoide Phantasie von der Wirklichkeit oft überboten«, schreibt Dieter Wellershoff in seinem Buch *Der Roman und die Erfahrbarkeit der Welt* – lange vor den Abhörpraktiken amerikanischer Geheimdienste und Internet-Konzerne. Man findet diese Passage im Kapitel über Thomas Pynchon, der die Riesenmaschine, in die wir eingespannt sind, *Die Firma* oder *Das System* nennt. In seinem 1973 erschienenen Buch *Die Enden der Parabel* heißt es: »Innerhalb des Systems zu leben ist wie eine Überlandfahrt in einem Bus, der von einem Wahnsinnigen gesteuert wird, der seinen Selbstmord plant ... obwohl er ein netter Kerl ist und ständig Witze über den Lautsprecher lässt ...«

Man könnte diese letzten Anmerkungen auch so zusammenfassen: In und an der Gegenwart nicht verrückt zu werden, wird immer schwieriger.

Selfies mit Blutflecken

Am selben Donnerstagabend, den 9. März 2017, stellte sich in einem griechischen Imbiss in Herne ein junger Mann namens Marcel H. der Polizei und gestand die Ermordung eines neunjährigen Nachbarsjungen. Außerdem wies er die Polizei auf eine brennende Wohnung in der Nähe hin, in der diese auf die Leiche des 22-jährigen Bewohners stieß. Er war genau wie der kleine Junge mit einer Unzahl von Messerstichen getötet worden. Der umfangreichen und nach Mitteilung der Ermittler »emotionslos und eiskalt« vorgetragenen Aussage des 19 Jahre alten Täters nach hatte dieser sich zunächst am Montag selbst umbringen wollen. Er sei enttäuscht und wütend gewesen, weil die Bundeswehr seine Bewerbung als Zeitsoldat abgelehnt und er nach einem Umzug mit seinen Eltern keinen Internetzugang mehr hatte. Er bezeichnete sich als »computer- und spielsüchtig«. Er habe in seiner Wohnung Grillkohle entzündet, um an einer Kohlenstoffdioxid-Vergiftung zu sterben. Er habe aber die Räume nicht gut genug abgedichtet, außerdem sei der Rauchmelder losgegangen. Nach dem Scheitern seines Suizidversuchs habe er beschlossen, etwas zu tun, was ihn in den Knast bringen würde. Er würde jemanden töten. Das

Opfer sollte derjenige sein, der nach dem Klingeln im Nachbarhaus die Tür öffnete. Es traf den neunjährigen Jaden. Er tötete ihn im Keller des Hauses mit 52 Messerstichen, machte Selfies, auf denen er blutverschmiert neben der Leiche des Jungen zu sehen ist. Er verschickte diese Bilder per Whatsapp und brüstete sich in der Folge in einem auf die Verbreitung von pornographischen und brutalen Bildern spezialisierten Internetforum mit seiner Tat. Im Anschluss begab er sich zu einem Bekannten, mit dem er gelegentlich Computerspiele betrieb. Als dieser ihn, nachdem er einen Fahndungsaufruf auf Facebook entdeckt hatte, am nächsten Morgen zur Rede stellte und ankündigte, die Polizei verständigen zu wollen, tötete er ihn mit 68 Messerstichen. Auch von dieser Leiche postete er ein Foto samt Begleittext. Er blieb dann bis zum Donnerstagabend in der Wohnung und verfolgte online, wie er in jenem Internetforum zu einem Star aufstieg. »Oh mein Gott, ist das real? Mein erster Mord auf 4chan. Fuck Yeah!«, schrieb ein offenbar begeisterter User. Die Sonntagsaugabe der FAZ fasst noch einmal zusammen: »Ein Mann ermordet ein kleines Kind, veröffentlicht Bilder davon quasi in Echtzeit im Internet und lässt das ganze Land daran teilhaben, wie er auf der Flucht einen weiteren Menschen umbringt. Und die Plattformen, auf denen seine Taten verherrlicht werden, sind völlig legal. (...) Zu fast jeder Tageszeit in der vergangenen Woche reichten ein paar Klicks, und jedes Kind konnte sehen, wie Marcel H. strahlend vor der Leiche eines neun Jahre alten Jungen posierte.« Marcel H. war bis dato nicht polizeibekannt. Er war nach dem Verlassen der Realschule arbeitslos und galt bei Nachbarn als schüchterner und kontaktscheuer Einzelgänger. Mitschüler gaben zu Protokoll, Marcel habe einen »regelrechten Armeefimmel« gehabt.

Mir kommt die Empörung über das Verhalten des jungen Mannes scheinheilig vor. Wo ist die Entrüstung, wenn es um das Posten von Aufnahmen von Unfällen, Katastrophen und Verbrechensschauplätzen geht? Das Streben nach Aufmerksamkeit und Sichtbarkeit, das uns hier in einer malignen Form begegnet, stellt die pathologisch entglittene Extremvariante eines verbreiteten narzisstischen Modus heutiger Identitätsbildung dar: Immer mehr vor allem junge Menschen versichern sich über täglich gepostete Handy-Fotos ihrer Existenz und ihres Marktwerts. Sie drängen in die diversen Casting-Shows, und wer bei *Deutschland sucht den Superstar* nicht landen kann, dem bleibt dann immer noch die Möglichkeit, als Amokläufer oder sonstiger Übeltäter Berühmtheit zu erlangen. Viele Jugendliche leiden unter chronischen Anerkennungsdefiziten, und wenn man innerhalb der Gesellschaft keine Anerkennung finden kann, dann eben außerhalb oder gegen sie. Die Laufbahn als Missetäter steht auch dem »Lumpenproletariat der Aufmerksamkeitsökonomie« (Georg Franck) offen; negative Aufmerksamkeit ist besser als gar keine. Eine Gesellschaft, die im Interesse des Massenkonsums durch Werbung und Unterhaltung den Narzissmus unentwegt stimuliert, darf sich nicht wundern, wenn auch dessen malignen, also bösartigen und destruktiven Formen vermehrt zu Tage treten.

Ein Tag zum Amoklaufen!

Ich werde vom Jaulen eines Laubbläsers aus dem Schlaf gerissen. Die Milch für den Cappuccino kocht über. In der Post ein seitenlanges Formular, das ich auszufüllen habe. Der übliche Horror in der Zeitung. Der Laubbläser verbindet sich mit einer Motorsäge und dem Staubsauger in der Wohnung unter mir zu einer schrillen Kakophonie. Dagegen komme ich mit dem Radio nicht an. Im alten China hat man Kriminelle, die sich eines besonders schweren Verbrechens schuldig gemacht hatten, durch Lärm hingerichtet. Der Verurteilte wurde unter eine große Glocke gelegt, die anschließend vom Henker geschlagen wurde. Es soll der qualvollste Tod sein, den ein Mensch erleiden kann. Ungefähr so fühle ich mich manchmal in dieser Wohnung, in dieser Stadt – wie unter einer chinesischen Hinrichtungsglocke. Eine gestreckte Hinrichtung durch dauernden Lärm. Mit dem Rad zum Einkaufen. Ein Autofahrer stößt seine Wagentür auf und holt mich beinahe aus dem Sattel. Sein Beifahrer und er beömmeln sich darüber, dass sie mich beinahe zu Fall gebracht haben. Würde ich sie zur Rede stellen, riskierte ich einen Kieferbruch. Eine Passage aus Adornos *Minima Moralia* fällt mir ein, wo er feststellt, dass Autofahrer dazu neigen, Fußgänger, Radfahrer und Kinder als »Ungeziefer der Straße« zu betrachten, das man zuschanden fahren kann. Beim Einkaufen fährt mir jemand mit dem Einkaufswagen in die Hacken. Kein Wort der Entschuldigung. Ein hoch aggressiver Mann wirft seine Einkäufe meterweit in seinen Wagen und brüllt herum. Lemmy Kilmister fällt mir ein, der mal gesagt hat: »Die Regel lautet: acht von zehn … Acht Idioten an einem guten Tag. Sonst: neun. An einem schlechten Tag triffst du zehn Leute und einer wie der andere ist ein kompletter Vollidiot.« Heute ist ein Tag, der in Richtung zehn von zehn weist, oder hundert von hundert. Gedränge und Geschiebe, als eine weitere Kasse aufgemacht wird. Der Kassierer redet, während er meine Einkäufe über den Scanner zieht, laut mit einer Kollegin. Geräusche dringen von überallher wie Speere in mich ein. Auf dem Heimweg überholt mich ein röhrendes Motorrad, wenig später ein zu einer Klangbombe umgebautes Automobil. Unglaubliches Gedränge in der Fußgängerzone, die ich überqueren muss. Digitale Somnambule kreuzen meinen Weg. Dumme Handysätze dringen an mein Ohr. Was ich von den anderen sehe, sind tote Augen, müde Gesichter und Glieder, Hass, Ärger und Gereiztheit. Bloß ab und zu einmal ein menschliches Gesicht. Ich habe das Gefühl, in jedem Augenblick könnte jemand ein Messer hervorziehen – einfach so. Dieser Jemand könnte auch ich sein, denke ich. Es wird mir alles zu viel. Unter einer dünnen Oberfläche des Alltags herrscht Krieg. Ich sehe zu, dass ich nach Hause komme.

Wohin mit der Wut?

Wo sollen wir hin mit unseren Aggressionen? Ich erinnere mich an eine Szene aus einem türkischen Spielfilm. Ein Mann, der sich über irgendetwas geärgert hat und wütend ist, geht raus in den Hof und hackt wie ein Berserker Holz. Die Wut entspannt sich dabei und er kehrt ins Haus zurück, die Gefahr ist gebannt. Die Automatisierung und bürokratische Verregelung unseres hochzivilisierten Alltags verringern die Möglichkeiten der motorischen Spannungsabfuhr. Wo werden noch Teppiche geklopft, Briketts hochgeholt, Gärten umgegraben und Tiere geschlachtet, wo wird noch Holz gehackt oder Teig geknetet? Fahrstühle und Rolltreppen tragen uns hinauf und hinab, Türen schließen und öffnen sich automatisch, die Tastatur des PCs reagiert auf feinste Berührungen. Kaum irgendwo ist noch leibliche Anwesenheit und körperliche Kraftanstrengung gefordert. Alles wird gewaltlos zwangsgeregelt. Je weniger wir uns körperlich anstrengen und je gesitteter wir uns benehmen, desto leichter kann uns das Phantasma alles verschlingender Gewalt in seinen Bann ziehen. Insofern ist die rohe, unsprachliche, an kein Ritual gebundene Gewalt das Produkt der am weitesten fortgeschrittenen Zivilisation. Wenn wir den Mut dazu hätten, könnten wir uns im Spiegel von Terror und amokartiger Gewalt selbst erkennen. Aber da zerbrechen wir lieber den Spiegel und erklären die Täter, sofern sie keine islamistischen Terroristen sind, im Handumdrehen zu »psychisch gestörten Einzeltätern«. Auch wenn sie gelegentlich tatsächlich krank sind, ist ihre Krankheit die des gesellschaftlichen Ganzen. Je offensichtlicher ein Täter das Ensemble seiner und unserer gesellschaftlichen Verhältnisse ist, desto lauter der Aufschrei der Empörung und desto vehementer der Versuch, ihn außerhalb des Normalen zu verorten. »Jede Gesellschaft hat die Verbrecher, die sie verdient«, sagte der französische Rechtsmediziner Lacassagne. Die klassische Beziehungstat, der Mord aus Eifersucht oder in Hass umgeschlagener Liebe, die bis heute das Gros der Tötungsdelikte ausmachen, wuchs aus der Erwärmung des familiären Klimas hervor. Diese verdankt sich einer komplizierten Dialektik, die am Beginn des kapitalistischen Zeitalters ein soziales Kältegefühl in private Erhitzung umschlagen ließ. Demgegenüber stammt der Amoklauf aus Kälte, fehlenden Objektbeziehungen und um sich greifender Indifferenz. Indifferent eliminiert der Amokläufer ebenso indifferente Wesen. Der Amoklauf wird die kriminelle Physiognomie der Gesellschaft des entfesselten Kapitalismus prägen. Die in ihm zu Tage tretende Form des reinen und richtungslosen Hasses bildet die Rückseite einer Gesellschaft, in der die Warenform universell geworden ist und sich die Menschen in totale Selbstverwertungsmonaden verwandelt haben.

Erinnern wir uns zum Schluss an die Lage des Pächters in John Steinbecks Roman »Früchte des Zorns«. Das Land des Pächters ist verkauft worden und ein Angestellter des neuen Besitzers naht mit einer Planierraupe, um sein Haus abzureißen. Der Pächter stellt den Fahrer zur Rede und droht ihn zu erschießen, wenn er an seinem Vorhaben festhält. Der Fahrer sagt: »Ich kann nichts dafür. Ich verliere meine Arbeit, wenn ich's nicht mache. ... Du bringst nicht den Richtigen um« »Ja, ja«, sagt jetzt der Pächter, »wer hat dir den Befehl gegeben? Dann werde ich mich an den halten. Er ist der, wo umgebracht werden muss.« »Du hast Unrecht. Er hat auch nur seinen Befehl von der Bank. Die Bank hat ihm gesagt: ›Schmeiß die Leute raus, oder du fliegst‹.« »Ja, aber es gibt doch einen Präsidenten von der Bank. Es gibt doch Direktoren. Da fülle ich eben mein Gewehrmagazin und gehe in die Bank.« Darauf sagt der Fahrer: »Jemand hat mir erzählt, die Bank hat Befehl aus dem Osten gekriegt. Und der Befehl war:

›Sorgt dafür, dass das Land was abwirft, sonst machen wir euch die Bude zu.« – »Aber, wo hört das den auf? Wen können wir denn erschießen? Ich habe keine Lust zu verhungern, eh' ich den Mann umgebracht habe, der wo mich aushungert.« – »Ich weiß es nicht. Vielleicht ist da überhaupt niemand zu erschießen. Vielleicht ist das Ganze überhaupt nicht von Menschen gemacht«, sagt der Fahrer. Die Wut des Pächters dreht sich im Kreis. Die Situation dieses Pächters ist auch die unsere. Eine an Kafka erinnernde Anonymisierung der Herrschaft lässt unsere Wut ins Leere gehen. An wen sollen wir uns halten, wen können wir zur Verantwortung ziehen? Wer ist schuld an unserem diffusen Unbehagen und unserer Misere? Wir werden von unsinnlichen Abstraktionen und um die Erde zirkulierenden Geldströmen beherrscht. Aber, was ist das, ein Geldstrom? Die Dispersion und Anonymisierung der Verantwortung führt zur »Herrschaft durch Niemanden«, wie Hannah Arendt gesagt hat. Die Verhältnisse sind zum Verrücktwerden und Aus-der-Haut-Fahren. Nicht entäußerte Aggressionen fressen sich in den Körper und verwandeln sich in ein chiffriertes Krankheitsgeschehen. Das Gros der heutigen psychosomatischen Erkrankungen geht vermutlich auf das Konto gestauter Aggressionen und zielgehemmter Wut, auf denen die Menschen sitzen bleiben. Der Körper formuliert sein stummes Nein gegenüber den Verhaltenszumutungen einer Realität, die immer unerträglicher wird. Aufgabe einer kritischen Theorie der gegenwärtigen Gesellschaft wäre es, die exotisch-verrätselte Sprache der Symptome zu dechiffrieren, die Leidenserfahrungen der Menschen beredt werden zu lassen und ihre Ursachen ins Bewusstsein zu heben. Der diffuse Rohstoff der Rebellion und des Unbehagens bedarf der Regulierung durch eine intellektuelle und moralische Instanz, die ihn dem Sog der Regression entreißt und in eine aufklärerisch-emanzipatorische Richtung bringt. Gelingt das nicht, besteht die Gefahr, dass die diffusen, frei flottierenden Unruhe- und Leidenszustände sich blind und amokartig entäußern oder von rechts angeeignet und gegen Minderheiten in Gang gesetzt werden.

Freiwillige Zwangsverblödung

Seit einiger Zeit habe ich die Idee, wir müssten uns beim Theater Polizeiuniformen ausleihen, anziehen und dann in die Fußgängerzone gehen. Dort würden wir Passanten zur Rede stellen, die kein Smartphone mit sich führen. »Ja, wissen Sie denn nicht, dass seit dem 1. Oktober Smartphone-Pflicht besteht? Laut Gesetz über die Freiwillige Zwangsverblödung, das der Bundestag im Juli beschlossen hat, ist jeder Bürger verpflichtet, in der Öffentlichkeit sein Smartphone sichtbar mit sich zu führen.« »Entschuldigung, hab ich noch nix von gehört«, stammelt eine ältere Passantin. »Nun, dann wollen wir dieses Mal noch von einer Bestrafung absehen, aber wenn wir Sie nochmal ohne Handy erwischen, kostet Sie das 100 Euro Strafe.« »Ja, dann werde ich mir schnell mal eins besorgen«, sagt die Passantin schuldbewusst. »Was, Sie haben gar keins, es wird ja immer besser! Wir müssen Sie bitten, sich nächsten Montag auf dem Polizeirevier zu melden und uns Ihr Smartphone vorzuführen.«

Ein Mann sagt, er wolle sich nur schnell einen Coffee to go holen und habe sein Handy im Büro liegen gelassen. »Sie wissen schon, dass Sie sich damit strafbar gemacht haben? Wie sollen wir unsere Bevölkerung schützen, wenn wir nicht wissen, wo sich jeder einzelne aufhält, was er gerade tut, woran er denkt und mit wem er Nachrichten austauscht und telefoniert? Wir wollen die Totalüberwachung nicht den Chinesen überlassen?«

Genauso könnte man in der Vorweihnachtszeit in Uniform kontrollieren, ob die Bürgerinnen und Bürger genug eingekauft haben und ihren Beitrag zur Aufrechterhaltung der guten Konjunktur geleistet haben. Wir würden in ihre Einkaufstüten und Taschen schauen und sie zur Rede stellen, wenn sie für weniger als 100 Euro Waren nach Hause tragen.

Das wären sicher spannende Experimente.

Der Traum von der freiwilligen digitalen Knechtschaft

Die KP Chinas plant die Einführung eines »sozialen Kreditsystems«

»Es gibt gute Menschen, und es gibt schlechte Menschen. Nun stell dir eine Welt vor, in der die Guten belohnt und die Schlechten bestraft werden«, sagt der chinesische Computerwissenschaftler Zhang Zheng und umreißt damit die Utopie der chinesischen Staatsführung. Schon in Harald Welzers Buch *Die smarte Diktatur* war ich auf das »soziale Kreditsystem«, das man in China praktiziert, um die Massen zu gesellschaftskonformem Verhalten anzuhalten, gestoßen. Am Wochenende nun berichtete Kai Strittmatter in der *Süddeutschen Zeitung* unter der Überschrift *Schuld und Sühne* ausführlich über dieses Projekt.

Es gibt zum Beispiel eine App namens »Ehrliches Shanghai«. Jeder Beteiligte erhält eine gewisse Anzahl von Punkten, die man durch »gutes Verhalten« vermehren kann, und die sich durch »schlechtes Verhalten« verringern. Die App sammelt Daten aus den unterschiedlichsten Lebensbereichen. Stromrechnung bezahlt? Blut gespendet? Mit den Steuerzahlungen in Rückstand? Schwarz mit der U-Bahn gefahren? Mal für einen kranken Nachbarn eingekauft? Schnee geschippt? Die App speist das Handeln ein und rechnet den jeweiligen Kontostand aus. Wer im Plus ist, kann in der städtischen Bücherei Bücher ausleihen, ohne die sonst übliche Kaution zu hinterlegen. »System für soziale Vertrauenswürdigkeit« heißt das Projekt, das bis zum Jahr 2020 Wirklichkeit werden und alle Chinesen erfassen soll. In Shanghai betrifft es schon jetzt jeden Bürger. Algorithmen bewerten, trennen die Menschen in »gute« und »schlechte«. Einer der Initiatoren erklärt: »Es geht um die Frage: ›Bist du ein vertrauenswürdiger Mensch?‹ Es geht um die Ordnung des Marktes. Und letztlich geht es um nicht weniger als um die Ordnung der Gesellschaft.« China experimentiert mit Formen einer digitalen Diktatur, die es so noch nicht gegeben hat und die sich selbst Orwell nicht vorstellen konnte.

Irgendwo in der Provinz existiert ein »Amt für Ehrlichkeit«, das wohl wegen der allzu deutlichen Analogie zu Orwells *1984* später in »Amt für Kreditwürdigkeit« umbenannt wurde. Jeder startet mit 1000 Punkten und wird dann wie von einer Ratingagentur mit Bewertungen von AAA bis D versehen. Mit D gilt man als unehrlich, der Name kommt auf eine schwarze Liste, die Öffentlichkeit wird informiert. Mit D wird man Objekt signifikanter Überwachung. Die Vertrauenswürdigen sollen sich frei bewegen können, die Vertrauensbrecher sollen keinen einzigen Schritt mehr tun können. »Jetzt ist die Moral zurückgekehrt«, sagte einer der Verantwortlichen in Rongcheng. Die Namen der Vertrauensbrecher werden öffentlich bekannt gemacht. Man arbeitet nach wie vor mit Beschämung als Strafe und Mittel der Unterwerfung. »Unser Ziel ist, das Verhalten der Leute zu normieren«, sagt der zuständige Parteisekretär. Die Herabgestuften dürfen nicht mehr fliegen, bekommen keine Tickets für Hochgeschwindigkeitszüge, dürfen nicht in die komfortable Klasse der Nachtzüge, ihr Internetzugang wird eingeschränkt. Nicht nur der Umgang mit Geld fließt in die Bewertung durch den Algorithmus ein, sondern auch das moralische und gesellschaftliche Verhalten und natürlich auch die Spuren, die ein Mensch im Internet hinterlässt. Neu ist die Vernetzung von allem mit allem, also das, was man *Big Data* nennt. 731 Millionen Chinesen waren 2016 online, da fallen eine Menge Daten an, die man nun sammelt und in Beziehung zueinander setzt und zu Profilen verdichtet. Auch der Punktestand der Freunde geht in die eigene Bewertung mit ein. Wer sich mit Leuten mit einem niedrigen Punktestand einlässt, verringert automatisch auch seine eigene Kreditwürdigkeit. Also: Halte dich fern von Freunden mit einer schlechten Bewertung und suche die Nähe zu Menschen mit hohem Punktestand!

Am 6. Mai 2018 hat Mark Siemons in der FAZ über Experimente mit einer immer präziser funktionierenden »Technologie zum Gedankenlesen« berichtet, an der chinesische Firmen arbeiten und die in China bereits auf ihre Eignung zur Produktivitätssteigerung hin erprobt wird. »Wie die *South China Morning Post* gerade berichtete, stattet ›Neuro

Cap‹, ein von der Regierung finanziertes Gehirnüberwachungsprojekt an der Universität von Ningbo, Fließbandarbeiter in mehr als zwölf Fabriken mit kleinen Helmen aus, deren Sensoren effektivitätshemmende Zustände wie Depression, Angst oder Wut frühzeitig aufspüren und weitermelden können.«

Ob die chinesische KP sich mit diesen Überwachungsprojekten und Kontrollexzessen zu Recht auf Marx berufen kann, wage ich zu bezweifeln. Obwohl dieser nicht frei war von einem gewissen Fetischismus von Technik, Wissenschaft, Arbeit und Produktion, wäre ihm die sowjetisch-chinesische Staatssklaverei sicher verhasst gewesen und er hätte darauf beharrt, dass der Sozialismus/Kommunismus eine Gesellschaft ist, »worin die freie Entwicklung eines jeden die Bedingung für die freie Entwicklung aller ist.«

Gerade stieß ich in einem Brief von Friedrich Engels an Karl Kautsky aus dem Jahr 1881, also noch zu Lebzeiten von Marx, mit dem Engels in einem stetigen und regen Gedankenaustausch stand, auf eine Passage, die mich stutzig macht und erschreckt: »Sollte aber einmal die kommunistische Gesellschaft sich genöthigt sehen, die Produktion von Menschen ebenso zu regeln wie sie die Produktion von Dingen schon geregelt hat, so wird gerade sie und sie allein es sein, die dies ohne Schwierigkeiten ausführt.« Ist das nicht die perfekte Legitimation für die chinesische Parteiführung, mit dem Projekt des Sozialen Kreditsystems fortzufahren und sich dabei im Einklang mit den Gründungsvätern der kommunistischen Bewegung zu wissen? Auf die Spitze getriebene Natur- und Menschenbeherrschung als geheimes Ziel und Wahrheit des Marxismus? Ich weigere mich, das so einseitig zu sehen, und halte mich an die andere Seite des Marxschen Erbes, das in dem kategorischen Imperativ besteht, alle Verhältnisse umzuwerfen, »in denen der Mensch ein erniedrigtes, ein geknechtetes, ein verlassenes, ein verächtliches Wesen ist«.

Big Data-Träume werden überall auf der Welt geträumt. In den wenigen sich liberal nennenden Demokratien ziert man sich noch ein wenig und es gibt noch Restbestände von Skrupeln in Bezug auf den Datenschutz und die Wahrung von bürgerlichen Freiheitsrechten. In China denkt man bereits an eine Zukunft, in der man über das System und seine Regeln nicht mehr wird sprechen müssen. »Vielleicht gelangen wir an einen Punkt«, sagt Zhao Ruiying aus Shanghai, »an dem keiner es mehr wagt, an einen Vertrauensbruch zu denken. Ein Punkt, an dem keiner mehr überhaupt auf die Idee kommt, unserer Gemeinschaft zu schaden. An dem Punkt wäre unsere Arbeit getan.« Der heute noch angewendete Zwang und die Strafdrohungen werden dann überflüssig, wenn die Menschen den anfangs noch nötigen Fremdzwang verinnerlicht und in Selbstzwang verwandelt haben. Eines Tages erleben sie die Funktionsimperative des Systems als ihre eigene Leidenschaft und sie handeln von sich aus so, wie es im Interesse der gesellschaftlichen Ordnung ist. Das Leben aller wird gewaltlos zwangsgeregelt. Die Gewalt kann sich in die Kulissen zurückziehen, wo sie in Reserve liegt für den Fall, dass jemand aus dem System auszubrechen versucht und sich Widerstand regt. Die Kavallerie muss nicht ausrücken, es reicht, dass die Indianer wissen, dass es sie gibt. Die Gewaltfreiheit dieser Prozesse ist insofern Schein, als die Gewalt als verinnerlichte fortexistiert. Manifeste Gewalt wird nur noch ausnahmsweise angewandt; sie wird strukturell und funktioniert lautlos, stumm. Schon Marx hat diesen Vorgang beschrieben: Aus der anfangs zum Einsatz kommenden »Peitsche des Aufsehers« wird der »stumme Zwang der ökonomischen Verhältnisse«. Die Menschen haben die Gewalt in sich hineingenommen. Sie wollen, was sie wollen sollen, und fristen ihr ungelebtes Leben in stiller Verzweiflung. Eines Tages werden auch die letzten Spuren des unglücklichen Bewusstseins getilgt sein. Diesen Zustand hat Henri Lefebvre als »Entfremdung zweiten Grades« bezeichnet. Das Leben unter Bedingungen der Entfremdung wird den Menschen zur zweiten Natur. Sie kennen nichts anderes mehr, wissen nicht mehr, wie das Leben gewesen ist, bevor es von den kapitalistischen Abstraktionsschüben erfasst und in die Warenform gepresst wurde. Damit sind wir »in die Entfremdung zweiten Grades eingetreten, in die Entfremdung über Entfremdung, die ihre Grenzen verwischt: Die verallgemeinerte Mimesis überlagert – ohne sie abzuschaffen – die Ware und das Geld. Die Entfremdung konditioniert nicht nur Individuen; sie lastet nicht nur auf Klassen: Sie erfasst die verschiedensten Gruppen und die ganze Gesellschaft.«

Wer abweicht, dessen Score fällt sofort, und man kann auf einer Internetseite auch den Score seiner Freunde einsehen, oder den seiner Feinde. Der digitale Pranger ist das Perfideste an diesem System. Auf diese Weise, merkt Harald Welzer an, »wird jeder zum Blockwart des anderen«. Die digitalen Kontrolleure und geheimdienstlichen Datensammler beömmeln sich über die Leute, die vor den Handy-Geschäften Schlange stehen, wenn das neueste Smartphone-Modell auf den Markt kommt. Sie geben ihr eigenes, meist sauer verdientes Geld aus, »um ihre eigene Stasi-Leitstelle« mit sich herumtragen zu können. Niemand wird – jedenfalls hierzulande – mit vorgehaltener Waffe gezwungen, sich in die Kontrollnetze zu begeben. Von einem solchen Ausmaß »freiwilliger Knechtschaft« (Étienne de La Boétie) haben frühere Diktatoren mit ihren vergleichsweise kruden Methoden nur träumen können. Was mich befremdet, ist der Umstand, dass sich ausgerechnet das sich ja immer noch kommunistisch nennende China zur Speerspitze der neuen Überwachungspraktiken entwickelt hat. Andererseits: Darf es einen nach all den staatlichen Kontroll- und Straf-Exzessen, die im Namen des Sozialismus und Kommunismus betrieben wurden, noch wundern? Leider hängen auch die Gesellschaften, die sich auf Marx berufen, einem sozialen Reinheitsideal an und träumen von einer homogenen Gesellschaft, aus der alle Abweichungen getilgt sind. Dahinter steht die Idee von einer »guten Gemeinschaft«, die von ihren negativen Teilen gereinigt ist, von jenen Elementen, von denen man annimmt, dass sie die »gute Gemeinschaft« korrumpieren. Die Vorstellung von einem homogenen sozialen Körper, von einer »guten Gemeinschaft«, ist eine Wahnvorstellung, wie sie antidemokratischer nicht sein kann und deren Realisierungsversuche die schlimmsten Barbareien hervorgebracht haben. Wahrhafte Demokratie ist hingegen eine Schule für Konsens und Dissens, eine Gesellschaftsform, die die Entfaltung von Verschiedenheit ermöglicht und fördert. Oder besser: Sie sollte oder könnte es sein! Die real existierende repräsentative Demokratie ist eher eine Veranstaltung, die die Menschen anödet und frustriert. Hier gleicht sie der Schule. Wie diese den Schülern die Lust am Lernen austreibt, so führt die herrschende Form der Demokratie zur Verbreitung von Apathie und antidemokratischen Ressentiments.

Max Horkheimer schrieb bereits im Jahr 1968, Orwell sei »noch zu optimistisch« gewesen. Die im Staat von 1984 von der herrschenden Clique angewandten Praktiken der Überwachung und Kontrolle seien überholt. »Das wird in absehbarer Zukunft alles nicht mehr notwendig sein. Denn die Einzelnen werden von frühester Jugend an so erzogen, dass sie sich automatisch, ohne Zwang, ohne irgendwelche Bedürfnisse zum Aufruhr oder gar zum Nachdenken, in die Gesellschaft des Ameisenhaufens einpassen.« Haben wir angesichts des zeitgenössischen Handywahnsinns und der damit einhergehenden freiwilligen Selbstüberwachung Anlass, der düsteren Prognose Horkheimers zu widersprechen?

Der amerikanische Autor Dave Eggers hat einen Roman über ein fiktives, weltweit operierendes IT-Unternehmen namens Circle geschrieben, das wie eine Verschmelzung von Facebook, Apple, Google, Amazon und Twitter anmutet. *Der Circle* ist in gewisser Weise die Wiederaufnahme des Orwellschen Themas unter den Bedingungen des digitalen Zeitalters. Eggers lässt Kalden, einen der Gründer von The Circle, als ihm klar wird, dass das ganze Projekt auf einen totalitären Albtraum hinausläuft, den Satz sagen: »Ich meine, es war, als würde man auf dem Marktplatz eine Guillotine aufstellen. Du rechnest doch nicht damit, dass zig Leute Schlange stehen, um den Kopf reinzulegen.«

Hören wir zum Schluss noch einmal Harald Welzer: »Das hat es historisch noch nicht gegeben: Denn zu früheren Zeiten waren Geheimdienste und Geheimpolizeien noch darauf angewiesen, die Daten, die sie zur Ausforschung der Bürgerinnen und Bürger benötigten, selbst über Einbrüche, Lauschangriffe, Anheuern von Spitzeln, Belohnung von Denunzianten, verdeckte Ermittler usw. zu erheben. Heute liefern sie den Diensten alles frei Haus, die Bürgerinnen und Bürger. Organisationen wie die NSA und der BND und alle anderen müssen diese Datenflut nur noch in ihre Kanalisationssysteme leiten. Das macht alle zu Komplizinnen und Komplizen ihrer eigenen Überwachung.«

ETHNOLOGIE DES INLANDS

Digitaler Autismus

Gestern Nachmittag sah ich vom Balkon aus einen vielleicht zehnjährigen Jungen, der vor dem Nachbarhaus stand und offenbar auf jemanden wartete. Er trug einen Stöpsel im Ohr und hielt sein Smartphone in der Hand, das er keinen Moment aus den Augen ließ. Irgendwann begann er, sich mit der rechten Ferse gegen die linke Wade und mit der linken Ferse gegen die rechte Wade zu schlagen. Während er in immer gleichem, nicht allzu schnellem Rhythmus diese Bewegungen ausführte, starrte er weiter auf sein Handy und bewegte sich nicht von der Stelle. Die Bewegungen schienen unwillkürlich und stellten wohl den Versuch dar, eine wachsende innere Unruhe zu bannen. Oder sie waren eine Übersprunghandlung, eine Art Kompromiss zwischen dem Wunsch wegzugehen und der Verpflichtung, weiter zu warten. Man könnte sie aber auch als Symptom eines digitalen Autismus deuten, dachte ich, und diese Variante flößte mir Schrecken ein. Fasziniert betrachtete ich den Jungen und sein eigenartiges Verhalten noch eine Weile. Irgendwann konnte er nicht mehr stehen und setzte sich im Schneidersitz auf den Bürgersteig. Das Handy behielt er in der Hand. Ich wandte mich wieder meiner Lektüre zu. Ich weiß nicht, wie lange der Junge dort noch aushielt. Als ich später das Haus verließ, um schwimmen zu gehen, war er verschwunden.

Über Angst und Formen ihrer Bewirtschaftung

»Eine Angst treibt die andere aus, wie ein Nagel den anderen austreibt.«
(Julian Barnes)

Die Dunkelkammern des Ich – Über existenzielle und individuelle Ängste

»Angst macht, was unbegreiflich ist«, heißt es in Anton Tschechows Erzählung *Angst*. Und er lässt den Freund des Erzählers fortfahren: »Angst macht mir hauptsächlich das Alltagsleben, vor dem sich niemand von uns verstecken kann.« Wenn das Alltagsleben, das normalerweise der Inbegriff von Routine und Wiederholungen ist, die die Funktion haben, uns vor Überraschungen zu schützen und die damit verbundene Angst zu mindern, selber zur Quelle von Ängsten wird, ist das ein untrügliches Anzeichen dafür, dass eine Gesellschaft in die Krise und das Leben aus dem Lot geraten ist.

Das Wort Angst leitet sich vom mittelhochdeutschen Wort *angest* ab, das *eng* bedeutet. Wer Angst hat, dem zieht sich die Welt zusammen, dem verengt sich der Horizont. Wer von Ängsten umstellt ist, fühlt sich in die Enge getrieben. Wer Angst hat, dem schnürt es die Brust ein, dessen Herzschlag beschleunigt sich, dem bricht der Schweiß aus. Die Muskeln spannen sich an bis zur Verkrampfung. Nacken und Rücken schmerzen. Wer Angst hat, der schläft schlecht und unruhig, der wacht in der Frühe mit Beklemmungen und einem Rumoren im Gedärm auf.

In Dörte Hansens Roman *Altes Land* stieß ich auf folgende Schilderung einer Angst-Attacke. Anne hat soeben erfahren, dass Christoph, ihr Mann und der Vater ihres gemeinsamen Sohnes, nach der Trennung von ihr nun ein Kind mit einer anderen Frau erwartet. »Etwas schlug leck in ihr, sie spürte, wie ihre ganze Kraft entwich, wie alles ihr entglitt, sie löste sich an ihren Rändern auf. Alles, was sie gewesen war, was an ihr fest und heil gewesen war, strömte heraus, um sie herum stieg eine kalte Flut, sehr schnell, zog ihr die Füße weg, schien Stühle, Tisch und Schränke mitzureißen, die Küche, dieses Haus, die Welt versank, nur dieser Mann schwamm oben, unversehrt, sein Kopf, sein Blick, sein Glück.« Anne flieht ins Bad und übergibt sich, bis bloß noch Galle kommt. Sie schafft es dann, mit ihrem Auto unfallfrei nach Hause zu fahren. Sie findet Trost bei ihrer Mutter.

Die Angst kommt bevorzugt mit dem Dunkelwerden. In der Nacht, in der alle Katzen grau sind. Tagsüber wird sie vom Alltag gedämpft, zurückgedrängt, überlagert, manchmal sogar vergessen. Um der Angst zu entgehen, die beim Denken an den Tod aufsteigt, nehmen die Menschen Zuflucht zum faustischen Prinzip unablässiger, blindwütiger Aktivität. Arbeit bindet die Angst. Wie sehr das der Fall ist, merkt man daran, dass der Verlust der Arbeit manchmal mit dem Ausbruch schwerer Persönlichkeitsstörungen einhergeht, in deren Zentrum fast immer Angst steht. Da das Raum-Zeit-Gefüge in unserer Gesellschaft mit öffentlich anerkannter Erwerbsarbeit verknüpft ist, verlieren Menschen, die ihre Arbeit verlieren, viel mehr als nur ihre Arbeit. Sie büßen ihre Verortung und ihre Orientierungsfähigkeit ein und sind all den psychischen Konflikten und Spannungen schutzlos ausgeliefert, die zuvor in Arbeitsprozesse eingebunden und dadurch gedeckelt waren. Der seelische Innenraum, in den sie nun verbannt sind, ist zu eng für den Austrag solcher Konflikte. Zwänge sind ein unbewusster Versuch, die Angst zu bannen, ihr eine vorübergehende Form zu geben. Diffuse Angst wird in Furcht vor etwas Konkretem verwandelt.

Von Kierkegaard stammt der Hinweis darauf, dass wir Angst und Furcht zu unterscheiden haben: »Der Begriff Angst«, schreibt er in seinem gleichnamigen Buch aus dem Jahr 1844, ist »gänzlich verschieden von der Furcht und ähnlichen Begriffen, die sich auf etwas Bestimmtes beziehen«. Die Angst hingegen sei »die Wirklichkeit der Freiheit als Möglichkeit für die Möglichkeit«. Und er fährt fort: »Je weniger Geist, desto weniger Angst.« Blaise Pascal bezeichnete in früher Vorwegnahme der Kierkegaardschen Thesen die Angst als einen Schwindel, der den Menschen angesichts seiner Freiheit erfasst. Jeder Mensch – ob er das weiß und will oder nicht – hat Angst und ist verzweifelt. Kierkegaard sprach von des Menschen »Krankheit zum Tode«. Von Angst und Verzweiflung gibt es keine Heilung, wohl aber Linderung, wenn man zu einem angemessenen Umgang mit ihnen findet und sie vor allem nicht verleugnet. Es bleibt das grundlegende Problem, das Kierkegaard so beschreibt: »Das Leben kann nur in der Schau nach rückwärts verstanden werden, aber nur in der Schau nach vorwärts gelebt werden.«

Halten wir fest: Die Furcht ist auf etwas Konkretes gerichtet, die Angst ist frei flottierend und unbestimmt. Furcht und Angst verhalten sich zueinander wie Wut und Hass. Wir sind wütend auf jemand oder etwas, während der Hass ohne Gegenstand und frei flottierend ist. Es geht beim Hass allein um die Intensität des Gefühls, die umso größer ist, je weniger Grund sie hat. Wenn etwas begründet ist, gibt es einen rationalen Rückbezug, der immer etwas Abklärendes, Begrenzendes und Moderierendes hat. In Irmgard Keuns Roman *Das Mädchen, mit dem die Kinder nicht verkehren durften* stieß ich auf eine Schilderung eines aufsteigenden Hasses: »... ich fühle ganz genau, wie es kommt, wenn ich mich nicht mehr aushalten kann. Wolken steigen dann in mir hoch und wickeln mich ein, bis ich nichts mehr sehe und nur noch tobe.«

Des Nachts steigt die Angst die Kellertreppe hinauf und packt uns bei der Kehle. »Kannst du die Tür einen Spalt offenlassen«, fragten wir als Kinder, wenn wir zu Bett gebracht wurden. Etwas Licht aus der Welt der Erwachsenen und damit der Sicherheit sollte in unser Schlafzimmer hineinfallen. Wer sich ängstigt, schaltet das Licht ein. Das bannt vorübergehend die Gespenster und verhindert eine Überflutung durch Angst. »Der Schlaf der Vernunft gebiert Ungeheuer«, heißt eine Radierung von Goya.

Wer Angst hat, lebt nicht in der Gegenwart und ist nicht wirklich lebendig. Das Leben verliert seine mögliche Leichtigkeit. Der sich Ängstigende lebt im Bann lebensgeschichtlich mitgeschleppter Traumata und ungelöster Konflikte. Wer Angst hat, kann nicht denken und kreativ sein. Angst und Kreativität verhalten sich umgekehrt proportional zueinander. Deswegen sollte man Wissen nicht in Prüfungen abfragen. Prüfungen infantilisieren den Prüfling und liefern ihn archaischen Ängsten aus. In einem Roman von Stan Nadolny heißt es: »Angst verhindert fast alles:

Geistesgegenwart, Beschwingtheit, konzentriertes Denkvermögen, sie lässt den Menschen schlecht aussehen und alles zuverlässig versemmeln.«

Angst blockiert unsere Fähigkeiten. Eine Gesellschaft, die den Menschen dazu verhelfen möchte, ihre Möglichkeiten zur Entfaltung zu bringen, sollte darauf bedacht sein, ihnen ein möglichst angstfreies Dasein zu ermöglichen. Der Angstfreiheit stehen allerdings starke Herrschaftsinteressen entgegen: Wer ohne Angst ist, ist praktisch nicht zu demütigen und deswegen kaum beherrschbar. Schon Machiavelli hat gelehrt: Wer seinem Volk Angst macht, braucht es nicht zu fürchten.

Kinderängste

Der Mensch ist ein Lebewesen, das seinen Tod denken kann. Dieses Wissen ist eine der Hauptquellen der Angst. Es gibt Ängste, die zum Menschsein gehören. Angst vor Sterben und Tod, vor Krankheit, vor Trennung und dem Verlust eines geliebten Menschen. Eine kindliche Urangst ist die vorm Verlassenwerden durch die Mutter, auf deren liebende Zuwendung und körperlich-emotionale Versorgung wir anfangs angewiesen sind. Wer seine Mutter verliert, bevor die Ablösung von ihr vollzogen und gelungen ist, dessen Lebensgrundgefühl wird Angst sein. In den inneren Dunkelkammern überdauern archaische Kinderängste, gegen die kein Kraut gewachsen scheint. Verliert ein Kind seine Mutter, geht sein Mandat zu leben verloren und das Verhältnis zur Welt erhält einen Riss. Ich weiß, wovon ich rede, denn ich gehöre zu den Menschen, denen das widerfahren ist. Die ersten Jahrzehnte meines Lebens wurde ich von Träumen vom endlosen Fallen heimgesucht. Das ist der Angsttraum par excellence. Symbolisch wiederholt sich in ihm die Erfahrung des Fallengelassen-Werdens. Irgendwann verloren sie sich und wichen anderen Träumen. Die Angst blieb. Manchmal genügen Kleinigkeiten, um den Bodensatz der Angst aufzuwirbeln, und es dauert dann eine Weile, bis er sich wieder gesetzt hat. Um die Angst zu bannen, begann ich mit dem Schreiben. Da aber die Angst auch dadurch nicht dauerhaft verschwand, musste ich ständig weiterschreiben. So wurde ich süchtig – schreibsüchtig. Das Schreiben als eine Schwimmbewegung, die verhindert, dass ich im Meer der Angst versinke. Der auf diese Weise zum Schreiben Gekommene, ja Gezwungene, wird, wie André Gorz gesagt hat, »zum Schriftsteller, wenn sein Bedürfnis zu schreiben von einen Thema getragen wird, das es erlaubt und verlangt, dieses Bedürfnis zu einem Projekt zu organisieren.« Und wenn dieses Projekt ihn übersteigt, wenn er etwas zu sagen hat, das nicht nur ihn betrifft – würde ich hinzusetzen.

Wo unter günstigen Bedingungen ein Urvertrauen entstehen kann, wie Erikson es so wunderbar ausgedrückt hat, bildet sich infolge einer vorzeitigen und deshalb traumatisierenden Trennung ein Ur-Misstrauen aus, das häufig ein Leben lang wirksam bleibt. Wer nicht in den vor den bewussten Erfahrungen liegenden Perioden des Lebens, einer Phase extremer Abhängigkeit, Urvertrauen erlebt hat, wird sich dieses Geborgenheitsgefühl später nur mit unsäglicher Mühe durch Freiheit des Denkens erwerben und nur schwer die Gelassenheit des Vertrauens finden können. Wer durch kontinuierliche Zuwendung und elterliche Liebe Urvertrauen und ein gutes Selbstgefühl entwickeln konnte, bewahrt bis in Missgeschicke hinein eine Art religiösen Optimismus, der auf der ruhigen Gewissheit seines Wertes fußt. Die Qualen eines schwankenden Selbstgefühls bleiben ihm erspart. Die Dinge können kommen, es wird schon irgendwie weitergehen. Auch in schwierigen Lebenssituationen bleibt er ein Privilegierter, der über ausreichend Ressourcen verfügt, um mit Zusammenbrüchen und Krisen fertig zu werden. »Wer sein *Warum* des Lebens hat, erträgt fast jedes *Wie*«, heißt es sinngemäß bei Nietzsche.

Vor dem Hintergrund eines Übermaßes an Angst entstehen mitunter Biographien von Menschen, deren Leben, wie Stephan Hermlin es anlässlich des Dichters Georg Trakl ausgedrückt hat, »nicht lebbar ist« – und die es dennoch leben müssen. Wie wird unlebbares Leben lebbar, wie wird unmögliches Leben möglich? Man kann sich auf die Seite des fast verschütteten Lebendigen schlagen oder auf die Seite dessen, was einen zur Strecke gebracht und beinahe getötet hat. Der erste Weg führt häufig in künstlerische und politische Rebellion. Wahre Kunst entsteht, wenn der Künstler ohne sie nicht zu leben vermag. Der zweite ist der Weg der »Identifikation mit dem Aggressor«, wie Anna Freud diesen Ausweg begrifflich gefasst hat. Mancher hat den Stock, mit dem er einst verprügelt wurde, verschluckt, wie Heinrich Heine es ausgedrückt hat, und prügelt nun mit ihm auf alles ein, was ihm lebendig oder anders vorkommt. Dies ist ein Weg, der in den Faschismus führt – mindestens in den Faschismus der Gefühle. »Der Weg des Faschismus ist der Weg des

Maschinellen, Toten, Erstarrten, Hoffnungslosen. Der Weg des Lebendigen ist grundsätzlich anders, schwieriger, gefährlicher, ehrlicher und hoffnungsvoller«, heißt es in Wilhelm Reichs *Die Massenpsychologie des Faschismus*. Der Faschist verwandelt erlittene eigene Traumatisierungen in den Triumph, nun andere quälen und töten zu können. »Wie ist es dazu gekommen«, fragt Christa Wolf in ihrem autobiographischen Roman *Stadt der Engel* einen Freund, »dass unsere Zivilisation Monster hervorbringt?« Und der Freund antwortet: »Verhindertes Leben. Was sonst. Verhindertes Leben.«

Der Dichter Georg Trakl zieht in den ersten Weltkrieg. Nach der Schlacht von Grodek, Anfang September 1914, läuft er schreiend davon, wird eingefangen und ins Irrenhaus nach Krakau gebracht. Dort eingesperrt, nimmt er sich das Leben. Man bringt sich um, weil ein Leben in Angst nicht auszuhalten ist und die Mühe nicht lohnt. Trakls letztes Gedicht trägt den Titel *Grodek* und endet mit dem Satz: »Alle Straßen münden in schwarze Verwesung«.

»Künstler ist, wer nicht anders kann, und dem dann nicht zu helfen ist«, schreibt Franz Fühmann in seinem Trakl-Buch *Vor Feuerschlünden*.

Mit Ängsten werden wir als Menschen – auch in der freiesten Gesellschaft – leben müssen. Bei Ernst Toller heißt es: »Auch der Sozialismus wird nur jenes Leid lösen, das herrührt aus der Unzulänglichkeit sozialer Systeme, immer bleibt ein Rest. Aber soziales Leid ist sinnlos, nicht notwendig, ist tilgbar.« Gegen die unauflösbare Restangst entwickeln wir Abwehrstrukturen, die angstbindende Kraft besitzen und verhindern, dass die Angst uns lähmt. Jede Gesellschaft stellt »Container« zum Auffangen der Angst zur Verfügung: religiöse Tröstungen, mythische Erzählungen – neuerdings Narrative genannt –, Institutionen und Rituale. Damit lässt sich die Absurdität eines Lebens zum Tode aushalten, wenn die Startbedingungen gut genug gewesen und wir ohne besondere Traumatisierungen davongekommen sind.

Freud unterschied zwischen Realangst und neurotischer Angst. Realängste sind rationale Reaktionen auf die Wahrnehmung äußerer Gefahren. Man kann sie als verständliche Äußerungen des Selbsterhaltungstriebs ansehen. Wir reagieren auf sie in der Regel mit einem Fluchtreflex. Oder, wenn die Gegebenheiten es zulassen, mit einem Angriff auf die Gefahrenquelle. Funktioniert beides nicht, werden wir unter enormen

Stress gesetzt, der Menschen zerreißen kann und auf den Körper durchschlägt.

Erziehungsverbrechen

Dann gibt es überschüssige, sogenannte neurotische Ängste, die nicht sein müssten, aber in ein Leben kommen, wenn es durch schmerzhafte Eingriffe an der Entfaltung gehindert und verbogen wird; wenn sich dem Kind gegenüber jene Paranoia entfaltet, die man Erziehung nannte und manchmal noch nennt. Thomas Bernhard hat von »Erziehungsverbrechen« gesprochen und die an ihm begangenen in seiner fünfbändigen Autobiographie eingehend beschrieben. Angst ist das Kernstück der seelischen Erkrankungen, die wir Neurosen nennen. Bei den Zwangsneurosen, der Angstneurose und bei vielen Depressionen steht sie im Mittelpunkt, aber auch vielen psychosomatischen Erkrankungen liegt letztlich Angst zugrunde, wobei die Angst gewöhnlich verschoben und auf einzelne Organe gerichtet wird. Noch der sich ritzende und die Haut aufschneidende Borderliner versucht, eine namenlose Angst in einen körperlichen Schmerz zu überführen, der lokalisierbar und leichter zu ertragen ist.

Die in unserer Kultur lange praktizierte frühkindliche Trennung des Kontinuums von Mutter und Kind unterbricht das kontinuierliche Sein des Kindes. An den Bruchstellen lagern sich frühe Ängste an. Angst entsteht, wenn das kontinuierliche Sein unterbrochen wird, das Halten nicht gut genug ist, Schocks den noch fragilen Reizschutz durchbrechen. Allmählich bildet sich aus dem anfänglichen Zustand der Desintegration oder besser: Nicht-Integration eine psychische Struktur heraus, die das Kind instand setzt, es mit allen möglichen ängstigenden Situationen aufnehmen zu können – besser oder schlechter, je nachdem, welche Bedingungen ein Kind antrifft.

Der Schweizer Schriftsteller Adolf Muschg hat über den Empfang, den wir unseren Neugeborenen bereiten, geschrieben: »Man stelle sich vor: da liegt ein Geschöpf, das neun Monate seines Lebens, eine ungemessene Zeit, in umfassender Symbiose mit einem mütterlichen Körper zugebracht hat, amputiert, durch Strickzeug gefesselt, mit verpackten Händen in einer berührungslosen, dabei stechend hellen Leere, wird in Abständen, die durch endlose Verlassenheiten getrennt sind, um einen

Rhythmus zu ergeben, aufgenommen, behandelt, ja, auch endlich an eine Brust gelegt, ›gestillt‹ – aber dieses Glück dauert nicht, der Kontinent von Mutterwärme geht unter und macht wieder diesem uferlosen Alleinsein Platz, das man sich durch kein Suchen und Tasten wohnlicher machen, wo man seinen Atem nur zum Schreien brauchen und auch von nebenan nur Schreien hören kann, wo es nur ein natürliches Gefühl gibt: dass man alles, das Ganze, die Hauptsache entbehrt.« Diese Art des Empfangs von Neugeborenen implantiert Angst in die kindlichen Seelen und Körper und ist häufig richtungsweisend. Adolf Muschg verband diese Schilderung mit der Frage: »Gibt es ein Leben nach der Geburt?«

In der weiteren Entwicklung gibt es Angst vor Strafe, vor Liebesverlust, vor Schlägen, Angst vor dem Vater, dem Lehrer, bis in meine Generation hinein auch noch vor dem Pfarrer. Angst davor, etwas »Sündiges« zu tun. Gewissensängste. Sich schuldig fühlen, wenn man in lustvoller Absicht Hand an sich legt. Gottes Blick reicht bis unter die Bettdecke. Ängste werden durch schmerzhafte Eingriffe und Verbote in die Körper installiert, die in der Folge bestimmte Lüste abwehren und von sich aus auf gewisse Stimuli mit Abwehr und Angst reagieren. Der Schweiß bricht aus statt Lust und Liebe.

Angst vor dem Lehrherrn, dem Offizier, der einen schleift. Vor allem die Schulen und das Lehrpersonal waren lange Erzeuger von Angst und Traumatisierungen, die oft ein Leben lang nachwirkten. Hermann Hesse, Heinrich Mann und vor allem Leonard Frank haben von Schülerqualen beredt Zeugnis abgelegt.

Von der Unterwerfung unter das elterliche Regiment profitieren später andere gesellschaftliche Instanzen, die in der Bewirtschaftung der Angst ein dauerhaftes Potenzial für Macht, Kontrolle und Profit entdecken. Schon Luther wusste das und verkündete im großen Katechismus: »Denn aus der Eltern Obrigkeit fließt und breitet sich aus alle andere. ... Alle, die man Herrn heißet, an der Eltern Statt sind und von ihnen Kraft und Macht zu regieren nehmen müssen.«

Von Sigmund Freud und Wilhelm Reich haben wir gelernt: Am Grunde unserer Neurosen liegen häufig abgewehrte sexuelle Triebwünsche. Die nicht abgeführte Erregung wird in Angst verkehrt und diese in Symptomen gebunden – in Charakterzügen und Zwangshandlungen. Verdrängung bedeutet Produktion von Unbewusstheit und damit Einschränkung des Bewusstseins. Das soziale Tabu über der Sexualität wird in Sozialisationsprozessen als Denkhemmung verinnerlicht, die über den engeren sexuellen Bereich hinausgreift. Unterdrückung macht dumm und setzt Lücken in der Wahrnehmung.

Kinder wurden und werden teilweise bis heute – salopp gesagt – »zur Sau gemacht« und also in Angst versetzt. Angsterzeugung und Verpönung von Triebregungen galt und gilt als probates Mittel in der Erziehung und als Quelle von Gehorsam und Unterwerfung unter den elterlichen Willen. Es gibt heute allerdings auch Angst, die aus Nicht-Erziehung stammt, aus mangelndem Halt und mangelnder Begrenzung. Psychische Strukturen, die die Angst mindern und uns inneren Halt gewähren, entwickeln sich im Handgemenge mit leibhaftig anwesenden Menschen, an denen man sich reiben und abarbeiten kann und muss, die uns liebevoll zugewandt sind und unserem Leben eine Richtung geben. Wer seinen Kindern keine angemessenen und zumutbaren Versagungen auferlegt und ihnen die leibhaftige Auseinandersetzung verweigert, darf sich nicht wundern, wenn sie in frühkindlichen narzisstischen Größenphantasien verharren und auf ihrer verzweifelten Suche nach angstmindernden Begrenzungen auch zur Gewalt greifen. Was müssen Kinder mitunter für verzweifelte Anstrengungen unternehmen, um ihre Eltern und die Gesellschaft der Erwachsenen zu einer klaren Stellungnahme zu bewegen! Auch oder gerade im Rahmen einer Mittelschichtsverwahrlosung überantwortet man Kinder einer trostlosen Beliebigkeit und Beziehungslosigkeit und praktiziert Erziehungsverweigerung, wodurch man ihnen sowohl das Kind-Sein als auch das Erwachsenwerden verweigert.

Digitale Kindsaussetzung

Viele Kinder wachsen gegenwärtig in einer Umgebung von Bildschirmen auf, weniger in der Obhut von lebendigen und leiblich anwesenden Menschen. In der Post stieß ich unlängst auf eine Gruppe Frauen mit ihren Kindern. Während die Frauen dabei waren, ein Formular auszufüllen, saß ein vielleicht einjähriges Kind in einem Kinderwagen, der etwas abseits der Gruppe abgestellt war. Ich traute meinen Augen nicht: Das Kind wischte tatsächlich auf einem Smartphone herum, aus dem leise Musik drang. Der Umgang des Kleinkindes mit dem Gerät wirkte ziemlich professionell, was auf einen regelmäßigen Gebrauch schließen ließ. Staunend starrte ich das Kind an. Mitleid mit ihm erfasste mich und ich fragte mich, was aus Kindern werden soll, die unter solchen Bedingungen aufwachsen. An was soll sich ihr Selbstgefühl erwärmen? Wer hilft ihnen, ihre Angst einzuhegen und ihren Trieben Dauer und Form zu geben? In einer an ihrem Reichtum erstickenden Gesellschaft beobachten wir neuartige Formen der Kindsaussetzung und digitaler Vereinsamung und Verelendung. Diese erzeugen Ängste, über die wir noch nichts wissen, ja, die wir teilweise noch nicht einmal zur Kenntnis genommen haben. Die virtuelle Welt bringt eine spezifische Ortlosigkeit hervor. Heimat ist im Netz nicht möglich, und so werden die Menschen in die Bedingungen des zeitgenössischen Kapitalismus eingeübt, die ebenfalls auf Flüchtigkeit, Bindungslosigkeit und Flexibilität basieren. Es kann sein, dass heutige Kinder weniger geschlagen und gezüchtigt werden, dafür haben sie unter neuartigen Entbehrungen zu leiden. Der alte Nietzsche'sche Satz gilt nach wie vor: »Welches Kind hätte nicht Grund, über seine Eltern zu weinen?«

Mit der propagierten und praktizierten Bindungslosigkeit legt diese Gesellschaft die Axt an die Wurzeln der Subjektwerdung des Menschen. Seine »psychische Geburt« kann nur in verlässlichen Näheverhältnissen und unter Bedingungen von räumlicher und zeitlicher Konstanz gelingen. Eine Gesellschaft, die es zulässt, dass auf die Kindheit der Kälteschatten ökonomischer Fungibilität fällt, darf sich nicht wundern, wenn ihrem unwirtlichen Schoß vermehrt psychisch frigide und moralisch verwilderte Individuen entspringen.

Man beseitigt individuelle Angst nicht, indem man ihre Symptome kuriert oder Medikamente verschreibt. Letzteres ist zu einem einträglichen Geschäft geworden. Es gibt Situationen akuter Panikzustände, in denen man Medikamente verabreichen muss, damit ein Mensch überhaupt erst wieder einen Zustand erreicht, in dem man mit ihm therapeutisch arbeiten kann. Dann aber kommt es darauf an, den Angstgründen auf die Spur zu kommen, die Szenen zu rekonstruieren, in denen Angst massiv erzeugt und erlebt wurde. Je weiter die Angsterzeugung lebensgeschichtlich zurückreicht, desto schwerer ist es, ihr therapeutisch beizukommen. Vieles verliert sich im vorsprachlichen Nebel einer frühkindlichen Amnesie und ist eher einer körpertherapeutischen Bearbeitung zugänglich als auf Sprachlichkeit fixierten therapeutischen Verfahren.

Selbst wenn es gelingt, die Gründe herauszufinden, ist damit die Angst nicht aus der Welt. Eine schöne, aber leider naive Vorstellung: Man muss das bislang Unbewusste wie Rumpelstilzchen bloß beim Namen nennen und schon verschwinden die Symptome.

Baron Münchhausen und Sartre

Die Bilanz meiner ein Leben lang dauernden Selbsterforschung lautet: Man muss sich mit der Angst ins Benehmen setzen und versuchen, sie zu überlisten und einen modus vivendi mit ihr und den von ihr gespeisten Symptomen zu finden. Ganz los wird man sie nicht. Sie haben ihre Ursache und Funktion im seelischen Gesamthaushalt, die berücksichtigt werden müssen. Geholfen hat mir Arthur Koestler, in dessen Autobiographie ich auf folgende Passage stieß: »Eine gütliche Verständigung mit den eigenen Neurosen herbeizuführen klingt wie ein Widerspruch in sich selbst; dennoch lässt es sich meiner Meinung nach erreichen, vorausgesetzt, dass man seine Komplexe anerkennt, sie mit höflicher Achtung behandelt und sie weder leugnet noch bekämpft. Es ist meine tiefe Überzeugung, dass der Mensch die Kraft besitzt, sich an den eigenen Haaren aus dem Sumpf zu ziehen. Der Baron im Sumpf, abgekürzt ›Basu‹, Besieger von ›Ura‹, (Abkürzung von Urangst) war zugleich zum Glaubensartikel und Symbol geworden.« Koestlers Autobiographie ist auch eine Hommage an den Baron Münchhausen, dem er sein Leben verdankt. Auch Jean-Paul Sartre ist ein Anhänger des Barons. Seine Fassung der Münchhausen-Maxime lautet: Wir müssen und können etwas aus dem machen, was man mit uns gemacht hat! Ein Leben ist eine zu diesem oder jenem verwendete Kindheit; niemand sollte sich ein Leben lang mit dem Verweis auf seine schwierige Kindheit herausreden und die Verantwortung für sich und seine Handlungen von sich weisen. Menschen sind keine Billardkugeln, die durch ein Queue bewegt werden – noch als determinierte sind sie selbsttätig, noch als heteronome im Kant'schen Sinne »spontan« und zu eigenen Entscheidungen fähig. Es ist, wie Sartre sagt, an uns, uns Wege zu bahnen und die Vampire in die Flucht zu schlagen.

Monika Maron ist bei Jean Anouilh auf einen hilfreichsten Rat zur praktischen Lebensbewältigung gestoßen. Im Stück *Jeanne oder die Lerche* erklärt Jeanne ihrem König Charles, wie er seine Angst überwinden kann: »... Du sagst dir: Gut, ich habe Angst, aber das ist meine Sache, das geht niemanden etwas an. Ich gehe meinen Weg weiter ... Gut, sie sind in der Überzahl, sie sitzen hinter hohen Wällen, haben große Kanonen mit vielen Kugeln und sind seit jeher die Stärkeren. Ich habe Angst. Richtig Angst. Noch ein paar Sekunden – so ... und jetzt, nachdem ich Angst gehabt habe, jetzt los und drauf! Darüber sind die anderen so verdutzt, dass sie es plötzlich mit der Angst zu tun bekommen. Doch da bist du schon da und stürmst über sie hinweg! Du siegst, weil du als der Klügere und Phantasievollere eben vorher Angst gehabt hast. Mehr braucht es nicht.«

Seit ich miterlebt habe, wie ein Freund beim Versuch, seine Ängste im Rahmen eines kontraphobischen Projekts frontal anzugehen, ums Leben gekommen ist, behandele ich meine Angst mit Respekt. Ich habe gelernt, nichts Unmögliches von mir zu verlangen und mich nicht zu überfordern. Die auf »Heilung« und »seelische Gesundheit« abzielenden Therapien vertragen sich schlecht mit der ursprünglichen psychoanalytischen Idee, die den einzelnen zu einer lebenslangen Auseinandersetzung mit sich selbst und seiner Widersprüchlichkeit animieren wollte. Nach Freud kann man nur das überschüssige »hysterische Elend« therapeutisch mildern oder im besten Fall zum Verschwinden bringen, nicht aber das »allgemeine Unglück des Kulturmenschen«, das selbst dem austherapierten Patienten bleibt. Etwas salopp gesagt: Der Normale ist ein Verrückter, dessen Neurose eine gute Wendung genommen hat.

Über Gesellschaftlich produzierte Ängste

> »Das neue Jahrtausend steht im Zeichen des Exils, aller Arten von Exil, sei es im eigenen Land oder in der weiten Welt, in der eigenen Wohnung oder Sprache oder außerhalb ihrer. Ein immer weiter sich ausbreitender Spasmus, ›ein Gespenst geht um die Welt‹.« *(Norman Manea)*

Anders steht es mit den gesellschaftlich erzeugten Ängsten, von denen nun die Rede sein soll. Diese werden auf die neurotischen Ängste aufgepfropft und nehmen sie in Dienst. Aus dieser undurchsichtigen Verfilzung beziehen sie ihre Wirksamkeit. Das Luther-Zitat (Seite 241) deutete das bereits an: Von der Vorunterwerfung unter die elterliche Autorität profitieren alle späteren Instanzen, denen wir unterworfen sind. Der große Sozialpsychologe Erich Fromm hat das so beschrieben: Das Verhältnis von Über-Ich und Staat ist dialektisch. Das Über-Ich ist verinnerlichter Staat, und der Staat externalisiertes, also nach außen projiziertes, Über-Ich. Das bedeutet: Wer gegen staatlich-gesellschaftliche Ge- und Verbote verstößt, bekommt es zugleich mit seinem Gewissen zu tun. Für den Fall, dass das Gewissen versagt und Regeln verletzt werden, liegen Polizei und Strafjustiz in Reserve. »Die Strafjustiz ist gleichsam der Stock an der Wand, der auch dem braven Kinde zeigt, dass der Vater ein Vater und das Kind ein Kind ist«, schreibt Fromm. Diese Verzahnung innerer und äußerer Kontroll-Instanzen sorgte bislang für die Stabilität der bürgerlichen Ordnung und ihrer Institutionen. Wie es um diese Stabilität bestellt ist, wenn die Über-Ich-Bildung nicht mehr in zuverlässiger Weise geschieht und die Verzahnung nicht mehr funktioniert, wäre ein anderes und hochaktuelles Thema. Wenn das Über-Ich, wie Freud sagte, als innere Polizei fungiert, stünde die äußere Polizei auf verlorenem Posten, wenn sie sich nicht mehr auf ihre verinnerlichten Abteilungen verlassen und stützen könnte. Oder anders formuliert: Wenn die innere Polizei des Gewissens nicht mehr zuverlässig arbeitet, muss die äußere Polizei vermehrt in Erscheinung treten. Fromm beharrte allerdings auf der Notwendigkeit eines Stützpunkts im Inneren der Individuen, weil man nicht hinter jeden Bürger einen Polizisten stellen könne. Heute übernehmen mehr und mehr Überwachungstechnologien die Kontrolle der Bürger und registrieren deren Regelverstöße. Wer den Laden ohne zu zahlen verlässt, wird von der elektronischen Diebstahlssicherung zurückgepfiffen oder vom Detektiv gestellt, der den Diebstahl per Kamera beobachtet hat.

Von den gesellschaftlich produzierten Ängsten gilt: Sie müssten in einer Gesellschaft wie der unseren, die einen unermesslichen Reichtum hervorbringt, nicht sein. Zygmunt Bauman hat als soziologische Grundregel formuliert: Alles, was menschen gemacht ist, kann auch von Menschen verändert werden – vorausgesetzt, sie wollen es. Wir können sicher nicht alles Leid aus der Welt schaffen, aber doch einen großen Teil davon, und einen anderen Teil lindern. In jedem Fall lohnt es sich, es immer und immer wieder zu versuchen. Baumans Rat: Wir sollten uns auf den Teil des Elends konzentrieren, der gesellschaftliche Ursachen hat und in solchen Fällen keinerlei Grenzen für die Umgestaltung der Wirklichkeit akzeptieren. Im Namen der neuen neoliberalen Göttin TINA – there is no alternative – versucht man die Handlungsspielräume der Menschen systematisch zu verengen und ihnen die herrschenden Verhältnisse als die einzig möglichen und denkbaren zu präsentieren.

Angst und Entfremdung

Welches sind nun die gesellschaftlich erzeugten Ängste, gegen die eine zur Vernunft gekommene Menschheit etwas ausrichten könnte? Es sind im Wesentlichen Ängste, die aus der spezifischen Form unseres Wirtschaftens stammen. Seit 1800 etwa hat sich die Ökonomie aus den Lebenszusammenhängen, in die sie zuvor eingebettet war, herausgelöst und verselbständigt. So konnte sie sich von den ihr auferlegten Begrenzungen befreien und zu einer anonyme Märkte beliefernden effizienten Warenproduktion werden, deren Ziel nicht länger die Bedürfnisbefriedigung ist, sondern die Vermehrung des zum Kapital mutierten Geldes. Die kapitalistische Produktion trifft Entscheidungen ausschließlich unter dem Aspekt der Profitrate und nimmt keine Rücksicht auf menschliche Belange und das, was man früher *Gemeinwohl* nannte. Alle diesbezüglichen Rücksichtnahmen müssen ihr aufgezwungen und kämpferisch abgerungen werden. Am Gipfelpunkt der Verselbständigung und Entfremdung werden die Menschen im Zeichen von *Industrie 4.0* von ihren eigenen Hervorbringungen aus der Produktion vertrieben. Das Kapital emanzipiert sich mehr und mehr von der menschlichen Arbeitskraft und nullt tautologisch und gespenstisch vor sich hin. Massen von Menschen werden innerhalb der nächsten Jahrzehnte von Robotern und Algorithmen aus der Arbeitswelt verdrängt werden. »Der Mensch wird – in dieser Gesellschaft – überflüssig, vorher schwinden seine Fähigkeiten«, notierte Max Horkheimer bereits Mitte der 1950er Jahre. Diese Entwicklungen setzen großflächig Ängste frei. Die Menschen sterben einen sozialen Tod und drohen aus der Welt zu fallen. Statt Widerstand zu leisten und die wild gewordene Ökonomie in eine solidarische Gesellschaftlichkeit einzubinden, unterwerfen sich die Menschen den sogenannten Marktgesetzen. Nach beinahe vier Jahrzehnten neoliberaler Indoktrination scheint es gelungen, den Markt als neue Zivilreligion zu etablieren. Die Trinität, die in ihr verehrt wird, heißt: Rationalisierung, Deregulierung und Globalisierung. Wer sie kritisiert, wird von den Hohepriestern der Marktreligion in die Position desjenigen gerückt, der so töricht ist, einem Erdbeben Vorwürfe zu machen.

Der im Namen des Neoliberalismus entfesselte Kapitalismus und seine Praktiken erzeugen Angst im großen Stil. Das, was euphemistisch Fortschritt genannt wird, hat sich als eine Art endloses »Reise nach Jerusalem«-Spiel entpuppt, bei dem ständig Menschen keinen freien Stuhl mehr finden und auf der Strecke bleiben. Es grassieren die Ängste vor prekärer Beschäftigung, vor Arbeitsplatzverlust, vor sozialem Abstieg, vor einer Hartz 4-Existenz, vor Altersarmut und Enteignung, vor Vergessen- und Abgehängt-Werden. Enteignung nicht nur im ökonomischen Sinn: Es gibt auch Enteignung von Erfahrung und Fähigkeiten, die Menschen unter Mühen erworben haben, die nun im Zuge eines immer rasanteren technologischen Wandels nicht mehr nachgefragt werden und nichts mehr wert sind. »Unsere Existenzform ist die Rasanz«, heißt es in Roger Willemsens posthum erschienenen Bändchen *Wer wir waren*, und, können wir hinzusetzen, sind doch für ein solches Leben mehrheitlich nicht ausgerüstet. »Freude aus Verunsicherung zu ziehen – wer hätte uns das beigebracht?«, fragte Christa Wolf in Anbetracht der neuen Imperative des flexiblen Kapitalismus in einer ihrer Frankfurter Poetik-Vorlesungen. Je traditioneller ein Mensch sozialisiert, je autoritärer er fixiert ist, desto schwerer wird er sich mit den Anforderungen der »flüchtigen Moderne« (Zygmunt Bauman) tun. Viele Dinge sind nicht mehr an ihrem angestammten Platz und sind mit den inneren Lageplänen nicht mehr zu finden. Menschen geraten in die quasi-dadaistische Lage desjenigen, der mit einem alten Stadtplan von Frankfurt sich im heutigen Frankfurt orientieren will.

Viele Menschen machen gegenwärtig die Erfahrung: Was Hänschen gelernt hat, nützt Hans nichts mehr. Was gestern noch wichtig und richtig war und sozial integrierte, bringt einen heute ins gesellschaftliche Abseits. Wer an Gelerntem, über das die gesellschaftliche Entwicklung hinweggegangen ist, festhält, droht zum Kauz, zum Sonderling, zur komischen Figur zu werden. Der gesellschaftliche Wandel hat sich derart beschleunigt, dass er Schwindelgefühle und Angst erzeugt. Immer mehr Menschen geraten in die Position des Hebbelschen Meister Anton, der die Welt nicht mehr versteht. Das Tempo der Veränderung ist nicht mehr anthropomorh, also menschenförmig und -gemäß, und müsste im Interesse unserer Würde und Gesundheit gezügelt werden. Das Pensum an Veränderungen, das Menschen innerhalb ihrer Lebensspanne bewältigen können, ist begrenzt. Wird es überschritten, drohen sie körperlich und seelisch zu erkranken. Wer aus der Zeit fällt und ver-rückt wird, kann darüber verrückt werden. Die Menschen fühlen sich, als wären sie in einem falsch oder schlecht synchronisierten Film: Der Film der äußeren Realität läuft schneller als die inneren Texte, die sie dazu sprechen. Auch diese Desynchronisation von äußerer Realitätsstruktur und innerer Identitätsstruktur ist eine Quelle von Verunsicherung und Ängsten. Normen und Werte sind ja dazu da, einen in der Gesellschaft stabil zu verorten und Orientierung zu gewährleisten. Treue zu Normen wird aber gegenwärtig zu einer Quelle von Verunsicherung und kann den Sturz aus der Welt nicht mehr aufhalten. Und da ist nach all den Entzauberungen der Moderne kein Glaube mehr, der den Stürzenden auffängt. Wohin fällt eine/einer dann?

Veralten von Lebensprogrammen

Viele Menschen leiden unter seelischen Gleichgewichtsstörungen und einem Verlust des Gefühls der Kohäsion. Wie gewinnen unsere Lebensläufe ihre Kohäsion, ihr »um ... willen«, ihren Sinn, ihre Identität? Ein kohäsives Selbst bildet sich in der Kindheit unter Bedingungen von Verlässlichkeit und raum-zeitlicher Konstanz der Bezugspersonen. Lernend und sich identifizierend werden gewisse Regeln und Orientierungspunkte verinnerlicht. Es bildet sich ein innerer Kompass aus, der die Navigation im Strom der Zeit ermöglicht und dem Leben eine Richtung gibt. Ein kohäsives Selbst vermittelt ein Gefühl des Selbstseins, der Selbstachtung und des leidlichen Wohlbefindens. Menschen, die über ein kohäsives Selbst verfügen, besitzen eine psychische Struktur, die sie vor Fragmentierung und Ängsten schützt. Schon unser flüchtiger Blick auf die Entstehungsbedingungen des Gefühls von Kohäsion und Identität hat gezeigt, dass diese keine monadologischen Kategorien sind, sondern eminent gesellschaftliche, die von Anfang an auf die Anderen, auf Um- und Mitwelt verweisen. Identität ist jene Instanz im Menschen, durch die das psychische mit dem gesellschaftlichen und das gesellschaftliche mit dem psychischen Leben vermittelt werden. Angesichts dieser dialektischen Struktur der Begriffe

Kohäsion und Identität müssen wir uns mit Alexander Kluge fragen: »Wie sollen unsere Lebensläufe eine Identität haben, wenn wir in einer Gesellschaft leben, die aus Trennungen zusammengesetzt ist? Machen wir die Trennungen mit, dann trennt sich etwas in uns.« Trennt sich etwas in uns, verlieren wir das Gefühl der Kohäsion. Die Angst vor Fragmentierung, also dem Zerfall der Persönlichkeit und der Ich-Grenzen, gehört zu den gravierendsten Ängsten, von denen ein Mensch befallen werden kann. Das ist kaum aushaltbar und kann im Extrem eine psychotische Entwicklung einleiten.

Kohäsion

Oskar Negt geht in seiner Autobiographie, die 2016 unter dem Titel *Überlebensglück* erschienen ist, der Frage nach, welche Faktoren dafür verantwortlich sind, dass er trotz einer schwierigen Ausgangslage und einer Kindheit unter Bedingungen der Flucht ein halbwegs gelungenes und angstfreies Leben führen konnte. Irgendwann muss ein Mensch Glück erfahren haben, das er nicht mehr verliert und von dem er lebensgeschichtlich zehren kann. Negt führt seine Glücksvorräte auf die Erfahrung verlässlicher Bindungen an seine Schwestern zurück, die ihn auf der Flucht begleiteten und ihm ein basales Gefühl der Sicherheit und des Halts inmitten einer stürzenden Welt vermittelten. Auf der Suche nach Antworten auf die Frage, über welche Kraftquellen Menschen verfügen, um ihr Leben meistern und Krisen bewältigen zu können, stößt Negt auf die Überlegungen des jüdisch-amerikanischen Medizinsoziologen Aaron Antonovsky zur *Salutogenese*, also der Frage, was Menschen gesund erhält. Die zentrale Rolle spielt in diesem Zusammenhang der Begriff Kohäsion, dem wir bereits begegnet sind. Wesentliche Gesundheitsressource ist nach Antonovsky ein Kohärenzgefühl, das sich der Erfahrung guter anfänglicher Beziehungen verdankt. Zur Kohärenz gehören drei Aspekte: die Fähigkeit, die Situation, in der man sich befindet, und die Zusammenhänge zu verstehen – also das Gefühl der Verstehbarkeit; weiterhin die Überzeugung, dass man das eigene Leben gestalten kann – das Gefühl der Handhabbarkeit; sowie schließlich der Glaube, dass das Leben einen Sinn hat – das Gefühl der Sinnhaftigkeit. Etwas muss an sich und zugleich für mich eine zusammenhängende Bewegung ergeben und sich im Einklang mit meinen moralischen Maßstäben befinden, damit ich sagen kann: »Das hatte einen Sinn«. Gelingt es uns nicht, aus diesen drei Faktoren ein Kohärenzgefühl zusammenzusetzen, schleichen sich Angst und Unsicherheit ins Leben ein und unser Persönlichkeitskern droht zerstört zu werden. Angst ist auch für Antonovsky der größte und wichtigste Krankmacher.

Wenn wir uns die Lebenswirklichkeit vieler Menschen in der »flüchtigen Moderne« anschauen, werden wir feststellen, dass das Gefühl der Kohärenz zur Mangelware wird. Die Trias Verstehbarkeit, Handhabbarkeit und Sinnhaftigkeit verkehrt sich in das Zugleich von Orientierungsverlust, Ohnmacht und Sinnentzug. Wir leben also unter extrem angst- und krankmachenden Bedingungen und sollten uns schon unter dem Aspekt unseres leib-seelischen Wohlergehens für die Errichtung einer solidarischen, entschleunigten und auf weiteres Wachstum verzichtenden Gesellschaft einsetzen. Zu ähnlichen Schlüssen kommt auch eine OECD-Studie aus dem Jahr 2010: Eine gerechte Gesellschaft ist besser für alle! Wilkinson und Pickett folgern aus ihrer Studie *The Spirit Level*, dass »der Abbau von Ungleichheiten der beste Weg zur Verbesserung unserer sozialen Lebenswelt und damit der Lebensqualität für alle« ist. Je weiter die Schere zwischen Arm und Reich auseinanderklafft, desto größer die Probleme mit Gesundheit, Drogen- und Alkoholkonsum und Kriminalität.

Die kapitalistische Moderne hat uns zwei große Individualisierungsschübe beschert, die jeweils von Ängsten begleitet wurden wie ein Schatten. Der erste bestand in der Auflösung der vorbürgerlichen Welt mit ihren bäuerlich-handwerklichen Lebens- und Arbeitszusammenhängen. Mit dem Wegbrechen dieser Gemeinschaften entsteht ein Individualismus, in dem niemand mehr Weggefährte der anderen ist, sondern nur noch Gegner, vor dem man sich hüten muss. Die aus diesen bergenden und Schutz gewährenden Gemeinschaften freigesetzen, oder besser: herausgeschleuderten Menschen müssen nun selbst sehen, wie sie sich auf dem Arbeitsmarkt durchschlagen und mit den damit verbundenen Risiken fertig werden. Die Individualisierungsangst par excellence ist die Angst vor der eigenen Unzulänglichkeit und dem Versagen, das dem einzelnen angelastet wird. Der Mensch in der vormodernen Welt fühlte sich wie selbstverständlich von einer sinngebenden kosmischen Ordnung getragen. Der moderne Mensch, der sich von der Hand Gottes losgerissen hat, verliert seinen metaphysischen Rückhalt

Unsicherheit gebiert Angst

Gegen die verheerenden Folgen des Konkurrenzkampfes und auch gegen die metaphysische Obdachlosigkeit wehrten sich Arbeiter und kleine Leute durch die Gründung von Gewerk- und Genossenschaften, die den Widerstand gegen die Zumutungen der kapitalistischen Industrialisierung auf Dauer stellten und den vereinzelten Einzelnen als identitäts- und sinnstiftende Behelfsheimaten dienten. Um die sozial erzeugten Ängste und die durch sie begünstigten politisch regressiven Strömungen im Zaum zu halten, hat man den Sozialstaat erfunden und aufgebaut. Das erklärte Ziel der Rooseveltschen Reformprogramme war die »Freiheit von Angst«. Im Schwedischen gibt es ein eindrucksvolles Wort für den Sozialstaat: *Folkhemmet*, übersetzt ›Volksheimat‹ – oder auch Wohlfahrtsstaat oder soziale Demokratie. Der Sozialstaat ist eine unvergleichliche Erfindung, die das Bedürfnis des Menschen nach Sicherheit, Geborgenheit und Zusammengehörigkeit mit seinem Verlangen nach Freiheit und Selbstverwirklichung vereint. Keiner soll mehr ohne Arbeit und Versorgung und einem Dach über dem Kopf sein, und alle Schulkinder erhalten täglich eine Mahlzeit und alle haben Anspruch auf unentgeltliche Krankenversorgung und eine sichere Rente. Der Druck, den der sozialdarwinistische Kampf ums Dasein erzeugt, wird weitgehend von den Menschen genommen, die dadurch vieler Sorgen enthoben und frei für die Selbstbestimmung werden. Am Beginn des Sozialstaats stand der Schutz, die kollektive Absicherung gegen individuelles Unglück. Man hatte ein Bewusstsein davon, dass politische Rechte und soziale Rechte ausbalanciert sein müssen und sich wechselseitig bedingen und einander brauchen. Das Verhältnis von Kapitalismus und Demokratie ist spannungsreich und problematisch von Anfang an. Der Sozial- oder Wohlfahrtsstaat fungiert als Puffer zwischen beiden, federt die gröbsten Auswirkungen des Kapitalprinzips ab und ermöglicht den Menschen ein relativ angstfreies Leben. Man muss fragen: Wieviel Angst verträgt die Demokratie? Ein hoher Angstpegel und Demokratie sind auf Dauer unvereinbar. Demokratie basiert von Seiten der Subjekte her auf relativ reifen psychischen Strukturen, die den gewaltfreien und diskursiven Austrag von Dissens und Konflikten und das Ertragen von widersprüchlichen Situationen und Ambivalenzen ermöglichen. Unter dem Einfluss von Angst regredieren Massen von Menschen auf einfachere, quasi archaische Mechanismen der psychischen Regulation. Ein frühkindlicher Manichäismus, eine archaische Spaltungsneigung, flammt wieder auf, welche die Welt in Schwarz und Weiß, Gut und Böse aufteilt und übersichtliche Freund-Feind-Verhältnisse herstellt. Diese kollektive Regression kann der Demokratie den Todesstoß versetzen. Das hatten wir in Deutschland schon einmal – und wir erleben es gegenwärtig im Zeichen des Trumpismus in den USA erneut.

Unter dem Druck der Globalisierung beginnt das, was Bauman die »flüssige Moderne« nennt. In seiner rastlosen Suche nach neuen Verwertungsmöglichkeiten überwindet das Kapital die Grenzen des Nationalstaats. Anonyme Superstrukturen und transnationale Märkte höhlen seine Kompetenzen aus und versetzen ihn, wie Oskar Negt gesagt hat, »in die Ohnmacht einer Instanz, die über das Wetter herrscht«. Während das Kapital transnational und multikulturell geworden ist, bezieht die große Mehrheit der Menschen ihre Identität aber nach wie vor aus der Zugehörigkeit zu einer bestimmten Nation. Ihre Leidenschaften, ihr Fühlen und Denken sind noch weitgehend ethnozentrisch eingefärbt. Die sich hier auftuende Kluft ist eine weitere Quelle schwer greifbarer Ängste und regressiver Sehnsüchte nach einer homogenen Gemeinschaft. Aber damit nicht genug: In der »flüssigen Moderne« werden die sozialstaatlichen Schutzmechanismen aus dem Verkehr gezogen und die mit der uneingeschränkten Herrschaft des Marktes verbundenen Risiken privatisiert. Wenn man den Sozialstaat demontiert und plündert, wie es im Namen des Neoliberalismus geschehen ist und bis heute weiter geschieht, steigt der Angst- und Panikpegel rapide an. Die gesellschaftliche Atmosphäre reichert sich mit Spannungen und Aggressionen an und es wächst das Bedürfnis der Menschen nach Sündenböcken, auf die sich ihre Malaise verschieben lässt. Verstärkt werden diese Tendenzen durch die Erosion gewerkschaftlicher und parteipolitischer Milieus und Bindungen, die den Einzelnen Zusammenhalt und Schutz vor den gröbsten Individualisierungsfolgen boten.

Was Bauman unter »flüssiger Moderne« versteht, erschließt sich uns, wenn wir uns vergegenwärtigen, dass die neuen Imperative der Flexibilität und Mobilität nicht auf den ökonomischen Sektor beschränkt bleiben, sondern sich Takt für Takt durch sämtliche Schichten des Gesellschaftsbaus hindurchfressen und bis in die feinsten Poren des Alltagslebens vordringen. Der Tauschwert wird zur Leitwährung der Intimität, und die universalisierte Marktlogik beginnt, soziale und emotionale Bindungen zu negieren. Alles und jedes wird in den Nexus von Ware und Geld einbezogen und erhält ein Verfallsdatum. Die wirtschaftlichen Mächte sind damit beschäftigt, in einer totalisierenden Warenproduktion Bindungen bewusst zu zerstören. Beinahe prophetisch hat Adorno in seinem Text *Zum Verhältnis von Soziologie und Psychologie* aus dem Jahr 1955 gewarnt: »... ohne Fixierung der Libido an Dinge wäre Tradition, ja Humanität selber kaum möglich. Eine Gesellschaft, die jenes Syndroms sich entledigt, um alle Dinge wie Konservenbüchsen wegzuwerfen, springt kaum anders mit den Menschen um.«

Migranten als Verschiebungsersatz

Die Modernisierungsschübe und die Erfahrung der Zerstörung von menschlichen Bindungen entbinden Ängste, die frei im gesellschaftlichen Raum flottieren und sich an alles heften, was sich den Verunsicherten als Verschiebungsersatz anbietet oder ihnen angeboten wird. Vorurteile fungieren als Schleusen, die einen geregelten Abfluss von affektiven Energien gestatten, die den Fortbestand des Systems gefährden könnten. Eine zentrale Rolle bei dieser groß angelegten Verschiebung der Angstgründe spielen in jüngster Zeit die Flüchtlinge und Migranten. Sie verkörpern all das Flüchtige und Fremde, unter dem die Menschen zu leiden haben, und fungieren als »Boten des Unglücks«, wie es in einem Gedicht von Bertolt Brecht heißt. »Diese Nomaden ... erinnern uns auf irritierende, ärgerliche und erschreckende Weise an die Verwundbarkeit unserer eigenen Stellung und an die endemische Zerbrechlichkeit unseres hart erarbeiteten Wohlstands«, heißt es in Zygmunt Baumans Buch *Die Angst vor den anderen*. Die Migranten und Geflüchteten stehen für jene rätselhaften, undurchschaubaren und zu Recht beargwöhnten globalen Kräfte, die wir im Verdacht haben, für das lähmende und demütigende Gefühl existenzieller Unsicherheit verantwortlich zu sein, das unsere Zuversicht schmälert oder zerstört und unsere Wünsche, Träume und Lebenspläne zunichtemacht. Sie dienen als Blitzableiter, der dafür sorgt, dass die Blitze des Zorns umgeleitet werden und die wahren Verursacher der Misere ungeschoren bleiben. Der Rechtspopulismus organisiert und funktionalisiert die über den ökonomischen Prozess freigesetzten Ängste und versucht, Kapital zu schlagen aus der Feindseligkeit, die den Fremden und Migranten im Banne gesellschaftlich erzeugter Vorurteile entgegenschlägt. Für den Aufstieg des Rechtspopulismus und Rassismus tragen in erster Linie diejenigen die Verantwortung, die durch ihre Deregulierungspraxis großflächig Angst und Unsicherheit erzeugt haben. Wenn der Rassismus seine hässliche Fratze zeigt und sich auf der Straße unschön artikuliert, wollen diese Herrschaften nicht damit in Zusammenhang gebracht werden und sponsern Aktionen für eine »bunte Republik«.

Den Fremdenfeinden und Rassisten spielen die von Migranten begangenen Straftaten und Anschläge in die Karten. Denjenigen, denen daran gelegen war, dass die Stimmung in Bezug auf den Zuzug von Migranten und Geflüchteten kippt, kamen die Ereignisse in der Kölner Silvesternacht 2016/17wie gerufen. Sie schien das wahr gemacht zu haben, was »besorgte Bürger« und Neonazis bislang herbeifantasieren mussten: »Ein entfesselter Mob von Afrikanern und Arabern zieht durch unsere Städte und vergreift sich an *unseren* Frauen.« Die islamistisch motivierten Anschläge von Würzburg, Ansbach und Berlin und die Vergewaltigung und Tötung einer Studentin durch einen jungen Geflüchteten aus Afghanistan taten ein Übriges und ließen die Willkommenskultur endgültig in Ernüchterung, Skepsis und Ablehnung umschlagen. Von der Stimmung des »Wir schaffen das!« ist wenig geblieben. Angst und Unsicherheit machten sich rund um das Thema Migration breit und steigern sich mitunter zu einer medial gepushten Panikmache und Hysterie. Die Terrorangst ist das Fieber der Gesellschaft. Sie sucht nach Sündenböcken und findet sie im Islam.

In der Jagd auf Fremde soll, wie wir gesehen haben, die Ungewissheit ausgetrieben werden. Der Fremdenhass lebt von der Illusion, dass die Gesellschaft in Ordnung käme, wenn der letzte Ausländer das Land verlassen hat. Vor allem bei jungen Leuten liegen Angst und Wut dicht beieinander. Fatma Aydemirs Roman *Ellbogen* erzählt davon. Hazal sagt: »Ich habe Angst, dass ich für immer auf der Ersatzbank rumsitze und auf das richtige Leben warte und das richtige Leben einfach nicht passiert.« Zusammen mit ihrer Freundin Elma stürzt sie sich gleich darauf in ein

Scharmützel mit zwei schick gekleideten Mädchen, die sie als »Mittetussis« und »Ärztetöchter« ausgemacht haben. Die Jugendlichen haben sich noch nicht resignativ mit allem abgefunden und sind bereit zu kämpfen. Sie entdecken die Wut als Ausweg aus Angst und Ohnmacht: Lieber Schrecken verbreiten als ständig in Angst zu leben. Leider kehrt sich die Gewalt auch bei ihnen oft gegen Minderheiten, die ihnen das bis in die Mitte der Gesellschaft verbreitete Vorurteil zurechtrückt; oder ihre Wut entlädt sich ungerichtet und blind, wie die Ghetto-Revolten der letzten Jahre gezeigt haben.

Antonio Gramsci hat Zeiten wie die unseren als »Interregnum« gefasst. »Die alte Welt liegt im Sterben, die neue ist noch nicht geboren; es ist die Zeit der Monster«, notierte er in der Zeit zwischen den großen Kriegen des 20. Jahrhunderts. Die Zeit der Monster bricht dann an, wenn eine herrschende Ordnung von Krisen geschüttelt und vom Zerfall bedroht ist, ohne dass, wie in früheren Jahrhunderten, neue gesellschaftliche Kräfte schon bereitstehen, die dem Zerfallsprozess eine emanzipatorische Wendung geben und etwas qualitativ Neues an die Stelle des zerfallenden Alten setzen können. Eine solche gesellschaftliche Situation steckt voller Angst und gebiert sozial-pathologische Phänomene der verschiedensten Art. Das Werkzeug der Rechten ist seit jeher die Angst. Sie wird systematisch verstärkt und geschürt, um den Leuten dann die Rezepte der Rechten als Rettung und Zuflucht zu präsentieren. Wenn es den an gelebter Demokratie interessierten Kräften nicht gelingt, den Angstrohstoff aufzugreifen und in eine aufklärerische Richtung zu bringen, werden politische Scharlatane und falsche Propheten den gewaltigen Rohstoff aufsammeln, der heute womöglich noch demokratisch-sozialistischer Bindungen fähig wäre. Nur wenn es gelingt, den auf dem Wettbewerb beruhenden Existenzkampf zu beenden und den ständigen Einsatz der Ellbogen überflüssig zu machen, wird der rassistische Furor aufhören, die Menschen zu beherrschen. Solange Erziehung, Sitte, ›Kultur‹ dem Einzelnen rigorosere Triebverzichte zumuten, als ohne Beschädigung tragbar ist, werden dem einzelnen Bürger im sozialen Vorurteil auch gleich jene Ersatzobjekte markiert, auf die er seine akkumulierte Feindseligkeit verschieben, an denen er sich für Enttäuschungen rächen kann. Auch wenn wir wissen, dass es ein Leben ohne Angst nicht geben kann, sollten wir alles tun, um den Angst- und Panikpegel so weit als möglich zu senken. »Ein Leben ohne Angst bleibt«, wie Herbert Marcuse gesagt hat, »die einzige kompromisslose Definition der Freiheit«.

ETHNOLOGIE DES INLANDS

Ein Augenblick des Glücks

Am zweiten Tag eines Kurztrips zum Edersee bin ich am See entlanggegangen, das heißt, da, wo üblicherweise der See ist. Er wurde inzwischen, um die Weser schiffbar zu halten, abgelassen und ist bis auf einen kleinen Rest direkt vor der Staumauer verschwunden. Statt des Sees ist nun ein vielleicht fünf- bis siebenhundert Meter breites Tal entstanden, das vollkommen grün ist und in allen möglichen Farben blüht. Die Eder fließt mitten hindurch. Plötzlich dachte ich, ich könnte doch mal probieren, in der Eder zu baden. Ich kraxelte über Gesteinsbrocken die steile Böschung hinunter und stieg nackt in den Fluss. Zu meiner Verblüffung war er tief genug, führte blitzsauberes Wasser, das angenehm warm, aber auch nicht zu warm war. Ich schwamm eine Weile und setzte mich dann zum Trocknen ans Ufer. Es war vollkommen still. Der Wald am gegenüberliegenden Ufer, der tiefblaue Himmel, an dem Milane kreisten, der rauschende Fluss – es war ein kurzer Ausflug in eine Utopie und so etwas wie Glück.

Auf dem Heimweg stieß ich auf eine veritable Pfifferlingskolonie. Goldgelb leuchteten die Pilze von einer bemoosten Böschung zu mir herauf. In der Pension angekommen, putzte ich die Pilze und bereitete sie zu. Die Wirtsleute und ich aßen sie dann gemeinsam im Garten unter den Obstbäumen. Ein Wanderer, der gerade eintraf, wurde eingeladen und aß freudig mit. So etwas Tolles habe er lange nicht mehr gegessen, sagte er.

»Wer nur einen einzigen Tag lebt – auch für den lohnt es; diese vierundzwanzig Stunden rechtfertigen das Abenteuer«, sagt György Konrád.

Vom bewaffneten Kampf zu einer »Strategie des Glücks«

Über die Autobiographie von Lutz Taufer

»Es dauerte lange, bis ich in meinem Fühlen und Denken zulassen konnte, dass die Tötung zweier Geiseln auf grausame Weise, für die ich mitverantwortlich bin, ein Verbrechen ist, das durch nichts zu rechtfertigen ist«, notiert Lutz Taufer in seiner Autobiographie *Über Grenzen*. Er beschreibt den Weg aus der badischen Provinz in die antiautoritäre Revolte und nach deren Auflösung in den bewaffneten Kampf der RAF. Im Gefängnis setzten Lernprozesse ein, und es wurde ihm klar, dass die befreite Gesellschaft bereits in den Mitteln erkennbar sein muss, die zu ihrer Erreichung angewandt werden. Hass und Gewalt verzerren die Züge der Kämpfenden und entstellen das Antlitz der Revolution. Am Ende kommt es zu der grotesken Situation, dass sich die, um deren Befreiung es gehen soll, von denen bedroht fühlen, die sie befreien wollen.

> »Ich bin ein alter Revolutionär, der den Hoffnungen, die er begraben musste, treu geblieben ist.« *(Manès Sperber)*

Eigentlich bin ich in den Süden der Niederlande gereist, um Rad zu fahren, im Meer zu schwimmen und meinen Kopf in die Seeluft zu halten. Aber seit ich hier bin, regnet und stürmt es unablässig. An Baden kein Gedanke, Rad fahren geht nur in wenigen regen- und sturmfreien Stunden. Unter solchen Bedingungen greift unsereiner zum Buch. Vor der Abreise hatte ich eine Tasche mit Büchern vollgepackt, aus der ich nun das Buch von Lutz Taufer hervorzog, das *Über Grenzen. Vom Untergrund in die Favela* heißt. Und das war, um es gleich vorwegzunehmen, ein guter Griff. Das Buch passte zu den stürmischen Bedingungen um mich herum und hat mir die vergangenen Tage gerettet. Selten hat mich in letzter Zeit eine Lektüre so gefesselt und in Atem gehalten. Und das liegt nicht nur daran, dass ich schnell auf einiges stieß, das uns verbindet, obwohl Lutz Taufer einige Jahre älter ist als ich.

Putsch in Chile

Ich begann am 11. September damit, diese Rezension zu schreiben. Dieses Datum ist für Lutz Taufer wie für mich in erster Linie der Jahrestag des 11. September 1973, als das chilenische Militär mit tatkräftiger Unterstützung der USA gegen den demokratisch gewählten Präsidenten Salvador Allende putschte und diesen ermordete, und erst in zweiter Linie der Jahrestag der Ereignisse, für die sich das Kürzel 9/11 eingebürgert hat. Der damalige US-Außenminister Henry Kissinger hatte dem chilenischen Botschafter Orlando Letelier gegenüber den Putsch mit den Worten angekündigt: »Chile hat keinerlei strategischen Wert. Wir können unser Kupfer aus Peru, Sambia, Kanada beziehen. Ihr habt nichts, was entscheidend sein könnte. Aber wenn dieses Projekt Sozialismus à la Allende sich durchsetzt, werden wir in Frankreich und Italien ernsthafte Probleme bekommen, wo Sozialisten und Kommunisten gespalten sind, sich aber an diesem Projekt ein Beispiel nehmen und sich zusammenschließen könnten. Und dies würde die Interessen der Vereinigten Staaten substantiell tangieren. Wir werden es nicht zulassen, dass es zum Erfolg geführt wird. Nehmen Sie dies zur Kenntnis.« Drei Jahre nach dem Putsch wurde Letelier im Exil von der chilenischen Geheimpolizei ermordet.

Der Sieg der *Unidad Popular* im Jahr 1970 und die von ihr eingeleiteten tiefgreifenden Reformen hatten bei der Linken weltweit Hoffnungen geweckt, dass es einen friedlichen Weg in eine gerechte und menschlichere Gesellschaft geben könnte. Aus dem gewaltsamen Ende zogen Lutz Taufer und viele andere den Schluss, dass diese Hoffnung illusionär sei und dass es nirgendwo auf der Welt einen friedlichen Übergang zum Sozialismus geben würde. Sein Fazit: »So wenig die Sowjetunion in der Tschechoslowakei einen demokratischen Sozialismus in ihrem Herrschaftsbereich hinnehmen wollte, so wenig die USA in ihrem lateinamerikanischen Hinterhof.« Als 1974 in Portugal die Nelkenrevolution weitgehend friedlich siegte, war Lutz Taufer bereits auf dem Weg in den bewaffneten Kampf und gegen andersartige Erfahrungen abgeschottet.

Ein gemeinsamer Freund

Gleich zu Beginn seines Buches erzählt Taufer von seinem Karlsruher Jugendfreund Lothar, mit dem er zusammen zur Schule ging und eine freie, ein wenig anarchische Pfadfindergruppe besuchte. Aus ihm wurde später der Übersetzer, Essayist und Schriftsteller Lothar Baier. Mit diesem war auch ich befreundet, und ich erinnere mich, dass mir Lothar von einem Freund erzählte, der wegen des RAF-Überfalls auf die Stockholmer Botschaft im Gefängnis saß und den er gelegentlich dort besuchte. Im Jahr 2004 hat Lothar Baier sich in Montreal das Leben genommen. Ich habe 2012 anlässlich seines 70. Geburtstags auf den *Nachdenkseiten* an ihn erinnert. Als ich Mitte der 1980er Jahre anfing, im Knast zu arbeiten, haben Lothar und ich häufig über die Identitätsprobleme derer gesprochen, die unter diesen Bedingungen zu leben gezwungen sind. Und über meine, die darin bestanden, als Linker im Innersten Bezirk der Macht zu arbeiten und Menschen wie Lutz wegzuschließen. Lothar verdanke ich den Hinweis auf das Buch *Ausbruchsversuche* der beiden britischen Soziologen Stanley Cohen und Laurie Taylor, das mir dabei geholfen hat, einen verstehenden Zugang zu den oft verqueren und verzweifelten Bemühungen zu finden, die Gefangene unternehmen, um sich unter Bedingungen nahezu totaler Kontrolle als Subjekte durchzuhalten. Ein Mittel dieser Selbstbehauptung ist der Hungerstreik. Er dient neben der Verfolgung programmatischer Ziele vor allem der Rekonstruktion der Menschenwürde, die der Knast systematisch untergräbt, indem er Menschen zu Mitteln fremder Zwecke degradiert.

Kampf um Identität

Im Gefängnis zielt Herrschaft auf totale Kontrolle. Sie will jede Lebensäußerung dessen, der ihr überantwortet ist, regeln, will prüfen, ob eine Lebensäußerung sein darf oder nicht. Und wenn sie sein darf, gibt die kontrollierende Instanz Ort, Termin, Dauer, Qualität, Quantität und Form vor; nicht einmal elementare Lebensfunktionen wie Schlaf, Nahrungsaufnahme, körperliche Bewegung oder sinnliche Wahrnehmung sind davon ausgenommen. Dem Gefangenen wird fast jede Entscheidungskompetenz genommen und man hält dies für den Beginn der Resozialisierung. Erving Goffman hat in seinem bahnbrechenden Buch *Asyle* beschrieben, wie *totale Institutionen* die ihnen ausgelieferten Menschen ihrer Identitätsausrüstung berauben. Im Kern der Aufnahmeprozedur stehen das Abgeben der mitgebrachten zivilen Kleidung und das Einkleiden mit Anstaltsklamotten. Die Eingelieferten müssen sich ihrer persönlichen Habe entledigen. Die Gegenstände, die sie im Gegenzug ausgehändigt bekommen, sind Anstaltseigentum und extrem standardisiert und uniform. »Diese Ersatzgegenstände sind deutlich als der Anstalt gehörend gekennzeichnet, und in manchen Fällen werden sie in regelmäßigen Abständen eingefordert, so als sollten sie von allen Spuren einer Identifikation gereinigt werden.« Die regelmäßigen Kontrollen und Durchsuchungen der Hafträume dienen nicht nur der »Sicherheit und Ordnung«, sondern tilgen nebenbei auch Spuren emotionaler Besetzungen. Alle Gegenstände werden von fremden Händen berührt und dadurch emotional enteignet und mit Macht kontaminiert. Ständige Verlegungen verhindern die Besetzung der Räume und die Entstehung von Bindungen. Das Einsperren von Menschen und ihre Unterwerfung unter solche Bedingungen ist eine Tortur. Das gilt schon für den »Normalvollzug«, wieviel mehr erst für Gefangene in Hochsicherheitstrakten! Lutz Taufer und andere politische Gefangene waren oft Jahre lang in solchen Trakten und unter Bedingungen beinahe vollständiger Isolation untergebracht. Taufer hatte irgendwann das Gefühl, wahnsinnig zu werden und »statt Gehirnmasse Styropor unter der Schädeldecke zu haben«. Er unternahm einen Suizidversuch, wurde aber gerade noch rechtzeitig ins Krankenhaus gebracht. Manchmal, daran hat unser Freund Lothar Baier in einem Essay über Jean Amérys Buch *Hand an sich legen* erinnert, bringt ein Mensch sich um, und rettet durch diese Tat sein Leben – so paradox es klingen mag.

Der Hungerstreik ist unter solchen Extrembedingungen ein Mittel, ein Stück Kontrolle über das enteignete Leben zurückzuerobern. In die Einsamkeit des Hungerns, der gewaltlosen Verweigerung, kann, so scheint es, Herrschaft dem Gefangenen nicht mehr folgen. Jetzt liegt die Kontrolle seines Lebens wieder bei ihm. Dieser Erfolg geht jedoch meist auf tönernen Füßen, denn irgendwann wird der Gefangenen von der Macht eingeholt und der qualvollen Prozedur der Zwangsernährung unterworfen. Für politische Gefangene hat der Hungerstreik natürlich noch eine andere Bedeutung: Es geht um die Aufrechterhaltung der Identität als Kämpfer gegen das System, die Bannung der Zentrifugalkräfte und die Stärkung der Kohäsion der Gruppe. Von diesen Kämpfen, Triumphen und Niederlagen berichtet Lutz Taufer in eindringlichen Passagen seines Buches, in denen er von der Zeit in verschiedenen Gefängnissen berichtet.

Zu den Mitteln der Selbstbehauptung gehört auch die Schaffung von kleinen Bastionen des Eigensinns. Gefangene entwickeln einen unglaublichen Einfalls- und Erfindungsreichtum, um sich selbst Gerichte zuzubereiten und ihren Zellen und ihrer Kleidung eine individuelle Note zu verleihen. Lutz Taufer hat im Knast angefangen zu backen und ist nach seiner Haftentlassung zwischenzeitlich darauf zurückgekommen. Gefängnisinsassen werden – von Rosa Luxemburg, Ernst Toller bis zum Mann von Alcatraz – zu Ornithologen. Gefangene schauen den Zugvögeln nach. Fliegende, flüchtige Gedanken, die sie mitnehmen in die Welt. Man streut zerbröseltes Brot auf das Fensterbrett, um die Spatzen zu füttern, sofern die vielerorts eingezogenen engmaschigen Zusatzgitter das noch zulassen. »Ich fände es schön, wenn ich einen Spatz überreden könnte, bei mir ein- und auszugehen«, schrieb Adriano Sofri, der als politischer Häftling viele Jahre in italienischen Gefängnissen einsaß. Für Lutz Taufer wurde der Knast zur Schule des *Empowerment*, zur Erfahrung, dass man selbst unter widrigen Umständen etwas tun und wirkmächtig sein kann. *Empowerment* könnte auch als Motto über Taufers weiterem Lebensweg stehen, der durch Versuche gekennzeichnet ist, diese Erfahrung an andere weiterzugeben. Aber jetzt habe ich vorgegriffen.

Politisierungsgeschichte

Zu den Gemeinsamkeiten zwischen Lutz Taufer und mir gehören auch Teile unserer Politisierungsgeschichte. Sie ist im Grunde die einer ganzen Generation. Ich nenne deswegen nur Stichworte. Am Anfang steht die Revolte gegen das Waschen mit Kernseife, gegen den Kochpottschnitt, gegen die Tischmanieren: »Sitz gerade, linke Hand am Tellerrand, nimm den Ellbogen vom Tisch!«, gegen die Sonntagshosen und die Bügelfalten, gegen die unaufgearbeitete NS-Vergangenheit der Elterngeneration und die daraus rührende Erstarrung des Lebens. Das Gros der Lehrer war autoritär; sie schwadronierten vom Krieg und manch einer musste den Impuls unterdrücken, aus alter Gewohnheit reflexartig die Hand zum »Deutschen Gruß« hochzureißen, wenn der Direktor am Horizont auftauchte. Taufers Eltern waren im Unterschied zu meinen keine aktiven Nazis, sondern haben sich so durchlaviert und manchmal sogar kleine Subversionen begangen. Aber auch Lutz vermisste im Elternhaus Wärme, die er anderswo suchte und zu seinem Glück auch fand. Vielen von uns haben solche externen Wärmequellen das Leben gerettet. Gegen diese ganze pädagogische Paranoia, die man Erziehung nannte und gegen uns in Stellung brachte, geschah die Revolte. Bernward Vesper hat es in seinem autobiographischen Roman *Die Reise* so ausgedrückt: »Der Aufstand geschieht gegen diejenigen, die mich zur Sau gemacht haben, es ist kein blinder Hass, kein Drang, zurück ins Nirwana, vor die Geburt. Aber die Rebellion gegen die zwanzig Jahre im Elternhaus, gegen den Vater, die Manipulation, die Verführung, die Vergeudung der Jugend, der Begeisterung, des Elans, der Hoffnung – da ich begriffen habe, dass es einmalig, nicht wiederholbar ist. Ich weiß nicht, wann es dämmerte, aber ich weiß, dass es jetzt Tag ist und die Zeit der Klarstellung. Denn wie ich sind wir alle betrogen worden, um unsere Träume, um Liebe, Geist, Heiterkeit, ums Ficken, um Hasch und Trip (werden weiter alle betrogen).«

Das Spezifikum der 68er Revolte bestand darin, dass sich dieser Autoritätsprotest politisierte und mit dem Protest gegen den Krieg in Vietnam und das Elend und das Leiden der »Verdammten dieser Erde« (Frantz Fanon) zu einer weltweiten Bewegung verband. Lutz Taufers politischer Weg führte über die Basisgruppe Politische Psychologie ins Heidelberger *Sozialistische Patientenkollektiv* (SPK). Dieses war eine Patientenselbstorganisation, die aus dem Widerstand gegen das Psychiatrische Landeskrankenhaus Wiesloch und die dort übliche »Behandlung« hervorgegangen war. Man wollte das traditionelle Arzt-Patient-Verhältnis, in dem der Arzt handelndes, gesundes Subjekt und der Patient krankes und zu behandelndes Objekt ist, aufheben und in ein solidarisches Handeln verwandeln. »Ein Krankheitssymptom«, hieß es im programmatischen Gründungs-Text, »ist ein Protest des Organismus gegen krankmachende Lebens- und Arbeitsbedingungen, zugleich aber Hemmung des Protests, da er sich gegen den eigenen Organismus richtet. Es kommt darauf an, den Protest freizusetzen und gegen die krankmachenden Verhältnisse zu richten: Aus der Krankheit eine Waffe machen.«

Fraktionierung der Revolte

Anfang der 1970er Jahre ging die Phase des Aufbruchs und des öffentlichen Glücks zu Ende. Die geschlossenen Fabriktore am Tag der Verabschiedung der Notstandsgesetze hatten eindringlich signalisiert, dass die Bewegung die Arbeiterklasse nicht erreicht hatte und als auf Jugendliche und Studierende begrenzte das Ganze der Gesellschaft nicht treffen und verändern konnte. Überall stieß die Revolte auf Begrenzungen und Hindernisse. Das SPK wurde 1971 auf behördliche Anordnung aufgelöst. Überall verstörte und ratlose Akteure, die sich fragten: »Wie und wo geht's zur Revolution weiter? Was tun?«

Die bislang gemeinsamen Wege trennten sich: »Die Freunde, die hier sich trafen und umarmten, sind fort / Jeder zu seinen eigenen Fehlern«, heißt es in einem Gedicht des englisch-amerikanischen Schriftstellers W. H. Auden. Zeilen, die auch die Phase und die Stimmung nach der Revolte charakterisieren. Die in der Bewegung gebündelten Intentionen entmischten sich und sie zerfiel in lauter sich untereinander bekämpfende Fraktionen. Eine davon war die *Rote Armee Fraktion* (RAF), die der blockierten Geschichte durch gewaltsame und bewaffnete Aktionen auf die Sprünge helfen wollte, sich mehr und mehr in eine militärische Logik entfremdete und schließlich auch vor sinnentleerten Morden nicht zurückschreckte. Sandor Márai hat aus bitteren eigenen Erfahrungen in seinen Tagebüchern formuliert, »dass der deutsche Kommunist, sobald er eine Waffe in der Hand hat, nicht länger Kommunist ist, sondern Deutscher«.

Ich entschied mich am Ende einer langen Suchbewegung und allerhand auch politischen Eskapaden für den »langen Marsch durch die Institutionen«, den Rudi Dutschke propagiert hatte. Ich ging in den Knast. Das ist eine weitere, wenn auch eher ironische Gemeinsamkeit zwischen Taufer und mir. Denn ich war als Gefängnispsychologe ja »auf der anderen Seite«. Nach rund dreißig Jahren Arbeit im Gefängnis muss ich feststellen, dass ich die Institution nicht verändert habe. Der »steingewordener Riesenirrtum« (Eberhard Schmidt) des Gefängnisses hat sich als hart wie Granit erwiesen und hat mich und meine Aktivitäten locker verkraftet.

Aber es hat mich auch nicht gebrochen und bis zur Unkenntlichkeit verbogen – so hoffe ich jedenfalls.

Stockholm

Lutz Taufers Weg führte in Gruppierungen, die sich um die ersten inhaftierten RAF-Gefangenen und in Heimen untergebrachte und drangsalierte Jugendliche kümmerten. Er balancierte eine Weile auf dem schmalen Grat zwischen Legalität und Illegalität, bis er sich nach dem Tod von Holger Meins im Kontext des dritten Hungerstreiks der RAF-Gefangenen entschloss, den Drahtseilakt zu beenden und den Schritt in den bewaffneten Kampf zu tun. Er hatte das unabweisbare Gefühl, etwas tun zu müssen, und sehnte sich nach einer Übereinstimmung von Denken und Handeln. Er schloss sich mit einigen Mitkämpferinnen und Mitkämpfern aus alten SPK-Zeiten zum Kommando Holger Meins zusammen, das im April 1975 in die deutsche Botschaft in Stockholm eindrang. Man beabsichtige, die Botschaftsmitarbeiterinnen und Mitarbeiter als Geiseln zu nehmen, um die Freilassung der inhaftierten politischen Gefangenen zu erzwingen. Die Bundesregierung erwies sich als unnachgiebig, und die Aktion endete in einem Desaster. Zwei Botschaftsmitarbeiter wurden getötet und auch zwei der Geiselnehmer verloren ihr Leben. Die vier Überlebenden wurden vom Oberlandesgericht Düsseldorf wegen zweifachen Mordes zu einer zweifachen lebenslangen Freiheitsstrafe verurteilt. Lutz Taufer verbringt 20 Jahre in verschiedenen Gefängnissen, den größten Teil davon in Hochsicherheitstrakten und in nahezu vollständiger Isolation von anderen Häftlingen. Er beginnt bereits in der Haft, sich kritisch mit der Strategie des bewaffneten Kampfes und seiner eigenen Geschichte auseinanderzusetzen. Im Buch heißt es: »Die Ermordung von Geiseln beschädigt irreparabel die Hoffnung auf eine menschlichere Welt…« und er schließt die Frage an: »Dürfen Militante, die für eine menschlichere Gesellschaft kämpfen, alles in Frage stellen, auch ethische Grundsätze, ohne die eine menschlichere Gesellschaft, frei von Ausbeutung und Unterdrückung, gar nicht denkbar ist? Und was macht die Verletzung solcher ethischen Grundsätze mit denen, die sie verletzen?« Letztlich gelangt Taufer dahin, dass es darauf ankomme, statt des verbissenen militärischen Kampfes eine »Strategie des Glücks« zu entwickeln. Lernprozesse dieser Art sind unter diesen Umständen keineswegs selbstverständlich. Die überschüssige Übelzufügung in der Haft, das über den Normalvollzug Hinausgehende, wird als Schikane erlebt und führt häufig dazu, dass Gefangene sich verhärten.

Justiz als entsagende Rache

Die oben bereits erwähnten verzweifelten Kämpfe um Selbstbehauptung, das sich häufig über Monate, ja mitunter über Jahre hinziehende »Armedrücken« mit den Justizbehörden binden derart große Mengen kognitiver und emotionaler Energien, dass für die Auseinandersetzung mit der Tat keine Valenzen mehr frei sind. Das Gefängnis fügt dem schuldig Gewordenen so viele unnötige, überschüssige Übel zu, dass das Gefühl der Schuld schnell dem Empfinden weicht, nicht länger Täter, sondern selber Opfer zu sein. Die eigene Not und Entwürdigung verengt das Bewusstsein und lässt das anderen Menschen zugefügte Leid und das Gefühl der Schuld hinter dem eigenen beklagenswerten Zustand zurücktreten. »Wenn ich in tödlicher Lungenentzündung liege und man meldet mir, dass mein Nachbar gestorben sei, und zwar durch mein Verschulden, mag sein, ich werde es hören, ich werde die Bilder sehen, die man mir vor die Augen hält; aber es erreicht mich nicht«, hat Max Frisch diesen Mechanismus am Beispiel der Nachkriegsdeutschen in seinem frühen Tagebuch beschrieben. Wie das Trümmerelend der zerbombten Städte es den Deutschen nach 1945 ermöglichte, sich in den Wiederaufbau zu stürzen und zu vergessen, dass sie kurz zuvor ganz Europa in Schutt und Asche gelegt und Millionen von Menschen ermordet hatten, so arbeitet das Gefängniselend der Verdrängung dessen in die Hände, was der Gefangene anderen Menschen vor seiner Inhaftierung angetan hat. Die einem demokratischen Rechtsstaat angemessene Form des Strafens wäre entsagende Rache, und dieser Verzicht würde Lernprozesse wie die Lutz Taufers eher begünstigen.

Vom Knast in die Favelas

1995 wird Lutz Taufer entlassen. Da ihn das linksradikale Milieu in Deutschland langweilt und er keine Neigung verspürt, dauernd den Ex-Terroristen zu geben und sich so erneut in eine Rolle zu entfremden, wendet er sich nach einem kurzen Zwischenstopp in Berlin nach Südamerika. Das letzte Drittel seines Buches finde ich besonders interessant, weil es uns mitnimmt in eine den meisten vollkommen fremde Welt, die Welt der »Verdammten dieser Erde«. Als Mitarbeiter des *Weltfriedensdienstes* arbeitete er als eine Art Entwicklungshelfer in den Favelas von Rio de Janeiro. Er verstand diese Arbeit so, seine mühsam gelernte Lektion in *Empowerment* an andere weiterzugeben und ihnen zu der Erfahrung zu verhelfen, selbst unter widrigsten Bedingungen etwas bewirken und auf die Beine stellen zu können. Unter seiner Mitwirkung wurden Multiplikatoren ausgebildet, Theaterprojekte aus der Taufe gehoben, Werkstätten eingerichtet und Formen *solidarischer Ökonomie* aufgebaut. Ihm und seinen Mitstreitern ging und geht es darum, Menschen aus ihrer Vereinzelung herauszuholen und ihnen zum Bewusstsein ihrer Fähigkeiten zu verhelfen. Zur Strategie des Glücks gehört es auch, anderen zu der Glückserfahrung zu verhelfen, sich in Solidarität mit anderen als jemand zu erleben, der über sich hinauswächst und eine Kraft entfaltet, von der er zuvor nichts geahnt hat. »Meine Jahre in Brasilien«, resümiert Taufer gegen Ende seines Buches, »gehören zu den besten in meinem Leben. Ich habe Vieles gelernt, nicht zuletzt als Linker, was ich in Deutschland nie hätte lernen können.« Nach dem Ende seiner Tätigkeit als Entwicklungshelfer und seiner Rückkehr nach Berlin wurde Lutz Taufer in den Vorstand des *Weltfriedensdienstes* gewählt und setzt sich nun in dieser Funktion dafür ein, dass Frieden und Gerechtigkeit zueinander finden und sich die Strategie des Glücks ausbreitet – in einer Welt, die im Großen genau das Gegenteil betreibt: die Ungerechtigkeit vergrößert und auf einen kriegerischen Abgrund zu taumelt.

Ich bin Lutz Taufer dankbar für dieses Buch, das Mut macht zum Überschreiten von Grenzen, aber auch Grenzen benennt, die nicht überschritten werden dürfen – auch nicht im Namen hehrer Ziele. Mut macht es aber auch in einer anderen Hinsicht. »Eine der Tragödien des Gefängnislebens liegt darin, dass es das Herz eines Mannes zu Stein macht«, schrieb Oscar Wilde nach seiner Entlassung aus dem Gefängnis. Lutz Taufer liefert den lebenden Beweis, dass das nicht unbedingt so sein muss.

Psychopathen-Rasen

Schräg gegenüber machen Arbeiter am Rande eines Grundstücks Gestrüpp und Sträucher nieder. Seit Monaten ist überall davon die Rede, dass es einen bedrohlichen Rückgang der Vögel- und Insektenbestände gibt und dass man doch gefälligst damit aufhören solle, all die Orte zu beseitigen, die Vögel und Insekten zum Überleben benötigen. Als ich die beiden Gartenarbeiter mit ihren Kettensägen und Heckenscheren fragte, warum sie dort rodeten und alles niedermachten, reagierten sie unwirsch, beinahe aggressiv. Sie handelten im Auftrag ihres Chefs, der wiederum vom Grundstücksbesitzer beauftragt worden sei. Ich solle mich an den wenden. Im Übrigen gehe mich das gar nichts an. Ich solle mich um meinen eigenen Scheiß kümmern.

Neulich sah ich den Ornithologen, also Vogelkundler, Professor Peter Berthold in einer Talkshow. Er war eingeladen worden, um über den Schwund der Sing- und Feldvögel zu berichten. Er warnt seit Jahren vor der Gefahr eines »stummen Frühlings«, eine in der Tat gespenstische Vorstellung. Gemessen am Vogelreichtum um das Jahr 1800 herum seien uns heute nur noch 20 Prozent geblieben. So seien zum Beispiel 99 Prozent der Rebhühner verschwunden. Die Vögel fänden nach der Vertilgung des sogenannten Unkrauts einfach keine Nahrung mehr, Nahrung in Form von Samen, Körnern und Insekten – auch für ihren Nachwuchs. Im Namen der Effizienz würden die Felder derart intensiv genutzt, dass zum Beispiel für die Lerche gar kein Platz mehr bleibe, sich irgendwo niederzulassen. Früher, erzählte er, hätten die Getreidehalme so weit auseinander gestanden, dass man mit dem Fahrrad Slalom um sie fahren konnte. Dabei würden in Deutschland über 30 Prozent der gekauften Lebensmittel weggeworfen. Infolge der Spritzerei sei die Zahl der Insekten dramatisch gesunken, um 80 Prozent in den letzten Jahrzehnten. Vögel brüteten ihren Nachwuchs aus und fänden dann nicht genug Futter, um ihn großzuziehen. Herr Berthold schloss mit dem Appell, jeder könne ein klein wenig zur Rettung der Vögel und Insekten beitragen, indem er keinen »Psychopathen-Rasen« und »Psychopathen-Garten« anlegt, sondern sie so wachsen lasse, wie sie halt im Wildwuchs wüchsen. In den Städten die Dächer und Balkone begrünen, das seien alles kleine Schritte, die helfen könnten. Und da reißen diese willfährigen Vollstrecker hundert Meter von hier die letzten Sträucher aus, die es unserer Straße noch gibt. Und das alles, um einen sauberen Parkplatz herzustellen, einen Psychopathen-Parkplatz.

Apropos Psychopathen-Rasen. Ein Freund berichtete mir davon, dass der Nachbar seiner Mutter ein Drahtgitter in den Boden seines Gartens einziehen ließ, um Maulwürfe daran zu hindern, ihren Mulm aufzuwerfen. Er habe den Rasen komplett abtragen lassen, dann habe man alles mit einem feinmaschigen Drahtgeflecht abgedeckt und die Grassoden wieder draufgelegt. Der Nachbar habe nun einen perfekten Rasen ohne jeden Maulwurfshügel. Die Maulwürfe seien in der Folge in den Garten seiner Mutter ausgewichen, der nun von Hügeln vollkommen übersät sei. Als alte Linke sei die alte Dame indessen gewillt, die Tiere gewähren zu lassen. Schließlich sei der Maulwurf das Wappentier der Revolution. Marx habe in seiner Schrift *Der achtzehnte Brumaire des Louis Bonaparte* die Arbeitsweise der Revolution mit der Wühlarbeit des Maulwurfs verglichen und geschrieben: »Und wenn sie diese zweite Hälfte ihrer Vorarbeit vollbracht hat, wird Europa von seinem Sitze aufspringen und jubeln: Brav gewühlt, alter Maulwurf!«

»The sound of money«

Anmerkungen zu einer Sendung über das Bienensterben

Am Montagabend ging es in der Sendung *Hart aber fair* um die prekäre Lage der Bienen und den Einsatz von giftigen Spritzmitteln in der Landwirtschaft, in dem Fachleute eine Hauptursache für das Bienensterben sehen. Herr Frank Plasberg, der Moderator der Sendung, entschuldigte sich mehrfach dafür, dass man sich in einer politischen Talkshow mit einem derartigen Thema befasse und bat die Zuschauer, trotzdem dranzubleiben und nicht wegzuzappen. Als gebe es etwas Politischeres als das Thema Bienensterben! Vermeintliche Naturkatastrophen sind schon lange keine unpolitischen Ereignisse mehr. Heutige Wirbelstürme und Überschwemmungen sind so natürlich wie ein Börsencrash. Die Schicksalshaftigkeit solcher Ereignisse ist bloßer Schein, in Wirklichkeit sind sie gesellschaftlich produziert und von Menschen gemacht. Als Begründung, warum man sich des Themas annehme, wurde darauf hingewiesen, dass die Bienen neben Schweinen und Kühen die wichtigsten Nutztiere seien, die als Nebeneffekt ihrer Nahrungssuche massenhaft Pflanzen bestäubten. Nur dadurch könnten diese überhaupt Früchte ausbilden. Nutzen wird natürlich sofort in Geld umgerechnet, und so hieß es, die »Wirtschaftsleistung der Bienen« belaufe sich in der EU auf 22 Milliarden Euro jährlich, in Deutschland auf rund 2 Milliarden.

Wir neigen dazu anzunehmen, Flüsse und Bäche seien dazu da, Mühlräder und Kraftwerke anzutreiben. Dabei mäandern die Bäche, wenn man sie lässt, einfach so vor sich hin. Karl Valentin: »Das machen sie gern, die Bäch.« Statt auf dem kürzesten Weg von A nach B zu fließen, erlauben sich Bäche und Flüsse den Luxus, sinnlos durch die Gegend zu mäandern. Bis der Mensch kommt und sie begradigt – mit den inzwischen bekannten Folgen. Herbert Achternbusch: »Früher hat man einen Bachlauf nicht verstanden, heute wird er begradigt, das versteht ein jeder.« Die ökonomische Vernunft kommt erst zur Ruhe, wenn alles ihrer Logik unterstellt ist. Sie sieht in einem alten Baum nur die Festmeter Holz, die man aus ihm gewinnen kann, um Bauholz, Möbel oder Papier zu produzieren.

In den USA ist man bereits dazu übergegangen, Bienenvölker auf LKWs zu verladen und wie Leiharbeiter dorthin zu karren, wo ihre Arbeitsleistung gebraucht und bezahlt wird. Das Bienensterben wird zu einem einträglichen Geschäft für die sogenannten Wanderimker. Ein Imker aus South Dakota soll 23.000 Völker besitzen und mit ihnen ständig auf den Highways unterwegs sein. In einem Einspieler sah man einen Besitzer von mobilen Bienenvölkern in seinem Truck sitzen. Durchs geöffnete Fenster drang der Summ- und Brummton seiner Bienen, die dabei waren, eine Mandelplantage zu bestäuben. Der Besitzer der Bienen sagte zu dem Reporter, der ihn begleitete: «Do you hear that? It's the sound of money.« Und während seine Bienen durch die Mandelbaumplantage schwärmten, geriet er beim Denken an sein Bankkonto selber ins Schwärmen. In China werden bereits Arbeiter in Obstplantagen geschickt und bestäuben dort die Blüten per Hand. In Maja Lundes lesenswertem Roman *Die Geschichte der Bienen* ist von dieser Praxis die Rede. Soll das unsere Zukunft sein? Am Ende bestäuben Roboter Pflanzen, die auf Styropor wachsen und mit Kunstlicht bestrahlt werden? Plastikgemüse für Plastikmenschen?

Der Status des Nutzlosen

Alle an der Sendung Beteiligten waren sich einig, dass man etwas zur Rettung der Bienen unternehmen müsse. Sogar Agrarminister Schmidt, der gerade in Brüssel für die Verlängerung des Einsatzes des Unkrautvernichtungsmittels Glyphosat gestimmt hat, das maßgeblichen Anteil am Insekten- und Bienensterben hat, ließ sich zu einigen vagen Lippenbekenntnissen hinreißen. Die Sendung war geprägt von der Argumentation: Man muss die Bienen retten, weil sie ein wichtiger Wirtschaftsfaktor sind. Außerdem geriete das Überleben der Menschheit in Gefahr, stürben die Bienen vollends aus. Das Nützlichkeitsdenken und die ökonomische Vernunft, die verantwortlich sind für die Misere, werden nun noch einmal beschworen, um die Misere zu beheben. Diese Perversion fiel keinem an der Sendung Beteiligten auf, weil sie eine der Grund-Perversionen unserer Kultur ist. Auch die freundliche Imkerin und der am Tisch sitzende Grüne nahmen keinen Anstoß an dieser Argumentation. Was wäre denn, wenn die Bienen nutzlos wären? Kein Hahn würde nach ihnen krähen. Wie ist der Status des Nutzlosen in einer Welt der Nützlichkeit? Mit sind keine Proteste gegen das Verschwinden der Glühwürmchen, der Ringelnattern, des Neuntöters und des Schwalbenschwanzes bekannt. Wer und was zu nichts nutze ist, hat kein Bleibe- und Existenzrecht in einer Kultur, die unterm Diktat der Nützlichkeit steht. Da sind die Bienen beinahe noch gut dran mit ihrem sprichwörtlichen Fleiß und ihrer Rolle als Bestäuber und Honiglieferanten. Gut, dass die meisten Leute nicht wissen, dass es sich hierbei um einen »Kollateralnutzen« handelt und die Bienen keineswegs von der Intention angetrieben werden, den Menschen einen Brotaufstrich und Obst zu bescheren.

Der Griff nach der Notbremse

Wir müssen das Regime der ökonomischen Nützlichkeit, das die bürgerliche und leider auch die sich sozialistisch/kommunistisch nennende Welt beherrscht, beenden, wenn wir ernsthaft versuchen wollen, einen Ausweg aus dem globalen Krisenzusammenhang zu finden. Mit kosmetischen Korrekturen und ein paar neuen EU-Richtlinien ist langfristig nichts gewonnen.

Wir alle sind bereits in der Wolle mit Wachstumsideologie eingefärbt und können uns, wie Hartmut Rosa gesagt hat, »eher das Ende der Welt vorstellen als ein Leben ohne Wachstum«. Wenn das Rad der Geschichte in eine falsche Richtung gelaufen ist, kann eine zur Vernunft gekommene Menschheit sehr wohl in die Speichen greifen und das Rad zurückdrehen bis zu einem Punkt, der vor der falschen Abzweigung liegt. In einem Gespräch mit der *Süddeutschen Zeitung* antwortete Harald Welzer auf die Frage, wie er sich einen Ausweg aus den Krisen der Gegenwart und eine andere Zukunft vorstelle: »Es geht nur mit so intelligentem wie radikalem Rückbau: weniger Produkte, weniger Mobilität, anders ist es nicht zu machen.« Auch der späte Heiner Müller teilte diese Sichtweise: »Der poetische Satz von Marx, die Revolutionen seien die Lokomotiven der Geschichte, ist sicherlich falsch. Revolutionen sind eher der Versuch, die Zeit anzuhalten, die Beschleunigung der Geschichte zu bremsen. … Die totale Beschleunigung führt zum Nullpunkt, in die Vernichtung.« Wir sind auf dem besten Weg dorthin. Walter Benjamin, auf den Müller hier Bezug nahm, schrieb in seinen *Geschichtsphilosophischen Thesen*, Revolutionen seien nicht die Lokomotiven der Geschichte, sondern der Griff des im Zug des Fortschritts »reisenden Menschengeschlechts nach der Notbremse«. Es wird höchste Zeit, dass wir sie ziehen.

Ein Volk von digitalen Fellachen

Wir sollten also fragen: Warum müssen 114 Millionen US-Haushalte 80 Millionen Bohrmaschinen besitzen, die im Schnitt jeweils 13 Minuten benutzt werden? Also weg mit ihnen. Es reicht eine pro Straße. Schluss mit dem Individualverkehr, weg mit diesen idiotischen SUVs, mit denen Mütter aus den besseren Stadtteilen ihre hochbegabten Kleinen über vierspurige Stadtautobahnen zur Schule fahren und auf dem Rückweg, nachdem sie den 150-Liter-Tank gefüllt haben, nochmal kurz in der zweiten Reihe vorm Bio-Laden anhalten. Braucht jeder von uns seine eigene Waschmaschine? Weg mit diesen Fastfood-Lokalen und dem im Stehen und Gehen hinuntergeschlungenen Scheißfraß; weg mit den ganzen Fernsehprogrammen mit hohem Verblödungskoeffizienten; weg mit den lärmenden Quads, den Smartphones und Spielekonsolen; weg mit diesem ganzen digitalen Geraffel, ab in den nächsten Container mit Sondermüll! Wie Hanswurste rennen die Leute hinter ihren Geräten her. Wir sind im Begriff, uns in ein Volk digitaler Fellachen verwandeln zu lassen. Weg mit dem *Coffee to go* in diesen plastikbeschichteten Bechern, von denen in Deutschland jährlich drei Milliarden Stück mit einem Gewicht von 110.000 Tonnen verbraucht werden; weg mit den Laubbläsern und Hochgeschwindigkeitszügen und der ganzen sinnlosen Fliegerei von einem gesichtslosen Ort zum anderen. Schluss mit diesem grässlichen, krank machenden Lärm. Das Recht auf Stille wird eine entscheidende Qualität einer neuen Gesellschaft sein, die sich vom Fetisch Wachstum verabschiedet hat und ihren Zusammenhalt nicht auf Konsum gründet.

Lob der Faulheit

Statt des unablässigen Tuns benötigen wir Tugenden des Unterlassens, Prämien aufs Nichtstun, Kontemplation statt Produktion, Faulheit statt rastlosem Tun. »Vielleicht wird die wahre Gesellschaft der Entfaltung überdrüssig und lässt aus Freiheit Möglichkeiten ungenützt, anstatt unter irrem Zwang auf fremde Sterne einzustürmen«, schrieb Adorno in seinem Buch *Minima Moralia*. Rund einhundertzwanzig Jahre früher lässt Büchner in *Leonce und Lena* den Valerio, einem Gefährten von Leonce, der eigentlich ein Vagabund und früher Anarchist ist, sein Programm in deftiger Sprache und ohne akademische Krawatte so formulieren: »Wir lassen alle Uhren zerschlagen, alle Kalender verbieten und zählen Stunden und Monden nur nach der Blumenuhr, nur nach Blüte und Frucht.« Valerio setzt hinzu: »Und ich werde Staatsminister, und es wird ein Dekret erlassen, dass, wer sich Schwielen in die Hände schafft, unter Kuratel gestellt wird; dass, wer sich krank arbeitet, kriminalistisch strafbar ist; dass jeder, der sich rühmt, sein Brot im Schweiße seines Angesichts zu essen, für verrückt und der menschlichen Gesellschaft für gefährlich erklärt wird; und dann legen wir uns in den Schatten und bitten Gott um Makkaroni, Melonen und Feigen, um musikalische Kehlen, klassische Leiber und eine commode Religion!«

Wenn wir aus der bloßen Negation der sinnlosen Geschäftigkeit und des verblödenden Konsums herauskommen wollen, benötigen wir allerdings noch etwas anderes, das der eben propagierten Haltung des Nichtstuns zu widersprechen scheint und das man als den Versuch der Wiederaneignung von Lebensbedingungen kennzeichnen kann. Beides könnte sich aber zu einer dialektischen Einheit verbinden lassen. Faul nach oben, den Verhaltenszumutungen der herrschenden Gesellschaft gegenüber, und rege im Bestreben der Selbstermächtigung und nach unten, unseren Mitstreitern und Genossinnen gegenüber.

Kleiner Exkurs über Macht

Die Geschichte des Kapitalismus ist eine Universalgeschichte der Enteignung – zuerst Enteignung von Produktionsmitteln, dann von Lebensbedingungen, Wissen und Fähigkeiten. Macht besteht im Kern aus diesen Enteignungsprozessen. Es beginnt mit der Expropriation der Arbeiter von ihren Arbeitsbedingungen im Zuge eines geschichtlichen Prozesses, den Marx als *ursprüngliche Akkumulation* bezeichnet hat, und endet (vorläufig) bei der Dating-App *Tinder*, die Menschen per Algorithmus den passenden Partner auswählt. Keine Lebensäußerung soll mehr außerhalb des Ware-Geld-Nexus verbleiben, nichts der autonomen Kontrolle der Menschen unterliegen. Am Gipfelpunkt der Entfremdung werden innerhalb der nächsten Jahrzehnte Massen von Menschen von Robotern und Algorithmen aus der Arbeitswelt verdrängt werden. »Der Mensch wird – in dieser Gesellschaft – überflüssig, vorher schwinden seine Fähigkeiten«, notierte Max Horkheimer bereits Mitte der 1950er Jahre.

Birgit Vanderbekes Roman *Das lässt sich ändern* erzählt von dem Versuch, diese Enteignung zu stoppen und sich Lebensbedingungen wieder anzueignen, die unter die Kontrolle von Herrschaft und Profit gebracht worden sind. Adam, eine der Hauptfiguren des Romans, war »schon immer draußen« und zieht ein Leben im Abseits einer Existenz mit Normalarbeitstag und geregeltem Einkommen vor. Er bereitet auf, was andere wegwerfen, und repariert, was kaputt gegangen ist. »Adam fand immer etwas Vernünftiges, das er der Vergänglichkeit entreißen und in eine Zukunft mitnehmen musste, die seiner festen Überzeugung nach dem heillosen Wahnsinn geweiht und ein Desaster würde, weil sie uns bis dahin so weit hätten, dass wir zu blöd zum Kartoffelschälen wären und nicht mal mehr einen Knopf würden annähen können.« Fassungslos berichtet mir vor ein paar Tagen meine Gemüsehändlerin davon, dass eine Kundin auf einen Wirsingkopf gedeutet und gefragt habe, was man denn damit machen und wie man den zubereiten könne.

Wenn Macht auf Enteignungen basiert, gilt im Umkehrschluss: Macht erlischt in wiederangeeigneten Lebensbedingungen. Aneignung ist Selbstermächtigung und Aufhebung von Macht und Entfremdung. Schon Rousseau wusste das, als er fragte: »Welches Joch kann man Menschen auferlegen, die nichts brauchen?« Wer nach nichts verlangt, worüber die Macht verfügt, über den hat keiner und niemand Macht. Besinnen wir uns darauf, was wir können oder mal konnten, bevor die neue große Enteignungswelle einsetzte, die den Durst in Nachfrage nach Coca Cola und den Hunger in das Bedürfnis nach Hamburgern verwandelt hat. Vielleicht liegt in diesem am Alltagsleben ansetzenden Projekt die Chance, einer technikaffinen und staatsfixierten Linken wieder Leben einzuhauchen und Strahlkraft zu verleihen.

Wir werden uns sputen müssen, denn wenn alles homogenisiert und pasteurisiert, verkabelt, digitalisiert, modularisiert und vernetzt sein wird, wenn alle Flüsse begradigt, Straßen betoniert, alle alten Bahnhöfe unter die Erde verlegt sind, wenn allen menschlichen Wünschen und Bedürfnissen eine Warenhaut übergezogen worden ist, wenn Eltern ihre Kinder als Bio-Aktien betrachten und behandeln, von denen eine gute Performance erwartet wird, wenn auch die Liebe ökonomisiert ist und wie eine Ware gehandelt und getauscht wird, könnte es zu spät sein. Wir wären dann ins von Herbert Marcuse beschriebene Zeitalter der *Eindimensionalität* eingetreten, die er als einen gesellschaftlichen Zustand beschreibt, der alle Alternativen zum Verstummen und Verschwinden gebracht hat und von Menschen bewohnt wird, die verbissen ihre eigene Knechtschaft verteidigen.

ETHNOLOGIE DES INLANDS

Wegelagerer mit guten Absichten

Die ganze Woche über hatte *Amnesty International* einen Stand in der Fußgängerzone. Als ich zum ersten Mal daran vorbeiging, dachte ich: »Was ist das wieder für eine Drückerkolonne?« Die überwiegend jungen Leute stürzten sich auf Passanten und sprachen sie mit den Worten an: »Hallöchen, eben mal kurz stehen bleiben!« Ich versuchte meist, mich am Rand vorbeizudrücken, um diesem Angesprochenwerden zu entgehen. Aber eines Abends gab es kein Entkommen, und ich ging in die Falle. Die junge Frau war hübsch, so war meine Abwehr geschwächt. »Wir sind von Amnesty, Sie haben sicher schon von uns gehört«, sagte sie und führte mich zu einem Tisch unter einen Schirm. Dort lagen Mappen, in denen Fälle von Menschenrechtsverletzungen dokumentiert waren. Alle sorgfältig in Klarsichtfolien gesteckt. Eifrig redete sie auf mich ein. Wenn irgendwo auf der Welt jemand zu Unrecht verfolgt und seiner Menschenrechte beraubt werde, machten sie prompt mobil und sammelten Unterschriften, die dann den jeweiligen Machthabern zugeschickt würden. In einigen Fällen habe das zum Erfolg geführt. Sie verwies auf den Fall des letztjährigen Friedensnobelpreisträgers, der in China im Gefängnis säße und nicht einmal zur Entgegennahme seines Preises hätte ausreisen dürfen. »Sie haben bestimmt davon gehört«, sagte sie eifrig, und blätterte bereits weiter in ihrer Mappe. »Wenn Sie uns ihre E-Mail-Adresse hinterlassen und hier unterschreiben, dann sind Sie beim nächsten Mal dabei und können helfen, ein Menschenleben zu retten.« Mein flüchtiger Anfangsverdacht, es handele sich um eine Drückerkolonne, verstärkte sich, je länger sie auf mich einredete. Eine Drückerkolonne in Sachen Menschenrechten. Sie haben eine Firma zur Wahrung der Menschenrechte gegründet, sie machen in Menschenrechten und gutem Gewissen, dachte ich. Menschenrechte werden unter unseren Augen zu so etwas wie einem Qualitätsmerkmal von Demokratien, über dessen Einhaltung von den Qualitätsmanagern von Amnesty gewacht wird. Menschenrechte werden, wenn wir nicht aufpassen, zur Ware, mit der irgendwelche Leute Geschäfte machen. Eines Tages werden sie an der Börse notiert sein und man wird Leerverkäufe tätigen können. Man wird auf den Niedergang oder Anstieg ihrer Kurse Wetten abschließen und gut daran verdienen: Gegenwärtige Preise für nicht Vorhandenes – Menschenrechte in China zum Beispiel – werden nach der Erwartung künftiger Preise für nicht Vorhandenes bemessen.

Um aus der Sache rauszukommen, fragte ich, ob ich nicht etwas spenden könne. Nein, das ginge hier am Stand nicht, aber wenn ich hier unterschriebe, bekäme ich ihren nächsten Newsletter per E-Mail zugeschickt und da seien dann auch Spendenkonten angegeben. »Nein, ich möchte so etwas nicht unterschreiben und ich möchte auch nicht alle naselang einen Newsletter zugeschickt bekommen«, sagte ich. »Das ist also nicht Ihr's, einen schönen Abend noch«, sagte die junge Frau freundlich und wandte sich dem nächsten Passanten zu. Meine ablehnende Reaktion war für sie eine bloße Geschmacksfrage: Das war eben »nicht Meins«.

Die jungen Leute, die sich hier engagieren, dachte ich im Weitergehen, haben nicht begriffen, dass die von ihnen so idealisierte Demokratie die für das hemmungslose Geldverdienen günstigste Staatsform ist. In unseren Marx-Schulungen haben wir gelernt, dass die Menschenrechte einen Wertehimmel bilden, der sich geduldig über die Niederungen einer Welt von Ausbeutung und Unterdrückung spannt. Es wäre falsch zu behaupten, der bürgerliche Humanismus und die Menschrechte schlössen die Arbeiter und die plebejischen Massen a priori aus. Die Vorstellung der Gleichheit und Freiheit wurzelt in der Sphäre der Zirkulation, in der die Menschen einander nur als Tauschende und damit als einander gleich geltende und gegeneinander gleichgültige Subjekte begegnen. Im abstrakten Moment des Tausches Arbeitskraft gegen Lohn gelten Arbeiter wie Kapitalist als Gleiche, als Waren tauschende Subjekte. Freiheit, Gleichheit, Brüderlichkeit beziehen ihre Substanz aus der Sphäre der Zirkulation, jenem »Garten Eden bürgerlicher Gründerakte und republikanischer Freiheiten«, wie Hans-Jürgen Krahl es ausgedrückt hat, und werden für den Arbeiter durch die Ausbeutungs- und Unterdrückungspraxis der Mehrwertproduktion auf Fabrikebene beständig dementiert und zurückgenommen. Anatole France hat diesen Sachverhalt ironisch kommentiert: »Das Gesetz in seiner majestätischen Gleichheit verbietet Bettlern und Millionären in gleicher Weise, unter Brücken zu schlafen.«

Die vom Bürgertum propagierte Gerechtigkeit des Äquivalententauschs erweist sich im Alltag der kleinen Leute und vor allem der Ausgebeuteten in der sogenannten Dritten Welt sinnfällig als Lug und Trug. Lothar Baier zitiert eingangs eines Essays mit dem Titel *Menschenrecht und Guillotine* aus einem Roman des Kubanischen Autors Alejo Carpentier. Ein französisches Schiff ist auf dem Weg in die karibischen Kolonien. An Bord befinden sich die Proklamation der Menschenrechte und eine Guillotine. Der Autor, der das Bild von den guillotinebewehrten Menschenrechten entwirft, möchte uns damit vor Augen führen, dass der Mensch nur Mensch ist, insofern er (französischer) Bürger, weiß und männlich ist und dass die Emanzipation mit Gewalt daherkam und die Gewalt auch nicht mehr loswird. Der Frieden der bürgerlichen Gesellschaft hat die Gewaltdrohung zu seinem harten Kern. Dennoch kann die Erfahrung der nur partikularen Einlösung der Verheißungen der bürgerlichen Revolution zum Ferment von Lernprozessen werden, die dann über die bürgerliche Welt hinausweisen. Zunächst aber muss festgehalten werden, dass Demokratie und Menschenrechte mit Ausbeutung und Unterdrückung durchaus kompatibel sind, wenn sie sich an vertragliche Formen und die Regeln des Tauschverkehrs halten. Die von den westlichen Demokratien erhobene Demokratisierungsforderung in Richtung autoritär verfasster Regime läuft vielfach darauf hinaus, dass diese Länder ihre Grenzen für die Waren dieser Länder öffnen und ihre Rohstoffe zur Plünderung freigeben. Weltbank und Internationaler Währungsfond binden die Vergabe von Krediten an die Bedingung einer umfassenden Deregulierung und Liberalisierung der Märkte. Die einheimischen Industrien brechen unter dem Ansturm der auf einem viel höheren Produktivitätsniveau hergestellten Produkte zusammen. Das Verhältnis von Kapitalismus und Demokratie ist sicher nicht frei von Spannungen, aber es ist nicht antagonistisch, wie naive und idealistische Konzepte unterstellen. Die parlamentarische Demokratie bietet Bewegungs- und Austragungsräume für die dem Kapitalismus inhärenten Widersprüche. Das Parlament ist der politische Markt, auf dem unterschiedliche Interessen innerhalb des

Bestehenden ausgehandelt werden und nach einem Kompromiss suchen können. In Krisenzeiten freilich sehnt sich das Kapital mitunter unverblümt nach chinesischen Verhältnissen und möchte sich der als lästig empfundenen demokratischen Verfahrensweisen entledigen.

Der (Alp-)Traum von Reinheit und Gesundheit

Zu Uwe Timms Roman *Ikarien*

Kann man einen Roman über das Thema Euthanasie schreiben? Durchaus, aber man muss Uwe Timm heißen und sein Handwerk verstehen. Und über genügend historische Kenntnisse und Einfühlungsvermögen verfügen. Uwe Timm ist lange mit dem Vorhaben schwanger gegangen. Wie er in der Danksagung am Ende des Buches vermerkt, reichen die Anfänge des Projekts *Ikarien* in die späten 1970er Jahre zurück. Lange habe er keinen angemessenen Zugang zum Stoff und keine Form gefunden, ihn sinnvoll zu erzählen. Die Geduld hat sich gelohnt. Uwe Timm ist nun ein Roman gelungen, der nicht nur über einen bisher viel zu wenig thematisierten Aspekt der Nazi-Barbarei informiert, sondern auch fesselnd über die unmittelbare Nachkriegszeit und vom damaligen Alltagsleben erzählt.

> »Wer aber nicht ›komplett‹, wer nicht sichtlich unsereiner ist, steht sehr unfest in der Kultur.« *(Peter Brückner)*

Man kann übrigens auch sehenswerte Filme zum Thema Euthanasie machen. Vor einem Jahr lief Kai Wessels Film *Nebel im August* in den deutschen Kinos. Es geht um einen in jeder Hinsicht gesunden Jungen namens Ernst Lossa, der in die Euthanasie-Maschinerie der Nazis gerät, weil er einer sogenannten jenischen Familie entstammt und sein Vater Schausteller ist. Ernst Lossa findet auch bei Uwe Timm Erwähnung. Es fließt die Zeugenaussage eines Krankenpflegers ein, in der es heißt: »Zum Fall Lossa erkläre ich folgendes: Bezüglich des Lossa hieß es mehrfach, dass man ihn nicht brauchen könne, dass er unverbesserlich sei. Diese Äußerungen machten mir gegenüber sowohl Dr. Faltlhauser als auch Frick, und zwar in dem Sinne, dass ich Lossa durch Luminal beiseiteschaffen sollte.« So geschah es dann auch.

Frühe Wahlen und Entscheidungen

Timms Buch beginnt mit einer Szene, die mich stark beeindruckt und lange beschäftigt hat. Ein behinderter Junge, Karlchen, den seine Eltern 12 Jahre lang versteckt gehalten hatten, tanzt im Mai 1945 auf der Straße und feiert tapsig und unbeholfen seine Befreiung. Er will mit einem Besen die Wolken wegschieben. Hätten ihn die Eltern nicht verborgen, man hätte ihn im Namen der Reinerhaltung der arischen Rasse umgebracht. »Es muss zur Sprache kommen.« Ein paar Monate später kehren mit der Normalität auch deren schäbigen Züge zurück und die Kinder des Viertels beginnen ihn zu ärgern. Der Erzähler beteiligt sich schließlich an den Hänseleien, mit denen die anderen Kinder Karlchen traktieren. »Als auch ich ihn zu hänseln begann, fragte die Mutter, warum tust du das? Weil er komisch ist.« Er empfindet Scham, jemanden verraten zu haben, um anderen zu gefallen und dazuzugehören. Der, der sich schämt, ist der kleine Uwe Timm, der damals fünf Jahre alt und gerade mit seinen Eltern von Coburg nach Hamburg gezogen ist. Jedenfalls vermute ich das. Karlchen ist es denn auch, der als erster von jenem amerikanischen Offizier ein Kaugummi geschenkt bekommt, der in Timms Roman eine der drei Hauptfiguren ist. Das Kaugummikauen ist für Uwe Timm übrigens Teil jener Lässigkeit, die die amerikanischen Soldaten ausstrahlten und die einen Gegenentwurf zum erstarrten Preußentum seines Vaters und der ihn umgebenden Erwachsenen darstellte.

»Weil er komisch ist«, antwortet der Erzähler auf die Frage, warum er sich an den Hänseleien beteilige. Robert Walser, selbst ein Außenseiter, dem es zeitlebens nicht gelang, »sich der bürgerlichen Ordnung brav anzuschmiegen«, hat in seinem Roman *Der Räuber* geschrieben: »Er glich dem Blatt, das ein Knabe mit der Rute vom Zweig herunterschlägt, weil es ihm als Vereinzeltes auffällt.«

»Früh in der Kindheit«, berichtet Theodor W. Adorno in seinem Buch *Minima Moralia*, »sah ich die ersten Schneeschaufler in dünnen schäbigen Kleidern. Auf meine Frage wurde mir geantwortet, das seien Männer ohne Arbeit, denen man diese Beschäftigung gäbe, damit sie sich ihr Brot verdienten. Recht geschieht ihnen, dass sie Schnee schaufeln müssen, rief ich wütend aus, um sogleich fassungslos zu weinen.« Der kleine Theodor reagiert zunächst ganz im Sinne der Erwachsenen, deren Urteile und Vorurteile er sich zu eigen gemacht hat und denen er gefallen möchte. Die Schneeschaufler trifft seine mitleidlose Wut. Dann aber kriegt er die Kurve und er beginnt zu weinen – aus Scham wegen seiner Anpassung und aus Mitleid mit den frierenden Menschen. Der kleine Junge schlägt sich auf die Seite der gequälten Männer, in deren Leiden er sich wiedererkennt. Solche frühen Entscheidungen sind oft richtungsweisend, bestimmen darüber, ob jemand sich zum Anwalt des Toten macht oder zum Kämpfer für das Lebendige wird. Wer das Opfer seiner Lebendigkeit gebracht hat, reagiert fortan allergisch und feindselig auf alles, was ihm lebendig und anders vorkommt und an eigene aufgegebene Glückansprüche erinnert. Zwischen Achtung und Verachtung des Lebendigen verläuft also die Trennlinie, nicht so sehr und erst danach zwischen links und rechts. Die Geschichte des Sozialismus hat uns schmerzhaft darüber belehrt, dass auch vermeintlich linke Gegenentwürfe in den Bann einer tödlichen Produktionsweise geraten können. Uwe Timm hat sich für den Pol des Lebendigen entschieden und hat sein Buch *Ikarien* aus dieser Position geschrieben.

Auf den Spuren von Alfred Ploetz

Zurück zu dem amerikanischen Offizier, der die Jungs im Eppendorfer Weg mit Kaugummis beschenkt. Sein Name ist Michael Hansen. Als Lieutenant der US-Army wird er im Frühjahr 1945 von der *Psychological Warfare Division* nach Deutschland geschickt. Hansen ist in Deutschland geboren und in den 1920er Jahren mit seinen Eltern in die USA ausgewandert. Dort hat er Literaturwissenschaften mit dem Schwerpunkt deutsche Literatur studiert. Er ist ein Germanist – mit Ernst Bloch und E.T.A. Hoffmann im Marschgepäck. Er soll deutsche Gefangene verhören, die in Stalingrad gekämpft hatten, verletzt ausgeflogen und dann erneut dort eingesetzt worden waren. Die US-Army interessierte sich dafür, woher diese Männer die Kraft nahmen und was sie durchhalten ließ. Frühe Formen der Resilienz-Forschung. Dann aber fragt ihn sein Vorgesetzter, dessen Auftrag darin besteht, die verhafteten deutschen Ärzte zu verhören, die für die Euthanasie und für Versuche an Menschen verantwortlich waren, um ihnen den Prozess zu machen: »Haben Sie schon mal von der Eugenik gehört?« Hansens neuer Auftrag: Er soll sich auf die Spur von Alfred Ploetz begeben. Dieser war ein führender Fachmann für Eugenik und Begründer dessen, was bei den Nationalsozialisten Rassenhygiene genannt wurde. Ploetz war wegen seiner Warnung vor den biologischen Folgen, die Kriege auf die menschliche Fortpflanzung hätten – *die Besten kommen im Krieg ums Leben, die Schwachen und Feiglinge überleben* – 1936 im Gespräch für den Friedensnobelpreis und ist 1940 in Herrsching am Ammersee gestorben. Da man die Befragung der Familienmitglieder für sinnlos hielt – sie schilderten die Täter immer als herzensgute und treusorgende Familienväter – solle er einen früheren Freund und Adlatus von Ploetz namens Karl Wagner aufsuchen, der in München lebe. Zwei Tage nach der Kapitulation trifft Hansen in München ein. »Jemand hatte mit weißer Farbe Frieden an eine Hausmauer geschrieben. Die Farbe ist an der Wand heruntergelaufen, als weine das Wort.« Ploetz hatte ein schlossartiges Haus am Ammersee bewohnt. Hansen fährt in Begleitung eines Kollegen nach Herrsching, beschlagnahmt das Haus und quartiert sich dort ein.

Ein Strang des Romans erzählt von den Reisen Hansens durch das zerstörte Deutschland und dem anarchischen Leben in einer gesellschaftlichen Ausnahmesituation. Die alte Gesellschaft, das *Dritte Reich*, ist untergegangen, eine neue Gesellschaft existiert noch nicht. Es herrscht ein Zustand ausgesetzter Regeln. Für Kinder und junge Leute eröffnen solche anomischen Zustände ungeahnte Spielräume und Möglichkeiten. Hansen enteignet und beschlagnahmt, wonach ihn gelüstet und womit er junge Damen beeindrucken kann. Aber er muss natürlich auch seiner Arbeit nachgehen, und die besteht in Gesprächen mit Karl Wagner, dem ehemaligen Weggefährten und Freund von Ploetz. Die Protokolle dieser vierzehn Gespräche bilden das Gerüst des Romans.

Medizinisch-psychiatrische Träume

Wagner selbst ist seinen sozialistisch-anarchistischen Jugendträumen treu geblieben, die Ploetz zunächst teilte, bevor sich ihre Wege trennten und Ploetz ins völkische Lager abdriftete und sich schließlich den Nazis andiente. Wagner war in Dachau in sogenannte Schutzhaft genommen worden, war dann auf Fürsprache des einstigen Freundes hin aus dem Lager entlassen worden und überlebte das *Dritte Reich* im Keller eines Münchner Antiquariats – umgeben von verbotenen Büchern. Inzwischen ist Karl Wagner seiner Gruft entstiegen und hat eine kleine Dachwohnung bezogen. Dort sucht ihn Michael Hansen auf und beginnt, ihn nach seiner Zusammenarbeit mit Ploetz zu befragen. Die Gespräche gehen zurück in die Schulzeit in Breslau, wo Ploetz gemeinsam mit den Brüdern Carl und Gerhart Hauptmann einen Geheimbund gründete. Man las die Schriften von Étienne Cabet und beschloss, in seiner Nachfolge im pazifischen Raum eine sozialistische Kolonie zu gründen. Unterm Bismarckschen Sozialistengesetz (1878–1890) setzte Ploetz sein Studium der Medizin in Zürich fort. Zürich war in jener Zeit ein Sammelbecken für Flüchtlinge aus aller Welt und bot eine intellektuell äußerst anregende Atmosphäre. Es folgte eine Studienreise in die USA, um die Ikarier-Kolonie in Iowa zu besuchen und sich ein Bild von der von Cabet intendierten *Veredelung des Menschen* zu machen. Statt des erhofften sozialistischen Übermenschen traf er auf durchschnittliche Menschen, mit all den Schwächen und körperlichen Gebrechen, die Menschen aufweisen. Enttäuscht und ernüchtert kehrte Ploetz zurück und setzte sein Studium fort. Er lernte den Psychiater August Forel kennen, der in der Irrenanstalt Burghölzli arbeitete und sich dem Kampf gegen den Alkohol verschrieben hatte. Die Psychiatrie jener Zeit ist biologisch orientiert und durchdrungen von der Idee der Vererbung. Im sozialdarwinistischen Klima des Imperialismus werden bald Forderungen nach Befreiung von unnützen »Ballastexistenzen« und der »Vernichtung lebensunwerten Lebens« laut. Warum all die nutzlosen Esser, Missgestalteten und Abweichler durchfüttern und ihre verderblichen Anlagen weiter im Volkskörper verbreiten lassen? Immer mehr Psychiater gelangten zu der Haltung: Wenn schon keine Therapie und Befreiung des einzelnen Patienten möglich ist, dann wenigstens die Therapie und Befreiung der Gesellschaft von den psychisch Kranken! Bei seiner Untersuchung von 200 Zöglingen des Berliner »Erziehungshauses« waren dem Psychiater Otto Mönkemöller viele als »Psychopathen« aufgefallen, bei denen er »angeborenen geistigen Schwachsinn« und eine hohe »sittliche Verderbnis« diagnostizierte, die sie als »geborene Verbrecher« auswiesen. »Galgenphysiognomie« und »Spitzbubengesicht« sprächen eine deutliche Sprache. Das Gros dieser »Psychopathen« sei »unerziehbar« und es gelte sie »unschädlich zu machen«. Zunächst einmal hieß »Unschädlichmachung« möglichst lebenslanges Einsperren. Mönkemöller träumt 1903 von einer radikaleren Prophylaxe, der »Kastration«. »Aber«, sagt er resigniert, »vorläufig sind wir für diesen Radikalismus wohl noch nicht reif ... «

Diese Haltung ließ viele Psychiater den Nationalsozialismus begeistert begrüßen. Sie erlebten ihn als Erfüllung ihrer langgehegten Träume. Endlich würden jene Barrieren fallen, die der Realisierung ihrer ehrgeizigen Pläne im Wege standen. In der Tat bestand das innenpolitische Programm der Nazis in der medizinischen Lösung der »sozialen Frage«: Alle Menschen, die gemessen am technischen Produktionsfortschritt nicht ganz gesund, leistungs- und anpassungsfähig waren, sollten medizinisch diagnostiziert, selektiert und – bei attestierter Unheilbarkeit – medizinisch beseitigt, das heißt getötet werden. Mit dem 1. September 1939 begann nicht nur der Vernichtungskrieg nach außen, sondern auch nach innen. Zwischen 1939 und 41 wurden auf der Grundlage des *Gesetzes zur Verhütung erbkranken Nachwuchses* mehr als 100.000 Menschen umgebracht. Die »Erbkranken« galten als Volksschädlinge, die wie andere Schädlinge bekämpft und vernichtet werden sollten. Massenmord als Schädlingsbekämpfung. Die Patienten wurden vergast. Mit Kohlenmonoxyd im Gaswagen im hessischen Hadamar zum Beispiel. Nach der zehntausendsten Tötung gab es Freibier für das ganze Personal. Nach Protesten aus kirchlichen Kreisen wurde die Aktion 1941 offiziell gestoppt. Angesichts des beginnenden Krieges gegen die Sowjetunion wollte man in der Bevölkerung keine ungute Stimmung aufkommen lassen. Das Euthanasie-Programm war deswegen unpopulär, weil die zur Vernichtung bestimmten Menschen meist Deutsche/Arier waren, keine Juden. Allerdings wurde in den Heil- und Pflegeanstalten auch ohne Hitler-Erlass in Eigenverantwortung der Ärzte weiter gemordet – mittels Mangelernährung oder durch Verabreichung von Luminal, durch Veronal oder Morphium-Scopomalin-Spritzen.

»Es muss zur Sprache kommen«, und Uwe Timm sagt es oder lässt es sagen. In den Gesprächen zwischen dem fiktiven Weggefährten Wagner und Michael Hansen wird der Weg des Alfred Ploetz vom schwärmerischen Sozialisten zum Euthanasie-Befürworter und Hitler-Anhänger nachgezeichnet. 1905 gründete er die *Deutsche Gesellschaft für Rassenhygiene.* Ploetz experimentiert mit Kaninchen, die mittels einer Elektrozange getötet werden, um ihre Gehirne zu sezieren. Da hatten sich die Wege von Ploetz und Wagner längst getrennt. Wagner kommentiert die Kaninchen-Experimente seines ehemaligen Freundes mit den Worten: »Mit jedem Leid der Kreatur geht ein Riss durch die Welt.« 1933 verfasst Ploetz eine Ergebenheitsadresse an Hitler und versicherte, dass er dem Manne, »der die deutsche Rassenhygiene aus dem Gestrüpp ihres bisherigen Weges durch seine Willenskraft in das weite Feld freier Betätigung führt«, in »herzlicher Verehrung« die Hand drücke. Hitler ernannte Ploetz 1936 zum Professor, im Gegenzug trat Ploetz in die Partei ein. Mit der Machtübernahme der Nazis wurden psychiatrisch-kriminologische Träume mörderische Wirklichkeit. Die nationalsozialistische »Unschädlichmachung« der »Unerziehbaren« und »Entarteten« führte zu Ende, was kriminologisch und psychiatrisch längst vorgedacht war.

Die Toten ruhen lassen?

Sage niemand: Das ist lange her, das geht mich nichts mehr an. Warum lässt man die Toten nicht endlich ruhen? Uwe Timm antwortet auf diese Frage: »Wenn man die Toten ruhen lässt, kommen sie als Geister zurück.« Bleiben die Motive der Täter im Dunkeln, schwirren sie umher wie Fledermäuse und sorgen weiter für Beunruhigung. Geister, in deren Gestalt das Alte wiederkehrt, sind die zeitgenössischen Pränataldiagnostik und die Reproduktionsmedizin. In den vergangenen Jahren sind kaum noch Kinder mit für genetisch bedingt gehaltenen Krankheiten wie Trisomie 21 oder Mukoviszidose zur Welt gekommen. Die Pränatal- und Präimplantationsdiagnostik hat dafür gesorgt, dass in Deutschland mehr als neunzig Prozent jener Frauen, die davon erfahren, dass ihr Baby voraussichtlich am Down-Syndrom leiden werde, einen Schwangerschaftsabbruch vornehmen lassen. »So löst die freie, individuelle Entscheidung, den Empfehlungen der Reproduktionsmedizin zu folgen, jene eugenisch motivierten Programme der Bevölkerungsregulierung ein, die sich autoritäre Staaten in der ersten Hälfte des 20. Jahrhunderts gegeben haben«, schreibt der Kulturwissenschaftler Andreas Bernard. Siebzig Jahre nach dem Ende der nationalsozialistischen »Rassenhygiene« ist der Akt des Ausmerzens auf diskrete und effizientere Weise vorverlegt worden. »Erbkrankes Leben« wird still und unauffällig beseitigt. Auch hier kann man die eigentümliche Tendenz beobachten, dass Prozesse der Normierung und Regulierung von Menschen, die bisher von einer staatlichen Instanz gesteuert und den Menschen aufgezwungen wurden, auf die Individuen selbst übergehen. Sie nehmen ihre Kontrolle und Normierung in eigene Regie.

Neue-alte Abgründe. »Es muss zur Sprache kommen.«

Was hätten wir aus der Geschichte der Euthanasie zu lernen? Dass überall da, wo Menschen auf ihren verwertbaren Nutzen reduziert werden, sie also nicht um ihrer selbst willen respektiert werden, Gefahr im Verzug ist. Wo Menschen vorrangig nach ihrem wirtschaftlichen Nutzen beurteilt werden, ist der Status derer, die unbrauchbar und nicht leistungsfähig sind, prekär. Ihnen wird die Einfühlung verweigert. Mitleid und wechselseitige Verantwortung, Solidarität und gegenseitige Hilfe trocknen in einem derartigen Milieu peu à peu aus, es gedeihen stattdessen Konkurrenz, Feindseligkeit, Gleichgültigkeit und Kälte. Wenn diese Haltung sich in Krisenzeiten radikalisiert, wird irgendwann gefragt: Warum all diese Leute durchfüttern, die nichts zum Bruttosozialprodukt beitragen? Seit Jahren lesen und hören wir von gewaltsamen Übergriffen auf Obdachlose und Bettler – gelegentlich mit tödlichem Ausgang. Wo bleiben unsere massenhafte Empörung darüber, wo unser Widerstand dagegen, wo unsere Solidarität mit den Schwächsten Mitgliedern der Gesellschaft?

Fragen, die wir uns stellen sollten: Transportiert nicht die Debatte um die Freigabe der Sterbehilfe auch die stillschweigende Botschaft an die Alten, Hinfälligen und nicht mehr Leistungsfähigen, sie möchten sich doch bitte überlegen, ob sie den Starken und Leistungsfähigen derart lange auf der Tasche liegen wollen? Könnte im sozialdarwinistischen Klima der entfesselten Marktgesellschaft aus einem Recht nicht bald eine Pflicht werden?

Wir erleben seit Jahren das Wiederaufleben einer Sehnsucht nach ethnischer Homogenität und Reinheit der Gesellschaft. In ihrem Namen wurden und werden die schlimmsten Verbrechen und Barbareien begangen. Dahinter steht die Idee von einer »guten Gemeinschaft«, die von ihren negativen Teilen gereinigt ist. Von jenen Elementen, von denen man annimmt, dass sie die »gute Gemeinschaft« korrumpieren. Die Vorstellung von einem homogenen sozialen Körper, von einer »guten Gemeinschaft«, ist etwas, das auch der Linken nicht fremd ist. Auch das muss zur Sprache kommen und kommt bei Uwe Timm zur Sprache. Durch den Mund von Karl Wagner erfahren wir einiges über das Liebäugeln der frühen Sozialdemokratie mit der Eugenik. Breit wurde über die Frage diskutiert, wie die Weitergabe von Erbkrankheiten verhindert und die Entstehung eines starken, gesunden und schönen Geschlechts befördert werden könnte. So sei es kein Zufall, dass die schwedische sozialdemokratische Regierung sich zu ihrer völkischen Verantwortung bekannt und 1935 die Sterilisation von *Debilen* angeordnet habe. Die Kehrseite aller Veredelungspläne sei die Ausmerzung des Schwachen, Abweichenden und Kranken.

In der Arbeiterbewegung gab es einen weitverbreiteten Fetischismus der Arbeit und der Produktion, die mit einer Verachtung des Bummelanten, Faulenzers, Drückebergers, Parasiten und Schmarotzers einherging. Produzieren um jeden Preis, lautete das Motto in der jungen Sowjetunion. Die Elektrifizierung verschlang die Sowjets, »Parasitismus« und »Arbeitsscheu« wurden zu Straftatbeständen und führten zur Verurteilung zu Straf- und Arbeitslager. Hätte man die arbeitenden Massen nach ihrer Meinung zum Umgang mit den Außenseitern der Gesellschaft befragt, hätte sich beinahe zu jeder Zeit eine Mehrheit für rabiate Umgangsformen bis hin zur Eliminierung gefunden. Schmarotzer müssen vertilgt und ausgemerzt werden, basta! In seinem viel gelesenen Buch *Die Frau und der Sozialismus* schrieb August Bebel: »Der Sozialismus stimmt mit der Bibel darin überein, wenn diese sagt: Wer nicht arbeitet, soll auch nicht essen.«

In Max Horkheimers frühem Buch *Dämmerung* findet sich eine wichtige Anmerkung zum Thema Arbeit im Sozialismus: »In einer sozialistischen Gesellschaft wird die Freude nicht aus der Natur der zu leistenden Arbeit hervorgehen. Dies anzustreben ist ganz reaktionär. Die Arbeit wird vielmehr deshalb gern verrichtet werden, weil sie einer solidarischen Gesellschaft dient.«

Der kurze Frühling der Anarchie

Wir – die Linken – müssen uns also an die eigene Nase fassen und die enge Bindung des Marxismus/Sozialismus an Arbeit und Produktion kritisch überdenken. Lange wurde die Herrschaft der fetischisierten Produktion mit Sozialismus verwechselt. Es gab einige wenige Ausnahmen und Gegenentwürfe. Eine davon ist die *Münchner Räterepublik* aus dem Jahr 1919. Uwe Timm lässt Karl Wagner von ihr erzählen und schwärmen. Er hat sie aus nächster Nähe miterlebt und hegt große Sympathien für sie und ihre Protagonisten. Anarchisten, Literaten, Künstler wie Toller, Mühsam, Niekisch, Gesell und Landauer hatten die Regierung übernommen und verfolgten das Gegenteil der autoritären kommunistischen Parteien, nämlich einen freiheitlichen Kommunismus oder pazifistischen Anarchismus. Ein von Ernst Toller und Erich Mühsam verfasstes Dekret kündigte die Verwandlung der Welt in eine »Wiese voller Blumen« an, in der »jeder seinen Teil pflücken« könne. Lohnarbeit, Ausbeutung, jegliche Hierarchie und juristisches Denken werden für abgeschafft erklärt. Den Zeitungen wird auferlegt, auf der Titelseite neben den neuesten Nachrichten Gedichte von Hölderlin, Walt Whitman oder Schiller zu drucken. Was für ein Kontrast zur Elektrifizierungs-Prosa der Bolschewiki und zur linken Variante der instrumentellen Vernunft! Der kurze bayrische Frühling der Anarchie währte knapp vier Wochen, dann wurde der Ansatz einer Rätedemokratie von den Stiefeln und Gewehrkolben der Freikorpssoldaten zerstampft und zerschlagen und in Strömen von Blut ertränkt. Bei der Niederwerfung der Räterepublik durch Freikorpstruppen tauchten nach Wagners Erinnerung zum ersten Mal Hakenkreuze in der Öffentlichkeit auf. Gustav Landauer, Minister für Kultur, wurde Anfang Mai im Haus der Witwe von Kurt Eisner verhaftet und am Tag darauf von Männern des Freikorps Epp auf dem Weg in seine Zelle im Gefängnis Stadelheim erschossen. Man habe »diese Kakerlake totgetreten«, brüsteten sich die studentischen Mörder. »Gustav Landauer war all das, was sie nicht sein konnten, belesen, gebildet, interessiert, ein Mensch, der noch in Pflanzen Beseeltheit zu sehen glaubte, eine Welt ohne Hass predigte, für Gleichheit und gegen jegliche Macht und Gewalt war«, lässt Uwe Timm Wagner sagen.

Gegen den Terror der Totalität, gegen die abstraktive Gewalt der großen Begriffe und Apparate, helfen nur Sensibilität für besondere Umstände und Parteinahme für das Kleine und Einzelne. »Ich habe immer die Neigung zu sagen, dass die Totalität nicht das Ganze, sondern das Verlassene und einzelne ist«, sagte Theodor W. Adorno 1939 im Rahmen einer Diskussion mit Mitarbeitern des Instituts für Sozialforschung. Klasse, Partei, Staat, Volk, Nation nötigen den Einzelnen zur Unterwerfung und Anpassung und schneiden das Besondere ab. Die Unterwerfung unter Abstraktionen lassen den Mensch selbst abstrakt werden. »An die Stelle des kapitalistischen Staates kann ein sozialistischer treten, ohne dass damit die Befreiung des Menschen bewirkt wird. Staat ist Herrschaft des Menschen über den Menschen. Die Menschen haben mit ihm den Tod zwischen sich gesetzt an die Stelle des Lebens«, heißt es bei Gustav Landauer. Eine Gesellschaft, die der Erzeugung des Menschlichen und Lebendigen dient, wächst nur auf krummem Holz und an nicht begradigten, mäandernden Bächen. »Wir aber brauchen in Wahrheit die immer wiederkehrende Erneuerung, wir brauchen die Bereitschaft zur Erschütterung, wir brauchen den Frühling, den Wahn und den Rausch und die Tollheit«, schrieb Landauer 1918.

Auf Landauers und Tollers blühender Wiese wäre auch Platz für Kohlweißlinge gewesen. Eingangs seines Romans erinnert sich Uwe Timm daran, dass sie als Kinder dazu angehalten wurden, Kohlweißlinge zu jagen, deren Raupen den kostbaren Kohl fraßen. »Die Kinder jagten sie, schlugen mit dünnen Weidenruten nach ihnen, die Flügel zerfetzt, taumelten sie zu Boden. Wir waren die Retter. Wir töteten Schädlinge.«

ETHNOLOGIE DES INLANDS

Nazis im Knast

Bundeswehr-Oberleutnant Franco A. soll einen fremdenfeindlichen Anschlag geplant haben. Tatsächlich offenbarte A. schon 2014 seine rassistische Gedankenwelt in seiner Masterarbeit. Doch trotz des Protests eines französischen Generals blieb die Bundeswehr untätig. Stattdessen wurde die Arbeit zum »Ausrutscher« erklärt. Nicht einmal eine Disziplinarstrafe gab es. Stattdessen durfte A. eine zweite Masterarbeit einreichen.

Was mir angesichts der neuerlichen Bundeswehraffäre auffällt, sind die Parallelen zum Gefängnis. Es scheint so zu sein, dass gewisse Berufe Menschen mit einer autoritären psychischen Struktur anziehen und diese dann auch fördern. »Totalen Institutionen« (Erving Goffman) wohnt offenbar eine Tendenz inne, autoritäre Gesinnungen quasi-treibhausmäßig zu produzieren. Wer im Knast als Beamter etwas werden will, muss einen gewissen Korpsgeist mitbringen und sich in festgefügte Hierarchien wohlfühlen. Die Uniform zieht gewisse Männer an, nämlich diejenigen, die Klaus Theweleit als »soldatische Männer« beschrieben hat. Die Uniform mit ihrer Steifheit und ihren diversen Riemen und Gürteln hält diese »nicht zu Ende geborenen« Männer zusammen, verhindert ihr seelisches Auseinanderbrechen.

Die sogenannte Bundeswehraffäre hat jedenfalls meinen eigenen Film zu laufen gebracht und eine Menge Erinnerungen freigesetzt. Beim Aufräumen meines Büros fand ich eine Notiz aus den frühen 1980er Jahren. Damals habe ich zusammen mit ein paar Freunden im Butzbacher Gefängnis eine Schreibwerkstatt durchgeführt. Daran nahmen ungefähr 20 Häftlinge teil, mit denen wir uns alle vierzehn Tage trafen, um Texte zu besprechen, die sie in der Zwischenzeit verfasst hatten. Die Gefangenen verfügten damals noch über keine eigenen TV-Apparate und hatten viel Zeit zum Lesen und Schreiben. Auf teilweise musealen Schreibmaschinen wurde abends in jeder zweiten oder dritten Zelle getippt und geschrieben: Briefe, Gedichte, Geschichten und manchmal auch Beschwerden. Einer der Teilnehmer war Milosch, der von sich selber mit Stolz sagte, er sei »Zigeuner«. Er bekleidete das Amt des Knastfriseurs und hatte bei knapp 850 Gefangenen alle Hände voll zu tun. Auf der Station B 1 gab es gleich links hinter der Eingangsgittertür eine Zelle, die als Friseursalon diente. Das war Miloschs Reich. Auf meinem Zettel steht oben das Datum der Sitzung: 18. August, leider fehlt die Jahreszahl. Es muss 1982 oder 1983 gewesen sein. Jedenfalls berichtete Milosch davon, dass er dem berühmt-berüchtigten Neonazi Roeder die Haare geschnitten habe. Roeder hatte zum ersten Mal Aufsehen erregt, als er während einer *documenta* vor dem Fridericianum in Kassel eine Fuhre Mist ablud. Ich erinnere mich daran, dass diese Aktion den Beifall meines Vaters fand. Nun verbüßte Roeder eine längere Freiheitsstrafe wegen Anstiftung und Beihilfe zum Mord. Auf sein Geheiß hin hatten Neonazis 1980 in Hamburg ein Heim für Asylbewerber angezündet. Zwei Vietnamesen kamen bei diesem Anschlag ums Leben. Die anderen Teilnehmer fragten Milosch, wie er als »Zigeuner« beziehungsweise Sinto einem Nazi die Haare schneiden könne? »Ich mache das selbstbeherrscht und professionell«, sagte er. Er denke währenddessen nicht daran, was die Nazis seinem Volk angetan hätten. »Ich an deiner Stelle hätte dem Kerl die Kehle durchgeschnitten«, sagte ein anderer trocken.

Später kam Roeder auch in diese Schreibwerkstatt. Ich erinnere mich, dass er zum Einstieg ein wütendes Pamphlet vortrug. Es ging um das Vorhaben, die Groß- und Kleinschreibung abzuschaffen. In der Sprache, so die Argumentation Roeders, sei es wie in der Natur und in der Gesellschaft und überall im Leben: Es gebe große und kleine Lebewesen, bedeutende und weniger bedeutende Menschen, Herren und Knechte, dominierende Rassen und unterlegene Rassen. Er, Roeder, sehe in der Homogenisierung der Schreibweise einen üblen Auswuchs sozialistischer Gleichmacherei. Er habe seinen Text als offenen Brief an diverse Bundestagsabgeordnete und den Bundespräsidenten geschickt. Gegen die Teilnahme von Roeder an unserer Schreibwerkstatt gab es Protest von Seiten anderer Gefangener. Nach längeren Diskussionen kamen wir aber überein, dass niemand wegen seiner politischen oder religiösen Überzeugung oder wegen seines Deliktes ausgeschlossen werden solle und wir keinen »Knast im Knast« errichten dürften. Die Gruppe sei stark genug, die Anwesenheit Roeders zu ertragen und sich inhaltlich mit ihm auseinanderzusetzen. Wir sind, alles in allem, ganz gut mit diesem Grundsatz gefahren. Roeder prahlte in der Gruppe, er verfüge über ein Schriftstück aus der Feder des ehemaligen Reichspräsidenten Dönitz, in dem dieser ihn als »Reichsverweser« und damit als Hitlernachfolger eingesetzt habe. Die Gruppe reagierte mit einem lässigen »Na und?!«.

Auch am Projekt »Kunst im Knast« nahm Roeder eine Zeit lang teil. In einer der zahlreichen vom Projekt angebotenen Kurse malten die Gefangenen mit Ölfarben Selbstportraits. Bei einer Ausstellung am Ende des Kurses meinte ein Besucher, auf Roeders Bild im Faltenwurf der Anstaltskleidung ein Hakenkreuz entdeckt zu haben. Dieser bestritt das vehement, und so wurde eine Kommission eingesetzt, die den Fall klären sollte. Zu dieser Kommission gehörte auch ich. Ich sah ein halbwegs gelungenes Selbstportrait und konnte auf dem Ärmel der Anstaltsjacke beim besten Willen kein Hakenkreuz entdecken. Es musste sich um eine visuelle Halluzination des Betrachters gehandelt haben. Seine Wahrnehmung war durch sein Vorwissen über den Urheber des Portraits so programmiert, dass er etwas sah, was außer ihm niemand wahrnehmen konnte. Ein klassischer Fall von Projektion. Roeder genoss sichtlich die Aufmerksamkeit, die seinem Bild und ihm zuteilgeworden war.

In der Personalakte von Michael Kühnen, der eine Weile mit ihm zusammen in Butzbach eingesperrt war, bin ich auf ein Schreiben Roeders gestoßen, in dem dieser der Wiking-Jugend mitteilt, dass Kühnen mit Aids infiziert und homosexuell sei. Anfangs herrschte eine große Unsicherheit, wie man mit aids-infizierten

Häftlingen umgehen solle. Man legte sie auf eine bestimmte Station und stattete sie mit gewissen Privilegien aus. Sie erhielten täglich einen Liter Milch und zusätzliches Obst. Daran konnten die anderen Häftlinge erkennen, dass jemand infiziert war. Roeder und Kühnen waren spinnefeind. In Roeders Augen war Kühnen ein verkommener »Lustknabe« in der Nachfolge gewisser schwuler SA-Führer, mit denen er nichts zu tun haben wollte. Man werde ihm zu gegebener Zeit seine »Nacht der langen Messer« bereiten.

Ich bin Roeder während einer seiner zahlreichen Inhaftierungen noch einmal begegnet. Nach einer Operation war er für eine Weile im Butzbacher Krankenhaus einquartiert. Im Sommer 2014 ist er gestorben, Kühnen starb 1991.

Wie oft habe ich in Zellen Hitlerbilder angetroffen, die dort, für jeden sichtbar, an Spinden und Wänden hingen. Wenn ich Beamte bat, die Bilder zu entfernen, stieß ich auf Unverständnis. Ich solle mich nicht so haben, hieß es. Wie oft hörte Sätze wie diesen: »Der Sowieso-Sowieso ist zwar ein bisschen rechts, aber ansonsten ein anständiger Kerl, der ist schwer in Ordnung! Der hält sich an die Hausordnung, ist ein guter Arbeiter und gibt keine Widerworte.«

Vor ein paar Jahren ging ich gegen Abend über eine bestimmte Station. Aus einer Zelle drang laute Musik. Als ich näher kam, stutzte ich und hörte etwas genauer hin. »Die Fahne hoch, die Reihen fest geschlossen, SA marschiert mit ruhig festem Schritt und die Toten marschieren in unseren Reihen mit«, war da zu hören. Das sogenannte »Horst Wessel-Lied«, das Kampflied der SA und die Hymne der NSDAP, die natürlich auf dem Index steht und deren Abspielen verboten ist wie das Herzeigen von Hakenkreuzen und anderen Nazi-Symbolen. Ich holte den Beamten, der drei oder vier Zellen weiter sein Büro hatte und die Musik dort auch hören musste. Ich fragte den Kollegen, ob er so etwas hier dulde. »Was meinst du denn?«, fragte der ahnungslos. »Na, hör doch mal genauer hin«, empfahl ich ihm, worauf er sagte: »Das ist doch Volksmusik«. »Das war tatsächlich mal Volksmusik und zwar zwischen 1933 und 1945«, erwiderte ich und musste ihm tatsächlich erklären, was es mit diesem Lied auf sich hat. Ich besorgte ihm zum nächsten Tag den Text aus dem Internet.

Ein paar Tage später beobachtete ich, wie der Mann mit der Horst-Wessel-Kassette, der bei den Malern arbeitete und sich im Haus relativ frei bewegen konnte, an einer Gittertür klopfte, um eingelassen zu werden. »Name und Dienstgrad?«, fragte der Beamte aus seinem Büro heraus. »Obersturmbannführer B.«, kam es zackig zurück, und der Beamte ließ ihn prompt und ohne jeden Widerspruch ein.

Der Kommunismus, der aus der Kälte kam

Vor hundert Jahren siegte die Russische Revolution[1]

»Wo gehobelt wird, da fallen Späne: Dieser Spruch war bei den Erbauern des Sozialismus sehr beliebt. Doch was, wenn man am Ende den Hobel weglegte und sah, dass auf dem ganzen Holzplatz nichts als Späne lagen?« *(Julian Barnes)*

In der Nacht zum 25. Oktober 1917, nach dem neuen Kalender zum 7. November, stürmten revolutionäre Soldaten und Rote Garden der Bolschewiki den Winterpalast in Petrograd, in dem die Provisorische Regierung vor sich hin agonisierte. Der eigentliche Machtwechsel verlief recht unspektakulär und ohne großes Blutvergießen. Man sagt, es seien bei den Dreharbeiten zu Eisensteins großem Film *Oktober* zum 10. Jahrestag der Revolution mehr Menschen verletzt worden, als beim Sturm auf den Winterpalast im November 1917. Die meisten Bewohner Petrograds und erst recht die des riesigen Russischen Reiches bekamen davon nichts mit und erfuhren erst später aus Zeitungen und durch mündliche Erzählungen von diesem Ereignis, das die Welt erschüttern und in Atem halten sollte.

Im Sommer 1920 reiste der deutsche Anarchist Augustin Souchy nach Moskau, um am zweiten Kongress der *Kommunistischen Internationale* teilzunehmen, die die Bolschewiki im Frühjahr 1919 ins Leben gerufen hatten. In seinen Erinnerungen, die unter dem Titel »Vorsicht: Anarchist!« erschienen sind, schrieb er: »Ähnlich wie die große Französische Revolu-

1 Den Titel habe ich Jean-Paul Sartre entlehnt, der 1970 einen Essay über den *Prager Frühling* schrieb, der *Der Sozialismus, der aus der Kälte kam* heißt. Er ist auf Deutsch in dem Band *Gespräche an der Moldau* enthalten. Sartre wiederum hat den Titel John le Carré entliehen, dessen Roman Der Spion, der aus der Kälte kam 1963 erschien.

tion am Ausgang des 18. Jahrhunderts war die Russische Revolution das welterschütternde Ereignis im zweiten Jahrzehnt des 20. Jahrhunderts. Sie war die große Passion, die uns alle mitriss. Im Osten ging, so glaubten wir, die Sonne der Freiheit auf. Wir hofften, dass sich die Prophezeiungen der sozialistischen Ideologen und Theoretiker des 19. Jahrhunderts erfüllen würden. … Mit Begeisterung setzten wir uns für die Verteidigung des Landes ein, das als erstes die Fahne der sozialen Revolution entfaltet hatte.« Souchy sah sich um im Land und führte viele Gespräche mit Genossinnen und Genossen. Bei einer Audienz bei Lenin wagte er es, nach dem Schicksal inhaftierter Anarchisten zu fragen, und Lenin kanzelte ihn mit der Bemerkung ab, die siegreiche Revolution dürfe im Umgang mit ihren Gegnern nicht zimperlich sein. Nach einem Besuch bei Peter Kropotkin, einem der Väter des Anarchismus, verließ Souchy ernüchtert und enttäuscht das Land seiner Sehnsucht. Was war geschehen, woher rührt diese Enttäuschung? Die alte Goethesche Frage, warum aus liebenswürdigen Kindern später so häufig unausstehliche Erwachsene werden, müssen wir uns auch angesichts von Revolutionen stellen: Warum gehen aus vielversprechenden und lebendigen Anfängen derart sklerotische Gebilde und grausame Diktaturen hervor? Der nach den Stalinschen Schauprozessen aus der Kommunistischen Partei ausgetretene italienische Sozialist Ignazio Silone lässt in seinem Roman »Wein und Brot« eine seiner Figuren sagen: »Lange hat mich die Frage gequält, warum alle Revolutionen, alle, ohne eine einzige Ausnahme, als Freiheitsbewegung begonnen und als Tyrannei geendet haben. Warum ist keine Revolution diesem Verhängnis entgangen?«

Eine Stadt in Aufruhr

Entgegen einer weitverbreiteten Annahme war die Oktoberrevolution keineswegs das Werk und das Monopol der Bolschewiki, sondern das Resultat einer mächtigen und weitgehend spontanen Massenbewegung. Diese hatte im Februar 1917 begonnen und zur Abdankung des Zaren geführt. Bauern, Soldaten und Arbeiter waren kriegsmüde, litten Hunger und sehnten sich nach Frieden, der Abschaffung der Autokratie und der Grundherrschaft. Auch das wird vielfach vergessen: Die Februarrevolution begann in Petrograd am Weltfrauentag mit einer Demonstration der

Frauen, die gegen die Lebensmittelknappheit protestierten. Arbeiter und Arbeiterinnen der Putilov-Werke schlossen sich an, die mit ihrer Arbeitssituation unzufrieden waren und *Arbeiterkontrolle* forderten. Die Stadt kam ab jetzt nicht mehr zur Ruhe. Massendemonstrationen waren an der Tagesordnung und wurden von Tag zu Tag größer. Die Bewegung schuf sich ihre eigenen Organisationsformen in Gestalt der Sowjets, der Räte, die es bereits in der gescheiterten Revolution von 1905 gegeben hatte. Die Idee lebte im Untergrund und im kollektiven Gedächtnis weiter und wurde nun in der Hitze der Kämpfe gleichsam wieder aufgetaut und neu belebt. Teile der Armee liefen zu den Demonstranten über. Nach der Abdankung des Zaren wurde eine provisorische Regierung gebildet, die die Interessen der liberalen Bourgeoisie vertrat und Russland in eine bürgerliche Demokratie verwandeln wollte. Da sie den Krieg weiterführte und auch sonst keine spürbare Verbesserung der Lebenssituation der Massen zustande brachte, brodelte es in der Bevölkerung weiter, die sich zunehmend radikalisierte. Es kam zu so etwas wie einer Art *Doppelherrschaft*: Auf der einen Seite die provisorische Regierung unter Führung des gemäßigten Sozialdemokraten Kerenski, der mehr oder weniger hilflos herumlavierte, auf der anderen die Sowjets der Arbeiter, Bauern und Soldaten, die darauf drängten, den Krieg zu beenden, das Land unter den Bauern aufzuteilen und die Produktion der Kontrolle der Arbeiter zu unterstellen. Lenin erfuhr im Züricher Exil aus der Zeitung vom Ausbruch der Revolution. Nachdem es ihm mit Hilfe des deutschen Kaiserreiches im April gelungen war, nach Petrograd zurückzukehren, erkannte er mit seinem feinen politischen Gespür die Chancen, die sich für die bis dahin relativ unbedeutende bolschewistische Partei aus diesem Schwebezustand ergaben. Obwohl er bis dahin eine eher negative Haltung zur Spontaneität eingenommen und behauptet hatte, die Arbeiter seien von sich aus unfähig, ein revolutionäres Bewusstsein hervorzubringen und bedürften dazu der Führung und Lenkung durch ausgewiesene Revolutionäre und ihre Partei, propagierte er nun unter dem Druck der Ereignisse in seinen berühmten *Aprilthesen*: »Alle Macht den Sowjets!« Es gelang den Bolschewiki in den folgenden Monaten, mit einer Haltung kompromissloser Radikalität die Mehrheit der Sowjets auf ihre Seite und unter ihre Kontrolle zu bringen. Im Juli vermochte es die Provisorische Regierung noch einmal, einen von den Bolschewiki angeführten Aufstandsversuch niederzuschlagen. Der bolschewistische Teil der Russischen Sozialdemokratie wurde verboten, Trotzki wanderte ins Gefängnis und Lenin floh über die nahe finnische Grenze. Ihren kometenhaften Wiederaufstieg nach dem Juli-Debakel haben die Bolschewiki dem gescheiterten *Kornilow-Putsch* Ende August zu verdanken, der sie über Nacht wieder in die Schlüsselpositionen brachte und ihnen Zugang zu Waffen verschaffte. Kerenski war, um sich und seine schwächelnde Regierung zu retten, gezwungen, die Arsenale zu öffnen und Waffen an die Arbeiter zu verteilen. Der Mobilmachung gegen die drohende Konterrevolution verdankten die *Roten Garden* der Bolschewiki ihre Bewaffnung, die sie beibehielten und die sie wenige Wochen später instand setzte, die Macht zu ergreifen. In der Nacht vom 25. auf den 26. Oktober, nach dem neuen Kalender dem 6./7. November, betraten *Rote Garden* und revolutionäre Soldaten den Winterpalast und nahmen die Mitglieder der zaudernden provisorischen Regierung fest. Die Bolschewiki übernahmen die Forderungen der Massen und erließen erste Dekrete über Frieden, Brot, Land und Räteherrschaft. Die Revolution hatte gesiegt. Allerdings erhielten die Bolschewiki bei den Wahlen zur *Konstituierenden Versammlung* im November 1917 gerademal 3,8 Prozent der Stimmen, blieben also eine Minderheit. Um an der Macht bleiben zu können, jagten sie die Konstituante am 5./6. Januar 1918 auseinander. Im März 1918 benannten die Bolschewiki ihre Partei in *Kommunistische Partei* um, wobei sie sich bei dieser Namensgebung sowohl auf die *Pariser Kommune* aus dem Jahr 1871 als auch auf das *Kommunistische Manifest* von Marx und Engels bezogen.

Konterrevolution und Bürgerkrieg

Sofort nach dem Sieg der Bolschewiki traten jene Probleme in den Vordergrund, die während der Phase der revolutionären Kämpfe zweitrangig gewesen waren. Die Wirtschaft des ohnehin erst in Ansätzen industrialisierten Landes war im Laufe des Krieges fast vollständig zum Erliegen gekommen, die Anbauflächen auf dem Land waren stark geschrumpft, teilweise hatte eine Rückkehr zur Naturalwirtschaft stattgefunden. Die Versorgung der Städte mit Lebensmitteln war katastrophal, um dem Hunger zu entgehen, flüchtete das städtische Proletariat massenhaft zurück aufs Land. Zudem versank das Land nach dem Friedensschluss von

Brest-Litowsk, der mit riesigen Gebietsverlusten verbunden war, in einem jahrelangen Bürgerkrieg, der das Land weiter verwüstete und Millionen Menschen das Leben kostete. Gewalt und Terror entstellen das Antlitz der Revolution und gefährden ihre humanen Intentionen. Je gewaltförmiger der Transformationsprozess verläuft, desto größerer Anstrengungen bedarf es, um nach dem Ende der Kampfhandlungen zu menschlichen Umgangsformen zurückzukehren. Einer, der die Gewaltproblematik in der Revolution früh zu thematisieren wagte, war Isaak Steinberg, der in den ersten Monaten nach dem Oktober, als die Bolschewiki mit den linken Sozialrevolutionären zusammenarbeiteten, Justizminister war. In seinem Buch *Gewalt und Terror in der Revolution* schrieb er: »Das Problem der Gewaltanwendung soll im Gewissen des Revolutionärs immer gegenwärtig sein.« Lenin und die Bolschewiki hielten solche Bedenken für Anwandlungen kleinbürgerlicher Sentimentalität. Steinberg trat nach ein paar Monaten von seinem Amt zurück, wurde 1923 des Landes verwiesen und ging nach Deutschland ins Exil.

Um sich unter den Bedingungen des Bürgerkriegs und der ausländischen Interventionen an der Macht halten zu könne, ergriffen die Bolschewiki ein ganzes Bündel von repressiven Maßnahmen, selbst wenn damit ein Abrücken von sozialistischen Prinzipien und ein Bruch mit den Zielen der Revolution verbunden war. Schon im Dezember 1917 wurde die *Tscheka* ins Leben gerufen, die *Außerordentliche Kommission zur Bekämpfung von Konterrevolution und Sabotage*. Die Tscheka entwickelte sich zu einer bolschewistischen Geheimpolizei und einem wirksamen Instrument der Ausschaltung jedweder Opposition. Trotzki verkündete sein Programm der »Militarisierung der Arbeit«, das den tiefen Bruch zwischen der zur Staatsmacht avancierten bolschewistischen Partei und den Arbeitern zum Ausdruck brachte. Die Arbeitspflicht wurde eingeführt. Wer nicht arbeitete, hatte keinerlei Rechte. Die Pflicht zur Führung eines Arbeitsbuches verwandelte die Arbeiter in Galeerensklaven. Sie sollten wie die Soldaten in Trotzkis *Roter Armee* »verschoben, verteilt und abkommandiert« werden und durften den Arbeitsplatz nur mit Genehmigung von oben wechseln. Um die Industrieproduktion anzukurbeln, wurden die Ansätze von Arbeiterkontrolle zurückgenommen. Fabrikkomitees, Sowjets und Gewerkschaften hatten sich dem Obersten Volkswirtschaftsrat und seiner Planung und Lenkung zu unterwerfen.

Die Bauern besaßen nach der Aufteilung des Landes kein großes Interesse an gesteigerter Produktion zur Versorgung der Städte, die als Gegenleistung kaum etwas zu bieten hatten. Im Rahmen des *Kriegskommunismus* griffen die Bolschewiki auf die zwangsweise Abschöpfung des bäuerlichen Mehrprodukts zurück, was die Ressentiments der Bauern gegenüber den neuen Machthabern verstärkte.

Die Verfolgung der Opposition

All diese Maßnahmen wurden mit dem Verweis auf die widrigen Umstände, unter denen die Revolution stattgefunden hatte und sich nun gegen innere und äußere Feinde zu behaupten hatte, begründet. Wie sonst sollte sich das revolutionäre Russland aus dem Würgegriff von Konterrevolution, Intervention und Sabotage befreien? Selbst die Opposition war geneigt, für die Zeit des Bürgerkriegs die Repression hinzunehmen und problematische Entwicklungen mit der schwierigen Lage zu entschuldigen. Die Bolschewiki waren auf die tatkräftige Unterstützung und Mitwirkung der zahlreichen Sozialrevolutionäre und Anarchisten im Lande angewiesen, die ihrerseits in den Bolschewiki noch immer Brüder im gemeinsamen Kampf sahen und davon ausgingen, dass man nach dem Ende des Bürgerkriegs zu dem solidarischen Miteinander zurückkehren würde, das während der Zeit des Kampfes gegen den Zarismus und die Provisorische Regierung geherrscht hatte. Selbst die aus den USA ausgewiesene gestandene Anarchistin Emma Goldman, die Anfang 1919 im revolutionären Russland eingetroffen war, war bereit, über manche in ihren Augen problematische Entwicklung hinwegzusehen und ihren Widerstand gegen Verhaftungen und Hinrichtungen von Oppositionellen aufzuschieben. Der Anarchist Nestor Machno, der seine Massenbasis in der Ukraine besaß, kämpfte mit einer rund 15.000 Männer umfassenden Armee an der Seite der Roten Armee und bewahrte sie einige Mal vor verheerenden Niederlagen. Mit tatkräftiger Unterstützung der *Machnowtschina* gelang es Ende 1920, die letzten Reste der *Weißen Armeen* von russischem Territorium zu vertreiben.

Lenin machte den Anarchisten zunächst ein Angebot zur Mitarbeit: »Wir billigen ihre Methode nicht, aber wir achten sie hoch wegen ihres Opfermuts und ihrer Treue.« Nachdem man nach dem Ende des Bürgerkriegs ihren Opfermut und ihre Treue nicht mehr benötigte, besannen sich die Bolschewiki auf den Satz des revolutionären Polizeipräsidenten (über Bakunin) während der Commune in Lyon: »Welch ein Mann! Am ersten Tag ist er ein wahrer Schatz; am zweiten sollte er erschossen werden.« Lenin und Trotzki zögerten nicht, dieser Empfehlung zu folgen. Statt Machno und den Anarchisten für ihren Einsatz im Kampf um die Errungenschaften der Oktoberrevolution zu danken, begannen die Bolschewiki nach dem Sieg im Bürgerkrieg umgehend mit deren gnadenloser Verfolgung. Machnos Männer in der Ukraine wurden von den Bolschewiki zu Kriminellen und Banditen erklärt und von der Roten Armee gnadenlos gejagt. Machno gelang es, das Land zu verlassen, und er schlug sich fortan in Paris als Arbeiter durch. Dort traf er sich gelegentlich mit den spanischen Anarchisten Buenaventura Durruti und Francisco Ascaso und versuchte, sie in ihrem Kampf für einen freiheitlichen Kommunismus zu unterstützen, dessen Niederlage im Spanischen Bürgerkrieg nicht zuletzt auf das Konto sowjetischer NKWD-Leute geht, die in Spanien ihren Kampf gegen Anarchisten und Trotzkisten fortsetzten.

Der Bürgerkrieg hatte die Begründung für die repressiven Maßnahmen und die Einschränkung der Freiheit von Arbeitern und Bauern geliefert. Nun war er für die Bolschewiki siegreich zu Ende gegangen und die Menschen forderten ihre Rechte zurück, auf deren Wahrnehmung sie im Namen des Kriegskommunismus verzichtet hatten.[2] Die Petrograder

2 Etwas Ähnliches ereignete sich Jahrzehnte später in Polen. Am 7. Dezember 1970 kniete Willy Brandt vor dem Denkmal für die Aufständischen des Warschauer Ghettos nieder. Keine geplante und medial in Szene gesetzte Aktion, sondern eine spontane Geste der Demut und der Scham. »Am Abgrund der deutschen Geschichte und unter der Last der Millionen Ermordeten tat ich, was Menschen tun, wenn die Sprache versagt«, schrieb Brandt 1988 im Rückblick. Ein paar Stunden später unterzeichnete er den *Deutsch-Polnischen Vertrag*, der die polnischen Westgrenzen anerkannte und für unantastbar erklärte. Willy Brandt symbolisierte ein neues Deutschland, das nicht mehr dem revanchistischen Bild entsprach, das die poststalinistische Nomenklatura von diesem Nachbarland entworfen hatte und dass sozialpsychologisch die Funktion hatte, die staatssozialistisch ausgebeuteten und unterdrückten Menschen bei der Stange zu halten. Prompt brach um die Jahreswende 1970/71 ein Arbeitersaufstand los, der eine Senkung der Lebensmittelpreise, Lohnerhöhungen und bessere Sozialleistungen brachte und zur Absetzung der Regierung Gomulka führte. Es folgte die liberalere Ära Gierek, die nach einer neuerlichen großen Streikwelle 1980 durch die Machtübernahme des Generals Jaruzelski beendet wurde. Der Kniefall, der in die Ikonographie des 20. Jahrhunderts eingegangen ist, markiert den

Arbeiter begannen, sich gegen ihre elenden Lebens- und Arbeitsbedingungen aufzulehnen und an den Ursprung der Revolution zu erinnern: *Brot und Sowjets*! Sie traten in Streik und forderten endlich die Wahl einer neuen konstituierenden Versammlung, die die Bolschewiki Anfang 1918 auseinandergejagt hatten. »Streiks unter der Diktatur des Proletariats, so etwas gibt es nicht«, bekamen sie zu hören. Man versuchte die aufsässigen Arbeiter in die Ecke der weißen Konterrevolution zu rücken und ging mit aller Härte gegen sie vor. Die Matrosen von Kronstadt, Stolz und Rückgrat der Oktoberrevolution, ergriffen Partei für die streikenden Arbeiter von Petrograd und forderten ihrerseits die Rückkehr zur Rätedemokratie. Trotzki kündigte an: »Wenn ihr weitermacht, wird man euch wie junge Rebhühner abschießen.« Emma Goldman bot an, zwischen den revoltierenden Arbeitern und Matrosen und den bolschewistischen Machthabern zu vermitteln. Vergeblich. Die Kronstädter Matrosen wurden im März 1921 von Trotzkis Roter Armee – ausgerechnet zum 50. Jahrestag der Pariser Kommune – zu Tausenden niedergemetzelt. Das Eis auf der Ostsee vor Kronstadt färbte sich rot vom Blut der Getöteten. Die Matrosen hatten die Parole »Alle Macht den Räten« ernst genommen – dies war ihr unverzeihliches Verbrechen.

Lenin hatte die Diktatur für notwendig erachtet, um die inneren und äußeren Feinde der Revolution niederzuringen. Nun zeigte sich, dass diese Diktatur sich auch gegen jene richtete, die über den Weg zum Sozialismus und dessen Gestalt anderer Auffassung waren. Die Bolschewiki waren nicht geneigt, andere linke Strömungen zu dulden. Gefängnisse und Lager füllten sich schon zu Lenins Lebzeiten mit Andersdenkenden. Beinahe symbolisch wirken die Ereignisse um den Tod von Peter Kropotkin im Februar 1921. Mit Duldung der bolschewistischen Machthaber verwandelte sich die Beerdigung dieses berühmten Mannes in eine letzte große Demonstration für Freiheit und Selbstbestimmung. Man ließ an diesem Tag sogar einige inhaftierte Anarchisten aus den Gefängnissen. Die beurlaubten Häftlinge trugen den Sarg. Am Abend hatten sie sich wieder zu stellen und verschwanden erneut hinter Gittern. Viele von ihnen für immer.

Beginn dessen, was man als Entspannungspolitik bezeichnet, die letztlich den Untergang der sogenannten kommunistischen Gesellschaftssysteme einleitete.

Die Bolschewiki hatten es geschafft, sich unter schwierigen Bedingungen an der Macht zu behaupten, aber sie hatten dabei innerhalb von drei Jahren auch die Revolution erdrosselt. Als Emma Goldman Anfang 1919 in Sowjetrussland eintraf, »klopfte ihr Herz in Erwartung und glühender Hoffnung.« Spätesten nach dem Massaker an den Kronstädter Matrosen begriff sie, dass für eine Anarchistin wie sie in diesem Land nichts mehr zu machen war und dass sie sich in Sicherheit bringen musste. Die Stimmung, in der sie im Dezember 1921 den Zug Richtung Lettland bestieg und das Land verließ, schildert sie so: »Meine Träume zerstört, mein Glaube gebrochen, mein Herz ein Stein. ›Matuschka Rossija‹ blutend aus tausend Wunden, ihre Erde bedeckt mit Toten. Ich klammerte mich an den Griff der vereisten Fensterscheibe, biss die Zähne zusammen und unterdrückte ein Schluchzen.«

ETHNOLOGIE DES INLANDS

Das Narrativ vom Narrativ

Im der Sonntagsausgabe der FAZ stieß ich in einem *Ordnung im Biomarkt* betitelten Artikel von Mark Siemons auf folgenden Passus, den ich mir anstrich: »Alle Kämpfe sind jetzt nur noch Kulturkämpfe mit dem Ziel, die vom Frühkapitalismus begonnenen Umwälzungen zu vollenden. Sprachregelungen und ›Narrative‹ sind ihr Schlachtfeld, und all die Fiktionen, Ironien und Dekonstruktionen, die sie begleiten, sind für die großen Propagandisten des großen Einverständnisses wie McKinsey oder Goldman Sachs sehr nützlich, ...« Die Linken befassten sich ausschließlich mit Identitätspolitik und vernachlässigten systematisch die soziale Frage. Sie betreibe seit den 1970er Jahren eine »Kulturalisierung der Politik«, die sich selbst als progressiv verstehe, deren blinder Fleck jedoch die Instrumentalisierung durch den Kapitalismus sei.

Zu dieser Auflösung des Klassenkampfes in Diskurskämpfe passte die gestrige Ausgabe der Sendung *Kulturzeit*, die sich dem Thema *Europa* widmete. »Erzähl mir Europa« lautet programmatisch der Titel der zweiteiligen Dokumentation. Mit großen kritischen Gestus wurde da wieder einmal verkündet, wie bräuchten eine neue große »europäische Erzählung«. Europa kranke an dem Fehlen eines fesselnden und die Menschen begeisternden Narrativs. Unter Narrativen versteht man sinngebende Erzählungen, mit denen Emotionen transportiert werden, die Orientierung geben und Zuversicht vermitteln – auch und gerade dort, wo die Sinnlosigkeit grassiert und Perspektivlosigkeit herrscht. Narrative sind billiger als Sozialreformen.

Statt einer enthusiasmierenden Erzählung von Europa mache sich ein »Ausgrenzungsdiskurs« breit. Es wird so getan, als seien Fremdenhass und Rassismus die Folge eines Narrativs, und nicht das Resultat tief eingewurzelter und in der Persönlichkeitsstruktur verankerter Ressentiments und Vorurteile. Ich habe den folgenden Satz in den letzten Jahrzehnten in zahllosen Varianten immer wieder ausgesprochen oder geschrieben: Was die Leute krampfhaft in sich niederzuhalten gezwungen sind, setzen sie aus sich heraus und bekämpfen es dort, am als anders Erkannten, am Fremden. Für den Rassisten ist der Fremde kein Mensch, er verwandelt sich in ein Symbol einer verabscheuten Schicht seiner Seele, seines »verfemten Teils«, wie Bataille gesagt hat. Wenn wir gereizt, aggressiv oder idiosynkratisch auf einen anderen reagieren, verweist das in der Regel auf unbekannte Teile unserer eigenen Person, auf etwas, das uns im Zuge von erzwungenen Verdrängungsprozessen fremd und bedrohlich geworden ist.

Diskurse und Narrative kommen meinetwegen irgendwann auch ins Spiel, sind aber sekundär oder tertiär. Sie liefern das Libretto zu einer Melodie, die der Rassist lange schon gesummt und gepfiffen hat. Primär ist die Bosheit, die den Menschen von den sozialen Verhältnissen eingepresst wird. Bosheit und Gemeinheit als Folge von erlittener Ausbeutung und Unterdrückung. Das Vorurteil ist einem Diktum Horkheimers zufolge ein Ventil, um diese eingepresste Bosheit gegen Minderheiten loszulassen. Vorurteile rücken den betrogenen Menschen einen Sündenbock zurecht, am dem sie sich für erlittenes Unrecht und Enttäuschungen schadlos halten können. Vorurteile bahnen aggressiven Ausgrenzungspraktiken den Weg, die oft in Pogrome münden. »Mit der Gewalt des Vorurteils beginnt der Krieg schon vor dem Krieg«, schreibt Klaus Ahlheim in seinem autobiographischen Buch *Kriegsgeburt*.

Das Kapital ist kein Narrativ, sondern ein gesellschaftliches Gewaltverhältnis. Ausbeutung ist kein Narrativ, sondern eine nach wie vor höchst reale Leidenserfahrung von Massen von Menschen. Der immense Gewinn, den die Kulturalisierung der Politik für das System abwirft, besteht darin, dass nur noch auf Nebenkriegsschauplätzen gekämpft und die Eigentumsfrage nicht mehr gestellt wird. Der Klassenkampf wird zu einen »Wettbewerb der Narrative« verdünnt, die auf dem Diskurs-Markt angeboten werden, auf dem die Kunden sich bedienen können. Slavoj Žižek hat anlässlich der Trump-Wahl von einem »Hillary-Konsens« gesprochen. Dessen Botschaft an die Linken laute: »Ihr könnt alles kriegen, was ihr wollt, wir behalten uns nur das Wesentliche vor: das ungehinderte Funktionieren des globalen Kapitals. Präsident Obamas ›Yes we can‹ gewinnt damit eine neue Bedeutung: Ja, wir können all eure kulturellen Forderungen erfüllen, ohne die globale Marktwirtschaft zu gefährden – also besteht auch keine Notwendigkeit für radikale wirtschaftliche Maßnahmen.«

Es wird neuerdings so getan, als würden wir von »Erzählungen« beherrscht, als würden Narrative bestimmen, welche Entwicklung eine Gesellschaft einschlägt. Das ist schlechter Idealismus, der übersieht, dass es nach wie vor ökonomische und gesellschaftliche Gewaltverhältnisse sind, die unser Leben im Griff haben und bestimmen. Europa leidet nicht darunter, dass es keine Erzählung von Europa gibt, sondern darunter, dass es ein Europa der Konzerne, des Geldes und der Finanzmärkte ist. Wir müssen Europa von den Fesseln des Kapitals und seiner neoliberalen Agenda befreien und ein freies, gerechtes und solidarisches Europa der Völker begründen. Dazu passende Erzählungen liegen längst vor oder entstehen im Kampf um seine Verwirklichung.

Das Flüstern des Windes im Schilf oder: Vom Nutzen des Nutzlosen

> »IWF WB GATT WTO NAFTA FTAA – ihre Akronyme kotzen Sprache, und was sie tun, erstickt die Welt.« *(John Berger: A und X)*

Um nach Kommentaren zu meinem Text über die Russische Revolution zu schauen, scrollte ich dieser Tage durch den Blog *Hinter den Schlagzeilen*. Mein schweifender Blick blieb an einer Überschrift hängen, die *Stille macht schlau* lautete. In der Anmoderation des Artikels hieß es: »Stille ist eine knappe Ressource. Dabei beweisen Studien, dass Stille das Wachstum neuer Gehirnzellen und das Ruhezustandsnetzwerk im Gehirn anregt.«

Diese paar Zeilen genügten, um mich auf die Palme zu bringen. Allein das Wortungetüm »Ruhezustandsnetzwerk« müsste ausreichen, einen halbwegs sensiblen Menschen in die Flucht zu schlagen. Was für eine verdinglichte Terminologie, was für ein grauenhafter ökonomistischer Neusprech, ärgerte ich mich, und las erst einmal nicht mehr weiter.

Semantische Rauchmelder

Es mag sein, dass im Industriezeitalter Braunkohle eine Ressource ist, aber doch nicht Stille! Als Amos Oz im Jahr 2014 den ersten Siegfried Lenz Preis erhielt, gab er der *Süddeutschen Zeitung* ein Interview, in dem er sagte: »Ich habe eine bestimmte Verantwortung für die Sprache. Wenn sie missbraucht wird, ist es meine Pflicht loszubrüllen. Ich reagiere wie ein Rauchmelder. Wenn Menschen als ›unerwünschte Ausländer‹ bezeichnet werden oder als ›Parasiten‹, muss ich Alarm schlagen. Denn eine enthumanisierte Sprache ist das erste Indiz für eine enthumanisierte Gesellschaft.« Was Amos Oz hier im Hinblick auf Rassismus und Fremdenfeindlichkeit formuliert, gilt auch für das Eindringen ökonomischer Begriffe in die Sprache. Dabei geht es natürlich nicht nur um die Sprache, sondern vor allem um das von ihr Bezeichnete. Die Logik von Ware und Geld triumphiert in allen Bereichen, dringt in alle Poren der Gesellschaft bis in die alltägliche Lebensführung und intimen Binnenwelten der Menschen vor.

Hört man heutige Paare über ihre Beziehung streiten, so gewinnt man den Eindruck, als sei eine neue Art von informeller Börse entstanden, an der mit Gefühlswerten gehandelt wird. Diese Entwicklung begann, als wir das Wort *Liebe* durch das handschweißhemmende Wort *Beziehung* ersetzen. Wir scheuen offenbar die Aura alter Worte und ersetzen sie durch neutrale oder technizistische Begriffe, die Handhabbarkeit und Verfügung über das von ihnen Bezeichnete versprechen.

Heutige Beziehungskrisen, gern Crash genannt, haben meist mit der Enttäuschung zu tun, dass das eingesetzte Gefühls-Kapital nicht genügend Gewinn abgeworfen hat. Es geht um Input und Output und sich verzinsende Gefühlsinvestitionen. Dann fallen Sätze wie: »Ich habe so viel in dich investiert, und was habe ich zurückbekommen?« Geht die Rechnung nicht auf, wird die freundschaftliche Zugewinngemeinschaft gekündigt und das Gefühlskapital woanders neu investiert. Konsequenterweise werden Liebesbeziehungen inzwischen über *Tinder* angebahnt und von Algorithmen gestiftet.

Der Terror der Nützlichkeit

Nichts entgeht der ökonomischen Verwurstungsmaschine. Ballett, Tanz, Theater, Sport und Spiel – nichts ist gefeit vor dem Einbezug in den Bereich der ökonomischen (Un-)Vernunft. Wenn ich im Gefängnis Geld benötigte für Sport- und Kulturprojekte, bekam ich zu hören: »Schreiben Sie mal einen Projektentwurf, in dem sie begründen, wozu das nutze ist!« Ich weigerte mich und beharrte darauf, dass Sport und Kultur zu den Bereichen gehören, die ihren Zweck in sich selbst tragen. Ich habe meine Vorhaben dann mit Hilfe privater Spenden oder ganz ohne Geld durchgeführt, und das funktionierte prima. Kulturelle, künstlerische, sportliche Aktivitäten wirken gerade deswegen, weil und wenn sie nichts bewirken wollen. Würde man den Teilnehmern einer Kochgruppe oder eines Sport-

Projekts verkünden, sie würden beim gemeinsamen Herstellen einer Speise oder im gemeinsamen Spiel ihre »sozialen Kompetenzen« und ihre »emotionale Intelligenz« verbessern, würden sich diese Aktivitäten selbst um das Geheimnis ihrer Wirkung bringen. Schlüsselerlebnisse mit manchmal lebensverändernder Kraft sind gewissermaßen Gratisbeigaben von Aktivitäten, die kein »um ... zu« verfolgen, keinem ökonomischen Effizienz- oder pädagogisch-therapeutischen Nützlichkeits-Kalkül unterliegen. Ihr Zweck fällt mit ihrer Ausübung und der Befriedigung zusammen, die man bei ihrer Verrichtung empfindet – auch wenn sie Anstrengung und Mühe erfordern. Gerade das »macht« manchmal etwas mit Menschen, was darauf verzichtet, etwas mit ihnen »machen« zu wollen.

Also: Stille ist Stille und diese sollte vor ihrer Indienstnahme geschützt werden. Sonst ist sie nicht mehr lange still. In Industriegesellschaften findet man sie gewöhnlich nur außerhalb der Städte, die zu Produktions- und Dienstleistungsstätten und zum Aufmarschgebiet der Waren geworden sind. Zum Beispiel im Wald. »Wald« ist ja inzwischen in unseren Breitengraden ein Euphemismus; seit Jahrzehnten haben wir nur noch Forstwirtschaft. Wo Harvester wüten, ist kein Platz mehr für Ludwig Tiecks »mondbeglänzte Zaubernächte«, und auch Nymphen, Feen und Kobolde, die die Romantiker noch auf den Ästen der Bäume und im Moos sitzen sahen, ziehen sich aus Wäldern zurück, die zur Forstwirtschaft geworden sind.

Die Menschen suchen den wie auch immer verkümmerten Restwald auf, um zur Ruhe und zu sich selbst zu kommen und für eine Weile von Hektik und Lärm der städtischen Existenz verschont zu bleiben. Das hat den geplagten Bewohnern der Städte immer schon gut getan. Jetzt aber genügt das nicht mehr. Die Wellness-Industrie bemächtigt sich des Waldes und der Stille. Der Gang in und durch den Wald wird neuerdings *Waldbaden* genannt und eines nicht mehr allzu fernen Tages werden dafür Rezepte ausgestellt und entsprechende Klamotten verkauft.

Warnung vor sprachlichen Trojanern

Eine eigenartige Ironie sorgt dafür, dass, sobald ein Nutzenkalkül ins Spiel kommt, genau das zerstört wird, was den Nutzen ausgemacht hat. Sobald man den Dingen wissenschaftlich auf den Leib rückt, zieht sich das Geheimnisvolle und Wunderbare zurück. Diesen für die Moderne kennzeichnenden Vorgang hat der Soziologe Max Weber die »Entzauberung der Welt« genannt. Man versucht, alles zu vermessen, technisch zu beherrschen und sich dienstbar zu machen. Der Zauber des Waldes verfliegt, wenn man ihn auf Rezept aufsucht und mit einem festumrissenen »Um … zu«. Die bürgerliche Gesellschaft, sagte Schiller, steht unter dem Diktat der Nützlichkeit. Er beschreibt sie als geschlossenes System der Zweckrationalität und der instrumentellen Vernunft. Bei Kunst und Spiel, darauf beharren Schiller und die Romantiker, kann man lernen, dass die wichtigen Dinge des Lebens – die Liebe, die Freundschaft, die Religion und eben auch die Kunst – ihren Zweck in sich selbst haben, dass sie primär nicht darum sinnvoll sind, weil sie funktional etwas anderem dienen.

Im *Deutschlandfunk* hörte ich einmal ein Gespräch« mit Anitra Eggler, Digitaltherapeutin und Autorin, die vor der Übernahme des eigenen Lebens durch das Internet warnte und gegen die ewige Einsatzbereitschaft und Verfügbarkeit wetterte. Das Handy dürfe niemals wichtiger sein als die eigenen Kinder. So weit, so gut, aber dann sagte sie gegen Ende des Gesprächs einen Satz, der alles wieder zunichtemachte: »Ich bin dabei zu optimieren, wie ich meine Lebenszeit genießen kann.« Vor einiger Zeit hörte ich eine Psychiaterin sagen, man müsse lernen, »die Muße in den Alltag einzutakten«. Ein Professor aus München erklärt im Radio, jeder Mensch verfüge über »spirituelle Kompetenzen«, die der behandelnde Arzt sich als »Ressource« zu Nutze machen solle, um den Heilungsprozess zu befördern. Ja, spüren diese Leute denn nicht, dass diese Wortungetüme alles zunichtemachen, was in den Gedanken an Richtigem stecken mag? Neuerdings empfiehlt man Müttern: Wenden Sie sich ihrem Kind liebevoll zu, das fördert die Synapsenbildung und macht aus ihrem Kind ein hochbegabtes Kind. Mutterliebe schafft »Humankapital«, hörte ich einmal jemand im Radio sagen, und er verband das mit der Forderung, Mütter für ihre »Liebesarbeit« angemessen zu bezahlen. Er kam sich dabei vermutlich rebellisch und fortschrittlich vor. Im Bemühen, Anerkennung zu finden, wird alles und jedes mit einem Bindestrich mit dem Wort Arbeit verknüpft und damit der ökonomischen Vernunft unterstellt.

Hier löst mein semantischer Rauchmelder sofort Alarm aus. Wir, die wir uns für eine befreite, menschliche Gesellschaft einsetzen, sollten darauf achten, welcher Sprache wir uns bedienen. Sprache entscheidet darüber, was wir denken und ausdrücken können und in welcher Form wir das tun. Man kann nicht in der herrschenden, verdinglichten Sprache des Kommerzes oder in Computermetaphern – wie zum Beispiel *Vernetzung* – über eine befreite Gesellschaft reden. Wenn wir nicht aufpassen, dringen wohlklingende, modische Begriffe wie trojanische Pferde in uns ein und kontaminieren unser Denken. Das Eindringen des Neoliberalismus in die Alltagssprache, in unsere Reaktionsmechanismen, Denk-, Affekt- und Wahrnehmungsgewohnheiten ist eigentlich noch viel besorgniserregender als seine Dominanz in der politischen und ökonomischen Sphäre. Ehe wir uns versehen, sind wir vereinnahmt und eines Tages nicht mehr imstande, das ganz Andere noch zu denken und auszudrücken. Man kann nicht in der Sprache der Herrschaft die Konturen einer herrschaftsfreien Gesellschaft entwerfen. Daher rührt meine für manch eine und manch einen vielleicht übertrieben wirkende Sensibilität in Bezug auf sprachliche Schlamperei und Unachtsamkeit. Ich möchte nicht »vernetzt« und »ins Boot geholt« werden oder »gut aufgestellt« sein, ich möchte weder »fokussiert« sein noch irgendein »Zeitfenster« öffnen. Ich möchte nicht von »Win-win-Situationen« profitieren und halte nichts von »effektivem Altruismus«. Es gibt hier (wie auch sonst) nichts Harmloses. In seinem Theaterstück *Warten auf Godot* lässt Beckett Wladimir zu Estragon, der ihn darauf aufmerksam gemacht hat, dass sein Hosenstall offensteht, sagen: »Du hast recht. Nur keine Nachlässigkeit in den kleinen Dingen«.

Die Vertreibung der Zauberfee

»Die Liebe will die Liebe, die Freundschaft die Freundschaft und die Kunst die Kunst; dass dabei auch noch andere Zwecke realisiert werden, ist selbstverständlich, darf aber nicht beabsichtigt sein«, heißt es bei Rüdiger Safranski. Man hört nur solange den Wind im Schilf flüstern, solange man nicht wissen will, was er flüstert und warum und wozu das Flüstern gut und brauchbar ist. Es ist ein bisschen wie im Märchen, wo die Zauberfee verschwindet, sobald man sie bei ihrem Namen nennt. Wird die Stille als Mittel instrumentalisiert und also beredt, verflüchtigen sich ihre segensreichen Eigenschaften. Man muss die Stille also in Ruhe lassen. In Wartezimmern liegen neuerdings Yoga-Zeitschriften aus, in denen zu lesen steht, dass ein Ausflug in den Wald nachweislich positive Auswirkungen auf die körperliche und seelische Gesundheit hat, die Dopamin-Produktion fördert und den Blutdruck senkt. Wissenschaftler haben die Gehirne von Waldgängern gescannt und herausgefunden, dass der Wald beruhigend auf das menschliche Gehirn wirkt: »Es werden weniger Stresshormone ausgeschüttet, die Hirnchemie gleicht sich aus und schon nach 20 Minuten im Wald entspannen sich zahlreiche Muskeln im Körper deutlich.« Die Empfehlung der Mediziner: »Erleben Sie den Wald und schöpfen Sie neue Kraft für den Alltag oder den Beruf.« Das ist der Gipfel der Perversion: Der von Stress und Burnout geplagte Mensch soll am Wochenende den Wald aufsuchen und seine Urlaube im Kloster verbringen, damit er seine Berufshölle besser erträgt und sich und seinen Körper in einem Zustand der Ausbeutbarkeit erhält. Wir sollen die Stille aufsuchen, um den Lärm besser ertragen zu können! Statt das Tempo zu drosseln, den Lärm zu reduzieren und die Arbeit menschenförmig zu gestalten, hält sich der entfesselte Kapitalismus am Leben, indem er sich noch die letzten Reservate einverleibt, in denen sich bislang eine alternative Logik durchgehalten hat. Je brutaler es in der Sphäre der Arbeit zugeht und je mehr die Mitarbeiter aufeinandergehetzt werden, desto mehr ist in den Leitbildern der Firmen von wechselseitiger *Wertschätzung* und *Achtsamkeit* die Rede.

Henry David Thoreau, der vor 200 Jahren geboren wurde, zog es in die Wälder, wo er »nur den Wind im Schilf flüstern« hörte. Er würde sich im Grabe rumdrehen, müsste er diese neue Variante des Kolonialismus miterleben. Heute drohte er am Ufer des Walden-Sees auf einen Laubbläser oder einen Volkshochschulkurs *Turbo-Waldbaden* zu treffen.

Wohin könnte einer wie er, wohin können wir heute entfliehen?

Über die Liebe und Freundschaft in Zeiten der Flexibilitäts-Cholera

Kaum hatte ich mich wieder etwas beruhigt, stieß ich beim Scrollen durch Konstantin Weckers Blog schon auf die nächste Überschrift, die meinen Zorn neu entfachte: »Freundschaft ist Arbeit, bei der man sich entspannen kann.« Was der Autor meint, ist, dass man Freundschaften pflegen und sich mit Freunden manchmal Mühe geben muss. Aber ist das »Arbeit«?

Arbeit ist ein moderner Begriff und kommt erst mit der bürgerlich-kapitalistischen Gesellschaft auf. Die vorbürgerliche Welt kannte den Begriff nicht. Ein Handwerker schuf Werkstücke, ein Bauer verrichtete im Laufe des Tages unterschiedliche Tätigkeiten – sie »arbeiteten« nicht. Die Abstraktheit des Begriffs »Arbeit« verweist darauf, dass sie in der warenproduzierenden Moderne selber abstrakt geworden ist. Arbeit wird zur Lohnarbeit, die gegenüber ihrer konkreten, stofflichen Seite gleichgültig ist. Marx sprach von »abstrakter Arbeit«, die zur Substanz des Tauschwerts der Waren wird. Wenn das Kapital die unendliche Vermehrung von Geld um seiner selbst willen ist, dann ist Arbeit die Tätigkeitsform dieses absurden Selbstzwecks. Ihr Urbild ist der Insasse eines Arbeitshauses, der gezwungen wird, in eine Tretmühle zu steigen und diese in Gang zu setzen und zu halten. Also nochmal: Der Begriff »Arbeit« meint immer kapitalistisch bestimmte Lohnarbeit und sollte nicht auf andere Tätigkeiten angewandt werden.

Der »soziale Urknall« (Klaus Dörner) der industriellen Revolution hat um das Jahr 1800 herum die Einheit der agrarischen und handwerklichen Hausgemeinschaft auseinandergesprengt. »Sozialer Urknall« ist natürlich eine Metapher, die die explosive Kraft des Vorgangs zum Ausdruck bringen soll. In Wirklichkeit war die industrielle Revolution ein Prozess, der sich über Jahrzehnte hinzog und bis heute nicht zum Abschluss gekommen ist. Die Einheit der Hauswirtschaft wurde im Wesentlichen in drei Teile zerrissen: das Wirtschafts- und Produktionssystem, das Sozialsystem und die Kleinfamilie. Diese Explosion und die von ihr ausgelösten, bis in die Gegenwart spürbaren Nachbeben nennen wir Moderne. Sie löste die Ökonomie aus den Zusammenhängen, in die sie zuvor eingebettet war, heraus. Die Fabrik- oder Manufaktur-Arbeit war von allen Beimischungen befreite, reine Arbeitszeit und wurde in der Folgezeit in Kombination mit der Maschinerie zur Quelle einer stetig wachsenden Produktivität. Diesen Vorgang hat der englische Soziologe Anthony Giddens als »Disembedding«, also Entbettung, bezeichnet, der ungarisch-österreichische Historiker Karl Polanyi sprach von einer »herausgelösten Ökonomie«.

Rund zweihundert Jahre, nachdem sich die Produktion aus vorbürgerlichen Lebenszusammenhängen herausgelöst und als abstrakte, kapitalverwertende Arbeit verselbständigt hat, durchdringt die Logik der abstrakten Arbeit und des Geldes alle Lebensbereiche, und es kommt zu einer pervertierten Wiedervereinigung von Arbeit und Leben. Das vom »sozialen Urknall« zerrissene und fragmentierte Leben wird wieder ein Ganzes, aber eben ein vollständig kapitalistisch integriertes und von den Imperativen des entfesselten Marktes beherrschtes. Was damit gemeint ist, illustrierte am Sonntag der sogenannte Wirtschaftsweise Christoph M. Schmidt in einem Zeitungs-Interview, in dem er »flexiblere Arbeitszeiten« forderte, die wichtig seien für die Wettbewerbsfähigkeit deutscher Unternehmen. »Die Vorstellung, dass man morgens im Büro den Arbeitstag beginnt und ihn mit dem Verlassen der Firma beendet, ist veraltet«, sagte dieser Kerl. Das heißt im Klartext: Das Kapital beansprucht den ganzen Arbeitstag und das ganze Leben der Menschen für sich. Sie sollen wie Trabanten die Sonne des Kapitals umkreisen, hat Oskar Negt einmal gesagt. Schmidt setzt fort, was Hans Tietmeyer, der ehemalige Bundesbank-Präsident, in den 90er Jahren des vorigen Jahrhunderts begonnen hat. Er blies damals zum Sturm auf den Sozialstaat und rief die Deutschen dazu auf, flexibler zu werden und nicht so an ihren Orten und emotionalen Bindungen zu hängen. Wenn der Arbeitsmarkt in Passau günstiger sei als in Bremen, solle man seine Sachen packen und umziehen. Nur so könne der Standort Deutschland in der globalisierten Welt auf Dauer konkurrenzfähig werden und dann auch bleiben. Bourdieu und andere warfen Herrn Tietmeyer damals eine Perversion im Menschenbild vor: Die Menschen sollen sich den Imperativen der Ökonomie unterwerfen, statt dass diese die Bedürfnisse der Menschen befriedigt. Oskar Negt schreibt in seinem Buch *Philosophie des aufrechten Gangs*: »Zum ersten Mal in der Geschichte sind die wirtschaftlichen Mächte damit beschäftigt, in einer totalisierenden Warenproduktion Bindungen bewusst zu zerstören.«

Woher nehmen Leute wie dieser Herr Schmidt die Chuzpe, derart ins Leben der Menschen eingreifen und über sie bestimmen zu wollen? Sie führen sich auf wie neue Feudalherren, die nach Belieben über das Leben ihrer Untertanen und Leibeigenen verfügen können. Eines Tages werden sie den Leuten den Nachtschlaf rauben. Unlängst hörte ich eine Sendung, in der bereits davon die Rede war, dass wir uns darauf einstellen müssten, nicht mehr zu festen Zeiten schlafen zu gehen. Der ideale Business-Mann schläft nie, genau wie die Finanzmärkte. Da die Märkte den Rhythmus des Lebens einstellen, sollen die Menschen immer in Habachtstellung und allzeit bereit sein. Man werde in Zukunft über den ganzen Tag verteilt immer mal wieder kurz schlafen, aber nicht mehr, wie bisher, nachts und am Stück. *Powernapping* lautet das neue Zauberwort, das den Leuten suggeriert, mit ihrem Verzicht auf den herkömmlichen Nachtschlaf ganz vorne dran zu sein. Schon gibt es Anleitungen: *Powernapping leicht gemacht. Wählen Sie den richtigen Zeitpunkt* für einen Kurzschlaf, heißt es da. Jüngster Höhepunkt dieser Verherrlichung der Schlaflosigkeit ist eine Werbekampagne der Zeitarbeitswebseite *Fiverr*, über die die Süddeutsche Zeitung berichtete. Auf Werbeplakaten in den USA zeigt die Firma eine übernächtigte Schönheit, unter deren Bild zu lesen ist: »Wenn dein Mittagessen aus einem Kaffee besteht. Wenn du zu Ende bringst, was du angefangen hast. Wenn Schlafentzug die Droge deiner Wahl ist. Dann bist du vielleicht ein ›Macher‹.«

Zur gegenwärtigen Gesellschaft gehört ganz zentral der Imperativ, flexibel zu sein, was letztlich nichts anderes heißt, als ohne Bindungen zu existieren, weil Bindungen Flexibilität und Mobilität behindern. Die letzten Bastionen einer vorbürgerlichen Vergesellschaftungsform, einer gebrauchswert- und bedürfnisbezogenen Zwischenmenschlichkeit, die wie Inseln inmitten eines Meeres von Tauschabstraktionen lagen, werden geschleift. Und genau hier verhalten Liebe und Freundschaft sich wie Partisanen, die sich dem Terror der Ökonomie widersetzen. Wir sollten störrisch für ihren exterritorialen Status kämpfen und uns hüten, sie vereinnahmen zu lassen – auch sprachlich. Verteidigen wir alte Worte, die eine Aura besitzen und sich unter heutigen Bedingungen sperrig verhalten. Liebe und Freundschaft sind *Inseln des Eigensinns*, wie mein leider kürzlich gestorbener Freund Burkhard gesagt hat, kleine gallische Dörfer inmitten des neoliberalen Imperiums. Freundschaften sollten einfach gelebt werden, alles andere klingt mir zu technisch. Wie in unserer Kindheit und Jugend: Man war befreundet, das war alles. Man musste diese Freundschaften nicht pflegen und hegen, sie waren einfach da. Da aber Bindungen heute unerwünscht sind, ist diese Art der Freundschaft vom Aussterben bedroht und man wird sie tatsächlich pflegen und künstlich beatmen müssen. Aber das ist ein Notbehelf und ein Zeichen dafür, dass es ganz schlecht um sie bestellt ist.

»Erstis« im Getränkemarkt

Letzte Woche im Getränkemarkt. Es war früher Nachmittag. Die Sonne schien und es war für die fortgeschrittene Jahreszeit sehr warm. Der Mann an der Kasse verkaufte zwei Kästen Bier an eine Gruppe von Erstsemestern, die gerade ihre Einführungswoche absolvierten. Offenbar hatte man sie bereits darüber belehrt, dass das öffentliche Trinken unabdingbarer Bestandteil der studentischen Lebensform ist und dass es im Rahmen der Einführungswoche geprobt werden muss. Wohin ich in der Stadt auch kam – ob in den botanischen Garten, den Theaterpark oder auf den Seltersweg -, überall traf ich auf trinkende und gegen Abend dann auch grölende sogenannte Erstis. Eine Gruppe von angehenden Medizinern hatte sich bereits weiße Kittel übergestreift und zog einen Bollerwegen hinter sich her, in dem Bierkästen klapperten. Eine Gießener Tageszeitung brachte in ihrer Wochenendausgabe ein Bild der weißbekittelten Medizinstudenten und schrieb sinngemäß darunter: »Die Einführungswoche liegt hinter den Erstis. Jetzt haben sie Grund zu feiern.« Dabei sahen die Erstis das lockerer: Sie warteten nicht auf den Abschluss der Einführungswoche, sondern tranken gleich. Trinken nach getaner Arbeit ist ein veraltetes Modell, heute scheint es Teil eines Lebensstils zu sein. Beim Gehen durch die Stadt hält man in der einen Hand sein Smartphone, in der anderen eine Dose oder Flasche Bier.

Zurück in den Getränkemarkt. Als ich drankam, meine sechs Flaschen Münchner Lagerbier – jedes Mal denke ich: Was für ein Name? – zu bezahlen, sagte der Kassierer mit einem Kopfnicken in Richtung der abziehenden Studenten: »Wenn wir die nicht hätten, könnten wir zumachen. Früher waren unsere Kunden Arbeiter. Seit es keine Arbeiter mehr gibt, sind die Studenten unsere Hauptkundschaft. Davon gibt es in Gießen ziemlich viele und die sind sehr trinkfest.« »Da sind sie besser dran als die SPD«, sagte ich, »die hat den Abschied vom Proletariat nicht so gut verkraftet.« Lachend schob der Mann die Schublade der Kasse zu, und ich wandte mich zum Gehen. Auf dem Parkplatz traf ich auf die angehenden Studenten, die um die Bierkästen herumstanden und die ersten Flaschen öffneten.

Ins Fleisch gewachsene Masken

Versuch über die »Entfremdung zweiten Grades«

»Aber wir haben gelernt, dass ›Schicksal‹ eine Ausrede ist. WIR schaffen das Schicksal! Wir wollen wahr sein und mutig und menschlich.« *(Ernst Toller)*

Entfremdung ist ein Begriff, der schillert und in die Phantasie greift. Er siedelt auf der Grenze zwischen Objektivem und Subjektivem, vermittelt zwischen gesellschaftlichem Sein und individuellem Bewusstsein. Diese Zwischenglieder zwischen ökonomischer Basis und ideologischem und psychologischem Überbau hat der Marxismus traditionell vernachlässigt. Erst unterm Eindruck des Triumphes des Faschismus über die Arbeiterbewegung wandte er sich vor allem in Gestalt der *Kritischen Theorie* der Frage zu, auf welchem Weg Ökonomisches zum »menschlichen Kopf und Herz« (Erich Fromm) gelangt und welche Brechungen und Verzerrungen auf diesem Weg vor sich gehen. Man musste endlich zur Kenntnis nehmen, dass auch Arbeiter ein Unbewusstes und ein Leben vor dem ersten Lohnempfang haben. Eine von der Psychoanalyse inspirierte Sozialpsychologie wurde von Max Horkheimer zur »freilich unentbehrlichen Hilfswissenschaft« einer materialistischen Deutung des Geschichtsprozesses erklärt und zur Klärung der Frage herangezogen: Warum handeln Menschen gegen ihre wahren und wohlverstandenen Interessen? Wie konnte ihre Innerlichkeit zum libidinösen Kitt der Klassengesellschaft werden? Warum setzt sich die objektive Reife der kapitalistischen Verhältnisse nicht in die subjektive Bereitschaft um, diese Verhältnisse umzuwerfen und die Ökonomie einer solidarischen, humanen Gesellschaft dienstbar zu machen? Stattdessen erleben wir bis auf den heutigen Tag, wie die Ökonomie sich alle gesellschaftlichen Bereiche unterwirft, sie nach ihrer

Logik formt und die Menschen wie Anhängsel hinter sich her schleift. Genau diesen Zustand bezeichnet der Begriff Entfremdung.

Güterproduktion mit dranhängenden Menschen

Aber die Marxschen Begriffe sind kritische Begriffe. Seine Theorie will eine in praktischer Absicht sein. Die Entmystifizierung versteinerter Verhältnisse, wie sie die *Kritik der politischen Ökonomie* in Angriff nahm, vollzog theoretisch, was sich praktisch im Konstitutionsprozess proletarischer Subjektivität abspielte. Die kritisch-wissenschaftlichen und antifetischistischen Abhandlungen sollten mit dem kämpferischen Selbstbewusstsein der Arbeiterklasse zusammenfallen, das vor Marxens Augen im Begriff war, sich zu entwickeln. Mit der Integration der Arbeiterklasse in die bürgerliche Gesellschaft drohen die Marxschen Begriffe ihre Qualität als kritisch-praktische einzubüßen. Sie liefern nicht mehr einer realen Emanzipationsbewegung ihre Begriffe, sondern beschreiben nur noch den Gang des objektiven Verhängnisses. *Kritische Theorie* ist in Gefahr, in *traditionelle* zurückzufallen, wenn sie nicht mehr für eine virulente Unruhe eintreten und menschliches Leid beredt werden lassen kann.

Das gilt auch und gerade für den Begriff der Entfremdung. Marx beschäftigte sich mit dem Phänomen der Entfremdung in all ihren Dimensionen, weil er sie aufheben wollte. Aufhebung der Entfremdung heißt, dass die Menschen sich ihre Gesellschaftlichkeit wieder aneignen und ohne Vermittlung von Ware, Geld und Markt in solidarischer Wechselseitigkeit selbsttätig herstellen. Die Macht, die die Dinge und verselbständigten Strukturen über den Menschen gewonnen haben, soll gebrochen werden. Oskar Negt und Alexander Kluge haben das in ihrem Buch *Geschichte und Eigensinn* auf folgende prägnante Formel gebracht: »Man kann sagen: Kapitalismus ist massenhafte Güterproduktion mit dranhängenden Menschen. Sozialismus ist massenhafte Produktion der Beziehungen zwischen den Menschen und zur Natur, mit dranhängender Güterproduktion.« Die Menschen sollen sich in dem, was sie tun, wiedererkennen können. Unter Bedingungen der Entfremdung sind wir nicht, was wir produzieren; wir produzieren nicht uns selbst, sondern Dinge, die uns unterjochen. Die Grundursache unserer Entfremdung ist die wirtschaftliche und gesellschaftliche Ordnung. Ohne diesen Rückbezug auf die ökonomischen Verhältnisse bleibt die Rede von der Entfremdung nur ein schwammiges kulturkritischen Lamento. Der Mensch ist unmöglich in dieser von Abstraktionen beherrschten Welt, folglich ist es diese Welt, die es zu verändern gilt.

Digitalisierung und Entfremdung

Das, was man *Digitalisierung* nennt, liefert uns aktuelles Anschauungsmaterial in puncto Entfremdung. Eine von Menschen hervorgebrachte Technik kommt über uns wie ein Verhängnis und mit der Wucht und Unaufhaltbarkeit eines Erdbebens. Bei Messe-Eröffnungen, in Weihnachts- und Neujahrsansprachen werden wir von den Politikern aufgefordert, tapfer zu sein und uns der neuen Technologie und ihren Herausforderungen zu stellen. So sprach Bundeskanzlerin Angela Merkel bei der Eröffnung der letztjährigen Computermesse CeBIT davon, es gehe darum, »Millionen von Menschen, die zum Teil noch nicht wissen, was sie erwartet«, auf das neue Zeitalter der Digitalisierung vorzubereiten. Merkel sprach von einem sozialen Prozess wie von einem Naturereignis: Die Digitalisierung kommt und schreitet unaufhaltsam voran. Es geht nur noch darum, »die Menschen mitzunehmen«, wie neuerdings gern gesagt wird und auch von Frau Merkel in Hannover gesagt wurde, ändern oder aufhalten lässt er sich nicht.

Natürlich ließe sich die Digitalisierung aufhalten und vermeiden. Eine zur Vernunft gekommene Menschheit könnte beschließen, bestimmte Wege nicht einzuschlagen oder nicht mehr weiter zu beschreiten, bestimmte technische Möglichkeiten nicht zu nutzen, wenn sie gegen die wohlverstandenen Interessen der Menschheit gerichtet sind. Der Begriff »Digitalisierung« unterschlägt, dass es sich um eine neue Produktivkraft des Kapitals handelt. Man muss die Produktion immer auch unter dem Gesichtspunkt der Kommandostruktur des Kapitals betrachten, der Herrschaft über Menschen und menschliche Arbeit. Kapital ist immer und vor allem Kommando über Muskeln, Gehirne und Lebenszeit von Menschen. Es ist ein zentraler Aspekt von Verdinglichung und Entfremdung, dass gesellschaftliche Verhältnisse, die Menschen untereinander eingehen, als Eigenschaften und Verhaltensweisen von Dingen erscheinen. Man lenkt die Aufmerksamkeit auf die stoffliche Seite des Prozesses, damit die Menschen nicht gewahr werden, dass die neuen Technologien längst unter die Kontrolle von Herrschaft und Profitproduktion gebracht worden sind und ihrer Ausbeutung dienen. Es ist, wie Brecht sagte: Auf einer Photographie der Krupp-Werke oder der AEG ist die Ausbeutung nicht zu sehen. Was man sieht, sind Gebäude und Maschinen. Technik ist aber nichts Neutrales, sondern der konstante Teil des Kapitals, das sich im Kontakt mit menschlicher Arbeitskraft verwerten soll. Dieser Zweck bleibt der Technik nicht äußerlich, sondern ist ihr struktiv eingeschrieben und bestimmt die Richtung ihrer Entwicklung. Digitalisierung bedeutet unter kapitalistischen Bedingungen vor allem Arbeitsplatzvernichtung. Menschen werden überflüssig und liegen wie Fische auf dem Trockenen. Unter Bedingungen einer solidarischen Ökonomie könnten sich die emanzipatorischen Potenziale der neuen Technologien möglicherweise entfalten, von denen einige Internet-Pioniere anfangs geträumt hatten. Unter kapitalistischen Produktionsverhältnissen dient die Digitalisierung der Perfektionierung von Herrschaft und Ausbeutung. Wir sollten deswegen nicht von Digitalisierung sprechen, sondern von einer kapitalfixierten oder einfach kapitalistischen Digitalisierung.

Mit dem Computer hat der Fetischismus der Warenwelt zu sich selbst gefunden und dinglich-technische Gestalt angenommen: Er ist eine menschliche Hervorbringung, aber nun beten die Menschen ihn an und versuchen, in ihn hineinzukriechen und sich ihm anzuähneln. Mehr und mehr vergegenwärtigen sich junge Leute ihr Innen- und Gefühlsleben unter Rückgriff auf Computermetaphern: »Ich bin auf Stand-by-Modus«, »Ich muss mal meine Festplatte ausmisten«, »Das hab ich auf'm Schirm«, »Ich bin online«. Ein junger Gefangener hatte eine solche Metapher eigens für mich kreiert: »Wenn ich zu Ihnen zum Gespräch gehe, sag ich meinem Zellengenossen: ›Ich geh mal eben ›meine Festplatte defragmentieren‹.« Angesichts dieser Entwicklungen fragte Cees Nootebooms in seinem 1999 erschienenen Roman *Allerseelen*: »Ich weiß nicht mal, wie man das ausdrücken soll. Wir haben Computer, oder wir sind Computer.« Das menschliche Gehirn stellen sich viele Zeitgenossen inzwischen als einen etwas zu langsamen, defizitären Rechner oder eine unzureichende Suchmaschine vor. Günther Anders sprach bereits in den 50er Jahren von der prometheischen Scham des Menschen angesichts der von ihm hervorgebrachten kunstvollen Maschinen, gegen die seine fehlerhafte und hinfällige Kreatürlichkeit verblasst. Der Mensch als Prometheus, als Macher der Maschinenwelt, sei in die peinliche Lage geraten, sich dem Gemachten dauerhaft unterlegen zu fühlen – sich vor ihm zu schämen.

André Gorz hat vor drei Jahrzehnten bereits darauf hingewiesen, dass uns das, was man künstliche Intelligenz nennt, ein aktuelles Beispiel für Entfremdung liefert. Die modernen Naturwissenschaften haben im Interesse der Naturbeherrschung und des Profits die Welt auf eine Summe gesetzmäßiger Mechanismen reduziert, die auf mathematische Formeln gebracht werden können. Dieses Denken, heißt es in André Gorz' *Kritik der ökonomischen Vernunft*, bringt schließlich eine Maschine hervor, »die das Denken der Äußerlichkeit durch die Äußerlichkeit dieses Denkens selbst ersetzt und seitdem als Bezugspunkt für den menschlichen Geist dient: der Computer, gleichzeitig Rechenmaschine und ›künstliche Intelligenz‹, Maschine zur Komposition von Musik, zum Schreiben von Gedichten, zur Krankheitsdiagnose, zur Übersetzung, zum Sprechen … Die Fähigkeit zum Entwurf von Maschinen begreift sich schließlich selbst als Maschine; der Geist, der in der Lage ist, wie eine Maschine zu funktionieren, erkennt sich in der Maschine wieder, die in der Lage ist, wie er selbst zu funktionieren – ohne zu begreifen, dass in Wirklichkeit die Maschine nicht wie der Geist funktioniert, sondern nur wie jener Geist, der gelernt hat, wie eine Maschine zu funktionieren.«

Abstrakte Menschen

Der Begriff der Entfremdung beschreibt nicht nur den objektiven Zustand einer Gesellschaft, die unter das Diktat des Tauschwerts geraten ist und deren Integration über den Markt vonstattengeht, sondern auch die Gefühlslage von Menschen, die die Kontrolle über ihre Lebensbedingungen verlieren, die sich ihnen gegenüber als fremde Mächte etablieren. Die Abstraktion vom Gebrauchswert vollzieht sich auch an den Tauschenden selbst, am Körper und der Sinnlichkeit der Menschen. Der zum Arbeitsinstrument hergerichtete Körper wird den Menschen zum Fremd-Körper, der zu großen Teilen von anderen bewohnt und benutzt wird. Die Herrschaft der Tauschabstraktion lässt die Menschen selbst abstrakt werden. Die Menschen werden zu Produkten und Anhängseln ihres Produkts, das sich ihnen gegenüber als fremde, sachliche Gewalt festsetzt, die, wie es beim jungen Marx heißt, »unserer Kontrolle entwächst, unsere Erwartungen durchkreuzt, unsere Berechnungen zunichtemacht«. Dieses Gefühl und das Leiden an ihm sind in Gesellschaften virulent, über die der Kapitalismus mit seinen Abstraktionsschüben und den Schrecken der Industrialisierung hereinbricht. An der Nahtstelle zwischen zwei verschiedenen Produktionsweisen und Gesellschaftsformen ist die Wahrnehmung geschärft und die Sensibilität für Differenzerfahrungen und Verluste groß. Die Menschen reagierten verstört und wehrten sich gegen den Einbruch des Unvertrauten ins Reich des Vertrauten. Sie neigten dazu, ein bekanntes und einigermaßen lebbares Unglück dem Unbekannten, das da aus der Zukunft auf sie zukam, vorzuziehen – auch den unbekannten Glücksmöglichkeiten, die das Neue als Möglichkeit in sich barg und die sie vor lauter Verstörung und Angst nicht wahrzunehmen vermochten.

Die Romantik hat diesen Gefühlen einen Ausdruck gegeben, allerdings noch nicht ihre Begriffe. Als der Marxismus diese Begriffe schließlich zur Verfügung stellte, war das Gefühl nicht mehr da oder im Schwinden begriffen. Die berühmte Hegelsche *Eule der Minerva* setzte erst in der Abenddämmerung zu ihrem Flug an, und das Begreifen kam wieder einmal zu spät. Die Menschen hatten begonnen, sich unter den neuen Verhältnissen einzurichten und brachten mehr und mehr die Eigenschaften hervor, die für ein Leben unter den Bedingungen von Markt und Konkurrenz nötig sind. Explosiv war es, wo und solange die Industriegesellschaft auf die Agrargesellschaft traf und die Maschinen in die handwerkliche Welt eindrangen. In der Umbruchphase, wo das Alte stirbt und das Neue noch nicht zu Ende geboren und etabliert ist, wo alte Wahrnehmungsweisen auf Phänomene prallen, zu deren Erfassung sie nicht taugen, rebellieren die aus agrarischen und handwerklichen Lebenszusammenhängen herausgerissenen Menschen gegen die Verhaltenszumutungen der Lohnarbeit und der Fabrik. Dann finden sie sich notgedrungen und unter massiver Gewaltanwendung mit ihrem kapitalverwertenden Unglück ab und richten sich unter den neuen Verhältnissen ein. Die sich formierende Arbeiterbewegung war keine revolutionäre, sondern höchsten noch eine verändernde Kraft. In den *Erinnerungen eines deutschen Revolutionärs* von Ernst Niekisch heißt es über die Arbeiter im Kontext der deutschen Revolution 1918/19: »Soweit die Arbeiterschaft organisiert war oder auf proletarische Losungen hörte, leistete sie der Sozialdemokratischen Partei und den Freien Gewerkschaften Gefolgschaft. Diese Organisationen hatten schon längst ihren Frieden mit der bürgerlich-kapitalistischen Ordnung gemacht. Sie wollten das Ausmaß der kapitalistischen Ausbeutung verringern; der Arbeiter sollte günstiger an dem Mehrwert beteiligt werden, den er selbst schuf; er wollte im Rahmen der kapitalistischen Ordnung besser platziert werden. ... Er lebte als kleiner Bürger.« Auch der Rätekommunist Otto Rühle sprach von den deutschen Arbeitern, mit denen er nach dem Ende des Ersten Weltkrieges große revolutionäre Hoffnungen verknüpft hatte, als »Möchtegern-Bürgern« oder »proletarischen Kleinbürgern«, der Anarchist Fritz Brupbacher bezeichnete sie gar als »Kapitalisten ohne Kapital«. Bei Ernst Bloch ist von »missglückten Kleinbürgern«, bei Gustav Landauer von »Philistern« die Rede.

Die industrielle Arbeiterklasse wurde zur Arbeiterklasse des Kapitals, der von ihr geführte Klassenkampf stellte das Ganze der kapitalistischen Produktionsweise nicht mehr in Frage, sondern bewegte sich innerhalb der von dieser gesetzten Grenzen und Formen. So gelang es dem Kapital, den domestizierten Klassenkampf zum Motor der weiteren kapitalistischen Modernisierung zu machen. Die Arbeiterbewegung wurde zu einer kapitalistischen Bewegung von Arbeitern, der von ihr zunächst noch angestrebte Sozialismus verlor das ganz Andere aus den Augen und schrumpfte auf eine Art geplanten Kapitalismus zusammen. In Begriffen von Ernst Bloch ausgedrückt: Die Radikalität des Anfangs ist eine *Erbschaft aus Ungleichzeitigkeit*, der Klassenkampf bewegt sich auf der Ebene der *Gleichzeitigkeit* und kann sich ein Jenseits der ökonomischen Vernunft nicht mehr vorstellen. Herrschaft wandert in der Art eines trojanischen Pferdes in die Menschen ein und wird dann nicht länger als äußeres Joch empfunden. Die anfängliche Unmöglichkeit des Lebens unter den neuen Verhältnissen wird auf diese Weise für die Menschen möglich. Sie sind, wie es bei Adorno heißt, »bis in ihre innersten Verhaltensweisen hinein mit dem identifiziert, was mit ihnen geschieht. Subjekt und Objekt sind, in höhnischem Widerspiel zur Hoffnung der Philosophie, versöhnt.« Das Gefühl der Entfremdung schwindet, ohne dass die Entfremdung selbst geschwunden wäre. Bevor wir uns der Frage, wie die Unmöglichkeit des Lebens möglich wurde, erneut widmen, wollen wir uns der Umbruchphase zuwenden und schauen, wie die Romantik das Unbehagen und das Leiden an der Entfremdung zum Ausdruck brachte. Die Romantiker erlebten als Zeitgenossen die Transformation traditionaler Gemeinschaften in eine kapitalistische Gesellschaft. Von *Gesellschaft* kann im strengen Sinn erst als bürgerliche, über Tausch und Markt vermittelte, gesprochen werden. Erst jetzt entwickelt sich Gesellschaft zu einem abstrakten Funktionszusammenhang zwischen den Menschen, in den sie verflochten sind und der ihnen gegenüber eine gewisse Art von Selbständigkeit gewinnt. Die Menschen werden zu Rädchen in einer gigantischen Gesellschaftsmaschinerie, zu der die kapitalistische Gesellschaft sich ihnen gegenüber verselbständigt hat. Am Höhepunkt der Entfremdung drohen die Menschen von ihren eigenen Hervorbringungen aus der Welt vertrieben zu werden und ihre Arbeit an Roboter und Algorithmen zu verlieren.

Eine Gesellschaft von miteinander konkurrierenden und gegeneinander isolierten Warenproduzenten und -besitzern kann ihre Gesellschaftlichkeit nur indirekt über den Markt herstellen. Die intellektuellen und journalistischen Wachhunde des Kapitals versuchen mit großem medialem und propagandistischem Aufwand zu verhindern, dass jene angeblich *ehernen Gesetze des Marktes*, deren perfekte Grausamkeit sie uns gegenüber als ein Naturfaktum darstellen, den Menschen plötzlich gestehen würden, dass sie sie selbst gemacht haben und also auch verändern können. In den vom Neoliberalismus geprägten letzten Jahrzehnten ist es gelungen, dem Markt den Status einer zivilen Religion zu verleihen, deren Kritiker in die Position von Ketzern gerückt werden.

Bis in die Sprache ist die Verselbständigung und Entfremdung vorgedrungen: »Die Märkte« sind skeptisch, manchmal verstimmt, sie erwarten etwas und sind auf jeden Fall äußerst sensibel und man darf sie unter keinen Umständen verschrecken. »Der Markt« ist das Zentrum der Entfremdung: Ein von Menschen geschaffenes ökonomisches Beziehungsgeflecht, das den Austausch ihrer Produkte vermitteln soll, verselbständigt sich und verwandelt sie in seine Anhängsel, die bloß noch dazu da sind, die Märkte bei Laune zu halten und ihren Erwartungen zu entsprechen. Der Markt zog nach und nach die gesamte Bevölkerung in seinen Bann und unterwarf die ganze Gesellschaft seiner Logik. Die ist eine der Selektion: Was er brauchen kann, nimmt er auf, was untauglich und unverwertbar ist, bleibt liegen. Das gilt für Waren, die sich als unverkäuflich erweisen, wie für Menschen, die der Arbeitsmarkt als überzählige ausspuckt. Auch sie bleiben liegen wie Fische auf dem Sand. Sie haben unter enormen

Anstrengungen berufliche Qualifizierungen erworben, die Entwicklung »des Marktes« macht sie gegenstandslos. Irgendwo in Asien wird billiger produziert, die eigenen Anstrengungen, Hoffnungen und Loyalitäten erweisen sich als unnötig. Da die Leute es gewohnt sind, sich ihre Lebenschancen vom Markt zuweisen zu lassen, sind sie paralysiert und unfähig, ihre Fähigkeiten in eigene Regie zu nehmen und sich unterhalb und außerhalb des Marktes autonome Subsistenzmöglichkeiten zu schaffen. Auch das ist Ausdruck und Folge von Entfremdung.

Romantischer Protest gegen die Entzauberung

> »Die Trauer Trakls, Rimbauds und Heines wachsen wie ihre Sehnsucht aus der gleichen Wurzel: dem Entsetzen über die bürgerliche Gesellschaft, deren Auflösen der Natur in Technik und deren Auflösen aller menschlichen Beziehungen in Tauschwert als Entzauberung erfahren wird: Entmenschlichung wie Entgötterung der Erde im Siegeszug der Maschinenwelt und der Rationalität des Profits -: Die Nymphen haben die goldenen Wälder verlassen; die Götter gehen ins Exil, und der Mensch ist traurig und stumpf, und sein Himmel trüb.« *(Franz Fühmann)*

Die Romantiker haben den Verlust der sinnlichen Dichte der Welt und den Schrecken darüber, dass sich ein kalter Hauch der Entfremdung wie Raureif auf Menschen und Dinge legte, in ihren Novellen, Märchen und Tagebüchern festgehalten. Sie schildern eine aus den Fugen geratene, spukhafte Welt voller verstörter Menschen in innerer Not und äußerem Elend. Die Erfahrung, »fremd zu sein im eigenen Haus«, wurde bereits Ende des 18. Jahrhunderts von Friedrich Hölderlin formuliert. Etwas später fing Wilhelm Hauff das Empfinden vieler Zeitgenossen in seinem Märchen *Das kalte Herz* ein, mit dessen Lektüre Hans-Jürgen Krahl seine Marx-Schulung im Frankfurter SDS begonnen haben soll. Es erzählt die Geschichte des bitterarmen Kohlenbrenners Peter Munk, der sich nicht anders zu helfen weiß, als sein lebendig-schlagendes Herz an den Holländer-Michel, einen skrupellosen Geschäftsmann, der die Bäume des Schwarzwaldes zu Geld macht, zu verkaufen, der ihm stattdessen ein Herz aus Stein verpasst.

In einem der zahlreichen Räuber-Romane jener Zeit stieß ich auf folgende Schilderung. Ein Wanderer kehrt an einem stürmischen, späten Herbsttag in einem Gasthaus am Rande eines tiefen Waldes ein. Der Schankraum wird von einem Kachelofen wohlig erwärmt. Die Dämmerung bricht an. Tropfen rinnen über das Glas. Der erste Schnee mischt sich unter den Regen. Die wenigen Gäste sitzen vor ihrem Punsch und unterhalten sich gedämpft. Ab und zu erklingt ein Lachen. Plötzlich veränderte sich die Atmosphäre, wie sie sich verändert, wenn eine Tür geöffnet und wieder geschlossen wird. Ein kalter Luftzug fährt ins Zimmer und bläst eine der Kerzen aus. Die Dielen knarren, Schritte nähern sich. Ein Fremder steht in der Tür und schlägt sich den Schnee von der Jacke. Der Fremde ist unheimlich, und man spürt, dass ein Unheil heraufzieht.

Diese Geschichte existiert in unzähligen Variationen. Ihr Thema ist das Unheimliche, das von außen in die vertraute Umgebung einbricht. Es gibt kaum noch Zimmer ohne geheime Türen und Schränke ohne doppelten Boden. Auf der Straße stößt man auf geheimnisvolle Fremde mit fahlen Gesichtern und schmalen Lippen. Unschwer ist erkennbar, dass die Figur des mysteriösen Fremden eine Chiffre ist für all das Fremde, von dem die Menschen sich umzingelt und bedroht fühlen. Mitunter taucht er in der Figur des *steinernen Gastes* auf, der zwischen den Lebenden und den Toten changiert. Irgendjemand oder irgendetwas zieht im Hintergrund die Fäden, eine unsichtbare Hand steuert das Schicksal. Das Marionettentheater wird zur Metapher für diese Erfahrung. Es ist die große Stunde der Verschwörungstheorien: Man möchte wissen, wie die Geschichte funktioniert, wo ihre Drahtzieher sitzen. Überall sind Geheimbünde am Werk. Da die Menschen in der heraufziehenden bürgerlichen Gesellschaft zunehmend von Abstrakta beherrscht werden, entwickelt sich eine regressive Sehnsucht nach dem personal Festmachbaren und Konkreten. Nymphen und Kobolde verlassen die Wälder, in denen Äxte und Sägen wüten, alles wird entzaubert und löst sich in Technik und Zahlen auf. Romantische Wiederverzauberung und brutale kapitalistische Entfremdungsarbeit sind zwei Seiten einer Medaille, auseinandergesprungene Hälften eines Ganzen. Beide gegeneinander verselbständigten Hälften sind durch diese Trennung und Spaltung gezeichnet und tragen deren Spuren. Marx war der Überzeugung, dass die Menschheit durch die Phase der Entfremdung hindurch müsse, um sich dann erneut zu finden.

Kommunismus ist die Aufhebung der menschlichen Selbstentfremdung, die Rückkehr des Menschen zu einem wirklichen menschlichen Wesen. Er bedeutet eine Welt, in der der Mensch nicht mehr ein Fremder unter Fremden, sondern in seiner Welt, in seinem Zuhause ist und sich in seinen Produkten wiedererkennt.

Einstweilen war die Welt aus den Fugen, und die verstörten Menschen suchten nach Erklärungen. Sie verstanden die Welt und in ihr Leben in ihr nicht mehr. Die Parallelen zur Gegenwart sind unübersehbar. Auch heute ist es wieder im Schwange, aus der grassierenden kapitalistischen Entfremdung die völkische Schimäre der Überfremdung zu konstruieren und den schwer erfüllbaren Wunsch, in all dem Chaos den oder die Schuldigen auszumachen, mit Verschwörungstheorien zu befriedigen.

Die Innenseite der Entfremdung

Das, was Marx unter Entfremdung und Verdinglichung verstand, wird nicht erst im Erwachsenenalter durch ökonomisch definierbare Bedingungen menschlicher Arbeit erworben, sondern die Bereitschaft, sich unter entfremdeten Bedingungen einzurichten, wird bereits in der frühen Kindheit durch die Vermittlung einer heteronomen Identitätsstruktur erzeugt. Dieses psychische Pendant zur äußeren Entfremdung hat der englische Psychoanalytiker Donald W. Winnicott als *falsches Selbst* bezeichnet. Eine pädagogische Paranoia, die man bis heute Erziehung nennt, sorgt dafür, dass Kinder nicht ihrem eigenen inneren Reifungs-Rhythmus folgen, sondern sich den Forderungen der Erwachsenen unterwerfen. Sie rücken, wie Klaus Theweleit es ausgedrückt hat, in die Position »braves Kind«: »Das ›Brave Kind‹ ist ein Typ, den wir alle zu gut kennen, an uns selbst und andern: dieser Mensch, gleich welcher Altersstufe, der sein Leben lang nicht aufhört, die Gefühle anderer zu haben, und das heißt, die Gefühle seiner Eltern anstelle seiner eigenen.« Durch schmerzhafte Strafen und Drohungen mit Liebesentzug versetzt man Kinder in einen Zustand kaum gemilderter Todesangst, und diese Angst wird zum Motor ihrer Anpassung und Unterwerfung unter die Forderungen der Um- und Mitwelt. Von dieser primären Unterwerfung unter den elterlichen Willen profitieren alle nachfolgenden Autoritäten und gesellschaftlichen Instanzen, von den Lehrern bis hin zum Fabrikherrn und politischen Führer. Diese

Erziehungspraktiken, die Katharina Rutschky unter dem Begriff *Schwarze Pädagogik* zusammengefasst hat, waren auch in der Arbeiterklasse gang und gäbe. Sie trugen maßgeblich dazu bei, dass sich die plebejische Unterschicht, die die lebendige Negation der bürgerlichen Gesellschaft bildete, in eine dem Kapital gleichzeitige Arbeiterklasse verwandelte, die arbeiten ging und sich das Produkt ihrer Arbeit wegnehmen ließ. Die in der Kindheit erzwungene Unterwerfung mündet in eine *Identifikation mit dem Angreifer*, die einen Menschentyp hervorbringt, der verbissen seine eigene Knechtschaft verteidigt. Die domestizierten Arbeiter, schrieb der junge Max Horkheimer, »sind die Affen ihrer Gefängniswärter, beten die Symbole ihres Gefängnisses an und sind bereit, nicht etwa diese ihre Wärter zu überfallen, sondern den in Stücke zu reißen, der sie von ihnen befreien will.« Mit dieser Arbeiterklasse war nur noch Staat zu machen. An die Stelle des kapitalistischen Staates kann ein sozialistischer treten, ohne dass damit eine wirkliche Befreiung des Menschen und eine Aufhebung von Entfremdung verbunden sind. Es hat sich als Korrelat der äußeren *zweiten Natur* eine *innere zweite Natur* ausgebildet – ein Fundus an tief eingewurzelten Affekt-, Denk- und Wahrnehmungsgewohnheiten, der die Revolution überdauert und in die neue Gesellschaft eingeschleppt wird. Die Revolution bleibt Stückwerk, wenn mit ihr nicht auch eine kulturelle und seelische Revolution einhergeht, die die Menschen vom inneren Ballast der Klassengesellschaft befreit. Die seelisch-kulturelle Revolution wird umso dringender, je tiefer sich der Kapitalismus und die Entfremdung in die Menschen hineinfressen.

»Entfremdung zweiten Grades«

Herbert Marcuse hat in seinem 1964 erschienenen Buch *Der eindimensionale Mensch* bereits die Befürchtung ausgesprochen, dass der Begriff der Entfremdung fragwürdig werde, wenn sich die Individuen mit dem Dasein identifizierten, das ihnen auferlegt werde. »Diese Identifikation ist kein Schein, sondern Wirklichkeit. Die Wirklichkeit bildet jedoch eine fortgeschrittenere Stufe der Entfremdung aus. Diese ist gänzlich objektiv geworden; das Subjekt, das entfremdet ist, wird seinem entfremdeten Dasein einverleibt. Es gibt nur eine Dimension, und sie ist überall und tritt in allen Formen auf.«

Ist eine gänzlich objektiv gewordene Entfremdung noch Entfremdung? Die Rede von der Entfremdung macht nur so lange Sinn, wie es etwas gibt, das von der Entfremdung ausgenommen, also nicht-entfremdet ist. Ein Ding kann man nicht verdinglichen; wenn die menschliche Innerlichkeit bloß noch aus verinnerlichter Außenwelt besteht, ist da nichts mehr zu entfremden. Der französische Philosoph Jean Baudrillard sprach einmal davon, die Entfremdung erscheine rückblickend beinahe wie ein *goldenes Zeitalter*. Was waren das noch für Zeiten, als die Menschen noch darunter litten, dass man aus ihnen *Andere* machen wollte? Inzwischen seien wir jedweder Andersheit und Fremdheit beraubt und durch und durch abstrakt.

Dem Begriff der Entfremdung ist der der *Charaktermaske* verschwistert, mit dem Marx ausdrücken wollte, dass die Menschen in der bürgerlichen Gesellschaft zu Personifikationen ökonomischer Kategorien herabgesetzt werden. Der charaktermaskierte Mensch ist der entfremdete Mensch, ein Mensch, der gezwungen ist, eine Rolle in einem Stück zu spielen, dessen Drehbuch andere geschrieben haben. Die Maske, die er in diesem Stück trägt, sitzt äußerlich auf seinem Gesicht, und er verspürt den Drang, sie abzureißen. Was aber, wenn die Masken ins Fleisch gewachsen sind, wie es in einem Theatertext von Thomas Brasch heißt? »Hinter den Masken stecken keine Gesichter mehr«, mutmaßte der bereits erwähnte Hans-Jürgen Krahl, einer der theoretischen Köpfe der antiautoritären Linken der späten 1960er Jahre. Da Entfremdung dennoch objektiv fortbesteht, schlug er vor, von einer »Entfremdung zweiten Grades« zu sprechen. Diesen Begriff hatte der französische Soziologe und Philosoph Henri Lefebvre einige Jahre zuvor geprägt und das mit folgenden Worten begründet: »Es scheint, dass man um all dies nicht herumkommt: extreme Abstraktion, nahezu totale Entfremdung (die so weit geht, dass niemand sie mehr als Entfremdung empfindet und dass die Entfremdungstheorie abgegriffen, gegenstandslos und bar jeder Wirkung zu sein scheint).«

Krahl hat in seiner Auseinandersetzung mit Marcuse die Vermutung geäußert, die Eindimensionalität müsse sich, wenn sie nicht bloße Kulturkritik sein wolle, in der Struktur der Ware selbst nachweisen lassen. In seinen *Bemerkungen zur Akkumulation und Krisentendenz* heißt es: »Wenn Entfremdung und Verdinglichung heute Kategorien sind, deren Gültigkeit für den Kapitalismus zweifelhaft wird, so muss das notwendig in einer wesentlichen Veränderung der Warenform gesucht werden. Deren Elemente, Gebrauchswert und der an dessen Naturalform usurpativ (beschlagnahmend, G.E.) erscheinende Wert, müssen in eine qualitativ veränderte Konstellation getreten sein. Die Warenform, in der der Gebrauchswert tendenziell schon stets abstirbt, die zur Allegorie wird, trägt die Tendenz zur Zersetzung in sich. ... Das Stadium der immanenten Selbstzersetzung der Warenform zugunsten des totalitären Tauschs ist erreicht, nicht nur hat endgültig die Verpackung über das Produkt gesiegt – der Gebrauchswert ist zerstört –, wir konsumieren Reklame, wenn wir essen und trinken, und ernähren uns doch davon ...«

Haben wir 50 Jahre später Grund, dieser düsteren Diagnose zu widersprechen? Wir sind im Begriff, ein Volk von digitalen Fellachen zu werden. Ein Blick auf die vor *Apple Stores* auf das neue Handymodell wartenden Leute genügt, um zu demonstrieren, dass wir vollends ins Zeitalter der Entfremdung zweiten Grades eingetreten sind. Die Leute werden zu Hanswursten ihrer Geräte, sie erleiden ihre *Vernetzung* nicht, sondern erleben sie als ureigensten Impuls und intime Leidenschaft. Man muss sie zur Preisgabe persönlicher Daten nicht zwingen, sie entblößen sich aus freien Stücken. Mit den Smartphones und den *sozialen Netzwerken* sind der Macht Instrumente zugewachsen, die es ihr erlauben, die Gesellschaft unter aktiver und begeisterter Mitwirkung der zu *Usern* mutierten Menschen in ein digitales Panoptikum zu verwandeln und die Sozialstruktur mit der Triebstruktur auf neue Weise kurzzuschließen. Individualität, wie wir sie kannten, die das Resultat eines lebenslangen Balance-Aktes zwischen Triebansprüchen und gesellschaftlichen Anforderungen darstellte, wird sich im Zuge der Digitalisierung zugunsten einer fluiden, neuerdings sagt man: *volatilen* Existenz auflösen, deren Anpassungs- und Wandlungsfähigkeit grenzenlos ist und an der es nichts mehr geben wird, was entfremdet werden kann. Die Gesellschaft entwickelt sich trotz eines rudimentär fortexistierenden demokratischen Überbaus zu einem totalitären System – allein durch Technik. Kapitalistische Herrschaft tarnt sich immer perfekter als Technik, die den Menschen unter die Haut geht. Die Menschen wehren sich nicht und leben mit diesem Zustand ganz gut. Sie sind doppelt entfremdet: Sie haben das Bewusstsein ihrer Entfremdung verloren. Der familiäre Binnenraum, der einst die Entfaltung des Psychischen und damit einer gewissen Individualität ermöglichte, indem er die Kinder gegen die Welt und deren unmittelbaren Einflussnahme abschirmte, wird geschleift. Die leibhaftige Anwesenheit lebendiger Bezugspersonen tritt zurück zugunsten einer Omnipräsenz von Bildmaschinen und technischen Geräten aller Art, die die Sozialisation der nachwachsenden Generationen übernehmen. Die Kinder stürzen, hat Peter Sloterdijk einmal geschrieben, aus dem Mutterleib direkt in die Gesellschaft des entfesselten Marktes – ohne dass ein familiärer Airbag den Aufprall abfedert. Die Gesellschaft nimmt die Kinder auf dem Weg dieser Gerätesozialisation umweglos in Beschlag und produziert so einen neuen Sozialcharakter, der ihre Funktionsimperative widerspruchslos erfüllt.

Es fällt mir deshalb schwer, den Optimismus zu teilen, den Alexander Kluge unlängst im Gespräch mit Richard David Precht geäußert hat. Als dieser die Befürchtung äußerte, kritisches Urteils- und Unterscheidungsvermögen, Orientierungsfähigkeit, die Fähigkeit Zusammenhänge herstellen zu können, Lesekompetenz und so weiter werde von den sogenannten *digital natives* nicht mehr entwickelt, hielt Kluge dagegen: »Wir haben so viele Partisanen in uns! Es gibt das Nicht-Digitalisierbare.« So sympathisch mir diese Haltung ist, in der die alte Annahme der Kritischen Theorie, die Menschen könnten nie ohne Rest in den Formen ihrer Vergesellschaftung aufgehen, es bliebe stets ein unhintergehbarer nichtidentischer Rest, fortlebt, so schwer fällt es mir, sie angesichts der Wucht, mit der die Vernetzung auf die Individuen durchschlägt und sie lebensgeschichtlich früh zu formen beginnt, zu teilen. Gemäß der alten Horkheimerschen Maxime, man müsse trotz allen theoretischen Pessimismus‹ lebenspraktisch Optimist bleiben, kann ich nur hoffen, dass Kluge Recht behalten wird.

Diese Hoffnung findet in der Realität allerdings kaum Anknüpfungspunkte. Die Leute lassen sich ihre Partner bei Tinder per Algorithmus zuweisen. Auch das, was man früher einmal Liebe nannte, wird zur Ware und erhält einen Tauschwert. Der Inszenierungs-Wert der Waren siegt endgültig über den Gebrauchswert. Die Menschen werden zu subjektivierten Tauschwerten, Geldsubjekten, Warenzombies. Das Gesicht ist zum Logo der persönlichen Marke geworden, das in den sogenannten sozialen Netzwerken zu Werbezwecken täglich neu zur Schau gestellt wird. Das glückliche Bewusstsein hat über die Entfremdung triumphiert. Bei wem noch Rückstände eines unglücklichen Bewusstseins – Zeugnis erfahrener und erlittener Entfremdung – gefunden werden, wird zum Psychiater geschickt und bekommt Antidepressiva verordnet.

Es kann sein, dass das System der vor sich hin nullenden Nullen irgendwann an Grenzen stößt und zusammenbricht, aber, heißt es bei Franz Fühmann, »der Ausweg aus einem Gebäude gehört zum Gebäude; stürzt es ein, verschüttet es meist auch den Ausweg ...«

2018

Meister Anton versteht die Welt nicht mehr

Im Gewimmel und Gewühl der Gässchen der Marburger Altstadt kommt mir ein altes Paar entgegen. Sie sind beide um die neunzig Jahre alt und sehr klein. Der Eindruck ihrer Winzigkeit wird dadurch verstärkt, dass sie krumm geworden sind und gebeugt gehen. Sie stützen sich jeweils auf einen Stock, er links, sie rechts, so dass sie nach beiden Seiten einigermaßen abgesichert sind. Sie tragen Hüte und die Kleidung, die in ihrer Generation üblich war. Trotz der großen Hitze haben sie über Hemd und Bluse eine Jacke an. Ich vermute, dass sie zu jenen Menschen gehören, die in den 90er Jahren des vorigen Jahrhunderts mit ihren Kindern aus Osteuropa eingewandert sind. Mit Trippelschritten bewegen sie sich langsam vorwärts und versuchen, sich einen Weg durch den Strom der Passanten zu bahnen. Ständig werden sie von eiligen Menschen mit Smartphones in den Händen überholt, die in ihnen ein Hindernis erblicken. Lange schaue ich ihnen nach und versuche mir vorzustellen, wie es ihnen gehen mag inmitten einer Welt, die schon lange nicht mehr die ihre ist. Aber sie haben immerhin sich, sage ich mir, und das ist tröstlich. Ich sehe in diesem aus der Zeit gefallenen Paar eine lebende Prophezeiung. Mehr noch: Eigentlich geht es mir jetzt schon so, wie ich es den beiden Alten unterstelle. Ich bin ein Fremder; da ich mich aus bestimmten Entwicklungen ausgeklinkt oder sie gar nicht erst mitgemacht habe, befinde ich mich sozio- und psychostrukturell in der Fremde. Daher rührt meine Sympathie für die Hebbelsche Figur des Meister Anton, der am Ende des Theaterstücks Maria Magdalena ausruft: »Ich verstehe die Welt nicht mehr.«

Wozu Identität?

»Jeder Charakter ist ein Irrtum.« *(Friedrich Hebbel)*

»Ich kenne durchaus keine ›Identitätsprobleme‹. Dass ich ›Ungar‹ bin, ist um nichts absurder, als dass ich ›Jude‹ bin, ist nicht ein Stück absurder, als dass ich überhaupt bin.« *(Imre Kertész)*

Alle Welt ist auf der Suche nach Identität. Das Bedürfnis nach ihr hat sich in den letzten Jahren zu einer wahren Besessenheit entwickelt. Ständig »erfinden sich die Leute neu«, »leben ihre Träume« und kommen dabei nie zur Ruhe. Die Ränder der Wege, welche die Leute auf ihrer rastlosen Suchbewegung beschritten haben, sind von Identitätsfragmenten übersät, die sie abwerfen wie Schlangen ihre Häute. Die Frage »Wer bin ich doch gleich?« treibt Linke und Rechte, Homo- und Heterosexuelle, Alte und Junge gleichermaßen um und wird auf unterschiedlichste Weisen beantwortet. Firmen bieten ihren Mitarbeitern eine »corporate identity« an, um sie mit dem Betriebsganzen zu verzahnen und das Letzte aus ihnen herauszuholen. Die politische Rechte legt die Leimrute einer »nationalen Identität« aus. Diese vermittelt das vage Gefühl der Zugehörigkeit zu einem imaginären Ganzen, das man seit rund zweihundert Jahren »Nation« nennt. »Ich bin wenigstens ein Deutscher«, können sich jene sagen, die sonst nichts mehr haben. Alle diese Antworten sind partikular und vorläufig und werden bald von neuen Zweifeln angenagt. Aus der Verbannung dieses Zweifels rührt der Fanatismus, der den prekären Identitäten innewohnt.

Reparaturkategorien

Alles ist in der Schwebe und in Auflösung begriffen. Mit der Identität ist es wie mit den Werten: Wenn über sie stark geredet wird, ist es eigentlich bereits zu spät. Begriffe wie Sinn, Werte und Identität sind Reparaturkategorien, die auf einen Mangel antworten. Eine intakte, stark integrierte Gesellschaft muss nicht über das diskutieren, was sie zusammenhält. Der Zusammenhalt ist einfach da – wie die Luft, die man atmet. Ein mit sich identischer Mensch wird nicht von permanenten Sinnfragen heimgesucht und muss sich nicht von den Wühltischen der Identitätshändler bedienen. Er lebt sein Leben, das ist alles. Ich stimme Michel Houellebecq zu, wenn er in einem Interview sagt: »Wenn es eine Idee gibt, die all meine Romane durchzieht, dann ist es die Idee von der absoluten Unumkehrbarkeit von Zerfallsprozessen, wenn sie einmal begonnen haben.« Die Moral wird von der wertzynischen Motorik des Geldes zerrieben und kann nicht synthetisch nachproduziert werden wie Kautschuk. »Erst jetzt tritt ein Problem ins Bewusstsein«, schrieb der inzwischen verstorbene Soziologe Helmut Dubiel, »welches der kapitalistischen Modernisierung zwar seit ihren Ursprüngen immanent ist, das aber im Restschatten einer traditionalistischen Kultur für Jahrhunderte verborgen blieb. Eine auf die Zwecksetzungen des Marktes und der politischen Administration bezogene Modernisierung der Gesellschaft nährt sich – quasi parasitär – von den Beständen einer gesellschaftlichen Moral, die sie innerhalb ihrer Funktionsgesetzlichkeiten nicht mit produziert. Die Organisation ihrer Rationalität stützt sich zwar auf die Fundamente einer Moral, die den Respekt vertraglicher Abmachungen gebietet, die zu Wahrhaftigkeit, Schutz der Schwächeren und Friedfertigkeit auffordert, trägt aber zur Stabilisierung dieser Fundamente selbst nichts bei. Zu diesen Moralbeständen verhalten sich Markt und Administration wie die große Industrie zu den fossilen Brennstoffen: sie werden im Zuge ihrer Expansion verbrannt.«

Mangels fester, kristalliner Bezugspunkte verflüssigt sich alles, die Menschen büßen ihre Gewissheiten und ordnenden Gefüge ein. Es gibt keinen gemeinsamen Nenner mehr, auf den man etwas bringen könnte. Was bleibt, ist der Konsum, der aber seinem Wesen nach nihilistisch ist, keinen Zusammenhalt herstellt und keine stabile moralische Ordnung stiftet. Die einzigen Lösungen für das Individuum ohne Bezugspunkte sind das Auffallen um jeden Preis, die Jagd nach »Distinktionsgewinnen«, wie Pierre Bourdieu die Suche nach immer neuen Selbstinszenierungen genannt hat. Dabei werden sich die Individuen in dem Bemühen, sich unterscheiden zu wollen, immer ähnlicher. Das zeitgenössische

Konsumverhalten zielt nicht auf den Besitz von Objekten der Begierde, um sich daran zu erfreuen, sondern macht die Objekte sofort nach dem Kauf obsolet. Der Reiz liegt im Akt des Kaufes, nicht im Besitz und der Pflege des Erworbenen. Der eilige Konsument taumelt, wie Umberto Eco in einer seiner Kolumnen schrieb, »in einer ziellosen Bulimie von einem Kaufrausch zum anderen«. Was eben gekauft und einverleibt wurde, wird gleich darauf erbrochen und weggeworfen. Das ist der Kitt, der die zerbröselnde Gesellschaft notdürftig zusammenhält.

Dabei »kommt's am Rande des Abgrunds auf Haltung an«, wie man früher an Häuserwänden lesen konnte. Nun könnte man als Linker den Zerfall des libidinösen Kitts der Klassengesellschaft ja begrüßen. Aber das Lachen darüber bleibt uns im Halse stecken, wenn wir gewahr werden, dass die Flüchtigkeit von allem und jedem auch die Widerstandkräfte erfasst und schwächt. Die sozialen Bewegungen der jüngsten Zeit lodern auf wie ein trockenes Reisigbündel, wenn man ein Streichholz dranhält und hineinbläst, und sinken dann ganz schnell wieder in sich zusammen. Die Leute gehen nach Hause und machen weiter wie zuvor. Die Flüchtigkeit weist sie als heutige Bewegungen von heutigen Menschen aus, die von klein auf an die Flüchtigkeit gewöhnt sind. Sie haben nicht die richtige Innenausstattung und das psychische Fundament für die Verfolgung langfristiger Ziele. Seltsamer Weise scheint es so zu sein, dass mit dem Zerfall der bürgerlichen Subjektstrukturen sich auch die Tugenden des Widerstands auflösen. Ohne ein Mindestmaß an Ichstärke, Symbolisierungs- und Sublimierungsfähigkeit, Geduld und Disziplin – also an Identität – ist eine Veränderung der Gesellschaft nicht zu bewerkstelligen. Vor allem die gute, alte Anstrengung des Begriffs scheint jene zu überfordern, die ihre Hausarbeiten aus Wikipedia-Passagen zusammenmontieren und sich per Twitter und Whatsapp austauschen.

Peter Brückner hat in seinem autobiographischen Buch *Das Abseits als sicherer Ort* die Dialektik des Begriffs Disziplin mit folgenden, sich scheinbar widersprechenden Sätzen beschrieben: »Nur wer zu nichts Bürgerlichem taugt, taugt auch nicht zum Faschisten« und: »Wer nicht wenigstens etwas zum Faschisten taugt, taugt auch nicht zum Widerstand gegen den Faschismus.« Selbstdisziplin ist eine Fähigkeit, die uns von unseren leibseelischen Zuständen unabhängig macht – von Ermüdung, von Schmerz, von Angst, von der Lust und Zerstreuung des Augenblicks. Sie gestattet es uns, an Plänen, Entwürfen, Hoffnungen auch dann festzuhalten, wenn wir zu Umwegen genötigt sind oder hart auf Hindernisse stoßen. »Ein jugendlicher Dissident und Anarchist, der begeistert auf den Pfiff seines Turnherrn reagiert, ist ein überaus peinlicher Anblick; aber wartet nur ab, er wird dabei ›Herr über sich selbst‹ und über gewisse herrschende Verhältnisse – anders würde er später kein leidlicher Antifaschist.« Arbeiten können ist auch eine Qualität des Revolutionärs. Es bedeutet, Aufgaben erledigen zu können, und zwar unabhängig von der eigenen Motivation, unabhängig davon, wie man sich gerade fühlt, unabhängig von der biographischen Situation und davon, ob es mir gerade Spaß macht.

Die »gut integrierte Persönlichkeit«

Der Begriff Identität ist von Erik H. Erikson der Philosophie entrissen und in die psychoanalytische Theorie eingeführt worden und dann von dort aus peu à peu in die Alltagssprache eingedrungen, wo er zum verschwommenen Allerweltsbegriff wurde. Er ist einer der Kernbegriffe der sogenannten Ich-Psychologie und weist insofern von Anfang an etwas Affirmatives, auf Anpassung und Integration Abzielendes auf. Der Mensch durchläuft Erikson zufolge in seinem Lebenszyklus verschiedene Etappen, deren Übergänge durchaus mit Krisen verbunden sein können, bis er schließlich den Zustand der Ich-Identität erreicht und den reifen Erwachsenhabitus angenommen hat. Die von Erikson als Endstadium gepriesene »gesunde Persönlichkeit« weist eine erstaunliche Ähnlichkeit mit dem durchschnittlichen Mittelschichtsamerikaner auf. Eine Identität zu besitzen heißt, sich nach einer Phase des Umherschweifens festzulegen und dann trotz Wandel von Zeit und Gelegenheit grundsätzlich Derselbe zu bleiben: einheitlich, handlungsfähig und in die vorgefundene Gesellschaft »gut integriert«. Das Ideal der gut integrierten Persönlichkeit ist illusorisch und ideologisch zugleich, weil die Risse, die durch die äußere Welt verlaufen, auch durch die Individuen gehen.

Eriksons Buch *Identität und Lebenszyklus* erschien 1959. Wenig später beschäftige sich der amerikanische Soziologe Daniel Bell mit dem Auftauchen des Massenkonsums, der Zerstörung einer homogenen Wertsphäre und der damit einhergehenden Fragmentierung des Alltags. Wie hängt das zusammen? Warum beginnt man in der Wissenschaft zu diesem Zeitpunkt verstärkt über Identität und die Probleme des gesellschaftlichen Zusammenhalts zu diskutieren? Nachgedacht wurde über individuelle und gesellschaftliche Identität erst, als sie in die Krise geraten und von der Furie des Verschwindens erfasst waren. Rückblickend erweisen sich die Studien von Daniel Bell als ausgesprochen hellsichtig. Er konstatiert, dass die Einheitlichkeit der bürgerlichen Gesellschaft zerfällt, die für Bell in ihren Anfängen gegeben war: »In den Anfängen der Moderne verschmolzen bürgerliche Kultur und bürgerliche Sozialstruktur mit einer besonderen, von den Themen Ordnung und Arbeit geprägten Charakterstruktur zu einer klaren Einheit.« Die Gegenwartsgesellschaft besteht zunehmend aus »disjunktiven« Bereichen, die jeweils von entgegengesetzten »axialen Prinzipien« gesteuert werden. Diese Bereiche sind im Wesentlichen: die techno-ökonomische Struktur, die politische Ordnung und die Sphäre der Kultur. Zwischen diesen Bereichen existieren Unstimmigkeiten, die für Widersprüche und Konflikte verantwortlich sind, die Gesellschaft und Individuen zerreißen. Der Bereich der Arbeit und der Produktion basiert auf Effizienz und Nützlichkeit, der Bereich der Politik auf der Idee der Gleichheit und der Teilhabe, der Bereich der Kultur auf Selbstverwirklichung. Ökonomie und Kultur, die für den Puritaner und sein Verständnis von Beruf verbunden waren, treten heute auseinander. Das Sparen war der wichtigste Zug des frühen Kapitalismus. Mit dem Aufkommen des Kreditwesen und der Teilzahlung im Alltag wandelt sich die ursprüngliche puritanische Moral des Anfangs und weicht einem kämpferischen Hedonismus: »Erst kaufen, später zahlen!« propagierten die Kaufhäuser, und die ersten Geldautomaten lockten mit der Parole »Wo ihr wollt, wann ihr wollt«. Das Gefühl des *carpe diem* griff um sich. Der Kredit hat alles, was Warten, Aufschub von Befriedigung, Reifung und Zurückhaltung erfordert, außer Kraft gesetzt und die Generationen der zweiten Hälfte des 20. Jahrhunderts ungeduldig gemacht. Welche Sinngebung soll nun den Fortbestand der Gesellschaft sichern? Die traditionale Charakterstruktur mit ihrem Akzent auf Selbstdisziplin, Aufschub von Befriedigung und Enthaltsamkeit gerät mit den Imperativen des kulturellen und ökonomischen Systems in Konflikt. Gefordert ist nicht länger der »asketisch produzierende Knecht« (Marx), sondern der süchtige Konsument. Man hat, mit den Worten Daniel Bells, »am Tag ›korrekt‹ und am Abend ein ›Herumtreiber‹ zu sein.« Obwohl Bell ein eher konservativer Mann war, kommt er nicht umhin zu konstatieren, dass es die Dynamik des Kapitalismus selbst ist, die diese Erosionsprozesse hervorruft. Die ständig alles umwälzende Dynamik der kapitalistischen Produktionsweise verschont nichts und macht vor nichts Halt. Das ist es, was man Moderne nennt: Übergang als Dauerzustand. Wie sollen Lebensläufe unter solchen Bedingungen eine Identität haben, wenn die Menschen in einer Gesellschaft leben, die aus lauter Trennungen zusammengesetzt ist? Ich komme am Schluss auf diese Frage zurück.

Identität als Kontrollinstanz

Gegen das Konzept des Stillstellens und Einfrierens des Lebensprozesses zu einer Identität regte sich früh Widerstand. Die Bourgeoisie hatte ein starkes Interesse an Normen für das Volk, die das Eigentum der Wenigen sichern, und an Werten, von denen es virtuell eingezäunt wird. Identität erweist sich als hegemoniales Konzept des Bürgertums, das Brückenköpfe im Inneren der Beherrschten errichten möchte. Die neue Klasse der Lohnarbeiter sollte berechenbar und zuverlässig sein, regelmäßig arbeiten gehen und sich das Produkt ihrer Arbeit widerstandslos wegnehmen lassen. Der industrielle Kapitalismus benötigt das Konzept der Identität, das sich uns als Teil eines nach innen gewendeten Kolonialismus erschließt. Oder mit den Worten von Michel Foucault: »Denn das Leben und die Zeit des Menschen sind nicht von Natur aus Arbeit, sie sind Lust, Unstetigkeit, Fest, Ruhe, Bedürfnisse, Zufälle, Begierden, Gewalttätigkeiten, Räubereien etc. Und diese ganze explosive, augenblickhafte und diskontinuierliche Energie muss das Kapital in kontinuierliche und fortlaufend auf dem Markt angebotene Arbeitskraft transformieren.«

Identität ist zunächst einmal ein Polizeibegriff gewesen. Die Herrschenden möchten wissen, wer die Leute sind und wo sie wohnen, damit man sie im Falle ihrer Auflehnung sistieren kann. Sie erhalten eine *carte d'identité*, wie der Ausweis in Frankreich bis heute heißt. Längerfristig ging es um die Integration der plebejischen Unterschichten in die sich konstituierende bürgerlich-kapitalistische Gesellschaft und die Sicherung der Hegemonie der bürgerlichen Klasse. Im Interesse eines beschleunigten und möglichst reibungslosen Waren- und Geldverkehrs wurden Münzen, Maße und Gewichte, Raum und Zeit, Sprachen und Identitäten vereinheitlicht, regionale oder lokale Unterschiede eingeebnet. Bürgerliche Herrschaft bedarf darüber hinaus eines Mindestmaßes an Homogenität in der neuen Massenbevölkerung. Dazu gehören eine halbwegs einheitliche Wertsphäre und homogene Denk-, Gefühls- und Affektgewohnheiten. Die Fähigkeit, unter Bedingungen der Entfremdung und Verdinglichung zu leben, wird nicht erst im Erwachsenenalter und dem Eintritt ins Erwerbsleben erworben. Die Voraussetzungen dazu werden in der frühen Kindheit durch die Implantation eines heteronomen Über-Ichs geschaffen, das wie ein Zahnrad die Vermittlung von Individuum und Gesellschaft bewerkstelligt und die Unmöglichkeit des Lebens unter kapitalistischen Bedingungen für die Menschen möglich macht. In Peter Brückners Buch *Psychologie und Geschichte* heißt es: »Eine zureichende Ordnung und Stabilität des Systems der Gesellschaft und des Staats kann nur gewährleistet sein, wenn die Funktionen und Gefüge der Person, wenn Psyche, Bewusstsein, Gefühl, Affekt, Triebgewohnheit, Körperlichkeit, Denkneigungen und –formen der Individuen in die Funktionen und Gefüge des Systems partiell einbezogen sind. Was geschieht, wenn diese Verzahnung, wenn der Transfer von Kultur nicht mehr gewährleistet ist?« Eine Gesellschaft geht in Auflösung über und alles muss mehr oder weniger künstlich und gestützt und gewaltsam aufrechterhalten werden.

Es gab und gibt Menschen – und sie bilden in unseren Gesellschaften die Mehrheit –, denen ihre Identität kostbar ist. Sie möchten für sich selbst und andere berechenbar sein. Ihr Ehrgeiz besteht darin, ihr Leben erwartungssicher und enttäuschungsfest zu machen und gegen alle Unwägbarkeiten perfekt abzuschirmen. Sie leben in einem mürrischen Realismus vor sich bin und bemühen sich, wie Sloterdijk bissig anmerkte, »bei lebendigem Leib so tot wie möglich« zu sein. Andere Menschen – eher wenige – die fühlen sich durch den Identitätszwang ihrer Lebendigkeit beraubt und aufgespießt wie Schmetterlinge. Aus ihrer Sicht werden Menschen in Identitätskäfige gesperrt, aus denen heraus sie alles anknurren und verbellen, was nicht sichtlich ihresgleichen ist und denselben Stall- und Gefängnisgeruch aufweist. Die Aufforderung, erwachsen und mit sich identisch zu werden, bedeutet in den Augen von Künstlern, Schriftstellern, Anarchisten das Ende des Umherschweifens, eine Restriktion des Provozierenden und die Umformung der vagen, begierigen, vielfältigen Emotionen zur Zwangsneurose. »Ich – das ist ein anderer«, heißt es zum Beispiel bei

Arthur Rimbaud. Der Dichter fühlt sich bei lebendigem Leib eingesargt, will dem Zwangszusammenhang des bürgerlichen Ich entrinnen, seine »Sinne entregeln« und sich sehend und sensibel machen. Die Verregelung aller Sinne ist mit der Reduzierung ihrer schöpferischen Vielfalt auf den einen »Sinn des Habens« verflochten, als die der junge Marx die sinnliche Deformation in der warenerzeugenden Gesellschaft beschrieb. Zu viele Bestandteile des Ich erweisen sich als Nicht-Ich, als verinnerlichtes Äußeres, als Stützpunkte der Herrschaft. Von Rimbaud bis Nizan und Sartre gibt es in der künstlerischen Linken einen Konsens: Eine Identität anzunehmen, gilt als Akt der Anpassung und Unterwerfung. Wem ist es denn außerhalb gewisser privilegierter bürgerlicher Kreise beschieden, seinen Reifungsprozess als glückliche Kontinuität des »ich, ich selbst...« zu erleben? Die Aufforderung zur Reife enthält etwas Zweideutiges, solange Repression noch zum Herzstück der Kultur gehört. Alles, was ins Prokrustesbett der bürgerlichen Ordnung nicht hineinpasst, wird auf dem Weg ins dunkle Zeitalter des Erwachsenseins abgeschnitten. »Wir ersticken; von Kindheit an werden wir verstümmelt: es gibt nur Monstren!«, formuliert Paul Nizan seinen Protest gegen die bürgerlichen Verkehrsformen und fährt fort: »Polizei, Regierung, Moral, Sünde und Sanktion bewegen ihr Denken. Seele ist, was nicht der Mensch selbst ist, sondern von außen kommt und in ihm lebt. Die Seele ist ein Besitz. Es ist Zeit, von diesen Dämonen befreit zu werden.« Sein Jugendfreund Sartre stellt lakonisch fest: »Eine Identität haben heißt, sich ein Gefängnis ohne Gitter zu geben.« Von den zahlreichen Teilpersonen, aus denen wir eingangs des Lebens bestehen, überlebt auf dem Weg zur erwachsenen Identität oft nur eine: das verwertbare Arbeitswesen. Peter Brückner hat diese Erfahrung in seinem autobiographischen Buch *Das Abseits als sicherer Ort* so ausgedrückt: »Eines Tages schwindet unser Vertrauen in das ›Verschieden‹, das wir sind; das offene Gelände, unser Atlantis, versinkt.«

Wir leben in einer Kultur, in der, wer als Mensch ernstgenommen werden will, sich als Kind zum Verschwinden bringen muss. Wir werden als Viele geboren und sterben als Einer. Das vor allem bedeutet in dieser Gesellschaft *Identität*.

Anlässlich seines sechsunddreißigsten Geburtstages notierte Eugène Ionesco in sein Tagebuch: »Ich kann mir nicht erklären, wie ich es zulassen konnte, dreißig, fünfunddreißig, sechsunddreißig Jahre alt zu werden.

Ich begreife nicht, wie ich an mich halten konnte, um nicht den Versuch zu unternehmen, diese Katastrophe zu verhindern. Ist das im Schlaf über mich gekommen, war ich bewusstlos? Hat man mich betrunken gemacht? Umgekehrte Metamorphose: Ich werde zur Raupe. Wohin ist wohl derjenige verschwunden, der ich war, der ich noch sein muss, das zarte Kind, das neue Wesen, ja der Heranwachsende, der noch etwas von seiner Kindheit bewahrte? Wohin bin ich verschwunden? ... Wie hat der liebe Gott zulassen können, dass so etwas aus mir wird! Ich stecke in der Haut eines andern, in den Häuten und den Hautfalten eines andern. Ich habe diese Erfahrung gemacht: Man kann ein anderer werden. Das mag absurd scheinen. Mir bleibt nur das Bedauern, ein anderer zu sein. Und dieses Bedauern macht, dass ich noch immer ich selbst bin oder das Kind, das ich war, das ich bin, oh, meine Farben, die Farben der Welt, mein anderer Himmel, meine andere Welt, meine anderen Meere, mein Kontinent von ehemals!

Alles hat sich verflüchtig. Ich bin auf einem anderen Planeten, ich gleiche einem Wesen von einem anderen Planeten, ich war ein Mann, ein Kind – und eine böse Fee oder ein übler Zauberer hat mich in einen Bären, in ein Wildschwein, in ein Krokodil verwandelt. Weshalb hat er mich so bestraft? Vielleicht, weil ich an den Nägeln kaute oder in der Nase bohrte. Die Strafe ist unverhältnismäßig hart. Es ist ein Irrtum, ein Alptraum, ich will wieder ich selbst werden, ich bin das Kind ... Was tun? Ich ringe die Hände, ich weine, ich heule, vergeblich. Sie sind wirklich bösartig...!

Fern von uns die Gestirne, das unendliche Himmelsblau, die grenzenlose Freude, das Fest.«

Wie viele Vertreter der künstlerischen Avantgarde erlebt Ionesco das Erwachsenwerden nicht nur als Reifung, sondern als Wunschvernichtung, Icheinschränkung und Verinnerlichung von Repression. Unnachahmlich prägnant hat Martin Walser das Resultat der Selbstentfremdung in den Satz gefasst: »Von allen Stimmen, die aus mir sprechen, ist meine die schwächste.«

Dialektik der Identität

»Was bloß identisch ist mit sich, ist ohne Glück«, lautet ein Satz Adornos, der gewissermaßen in Pillenform alles enthält, was es zum Thema Identität zu sagen gibt. Das unscheinbare Wörtchen »bloß« in ihm verweist darauf, dass es einen dialektischen Gegen-Satz gibt, der lauten könnte: Was bloß nicht-identisch ist mit sich, ist ohne Glück. Auf der bisher von mir betonten Seite dieses widersprüchlichen Zusammenhangs erscheinen die Verluste an Lebendigkeit und Glück, die der mit sich identische Mensch erleidet. Die andere Seite ist die: Wir benötigen als Menschen eine psychische Struktur. Als *Menschen*? Ich muss einschränkend sagen: Als Menschen, wie sie die Vorgeschichte, die eine Abfolge von klassengespaltenen Herrschaftskulturen gewesen ist, hervorgebracht hat. Wie wahrhaft freie Menschen beschaffen sein werden und was sie benötigen, können wir nicht wissen. Noch eine Einschränkung: Unser Bild vom Menschen und das, was wir unter Identität verstehen, ist weitgehend männlich geprägt. Aus weiblicher Perspektive wird sich die Geschichte der Identität als Kolonialgeschichte darstellen: Das von Freud als »dunkler Kontinent« gefasste Weibliche wurde mit männlichen Ich-Kolonien überzogen. Die Frau galt als auf den Mann bezogenes, relatives Wesen und hatte ihm den Rücken freizuhalten. In schockierender Offenheit bekennt Jean-Paul Sartre im Gespräch mit Simone de Beauvoir: »Was mich im Grunde an Frauen interessierte, war, meine Intelligenz wieder mit Sensibilität zu durchtränken.« Der Mann, der auf der Jagd nach Erfolg einen Teil seiner Sensibilität eingebüßt hat, beansprucht die Sensibilität und Sinnlichkeit der Frau.

Horkheimer und Adorno haben in der *Dialektik der Aufklärung* das Gewaltsame männlicher Identitätsbildungsprozesse hervorgehoben: »Furchtbares hat die Menschheit sich antun müssen, bis das Selbst, der identische, zweckgerichtete, männliche Charakter des Menschen geschaffen war, und etwas davon wird noch in jeder Kindheit wiederholt. Die Anstrengung, das Ich zusammenzuhalten, haftet dem Ich auf allen Stufen an, und stets war die Verlockung, es zu verlieren, mit der blinden Entschlossenheit zu seiner Erhaltung gepaart.«

Die Kosten des Identitätsprinzips bestehen in Ausgrenzungen. Das Gros der Gewalt ist bis heute männlich und dient der Aufrechterhaltung und Absicherung dieser Ausgrenzungen.

Für den bis heute vorherrschenden Menschentypus, der ein Noch-nicht-Mensch ist, gilt: Ganz ins Offene gestellt, droht er sich zu verlieren und »verrückt« zu werden. Sogar Eichendorffs Taugenichts kennt diese Angst: »Da kam mir die Welt auf einmal so entsetzlich weit und groß vor und ich so ganz allein darin, dass ich aus Herzensgrunde hätte weinen mögen.« Gleich darauf fängt er sich wieder und der Leichtsinn kehrt zurück. Die Auflösung der Ich-Grenzen, die Identitätsdiffusion, gehört zu den schlimmsten Erfahrungen, die ein Mensch machen kann. Manch einem scheint es leichter, sein Leben aufzugeben als seine Identität. Wir brauchen Begrenzungen im Raum und Markierungen in der Zeit. Wir brauchen so etwas wie Identität, etwas, das unseren Trieben Dauer und Form gibt. Aus uns muss eines Tages *einer* werden, wir können nicht im anfänglichen Stadium der Nicht-Integration verharren. Wir müssen die Phase der fließenden und neugierigen Unentschiedenheit und der prinzipienlosen Suche nach Lust hinter uns lassen und uns auf den Weg der Reifung und des Erwachsenwerdens begeben. Wenn wir nur genauer wüssten, wie man die *Einheit der Person* produzieren kann, ohne die oben beschriebenen Folgen des Verlustes der Erfahrungs- und Glücksfähigkeit.

Nietzsche hat die Dialektik dessen, was später als Identität gefasst wird, früh erkannt und in der *Fröhlichen Wissenschaft* so beschrieben: »Dagegen hasse ich die dauernden Gewohnheiten und meine, dass ein Tyrann in meine Nähe kommt und dass meine Lebensluft sich verdickt, wo die Ereignisse sich so gestalten, dass dauernde Gewohnheiten daraus mit Notwendigkeit zu wachsen scheinen: zum Beispiel durch ein Amt, durch ein beständiges Zusammensein mit denselben Menschen, durch einen festen Wohnsitz, durch eine einmalige Art Gesundheit. Ja, ich bin allem meinem Elend und Kranksein, und was nur immer unvollkommen an mir ist – im untersten Grunde meiner Seele erkenntlich gesinnt, weil dergleichen mir hundert Hintertüren lässt, durch die ich den dauernden Gewohnheiten entrinnen kann. – Das unerträglichste freilich, das eigentlich Fürchterliche, wäre mir ein Leben ganz ohne Gewohnheiten, ein Leben, das fortwährend die Improvisation verlangt – dies wäre meine Verbannung und mein Sibirien.«

Identität ist einerseits ein Gefängnis, andererseits brauchen wir ein Gerüst, an dem wir uns entlanghangeln und orientieren können. Beides stimmt, und aus diesem sich verfilzenden Zusammenhang findet man nur heraus, wenn man die Kraft für eine lebenslange Balancearbeit aufbringt und der Versuchung widersteht, Ordnung durch Weglassen zu schaffen. Die Kunst bestünde darin, eine Balance zu finden »zwischen dem erstarrten und dem rasenden Affekt«, wie es der Psychoanalytiker

Bernd Nitzschke ausgedrückt hat. Dazu würde die Fähigkeit gehören, den gesellschaftlich geforderten Zwang, eine einheitlich und geschlossene Persönlichkeit und eine darauf beruhende Vernunft hervorzubringen, vorübergehend außer Kraft setzen und sich, wie es bei Nietzsche heißt, »auf Zeiten verlieren« zu können. Auf dieser Basis könnte sich die Identität eines nicht-faschistischen Bürgers herausbilden, der nicht genötigt wäre, seine verdrängten Triebregungen auf andere zu projizieren und an ihnen zu verfolgen. Jeder starren Identität wohnt eine Tendenz inne, sich gegen andere Identitäten gereizt und streitbar abzugrenzen und im Sinne des »Narzissmus der kleinsten Differenz« (Sigmund Freud) an der Grenze zur Nachbaridentität die Unterschiede stark zu betonen. Dieser nicht-faschistische Bürger besäße eine dialektische Identitätsstruktur, die man hegelianisch als »Identität von Identität und Nichtidentität« fassen könnte. In einem emphatischen Sinne reife, dialektische Ich-Funktionen würden ihn instand setzen, Ambivalenzen und Differenzen zu ertragen und nicht lösbare Widersprüche in ihrer Widersprüchlichkeit prüfend bestehen zu lassen. Seine Identität wäre die widersprüchliche Einheit des Vielen, eine lebendige Instanz, durch deren Balancearbeit das psychische mit dem gesellschaftlichen und das gesellschaftliche mit dem psychischen Leben vermittelt wird. Identität wäre also eher die Kontinuität der Brüche, als etwas, das ein für allemal bleibt, was und wie es ist. Franz Fühmann hat den »gestockten Widerspruch« dieser Form von Identität in seinem Trakl-Buch *Vor Feuerschlünden* so beschrieben: » … doch Kontinuität liegt ja schon in der Person: der sich da wandelt, bleibt auch er selbst; eben: *nur* auch; aber: *doch* auch.«

Die Verfechter eines starren Identitätszwangs erinnerte Lothar Baier in seinem Essay *Unlust an der Identität* zu Recht daran, dass »die wahre Identität früh genug und ganz von allein kommt, und zwar mit dem Tod. Dann ist der Prozess Mensch zu Ende, dann ist er glücklich mit sich selbst identisch. Nur hat er nichts mehr davon.« Alle, die an die Möglichkeit eines Lebens vor dem Tod glauben, seien an folgende Sätze Robert Walsers erinnert: »Was gibt es für Gründe, sich auf die Reifheit viel einzubilden? … Vielmehr ist uns, die wir leben, recht viel nette, fröhliche Unreife zu wünschen. Reife ist doch der Zustand vor der Fäulnis.«

Der Schauspieler Daniel Minetti schickte mir nach der Lektüre dieses Textes – als Berliner Beitrag zum Thema »Identität« – ein Gedicht zu, das aus den 1920er Jahren stammt und das sein Großvater Bernhard Minetti immer wieder mit Genuss vorgetragen hat. Es ist mit *Jean de Bourgeois* unterzeichnet und heißt »Icke«:

> Ick sitze da
> und esse Klops,
> uff eenmal klopp's.
> Ick kieke, staune, wundre mir,
> uff eenmal jeht se uff, de Tür.
> Nanu denk' ick, ick denk' nanu,
> Jetzt is se uff, erst war se zu.
> Ick jehe raus und kieke,
> und wer steht draußen? – Icke!

Schlechte Aufhebung

Statt der Geburt eines nicht-faschistischen Bürgers erleben wir gegenwärtig die schlechte Aufhebung des Identitätszwangs und die Herausbildung eines Menschentyps, der den Anforderungen des »flexiblen Kapitalismus« entspricht. Identität und charakterliche Prägungen werden als dysfunktional abgeschafft, weil sie die grenzenlose Fungibilität und Anpassungsfähigkeit der Menschen einschränken. Der »innengeleitete Mensch« (David Riesman), auf den die bürgerliche Gesellschaft über weite Strecken ihrer Geschichte gesetzt hatte, war im günstigen Fall durch Urteilskraft, Bildung, Widerstandsfähigkeit und einen gewissen Eigensinn gekennzeichnet. Heute wird dieser *innengeleitete Mensch* aus dem Verkehr gezogen und durch den flexiblen, *außengeleiteten* Menschen ersetzt, dessen Lebensgestaltung darauf reduziert werden soll, sich wie Taumelkraut wechselnden Marktwinden zu überlassen und sich den Imperativen des Marktes willenlos und fatalistisch zu beugen. Es herrscht eine durch und durch ökonomistische Denkweise: Die Menschen sollen »wie Trabanten die Sonne des Kapitals umkreisen«, wie Oskar Negt es ausgedrückt hat. Sie sollen nirgends mehr Wurzeln schlagen, ihr Herz an nichts hängen. Stabile Bindungen an Orte und Menschen gelten als eine Art von Behinderung. Rimbauds einst skandalöse Behauptung, »Ich ist ein anderer« gehört heute zur psychischen Grundausstattung des zeitgenössischen Subjekts und könnte von jeder Internetfirma als Werbeslogan verwendet werden. Der »flüssigen Moderne« (Zygmunt Bauman) entspricht eine fluide psychische Struktur der Individuen, Ich-Schwäche ist zeitgemäß und funktional. Der neue Sozialcharakter erinnert an den Axolotl, eine Art Lurch, der in Mexico beheimatet ist und dessen Besonderheit darin besteht, dass er nie richtig erwachsen wird, sondern sein ganzes Leben in einem Zwischen- und Schwebezustand verbringt. Der späte Kapitalismus bringt ein gefräßiges, ungeduldiges, auf seinen Spaß bedachtes Erwachsenen-Kind hervor, das sich genüsslich die Flasche geben lässt und für ständige Veränderungen offen ist. Widerstand ist von ihm schwerlich zu erwarten, denn Menschen, die über keine innere Vorratshaltung und Erinnerung verfügen, können keine Vorstellungen von dem entwickeln, wie es sein sollte und wie es anders sein könnte. Der Konjunktiv verschwindet aus ihrem reduzierten Sprachschatz, sie drohen vollkommen »in die Funktionale« zu rutschen, wie es bei Brecht heißt.

Linke als Modernisierungsgehilfen

Die 68er-Bewegung ist, ohne es zu wollen, zum Vorreiter der flüssigen Phase der kapitalistischen Moderne geworden. Sie hat – ihre eigenen hochfliegenden sozialistischen Ziele verfehlend – Entwicklungen angeschoben, die historisch ohnehin auf der Tagesordnung standen und so zur Modernisierung archaisch verfasster gesellschaftlicher Teilbereiche beigetragen. Hans-Peter Duerr hat dazu angemerkt: »Paradoxerweise hat eben jene Linke, die in den sechziger Jahren für eine Gesellschaft gekämpft hat, in der Sehnsüchte und Lüste ungezügelt ausgelebt werden dürfen, eigentlich ahnungslos für den Klassenfeind gearbeitet. Hegel hätte gesagt, der kapitalistische Profitgedanke hat sich dieser Alternativbewegung bedient, um zu sich selber zu kommen.«

Wie oft in der Geschichte des Sozialismus vertrat die neue Linke gegen das Bürgertum dessen eigene fortgeschrittenere Phase und verhalf diesem so zu einer fälligen Modernisierung seiner Herrschafts- und Ausbeutungsmethoden. Sie machte sich, wie Adorno früh bemerkte, »zum Sprachrohr der schlechteren Welt gegen die schlechte«. Dass Linke für die Aufhebung des Tanzverbots am Karfreitag eintreten und sogenannte Nachttanzdemos veranstalten, trägt dazu bei, die letzten Barrieren abzuräumen, die dem »hündischen Kommerz« (Friedrich Engels) noch gesetzt sind und liefert ein Beispiel für das Einrennen offener Türen. Ein anderes ist die Teilnahme großer Firmen an der Berliner *Christopher Street Day*-Parade. Die Linke hat dem Kapital beigebracht, dass das Festhalten an tradierten Geschlechterrollen dumm und geschäftsschädigend ist. Diesen Typus der Kritik hat Adorno »realitätsgerechte Empörung« genannt: »Realitätsgerechte Empörung wird zur Warenmarke dessen, der dem Betrieb eine neue Idee zuzuführen hat.«

Gegen die Gesellschaft des konsumistischen Hedonismus hat Adorno letztlich Recht behalten, als er darauf hinwies, dass »asketische Ideale heute ein größeres Maß an Widerstand einschließen« als das »sich Ausleben« gegen die Repression. Die gegenwärtige Gesellschaft leidet nicht an einem Übermaß an Hemmungen, sondern daran, dass sie gar keine mehr kennt. Angesichts der beschriebenen Tendenzen zur Selbstzerstörung bürgerlichen Verkehrs und kapitalkonformen Abschaffung von Identität nimmt das Festhalten an ihr beinahe rebellische Züge an. Dialektische Identität und Ich-Stärke könnten zu Kampfbegriffen gegen eine Gesellschaft werden, die auf den allseits anschlussfähigen und kompatiblen Menschen setzt.

Dennoch sollten wir, solange rechte Populisten den verstörten und verunsicherten Menschen eine »nationale Identität« als Lösung anpreisen, an unserer Kritik am Identitätsprinzip festhalten und nicht müde werden darauf hinzuweisen, dass die Idee nationaler Identität in der Regel mit dem Phantasma der ethnischen Reinheit verknüpft ist, in deren Namen die schlimmsten Barbareien begangen wurden und werden.

ETHNOLOGIE DES INLANDS

Falsches Heldentum

Im Rahmen der Leipziger Buchmesse 2018 erhielt Asne Seierstad den Buchpreis für europäische Verständigung, mit dem sie in erster Linie für ihr Buch »Einer von uns« ausgezeichnet wurde. Dabei handelt es sich um eine Langzeitrecherche über die Anschläge des Norwegers Anders Breivik im Jahr 2011. In Leipzig erzählte sie exemplarisch die Geschichte eines Mädchens, das auf der Insel Utoya seine Sommerferien verbrachte, als Breivik an Land stieg und sein Gewehr entsicherte. Im Artikel des Feuilletons der *Süddeutschen Zeitung* wird die Schilderung von Frau Seierstad wie folgt wiedergegeben: »Als junge Aktivistin habe es gelernt, dass nur die besten Argumente des Gegners überzeugten. Das Mädchen habe Rhetorikkurse besucht und gelernt, wie man überzeugt, wie man eine Diskussion gewinnt. Als es gesehen habe, wie Breivik ihre Freunde tötete, sei es auf ihn zugegangen und habe gesagt: ›Das dürfen Sie nicht, Sie müssen aufhören zu schießen. ›Breivik‹, so Seierstad, ›hob seine Waffe und schoss eine Kugel durch ihr Gehirn‹. Schon als Andenken an dieses ›ungeheuer mutige Mädchen‹ dürfe man die Ideen, für die sie stand, nicht aufgeben.«

Das Verhalten dieses Mädchens war vielleicht auch mutig, aber es war vor allem ungeschickt, um nicht zu sagen dumm. Wann wäre je ein Wahn vernünftigen Argumenten gewichen? Wer den Leuten beibringt, man könne einen Amoklauf mit vernünftigen Argumenten und dem Hinweis auf Menschenrechte stoppen, macht sich mitschuldig an vielleicht vermeidbaren Todesfällen wie diesem. Das Mädchen hätte versuchen sollen, sich irgendwo zu verstecken oder sich tot zu stellen, statt dem Amokläufer tolldreist die Stirn zu bieten. Wer einem Amokläufer in der Phase seines mörderischen Wütens begegnet, hat kaum eine Chance, mit dem Leben davonzukommen. Das Aufeinandertreffen mit einem Schießwütigen ist keine Übung in einem Debattier-Club, wo man lernt, wie man Diskussionen »gewinnt«.

Ende der 1990er Jahre hielt Wilhelm Genazino eine Rede vor saarländischen Abiturienten, in der er sie eindringlich vor Dummheiten wie der von Seierstad als Mut gepriesenen warnte: »Ich wiederhole meinen Rat. Widerstehen Sie den gedankenlosen Aufforderungen einiger Politiker, ein Held zu werden. Betätigen Sie sich nicht als antifaschistischer Nahkämpfer. Sie ziehen den Kürzeren dabei und werden selbst verletzt, das kann niemand wollen.« Die direkte Konfrontation mit Rechtsradikalen und anderen Gewalttätern solle man der Polizei und anderen im Umgang mit körperlicher Gewalt geübten Leuten überlassen.

Wer Werbung für Handlungen wie die des jungen Mädchens auf Utoya betreibt, verdient keinen Preis für Verständigung, sondern sollte wegen Verantwortungslosigkeit und Fahrlässigkeit kritisiert werden. Überhaupt sollte uns in einer demokratischen Gesellschaft jede Heldenverehrung suspekt sein. Wo Helden verehrt werden, ist irgendetwas faul. Vergessen wir niemals Ernst Tollers Satz, für den die Nazis ihn gehasst haben: »Das Heldenideal ist das dümmste aller Ideale.«

Der kurze Frühling der Anarchie

Zur Geschichte der bayerischen Räterepublik

> »Die soziale Revolution ist noch nicht fertig; wer eine Revolution zur Hälfte vollendet, gräbt sich selbst sein Grab.« *(Georg Büchner)*

Wann immer in den Wochen der Sondierungsgespräche und Koalitionsverhandlungen der bayerische Ministerpräsident Horst Seehofer zu sehen war, der in der neuen »GroKo«-Regierung Minister für Inneres, Bauen und Heimat werden soll, dachte ich: »Weiß der Seehofer überhaupt, wem er dieses Amt verdankt und auf wessen Schultern er steht?« Der Freistaat Bayern und das Amt seines Ministerpräsidenten sind Früchte der Revolution von 1918. Am 8. November vor 100 Jahren wählte der spontan entstandene Arbeiter-, Soldaten- und Bauernrat Kurt Eisner zum ersten Ministerpräsidenten des Freistaats Bayern, nachdem man am Tag zuvor die 738 Jahre währende Wittelsbacher Dynastie gestürzt und die *Bayerische Republik* proklamiert hatte. Eisner würde sich im Grabe rumdrehen, wenn er erführe, in wessen Hände sein Erbe gefallen ist. Der Umschwung zum Konservativ-Reaktionären deutete sich allerdings schon zu seinen Lebzeiten an, als im Januar 1919 die Bayerische Volkspartei, die Vorläuferin der CSU, als stärkste Kraft aus den Landtagswahlen hervorging. Herbert Achternbusch hat das widersprüchliche Verhalten seiner Landsleute einmal mit den Worten zu beschreiben versucht: »Die Bayern sind Anarchisten, von denen 60 Prozent die CSU wählen.«

»Majestät, gengs' heim, Revolution is!«

Die Revolutionen, die ganz Europa erschütterten, waren ein Produkt des Ersten Weltkriegs. Die alte Welt samt ihrer herrschenden Klassen hatte abgewirtschaftet und war ganz offensichtlich zum Untergang verdammt. Die Menschheit hoffte auf eine Alternative. Den Auftakt bildete die Russische Revolution von 1917, die nach einem bürgerlich-sozialdemokratischen Zwischenspiel mit der Machteroberung der Bolschewiki endete. Die deutsche Revolution begann in Kiel, wo sich am 4. November 1918 die Matrosen weigerten, sich in einem verlorenen und sinnlosen Krieg verheizen zu lassen. Das war das Fanal: In ganz Deutschland artikulierten die Massen ihren Unmut über den noch immer fortdauernden Krieg und die miserable Ernährungslage. Sie forderten den Sturz der Militärherrschaft und der Monarchie. Schon Anfang des Jahres 1918 hatte es landesweite Streiks gegeben, an denen sich über eine Million Arbeiterinnen und Arbeiter beteiligten. Ihre Hauptforderung, die auch der Schlachtruf der Bolschewiki gewesen war, lautete: »Frieden und Brot!« Regierung und Militär gingen mit aller Härte gegen die Streikenden vor, und so gelang es, das revolutionäre Potenzial noch einmal einzudämmen. In München hatte Kurt Eisner, der sich nach langer Mitgliedschaft und Funktionärstätigkeit in der SPD 1917 der USPD angeschlossen hatte, die Streiks der Metall- und Munitionsarbeiter organisiert. Der USPD fiel wegen ihrer kritischen Haltung zum Krieg, die sie zur Abspaltung von der SPD veranlasst hatte, in der Antikriegsbewegung eine Führungsrolle zu. Eisner wurde Ende Januar verhaftet und blieb bis kurz vor Kriegsende in Untersuchungshaft. Die bayerische Revolution begann am Donnerstag, dem 7. November mit einer riesigen Friedenskundgebung auf der Theresienwiese. Es war der erste Jahrestag der Russischen Revolution, deren Strahlkraft ungebrochen war und die den Nachweis erbracht hatte, dass man die Welt verändern kann, wenn man die nötige Entschlossenheit mitbringt. Zu den circa 60.000 Menschen auf der Theresienwiese sprachen der Mehrheitssozialdemokrat Erhard Auer und Kurt Eisner für die USPD. Nachdem Auer, der sich den Behörden gegenüber für einen friedlichen und harmlosen Ablauf der Veranstaltung verbürgt hatte, mit einer kleinen Gefolgschaft abgezogen war, folgten die Massen Eisner in die Stadt. Sie sind sich einig, dass nun auch hier in Bayern eine Revolution her muss. Man zog zu den Kasernen, und es gelang das Umdrehen der bewaffneten Macht. Die Soldaten schlossen sich der Revolution an und brachten ihre Waffen mit. Zur selben Zeit befand sich König Ludwig III. auf seinem täglichen Spaziergang durch den Englischen Garten. Ein Arbeiter trat auf ihn zu, lupfte seine Kopfbedeckung und sagte zu seinem Noch-Staatsoberhaupt: »Majestät, gengs' heim, Revolution is!« Ludwig ging tatsächlich heim, ließ packen und anspannen und zog sich mit der königlichen Familie auf irgendein Schloss im Hinterland zurück.

Die Republik wurde ausgerufen und Eisner zum Ministerpräsidenten ernannt. Eine Woge der Begeisterung und Entschlossenheit trug Eisner in dieser Nacht an die Macht. Die Stadt vibrierte vor Spannung und revolutionärer Euphorie, Straßen, Plätze, Kneipen und Bierkeller waren voller diskutierender und jubelnder Menschen, rote Fahnen wurden geschwungen, niemand wollte nach Hause gehen. Kurzum, es war Revolution. Bevor Eisner sich endlich niederlegen kann, sagt er: »Ist es nicht etwas Wunderbares? Wir haben eine Revolution gemacht, ohne einen Tropfen Blut zu vergießen! So etwas gab es noch nicht in der Geschichte.«

Sogar der Dichter Rainer Maria Rilke verließ seinen Schreibtisch und mischte sich, von der Unruhe mitgerissen, unters Volk. Ihm verdanken wir einen Bericht über eine Versammlung im Hotel Wagner, an der auch der aus Heidelberg angereiste Max Weber teilnahm. Rilke liefert uns ein anschauliches und anrührendes Beispiel für die Lebendigkeit und Kreativität, die in der Revolution entbunden werden: »Plötzlich stieg ein blasser junger Arbeiter hinauf, sprach ganz einfach: ›Haben Sie oder Sie, habt Ihr‹, sagte er, ›das Waffenstillstandsangebot gemacht? Und doch müssten *wir* das tun, nicht diese Herren da oben; bemächtigen wir uns einer Funkenstation und sprechen wir, die gewöhnlichen Leute zu den gewöhnlichen Leuten drüben, gleich wird Friede sein.‹ Ich wiederhole das lange nicht so gut, wie er das ausdrückte, plötzlich als er das gesagt hatte, stieg ihm eine Schwierigkeit auf, und mit rührender Gebärde, nach Weber, Quidde und den anderen Professoren, die neben ihm auf dem Podium standen, fuhr er fort: ›Hier, die Herren Professoren, können französisch, die werden uns helfen, dass wirs richtig sagen, wie wirs meinen …‹ Solche Momente sind wunderbar, und wie hat man sie gerade in Deutschland entbehren müssen, wo nur die Aufbegehrung zu Wort kam, oder die Unterwerfung, die in ihrer Art auch nur ein Machtanteil der Untergebenen war.«

»Die Revolution in Bayern verlief anders als im übrigen Deutschland. Anders als in Berlin fiel die Revolution in München nicht von Anfang an in die Hände ihrer Feinde«, heißt es in Sebastian Haffners Buch *Die deutsche Revolution 1918/19*. Zu den Feinden der Revolution gehörten neben den alten Eliten, bestehend aus dem Beamtentum, den Militärs, den Großgrundbesitzern und Schwerindustriellen, auch die Mehrheits-Sozialdemokraten (MSPD). Ihr Vorsitzender Friedrich Ebert verkündete noch vor der Abdankung des Kaisers: »Ich will die soziale Revolution nicht. Ich hasse sie wie die Sünde.« Als am 9. November die Monarchie endgültig zusammenbrach, nahm er die Macht nicht von den Räten entgegen, sondern empfing sie aus den Händen des Prinz Max von Baden, verbunden mit der Aufforderung, dafür zu sorgen, dass »Ruhe und Ordnung bewahrt werden.« Was immer die Vertreter der MSPD im sich am 9. November bildenden *Rat der Volksbeauftragten*, dem zunächst paritätisch auch Vertreter der USPD angehörten, in den kommenden Wochen und Monaten unternahmen: Sie taten es, um dem kaiserlichen Offizierskorps, der Staatsbürokratie und dem Unternehmertum das Überleben zu sichern. Der rechte Flügel der Mehrheitssozialdemokraten, von Friedrich Ebert geführt, hielt das Rätesystem per se für bolschewistisch. Die Mehrheitssozialdemokraten wollten die bürgerliche Welt nicht überwinden, sondern übernehmen; sie wollten eine reine parlamentarische Demokratie, mehr nicht. Um den revolutionären Sozialismus niederzuwerfen arbeitete Ebert eng mit General Groener zusammen, dem Nachfolger Ludendorffs in der Obersten Heeresleitung. Der äußere Ausdruck dieses Verhältnisses war eine geheime Telefonleitung zwischen dem Arbeitszimmer Eberts in der Berliner Wilhelmstraße und der Obersten Heeresleitung in Kassel. Ein Präsident der Räte hätte eine Standleitung zum Zentralrat legen lassen und sein Handeln mit ihm abgestimmt. Das Bürgertum brauchte nur zu warten, bis die Sozialdemokraten die Revolution niedergekämpft hatten, dann würde es aus den Kulissen, hinter denen es sich für eine Weile verbarg, wieder hervortreten. Vom großen marxistischen Historiker Arthur Rosenberg ist zu lernen, dass die Weimarer Republik letztlich an dem unappetitlichen Bündnis von Sozialdemokratie, Reichswehr und rechtsextremen Freikorps zugrunde ging, das 1918/19 gegen die revolutionären Bestrebungen geschmiedet wurde. Es verhalf den alten vor- und antidemokratischen Kräften und Eliten zur Wiederauferstehung, von denen schließlich auch die Sozialdemokratie verschlungen wurde. In den nationalsozialistischen Lagern trafen sich alle Linken wieder.

Ein Tagebuch der bayerischen Revolution

Doch zurück nach München. Als Tankred Dorst zum 50. Jahrestag der Revolution in Bayern ein Theaterstück schrieb und parallel dazu ein Suhrkamp-Bändchen mit dem Titel *Die Münchner Räterepublik* herausgab, hieß es im Nachwort des Historikers Helmut Neubauer: »Die Geschehnisse in Bayern vom November 1918 bis zum Mai 1919 warten noch auf ihren Geschichtsschreiber.« Zum 100. Jahrestag hat sie ihn gefunden. Im Dezember 2017 erschien im Münsteraner *Unrast-Verlag* das Buch des Soziologen Simon Schaupp *Der Kurze Frühling der Räterepublik*. Schaupp hat seinem Buch die Form eines Tagebuchs gegeben, das es uns ermöglicht, die Geschichte der bayerischen Revolution chronologisch und aus der Perspektive dreier Menschen zu erleben, die in das Geschehen involviert waren, es mit gestaltet und dann auch erlitten haben. Sie repräsentieren gleichzeitig die drei wichtigsten Strömungen der revolutionären Linken in jenen Tagen: Ernst Toller steht für den radikalen Sozialismus der USPD, die (typischerweise) weitgehend unbekannte Hilde Kramer für die neu gegründete KPD, deren Münchner Ortsgruppe sich am 6. Januar 1919 konstituierte, und Erich Mühsam für den Anarchismus, der nur in der bayerischen Revolution eine nennenswerte Rolle spielte und phasenweise einen großen Einfluss ausübte.

Schaupps Herangehensweise steht in der Tradition einer Geschichtsschreibung »von unten«. Traditionell wurde und wird Geschichte aus der Perspektive der Sieger und der Herrschenden geschrieben, Schaupp schlägt sich auf die Seite der Beherrschten und der Verlierer. Er nähert sich seinem Thema nicht mit der Neutralität eines akademischen Historikers und mit als Objektivität getarnter Standpunktlosigkeit. Schaupp legt die akademische Krawatte ab, wenn er denn überhaupt über eine solche verfügt, und verzichtet auf die im Wissenschaftsbetrieb üblichen Stoßdämpfer. Er ergreift Partei für die Anliegen der RevolutionärInnen. Sein Buch liefert einen Beleg dafür, dass sich das Wesen von emanzipatorischen Bewegungen letztlich nur dem erschließt, der auf die reale Möglichkeit menschlicher Emanzipation setzt. Schaupps Kaleidoskop der bayerischen Revolution stützt sich auf Briefe, Notizen, Texte und Tagebucheintragungen der Akteur/innen. Schaupp lässt uns auf diese Weise teilnehmen an deren Hoffnungen, Sehnsüchten, Befürchtungen und schließlich auch an ihrer Verzweiflung, die auf das Scheitern und die blutige Niederwerfung der Räterepublik folgte. Schaupps Anliegen: Er möchte verhindern, dass »die Möglichkeit des radikal Anderen, für die die Bayerische Räterepublik zweifellos steht«, der Vergessenheit anheimfällt. Es mag sein, merkt der Autor bescheiden an, dass sein Buch wenig neue historische Fakten zutage fördert. Diese Ehre komme zum Beispiel der Studie von Michael Seligmann: »Aufstand der Räte« zu. Schaupps großes Verdienst liegt in der Art und Weise, wie er den Stoff aufbereitet und präsentiert. Das Kollage- und Tagebuchartige macht sein Buch gut lesbar und, wenn dieser Begriff in diesem Zusammenhang erlaubt ist, spannend. Darf ein Buch über eine Revolution nicht spannend sein? Ich würde so weit gehen zu behaupten: Ein Buch über eine Revolution, das nicht spannend ist, taugt nichts. Nicht umsonst hat ein anarchistischer Abenteurer wie Ret Marut als Presse-Kommissar am bayerischen Umsturz mitgewirkt. »Eine Revolution, die nicht ein wenig Abenteuerlichkeit enthält, ist nichts wert. Alles andere ist Ordnung, Gewerkschaft, Sozialdemokratie, Establishment. Das Abenteuer geht immer darüber hinaus«, hat Herbert Marcuse 1968 in einem Interview gesagt. Schaupps Buch ist in diesem Geist geschrieben und genau wegen dieser Qualitäten geeignet, in den Unterricht an Schulen und Universitäten Eingang zu finden. Alle Landes- und Bundeszentralen für politische Bildung sollten es schleunigst ins Programm nehmen und für seine Verbreitung sorgen.

In vielen Gesprächen, die ich in den letzten Wochen im Kontext der Aufführung des Theaterstücks »Hoppla, wir leben!« von Ernst Toller am Gießener Stadttheater geführt habe, ist mir klargeworden, dass die ein Jahrhundert zurückliegenden Ereignisse in Bayern bereits weitgehend in Vergessenheit geraten sind. Die Geschichte der Bayerischen Räterepublik ist auch vielen politisch Interessierten unbekannt und gehört zu den geschichtlichen Ereignissen, die aus der offiziellen Geschichte herausgeschwiegen worden sind. Sie ist ein Teil dessen, was Oskar Negt »unterschlagene Wirklichkeit« genannt hat. »Erzähl uns mal etwas darüber«, wurde ich aufgefordert. Künftig werde ich die Leute auf das Buch von Simon Schaupp verweisen. Warum stützt sich Schaupp bei dem Vorhaben, die Räterepublik dem Vergessen zu entreißen, auf die literarischen Hinterlassenschaften von Menschen, die dem Bürgertum beziehungsweise Kleinbürgertum entstammten? Ganz einfach, weil es keine anderen Quellen gibt und nur sie direkte schriftliche Zeugnisse hinterlassen haben. Arbeiterinnen und Arbeiter, Bäuerinnen und Bauern konnten Anfang des 20. Jahrhunderts oft nicht einmal lesen und schreiben. Und selbst wenn sie es gekonnt hätten, ließ ihnen ein zehnstündiger oder noch längerer Arbeitstag kaum Zeit, Memoiren zu verfassen.

Die Literaten allein, auf diese Feststellung legt Schaupp Wert, hätten die Revolution nicht herbeischreiben können. Die Überschätzung der Rolle der Künstler, Literaten und Bohemiens ist eine Schwäche des beinahe zeitgleich erschienen Buchs von Volker Weidermann, das »Träumer – Als die Dichter die Macht übernahmen« betitelt ist. Bei ihm erscheint die Räterepublik als eine karnevalesk-theatrale Inszenierung von Tagträumern, die ihr Leben in Schwabinger Cafés zubrachten und von Hölderlin und Whitman schwärmten. Der Hauptunterschied, der auf den ersten Blick sehr ähnlich angelegten Bücher: Weidermanns Zugang ist primär ein ästhetischer; er ist fasziniert von der Idee einer Machteroberung durch die Kunst und die Dichter. Schaupps Zugang ist ein politischer. Er entmystifiziert die Legende, es handele sich bei der bayerischen Revolution »ausschließlich um eine Phantasie von Münchner Kaffeehaus-Intellektuellen« und zeigt, dass die revolutionären Intellektuellen sich auf eine Massenbasis von kämpfenden Arbeiterinnen und Arbeitern stützten, die sich in dem, was die Literaten sagten, wiedererkannten. Diese brachten zum Ausdruck, was die Massen fühlten und dachten. Wir haben es hier tatsächlich mit dem seltenen Fall zu tun, dass die Arbeiterinnen und Arbeiter zu den bürgerlichen Überläufern sagen: »Geh du nach vorn und sprich für uns!«, und die solcherart Delegierten das auch tatsächlich taten. Es gehört zu den Qualitäten einer revolutionären Leitfigur, imstande zu sein, auch die stummen Zeichen zu verstehen und sie sprachlich zu artikulieren. In Kurt Eisner besaß die erste Phase der bayerischen Revolution eine solche Figur. Dabei redete er den Leuten nicht nach dem Munde. In einer Rede im Münchner Hotel Trefler im Dezember 1918 sagte er unter dem stürmischen Beifall der Anwesenden, an die Adresse seiner radikalen Kritiker gerichtet, denen Eisner nicht weit genug ging und die verlangten, dass er umgehend die Räterepublik ausrufen solle: »Wenn mich einer vorwärtsdrängen will, den fürchte ich nicht; ich bin allen Drängern voraus, denn ich bin ein Phantast, ein Schwärmer, ein Dichter!« In seiner Zeit als Redakteur beim SPD-Parteiorgan *Vorwärts* hatte er einmal die Aufführung der Neunten von Beethoven vor Proletariern zustande gebracht, wobei im Vorfeld viele Vorurteile des Parteiapparats zu überwinden waren. Eisner selbst beschreibt die Veranstaltung so: »An 3000 Menschen saßen dichtgedrängt im überfüllten, heißen Saal (einer Brauerei), lautlos, in tiefster Andacht um Verständnis sich mühend. Sie hatten alle einen erheblichen Teil ihres Lohnes geopfert, um das Werk endlich einmal hören zu können. Die Veranstaltung war keine wohltätige Volksküchenschenkung bürgerlicher Gönner. Aus eigener Kraft hatten die Arbeiter das Gelingen ermöglicht.« Von Eisners Größe zeugte auch, dass er wenige Tage nach dem 7. November seinen Freund Landauer nach München rief, damit er, wie er an Landauer schrieb, »durch rednerische Betätigung an der Umbildung der Seelen« arbeitete. Er wusste, dass er sich damit einen unbequemen Freund in die Stadt holte, aber wusste eben auch, dass die Revolution ohne »die Erneuerung der Seelen« eine rein äußerliche und damit begrenzte bliebe.

Kurt Eisners Spagat

Bayern war ein überwiegend agrarisches Land, und Eisner wusste, dass die Revolution auf die Unterstützung und das Wohlwollen der Bauern angewiesen war, die sie am ausgestreckten Arm verhungern lassen konnten. Dass Eisner mit dem blinden Bauernführer Ludwig Gandorfer untergehakt Arm in Arm den Demonstrationszug vom 7. November anführte, symbolisierte diese anfangs funktionierende Verbindung von Stadt und Land in der bayerischen Revolution. Gandorfer kam wenige Tage später bei einem Autounfall ums Leben, ein Verlust, der diesem Bündnis einen ersten Knacks versetzte. Eisner versuchte die Quadratur des Kreises, in dem er darauf setzte, die Räte in einer Art Zweikammersystem mit dem aus regulären Wahlen hervorgehenden Landtag zu verbinden. Der Historiker Arthur Rosenberg nannte Eisner nicht ohne Grund den »einzigen schöpferischen Staatsmann der deutschen Revolution«.

Eisner blieben als Ministerpräsident für diesen Spagat 100 Tage, bis ein fanatischer Frühfaschist und Jurastudent namens Graf Arco zu Valley ihn über den Haufen schoss. Kurt Eisner befand sich am 21. Februar 1919 in Begleitung seines Sekretärs Fechenbach auf dem Weg in den Landtag, um seinen Rücktritt vom Amt des Ministerpräsidenten zu verkünden. Dieser Schritt war notwendig geworden, nachdem Eisners USPD bei den am 12. Januar 1919 durchgeführten Wahlen zum bayerischen Landtag lediglich zweieinhalb Prozent der Stimmen erhalten hatte. Zwei Monate nach Eisners triumphalen Einzug ins Wittelsbacher Palais machten die bayrischen Wähler/innen bei den Landtagswahlen die Bayerische Volkspartei, eine Vorläuferin der CSU, zur stärksten Partei, gefolgt von den Mehrheitssozialisten. Eisners Mörder führte ein Bekennerschreiben mit sich, in dem es hieß: »Mein Grund: Ich hasse den Bolschewismus, ich liebe mein Bayernvolk, ich bin ein treuer Monarchist, ein guter Katholik. Über alles achte ich die Ehre Bayerns. Eisner ist Bolschewist. Er ist Jude. Er ist kein Deutscher. Er verrät das Vaterland – also ...«

Neben den politischen Motiven für die Tat des jungen Grafen Arco zu Valley gab es auch private. Er war von der Thule-Gesellschaft ausgeschlossen worden, weil er beim Eintritt in diesen völkisch-nationalistischen Geheimbund seine jüdische Mutter verschwiegen hatte. Er wollte beweisen, schrieb der Begründer der Thule-Gesellschaft, Rudolf von Sebettendorff, später, »dass auch ein Halbjude einer heldischen Tat fähig sei«. Gefährlich werden Leute wie Arco dann, wenn zu den verqueren politischen Motiven aus Kränkungen resultierende private Rachemotive hinzutreten. Daraus entsteht ein hochexplosives Gemisch. Graf Arco wurde von hinzueilenden Soldaten angeschossen, vom berühmten Chirurgen Ferdinand Sauerbruch zusammengeflickt, erst zum Tode, dann zu lebenslanger Haft verurteilt und bald begnadigt. Unter nationalistischen Studenten und in rechten Kreisen stieg Graf Arco zum patriotischen Helden auf. Er bekam einen Direktorenposten bei der Lufthansa und lebte bis 1945.

Arco gehörte bereits zu jener politischen Unterwelt, die später im Nationalsozialismus zur Oberwelt wurde und von ganz Deutschland Besitz ergriff. Die Thule-Gesellschaft war eine Keimzelle des Nationalsozialismus. Spätere Nazi-Funktionäre wie Hans Frank, Alfred Rosenberg und Rudolf Hess gehörten ihr an. Das Erkennungszeichen des Geheimbundes war das von einem Strahlenkranz eingefasste Hakenkreuz, der Gruß der Mitglieder lautete »Heil und Sieg«. Bis zu dem Mord an Eisner war die Revolution weitgehend friedlich von stattengegangen. Mit dieser Tat, die postwendend andere nach sich zog, änderte sich das grundlegend. Die Revolution geriet in gefährliches Fahrwasser.

Doppelherrschaft

Damit endete die zweite Phase der Revolution in Bayern. Bei Schaupp gibt es deren fünf, die auch das Gliederungsprinzip seines Buches abgeben. Phase eins waren die oben erwähnten Streiks im Januar 1918, in denen sich das Kommende anbahnt. Phase zwei wurde durch die Ereignisse im November bestimmt. Es entstand eine Art von Doppelherrschaft, die an die Zeit zwischen der Februar- und der Oktoberrevolution in Russland erinnerte. Die Träger des revolutionären Prozesses waren die in Arbeiter-, Soldaten- und Bauernräten organisierten Massen, die auf eine Ausrufung der Rätedemokratie drängten. Auf der anderen Seite existierten die Institutionen einer bürgerlich-parlamentarischen Demokratie, auf die die alten Eliten und die Mehrheitssozialdemokratie eingeschworen waren. Zwischen diesen beiden Polen der Doppelherrschaft bestand kein ruhiges Gleichgewicht. Für einige Wochen war alles in der Schwebe. Die Waage neigte sich mal der Regierung und dem Landtag, mal den Räten zu. Lange Zeit hatte der populäre Kurt Eisner beides ausbalanciert und einen Ausgleich zu schaffen gewusst. Nach Eisners Ermordung hatte sich der Landtag quasi aufgelöst und die Macht ging auf den Zentralrat über. In diesen entsandten die Räte aus dem ganzen Land ihre Delegierten. Entgegen einem weitverbreitetet Irrtum weist Schaupp darauf hin, dass die Revolution keineswegs auf die Landeshauptstadt beschränkt gewesen ist, sondern auch die Provinz und das sogenannte Hinterland erfasste. Auf dem Höhepunkt der Rätebewegung existierten in ganz Bayern circa 7.000 Räte – angefangen von der betrieblichen und kommunalen Ebene bis hinauf zum in München tagenden Zentralrat, dem obersten Organ der Revolution. Es bilden sich auch autonome Frauenräte. Frauen waren enorm vom Horror des Krieges betroffen und rückten in traditionelle Männerberufe ein. Der Frauenrat forderte »Zentralhaushaltungen« mit vielen Familienwohnungen, in denen Essen, Heizung, Wäsche und vieles andere gemeinsam geregelt werden könnten. Auch Krippen, Kindergärten und Horte sollten an diese Haushalte angeschlossen sein. Ein Künstler-Rat wurde ins Leben gerufen. Die Künstler verfügten über sechs Sitze im Zentralrat der Republik, Eisner wollte ihnen ursprünglich sogar 30 Sitze zusprechen. Sein Sekretär Felix Fechenbach reduzierte ihre Präsenz wegen der übermächtigen Eloquenz der geistigen Arbeiter.

Auf Massenversammlungen wurde mit Nachdruck eine »zweite Revolution« und die Ausrufung der Räteherrschaft gefordert. »Räterepublik!«, das war an die Hauptforderung auf allen Kundgebungen, vor allem nach dem Tod Eisners. Der Sozialismus sollte von unten her, durch die Arbeiter-, Bauern- und Soldatenräte seine menschliche Freiheit gewinnen, überall sollten die Räte zur zukunftsweisenden Einrichtung werden, ein so entstehender *Bund Deutscher Republiken* sollte auf ihnen beruhen. Nicht allen Befürwortern einer Rätedemokratie war indessen bewusst, dass diese auf Dauer nur auf der Grundlage sozialistischer Produktionsverhältnisse, das heißt einer konsequent durchgeführten Sozialisierung der industriellen und landwirtschaftlichen Großbetriebe, existieren kann. Sind diese nicht vorhanden, können Räte nur zeitweise eine Art Doppelherrschaft aufrechterhalten. Sie müssen irgendwann weichen, wo es ihnen nicht gelingt, im hart ausgefochtenen Klassenkampf diese Doppelherrschaft in eine sozialistische Demokratie, das heißt aber in eine Rätedemokratie auf der Basis sozialistischer Produktionsverhältnisse zu transformieren. Verzichtet man auf diese kämpferische Transformation, dann werden die alten Eliten und kapitalistischen Ausbeuter sehr bald die Herrschaft über Staat und Gesellschaft zurückerobern. In diese Richtung zielte bereits die Mahnung Georg Büchners, die er in seinem Stück *Dantons Tod* Robespierre in den Mund legt, und die diesem Text als Motto vorangestellt ist. Eine Entscheidung war also unausweichlich. Sie fiel am 7. April 1919, und damit beginnt nach Schaupp die kurze dritte Phase der bayerischen Revolution.

Ein anarchistisches Zwischenspiel

»Am 21. März schlug die Nachricht von der Ausrufung der Räterepublik in Ungarn wie eine Bombe ein. Die Begeisterung des Proletariats war überschwänglich«, berichtet Erich Mühsam. Da auch in Österreich eine Revolution in der Luft lag, keimte bei manchen Linken die Hoffnung auf eine revolutionäre Achse Bayern – Österreich – Ungarn – Russland, in der sie eine Vorstufe der kommenden Weltrevolution erblickten. Das ungarische Beispiel gab den bayerischen Rätebestrebungen enormen Auftrieb. Eine besondere Dringlichkeit zu handeln ergab sich auch deswegen, weil durchgesickert war, dass am 8. April der nach der Ermordung Eisners auseinandergelaufene Landtag mit seiner bürgerlich-sozialdemokratischen Mehrheit zusammentreten wollte. Ernst Niekisch, der Vorsitzender des Zentralrats war, brachte aus Augsburg von den streikenden Arbeitern die Forderung mit, umgehend die Räterepublik auszurufen. In der Nacht vom 6. auf den 7. April 1919 versammelten sich die Befürworter der Räterepublik und der Zentralrat im Wittelsbacher Palais, um die Proklamation vorzubereiten und die Liste der Volksbeauftragten zu erstellen. Man traf sich im Schlafgemach der geflohenen Königin. Ernst Toller berichtet: »Wo früher Zofen und betresste Lakaien herumwedelten, stapfen jetzt die groben Stiefel von Arbeitern, Bauern und Soldaten, an den seidenen Vorhängen der Fenster des Schlafzimmers der Königin von Bayern lehnen Wachen, Kuriere, übernächtigte Sekretärinnen.« Der bekannte Anarchist Erich Mühsam, der als Delegierter des *Revolutionären Arbeiterrats* anwesend war, brachte sich selbst für das Außenressort ins Spiel, wurde aber von seinem Freund Gustav Landauer zurückgepfiffen. Er sei für dieses Amt einfach zu radikal, und man könne sich nicht vorstellen, dass er Bayern bei den bevorstehenden Friedensverhandlungen mit den Westmächten vertreten könne. Landauer selbst wurde einhellig zum Beauftragten für Volksaufklärung, Erziehung und Unterricht bestimmt. Ihm zur Seite trat der Anarchist Ret Marut, der schon während des Krieges die pazifistische Zeitschrift *Der Ziegelbrenner* herausgegeben hatte und später im Exil unter dem Namen B. Traven ein viel gelesener Schriftsteller wurde. Er sollte in der Räteregierung für die Sozialisierung und Kontrolle der Presse zuständig sein sollte. Ganz im Sinne seines Freundes Landauer verfasste Marut einen Aufruf, in dem es hieß: »Proletarier! Die Presse ist überreif für die Sozialisierung, sie muss befreit werden vom Unternehmer, der Profit machen will. Die Presse muss so frei von Unternehmergewinnen werden wie die Schule. An der Tätigkeit, Wissen und Aufklärung zu verbreiten im Volke, soll kein Kapitalist Geld verdienen. Die Presse soll ein Kulturträger sein und kein Geschäft. Sie soll der Menschheit dienen und nicht der Lüge und Verhetzung. Wahrheitskünderin soll sie sein in den Händen ehrenhafter Geistesarbeiter. Revolutionäre Proletarier, schafft euch diese Presse!« Dem Freigeld-Theoretiker Silvio Gesell, den man ebenfalls dem anarchistischen Lager zurechnete, wurde das wichtige Finanzressort übertragen.

Irgendwann im Laufe der Nacht tauchte eine kleine Delegation der Kommunisten unter Führung von Max Levien in der Versammlung auf und ließ verlauten, dass man von Seiten der KPD eine Mitwirkung ablehne. Die geplante Räterepublik sei eine »Schein-Räterepublik« und könne nicht lebensfähig sein, es fehlten die inneren und äußeren Voraussetzungen; die Arbeiterschaft sei noch nicht reif, die Lage im übrigen Deutschland ausgesprochen ungünstig. Isoliert vom Rest Deutschlands könne eine bayerische Räterepublik auf Dauer nicht überleben. Das Ganze sei eine Finte der Mehrheitssozialisten, die auf ein Scheitern des Projektes spekulierten, um den Rätegedanken zu diskreditieren. Trotz intensiver Bemühungen, die KPD-Leute umzustimmen, blieben diese bei ihrer Weigerung. Mühsam vermutete, dass die Kommunisten die Mitwirkung ablehnten, weil die Räterepublik kein reines Parteiprodukt der KPD sei. Die Bruchlinie zwischen Kommunisten und Anarchisten verdeutlicht folgender Wortwechsel zwischen Max Levien und Erich Mühsam auf einer der zahlreichen abendlichen Versammlungen jener Tage. Levien wirft Mühsam vor: »Sie haben das Volk ins Unglück gestürzt, ohne Kopf!« Und Mühsam kontert: »Mir ist Herz ohne Kopf lieber, als Kopf ohne Herz.«

Da man keine Vertreter der Mehrheitssozialisten in die revolutionäre Räteregierung aufnehmen wollte, trat Ernst Niekisch, der zu diesem Zeitpunkt formell noch Mitglied der SPD war, von seinem Posten als Vorsitzender des Zentralrats zurück. Ernst Toller von der USPD wurde sein Nachfolger und rückte damit in die Position des formellen Staatsoberhaupts. Niekisch war allerdings ohnehin skeptisch, was die Lebensfähigkeit dieser Räterepublik betraf, und hatte sich bei der Abstimmung über die Liste der Volksbeauftragten als einziger der Stimme enthalten. In seiner Autobiographie schrieb er später: »Es war morgens 6 Uhr geworden, ehe die Verhandlungen am Ende angelangt waren. Müde ging ich von der Sitzung ins Hotel. Ich stand unter dem Eindruck, eine politische Groteske miterlebt zu haben.« Der Gedanke an die möglichen schweren Folgen der nächtlichen Beschlüsse bedrückte ihn. Nicht ohne Grund, wie wir noch sehen werden.

Am nächsten Morgen wehte die Rote Fahne auf dem Wittelsbacher Palais, und in ganz München wurden Plakate geklebt, auf denen zu lesen war, dass die Regierung Hoffmann für abgesetzt erklärt und der Landtag per Dekret aufgelöst worden sei: »An das Volk von Baiern! Die Entscheidung ist gefallen. Baiern ist Räterepublik. Das werktätige Volk ist Herr seines Geschicks.« Die Räteregierung nahm sofort ihre Arbeit auf. Ein

Dekret verkündete die Sozialisierung der Presse, ein anderes die Bewaffnung der Arbeiter und die Schaffung einer *Roten Armee*, ein drittes die Beschlagnahme von Wohnraum zur Linderung der Wohnungsnot des Proletariats, ein viertes sollte die Versorgung der Städte mit Lebensmitteln regeln. Die bisherige Regierung unter der Führung des Mehrheitssozialisten Johannes Hoffman floh aus München und zog sich ins konservative Bamberg zurück, wo man sich vom neu gebildeten Freikorps Epp beschützen ließ. Die Doppelherrschaft war also nicht zur Gänze beseitigt worden, sondern dauerte – auf ganz Bayern bezogen – fort. Viel Zeit blieb dieser anarchistisch geprägten Räteregierung nicht, um ihre Ziele umzusetzen. Schon eine Woche später begann die vierte Phase der Revolution.

Die Kommunisten übernehmen

Am Sonntag vor Ostern, dem sogenannten Palmsonntag, sandte die Regierung Hoffmann aus dem Bamberger Exil die *Republikanische Schutztruppe*, die zur persönlichen Sicherheit der Regierungsmitglieder gegründet worden war, nach München, um die Räteherrschaft zu zerschlagen und den Weg frei zu machen für ihre Rückkehr. Sie wollte die Doppelherrschaft auf ihre Weise beenden. Das Vorbild Hoffmanns war Reichswehrminister Noske, der im Januar in Berlin im Bündnis mit reaktionären Freikorpsverbänden den Spartakusaufstand blutig niedergeworfen und die auch dort existierende Doppelherrschaft zugunsten der Mehrheitssozialdemokraten und der bürgerlichen Republik beendet hatte. In München kam es am 13. April rund um den Bahnhof zu heftigen Kämpfen, bei denen es 17 Tote und mehr als 100 Verletzte gab. Es gelang den bewaffneten Arbeitern und Räteanhängern schließlich, den Putschversuch niederzuschlagen, auch weil der größte Teil der in München stationierten Truppenverbände sich dem Umsturzversuch nicht angeschlossen hatte und zur Räteregierung stand. Man hatte allerdings nicht verhindern können, dass Erich Mühsam und andere Vertreter der Räterepublik festgenommen und mit einem Sonderzug nach Ebrach ins dortige Zuchthaus transportiert wurden. Es ist eine Ironie der Geschichte, dass Erich Mühsam dieser Verhaftung sein einstweiliges Überleben verdankte. Den zwei Wochen später einsetzenden weißen Terror hätte er wahrscheinlich nicht überlebt. So blieben ihm noch fünfzehn Jahre.

Die Kommunisten, die sich unter dem Kommando des ehemaligen Matrosen Rudolf Egelhofer tatkräftig an der Niederschlagung des Putschversuchs beteiligt hatten, hielten es nun für angezeigt, die in ihren Augen unfähige anarchistische Räteregierung zu entmachten und eine rein kommunistische Räterepublik auszurufen. Romantische, pazifistische Schöngeister könne man sich an der Spitze der Räterepublik nicht mehr leisten. Die KPD-Führung hatte mit Eugen Leviné einen ihrer fähigsten Strategen von Berlin nach München entsandt. Sebastian Haffner behauptete, Leviné habe »das Zeug zu einem deutschen Lenin oder Trotzki« gehabt. Nach dem Bericht seiner Frau hatte Leviné das russische Beispiel vor Augen, wo eine entschlossene Gruppe von disziplinierten Revolutionären die Doppelherrschaft der Kerenski-Zeit zu ihren Gunsten beendete. Leviné übersah bei dieser Analogie, dass Lenin und die Bolschewiki 1917 über eine Massenbasis verfügten, die die KPD und die gesamte Linke spätestens nach dem Eisnermord in Bayern nicht mehr besaß.

Die Massen hatten sich 1918 die Beendigung des Krieges und der Monarchie gewünscht; beides hatten sie jetzt und so waren sie's einigermaßen zufrieden. Mit Sozialismus hatten sie, salopp gesagt, nichts am Trachtenhut, schon gar nicht mit einem Industriearbeiter-Sozialismus à la KPD. Da wurden bei der Landbevölkerung Enteignungsängste wachgerufen, die von der bürgerlichen Presse nach Kräften geschürt wurden. Auf einmal hatten viele Bauern Angst, dass ihnen die »hergelaufenen Kommunisten« ihre Höfe und ihr Kleineigentum wegnehmen. Chancen hätte vermutlich eher ein mutualistischer Sozialismus à la Landauer gehabt. Er plädierte für eine Gesellschaft der gegenseitigen Hilfe, die auf Konsum- und Produktionsgenossenschaften basiert, in denen eine neue Lebensweise praktiziert werden sollte. Im überwiegend agrarischen Bayern hatten sich hier und da noch althergebrachte Verkehrs- und Produktionsweisen durchgehalten, in denen nach Landauer »Keime und Lebenskristalle auch der kommenden sozialistischen Kultur« steckten. An diese Überbleibsel vorkapitalistischer Lebens- und Arbeitsformen hätte eine sozialistische Alternative anknüpfen können und müssen. Landauer wollte genau das versuchen, die KPDler mit ihrem marxistischen Schematismus der gesellschaftlichen Entwicklung im Kopf hatten dafür kein Sensorium und hielten das für weltfremde Spinnerei.

Leviné hatte bei seiner Ankunft in München am 10. März eine siebenköpfige KPD-Gruppe vorgefunden, die er innerhalb weniger Tage und Wochen in eine zwar immer noch recht kleine, aber straff geführte und schlagkräftige Parteiorganisation verwandelte. Eugen Leviné und Max Levien gaben der zweiten, kommunistischen Phase der Räterepublik ihr Gepräge. Egelhofer wird zum Münchner Stadtkommandanten und wenig später zum Anführer der aus Soldaten und Arbeitern bestehenden »Roten Armee« berufen. Jetzt plötzlich stellten die Kommunisten ihre eine Woche zuvor vorgetragenen Bedenken zurück und waren bereit, die Verantwortung und die Macht zu übernehmen. Sie argumentierten in etwa so: »Wir können uns nur an einer Räterepublik beteiligen, die von Räten proklamiert wird. Und auch dann nur in dem Fall, wenn die Mehrheit der Räte-Vertreter Kommunisten sind. Kommunist kann nur sein, wer Mitglied der KPD ist. Also ist es völlig legitim und richtig, wenn die KPD die Macht an sich reißt!« Man kann es auch so ausdrücken: Um authentisch zu sein, musste die Revolution Parteiprodukt sein und ihrer Kontrolle unterliegen. Alles, was nicht von ihr ausgeht, verneint oder unterdrückt sie. Im Übrigen war auch Lenin der Ansicht, dass die Räte der Anleitung und Kontrolle durch eine straff geführte Partei bedurften. Spontaneität misstraute er zutiefst. Das Verhältnis der Bolschewiki zur den Sowjets war taktisch geprägt. Sobald ihnen die Räte zur Macht verholfen hatten, begannen sie damit, sie zu zerschlagen. Genauso erging es den russischen Anarchisten. Solange der Bürgerkrieg tobte, setzte man auf ihre Kampfkraft und versuchte, sich ihrer zu bedienen, sobald die Bolschewiki fest im Sattel saßen, kerkerte man sie sie ein oder brachte sie um. Eine gewisse Anarcho-Phobie war sowohl der alten Sozialdemokratie als auch dem Bolschewismus eigen. Parteien haben Angst vor unkontrollierten, ungeplanten, in ihrem Ausgang ungewissen Aktionen und der Selbsttätigkeit der Massen. Mit dem Begriff Revolution verbanden ein Sozialdemokrat alten Schlages und sein kommunistischer Nachfahre das Beharren auf Ordnung und Disziplin. Beide wollten ja am Typus der Industrialisierung nichts ändern, nur neue Verfügungs- und Kommandostrukturen einführen. Lenins Ziel: »Die gesamte Gesellschaft wird ein Büro und eine Fabrik mit gleicher Arbeit und gleichem Lohn sein.« Den Weg zur Revolution konnten Kommunisten sich nur über bestimmte Typen stabiler, disziplinierender Organisationen mit Strukturen von Befehl und Gehorsam denken. Immer muss erst Ordnung herrschen, bevor Revolution sein kann, und auch danach muss schnell wieder Ordnung einkehren. Wer sich der neuen Ordnung nicht unterwirft, der muss notfalls mit Gewalt eines Besseren belehrt werden. Ret Marut war einer der ersten, der das begriff. Für ihn waren die Kommunistische Partei und die Sozialdemokratie auf demselben Holz gewachsen. Früher oder später würden die Kommunisten ihre linke Opposition ebenso verfolgen, »wie die Kommunisten heute von den Sozialdemokraten verfolgt werden«. Ret Marut und Gustav Landauer ahnten mit der Sensibilität und geschärften Wahrnehmung der Anarchisten bereits, was Milan Kundera nach seinen Erfahrungen mit dem zum Stalinismus mutierten Bolschewismus so ausgedrückt hat: »Gegen die düster dreinblickenden Priester, die sich im Marxismus eingeigelt haben wie in einer kalten Burg, berief ich mich darauf, dass nur jener Kommunist sein sollte, der die Menschen liebt.«

Levien und Leviné stammten aus Russland, hatten dort gegen den Zarismus gekämpft und Jahre in Gefängnissen und in der Verbannung verbracht. Das große Werk der russischen Revolution und die Bekanntschaft mit dem Genossen Lenin verlieh ihnen einen beinahe magischen Glanz und ihren Worten eine unerschütterliche Autorität. Ernst Toller berichtete, dass selbst erfahrene deutsche Kommunisten wie geblendet auf sie starrten, und der Satz »In Russland haben wir es anders gemacht« jeden Beschluss umwarf. Landauer bot der neuen Räteregierung seine weitere Mitarbeit an, wurde aber von den Kommunisten als Anarchist und Tagträumer zurückgewiesen. Toller durfte bleiben, wurde aber als Abschnittskommandant dem KP-Mann Egelhofer unterstellt. Die neue Räteregierung rief den Generalstreik aus, der zum Aufbau der *Roten Armee* genutzt werden sollte. Viel Zeit verblieb ihr nicht, die weißen Truppen waren bereits im Anmarsch. Die neue Räteregierung hatte keine Gelegenheit, ihre Macht zu konsolidieren. Es begann die fünfte und letzte Phase der Räterepublik, die Phase des »Weißen Terrors«.

Die Konterrevolution

Nach dem Scheitern des Palmsonntagsputsches, für den im Übrigen Krupp und andere Industrielle großzügig gespendet hatten, wandte sich Hoffmann von Bamberg aus hilfesuchend an die Reichsregierung in Berlin und bat Noske um militärische Unterstützung gegen die Räteherrschaft in der bayerischen Hauptstadt. Noske war gern bereit, dem bedrängten Parteifreund zu Hilfe zu kommen. Er rief seine Militärs und die Kommandeure verschiedener rechter Freikorps zusammen, um die Niederwerfung der Bayerischen Räterepublik zu planen. Dem Generalleutnant von Oven wurde der Oberbefehl über die regulären Truppen und die Freikorps für die geplante Operation übertragen. Unter den Truppen, die nach München in Marsch gesetzt wurden, befand sich auch das Freikorps Lützow und die Gardekavallerie-Schützendivision, die bereits für die Ermordung von Rosa Luxemburg und Karl Liebknecht verantwortlich zeichnete. Insgesamt wurden über 50.000 Mann gegen die Verteidiger der Räterepublik in Marsch gesetzt, die über ungefähr 10.000 kaum ausgebildete und schlecht bewaffnete Arbeiter- und Bauernsoldaten verfügten. Auf dem Weg der weißen Truppen Richtung München wurden zunächst die Rätestrukturen in Augsburg zerschlagen. Die Bürgerlichen und Rechten setzten Gerüchte in Umlauf und verbreiteten Schauergeschichte über die Räterepublik: In München würden die Frauen sozialisiert und müssten jedem Rätemitglied zu Willen sein, Mord, Plünderungen und Vergewaltigung seien an der Tagesordnung. Der ideelle Überbau kleinbürgerlicher Geschlechtlichkeit ist eine ausschweifende pornographische Phantasietätigkeit. Überall sieht der um sein Glück betrogene brave »kleine Mann« die Kellerratten der Revolution »aus der Tiefe« hervorquellen, die in Wahrheit seine eigenen Wünsche nach einem Mehr an Lust symbolisieren. Er sieht nicht nur sein Kleineigentum bedroht, sondern auch die Festigkeit seiner Trieb-Verdrängungen. Revolution und Konterrevolution finden immer auch innen statt. Das Proletariat ist im Bürger anwesend, in Gestalt seiner Bedürfnisse und Wünsche. Wenn es sich erhebt, rebellieren die unterdrückten Begierden im Bürger gleich mit, und indem er gegen das revolutionäre Proletariat vorgeht, geht es immer auch um seine eigene gefährdete innere Sicherheit. Es waren also eigene abgewehrte Triebwünsche und sadistisch gefärbte Mordphantasien der braven Bürger, die auf die »Spartakisten« projiziert wurden. Massaker blieben eine Spezialität der Rechten. Stellvertretend für viele Linke hatte Toller gesagt: »Mögen die Gesetze des Bürgerkriegs noch so brutal sein, ich weiß, die Konterrevolution hat in Berlin rote Gefangene ohne Schonung gemordet, wir kämpfen für eine gerechtere Welt, wir fordern Menschlichkeit, wir müssen menschlich sein.« Toller wünscht sich nach den Erfahrungen in den Schützengräben und in Erinnerung an die zahllos Hingemordeten nichts sehnlicher, als Frieden. Er fragt: »Wann werden die Menschen aufhören, einander zu jagen, zu quälen, zu martern, zu morden?« und hält es mit Büchners Danton, der sagt: »Man soll mich lieber köpfen, als dass ich jemanden hinrichten lasse.«

Auf dem Vormarsch der Weißen kommt es zu Massakern, die den in Berlin zu Beginn des Jahres begangenen ähneln. Ernst Niekisch berichtet: »In der Nähe von München, bei Puchheim, war ein russisches Kriegsgefangenenlager gewesen. Die Räteregierung hatte die Russen freigelassen. Die Freikorps griffen auf ihrem Vormarsch 52 dieser russischen Kriegsgefangenen auf, die nicht das mindeste mit der Münchner Räterepublik zu tun hatten, trieben sie in einen Steinbruch und ermordeten sie. Bei Starnberg trafen sie auf eine Arbeiter-Sanitäter-Kolonne, die übte. Die Sanitäter wurden kurzerhand an einem Bahndamm niedergeschossen; …«

Die Nachrichten über die von den Weißen begangenen Gräueltaten veranlassten einige Rotarmisten, zehn im Luitpold-Gymnasium gefangen gehaltene Geiseln der Räterepublik zu erschießen. Ob sie im Auftrag höherer Stellen handelten, wie bis heute immer wieder behauptet wird, konnte nicht geklärt werden und gilt als eher unwahrscheinlich. Niemand aus der Führungsriege der KP hielt sich zur fraglichen Zeit in dem Gebäude auf und hat einen entsprechenden Befehl erteilt. Als Toller von der Ermordung der Geiseln erfuhr, eilte er ins Luitpold-Gymnasium und befreite die letzten der dort noch gefangen gehaltenen Geiseln. In seiner Autobiographie schrieb er: »Wen hat man da gefangen gesetzt? Keine Führer der Konterrevolution, kleine armselige Menschen, ein alter Dienstmann ist darunter, der, weil es regnete, ein Plakat der roten Garde von der Litfaßsäule riss, um es über seinen Karren zu decken, ein Hotelwirt, den ein entlassener Kellner denunziert hat, ein unzufriedener Arbeiter.« Acht der Erschossenen waren Mitglieder der völkisch-nationalistischen Thule-Gesellschaft, der auch der Eisner-Mörder Graf Arco zuzurechnen war. Man hatte bei ihnen gefälschte Stempel der Räteregierung gefunden und faksimilierte Unterschriften ihrer Führer. Diese Erschießungen blieben die einzigen Hinrichtungen, die während der Rätezeit von den Revolutionären vorgenommen wurden. Das Geschehen im Luitpold-Gymnasium ging als »Geiselmord« in die Geschichte ein und wurde von den Feinden der Räterepublik und der rechten Presse propagandistisch weidlich ausgenutzt. Die Leichen seien verstümmelt und ihre abgeschnittenen Geschlechtsteile in Abfallkübeln aufgefunden worden. Als Tage später bekannt wurde, dass es sich bei dem Fleisch in den Kübeln um Schlachtabfälle von Schweinen gehandelt hatte und kein Mensch verstümmelt worden war, hatte die Lüge bereits ihre Wirkung getan und sich in den Köpfen der Leute festgesetzt. Sie waren geneigt zu glauben, was sie zu lesen und hören bekommen hatten. Jedes Dementi machte die Sache nur noch schlimmer. Die übereifrigen Rotgardisten hatten der Revolution einen Bärendienst erwiesen und mit ihrer Tat der Reaktion in die Karten gespielt. Der »Geiselmord« spielte in der bald einsetzenden rechten und faschistischen Mythenbildung vom »jüdischen Bolschewismus« eine große Rolle.

Der »Weiße Schrecken«

Am 29. April fiel Dachau, wo Toller und seine Leute sich gegen die vorrückende Konterrevolution gestemmt hatten. Am 1. Mai brach der letzte Widerstand zusammen, und die regulären Truppen und die Freikorps marschierten ausgerechnet an diesem für die Arbeiterbewegung symbolträchtigen Tag in München ein. Es kam in der Stadt hier und da noch zu heftigen Straßenkämpfen, aber die Sache war verloren. Der »weiße Schrecken« begann nun auch in München zu wüten. Alles, was »spartakusverdächtig« oder »jüdisch-bolschewistisch« schien, wurde niedergemacht. Manchmal reichte es, lange Haare zu haben oder eine Brille zu tragen, um in Verdacht zu geraten und erschossen zu werden. Klaus Mann, damals ein Junge von dreizehn Jahren, erinnert sich: »Vorgestern sind fünf Spartakisten in unserem Schulhof hingerichtet worden. Einer von ihnen war erst siebzehn. Er wollte sich die Augen nicht verbinden lassen. Der Professor sagt, das beweist, wie fanatisch er war. Aber ich finde es bewundernswert.«

In diesem weißen Terror fällt ein unverkennbar sadistischer Zug auf. Auch an Landauer tobte er sich aus. Soldaten des Freikorps Epp stießen auf ihn im Haus der Witwe Eisner. Man transportierte ihn ins Gefängnis Stadelheim. Uniformierte Studenten, die sich den Freikorps angeschlossen hatten, drangen auf ihn ein und misshandelten ihn. Landauer sagte zu ihnen, wie verhetzt und irregeführt sie seien und dass sie sich zu Werkzeugen des Militarismus machen ließen. Major Freiherr von Gagern, der hinzukam, wurde zornig. Er fragte Landauer, wer er sei, und schlug ihn, als er seinen Namen genannt hatte, mit der Reitpeitsche ins Gesicht. Das war das Signal. Die Meute fiel über ihn her und massakrierte ihn. Er wurde zerstampft von Leuten, für deren Befreiung er sich zeitlebens eingesetzt und gekämpft hatte. Der Leichnam wurde geplündert und dann nackt in die Gefängniswaschküche geschleift.

Freikorpsführer berichteten in ihren Lebenserinnerungen freimütig von zahlreichen sexuell getönten Gräueltaten, deren Opfer meist Frauen, in der faschistischen Sprache der Freikorps-Männer »Spartakistenweiber« und »rote Huren«, waren. Klaus Theweleit hat in seinem bahnbrechenden Werk »Männerphantasien« aus den Texten, die diese soldatischen Männer hinterlassen haben, eine Psychologie des Faschismus und des »Weißen Terrors« herausgelesen und entfaltet.

Stahlgestalten – Exkurs zur Psychodynamik des »Weißen Terrors«

Man kann den »Weißen Terror« auch aus den Gesichtern und Körpern der Freikorpsführer herauslesen. Man schaue sich das Portrait des Franz Ritter von Epp an, und man wird sofort begreifen, warum ihm beim Anblick seiner anarchistischen Kontrahenten das sprichwörtliche Messer in der Tasche aufging. Der NS-Propagandist Werner Picht hat ein Buch geschrieben, das »Der soldatische Mensch« heißt. Dort äußert er sich über das Verhältnis des Deutschen zur Uniform: »Eine Uniform tragen heißt für ihn immer mehr und grundsätzlich anderes als eine dem soldatischen Beruf entsprechende praktische Berufskleidung anlegen ... Der Deutsche birgt sich in der Uniform. Was anderen ein Gefängnis, ist ihm Zuflucht. Uniform bedeutet ihm Eindeutigkeit, Erlösung von Parteiungen, Indienstnahme, Bestimmtsein vom Staate aus.« An anderer Stelle heißt es: »... dem deutschen Soldatentum und nur ihm sitzt die Uniform auf dem Leibe ... wie die Haut, ein Teil seiner selbst.« Dem Stahlhelm spricht Picht eine über das Militärische hinausweisende Symbolkraft zu: »In ihm hat das ›deutsche Gesicht‹ seit dem Mittelalter zuerst wieder einen ihm ohne Rest entsprechenden Rahmen gefunden.«

Franz von Epp, Gustav Landauer, Erich Mühsam.

Der Hölle der Materialschlacht entsprang ein Soldatentyp, der dem Ideal absoluter Härte nahekam. Ernst Jünger beschrieb und feierte ihn in seinem Buch »Der Kampf als inneres Erlebnis« als »Stahlgestalt«: »Das ist der neue Mensch, der Sturmpionier, die Auslese Mitteleuropas. Eine ganz neue Rasse, klug, stark und Willens voll … rücksichtslos gegen sich selbst und andere.« Wer den Grabenkrieg überlebte, ohne verrückt zu werden oder zu zerbrechen, ist ein anderer Mensch, der kein Mensch im herkömmlichen Sinn mehr ist. Hören wir eine Beschreibung von Kurt Eggers, der sich nach dem Krieg der Garde-Kavallerie-Schützen-Division angeschlossen hatte, die an der Niederschlagung des Spartakusaufstandes beteiligt war. Sie klingt, als habe er dabei Franz Ritter von Epp vor Augen gehabt: »Ein Typ des Kriegers erstand, wie er gewaltiger von keiner dichterischen Fantasie geschildert werden kann: ein Gesicht, das durch Entbehrungen, Mangel an Schlaf, durch ungeheure körperliche und seelische Anspannungen, durch Erschütterungen aller Art kantig und straff geworden war. Ein Blick, der aus schmal gewordenen Augen den Feind suchte, Lippen, die zusammengepresst waren und sich selten noch zu einem Lachen öffneten. Das Gesicht eingerahmt durch das Grau des Stahlhelms. Der Körper bedeckt mit einer zerschlissenen erdigen Uniform. Am Koppel die Pistole, die Handgranate, der Spaten.«

Die wilhelminische Dressurpädagogik lässt in ihren Opfern den Wunsch wachsen, ganz gefühllos zu werden: innen und außen hart, ganz »harter, begrenzter Wille«, der alles Weiche, Sentimentale und Schwache ausmerzt. Die beinahe zu Tode Erzogenen fürchten den dunklen, abgespaltenen und eingekerkerten Teil der eigenen Person mehr als den Tod.

Nach diesem Exkurs wird man besser verstehen, was ich meinte, als ich weiter oben schrieb, dass Revolution und Konterrevolution immer auch innen stattfinden. Aus den Gesichtern von Epp und Landauer kann man die psychische Dynamik des Bürgerkriegs entfalten: das Tödliche gegen das Lebendige, das Harte gegen das Fließende, das Verkniffene gegen das Offene, die Gefühllosigkeit gegen die Sensibilität. Menschen wie Landauer, Mühsam, Eisner, Toller und Leviné waren für die den Schützengräben des Ersten Weltkriegs entsprungenen Stahlgestalten die Inkarnation alles Schrecklichen und Bedrohlichen. Ernst Toller hatte aus den Erfahrungen in den Schützengräben im Priesterwald bei Verdun ganz andere Schlüsse gezogen. In seiner Autobiographie »Eine Jugend in Deutschland« schreibt er:

> »Eines Nachts hören wir Schreie, so, als wenn ein Mensch furchtbare Schmerzen leidet, dann ist es still. ›Wird einer zu Tode getroffen sein‹, denken wir. Nach einer Stunde kommen die Schreie wieder. Nun hört es nicht mehr auf. Diese Nacht nicht. Die nächste Nacht nicht. Nackt und wortlos wimmert der Schrei, wir wissen nicht, dringt er aus der Kehle eines Deutschen oder eines Franzosen. Der Schrei lebt für sich, er klagt die Erde an und den Himmel. Wir pressen die Fäuste an unsere Ohren, um das Gewimmer nicht zu hören, es hilft nichts, der Schrei dreht sich wie ein Kreisel in unsern Köpfen, er zerdehnt die Minuten zu Stunden, die Stunden zu Jahren. Wir vertrocknen und vergreisen zwischen Ton und Ton.
>
> Wir haben erfahren, wer schreit, einer der Unsern, er hängt im Drahtverhau, niemand kann ihn retten, zwei haben's versucht, sie wurden erschossen, irgendeiner Mutter Sohn wehrt sich verzweifelt gegen seinen Tod, zum Teufel, er macht so viel Aufhebens davon, wir werden verrückt, wenn er noch lange schreit. Der Tod stopft ihm den Mund am dritten Tag. …
>
> Ein toter Mensch – ich will endlich diese drei Worte vergessen, was ist nur an diesen Worten, warum übermächtigen und überwältigen sie mich?
>
> Ein – toter – Mensch –

Und plötzlich, als teile sich die Finsternis vom Licht, das Wort vom Sinn, erfasse ich die einfache Wahrheit Mensch, die ich vergessen hatte, die vergraben und verschüttet lag, die Gemeinsamkeit, das Eine und Einende.
Ein toter Mensch.
Nicht: ein toter Franzose.
Nicht: ein toter Deutscher.
Ein toter Mensch.
Alle diese Toten sind Menschen, alle diese Toten haben geatmet wie ich, alle diese Toten hatten einen Vater, eine Mutter, Frauen, die sie liebten, ein Stück Land, in dem sie wurzelten, Gesichter, die von ihren Freuden und ihren Leiden sagten, Augen, die das Licht sahen und den Himmel. In dieser Stunde weiß ich, dass ich blind war, weil ich mich geblendet hatte, in dieser Stunde weiß ich endlich, dass alle diese Toten, Franzosen und Deutsche, Brüder waren und dass ich ihr Bruder bin.«

Ernst Toller und Ernst Jünger ziehen ganz verschiedene Konsequenzen aus ihren Erfahrungen im Krieg. Für Toller sind Krieg und Gewalt ein Trauma, das in ihm sitzt wie ein inoperables Geschoss. Für ihn ist klar, dass sich so etwas nicht wiederholen darf. Das ganze weitere Leben Tollers lässt sich aus diesem Schreien ableiten. Als Beckett einmal gefragt wurde, was die Struktur seiner Dichtung sei, antwortete er: »Ich lag einmal im Krankenhaus, und im Zimmer nebenan schrie eine Sterbende die ganze Nacht. Dieses Schreien ist die Struktur meines Schreibens.« Bei Toller bestimmt es nicht nur die Struktur seines Schreibens, sondern seines ganzen weiteren Lebens. Er schlägt sich auf die Seite der Kriegsgegner und kämpft für eine Humanisierung der Welt. Jünger hört ähnliche Schreie und verhärtet sich dagegen. Er verwandelt sich im Schützengraben in eine »Stahlgestalt«, verherrlicht Krieg und Gewalt und wird zu einem der schriftstellerischen Wegbereiter des Faschismus. Der eine schlägt sich im Bann jener Schreie eines Sterbenden, die in seinem Inneren wiederhallen, auf die Seite der gequälten Kreatur und des Lebendigen; der andere identifiziert sich mit dem Tod und dem Todbringenden. Der Sohn von Jüngers Verleger, Michael Klett, erzählte dem Schriftsteller Thomas Hettche von einem schmerzhaft-archaischen Verfahren der Ich-Erhaltung bei Ernst Jünger. Dieser habe stets eine Nadel unter dem Revers getragen. »Und wenn eine Schmerzwallung in ihm hochkam, hat er sich diese Nadel in den Unterarm gestochen, durch das Jackett hindurch, um sich vom psychischen Schmerz durch einen physischen abzulenken.«

Der Schweizer Schriftsteller Urs Widmer hat im Gespräch mit Hans-Jürgen Heinrichs einmal gesagt: »Ich mag, was lebt, und hasse, was tötet.« Prägnanter kann man nicht zusammenfassen, worum es letztlich geht. Jeder Mensch muss sich entscheiden, welches der beiden Prinzipien in seinem Lebenslauf bestimmend wird und ob libidinöse oder destruktive Energien sein Handeln antreiben. Im Bürgerkrieg in München, aber nicht nur dort, trafen beide Seiten aufeinander. Im Kontext des Spanischen Bürgerkriegs habe ich diesen Zusammenstoß zweier Leben- und Produktionsweisen als »Innenseite des Klassenkampfes« beschrieben. Der lebendige Pol musste verschwinden, damit in den Freikorpsmännern wieder Ruhe einkehren konnte – eine tödliche und todbringende Ruhe, wie wir nun weiter sehen werden.

Die marodierenden und entfesselten konterrevolutionären Horden zogen weiter mordend durch München. Revolutionäre wie Rudolf Egelhofer und Josef Sontheimer und viele andere wurden ohne Gerichtsverfahren exekutiert. Man rechnet damit, dass in der ersten Maiwoche rund 2.000 Menschen dem weißen Terror zum Opfer fielen. Sie wurden aus ihren Betten gezerrt, erschossen, erstochen und furchtbar zusammengeschlagen. Ein »bedauernswerter Zwischenfall« setzte dem wahllosen Morden schließlich ein Ende. Die Sieger füsilierten einundzwanzig katholische Gesellen, die sich ganz unschuldig und legal versammelt hatten. Übereifrige Bürger wollten etwas gesehen haben und denunzierten sie als Kommunisten. Danach wurde dem Lynchen von oben Einhalt geboten. Als das Gemetzel ein Ende gefunden hatte, kehrte die Regierung Hoffmann nach München zurück. Noske sandte ein Dankestelegramm an General von Oven und sprach ihm seine Anerkennung aus. Der bayerische Landtag wählte eine Koalitionsregierung, die sich auf die Sozialdemokraten, die Bayrische Volkspartei und die Demokraten stützte. Den Vorsitz behielt Hoffmann. Die wirkliche Macht im Lande lag bei einer fanatischen militärischen Gegenrevolution mit starken monarchistischen Sympathien. Die Mittelschichten waren beinahe komplett ins gegenrevolutionäre Lager umgeschwenkt. Als die Weißen in München einzogen, wurden sie von den

Kleinbürgern und braven Staatswichteln von den Fenstern ihrer Wohnungen aus freudig begrüßt und mit Zigarren und Bier versorgt. »Das Vaterland ist definitiv gerettet«, notierte Victor Klemperer erleichtert in sein Tagebuch. Der Nachtschlaf der Bürger und der Besitzenden war wieder tief und fest. Auch Thomas Mann sah, wie Volker Weidermann berichtet, am 1. Mai mit Freude die »gutaussehenden« süddeutschen Korps in Stahlhelmen einmarschieren. Alles läuft zu seiner höchsten Zufriedenheit. In der Villa am Herzogpark wurden die Kostbarkeiten, die man, um eventuellen Plünderern die Arbeit schwer zu machen, versteckt hatte, wieder hervorgeholt. Die Arbeiterschaft war entwaffnet und ohnmächtig. Nach der Niederwerfung der Räterepublik wurde Bayern eine Hochburg konservativer und nationalistischer Kräfte und galt als »Ordnungszelle des Reiches«. Daran hat sich bis heute nicht viel geändert.

Die bayerische Revolution war in Strömen von Blut ertränkt worden. Erich Mühsam verfolgte das Geschehen in München aus seiner Zelle in Ebrach heraus und notierte: »Man blickt im Geiste um sich: lauter Tote, lauter Ermordete – es ist grauenhaft. ... Das ist die Revolution, der ich entgegengejauchzt habe. Nach einem halben Jahr ein Bluttümpel: mit graut.« Erich Mühsam blieben noch 15 Jahre, ehe die Nazis ihn im KZ Oranienburg in einem Abort strangulierten. Zuvor war er zu 15 Jahren Festungshaft verurteilt worden, von denen er fünf Jahre verbüßen musste, bis er 1924 im Zuge einer Amnestie für politische Straftäter aus der Haft entlassen wurde. Um die Rechten wie Hitler und Graf Arco entlassen zu können, mussten auch die Linken entlassen werden.

Justizförmige Rache

Die konterrevolutionäre Rachsucht kam mit dem Ende des Lynchens nicht zur Ruhe, sie nahm lediglich eine andere Form an. Sie verlagerte sich in die Gerichtssäle, ihr Medium wurde die Justiz. Standgerichte verurteilten Revolutionäre am Fließband, Hunderte von Jahren Festungshaft und zahlreiche Todesurteile wurden verhängt. Eine fieberhafte Suche nach den überlebenden Repräsentanten der Räterepublik setzte ein. Auf die Ergreifung Tollers wurde ein stattliches Kopfgeld ausgesetzt, das viele Leute sich gern verdienen wollten. Die Denunziation blühte. Ein Mann, der Toller entfernt ähnlich sah, wurde prompt erschossen. Am 14. Mai wurde Leviné entdeckt und verhaftet. Man stellte ihn vor ein Standgericht. In seinem Schlusswort sagte Leviné Sätze, die um die Welt gingen: »Wir Kommunisten sind alle Tote auf Urlaub, dessen bin ich mir bewusst. Ich weiß nicht, ob Sie mir meinen Urlaubsschein noch verlängern werden, oder ob ich einrücken muss zu Karl Liebknecht und Rosa Luxemburg.« Das Standgericht hat seinen Urlaubsschein nicht verlängert, sondern verurteilte ihn zum Tode. Am 5. Juni 1919 wurde Leviné auf dem Gefängnishof von Stadelheim hingerichtet. Das Todesurteil gegen Leviné war ein Justizmord. Die bayerischen Revolutionäre büßten im Grunde nicht für das in ihren Urteilen genannte Verbrechen des Hochverrats, sondern für das Verbrechen der Revolution.

Am 4. Juni wurde Ernst Toller nach einer Denunziation in seinem Versteck aufgespürt und festgenommen. In seiner Autobiographie »Eine Jugend in Deutschland« schrieb er: »Wir gehen durch die morgenleeren, dämmrigen Straßen, voran marschieren drei Soldaten, an den Eisen der Handgelenke halten mich die beiden Kommissare, drei Soldaten mit schussfertigem Gewehr folgen. In der Luitpoldstraße schlägt die Uhr fünf, eine alte Frau trippelt zur Morgenmesse, an der Kirchentür wendet sie sich um und erblickt mich. – Habt Ihr ihn? schreit sie, sie senkt den Blick zu Boden, lässt betend den Rosenkranz durch die Finger gleiten, dann, an der geöffneten Kirchentür, kreischt der zerknitterte Mund: – Totschlagen!«

Man brachte Toller ebenfalls nach Stadelheim und legte ihn einfühlsamer Weise, das heißt absichtsvoll, in die Zelle von Leviné, die gerade frei geworden war. Zur Sicherheit wurde Toller gefesselt und an eine Kette gelegt. In den Augen des Freikorpsführers Franz Ritter von Epp waren die Linken »bolschewistische Mordbestien«, da konnte man nicht vorsichtig genug sein. Im Juli fand der Prozess gegen Toller statt. Den Vorsitz führte ein weißhaariger Landgerichtsdirektor, der schon das Todesurteil über Leviné gesprochen hatte. Ihm zur Seite saßen zwei junge Richter mit Offiziersgesichtern. »Die Physiognomien sprechen ein ›Schuldig‹, noch ehe der Prozess eröffnet wird«, schreibt Stefan Grossmann in seiner »Geschichte eines Prozesses«. Toller wurde wegen Hochverrats zur Mindeststrafe von fünf Jahren Festungshaft verurteilt. Max Weber und Thomas Mann waren vor Gericht für ihn eingetreten und hatten sich für seine ehrenhaften Motive verbürgt.

Anfang des Jahres 1920 begegneten sich die abgeurteilten Revolutionäre im Zuchthaus Niederschönenfeld im Donautal wieder, wo die bayerische Festungshaft vollstreckt wurde. An die 100 Revolutionäre aus der Rätezeit wurden hier gefangen gehalten. Die Fraktionierung der Linken reproduzierte sich im Gefängnis, und man bekämpfte sich untereinander. Es gab Sprech- und Denkverbote. Auch Toller, Niekisch, der wegen Beihilfe zum Hochverrat zu zwei Jahren Festungshaft verurteilt worden war, und Mühsam trafen sich hier wieder. Sie drehten gemeinsam auf dem Gefängnishof ihre Runden und lasen sich gegenseitig ihre Texte vor. Die Festungshäftlinge genossen gewisse Privilegien, zu denen es gehörte, dass man sich untereinander auf den Zellen besuchen durfte. Nachdem man die dem rechten Lager entstammenden Festungshäftlinge nach Landsberg verlegt hatte, wurden diese Privilegien in Niederschönenfeld sukzessive beschnitten. Toller wurde noch im Gefängnis zu einem Star der Weimarer Literatur- und Theaterszene. 1924 öffneten sich die Gefängnistore und die aus der Haft entlassenen Revolutionäre taumelten in eine Welt, die sie nicht kannten und verstanden. Ernst Toller schrieb ein Theaterstück darüber: »Hoppla, wir leben!« Toller konnte draußen an seinen literarischen Erfolg aus der Haftzeit nicht mehr anknüpfen. Auch politisch isolierte er sich mehr und mehr. Das Wort wurde zu seiner einzigen Waffe. Als Einzelkämpfer wandte er sich unermüdlich gegen den aufsteigenden Faschismus. Die Nazis verziehen ihm seine Aktivitäten und Sätze wie »Das Heldenideal ist das dümmste aller Ideale« nicht, verbrannten seine Bücher und trieben ihn ins Exil. Noch einmal entflammte seine Hoffnung und heftete sich an die republikanische Seite im Spanischen Bürgerkrieg. Weltweit war er unterwegs, um für Unterstützung zu werben und Geld für dieses letzte Aufbäumen gegen den Faschismus zu sammeln. Nachdem Franco siegreich in Madrid eingezogen war, verfinsterte sich die Welt vollends und sein Leben verlor seinen letzten Sinn. Toller erblickte im Sieg der Faschisten eine Wiederholung der Münchner Ereignisse. Auch die Spanische Revolution war nicht nur an der Übermacht ihrer Feinde, sondern auch an einem unsäglichen Bruderzwist zwischen Kommunisten und Anarchisten gescheitert. Am 22. Mai 1939 erhängte er sich im Badezimmer eines New Yorker Hotelzimmers. Wie jeder Suizid, ist auch der Tollers »überdeterminiert«, wie man in der Psychoanalyse sagt. Das heißt, er hat mehr als nur eine Ursache und behält letztlich etwas Rätselhaftes, das unserer Kausalitätsbedürfnisse spottet und sich unseren Erklärungsversuchen entzieht. Eine der Trauerreden hielt Oskar Maria Graf, ein Weggefährte aus Münchner Rätetagen. Als die Posten in der Räteregierung verteilt worden waren, fragte ihn der Wirt seiner Stammkneipe, ob er denn nun auch Minister geworden sei. Graf antwortete: »Ich? … Ich bleib Hofnarr bei dir.«

Hilde Kramer war die einzige von Schaupps Hauptfiguren, die das Ende des Faschismus miterlebte. Sie wurde nach dem Ende der Räterepublik aus Bayern ausgewiesen und wandte sich nach Moskau, wo sie für die Komintern arbeitete. Nach Lenins Tod kehrte sie mit neuer Identität nach Deutschland zurück. Wäre sie in der Sowjetunion geblieben, wäre sie mit ihrem rebellischen Temperament womöglich in die Knochenmühle der stalinistischen »Säuberungen« geraten, von der auch Max Levien verschlungen wurde. Faschismus und Krieg überlebte Hilde Kramer in England. Die Ereignisse in München 1918/19 blieben das Schlüsselmoment ihres Lebens. Dort hatte sie die Erfahrung gemacht, dass eine radikal andere, freie Gesellschaft möglich ist. Die Hoffnungen dieser Münchner Tage ließ sie sich nicht ausreden und sie trugen sie durch ein erfülltes und selbstbestimmtes Leben. Sie starb 1974 in England.

Das unabgegoltene Erbe der Räterepublik

> »Ich habe bemerkt«, sagte Herr K., »dass wir viele abschrecken von unserer Lehre dadurch, dass wir auf alles eine Antwort wissen. Könnten wir nicht im Interesse der Propaganda eine Liste der Fragen aufstellen, die uns ganz ungelöst erscheinen?« *(Bertolt Brecht)*

Eingangs seines Buches stellt Simon Schaupp die Frage: Wie kommt es, dass München (und Bayern) 1918/19 die einzige zumindest temporär erfolgreiche Revolution hervorbringt und wenige Jahre später zum Geburtsort der Nazi-Bewegung und zur »Hauptstadt der Bewegung« wird? Schaupp beschreibt, wie das geschehen ist, das Warum bleibt letztlich weitgehend ungeklärt und vage. Das ist kein Vorwurf an das Buch, das ich gar nicht genug loben kann, sondern ein Aufforderung an uns, dieser Frage über das Ende des Buches hinaus nachzugehen. Was kann man Besseres über ein Buch sagen, als dass es seine Leser/innen zum weiteren Nachdenken anregt?

Woran scheitern Revolutionen? Ein paar Gründe habe ich im Laufe des Textes bereits genannt. Man muss sie im Sinne Büchners zu Ende bringen und darf dem revolutionären Prozess nicht auf halber Strecke abbrechen. So etwas rächt sich. Die Revolution wird in die Unmenschlichkeit umschlagen, früher oder später, wenn es nicht gelingt, ihren Inhalt und ihre Form zu retten. Der Inhalt ist ein freiheitlicher Sozialismus, die Form die lebendige Rätedemokratie. Man muss den revolutionären Prozess lebendig erhalten. Allen Revolutionen wohnt eine Tendenz zur Abkühlung und zum Erlahmen ihrer Kräfte inne. Dem vorzubeugen ist Aufgabe einer funktionierenden Rätestruktur. Das Problem: Die Räte gehen mit der Massenbewegung unter, die sie hervorgebracht und am Leben erhalten hat. Sie gehen unter oder sie wandeln ihre Funktion und werden Teil der herrschenden Machtstrukturen. Die legale deutsche Rätebewegung verkam zu einem Anhängsel der Gewerkschaften und wurde zu einem kapitalistischen Kontrollorgan. Räte bilden sich dann aus, wenn Massen von Menschen unzufrieden sind und keine gesellschaftlichen Kräfte existieren, die diese Unzufriedenheit auszudrücken und zu organisieren vermögen. Das war sowohl in Russland, als auch in Deutschland und in Bayern 1917/1918 der Fall. Das Volk hungerte, war kriegsmüde und wollte die Monarchie und die Herrschaft der Militärs loswerden. Da die SPD seit ihrer Zustimmung zu den Kriegskrediten im Jahr 1914 Teil der Kriegspartei war, konnte sie diese Stimmung nicht glaubhaft aufgreifen. Also fiel der USPD diese Rolle zu. Eisner, der der SPD den Rücken gekehrt und sich der USPD angeschlossen hatte, besaß ein feines Gespür für Stimmungen in der Bevölkerung und vermochte sie auszudrücken und in politische Aktionen umzusetzen. Er war für eine gewisse Phase wirklich der Repräsentant des bayerischen Volkes. Mit Tausenden zog er in die Stadt und vor die Kasernen und quasi über Nacht wurden die Wittelsbacher gestürzt. Die Theresienwiese war der Geburtsort der bayerischen Revolution. Immer wieder strömten die Massen hierher und trugen ihre Forderungen vor. Man verlangte energisch das Fortschreiten zu einer echten Räteregierung. Erich Mühsam schildert in seinem Buch »Von Eisner zu Leviné« eine derartige Massendemonstration, die mit der Parole »Lasst euch von Schwätzern nicht vertreten, selbst herrscht das Volk in seinen Räten!« von der Theresienwiese in die Stadt zog.

Entstehung und Zerfall der Masse

> »Revolutionär waren die Leute nur während der Revolution.«
> *(Siegfried Kracauer)*

Irgendwann gingen die Leute nach Hause. Sie zerstreuten sich und kehrten in ihr Alltagsleben zurück. Die Menschen feierten Weihnachten, so gut es die Umstände zuließen. Als dann am 12. Januar 1919 die Wahlen zum Landtag stattfanden, waren die revolutionäre Stimmung und die Euphorie des Anfangs verflogen. Eisners USPD erhielt, wie wir gesehen haben, noch gerademal zweieinhalb Prozent der Stimmen. Was war zwischen November und Januar geschehen? Wie können wir uns diesen Wandel erklären? Ich kann natürlich nur Stichworte nennen, ein paar Erklärungsansätze referieren und eine Richtung andeuten, in der wir nach weiteren Antworten suchen können.

Elias Canetti verdanken wir faszinierende Beobachtungen und Beschreibungen dessen, was in Massen vor sich geht, was sie am Leben erhält und was schließlich ihr Ende herbeiführt. Canetti hatte sein prägendes Massenerlebnis im Juli 1927 in Wien. Im Burgenland war auf streikende Arbeiter geschossen worden, einige von ihnen waren getötet worden. Ein Gericht hatte die Mörder freigesprochen, die bürgerliche Presse hatte dieses Urteil als »gerechtes Urteil« gefeiert. Die Arbeiter waren empört. Aus allen Bezirken Wiens strömten die Arbeiter in geschlossenen Zügen vor den Justizpalast, der durch seinen bloßen Namen für sie das Unrecht verkörperte. Canetti schreibt in seinem Erinnerungsband *Die Fackel im Ohr*: »Es sind 53 Jahre her, und die Erregung dieses Tages liegt mir noch heute in den Knochen. Es ist das nächste zu einer Revolution, was ich am eigenen Leib erlebt habe. Seither weiß ich ganz genau, ich müsste kein Wort darüber lesen, wie es beim Sturm der Bastille zuging. Ich wurde zu einem Teil der Masse, ich ging vollkommen in ihr auf…«

»Entladung« nennt Canetti in seinem theoretischen Hauptwerk *Masse und Macht* den Moment, in dem alle, die zur Masse gehören, ihre Verschiedenheit loswerden und sich als gleiche fühlen. Alle Unterschiede von Klasse, Rang, Stand und Besitz schwinden: »In der Entladung werden die Trennungen abgeworfen und alle fühlen sich gleich. In dieser Dichte, da kaum Platz zwischen ihnen ist, da Körper sich an Körper presst, ist einer dem anderen so nahe wie sich selbst. Ungeheuer ist die Erleichterung darüber. Um dieses glücklichen Augenblickes willen, da keiner mehr, keiner besser als der andere ist, werden die Menschen zur Masse. Aber der Augenblick der Entladung, der so begehrt und so glücklich ist, hat seine eigene Gefahr in sich. Er krankt an einer Grundillusion: Die Menschen, die sich plötzlich gleich fühlen, sind nicht wirklich und für immer gleich geworden. Sie kehren in ihre separaten Häuser zurück, sie legen sich in ihre Betten schlafen. Sie behalten ihren Besitz, sie geben ihren Namen nicht auf. Sie verstoßen ihre Angehörigen nicht. Sie laufen ihrer Familie nicht davon. « Ein Streik bröckelt ab, die Leute gehen nach Hause und kriechen unter » ihre privaten Lasten zurück «. Der Angriff von innen ist der Masse ebenso gefährlich wie der von außen. » Jeder, der zu einer solchen Masse gehört, trägt einen kleinen Verräter in sich, der essen, trinken, lieben und seine Ruhe haben will. « Die Masse wird auf eine doppelte Weise belagert: sie hat den Feind vor den Mauern, und sie hat den Feind im Keller. In dem Maße, wie die Menschen sich zerstreuen, kehren mit dem Alltag auch die psychischen Strukturen und charakterlichen Panzerungen zurück, die in der Hitze des Kampfes eingeschmolzen waren und die die Menschen zu neuen solidarischen Umgangsformen befähigten. Gegen ihren Zerfall und den Rückfall in den Alltag versucht die Masse, sich durch allerhand Gegenmaßnahmen wie Treueschwüre und tausend Eide zu schützen, die aber den Zerfall allenfalls ein wenig hinauszögern können.

Verwandte Gedanken und Thesen finden sich in Sartres Buch *Kritik der dialektischen Vernunft*, das durch seine Dicke und Sperrigkeit leider vor einer breiteren Rezeption geschützt war und ist. Sartre unterscheidet bei menschlichen Ansammlungen zwischen » Serien « und » Gruppen «. Fusionierende Gruppen entstehen in der » Hitze des Kampfes «, im Augenblick der » revolutionären Apokalypse «. Alle werden sich zu Brüdern, jeder erkennt sich im anderen wieder, die großen Ziele sind allen gemeinsam. Man macht die rauschhafte Erfahrung, dass man die Welt verändern kann und sich mit ihr. Die wunderbare Offenbarung im ersten Moment des Aufstands lautet: Alles ist möglich! Endlich kann das Mögliche und Vernünftige ins Wirkliche hinübergezwungen werden. Hegel hatte die Französische Revolution vor Augen, als er schrieb: » So lange die Sonne am Firmament steht und die Planeten um sie herum kreisen, war das nicht gesehen worden, dass der Mensch sich auf den Kopf, das ist auf die Gedanken stellt, und die Wirklichkeit nach diesen erbaut.«

Serien sind dagegen Typen menschlicher Ansammlung, deren Strukturen von außen gesetzt werden. Es ist ein Verhältnis der Verdinglichung. Als Beispiel nennt Sartre die Ansammlung von Menschen, die an einer Haltestelle auf den Bus warten oder vor einer Bäckerei um Brot anstehen. Die Beziehung der Menschen in der Serie ist durch Konkurrenz und Entfremdung vermittelt. Fusionierenden Gruppen wohnt stets eine Tendenz inne, in die Serie zurückzufallen. Und mit diesem Rückfall findet auch eine Rückkehr zu tradierten Denk-, Gefühls- und Verhaltensmustern statt. Den Herrschenden ist natürlich daran gelegen, die Verwandlung von fusionierenden Gruppen in eine neue Serialität nach Kräften zu fördern. Der Aufruf zu Wahlen ist eine Technik, auf die in solchen Momenten gern zurückgegriffen wird. Sartre hat in Wahlen immer etwas Individualisierendes erblickt und auf ihre entpolitisierende Wirkung hingewiesen – im Gegensatz zur kollektivierenden-politisierenden Wirkung von Bewegungen. Er hat diese Theorie auch auf die Situation im und nach dem französischen »Mai 68« angewandt: Die Arbeiter, die sich im Mai millionenfach den Streiks angeschlossen hatten, retteten einen Monat später mit ihren Wählerstimmen das de-Gaulle-Regime. In Wahlen werden die Menschen als Vereinzelte und gewissermaßen in ihrer Freizeit befragt – nicht als Kollektivwesen, bei der Arbeit, in solidarischen Bezügen, sondern individualisiert. Die Urne erwartet sie nicht als Mitglied einer Gruppe, sondern als serialisierte Bürger. Wahlen, schrieb Sartre in einem Artikel aus dem Jahr 1973, seien deshalb »Idiotenfallen«. Es ist um eine revolutionäre Bewegung in dem Moment geschehen, indem sie sich zu Wahlen überreden und zum alten Repräsentationsprinzip zurückbetrügen lässt. »Die in einem Schul- oder Rathausraum aufgestellte Wahlkabine symbolisiert jeden Verrat, den das Individuum gegenüber den Gruppen, deren Mitglied er ist, begehen kann. Sie sagt jedem: ›Niemand sieht dich, du bist allein dir selbst verantwortlich; du wirst in der Isoliertheit entscheiden, und anschließend kannst du deine Entscheidung verheimlichen oder lügen.‹ Mehr ist nicht nötig, um alle Wähler, die den Raum betreten, in potentielle gegenseitige Verräter zu verwandeln.« Soweit die Thesen Sartres.

Gustav Regler kam nach München, als die Revolution noch in vollem Gange war. Überall stieß er auf diskutierende Menschengruppen. »Wie immer nach solchen Ankünften in einer fremden Stadt ging ich, das Herz dieser Stadt zu suchen; es war der belebte Rathausplatz. Ich stellte mich zu einer der Gruppen, die in lebhafter Diskussion waren. … ›Ich will mir den Eisner anhören‹, sagte einer und zog im Gehen zwei andere mit sich, ›er hat hier in der Nähe eine Versammlung‹. Ich folgte ihnen. Die Versammlung war im Deutschen Theater; sie war überfüllt, als wir ankamen; ich stand in eine Ecke gedrückt, die dichte Masse gab mir das Gefühl der Gemeinschaft, das ich lange entbehrt hatte; es war ein Geräusch wie von Meeresmurmeln über den Köpfen, aber nun dämpfte es sich, die Stimme eines Redners hob sich über allen Lärm, sie war ganz klar und deutlich: ›Kriege enden immer mit Niederlagen von uns allen‹.« Es war die Stimme von Kurt Eisner, der am Ende einer großen Kundgebung zu den Massen sprach. Am nächsten Tag erfuhr Gustav Regler von Eisners Ermordung. Er erlebte die Phase der Zerstrittenheit und Selbstzerfleischung der Linken, das Klima der Denunziation und schließlich den Einmarsch der konterrevolutionären Truppen. Er wurde auf der Königinstraße verhaftet. »Ich hatte lange Haare – das genügte als Indiz. Aus dem nahen Garten hörte man die Schüsse der Hinrichtungen.« Regler konnte einen Augenblick der Unaufmerksamkeit seiner Bewacher zur Flucht nutzen. Im Englischen Garten wurde er Zeuge von Massenerschießungen vor einem kleinen Tempel. Regler verspürte den Sog, sich dem Zug der Todeskandidaten anzuschließen. Es schildert es wie ein Lustgefühl. Ein junger kommunistischer Student, den er kurz zuvor kennengelernt hatte, wurde vor seinen Augen erschossen: »Weil er die Hörsäle der Hochschule den Söhnen der Arbeiter öffnen wollte, wurde er nun von denselben Arbeitern über den Haufen geschossen. Schlimmer noch: von den Söhnen selbst.« Regler verlässt die Stadt in dem Bewusstsein, dass mit der Münchner Räterepublik viel mehr untergegangen ist als nur diese: Die Hoffnung auf die Revolution selbst.

Der »psychische Thermidor«

Möglicherweise spielt bei dem Umschwung der Stimmung vom Revolutionären zum Konservativ-Reaktionären Anfang des Jahres 1919 auch ein sozialpsychologischer Mechanismus eine Rolle, den Freud als »nachträglichen Gehorsam« bezeichnet hat. Ein Sohn, der gegen den Vater rebelliert hat, um sich von ihm zu lösen und einen eigenen Weg zu beschreiten, zollt ihm oft, wenn er selbst Mann geworden ist, einen »nachträglichen Gehorsam«, indem er sein Leben nun doch nach dem Vorbild des Vaters einrichtet. Jeder aus meiner Generation kennt diesen Vorgang aus der Zeit nach der 68er Revolte – bei sich selbst und bei anderen. Die Schuldgefühle wegen des symbolischen Vatermords führten zu einem »nachträglichen Gehorsam« und zur Reintegration in die für kurze Zeit aufgekündigte bürgerliche Ordnung.

Der »Königsmord«, den die Bayern am 7. November begangen haben, kann auf einer kollektiven Ebene etwas Ähnliches ausgelöst haben. Autoritär sozialisierte Menschen begegnen den Nachfolgern der Eltern mit denselben Gefühlen und Haltungen, die sie diesen entgegengebracht haben. Von der Vorunterwerfung unter die elterliche Autorität profitieren alle späteren Instanzen, denen sie unterworfen sind – vom Lehrer, Pfarrer, Offizier, Fabrikherrn bis hin zur weltlichen Obrigkeit. Wird gegen sie rebelliert, stellen sich die gleichen Schuldgefühle ein, wie bei der Auflehnung gegen die Eltern. Erich Fromm hat das so beschrieben: Das Verhältnis von Über-Ich und Staat ist dialektisch. Das Über-Ich ist verinnerlichter Staat, und der Staat externalisiertes, also nach außen projiziertes, Über-Ich. Das bedeutet: Wer gegen staatlich-gesellschaftliche Ge- und Verbote verstößt, bekommt es zugleich mit dem inneren Gerichtshof des Gewissens zu tun. Für den Fall, dass das Gewissen versagt und Regeln verletzt werden, liegen Polizei und Strafjustiz in Reserve. »Die Strafjustiz ist gleichsam der Stock an der Wand, der auch dem braven Kinde zeigt, dass der Vater ein Vater und das Kind ein Kind ist«, schreibt Fromm. Diese Verzahnung innerer und äußerer Kontroll-Instanzen sorgte traditionell für die Stabilität der bürgerlichen Ordnung und ihrer Institutionen. Und sie bewahrte sie vor dem Umsturz. Der brave Untertan kehrt nach einer Phase der Rebellion reumütig unter die Fittiche der Autorität zurück. Die Szene aus dem Englischen Garten, die ich eingangs geschildert habe, enthält im Kern diese ganze Dialektik: Der Arbeiter, der seiner Majestät mitteilt, dass jetzt Revolution ist, zieht dabei seinen Hut.

Möglicherweise enthüllt diese kleine Szene etwas über das Ganze der *Bayerischen Revolution* und verrät uns zugleich das Geheimnis ihrer Ambivalenz. Erich Fromm nennt die trotzige Auflehnung autoritärer Charaktere »Rebellion«, da in ihr zwar der augenblickliche Hass auf die Autorität zum Ausbruch kommt, die für sie empfundene Liebe aber verdrängt wird. »Rebellion« bedeutet: Der von der alten Autorität Enttäuschte stürzt, was an Macht und Glanz verliert und ohnehin bereits fällt, um es durch eine neue Autorität zu ersetzen, mit der er sich identifizieren kann, weil sie ihm Halt, Stützung und Sicherheit verspricht. Enttäuscht diese ihn und seine in sie gesetzten Erwartungen, kehrt er zur alten Autorität oder ihren Nachfahren zurück. Selbst das scheinbare Aufbegehren gegen die Autorität ist bei den herrschaftlich Sozialisierten keines, da bei ihnen die Grundbedingung einer wirklichen Auflehnung fehlt. Ein wirkliches Aufbegehren setzt eine Charakterstruktur voraus, deren Ich gestärkt ist. Zur Ich-Stärke des Revolutionärs gehört die Fähigkeit, mit Enttäuschungen und Frustrationen umgehen zu können und an Zielen auch dann festzuhalten, wenn es Niederlagen und Widerstände gibt. Nochmal mit den Worten Erich Fromms: »Bei Auflehnung gegen die Autorität kann es sich psychologisch zunächst um zwei grundsätzlich verschiedene Erscheinungen handeln: einmal um den Abfall von einer Autorität unter Beibehaltung der autoritären Charakterstruktur mit ihren spezifischen Bedürfnissen und Befriedigungen; diesen Fall nennen wir Rebellion. Ihm steht die grundlegende Änderung der Charakterstruktur gegenüber, bei der die Impulse, die eine starke Autorität verlangen, schwächer werden oder ganz verschwinden. Diese Aufgabe des Objektes der Autorität auf Grund der Änderung der Charakterstruktur wird man als Revolution im psychologischen Sinn bezeichnen. Dass man sich gegen einen bestimmten Herrn auflehnt, nicht weil man einen anderen will, sondern weil man überhaupt keinen will, ist an die Bedingung gebunden, dass das eigene Ich der masochistischen Anlehnung und Partizipation nicht mehr bedarf.« Eine wirkliche Revolution muss also eine permanente sein und Sorge tragen, dass die Veränderung der Umstände mit einer Veränderung der Menschen einhergeht. Sándor Márai hat das in seinen Tagebüchern so ausgedrückt: »Die gesellschaftliche Revolution ist nichts wert, wenn mit ihr nicht auch die andere, die innere, seelische Revolution einhergeht, die den Menschen vom Joch des Egoismus, der Dummheit und der Habgier befreit.«

Die Anarchisten in der bayerischen Revolution wussten um die Bedeutung dieser Mechanismen richteten ihr Hauptaugenmerk auf die Revolutionierung des Alltagsleben und der Seelen, von der sie sich eine allgemeine und vor allem freiwillige Anerkennung der Räterepublik versprachen. Die *Rote Armee* und die Frage der Behauptung der Macht waren ihre Sache nicht so sehr. In Gestalt der Anarchisten und der Kommunisten haben wir es mit zwei auseinandergesprungenen Hälften eines Ganzen zu tun. Nur zusammen hätten sie etwas wirklich Neues hervorbringen können. Es gehört zur Tragik der Revolutionen im 20. Jahrhundert, dass diese beiden Hälften nicht nur nicht zusammenfanden, sondern sich in der Regel heftig bekämpften. Dabei hasste die eine an der anderen gerade das, was ihr selber fehlte. Die Anarchisten lehnten die Disziplin, den Ordnungssinn und den Machtwillen der Kommunisten ab, diese kritisierten an den Anarchisten ihre Träumerei, ihre Spontaneität und ihren Antiautoritarismus und Voluntarismus. Das eine wäre das Gegengift gegen das andere gewesen, Spontaneität und Organisation hätten zueinander gefunden. Ohne umfassende politische und ökonomische Veränderungen ist der Anarchismus immer in Gefahr, zur Marotte und zum Feigenblatt zu werden. Ein Stück Anarchie und sinnliche Fülle, ein Mehr an Lust und Sinnlichkeit, in Solidaritätsbeziehungen eingebettet, würde den Partei-Kommunisten gut tun. Ohne Befreiung der Sinne von ihrer kapitalistischen Zurichtung bleibt die Befreiung um die wesentliche Dimension verkürzt.

Noch einmal zurück zur Frage der Psychodynamik des Umschwungs in der bayerischen Revolution. Ein braver Staatswichtel kann sich unter autoritären Bedingungen ausruhen. Er sieht seinem Leben zu, er lässt die anderen machen, ist Konsument seines Geschicks. Alle Formen der Selbstbestimmung sind dagegen anstrengend. Nur wenn wir diese Mechanismen in Rechnung stellen, werden wir Phänomene wie »freiwillige Knechtschaft« und innere Konterrevolution verstehen können. Herbert Marcuse sprach von einem »psychischen Thermidor«: Rebellen schleppen ihre psychischen Deformationen in den revolutionären Prozess ein, der sie aber letztlich überfordert und zur Rückkehr zu den alten Zuständen bewegt. Sie haben sich weit vorgewagt in offenes, unbekanntes Gelände und werden nun von Ängsten überflutet. Die »Furcht vor der Freiheit« (Erich Fromm) und der eigenen Courage wird zum Motor einer Rückkehr in den Schoß einer Ordnung, in der es sich behaglich und sicher leben lässt.

Lob der Räte

> »Utopien sind immer nur scheintot, und bei einer Erschütterung ihres Sarges leben sie wieder auf.« *(Gustav Landauer)*

Räte als Kampforgane, hatte ich gesagt, entstehen dann, wenn Massen von Menschen unzufrieden sind und gleichzeitig die überkommenen Gewerkschaften und Parteien versagen und die Bedürfnisse und Sehnsüchte der Menschen keine Repräsentanz und politischen Ausdruck finden. Räte sind Sprachrohre und Vertretungskörperschaften unmündig gehaltener, unterdrückter Schichten und Massen. Was zeichnet Räte aus, was unterscheidet sie von herkömmlichen Vertretungskörperschaften wie Parteien und Parlamenten? »Der Rätegedanke ist uralt. Räte sind im eigentlichen Sinne nichts andres als die Vereinigung Gleichberechtigter zur Beratung ihrer eigenen gemeinsamen Angelegenheiten«, schreibt Günter Hillmann in seinen Erläuterungen zu den von ihm herausgegebenen *Quellentexten der Rätebewegung*.

Ihr konsequent demokratischer Charakter befähigt die Räte zu einem steten, engen Kontakt mit der Basis. Mit Hilfe der Räte können sehr schnell ganze Belegschaften von Betrieben oder die Einwohner von Städten und Dörfern erfasst und organisiert werden. Hinzu kommen noch andere Vorzüge direkter Demokratie, vor allem das Prinzip der Öffentlichkeit der Verhandlungen der Räte, das den Wählern ermöglicht, die politischen Entscheidungsprozesse zu kontrollieren. Anders als in parlamentarischen Körperschaften sind die Mitglieder der Räte nicht nur an Wähleraufträge gebunden, sondern können auch jederzeit abberufen werden. Außerdem erleichtert der stufenförmige Aufbau der Rätedemokratie die Kontrolle von unten, da das Kommunikationsnetz dichter und durchlässiger ist. Besser als Parteien und Parlamente sind also Räte zur Selbstorganisation kämpferischer Massen geeignet. Räte sind Organe der Außenseiter und Unterprivilegierten und bürokratischen Apparaten jeglicher Provenienz in puncto demokratischer Willensbildung haushoch überlegen. Die Menschen gehen nicht alle paar Jahre zur Wahlurne und lassen die Gewählten dann nach Belieben schalten und walten, sondern bleiben permanent beteiligt und verantwortlich für das, was geschieht. Insofern lösen die Räte das Versprechen der Demokratie ein und nehmen ihre erklärten Ziele endlich ernst. Die Wahl der Räte findet an den jeweiligen Arbeitsplätzen und sonstigen

Aufenthaltsorten statt. So soll sichergestellt werden, dass keine verselbständigte und von oben herabsteigende Politikerkaste entsteht, sondern ausschließlich Leute gewählt werden, die denjenigen, die sie wählen, persönlich bekannt sind. Die Delegierten werden mit sehr eng gefassten Mandaten ausgestattet und können jederzeit abgewählt werden, damit sich ihre Macht nicht verselbständigt. Was wesentlich ist, ist, dass der Delegierte für jeden wesentlichen Entschluss das imperative Mandat seiner Auftraggeber einholen muss, dass er sich für seine Haltung in jeder einzelnen Frage vor seinen Wählern verantworten muss und dass er jederzeit von seinem Posten zurückbeordert und durch eine geeignetere Persönlichkeit ersetzt werden kann. Dieses Prinzip der Auswechselbarkeit ist das eigentliche Kennzeichen des Rätesystems im Gegensatz zum Parlamentarismus.

Die Räte sind die praktische Verneinung der Parteidiktatur. In einem wirklichen Rätesystem, das föderalistisch funktioniert, können die Vertreter nicht zu Apparatschiks werden, da sie jederzeit abwählbar sind. Räte sind die Organisationsform der Revolution. Sie überwinden die für die alte Arbeiterbewegung kennzeichnende Trennung zwischen dem gewerkschaftlichen Moment des Kampfes und dem politischen, für den die Partei zuständig war. Die Räte nehmen in ihrer Binnenstruktur eine freie, klassenlose Gesellschaft vorweg. Der niederländische Rätekommunist Anton Pannekoek schrieb: »Die Räte ›regieren‹ nicht, sondern sind nur Vermittler, die die Auffassungen, den Willen, die Gesinnung der Arbeitergruppen zum Ausdruck bringen und austauschen.« In dem Maße, in dem immer mehr Menschen sich aktiv an dem revolutionären Prozess beteiligen, werden sich die verselbständigten Organisationen und Institutionen in den Räten auflösen, in denen die Menschen endlich ihre eigenen Bedürfnisse ohne Hilfe einer politischen Vermittlungsinstanz selbsttätig organisieren. Der Staat stirbt ab und löst sich in die Gesellschaft auf. Diesen Aspekt hatte Marx beinahe hymnisch an der *Pariser Kommune* von 1871 gefeiert: »Die Kommune war eine Revolution gegen den Staat selbst, gegen diese übernatürliche Fehlgeburt der Gesellschaft; sie war eine Wieder-belebung durch das Volk und des eigenen gesellschaftlichen Lebens. Sie war nicht eine Revolution, um die Staatsmacht von einer Fraktion der herrschenden Klassen an die andere zu übertragen, sondern eine Revolution, um diese abscheuliche Maschine der Klassenherrschaft selbst zu zerbrechen. … Die Kommune war die entschiedene Negation jener Staatsmacht und darum der Beginn der sozialen Revolution des 19. Jahrhunderts. Was daher immer ihr Geschick in Paris ist, sie wird ihren Weg um die Welt machen.« Die Kommune von Paris war für Marx »die endlich entdeckte politische Form, unter der die ökonomische Befreiung der Arbeit sich vollziehen konnte«.

Eine Revolutionierung der Gesellschaft ist nicht möglich ohne eine Revolutionierung der Menschen. Räte erlauben es, die soziale Welt und die Menschen zugleich zu verändern, die Veränderung der Umstände und die Selbstveränderung zu verknüpfen. Der junge Marx hatte in den Feuerbachthesen formuliert: »Das Zusammenfallen des Änderns der Umstände und der menschlichen Tätigkeit oder Selbstveränderung kann nur als revolutionäre Praxis gefasst und rationell verstanden werden.« Unter der Ägide der Zweiten Internationale traten diese beiden Seiten des revolutionären Prozesses immer weiter auseinander. Die Sozialdemokratie kaprizierte sich auf die Eroberung der politischen Macht durch Wahlen und schloss in den 1890er Jahren peu à peu die oppositionellen »Jungen« und Mitglieder mit Sympathien für den Anarchismus aus. Etwas plakativ gesagt: Die Selbstveränderer pilgerten auf den Monte Verita bei Ascona, die Weltveränderer mauerten sich in ihren Parteien ein und achteten auf ihre Reputation.

Erst im Zuge der Massenstreikdebatte nach 1905 und der Rätediskussion im Kontexte der Revolutionen von 1917/18 näherten sich die auseinandergesprungenen Teile einander wieder an. Marx und Rimbaud fanden endlich wieder zueinander: die Welt verändern und das Leben verändern; Entkapitalisierung draußen und im Inneren der Menschen. Gerade dieser Aspekt macht die Räte so wichtig für eine wirkliche Revolution. In den Räten lebt der »Wärmestrom der Revolution« (Ernst Bloch), der unter der Ägide einer Partei zu erkalten droht. Sie sind das einzig bekannte Antidot gegen die Gefahr der Erstarrung der Revolution, sie erlauben es, sie permanent zu halten. Mit Sartre und Canetti hätten die Verfechter der »permanenten Revolution« allerdings den Umstand zu berücksichtigen, dass kein Mensch dauerhaft revolutionär sein kann und will. Er trägt, wenn man so will, einen kleinen Konterrevolutionär in sich, der essen, schlafen und ab und zu seine Ruhe haben will. Räte in den Institutionen des Alltagslebens können diese Dialektik lebendig halten und verhindern, dass die Tendenzen zur Regression und Verschratung überhandnehmen.

Parteien und Gewerkschaften neigen dazu, diese Dialektik stillzustellen und begünstigen die Verbürgerlichung der Arbeiter. Deswegen propagierte der Rätekommunist Otto Rühle 1920: »Die soziale Revolution ist keine Parteisache!« und in Franz Pfemferts Zeitschrift »Die Aktion« hieß es 1921: »Das Parteimitgliedsbuch ist die Lakaienlivree des Proletariats.«

Räte sind Ausdruck einer lebendig strömenden Bewegung; mit deren Abebben gehen sie unter oder nehmen Parteiform an. Das wäre im Sartreschen Sinne der Rückfall der »fusionierenden Gruppen« in die »Serialität«. Die Vertreter des Rätegedankens sitzen nun auf dem Trockenen und müssen warten, bis sich die Wirklichkeit eines Tages wieder zum Rätegedanken drängt. Das beschreibt das Schicksal der Rätekommunisten in der Weimarer Republik. Nach dem Ende der Revolutionsperiode im Jahr 1923 agierten sie in einem Vakuum und stellten keinen ernstzunehmenden Faktor der deutschen Arbeiterbewegung mehr dar. Ihre Ideen gingen mit ihnen ins Exil oder ins Grab. Die Genossinnen und Genossen der Rätebewegung haben aber nicht gekämpft, um mit »historischer Notwendigkeit« zu scheitern, wie es im Jargon des Parteikommunismus heißt, sondern weil sie allen Grund hatten, gemeinsam zu kämpfen und an den Erfolg ihres Kampfes zu glauben. Sie hielten die Zeit für reif und die Bedingungen für die Verwirklichung ihrer Ideen für gegeben. Gegen das Argument, die Verhältnisse seien noch nicht reif für eine Revolution, hatte Max Horkheimer in seinem Text »Autoritärer Staat« aus dem Jahr 1942 eingewandt: »In der Gegenwart verklärt die Rede von der mangelnden Reife das Einverständnis mit dem Schlechten. Für den Revolutionär ist die Welt schon immer reif gewesen. Was im Rückblick als Vorstufe, als unreife Verhältnisse erscheint, galt ihm einmal als letzte Chance der Veränderung. Er ist mit den Verzweifelten, die ein Urteil zum Richtplatz schickt, nicht mit denen, die Zeit haben.«

Resurrektion der Räte?

> »Im Rahmen der objektiven Bedingungen hängen die Alternativen (Faschismus oder Sozialismus) von der Intelligenz und dem Willen, dem Bewusstsein und der Sensibilität der Menschen ab. Die Gesellschaftsform hängt von ihrer immer noch existierenden Freiheit ab.«
> *(Herbert Marcuse)*

Die 68er-Bewegung erweckte den Rätegedanken und die Idee der Selbstverwaltung zu neuem Leben und versuchte, an die Traditionen und Diskussionen der frühen Weimarer Jahre anzuknüpfen. Die Literatur der Emanzipation und Revolution wurde zurückgewonnen und für die eigene Theoriebildung fruchtbar gemacht. Die Schriften von Gustav Landauer, Anton Pannekoek, Herman Gorter, Otto Rühle, Paul Mattick und Karl Korsch und anderen Räte-Theoretikern wurden neu herausgegeben und breit rezipiert. Rudi Dutschke formulierte in einem Gespräch mit dem SPIEGEL 1967 programmatisch: »Wir zielen ein System direkter Demokratie an – und zwar von Rätedemokratie, die es den Menschen erlaubt, ihre zeitweiligen Vertreter direkt zu wählen und abzuwählen, wie sie es auf der Grundlage eines gegen jedwede Form von Herrschaft kritischen Bewusstseins für erforderlich halten.« Kühn spitzte Dutschke zu: »Es könnte dazu kommen, dass die Vereinigung von Arbeitern und Studenten in der organisatorischen Form von Räten die Frage der Doppelherrschaft aufwirft.«

Dutschke unternahm eine Ehrenrettung des Anarchismus und versuchte, das Verhältnis von subjektiver und objektiver Dialektik zugunsten der subjektiven Dialektik neu zu bestimmen. Die Errichtung einer freien und menschlichen Gesellschaft hängt heute mehr denn je von der subjektiven Tätigkeit und dem Willen der Menschen ab als von einer objektiven Dialektik. Objektiv sind die Verhältnisse längst reif für den Übergang zum Sozialismus, die Menschen müssten ihn nur wollen und für seine Verwirklichung kämpfen. Mit der antiautoritären Bewegung kehrten Lust, Heiterkeit, Spiel, Fest und Spontaneität in die revolutionäre Bewegung zurück, die die von Kundera beschriebenen »düster dreinblickenden Priester« des orthodoxen Marxismus aus ihr vertrieben hatten. Das bezeichnet eine der wesentlichen Qualitäten der 68er-Bewegung, dass es ihr für eine gewisse Zeit gelang, den Kampf für den Sozialismus mit dem für eine befreite Sinnlichkeit zu verknüpfen. Nach ihrem Zerfall entmischte sich das wieder in bierernste Parteipolitik und eine zunehmend wahrheitsvergessene und sinnentleerte Spaßkultur – bis hin zu Konsum und Event der Gegenwart.

Die 68er Bewegung zerfiel Anfang der 1970er Jahre in konkurrierende Sekten, die sich an Theorie und Praxis der Bolschewiki und der KP Chinas orientierten. Sie wiederholte wie in einer Art Zeitraffer die Entwicklung von 1917 bis 1923 – von den fusionierenden Gruppen der antiautoritären Revolte bis zur Sklerose der kommunistischen Parteien bolschewistischen Typs. Die Revolution galt nun wieder als Parteisache. Mit dem Ende der antiautoritären Bewegung erlosch auch die Utopie der Rätedemokratie erneut. Man kann mit Peter Rühmkorf nur hoffen, dass der libertäre Kommunismus »auch nur ein Unkraut unter anderen ist, das immer wieder durchkommt, ob sie wollen oder nicht«. Viele von uns hoffen nun bereits seit Jahrzehnten vergeblich. Der Gedanke an Revolution und Räte überlebte in den Köpfen einzelner und in kleinen Gruppierungen. Angesichts des aktuellen Versagens der etablierten Parteien und der parlamentarischen Repräsentanzen müssten eigentlich die Räte aus dem Boden schießen, wie Pilze nach einem warmen Sommerregen. Warum tun sie es nicht? Weil die Leute hinter ihren Smartphones herrennen oder von der Wiederkehr der Volksgemeinschaft träumen.

Inzwischen wird für jedermann offenbar, dass die von Vielen so ideal imaginierte Demokratie – erst recht nach ihrem marktkonformen Umbau – die dem hemmungslosen Geldverdienen günstigste Staatsform ist. Die Linke kann vom Erosionsprozess und der Aushöhlung der Demokratie nicht profitieren. Das liegt daran, dass sie ideen- und phantasielos ist und über keine Entwürfe verfügt, die die Menschen begeistern und hinter dem Ofen hervorlocken. Gegen den regressiven Sog des rechten Populismus sollte die Linke dem Räte- und Selbstverwaltungsgedanken neues Leben einhauchen. Dazu wäre es freilich nötig, ihn auf die Höhe der Zeit zu bringen und den gewandelten Bedingungen anpassen. Eine Theorie, die die Praxis des gegenwärtigen Kapitalismus nicht eingeholt hat, kann schwerlich eine Praxis anleiten, die darauf abzielt, den Kapitalismus zu überwinden.

Ein großes Problem scheint mir darin zu bestehen, dass wir nicht länger die Produktion zur Basis unseres Gegenentwurfs nehmen können. Das Proletariat im klassischen Sinn stellt nicht mehr die Mehrheit der Bevölkerung dar und sein Klasseninteresse verkörpert schon lange nicht mehr die allgemeinen Interessen der Menschheit, wovon Marx noch ausging. Wir erleben seit einiger Zeit, wie sich das Kapital seines klassischen Widerparts entledigt und die traditionelle Arbeiterklasse beseitigt. Im Zuge dessen, was man Digitalisierung nennt, kommt es zu einem gigantischen »Arbeiterlegen«, wie Helmut Reinicke diesen Prozess zutreffend genannt hat. In einer Art Wiederholung der von Marx beschriebenen »ursprünglichen Akkumulation des Kapitals« durch das Bauernlegen zur Herstellung des »freien Lohnarbeiters«, kommt es nun zu einer neuen ursprünglichen Akkumulation zur Herstellung von »Dienstleistern« – und einer Masse von »Überzähligen«, die für die Reproduktion des Kapitals nicht mehr benötigt werden und wie Fische auf dem Trockenen liegen. Im Laufe der nächsten Jahrzehnte werden immer Menschen ihre Arbeit an Roboter und Algorithmen verlieren. Was wird aus ihnen?

Wenn es die Solidarität der in der Produktion vereinigten Arbeiter und ihren Klassenkampf kaum noch und immer weniger gibt, was könnte das einigende Band und die regulative Idee heutiger Kämpfe sein? Auf welcher Basis lässt sich unter heutigen Bedingungen eine revolutionäre Alternative entwickeln? Konsum serialisiert die Menschen, lässt im Unterschied zur Produktion keine Bindungen entstehen und ist in der Regel eine einsame Angelegenheit – selbst wenn die Menschen ihn gemeinsam ausüben. Die Wohnviertel, die Stadtteile, die Straßen? Welche Erfahrung ist möglichst vielen Menschen oder fast allen Menschen gemeinsam? Es ist die der Entfremdung. Aber wie äußert sich diese und wie lassen sich diese Erfahrung und das Leiden an ihr aufgreifen und organisieren? Und was könnte Aufhebung der Entfremdung unter heutigen Bedingungen heißen? Sartre hat im Gespräch mit den italienischen Linkskommunisten der Gruppe »Il Manifesto«, das 1969 in Rom geführt wurde, gesagt: »Das Bewusstsein von der Unerträglichkeit des Systems darf nicht mehr in der Unmöglichkeit, die elementaren Bedürfnisse zu befriedigen, gesucht werden, sondern muss vor allem in dem Bewusstsein von der Entfremdung gefunden werden: d. h. von der Tatsache ausgehend, dass dieses Leben nicht mehr die Mühe lohnt, gelebt zu werden, dass es keinen Sinn mehr besitzt, dass der Mechanismus des Systems ein betrügerischer Mechanismus ist, dass diese Bedürfnisse künstlich geschaffen werden, dass sie falsch sind, dass sie erschöpfen und lediglich dem Profit dienen.«

Es existiert, nicht bei vielen, aber doch bei einigen Menschen und Initiativen der Impuls, sich die Bedingungen ihres Lebens wieder anzueignen, die unter die Kontrolle von Herrschaft und Profit gebracht worden sind. Die Geschichte der bürgerlichen Gesellschaft ist ja auch eine Universalgeschichte der Enteignung – nicht nur von den Mitteln der Produktion. Die Enteignung erfasst heute Bereiche, die bisher ausgespart blieben, und

Tätigkeiten, die dem Kapital noch nicht reell subsumiert waren: Kochen, Ernährung, Gesundheit, Bildung, Körperlichkeit, Beziehungsanbahnung und vor allem die Formen menschlicher Kommunikation, die von Facebook, Twitter, Whatsapp in Regie genommen und kontrolliert werden. Ein Ansatz linker Strategien könnte im Bereich dessen liegen, was man als lokale Selbstermächtigung, Wiederaneignung von verloren gegangenen Kompetenzen und Kenntnissen, Wiederbelebung und Aneignung des Nahraums bezeichnen könnte. Vor allem aber benötigen wir eine neue Wirtschaftsweise, die Gebrauchsgegenstände für Menschen herstellt und nicht Gewinn für die Eigentümer der Produktionsmittel. Inzwischen werden wir beinahe täglich mit Nachrichten konfrontiert, die davon zeugen, dass die Produktion um des Profits willen die Menschen und die Natur zerstört. Eine neue Produktionsweise bedeutet auch, den Fetisch des ewigen Wachstums zu überwinden: weniger von allem, langsamer, behutsamer, sorgsamer, Fahrräder statt SUVs.

Die fortschreitende Vereinsamung ist ein großes Thema, dessen Bearbeitung wir nicht der konservativen englischen Regierung und der *Großen Koalition* in Berlin überlassen sollten. Der Koalitionsvertrag widmet dem Thema vier Zeilen: »Gesellschaft und Demokratie leben von Gemeinschaft. Familiäre Bindung und ein stabiles Netz mit vielfältigen sozialen Kontakten fördern das individuelle Wohlergehen und verhindern Einsamkeit. Angesichts einer zunehmend individualisierten, mobilen und digitalen Gesellschaft werden wir Strategien und Konzepte entwickeln, die Einsamkeit in allen Altersgruppen vorbeugen und Vereinsamung bekämpfen.« In Gesellschaften, die sich als Ganze der Markt- und Kapitallogik unterworfen haben, zieht ein Thema ja erst dann Aufmerksamkeit auf sich, wenn Kosten anfallen und wirtschaftliche Schäden zu befürchten sind. Es ist nicht das menschliche Leid, das aufschrecken lässt, sondern die medizinischen Folgen und finanziellen Mittel, die zu seiner »Bekämpfung« aufgewandt werden müssen. Die Einrichtung eines Heimatministeriums und sozialarbeiterische und sozialtechnische Maßnahmen sind kaum geeignete Mittel, um die Vereinzelung und Atomisierung der Individuen, wie sie die arbeitsteilige kapitalistische Gesellschaft hervorbringt, aufzuheben. Es wird viel Geld ausgegeben, um die Folgen anomischer Vereinsamung zu bekämpfen und die Ursachen bestehen zu lassen. Jens Jessen merkt in der Wochenzeitung DIE ZEIT richtig an: »Die deutschen Politiker, die etwas gegen Einsamkeit tun wollen, sind nicht blöd. Sie sind zynisch. Sie wollen im Hinterhof eines Ministeriums den gewaltigen Schaden ausbessern, den sie mehr als ein Jahrzehnt lang hergestellt haben.« Wir sollten darauf beharren: Wenn schon Heimatschutz, dann vor den Verwüstungen durchs Kapitalprinzip und dem in seinem Namen betriebenen staatlichen Vandalismus. Das wild gewordene Geld trampelt mit schweren Stiefeln auf dem Erdball herum und zerstört dabei ganze Landstriche und tradierte Lebensweisen.

All diese Vorschläge sind im schlechten Sinn utopisch, da sie einer breiten Basis bei den empirisch anzutreffenden Menschen entbehren, deren Hauptsorge der Erwerb des neusten Smartphone-Modells und der Apple Watch zu sein scheint. Ansonsten frönen sie ihrem Fitnesscenter- und Selbstoptimierungs-Narzissmus. Von Revolution ist bloß noch die Rede, wenn es um eine Geschäftsidee, die Gründung eines Start-up-Unternehmens oder die Einführung eines neuen Produkts geht. Die Leute sind zufrieden, solange das System die begehrten Güter liefert. Ihre Trieb- und Bedürfnisstruktur scheint mit der Struktur der herrschenden Gesellschaft perfekt synchronisiert. Der Gedanke an Opposition kommt gar nicht erst auf. Wenn diese Zustandsbeschreibung stimmt, wären wir vollends in die »Eindimensionale Gesellschaft« eingetreten, die Herbert Marcuse bereits in den 1960er Jahren heraufziehen und Gestalt annehmen sah. Wie die Weimarer Rätekommunisten nach dem Ende der Revolutionsperiode agieren wir also auch heute wieder in einem Vakuum. Da ich als Mensch aber nicht aufhören kann zu hoffen, rede ich mir ein: Noch leben wir in einer Übergangsphase, vieles ist noch in der Schwebe, noch haben wir die Wahl zwischen Sozialismus und Barbarei. Solange das Leben im emphatischen Sinn nicht lebt, wird die Sehnsucht nach dem ganz Anderen fortbestehen. Die grassierenden psychischen und psychosomatischen Erkrankungen zeugen davon, dass viele Menschen das vage Gefühl haben, dass das Leben anderswo ist und sie im eigentlichen Sinne noch gar nicht leben. Umso wichtiger, dass wir – die libertären Sozialisten – diesen vagen Stimmungen Ausdruck verleihen und die realen Möglichkeiten der Befreiung aufzeigen. Eines Tages wird es zu spät sein, und die Alternative lautet dann nur noch: Barbarei oder Barbarei.

Beck/Bergmann/Boehnke (Hg.): Das B.Traven Buch, Reinbek 1976
Canetti, Elias: Die Fackel im Ohr. Lebensgeschichte 1921–1931, München-Wien 1980
Canetti, Elias: Masse und Macht, 2 Bände, München 1976
Dorst, Tankred (Hg.): Die Münchner Räterepublik. Zeugnisse und Kommentar, Frankfurt/Main 1968
Dreßen, Wolfgang: Antiautoritäres Lager und Anarchismus, Berlin 1968
Eisner, Kurt: Die ½ Macht den Räten, Köln 1969
Eisner, Kurt: Sozialismus als Aktion. Ausgewählte Aufsätze und Reden, Frankfurt/Main 1975
Fromm, Erich: Autorität und Familie, Sozialpsychologischer Teil, Paris 1936
Frühwald, Wolfgang/Spalek, John M. (Hg.): Der Fall Toller. Kommentar und Materialien, München-Wien 1979
Gietinger, Klaus: November 1918. Der verpasste Frühling des 20. Jahrhunderts, Hamburg 2018
Gottschalch, Wilfried: Parlamentarismus und Rätedemokratie, Berlin 1968
Guerin, Daniel: Anarchismus. Begriff und Praxis, Frankfurt/Main 1969
Haffner, Sebastian: Die deutsche Revolution 1918/19, Köln 2008
Hillmann, Günter (Hg.): Die Rätebewegung, 2 Bände, Reinbek 1971/72
Klemperer, Victor: Man möchte immer weinen und lachen in einem. Revolutionstagebuch 1919, Berlin 2015
Landauer, Gustav: Aufruf zum Sozialismus, Frankfurt/Main 1967
Landauer, Gustav: Erkenntnis und Befreiung, Frankfurt/Main 1976
Lenin, W. I.: Staat und Revolution, Berlin 1970
Levi, Paul: Zwischen Spartakus und Sozialdemokratie, Frankfurt/Main 1969
Marx, Karl: Bürgerkrieg in Frankreich, MEW Band 17, Berlin 1962
Mattick, Paul: Der Leninismus und die Arbeiterbewegung des Westens, in: Lenin. Revolution und Politik, Frankfurt/Main 1970
Mattick, Paul: Spontaneität und Organisation, Frankfurt/Main 1975
Mergner, Gottfried (Hg.): Gruppe Internationale Kommunisten Hollands, Reinbek 1971

Meyer-Leviné, Rosa: Leviné. Leben und Tod eines Revolutionärs, München 1972
Mühsam, Erich: Von Eisner bis Leviné. Die Entstehung der bayerischen Räterepublik, Berlin 1929
Müller, Richard: Die Novemberrevolution, Band 2, Berlin o.J.
Niekisch, Ernst: Gewagtes Leben. Erinnerungen eines deutschen Revolutionärs, Band 1, Köln 1974
Pannekoek, Anton: Arbeiterräte, Texte zur sozialen Revolution, Fernwald 2008
Regler, Gustav: Das Ohr des Malchus. Eine Lebensgeschichte, Frankfurt/Main 1975
Retzlaw, Karl: Spartakus. Aufstieg und Niedergang. Erinnerungen eines Parteiarbeiters, Frankfurt/Main 1974
Rosenberg, Arthur: Geschichte der Weimarer Republik, Frankfurt/Main 1971
Rühle, Otto: Von der bürgerlichen zur proletarischen Revolution, Berlin 1970
Sartre, Jean-Paul: Kritik der dialektischen Vernunft, Reinbek 1967
Sartre, Jean-Paul: »Partei und Klasse«, Eine Diskussion zwischen Jean-Paul Sartre und »Il Manifesto«, Berlin 1970
Sartre, Jean-Paul: Wahlen, Idiotenfallen, in: Plädoyer für die Intellektuellen, Reinbek 1995
Schaupp, Simon: Der kurze Frühling der Räterepublik. Ein Tagebuch der bayerischen Revolution, Münster 2017
Theweleit, Klaus: Männerphantasien, 2 Bände, Frankfurt/Main 1977/78
Toller, Ernst: Briefe aus dem Gefängnis, München-Wien 1978
Toller, Ernst: Eine Jugend in Deutschland, Stuttgart 2011
Toller, Ernst: Prosa-Briefe-Dramen-Gedichte, Reinbek 1979
Weidermann, Volker: Träumer. Als die Dichter die Macht übernahmen, Köln 2017

Infantilisierung

Gestern standen an der Kasse im Supermarkt zwei junge Frauen vor mir. Sie unterhielten sich über eine medizinische Vorlesung, die sie gerade besucht hatten. Dabei sahen die beiden aus, als würden sie gleich von der Mama aus dem Kindergarten oder der Grundschule abgeholt. Die eine der beiden trug einen himmelblauen Rucksack, auf den eine Maus appliziert war, einen plüschigen rosa Schal, eine dieser Mützen mit Hörnchen dran, die schon bei Kleinkindern albern aussehen, und eine bunte Brille. Fehlte eigentlich nur der Schnuller an einer Schnur um den Hals. Als Ersatz führten beide Flaschen mit Verschlüssen mit sich, die entfernt an Brustwarzen und ihnen nachgebildete Schnuller erinnern. Die Gesichter der beiden trugen kindliche Züge und waren bar jeder Kontur. Immer öfter habe ich den Eindruck, dass viele Studierende noch Kinder sind. Sie wohnen bei Mama und Papa oder verbringen doch mindestens die Wochenenden bei ihnen. Freunde, die an der Universität arbeiten, berichten, dass Studierende in Begleitung ihrer Eltern in die Sprechstunde kommen. Die Eltern suchen ihren Kindern ein Zimmer, machen den Umzug, spülen am Tag nach WG-Festen ab und putzen die Wohnung. Erwachsenen-Kinder – formell vielleicht erwachsen, in Wirklichkeit aber stecken sie irgendwo zwischen Kindheit und Pubertät fest. Mit Trump ist dieser Typus inzwischen an die Macht gekommen. Seine Biographen schildern einen Mann, der in Wahrheit ein ungeduldiges und unersättliches Kind geblieben ist, das unentwegt fernsieht, sich auf nichts länger als ein paar Minuten konzentrieren und mit Kritik nicht umgehen kann. Und dieser Mann verfügt über das Atomwaffenarsenal der USA!

»Wir können eine Welt gestalten, wie sie die Welt noch nie gesehen hat«

Vor 50 Jahren wurde Rudi Dutschke Opfer eines Attentats

> »Die ganze Oppositionsbewegung krankt zurzeit daran, dass sie eine konkrete Utopie noch nicht ausgemalt hat. Das zu tun, ist die wichtigste Aufgabe der kritischen Theorie – gerade jetzt in der Zeit der sehr, sehr langen und komplizierten Übergangsperiode, die bestimmt wird durch den Kampf gegen die bestehende Ordnung.« *(Rudi Dutschke 1967)*

Am Gründonnerstag, dem 11. April 1968 schoss ein junger Rechtsradikaler auf Rudi Dutschke und verletzte ihn schwer. Dutschke hatte Kopf und Leidenschaft der antiautoritären Bewegung verkörpert. Der Anschlag auf ihn wurde zum Auslöser der sogenannten Osterunruhen und setzte die Gewaltfrage auf die Tagesordnung. Die Bewegung verlor ihre spielerische Leichtigkeit und Heiterkeit und zerfiel kurz darauf. Das freibeuterische Denken der Revolte und ihr libertärer Sozialismus wichen einer Rückkehr zu einer sterilen Orthodoxie und geschichtlich überholten Vorstellungen von Klassenkampf und parteiförmiger Organisation.

Das Attentat

Am 4. April 1968 wurde in Memphis/USA Martin Luther King von einem Rassisten ermordet. Damit verlor die Bürgerrechtsbewegung in den USA ihre charismatische Leitfigur und ihren prominentesten Sprecher. In München las ein 23-jähriger rechtsradikaler Hilfsarbeiter namens Josef Bachmann einen Artikel über diesen Mord, schnitt ihn aus und legte ihn zu anderen Zeitungsausschnitten, die er gesammelt hatte. In ihnen wurde mehr oder weniger unverblümt zum Lynchen Rudi Dutschkes aufgefordert. Der Mord an King machte die in Bachmann tickende Bombe scharf und beschleunigte möglicherweise die Realisierung seiner schon länger gehegten Attentatspläne. Er hatte mit einem NPD-Mitglied Schießübungen durchgeführt und verfügte über rege Kontakte ins rechtsradikale Milieu. Er beschloss, nach Berlin zu fahren und dieses »dreckige Kommunistenschwein« zu erschießen. Am 10. April 1968 fuhr er abends mit dem Interzonenzug nach Berlin. Im Gepäck zwei Pistolen und einen Zeitungsausschnitt aus der neofaschistischen *Deutschen National- und Soldatenzeitung* vom 22. März 1968 mit der Schlagzeile: »Stoppt Dutschke jetzt! Sonst gibt es Bürgerkrieg«. Darunter fünf Fotos von Dutschke, angeordnet in Art eines Steckbriefs. Am Morgen des 11. April in Berlin angekommen, fragte er sich nach Dutschkes Adresse durch. Dieser war gerade aus Prag zurückgekehrt, wo er im überfüllten Audimax der Karls-Universität über den Prager Frühling und den von Alexander Dubček propagierten »Sozialismus mit menschlichem Antlitz« gesprochen hatte, dessen Entwicklung Rudi mit kritischer Solidarität beobachtete. Rudi hatte sich auf die Feuerbachthesen von Marx bezogen und unter dem Jubel von über 1.000 Studierenden darauf hingewiesen, dass »die Erzieher selbst erzogen werden müssen«. Am Nachmittag des 11. April war er unterwegs, um im SDS-Zentrum vorbeizuschauen und für seinen kranken Sohn ein Medikament zu besorgen. Man schickte Bachmann schließlich zum SDS-Zentrum am Kurfürstendamm. Gegen 16:35 Uhr entdeckte er Rudi Dutschke mit seinem Fahrrad vor dem Gebäude. Er trat auf ihn zu und fragte: »Sind Sie Rudi Dutschke?« Als Rudi bejahte, feuerte er drei Kugeln auf ihn ab, zwei in den Kopf und eine in die Brust. Bachmann floh und wurde nach einem Schusswechsel mit der Polizei festgenommen. Bei seiner ersten Vernehmung gab er zu Protokoll: »Ich möchte zu meinem Bedauern feststellen, dass Dutschke noch lebt. Ich hätte eine Maschinenpistole kaufen können. Wenn ich das Geld dazu gehabt hätte, hätte ich Dutschke damit zersägt.«

Warum will Bachmann unbedingt jemanden erschießen, der sich zeitlebens für die Erniedrigten und Beleidigten, also für Leute wie ihn, eingesetzt hat? Um der Antwort auf diese Frage näher zu kommen, muss man die kritische Sozialpsychologie zu Rate ziehen. Das von seinen Erziehern gezüchtigte und gequälte Kind ist dennoch auf deren Wohlwollen und Zuwendung angewiesen. Es muss seine Peiniger lieben, und diese sadomasochistische Verfilzung von Quälerei und Liebe bleibt oft ein Leben lang wirksam. Die Erziehung zu Gehorsam und Unterwerfung unter Autoritäten mündet in eine »Identifikation mit dem Angreifer«, die einen Menschentyp hervorbringt, der verbissen seine eigene Knechtschaft verteidigt. Die in einem »erbärmlichen geistigen und seelischen Zustand« gehaltenen Menschen, schrieb der junge Max Horkheimer in seinem Buch »Dämmerung«, »sind die Affen ihrer Gefängniswärter, beten die Symbole ihres Gefängnisses an und sind bereit, nicht etwa diese ihre Wärter zu überfallen, sondern den in Stücke zu reißen, der sie von ihnen befreien will«. Diesem, wenn man so will, perversen Mechanismus fielen immer wieder Revolutionäre zum Opfer – von Rosa Luxemburg, Karl Liebknecht, Kurt Eisner, Gustav Landauer bis Rudi Dutschke.

Kopf und Herz der antiautoritären Revolte

Wer war dieser Rudi Dutschke, der den Hass dieses jungen Mannes und vieler anderer auf sich gezogen hatte? Er kam 1940 als viertes Kind von Alfred und Elisabeth Dutschke in Schönefeld bei Berlin zur Welt und wuchs im benachbarten Luckenwalde auf. Vater Dutschke war als Soldat im Krieg, so dass die vier Söhne zunächst unter der Obhut der Mutter aufwuchsen, die eine tief religiöse Protestantin war. Rudi wurde Mitglied der *Jungen Gemeinde* und verweigerte aus christlich-pazifistischen Gründen den Dienst in der *Nationalen Volksarmee*. Daraufhin wurde er in der DDR nicht zum Studium zugelassen, so dass er gezwungen war, nach West-Berlin auszuweichen. Nach dem Mauerbau im Jahr 1961 blieb er dort und begann, an der *Freien Universität* Soziologie zu studieren. Den rebellischen Geist hatte er in den Westen mitgebracht. 1962 schloss er sich mit seinem damaligen Freund Bernd Rabehl, der ebenfalls in der DDR aufgewachsen war, der *Subversiven Aktion* an, einer kleinen Gruppe, die sich an der *Situationistischen Internationale* orientierte und ein undogmatisch-aktionistisches Revolutionsmodell vertrat. 1965 wurden die beiden Mitglieder des Berliner SDS. Der körperliche eher kleine, aber sehr sportliche Dutschke wurde bald zur Leitfigur des antiautoritären Lagers des SDS, das ab 1967 im Verband dominant wurde. Er war ein mitreißender Redner, ohne demagogisch zu sein. Er vermochte auszudrücken, was die Leute bewegte und umtrieb. Rudi setzte auf ein Modell von Aufklärung durch Aktion, das er in einem Gespräch mit Günter Gaus, das am 3. Dezember 1967 vom Fernsehen ausgestrahlt wurde, wie folgt erläuterte: »Wir haben angefangen, eine Methode zu entwickeln, die sich dadurch auszeichnet, dass wir Aufklärung über gesellschaftliche Tatbestände in der ganzen Welt und in der eigenen Gesellschaft verbinden mit Aktionen. In der Vermittlung und in der Verbindung von Aufklärung – systematischer Aufklärung – über das, was geschieht, was uns tagtäglich in den Zeitungen, in den Rundfunkorganen, auch im Fernsehen, vorenthalten wird.« Gegen die systematische Hintanhaltung von Informationen gelte es, eine Gegenöffentlichkeit zu schaffen, in der über das, was in der Welt geschieht, lebendig diskutiert werden könne. »Wir wissen«, fuhr Rudi fort, »dass im Augenblick nur Minderheiten aufgeklärt werden können, aber Minderheiten, die geschichtlich die Chance haben, Mehrheiten zu werden. Heute sind wir nicht sehr viele. Aber das schließt doch nicht aus, dass immer mehr Menschen ... vielleicht unsere Einsichten als richtige begreifen.«

Das Denken der Revolte

Wer sich in das Denken Rudi Dutschkes und der antiautoritären Revolte einlesen möchte, kann das anhand des in der *Bibliothek des Widerstands* des Hamburger Laika-Verlages erschienenen Bandes *Rudi Dutschke. Aufrecht gehen – 1968 und der libertäre Kommunismus* tun. Das Buch liefert keine Biographie Dutschkes im herkömmlichen Sinn, sondern so etwas wie eine intellektuelle Biographie der Revolte, für die Dutschke stand und die er verkörperte. Das Gespräch zwischen Gaus und Dutschke sowie ein Portrait Dutschkes von Wolfgang Venohr aus dem Jahr 1968 sind dem Band als DVDs beigefügt. Der einleitende Essay von Helmut Reinicke, einem Mitstreiter von Dutschke und Hans-Jürgen Krahl, ist nicht einfach zu lesen. Die Sprache und die Begrifflichkeit der Revolte klingen für heutige Ohren fremd und müssen erst wieder erlernt werden. Ohne diese Mühe ist eine Wiederaneignung revolutionärer Traditionen schwer denkbar. Eine Bewegung, die Herrschaft und Ausbeutung überwinden will, muss sich auch einer Sprache bedienen, die nicht die Sprache von Herrschaft, Ware und Geld ist. Die heute dominante und von vielen jungen Leuten gesprochene Sprache ist extrem verarmt; es ist die Sprache der digitalen Medien, des Konsums und der Reklame. In ihr lässt sich das Gegebene nur verdoppeln, aber nicht in Richtung seiner noch »ungewordenen Möglichkeiten« (Ernst Bloch) transzendieren. Wer Widersprüche nicht zu artikulieren vermag, wird sie irgendwann auch nicht mehr denken können.

Rudi selbst hatte sich dieser Mühe unterzogen. Es ging für Rudi und die Linke in der BRD darum, die durch den Faschismus und die Restauration des Kapitals verloren gegangenen Jahre durch die Wiederaneignung der Literatur der Emanzipation zurückzugewinnen. Rudis berühmte schwarze Ledertasche war stets prall mit Büchern gefüllt. Er trug sie immer bei sich und las, wann immer er Zeit dafür fand. Er arbeitete sich durch die Frühschriften von Marx, die in der DDR verpönt gewesen waren; er las Rosa Luxemburg. Ihr Satz von »der Freiheit, die immer die Freiheit der Andersdenkenden ist«, entsprach seinen Erfahrungen in der DDR, blieb haften und wurde ihm zum Lebensprogramm. Er las Georg Lukács und Karl Korsch, die Repräsentanten eines westlichen Marxismus. Über Lukács wollte er ursprünglich promovieren und er besuchte und befragte ihn in Budapest. Er las Frantz Fanons Buch »Die Verdammten dieser Erde« mit dem fulminanten Vorwort von Sartre. Er las und diskutierte mit Herbert Marcuse und Ernst Bloch, mit denen er sich anfreundete. Mit Bloch traf er im Februar 1968 auf einer Tagung in Bad Boll zusammen. In der Diskussion ging es um ein verändertes Verhältnis von subjektiver und objektiver Dialektik. Auf letztere hatten die Zweite und die Dritte Internationale im Banne eines ökonomistisch reduzierten Marxismus gesetzt. Die objektive Entwicklung der Produktivkräfte würde von sich aus eine Veränderung der gesellschaftlichen Verhältnisse hervorbringen. Der Sozialismus fiele eines Tages wie ein reifer Apfel vom Baum der Geschichte und der Menschheit in den Schoß. Dutschke: »... das Verhältnis von subjektiver und objektiver Dialektik hat sich verkehrt zugunsten der subjektiven Dialektik. Es hängt heute mehr denn je von der subjektiven Tätigkeit der Menschen ab als von einer objektiven Dialektik.« Geschichte sollte nicht mehr als Kette gesetzmäßig ablaufender Ereignisse begriffen werden, sondern als ein Feld von Möglichkeiten, die sich realisieren lassen, wenn die Menschen sich ihrer bewusst werden und für sie kämpfen. Er las natürlich auch das Buch, das Johannes Agnoli und Peter Brückner gemeinsam verfasst hatten, das *Transformation der Demokratie* heißt und aus dem die Revolte ihre Argumente gegen Parlamentarismus und bürgerliche Demokratie bezog. Die 68er-Bewegung erweckte den Rätegedanken und die Idee der Selbstverwaltung zu neuem Leben und versuchte, an die Traditionen und

Diskussionen der frühen Weimarer Jahre anzuknüpfen. Die Literatur der Emanzipation und Revolution wurde peu à peu zurückgewonnen und für die eigene Theoriebildung fruchtbar gemacht. Die Schriften von Gustav Landauer, Anton Pannekoek, Herman Gorter, Otto Rühle, Paul Mattick und Karl Korsch und anderen Räte-Theoretikern wurden neu herausgegeben und breit rezipiert. Rudi Dutschke formulierte in einem Gespräch mit dem SPIEGEL 1967 programmatisch: »Ich denke, dass die Parteien und das Parlament nicht mehr die Wünsche, Interessen und Bedürfnisse von vielen Menschen repräsentieren. Wir haben eine Interessendemokratie. Eine Vielfalt von Interessengruppen trifft sich an der politischen Börse und macht in der Anerkennung des bestehenden Staates nur noch einen Scheinkampf um den Anteil am Brutto-Sozialprodukt. (...) Wir zielen ein System direkter Demokratie an – und zwar von Rätedemokratie, die es den Menschen erlaubt, ihre zeitweiligen Vertreter direkt zu wählen und abzuwählen, wie sie es auf der Grundlage eines gegen jedwede Form von Herrschaft kritischen Bewusstseins für erforderlich halten.«

Als der traditionalistische Flügel des SDS ein Schulungsprogramm zusammenstellte, das über den Kanon der Klassiker des Marxismus-Leninismus nicht hinausging, stellte Rudi eine eigene Literaturliste zusammen, die bis in die Gegenwart reichte und unter dem Titel *Ausgewählte und kommentierte Bibliographie des revolutionären Sozialismus* in einer Sondernummer der SDS-Korrespondenz und dann auch im Rotbuch-Verlag erschien. Karl-Heinz Dellwo hat sie dankenswerter Weise in den oben bereits erwähnten Band der *Bibliothek des Widerstands* aufgenommen und wieder zugänglich gemacht.

In einer ganzen Generation existierte eine riesige Lesewut und es wurde unglaublich viel gelesen. Alles musste nachgeholt werden. Am meisten lasen sicherlich Rudi Dutschke in Berlin und Hans-Jürgen Krahl in Frankfurt, die im Jahr 1967 auf der 22. Delegiertenkonferenz des SDS in Frankfurt gemeinsam das berühmte *Organisationsreferat* hielten, das die intellektuelle Hegemonie des antiautoritären Flügels untermauern sollte. Auch dieses Referat ist im von Helmut Reinicke eingeleiteten Band enthalten. Wir Jüngeren, die erst im Laufe der Revolte politisiert wurden, taten uns häufig schwer, die Texte der SDS-Größen zu verstehen. Aber wir erblickten in unserem Nicht-Verstehen eine Aufforderung, uns auf den Hintern zu setzen und daran zu arbeiten, unsere theoretischen Defizite zu beheben. Wir lasen ganze Nächte hindurch und waren von einem unbändigen Drang beseelt zu verstehen, wo unser Ort in der Geschichte war und was um uns herum geschah. Theorie galt uns als eine Art rauchverzehrende Lampe, die den Nebel vertrieb, der über den Verhältnissen lag und den Einblick in ihre Struktur verwehrte. Aus Rudi Dutschkes kommentierter Bibliographie können Wissensdurstige auch heute noch wichtige Literaturhinweise beziehen.

»BILD hat mitgeschossen«

Während Rudi noch auf dem Operationstisch lag und die Ärzte zwei Kugeln aus seinem Kopf entfernten, brach draußen ein Sturm der Entrüstung los. Im Audimax der TU versammelten sich circa 2.500 Menschen, um auf Nachrichten aus dem Krankenhaus zu werten und zu beraten, was nun zu tun sei. Alle hatten das Gefühl, dass die Kugeln auch ihnen gegolten hatten. Man war sich einig, dass BILD mitgeschossen hatte. Springer hatte zwar nicht selber den Finger am Abzug gehabt, aber ohne die in den Monaten vor dem Attentat von der Springer-Presse entfesselte Hetzkampagne gegen die rebellierenden Studenten und vor allem die Person Rudi Dutschkes wäre die Tat von Bachmann kaum möglich gewesen. Es zeugt vom Reifegrad der Bewegung, dass sie das Problem nicht personifizierte und an Josef Bachmann festmachte. Als *verantwortungslose Störer*, *bösartige Krawallmacher*, *Rowdies*, *rote SA*, *Kriminelle* und als *Schädlinge der Gesellschaft* hatten die *Springer*-Zeitungen die Studenten beschimpft, nur weil sie von einem Grundrecht Gebrauch gemacht und gegen den Vietnamkrieg, Pressekonzentration, Notstandsgesetze und die Große Koalition demonstriert hatten. Die *Springer*-Blätter erklärten die Studenten zu Freiwild und forderten zur Selbstjustiz auf: »Man darf auch nicht die ganze Drecksarbeit der Polizei und ihren Wasserwerfern überlassen«, hieß es zum Beispiel in der *Bild*-Zeitung vom 7.2.68. In der Person von Josef Bachmann hatte Springers Aufforderung ihren Vollstrecker gefunden. Das war keineswegs an den Haaren herbeigezogen. Vor Gericht räumte Bachmann später ein, dass er sich tatsächlich von hetzerischen Berichten in der *Bild*-Zeitung zu seiner Tat hatte anregen lassen.

Gegen 21 Uhr strömte alles nach draußen und setze sich in Richtung Springer-Haus in Bewegung, um den Versuch zu unternehmen, die Auslieferung der dort gedruckten Zeitungen zu verhindern. In dieser Nacht flogen die ersten Molotowcocktails – zur Verfügung gestellt von Peter Urbach, einem Mitarbeiter des Verfassungsschutzes, wie sich später herausstellte. Die sogenannten Osterunruhen hielten nicht nur Westberlin, sondern die ganze Bundesrepublik in Atem. Tausende belagerten die Springer-Druckereien und versuchten, die Auslieferung von *BILD* und *Welt* zu verhindern. Da es in Gießen keine für Springer arbeitende Druckerei gab, beschlossen die Gießener Linken, nach Frankfurt zu fahren und sich an der Blockade der *Societätsdruckerei* zu beteiligen, in der die regionale Ausgabe der Bild-Zeitung gedruckt wurde. Dort lieferten sich über 2000 Demonstranten tagelang Straßenschlachten mit der Polizei. In einem gegen einen Gießener Demonstranten wegen dieser Blockade angestrengten Strafverfahren trat im November 1969 der Hannoveraner Psychologie-Professor Peter Brückner vor dem Landgericht Frankfurt als Sachverständiger auf und führte in seinem Gutachten den Nachweis, dass die Springer-Presse eine Pogromstimmung erzeugt und sich der *Volksverhetzung* schuldig gemacht habe. Das auch heute noch lesenswerte Gutachten Brückners findet sich in dem 1983 im Wagenbach-Verlag erschienenen Band *Die Zerstörung des Gehorsams*. Brückner führte gegen Ende seiner gründlich recherchierten Expertise aus, dass man bei nüchterner Betrachtung sagen müsse, »dass sich Rudi Dutschke spätestens vom Ende Februar 1968 an in Lebensgefahr befand«. Damals waren bei einer vom Senat organisierten und der Springer-Presse propagandistisch vorbereiteten Demonstration gegen den vom SDS veranstalteten Vietnamkongress 80.000 »anständige Berliner« erschienen, die dort mal ordentlich die Sau rauslassen konnten. Sie brüllten »Raus mit Dutschke, Teufel, Kunzelmann«, »Volksfeind Nr. 1 Rudi Dutschke«, »Politische Feinde ins KZ« und ähnliches mehr. Ein Mann, den die Menge mit Rudi Dutschke verwechselte, konnte einer Lynchmeute nur mit knapper Not entkommen. Mit Rufen wie »Lyncht die Sau!«, »Schlagt ihn tot!«, »Kastriert das Judenschwein!« jagten sie den jungen Mann durch die Straßen. Unter einem dünnen demokratischen Firnis lagen offenbar bei Vielen alte Denk-, Gefühls- und Handlungsgewohnheiten bereit. Man musste ihren gestauten Aggressionen nur eine Richtung geben und ihrem Hass einen Sündenbock zurechtrücken. Am 24. Dezember 1967 wurde Rudi, als er die in der Gedächtniskirche versammelten Christen am Heiligen Abend an die Realität des Vietnam-Kriegs erinnern wollte, von einem Kirchenbesucher mit seiner Krücke niedergeschlagen. Wenige Tage vor der Großdemonstration wurde ein Auto, in dem Dutschke mit einigen Begleitern saß, von einem Dutzend Taxis eingekreist. Als die Fahrer ausstiegen und sich dem Wagen bedrohlich näherten, konnte der Fahrer Rudi und seine Mitfahrer durch ein rasantes Manöver gerade noch aus der Gefahrenzone bringen.

Rudis Weg nach dem Attentat

Rudi erholte sich langsam von den Folgen des Attentats. Aber die Schüsse auf ihn hatten der Bewegung einen Knacks versetzt. Er hatte es verstanden, die Gemeinsamkeiten zu formulieren, der Bewegung Ziele zu geben und sie zusammenzuhalten. Er verkörperte Theorie und Moral der Befreiung und fehlte nun an allen Ecken und Enden. Im Frühjahr 1970, wenige Wochen nach Krahls Unfalltod, löste sich der SDS auf. Mit Hans-Jürgen Krahl hatte die antiautoritäre Bewegung eine weitere Integrationsfigur und einen brillanten Theoretiker verloren. Die Bewegung zerfiel in konkurrierende Parteien und Gruppierungen, die in verschiedene traditionalistische Sackgassen marschierten. Eine davon war der Weg in den bewaffneten Kampf und führte zum Aufbau der RAF. All jene, die nun seit Jahrzehnten von der Studentenbewegung als »geistigem Nährboden des Terrorismus« schwadronieren, seien daran erinnert, dass die Gewaltfrage vom Staat und seinen medialen Sprachrohren auf die Tagesordnung gesetzt worden war. »Der Spaß hat aufgehört«, schrieb Ulrike Meinhof nach dem Attentat auf Rudi in der Zeitschrift »konkret«. Sie selbst hatte großen Anteil daran, dass nun der blutige Ernst begann. Rudi Dutschke hatte in der Gewaltfrage stets eine klare Position bezogen. Lange bevor einige seiner Genossinnen und Genossen versuchten, die Methoden des bewaffneten Kampfes von Lateinamerika nach Westeuropa zu übertragen, hatte er 1967 in einem *Spiegel*-Gespräch betont, dass in den Metropolen kein Mensch mehr zu hassen und der bewaffnete Kampf als Mittel des politischen Kampfes abzulehnen sei. Die Herrschenden und ihre Politiker seien »bürokratische Charaktermasken«, die er ablehne und bekämpfe, aber nicht hassen könne – wie Diktatoren in der Dritten Welt. Gegen Konzepte einer von Minoritäten angezettelten und durchgeführten Revolution setzte Rudi immer auf eine Revolution durch die Mehrheit und ihre Selbsttätigkeit. Nach dem Mord an Buback und seinen Begleitern äußerte er sich 1977 zusammen mit Herbert Marcuse und Heinrich Böll in der Wochenzeitung *DIE ZEIT* noch einmal zur Gewaltfrage: »Als Sozialist bekämpfe ich die Vertreter der herrschenden Klasse politisch und den außerparlamentarischen und parlamentarischen Möglichkeiten gemäß – nicht mit der sich von der Bevölkerung abwendenden Methode des individuellen Terrors.« Jenseits aller strategisch-taktischen Erwägungen war Rudi grundsätzlich davon überzeugt, dass Hass das Antlitz der Revolution entstellte und die emanzipatorischen Ziele kompromittierte. In seiner Auseinandersetzung mit einem Text von Che Guevara hatte er betont, dass jeder Form des Hasses die Gefahr des Umschlags von militantem Humanismus, wie Rudi ihn vertrat, in verselbständigten Terror innewohne.

Rudi Dutschke arbeitete sich – mit der ihm eigenen Disziplin und tatkräftiger Unterstützung einiger Freunde und vor allem seiner Frau Gretchen – ins Leben zurück, lernte wieder zu sprechen, zu denken und zu schreiben. Die Familie emigrierte über die Schweiz, Italien, England nach Dänemark, wo sie sesshaft wurde. Rudi wurde beinahe wieder der Alte, promovierte und nahm Lehraufträge an verschiedenen Universitäten wahr. Doch etwas fehlte, wie es bei Brecht heißt. Seine politische Verortung war weggebrochen; die Flüsse, die er befahren hatte, führten kein Wasser mehr. Er saß auf dem Trockenen und begann, nach einem Ersatz für den verlorengegangenen SDS zu suchen. Rudi beteiligte sich an der Parteigründungsdiskussion, die ab Mitte der 1970er Jahre in der undogmatischen Linken geführt wurde. Er engagierte sich bei den sich bildenden Grünen und wurde Mitglied von deren Bremer Ortsgruppe. Er wurde zum Delegierten für den Gründungsparteitag auf Bundesebene gewählt, der im Januar 1980 stattfinden sollte. Da erlitt er am Heiligen Abend 1979 in Aarhus einen epileptischen Anfall – eine Folge des Attentats – und ertrank in der Badewanne. Anfang Januar 1980 wurde er in Berlin-Dahlem beerdigt, nicht weit von der Freien Universität, die sein Betätigungsfeld gewesen war und an der er seine größten Triumphe gefeiert hatte.

Ich gehe davon aus, dass Rudi die *Grünen* spätestens nach deren Einsatz für eine deutsche Beteiligung am Kosovo-Krieg verlassen hätte. Die erste deutsche Kriegsteilnahme seit 1945 wäre mit Rudis moralischen und politischen Grundüberzeugungen nicht vereinbar gewesen. Nicht zuletzt seine protestantische Prägung hinderte ihn daran, seinen Mantel nach jedem Wind zu hängen und Grundprinzipien dem politischen Tagesgeschäft zu opfern. Auch das Einschwenken der Grünen in den neoliberalen Mainstream und die Marktvergötterung waren sicher nicht in seinem Sinne. Er wäre heute vermutlich ein Einzelkämpfer – das, was Peter Brückner als »einsam wandelndes Nashorn« bezeichnet hat. Entmutigt wäre er wahrscheinlich dennoch nicht. Im Gespräch mit Gaus hatte er gesagt: »Es gibt keine Sicherheit für die Zukunft, dass wir nicht scheitern. Aber wenn die freie Gesellschaft sehr unwahrscheinlich ist, bedarf es umso größerer Anstrengungen, die historische Möglichkeit zu verwirklichen, ohne die Sicherheit zu haben, dass es wirklich gelingen wird. Es hängt vom Willen der Menschen ab, dass sie es schaffen, und wenn wir es nicht schaffen, dann haben wir eine historische Periode verloren. Als Alternative steht vielleicht Barbarei!«

Das unabgegoltene Erbe der Revolte

Wir werden gegenwärtig von unseren Gegnern darüber belehrt, dass der Klassenkampf nach wie vor geführt und ausgetragen wird. Die politische Rechte bläst zum finalen Angriff auf die Errungenschaften der Revolte. »Fünfzig Jahre nach 1968 wird es Zeit für eine bürgerlich konservative Wende in Deutschland«, schrieb Alexander Dobrindt von der CSU unlängst in der Zeitung *Die Welt*, und Jörg Meuthen von der AfD sagte bereits im Jahr 2016: »Wir wollen weg vom links-rot-grün-versifften 68er-Deutschland und hin zu einem friedlichen, wehrhaften Nationalstaat.« Der Angriff der Rechten richtet sich nicht nur gegen Bastionen vermeintlich linker Meinungsmache und den im links-liberalen Milieu beheimateten Multikulturalismus, sondern zielt letztlich auf die Möglichkeit der Revolution selbst. Die Erinnerung daran, dass eine menschliche Welt möglich ist, soll getilgt werden. Ein großes Vergessen soll sich breitmachen und jede Alternative schon im Ansatz erstickt werden.

Ein Blick auf den Zustand der jüngeren Generation zeigt, dass dieses Vorhaben bereits weit vorangekommen ist. Das gilt leider auch für das Gros der heutigen Studierenden. Sie unterwerfen sich den Anforderungen einer zur Lernfabrik verkommenen Universität und lassen sich widerspruchs- und widerstandslos zu »Kopflangern« (Brecht) des digitalisierten Kapitals herrichten. Sie begeben sich auf ein Reise-nach-Jerusalem-Spiel um gutbezahlte Jobs und verfahren nach dem altgriechischen Motto: »Glück ist, wenn der Pfeil (der Arbeitslosigkeit) den Nebenmann trifft«. Konkurrenz und Ellenbogeneinsatz statt Solidarität und gegenseitiger Hilfe. Sie pfeifen sich leistungssteigende Medikamente rein, vergöttern Markt und Effizienz, rennen wie Somnambule hinter ihren Smartphones her und trinken auf dem Weg zur Uni einen *Coffee to Go*. Statt sich in den Kampf zu stürzen, jagen sie Pokémons und tanzen nach der digitalen Pfeife. Insgeheim ahnen oder wissen sie, dass sie keine Perspektiven haben. Das macht sie latent wütend und gereizt. Deswegen besaufen sie sich regelmäßig und trinken oder kiffen sich weg aus einer frustrierenden Realität. Dass sie diese ändern könnten, ist ein Gedanke, der ihnen fremd ist. Von Revolution ist bloß noch die Rede, wenn es um eine neue Geschäftsidee oder die Gründung eines Start-up-Unternehmens geht. Ihr Traum, den sie leben wollen – wie ein gängiger Werbeslogan heißt – ist ganz von dieser Welt: reich sein, Karriere machen und dabei Spaß haben. Wenn heutige Studierende sich wehren, dann gegen ein angeblich gendermäßig nicht korrektes Gedicht von Eugen Gomringer an der Fassade eine Berliner Hochschule – statt ihre Energien in den Kampf gegen die Verheerungen zu stecken, die der Kapitalismus weltweit anrichtet.

In der bereits erwähnten Diskussion mit Rudi Dutschke in Bad Boll fiel ein Satz Ernst Blochs, der möglicherweise den Schlüssel zum Geheimnis des eben erwähnten großen Vergessens liefert: »Man kann nicht unzufrieden sein, wenn man nicht ein Maß hat, an dem man das misst, was einem zugemutet wird, wonach man es als unzureichend betrachtet.« Das heißt: Man muss noch den Geruch von etwas anderem in der Nase haben, um zu begreifen, dass einem etwas geraubt wird und dann fehlt. Was gegenwärtig verlorengeht und wegdigitalisiert wird, könnte man mit André Gorz die »sinnliche Dichte der Welt« nennen. Der Verlust von etwas macht einem ein Gedächtnis. Die heutigen jungen Leute können diese Differenz- und Verlusterfahrung nicht mehr machen. Die sogenanntem *digital natives* kennen nichts anderes, als an Bildschirmen aufzuwachsen und mit und an Bildschirmen zu leben. Erinnerung wird zu einem Akt des Widerstands gegen die *eindimensionale Gesellschaft*. Wer sich erinnert, weiß, dass es einmal anders war, und kann sich deswegen auch vorstellen, dass es eines Tages auch wieder anders werden könnte. Gedächtnis und utopisches Vorstellungsvermögen bilden sich an Differenzerfahrungen. Deswegen sind unsere Aussichten trübe, wie Imre Kertész in seinem Buch *Ich – ein anderer* gesagt hat: »In ein paar Jahren wird sich alles, alles ändern – die Menschen, die Häuser, die Straßen; die Erinnerungen werden eingemauert, die Wunden zugebaut sein, der moderne Mensch mit seiner berüchtigten Flexibilität wird alles vergessen haben, wird den trüben Bodensatz seiner Vergangenheit wegfiltern, als wär's Kaffeesatz.« Was bleibt, ist wunsch- und traumloses Unglück inmitten einer konturenlosen, ewigen Gegenwart. Das, was man meist euphorisch als Digitalisierung feiert, beschwört »das Schreckbild einer Menschheit ohne Erinnerung« herauf, von dem bei Adorno bereits Ende der 1950er Jahre die Rede war. Das Zugleich von Konsumismus und Digitalisierung macht aus dem Schreckbild eine höchst reale Bedrohung. Ich bin diesen Zusammenhängen in meinem Buch *Zwischen Amok und Alzheimer* genauer nachgegangen und kann und will das jetzt nicht wiederholen. Ich möchte diesen kleinen Exkurs über das Vergessen mit einer Frage an uns alle beenden. Was soll aus Kindern werden, die unter Bedingungen aufwachsen, die Salman Ansari in der *Frankfurter Allgemeinen Sonntagzeitung* vom 25. März 2018 so beschrieben hat: »Neulich in der S-Bahn fiel mir eine junge Mutter auf, die ihr Baby mit einer Milchflasche fütterte. Das Baby war unruhig und unterbrach immer wieder das Nuckeln. Daraufhin hielt die Mutter dem Säugling ein Smartphone vors Gesicht und spielte ihm ein Video vor. Das Baby saugte begierig die Milch ein, während sich seine Pupillen hin und her bewegten.« Wenn aus dem Kind geworden ist, was zu erwarten war, wird niemand mehr da sein, dem irgendetwas auffällt und der sich an die Ursprünge erinnert.

Aber auch viele ehemalige Linke haben sich von der Idee des Klassenkampfes und der Revolution längst verabschiedet und ihren Frieden mit den herrschenden Verhältnissen gemacht. Sie haben sich in deren privilegierten Zonen häuslich eingerichtet; sie wählen vielleicht noch grün, haben die *taz* abonniert und kaufen ihre Lebensmittel im Bioladen. Gerade ehemalige 68er haben ein Büßergewand übergezogen und ihren ehemaligen Zielen abgeschworen. Sie zeihen die 68er-Bewegung totalitärer Absichten und halten es inzwischen für ein Glück, dass die Bewegung mit ihren Forderungen nicht durchgekommen ist. Die herrschenden Medien tun alles, um diesen Eindruck zu bestärken und fahren jede Menge sogenannter Zeitzeugen auf, die ins gleiche Horn blasen. Dabei ist es eine üble Geschichtsklitterung, das Wesen der 68er-Revolte habe sich in der RAF offenbart. Die RAF war eines der zahlreichen Spalt- und Zerfallsprodukte einer Revolte, auf die wir mit Stolz zurückblicken können und auf deren Gehalte wir uns gerade heute zurückbesinnen sollten. Die Revolte war vor allem darin bahnbrechend, dass sie die in der Ära nach Marx zerbrochene dialektische Einheit von Veränderung der Umstände und Selbstveränderung wiederhergestellt hat. Marx und Rimbaud kamen endlich zusammen: die Welt verändern und das Leben verändern. Die Revolutionierung der gesellschaftlichen Verhältnisse und die Revolutionierung der menschlichen Psyche galten als zwei Seiten ein und desselben Prozesses. Was die Revolte auf ihrem bewegten Höhepunkt für knapp zwei Jahre glücklich umklammert hatte entmischte sich Anfang der 1970er Jahre wieder. Von Marcuse führte der Weg innerhalb weniger Wochen zu Lenin. In der Auslieferung der antiautoritären Impulse an orthodoxe, parteiförmige Vereinigungen ging verloren, dass Bewusstsein kulturrevolutionär umgeworfen und der Stil zwischenmenschlicher Beziehungen radikal verändert werden muss. Die sogenannte *proletarische Wende* verfehlte die Wirklichkeit der BRD; die Bewegung fiel zurück auf das Niveau der Klassenkämpfe im Russland zu Anfang des 20. Jahrhunderts. Kurzum, mit dem Marsch in die Traditionalisierung nahm die zerfallende Bewegung ihre Zerschlagung in eigene Regie.

Dagegen hatte sich das antiautoritäre Lager in vielen Belangen wirklich auf der Höhe der Zeit befunden. In seinem *wilden Denken* hatte es alle bis heute existentiellen Fragen angerissen: vom versklavenden Konsum, sinnloser Arbeit, langweiliger Freizeit, medialer Massenmanipulation und einem letztlich ungelebten Leben bis hin zu Fragen der Erziehung, Partnerschaft und Sexualität. Gegen einen ausgehöhlten und verselbständigten parlamentarischen Betrieb und verknöcherte Parteistrukturen, die die Menschen zu Objekten der Apparate degradieren und unfähig sind, den Willen der Menschen zum Ausdruck zu bringen, setzte die Revolte auf die Wiederbelebung der Idee einer von unten nach oben aufgebauten und durchlässigen Rätedemokratie. Angesichts des aktuell grassierenden Überdrusses an den etablierten Systemen der Repräsentation täte die Linke gut daran, den Rätegedanken zeitgemäß wiederzubeleben. Wenn wir, die libertären Linken, das verbreitete Unbehagen nicht aufgreifen, tun es andere. Die Rechten eignen sich seit Jahren diesen Rohstoff an und setzen das verbreitete Unbehagen nach rückwärts in Richtung *Volksgemeinschaft* in Gang. Am politisch-gesellschaftlichen Horizont ziehen dunkle Wolken auf und wir müssen uns ranhalten, wenn sich nicht das gesellschaftliche Ganze erneut verfinstern soll.

Ich schließe mich Didier Eribon an, der kürzlich davon sprach, dass wir, wenn wir sowohl die neoliberale Technokratie als auch den fremdenfeindlichen Nationalismus bekämpfen wollen, dringend ein neues linkes Denken und eine neue linke Praxis entwickeln müssen. Die seit Jahren andauernde Krise und Paralyse des linken Denkens lasse sich nur überwinden, »wenn wir uns den Geist von 68 wieder zu eigen machen.« Die Revolte hatte ein Bewusstsein davon, dass man die Revolution nicht macht, um den historischen Materialismus durchzusetzen, sondern, wie Rudi Dutschke es ausgedrückt hat, aus »existentiellem Ekel« an Formen bürgerlichen Lebens oder Nicht-Lebens, und weil einem die entfremdeten Lebensbedingungen die Luft zum Atmen nehmen. Die Revolte hat auf ihrem Höhepunkt die Idee einer Revolution hervorgebracht, deren Hauptsorge nicht mehr der Steigerung der Produktion galt, sondern der Entfaltung der menschlichen Möglichkeiten und des Glücks.

Im bereits erwähnten Gespräch mit Gaus sagte Rudi: »Wir können es ändern. Wir sind nicht hoffnungslose Idioten der Geschichte, die unfähig sind, ihr eigenes Schicksal in die Hand zu nehmen. Das haben sie uns jahrhundertelang eingeredet. … Wir können eine Welt gestalten, wie sie die Welt noch nie gesehen hat, eine Welt, die sich auszeichnet, keinen Krieg mehr zu kennen, keinen Hunger mehr zu haben, und zwar in der ganzen Welt. Das ist unsere geschichtliche Möglichkeit …«

ETHNOLOGIE DES INLANDS

Kleine Fabel zum 200. Geburtstag von Karl Marx

In unserem Hinterhof haben sich dank der Bepflanzung und Pflege eines Nachbarn ein paar Büsche und Bäume erhalten. Die meisten Bäume und Büsche sind in den letzten Jahren Bauvorhaben und neurotischen Sauberkeitsbedürfnissen zum Opfer gefallen. In den wenigen verbliebenen nisten und brüten verschiedene Vogelarten. Vor ein paar Tagen saß ich in der Morgensonne auf dem Balkon beim Frühstück, als die Amseln anfingen zu zetern. Dieses Zetern ist von ihrem Gesang grundverschieden und alles andere als harmonisch. Um zu schauen, was den Amsel-Alarm ausgelöst hatte, beugte ich mich über die Brüstung und sah, dass eine Elster über den Hof hüpfte. Eine ihrer Nahrungsquellen sind um diese Jahreszeit Vogeleier und Nestlinge. Im Handumdrehen hatten sich fünf oder sechs Amseln um sie herum versammelt und stießen ihre hektischen und hohen Tix-Laute aus. Mutig stürzten sie sich im Flug auf die Elster, die nach einigen Schnabelhieben denn auch das Weite suchte, eskortiert von den wütenden Amseln. Allerdings kehrte sie wenig später zurück, um ihre Beutesuche fortzusetzen. Erneut versammelten sich alle Amseln des Reviers, um ihren Nachwuchs vor dem Räuber zu schützen. Dieses Mal wurden die Amseln von einer Schar Spatzen unterstützt, die zwar nicht aktiv in den Kampf eingriffen, aber durch ihre Anwesenheit doch eine Geschlossenheit der restlichen Vogelwelt demonstrierten, die die Elster beeindruckte und in die Flucht schlug. Sie kehrte noch ein paar Mal zurück, bis sie es schließlich aufgab. Dieses Verhalten könnten wir Menschen uns zum Vorbild nehmen, dachte ich. Statt zuzuschauen, wie gierige Räuber sich über uns hermachen und zu hoffen, dass es unseren Nebenmann trifft, könnten auch wir uns solidarisch erklären und gemeinsam die Räuber in die Flucht schlagen. Wenn schon »Heimatschutz«, dann vor den wahren Zerstörern von Heimat: den Waffenhändlern, den Lebensmittelspekulanten, den Hedgefonds-Managern, dem tobsüchtig gewordenen Geld, das vollkommen unpatriotisch ist und dahin fließt, wo die Bedingungen für seine Vermehrung am günstigsten sind. Diese Möglichkeit aufgezeigt und an sie geglaubt zu haben, bleibt für mich das Vermächtnis von Karl Marx, dessen 200. Geburtstag wir diesen Samstag begehen.

Versuch über die Einsamkeit

> »Als er anfing zu sterben, verließ er die Wohnung, dritter Hinterhof, zweiter Stock, verschloss die Tür mit dem einzigen Schlüssel und warf ihn durch die Briefklappe in den Flur.« *(Christoph Meckel)*

Seit am 7. April in Münster ein Mann mit einem Kleinbus in ein Straßencafé gerast ist und zwei Menschen und sich selbst getötet und über zwanzig andere zum Teil schwer verletzt hat, herrscht die nach solchen Taten übliche Ratlosigkeit. Wenn der Mann Muslim gewesen wäre oder mindestens einen Migrationshintergrund besäße, wäre die Sache klar und man würde sagen: »Aha, das ist es also!« Die Tat von Münster wäre dann die Verlängerung der Taten von Nizza und dem Berliner Weihnachtsmarkt. Da der Täter aber nichts davon zu bieten hat, sondern ein 48-jähriger Deutscher und ein wohlhabender Designer gewesen ist, bedient man sich der inzwischen bei Fällen mit unklarer Motivlage üblichen Schablone vom »psychisch gestörten Einzeltäter«. Von der Tat schließt man auf irgendwelche im Täter ab ovo wirksamen pathologischen Kräfte, aus denen dann wiederum im Sinne eines Zirkelschlusses die Tat kausal hergeleitet wird. Die abweichenden Verhaltensweisen, die als Ursache und Ort der Entstehung des Verbrechens präsentiert werden, sind nur dessen psychologische und moralische Verdoppelung. Diese »Erklärung« mag unser Kausalitätsbedürfnis befriedigen, erklären tut sie in Wirklichkeit gar nichts.

Amok und Einsamkeit

> »Auch die Einsamkeit ist recht seltsam ... zuweilen voller Gefahren und Überraschungen wie ein Urwald. Ich kenne alle ihrer Spielarten. Die Langeweile, die man mit der genauen Lebensordnung vergeblich

bekämpft. Dann die plötzlichen Ausbrüche. Auch die Einsamkeit ist geheimnisvoll wie der Dschungel.« *(Sándor Márai)*

Nachdem ich gestern in der Stadtbibliothek gewesen bin und die dort ausliegenden Zeitungen vom Wochenbeginn durchgesehen habe, drängte sich mir der Eindruck auf: Der Mann war abgrundtief einsam – und gleichzeitig sehr wütend. In einer Abwandlung eines Satzes von Goethe könnte man sagen: »Die einsamen Menschen sind gefährlich!« Bei Goethe sind es die »unglücklichen Menschen«, aber das ist nur ein anderes Wort. Einsam, unglücklich und depressiv ist für die Mitwelt meist unproblematisch, einsam und aggressiv kann unangenehm werden und wird es gelegentlich. Jens R. fühlte sich offenbar von seinen Eltern und aller Welt gedemütigt und verkannt und entwickelte einen ausufernden und vagabundierenden Hass gegen alles und jedes. Solche inneren Unglücksvorräte sind am explosivsten, wenn ihnen jede menschliche Berührung fehlt und sie ausschließlich in sich rotieren. Auf die Frage, was hätte passieren müssen, um seine Tat zu verhindern, hat ein überlebender amerikanischer Amokläufer gesagt: »Es hätte nur jemand mit mir reden müssen.«

Was meine flüchtige Recherche zutage gefördert hat, ist lückenhaft und muss mit aller Vorsicht und stets im Konjunktiv formuliert werden. Ich stelle begrifflich gezügelte und von meinen Erfahrungen als Gefängnispsychologe genährte Spekulationen an. Was psychologisch halbwegs stringent erscheint und auf der Ebene theoretischer Annahmen einen gewissen Grad von Wahrheit zu besitzen scheint, muss, um wirklich »wahr« zu werden, im Einzelfall auch »stimmen«. Ich bin also nicht so vermessen zu behaupten: »So war es«, sondern sage lediglich: »So oder so ähnlich könnte es gewesen sein.«

Manche Menschen sterben in Einsamkeit lange vor dem Tod und entwickeln einen Hass auf alles, was ihnen lebendiger vorkommt – auf Formen von Geselligkeit und fröhlichen Beisammenseins, auf Menschen, die Freunde haben und sich mit ihnen in Cafés treffen. Schon das Lachen der anderen dringt schmerzhaft ans Ohr des Einsamen. Was gibt es da zu lachen, wo er doch schon lang nichts mehr zu lachen hat? Sartre hat in seiner Flaubert-Biographie gezeigt, dass die Quelle des Neids das Gefühl der Nicht-Valorisierung, des Nicht-Geliebtseins ist. Der Schlechtgeliebte beneidet alle Welt; er kann es nicht ertragen, dass es glückliche Menschen gibt. Er neidet ihnen weniger ihren Besitz – der Münsteraner Amokfahrer hatte genug Besitztümer –, sondern ihr Sein, das das Sein der Valorisierten ist. Jedenfalls sieht es durch die getrübte Brille des Nicht-Valorisierten so aus. Aus Gründen, die sich ihm nicht erschließen, gelingt den anderen alles, sie bewegen sich wie selbstverständlich unter Menschen, alles fliegt ihnen einfach so zu. Das Schlaraffenland der Valorisierten bleibt dem Menschen des Ressentiments auf immer verschlossen. Er kann sich anstrengen, soviel er will, er wird nie zu denen gehören, die glücklich sind. Und dafür beneidet und hasst er sie.

Der Amokläufer ist in der Regel vor der Tat einen *sozialen Tod* gestorben und verfügt über keine tragfähigen sozialen Bindungen mehr. Diese würden ihn an der Tatbegehung hindern. Er hat seine Gesellschaftlichkeit eingebüßt und kann sie nur noch wiederherstellen, indem er in seinen Abgang aus der Welt möglichst viele andere mit hineinreißt. Der Schriftsteller Henning Boetius hat in seinem Roman *Phönix aus Asche* eine Erkenntnis über den Amoklauf versteckt, die uns vielleicht auch zu einem besseren Verständnis des Münsteraner Falls verhilft: »Es ist durchaus falsch, wenn der gesunde Menschenverstand behauptet, ein Amokläufer töte sich aus Schuldgefühlen. Seine Morde sind nicht die Ursache für seinen Selbstmord. Es ist genau umgekehrt: Sein Selbstmord oder besser seine Selbstmordabsicht ist die Ursache für seine Morde.« Amokläufer dieses Typus‹ bringen sich durch die Tötung anderer in eine Lage, die ihnen schließlich nichts anderes mehr übrig lässt, als endlich Hand an sich zu legen. Erst jetzt – hinter sich verbrannte Erde und Leichenberge, vor sich und um sich herum die Einsatzkommandos der Polizei, in sich wachsende Panik – schaffen sie es, sich die Pistole in den Mund zu stecken und abzudrücken.

Facetten der Einsamkeit

> »Ich setze mich in die Küche und lese Zeitung oder fülle das Futterhäuschen für die Eichhörnchen wieder auf. Ich bin Rentner. Ich warte auf den Tod oder auf die Rückkehr meiner Frau – wer immer zuerst kommt.« *(Richard Ford)*

Zeitungsmeldungen lassen uns gelegentlich aufschrecken. Eine alte Frau lag Monate lang tot in ihrer Wohnung. Erst als es im Treppenhaus unangenehm roch, wurde man auf sie aufmerksam. Ein Obdachloser ist auf einer Parkbank erfroren. Ein alter Mann stirbt im Foyer einer Essener Bank zwischen Geldautomaten, nachdem mehrere sogenannte Mitmenschen über den Sterbenden hinweggestiegen waren. So geschehen im Oktober 2016. Im Februar 2008 wurde gemeldet, dass sich ein 58 Jahre alter Mann auf einem Hochsitz zu Tode gehungert hat. Es habe sich um einen früheren Außendienstler gehandelt, der schon länger arbeitslos gewesen sei. In meinem Nachbarhaus trat jahrelang gegen Abend ein alter Mann auf den Balkon und zerschnitt fein säuberlich eine Tomate. Ein anderer sammelt in einer endlosen Sisyphusarbeit in der Fußgängerzone herumliegende Papierschnipsel und Abfälle auf und trägt sie zu einem Abfallbehälter. Durch kleine bizarre Rituale und Inszenierungen wird der Versuch unternommen, nach privatem, von niemand geteiltem und deswegen als verrückt erscheinendem Schema ein Stück Kontrolle über die eigenen Daseinsbedingungen zurückzugewinnen und die Angst zu bannen, die aus der Einsamkeit aufsteigt. Eine Frau erzählte mir einmal, dass sie sich gelegentlich so einsam fühle, dass sie sich im Zug schlafend stelle, damit der Schaffner sie an der Schulter berühre. Seit Jahren geht ein älterer Mann schimpfend und brüllend durch die Stadt. Was seinen Zorn entfesselt und wer der Adressat seiner Beschimpfungen ist, bleibt mir verborgen. Der Mann kann den Abgrund, der ihn von der Welt und den Anderen trennt, nur noch brüllend und schimpfend überbrücken. Der konkrete Anlass ist längst verblasst, der Adressat abhandengekommen. Schimpfen ist zu seinem Weltverhältnis geworden. Wie weit bin ich von ihm noch entfernt? Oder, anders gefragt: Droht mir das auch? Schon jetzt habe ich eine spezifische Variante des Tourette-Syndroms hervorgebracht und denke oder sage angesichts jedes zweiten Passanten, der sich über sein Smartphone beugt: »Was für ein Vollpfosten, was für ein Idiot!« Noch sage ich es, wenn ich es denn nicht bloß denke, so leise, dass es niemand hören kann. Zum Vollbild psychiatrischer Erkrankungen gehört es, dass das Krankheitsgeschehen sich der Kontrolle durch den Kranken entzieht. Noch habe ich es leidlich unter Kontrolle, aber wer weiß, wie lang das so bleibt.

Digitale Verlassenheit

> »Dass das Glück nur im Konjunktiv vorstellbar ist, potenziert die Einsamkeit.« *(Edgar Selge)*

Neben diesen quasi archaischen Formen der Einsamkeit existieren neue, die mit der Digitalisierung einhergehen. Vor vielleicht fünf Jahren sah ich in einem Strandcafé an der holländischen Nordseeküste eine junge Frau sitzen, die ihr Baby stillte. Die Mutter blickte, während das Kind an ihrer Brust lag und trank, auf das Display ihres Handys, das sie in ihrer freien rechten Hand hielt. In bestimmten großstädtischen Arealen wird das wahrscheinlich längst ein alltäglicher Vorgang sein, mich traf dieser Anblick wie ein Schock. Wenn man weiß, welche Bedeutung die allererste Kommunikation zwischen Mutter und Kind hat und dass diese vorwiegend über den Augenkontakt und den Blick beim Stillen vermittelt ist, kann einem Angst und Bange werden. Das Kind im Strandcafé erblickt beim Trinken nicht mehr den »Glanz im Mutterauge« (Heinz Kohut), der es valorisiert und in die Welt lockt, sondern unruhig flackernde Augen, deren Blick von etwas anderem angezogen wird. Der nach Spiegelung suchende Blick des Kindes geht ins Leere. Es befindet sich auf dem Arm der Mutter, ist aber dennoch bereits in der archaischen Zeit des Stillens einsam.

In der Stadt sehe ich ein junges Elternpaar. Er telefoniert, sie wischt auf ihrem Smartphone herum. Das vielleicht vierjährige Kind trottet zwischen ihnen verloren vor sich hin. Merken sie nicht, welche Missachtung sie ihrem Kind entgegenbringen? Und wie einsam es zwischen ihnen ist?

In der *Süddeutschen Zeitung* vom 3./4. März 2019 wird der Kommunikationswissenschaftler Joachim Höflich mit dem Satz zitiert: »Wir haben noch nie so viel kommuniziert wie heute und noch nie so wenig miteinander gesprochen.« Man arbeitet fieberhaft an der Entwicklung von Kommunikationsmitteln für Menschen, die sich nichts mehr zu sagen haben. 63 Milliarden Whatsapp-Nachrichten pro Tag und mehr Einsamkeit als je zuvor. Manchmal möchte ich den Leuten, die ihre Smartphones vor sich hertragen, zurufen: »Eure digitalen Freundschaften werden euch nichts nützen, wenn's ans Sterben geht! Das Gerät könnt ihr nicht mitnehmen!«

Bemerkt denn niemand die traurigen Augen vieler Kinder, die Stumpfheit ihrer Gesichter, den Umschlag von Enttäuschung in Bösartigkeit? Resultate von Erniedrigung, Vereinsamung, seelischer Grausamkeit, die ihre Erfahrungen prägen.

Im Juli 2015 wurde in Darmstadt-Kranichstein ein elfjähriges Mädchen von einem Zug überrollt. Das Kind hatte sich offenbar selbst auf die Gleise gelegt. Darauf weisen Aussagen von Zeugen hin. Das Kind soll ein Opfer von Mobbingattacken gewesen sein. »Das Mädchen wurde in der Schule gehänselt. Wir wissen, dass sie es sehr schwer hatte«, sagte eine Polizeisprecherin.

Auf einem Spaziergang begegnet mir eine heutige Kleinfamilie. Vater und Mutter – beide so um die dreißig Jahre alt – stecken ihre Köpfe zusammen und schauen auf die Displays ihrer Smartphones. Das Kind – ein etwa vierjähriger Junge – geht verloren hinterher. Plötzlich erwacht das Kind aus seiner Lethargie und ruft: »Schau mal, Papa, was ich gefunden habe!« »Was hast du denn nun schon wieder gefunden?«, reagiert der Vater genervt. Ohne den Fund des Sohnes wirklich in Augenschein zu nehmen, sagt er über die Schulter: »Ja, das ist toll.« Die Eltern wenden sich erneut den Smartphones zu, das Kind bleibt einsam zurück.

Gerade geht unter meinem Balkon eine junge Mutter mit ihrem vielleicht fünfjährigen Sohn vorüber. Er trottet ein paar Meter hinter ihr her, hat die Kapuze seines Sweatshirts hochgezogen und starrt auf sein Smartphone. So sehen heutige Sonntagspaziergänge aus. Trostlos. Wer hat ihm das Gerät gegeben? Und warum? Ist das Gedankenlosigkeit, geschieht es, um Konflikte zu vermeiden? Sehen Eltern darin eine Art von Frühförderung und Einführung in die digitale Welt? Manchmal denke ich, dass wir es mit einer zeitgenössischen Form der Kindsaussetzung zu tun haben. Man hält sich die Kinder vom Hals und stattet sie gleichzeitig mit einer elektronischen Fußfessel aus, die sie unter Kontrolle hält. Allerdings werden wir als Folge der Praktiken der digitalen Kindsaussetzung und einer allgemeinen erzieherischen Verwahrlosung in Zukunft immer öfter damit rechnen müssen, dass ein stiller, unauffälliger Junge eines Tages sein Smartphone gegen eine im Darknet erworbene Pistole vertauscht, einen schwarzen Kampfanzug anzieht und sich vor aller Öffentlichkeit rächt für seine Einsamkeit und Nicht-Beachtung.

Einsamkeit und Fremdenhass

Einsamkeit kann auch eine verschwiegene Quelle fremdenfeindlicher Ressentiments sein. Ein ausländischer Gefangener hat einmal in einer Gruppensitzung gesagt: »Hier in Deutschland lebt jeder für sich allein in seiner Wohnung – wie eine Eule.« Der Einheimische sitzt einsam und verbittert in seiner Wohnschachtel und schaut vom Fenster aus auf den Hinterhof, wo die ausländischen Nachbarn gemeinsam essen, trinken, singen, tanzen und lachen. Alle Generationen treffen sich unter freiem Himmel. Statt hinunterzugehen und Anschluss zu suchen, schimpft der Deutsche auf den Lärm und die »asoziale Lebensweise« der Ausländer. Es gibt nichts Einsameres als ein Liebeswunsch, auf den niemand antwortet und der ins Leere geht. Ohne Berührung droht ein Mensch seelisch und schließlich körperlich zu verdorren. Der Neid auf die Migranten speist sich aus dem Umstand, dass sie sich solidarische Lebens- und Arbeitsformen bewahrt haben, die sie in ihren Gärten und Innenhöfen aufleben lassen, während bei der alteingesessenen Bevölkerung die sogenannten Wohltaten der Moderne dazu geführt haben, dass die Werte des Zusammenhalts, der gegenseitigen Hilfe und des Mitgefühls erodiert sind. Der Konsumgeist hat ein Übriges getan, die zwischenmenschlichen Beziehungen unterhöhlt und einen asozialen Individualismus hervorgebracht. In Krisenzeiten, in denen die Versorgungsnetze Risse bekommen und man eigentlich aufeinander angewiesen wäre, stehen viele Einheimische ziemlich ratlos und verlassen da. Ihre Not wird als individuelles Versagen gedeutet; die alten Solidaritäten und Möglichkeiten gemeinschaftlichen Handelns sind dahin. Voller Neid blicken sie auf die migrantische Parallelwelt, und ihre Sehnsucht schlägt unvermittelt um in fremdenfeindliche Ressentiments und Hass. Auch in diesem Feld kann Einsamkeit zur Quelle von Gewalt werden. Verleugnete Sehnsucht macht böse.

Dialektik der Einsamkeit

> »Für den Intellektuellen ist unverbrüchliche Einsamkeit die einzige Gestalt, in der er Solidarität etwa noch zu bewähren vermag. Alles Mitmachen, alle Menschlichkeit von Umgang und Teilhabe ist bloße Maske fürs stillschweigende Akzeptieren des Unmenschlichen. Einig sein soll

man mit dem Leiden der Menschen: der kleinste Schritt zu ihren Freuden hin ist einer zur Verhärtung des Leidens.« *(Theodor W. Adorno)*

Es ist nun an der Zeit, eine wichtige Differenzierung einzuführen. Es macht einen großen Unterschied, ob man die Einsamkeit gewählt hat oder ob sie einem durch äußere Umstände oder innere Not aufgezwungen wurde. Berühmte Beispiele für eine freiwillige Form von Einsamkeit liefern uns Michel de Montaigne und Henry David Thoreau. Dieser quittierte in den 70er Jahren des 16. Jahrhunderts den Dienst als Richter und zog sich in seinen Turm zurück, der ihm eine geschützte Einkehr und das Schreiben ermöglichte, jener lebte ab 1845 mehr als zwei Jahre in einer Hütte am Waldensee, wo er »nur den Wind im Schilf flüstern« und die Frösche quaken hörte. Er verfasste einen Bericht über seine Zeit am Waldensee, der auch ein Kapitel über Einsamkeit enthält. Darin heißt es: »Ich finde es gesund, die meiste Zeit allein zu sein. Gesellschaft, selbst mit den Besten, wirkt bald ermüdend und zerstreuend. Ich bin unendlich gern allein. Noch nie fand ich einen Gesellschafter, der so gesellig war wie die Einsamkeit.« Herbert Marcuse hat sich auf dem Höhepunkt der Revolte, im Jahr 1968, als Romantiker geoutet und in einem Interview gesagt: »Es gibt keine freie Gesellschaft ohne Stille, ohne einen inneren und äußeren Bereich der Einsamkeit, in dem sich die individuelle Freiheit entfalten kann.«

Es gibt gute Gründe, die Gemeinschaft der anderen zu meiden und die Einsamkeit zu wählen. Als Lemmy Kilmister, der Ende 2015 gestorbene Sänger und Bassist der Rockband Motörhead, in einem Interview gefragt wurde, was die Quintessenz seiner Lebenserfahrung sei, antwortete er: »Haltet euch fern von den Idioten ... Die Regel lautet: acht von zehn ... Acht Idioten an einem guten Tag. Sonst: neun. An einem schlechten Tag triffst du zehn Leute und einer wie der andere ist ein kompletter Vollidiot.« Dem ist nichts hinzuzufügen, außer dass die Tendenz steigend ist und in Richtung elf von zehn weist. Ein Gang durch die Fußgängerzone lehrt einen das Fürchten und lässt einen die Einsamkeit suchen.

Wer sich selbst begegnen, nachdenken, lesen und schreiben möchte, benötigt die Einsamkeit und sucht sie auf. Jede Form von Geselligkeit und Gemeinschaft wird jetzt als störend empfunden. Dabei ist der Denkende, auch wenn er allein ist, nicht einsam. Er befindet sich ständig in einem inneren Dialog mit anderen. In diesem Sinn sprach Goethe davon, er sei ein »Kollektivsingular« und bestehe aus mehreren Personen gleichen Namens. Wichtig scheint bei dieser Form von selbst gewählter Einsamkeit aber zu sein, dass libidinöse Bindungen nicht abreißen und die Rückkehr zu den anderen möglich bleibt. Als ich meine auf dem Computer gespeicherten Dateien auf den Begriff »einsam« durchsuchen ließ, stellte ich fest, dass auch das Wort »gemeinsam« angezeigt wurde, weil »einsam« in »gemeinsam« enthalten ist. Ich fand diese Entdeckung bedeutsam und tröstlich. Tröstlich war auch, dass das Wort »gemeinsam« drei Mal so oft vorkam wie das Wort »einsam«. Auf der Mitte eines Blattes, das man im Nachlass von Albert Camus fand, steht in winziger Schrift ein Wort, das entweder »solitaire« oder »solidaire« heißen kann. Diese dialektische Spannung der Einsamkeit muss lebendig gehalten werden, wenn der Umschlag in das vermieden werden soll, was man »anomische Einsamkeit« nennen könnte, aus der Gefahren aufsteigen und die die beschriebenen charakterlichen Verkrustungen hervorbringt. In einem Artikel über den Schauspieler Josef Bierbichler wird die Schauspielerin Catrin Striebeck, die mit Bierbichler mal zusammen war und ein Kind mit ihm hat, gefragt, was ihm gut tue: »Einsamkeit. Aber zu wissen, dass die Familie da ist. Dass die Menschen, die ihm nah stehen, da sind.«

Eine Ahnung von den Schrecken und Abgründen der Einsamkeit bekam ich, als vor ein paar Jahren meine Berufstätigkeit endete. Dabei war ich ihnen schon einmal begegnet. Nie war ich einsamer als in der beginnenden Pubertät – inmitten einer großen, sogenannten intakten Familie, die aber in Wahrheit nur das Nebeneinander von lauter Einsamkeiten war. Der Vater schwieg beharrlich über seine Rolle im *Dritten Reich* und seine Erfahrungen im Krieg, und dieses Schweigen schloss ihn ein in einen Kokon aus Einsamkeit. Seine Einsamkeit strahlte auf den Rest der Familie ab und verwandelte sie in eine Gletscherlandschaft eingefrorener Gefühle. Trotzdem waren die anderen raumgreifend da. Die ständige Anwesenheit der anderen erlebte ich als lückenlose und umfassende Kontrolle. Es gab kein Entrinnen. Als ich den Aphorismus von Karl Kraus zum ersten Mal hörte, verstand ich ihn sofort: »Das Wort Familienbande hat einen Beigeschmack von Wahrheit.« Ich saß in meinem Zimmer, sah zu, wie der Novemberregen an der Scheibe herabrann und war einsam und verzweifelt. Im Nebenzimmer versuchte einer der Brüder, sich zu erhängen. Aber der Gürtel riss, und so musste auch er weiterleben. Mit Ernst Bloch kann ich sagen: »Das endlich bestandene Abitur war damals die Befreiung aus dem Zuchthaus.«

Aber das war lange her und derart von gegenläufigen Erfahrungen überlagert, dass es der Gnade des Vergessens anheimgefallen war. Mit dem Eintritt ins Rentenalter tauchten diese Erinnerungen wieder auf und vermischten sich mit den aktuellen Erfahrungen der Kontaktberaubung. War ich zuvor den ganzen Tag über von Menschen umgeben, die etwas von mir wollten, war da von einem Tag auf den anderen keiner mehr und niemand und nichts. Ich warf mich aufs Lesen und Schreiben, aber das sind monologische Tätigkeiten, die Einsamkeit zur Voraussetzung haben und sie begünstigen und verstärken. Um den Umschlag von Einsamkeit in Kälte und Leere zu vermeiden, waren nun Anstrengungen erforderlich. Der Selbstmord eines Freundes war mir ein Menetekel und beschäftigte mich lang. Er richtete sich an meine eigenen als Unfälle getarnten Selbstmordversuche und aktualisierte die Möglichkeit des Selbstmords, die mich ständig begleitet. Er gemahnte mich auch: Berührung und Begegnung mit anderen bedarf der Organisation. Ich kann nur jedem und jeder dazu raten, sich frühzeitig darüber Gedanken zu machen und Vorkehrungen zu treffen, die geeignet sind, den nach dem Ende der Berufstätigkeit drohenden Sturz aus der Welt zu verhindern und aufzufangen. Milena Michiko Flašar ist ein wunderbarer, humorvoller Roman über die Einsamkeit des Rentenalters und die verqueren Versuche, ihr zu entkommen, gelungen, der *Herr Katō spielt Familie* heißt und 2018 im Berliner Wagenbach-Verlag erschienen ist.

Wir waren ja in unseren jungen Jahren so kühn, die uns einengenden Familienbande abzustreifen und auf freiwillig eingegangene Solidaritätsbeziehungen zu setzen. Diese erwiesen sich leider als flüchtig und lösten sich mit den politischen Zusammenhängen weitgehend auf. Die Liebe wurde, wie es in einem der Romane von Milan Kundera heißt, »zum Tod der Freundschaft«. Wer keine eigene Familie gründete oder wem sie zerbrach, der kann nun im Alter nicht auf familiäre Strukturen zurückgreifen und wird von ihnen auch nicht gehalten. Die Lage dieser Menschen ist schwierig und steckt voller Gefahren und Unwägbarkeiten. Wenn der Lebenssinn abhandenkommt und das Leben nichts mehr hat, das es zu verteidigen gilt, drohen Krankheit und Tod. Der Krebs hält reiche Ernte.

»Wenn keine Hoffnung mehr da ist, dann ist keine mehr da«, heißt es lapidar in Knut Hamsuns Roman *Hunger*. Dagegen muss man beizeiten die Energien der Lebenstriebe mobilisieren, die auf Zusammenhang und Solidarität abzielen. Das ist leichter gesagt als getan, aber es geht nicht anders. So verstehe ich die Warnung in Ralf Rothmanns Roman *Feuer brennt nicht*: »Wehe dem, der nicht im Schutz der Liebe altert.«

Ein Einsamkeits-Ministerium

> »Die Handwerker schließen einer nach dem anderen ihre Werkstatt. Die Fabrikware kostete weniger und war gefälliger. Wer die Möglichkeit hatte, schloss seinen Laden und ging in die Stadt. Nur die Alten blieben im Dorf und warteten auf den Tod.« *(Ignazio Silone)*

Nachdem die britische Premierministerin Theresa May im Januar ein Ministerium zur Bekämpfung der Einsamkeit ins Leben gerufen hat, ist die Idee inzwischen auch bei uns angekommen. Im Koalitionsvertrag der neuen Großen Koalition ist von der Notwendigkeit der Eindämmung der Einsamkeit und der Installation eines entsprechenden Regierungsbeauftragten die Rede. Warum dieses plötzliche Interesse? In Gesellschaften, die von der Markt- und Kapitallogik beherrscht werden, zieht ein Thema erst dann Aufmerksamkeit auf sich, wenn Kosten anfallen und wirtschaftliche Schäden zu befürchten sind. Es ist nicht das menschliche Leid, das aufschrecken lässt, sondern die medizinischen Folgen und finanziellen Mittel, die zu deren »Bekämpfung« aufgewandt werden müssen.

So begrüßenswert die Entdeckung der Einsamkeit ist, so problematisch sind ihre prompte regierungsamtliche Einvernahme und ihre Medizinisierung. Das System ist dazu übergegangen, »abweichendes Verhalten« pharmakologisch zu begradigen und zu normalisieren. Die objektiven Ursachen der grassierenden Vereinsamung kommen nicht zur Sprache. Gesellschaftliche Konflikte werden nach einem approbierten Muster reprivatisiert. Dem Opfer die Schuld an der Misere zuzuweisen, ist ein paradoxes Kunststück, das viel Fachkenntnis und Geschick erfordert. Das ist keine Arbeit für Amateure. Neuerdings befragt man in solchen Situationen das Neuro-Orakel, und es antwortet in unserem Fall in Gestalt des Hirnforschers Manfred Spitzer. Seine in seinem Buch *Einsamkeit.*

Die unerkannte Krankheit vorgetragene These: Wer einsam ist, erkrankt häufiger als andere Menschen an Krebs, einem Herzinfarkt, Schlaganfall, an Depressionen oder Demenz. Das Empfinden von Einsamkeit und Schmerz seien in derselben Hirnregion angesiedelt. Einsamkeit sei nicht, wie man lange angenommen habe, das Symptom anderer psychischer Störungen, sondern selbst eine Krankheit. Diese breite sich aus wie eine Epidemie. Damit führt Spitzer einen neuen Interpretationscode ein und rückt die Einsamkeit für den medizinisch-psychiatrischen Apparat und seine Normalisierungstechniken zurecht.

Diese Gesellschaft lässt es sich wieder einmal etwas kosten, die Gründe eines sozialen Missstandes bestehen zu lassen und die Folgen mit einer Kombination aus medizinischen und sozialarbeiterischen Mitteln zu bekämpfen. Wo kommt sie denn her, die viel zu viele Einsamkeit? Sie ist keine ontologische Größe, also etwas, »was nun mal zum Menschsein gehört«, sondern hat ihren sozialen und geschichtlichen Index. Die kapitalistische Produktionsweise löste die traditionellen Formen von Gemeinschaftlichkeit auf, in die die Menschen fest eingebunden waren und die die Spielräume ihres Verhaltens, auch die für Einsamkeit, rigide begrenzten, und verwandelt sie tendenziell in soziale Atome, lauter vereinzelte Einzelne, deren Unabhängigkeit sich als gegenseitige Gleichgültigkeit und Indifferenz verwirklicht. Kälte ist der vorherrschende Modus kapitalistischer Zwischenmenschlichkeit. Jahrzehntelang hat man es zugelassen, dass im Namen von Flexibilität und Mobilität Bindungen systematisch zerstört werden, die das einzig wirksame Antidot zur Einsamkeit sind; dass die Innenstädte zum Aufmarschgebiet der Waren werden und keine nichtkommerziellen Räume für Begegnung mehr bieten; dass die Dörfer veröden, die Einkaufszentren die kleinen Dorfläden vernichten, dass Poststationen, Bibliotheken und Schwimmbäder schließen, die ja immer auch Treffpunkte und Begegnungsstätten waren.

Einsamkeit, im Sinne von aufgezwungener und erlittener Einsamkeit, wird vom System nach Kräften gefördert, da Einsame in der Regel gut regierbar sind. Von den Einsamen und Isolierten geht keine Gefahr aus. Sie bilden eine menschliche Ansammlung vom Typus der »Serie«, wie es bei Sartre heißt. Diese trägt das Siegel der Herrschaft, die ihr ihre Struktur aufprägt. Jeder ist für jeden der *Andere*, jedes isolierte Individuum spürt in seinem Nebenmenschen die gemeinsame Ohnmacht. Es ist kaum denkbar, dass Einsame sich assoziieren und ein kämpferisches Bewusstsein ihrer Lage hervorbringen. Was sollte ein vereinigendes Band zwischen ihnen abgeben, was einen Zusammenhalt stiften? Das ihnen Gemeinsame ist gerade das, was sie trennt. Wie Schopenhauers frierende Stachelschweine könnten sich die heutigen Elementarteilchen aneinanderdrängen, aber sie liefen Gefahr, sich bei diesem Annäherungsversuch zu verletzen. In Rafael Chirbes' Buch *Der Fall von Madrid* wird das zeitgenössische Sehnsuchts-Angst-Dilemma so formuliert: »Einsame Leute wurden, wenn sie Gesellschaft fanden, zu Tieren ohne Haut, da schmerzte jede Zärtlichkeit.«

Erlittene Einsamkeit ist ein Zustand, der sich nicht zur Verallgemeinerung anbietet und mit Enthusiasmus propagieren lässt. Eine Einsamkeitsföderation ist schwer vorstellbar. Solange die Vereinzelten vereinzelt bleiben und sie ihre Einsamkeit erdulden, stören sie die Ruhe der Herrschenden und der Besitzenden nicht. Für diese ist das ein geradezu idealer Zustand: Die Arbeiterklasse sind sie los, die durch die gemeinsame Erfahrung der Ausbeutung und die gelebte Solidarität der Fabrik immer eine Gefahr darstellte; die gegeneinander Isolierten und Vereinzelten geben sich selbst die Schuld, werden depressiv und schlucken die Pillen, die willfährige Ärzte ihnen verabreichen. Die Pharmaindustrie verdient sich an den Einsamen eine goldene Nase. Das System liefert die Güter, um die Leute bei der Stange zu halten und die Nicht-Lebbarkeit ihres Zustands leb- und aushaltbar werden zu lassen.

Wie ist die gesellschaftliche Produktion von Einsamkeit vonstattengegangen? Peter Kurzeck hat in seinem Buch *Vorabend* beschrieben, wie seit den 1970er Jahren die Großmärkte auf der grünen Wiese wie Pilze aus dem Boden schossen. »Dann der Massa-Markt und schon ist der nächste Riesenkasten fertig und gleich noch einer. Lauter Discount-Verbraucher-Supergroßmärkte ... Alle mit eigenen Zufahrtsstraßen und großen Kundenparkplätzen. In jedem zweiten oder dritten Dorf schon ein Supermarkt. Und in den Dörfern die alten Läden werden nach und nach zugemacht. Braucht man ein Auto zu Einkaufen. Immer noch jede Woche von allen Seiten die bunten Prospekte. Oft zwei-dreimal die Woche.« Jeder fährt für sich in seinem PKW zum Einkaufen in den Discounter. Dieses Einkaufen geht stumm vonstatten. Niemand begegnet keinem. Die Konsumenten bleiben isoliert. Der Einkaufswagen wird durch die Regalreihen zur

Kasse und zum Auto geschoben, die Heckklappe geöffnet, alles hineingepackt. Dann über Schnellstraßen zurück in die jeweilige Wohnschachtel. Dagegen waren die alten kleinen Läden wahre Begegnungsstätten. Das Einkaufen war Nebensache, die Hauptsache war, dass man sich traf und miteinander sprach. Eilige wurden vorgelassen, damit sie mit ihrer Unrast den emotionalen Austausch der anderen nicht störten.

In Wilhelm Genazinos Buch *Tarzan am Main* findet sich eine Passage über die Schalterhallen der Post: Als die Post noch *Deutsche Bundespost* hieß und keine Gewinne erzielen musste, gab es in fast jeden Stadtteil schöne, große und im Winter auch geheizte Schalterhallen. In diesen Schalterhallen standen Sitzbänke und kleine Tische, an denen man Postanweisungen oder eine Zahlkarte ausfüllen konnte. Hier trafen sich viele Rentner und Arbeitslose und verzehrten mitgebrachte Brote und tranken Kaffee aus Thermoskannen. Viele Rentner hatten noch kein Konto und ließen sich ihre Rente am Schalter von einem Postbeamten auszahlen. Schalterhallen und Wartesäle an Bahnhöfen waren einfach Treffpunkte und Aufenthaltsorte. Post und Bahn hatten bis zu ihrer Privatisierung eine Tendenz zur Gemeinnützigkeit und boten all diesen Menschen vorübergehend ein Obdach. Von diesem beeindruckenden Gemeinschaftsleben ist heute nichts mehr übrig. Die Posthallen sind verschwunden beziehungsweise verkauft, vermietet, abgerissen, die Postbeamten entlassen, Räumlichkeiten und Personal wurden stark verkleinert.

Wer wirklich etwas gegen die wachsende psychische Verelendung und Vereinsamung, unternehmen will, sollte für neue Vergesellschaftungsformen jenseits von Ware, Geld und Markt kämpfen. Der Hauptproduktionsgegenstand einer *solidarischen Ökonomie* wären menschliche Bindungen, ihre Verkehrsformen würden bestimmt von Freundlichkeit und gegenseitiger Hilfe. Eine solche Gesellschaft wäre im Sinne Ernst Blochs Heimat – und benötigte kein Heimatministerium, das die Menschen mit staatlicher Zwangszuwendung beglückt und Schäden auszubessern versucht, die die anderen Ministerien und der Vandalismus des Kapitals anrichten.

Geschichtsrevisionismus oder bloß ein überforderter Moderator?

Der Moderator Peter Schneeberger begann die Sendung *Kulturzeit* vom 26. Januar mit dem Satz: »Morgen gedenkt die Welt dem Holocaust.« Ich zuckte zusammen. Dann dachte ich: Schulden wir den Opfern des von uns, den Deutschen, begangenen Massenmordes, nicht auch sprachlich und grammatikalisch einen gewissen Respekt? Das Wort *gedenken* gehört zu den Verben, denen stets ein Genitiv folgt – wie zum Beispiel auch nach bedürfen, sich bedienen, sich enthalten, sich erbarmen, sich erinnern, sich schämen oder sich vergewissern. Da haben sich in den letzten Jahren in der Folge diverser Rechtschreibreformen Schlampereien eingeschlichen. Aber doch nicht in einer Kultursendung mit einem gewissen Anspruch! Und, fragte ich mich weiter in meinem Fernsehsessel: Muss ein Moderator eigentlich alles so vom Teleprompter ablesen, wie es irgendein Redaktionsmitglied geschrieben hat? Wird so etwas zuvor nicht zigmal geprobt? Der Sender hat im Laufe der letzten Monate das Moderations-Team ausgetauscht und »verjüngt«, wie man neuerdings sagt. Um sich an ein jüngeres Publikum anzuwanzen, hat man bei der Auswahl der Neuen offenbar mehr Wert auf das Aussehen als auf inhaltliche und sprachliche Kompetenzen gelegt.

Schon der Begriff *Holocaust*, der sich nach der Ausstrahlung der gleichnamigen amerikanischen Fernsehserie auch hierzulande für den industriell betriebenen Völkermord an den Juden durchsetzte, scheint mir eine Verharmlosung zu bergen. *Holocaust* bezeichnet ursprünglich ein Brandopfer, ein rituelles Martyrium, das Juden auf sich nahmen, wenn sie sich weigerten, ihrem Glauben abzuschwören. »Es stellt«, schreibt der Sozialwissenschaftler Wolfgang Sofsky in seinem Buch *Die Ordnung des Terrors*, »eine ganz und gar unzulässige Verbindung her zwischen dem Völkermord und dem Schicksal jüdischer Märtyrer, obgleich doch die Juden nicht deswegen umgebracht wurden, weil sie sich weigerten, einer Überzeugung zu entsagen, sondern weil sie Juden waren. Durch die Entstellung des Sinns entsteht der Eindruck, als habe der Massenmord eine tiefere religiöse Bedeutung, als hätten sich die Opfer gewissermaßen selbst geopfert.« Aber dafür, dass die Deutschen den Titel einer Fernsehserie in ihren Wortschatz aufgenommen haben, um dafür den Begriff Völkermord streichen zu können, kann man Herrn Schneeberger nicht verantwortlich machen.

Sehr wohl aber für die nun folgenden Sätze: »Als die Rote Armee am 27. Jänner 1945 das Konzentrationslager Auschwitz-Birkenau befreit hat, hat sich den Soldaten ein Bild des Grauens geboten. 400 000 Menschen waren in dem Vernichtungslager gequält und ermordet worden.« Zum zweiten Mal zuckte ich zusammen und konnte es nicht fassen. Auch 400 000 Ermordete wären grauenhaft und schlimm gewesen wären, aber es waren nun mal weit über eine Million. Als Göring im Nürnberger Kriegsverbrecherprozess die technische Durchführbarkeit eines Mordes in dieser Größenordnung bestritt, erstellte der als Zeuge geladene Lagerkommandant Höß als akribischer Buchhalter des Massenmordes eine Auflistung, bei der er schließlich auf die Zahl von 1.125.000 ermordeten Häftlingen kam. Diese Zahl hat sich in der weiteren Forschung bestätigt und durchgesetzt. Man schätzt, dass darunter eine Million Juden waren. Wer also hat Herrn Schneeberger die Zahl 400.000 souffliert? Oder ist er selbst ein Geschichtsrevisionist, dem daran gelegen ist, den Massenmord zu relativieren? Ist denn da niemand, der vor einer Sendung schaut, was da über den Sender gehen soll?

Im weiteren Verlauf der Sendung wird über sogenannte Lagerbordelle berichtet. Die Nazis rekrutierten weibliche Häftlinge aus verschiedenen Konzentrationslagern und zwangen sie zu sexueller Sklavenarbeit. Der Reichsführer-SS Himmler versprach sich von der Einrichtung solcher »Sonderhäuser« eine gesteigerte Arbeitsleistung und größere Loyalität sogenannter Funktionshäftlinge: »Für notwendig halte ich allerdings, dass in der freiesten Form den fleißig arbeitenden Gefangenen Weiber in Bordellen zugeführt werden.«

Moderator Schneeberger kündigt einen Bericht über das Schicksal von Frauen an, die im KZ Mauthausen jahrelang zur Prostitution gezwungen worden sind, und fährt fort: »Ihre Kunden: besser gestellte nicht-jüdische Häftlinge.« Wieder zuckte ich zusammen. Wie kann man in diesem Kontext das Wort »Kunden« verwenden? Ist das nicht eine semantische Verharmlosung dessen, worum es sich hier handelt? Kunden sind Leute, die eine Ware oder eine Dienstleistung nachfragen und dafür bezahlen. Eine harmlose ökonomische Transaktion. Hier aber ging es um eine Form von sexueller Sklaverei unter brutalsten Bedingungen. Nun wird sich Herr Schneeberger vermutlich auf akustische Anführungsstriche berufen, die er gesetzt habe. Die waren aber weder zu hören, noch zu sehen. Eine solche ironische Brechung in der Verwendung eines Begriffs muss aber irgendwie kenntlich gemacht und zum Ausdruck gebracht werden. Sonst steht das Wort »Kunden« in einem Kontext, in dem es nichts zu suchen hat und eine entsetzliche Verharmlosung darstellt. Es ist eine nochmalige Beleidigung der Frauen, die man gezwungen hat, bei Strafe ihres Untergangs Männern zu Willen zu sein. Politische Häftlinge haben es übrigens abgelehnt, diese Baracken aufzusuchen, die Frauen noch einmal zu demütigen und sich selbst auf diese Weise zu Komplizen der SS zu machen.

Der nun folgende Bericht, der sich auf die Forschungen der Historikers Robert Sommer stützte, kann zum Nachschauen in der Mediathek empfohlen werden. Moderator Schneeberger hingegen sollte sich für eine Weile zwecks Weiterbildung vom Bildschirm zurückziehen oder aber über seinen Rücktritt nachdenken. Vielleicht wären eine Casting-Show oder eine Quiz-Sendung eher etwas für ihn. Da müsste er sich wegen sprachlicher Fehlleistungen nicht weiter schämen und könnte sich weiter ungestraft dem Dativ bedienen.

Über Fußball, Bärte und eine unterschwellige Lust auf Krieg

Es ist beängstigend, wie die öffentlich gesprochene Sprache verwildert und sich militarisiert. Am Dienstag, den 19. Juni 2018 kritisierte Waldemar Hartmann in der ZDF-Talkshow *Lanz* die deutsche Fußballnationalmannschaft und einzelne ihrer Akteure. Diese Kritik war und ist wohlbegründet und nötig. Es fehle den Spielern an Kampfgeist und Einsatzbereitschaft, die Mannschaft agiere lahm und ohne Enthusiasmus. Sie brenne nicht, wie man heute sagt. Dann aber kommt es knüppeldick: »Wie willst du mit so einem Mann den Krieg gewinnen", fragte der 70-jährige und wohlbeleibte Waldemar Hartmann in Bezug auf Stürmer Mario Gomez. Es sei endlich Zeit, »die Wohlfühloase zu beenden und etwas mehr an den Krieg zu denken.« Als es im Publikum ein paar ungläubige Lacher gab, setzte Hartmann nach und wiederholte: »Fußball ist Krieg«. Als der neben ihm sitzende Sportkommentator Patrick Wasserzieher vorsichtig zu widersprechen wagte, wurde er vom Altmeister der Sportreporter-Zunft zurechtgewiesen. »Leg das nicht auf die Goldwaage, du weißt, wie das gemeint ist.« Hartmann genießt offenbar eine Art von Narrenfreiheit und kann sagen, was er will. Niemand in der Runde hakte nach und verbat sich diese Metapher. So war der Weg frei für Sami Khedira. Der Vize-Kapitän der der deutschen Nationalmannschaft sagte zwei Tage vor dem Spiel gegen Schweden: »Das hat Deutschland immer stark gemacht, die Mentalität von elf Kriegern. Die müssen wir wieder reinbekommen.« Es ist offenbar immer noch so, dass deutsche Männer, wenn sie an Begeisterung und Kampfgeist denken, sich das nur als Krieg vorstellen können. Gerade in Bezug auf Russland ruft eine solche Metaphorik üble Assoziationen und Erinnerungen wach. Es gibt kaum eine russische Familie, die nicht Tote zu beklagen hat, die auf das Konto von Deutschland ausgehender kriegerischer Invasionen gehen.

Durch solch scheinbar harmloses Talkshow-Geplauder wird der Krieg salonfähig gemacht. Unmenschlichkeit kündigt sich in der Sprache an. Eine enthumanisierte Sprache ist das erste Indiz für eine enthumanisierte Gesellschaft. Bevor der Krieg auf den Schlachtfeldern losbricht, beginnt er in der Sprache und fällt in die Köpfe und Seelen der Menschen ein. Irgendwann erhoffen diese sich von ihm eine »Reinigung der Atmosphäre« und eine »Wiedergeburt als Nation und Gemeinschaft«. Der Krieg als »Willenstherapie« und Gegengift gegen ein um sich greifendes Gefühl der Sinnlosigkeit. Der »lange, satte und faule Friede« hat die alten deutschen Tugenden und Werte zurückgedrängt, die Welt ist aus den Fugen, Deutschland ist nicht mehr deutsch, eine Sehnsucht nach Klärung erfasst das Volk: So oder so ähnlich hörte und las man es in der Zeit vor dem Ersten Weltkrieg. Im Zuge der Umwälzungen, die in der Zeit nach 1870 in Deutschland stattfanden, ist von Westen her die »undeutsche Sumpfpflanze der Zivilisation« eingedrungen und hat die deutsche Kultur überwuchert. Die Folge ist, dass Gleichklang und Harmonie verschwunden sind und Spannungen den Sozialkörper durchziehen. Der Krieg sollte das gestörte Gleichgewicht wiederherstellen und wie ein Stahlgewitter die Atmosphäre reinigen. Man braucht nur ein paar Begriffe austauschen und durch aktuelle ersetzen, und schon hat man die Rede der Rechtspopulisten und des »kleinen Mannes« von heute. Es gibt in diesem Feld nichts Harmloses, und wer immer sich Wissen und Gewissen bewahrt hat, muss Alarm schlagen, wenn solche Reden öffentlich geschwungen werden.

Ich kann mich nicht dagegen wehren, in all diesen bärtigen jungen Männern, von denen es neuerdings nur so wimmelt, potenzielle Krieger zu sehen. Das Straßenbild in den Städten wird bestimmt von brutal wirkenden Jungmännern, die aussehen, als würden sie gleich in den Krieg ziehen wollen oder sich schon in einem befinden. Stefan Zweig hat in seinem autobiographischen Roman *Die Welt von gestern* beschrieben, wie in der Zeit vor dem Ersten Weltkrieg junge Männer sich einen Bart stehen ließen, um entschlossen zu wirken, wild und bereit zum Kampf. Bärte sind ein Attribut der Männlichkeit, das eine Weile beinahe ganz verschwunden war. In den 1960er und 70er Jahren wollten die Männer den Frauen nahe sein, und das zeigte sich auch optisch. Sie ließen sich die Haare lang wachsen lassen und trugen weite Hosen, die beinahe aussahen wie Kleider. Oder wie die weiten Hosen, die die Frauen damals anhatten. Die Bart-Mode von heute ist eine Kampfansage der Männer an die emanzipierte Frauenwelt. Sie dokumentiert ein Zurück zum männlichsten Männerbild, zu dem, was Männer und Frauen voneinander trennt. Aus Anlass des *German Barber Awards* in Nürnberg wurde der Barbier Windar Abbas aus Aachen von der Süddeutschen Zeitung interviewt. Auf die Frage: Braucht ein richtiger Mann einen richtigen Bart? antwortete er: »Also, ich sag mal so: Ich bin Bartträger durch und durch und habe mich nicht mehr rasiert, seit ich 18 bin. Der Bart lässt einen auf den ersten Blick böser wirken, härter und männlicher.« Kann man es deutlicher sagen, um was es geht? Die massive Wiederkehr der Bärte hat etwas Aggressives und könnte – in sensu Stefan Zweig – etwas Ungutes und Gefahrvolles signalisieren. Eine Kultur, die das Männliche stark betont und demonstrativ hervorhebt, ist immer eine Kultur des Hasses und der Gewalt. Es liegt etwas in der Luft. Die Häufung von Kriegsmetaphern in der öffentlichen Rede unterstreicht das.

Es ist jedenfalls ein kulturgeschichtlich interessantes Phänomen, dass Männer sich zu bestimmten Zeiten verstärkt und massenhaft Bärte wachsen lassen. Es verweist auf eine Verunsicherung in der Männlichkeit, wenn sie dieses Alleinstellungsmerkmal so stark betonen, den Unterschied der Geschlechter äußerlich sichtbar machen müssen, der offenbar ansonsten eher verschwimmt. Möglicherweise sind Bärte ein Versuch, sich seiner angeschlagenen Männlichkeit zu vergewissern. Man sieht kaltblütig, wild und gefährlich aus, oder glaubt es doch zumindest. Warum rennen Männer Tag für Tag ins Fitness-Studio und pumpen ihre Muskeln auf, die eigentlich gar nicht mehr gebraucht werden? Vor allem in Großstädten, in denen archaische männliche Eigenschaften ja nur noch gefragt sind, wenn man beim Umzug helfen oder ein Motorrad auf einen Anhänger befördert werden muss. Männlichkeit ist allgemein auf dem Rückzug, traditionell für männlich gehaltene Eigenschaften sind in der Arbeitssphäre weitgehend überflüssig geworden. Beinahe alle heutigen Tätigkeiten können ebenso gut, wenn nicht sogar besser, von Frauen ausgeübt werden. Neun von den zehn besten Abiturienten eines Jahrgangs sind junge Frauen, über die Hälfte der Studierenden sind Frauen. Da soll den Männern nicht die Muffe gehen und die Unsicherheit grassieren? Angeschlagene, gekränkte Männer sind gefährlich und neigen dazu, ihre Kränkung durch Aggressivität abzuwehren.

Vor Jahren bin ich in der FAZ auf einen Bericht über einen russischen Autor gestoßen, der sich »DJ Stalingrad« nennt. Er erinnert in einer uns befremdenden Weise an die Funktion des Krieges als eine Form des gesellschaftlichen Aderlasses, der dazu dient, »schlechtes Blut« aus dem Gesellschaftskörper abfließen zu lassen und ihn so zu reinigen. Ich habe DJ Stalingrad im ersten Band der *Sozialpsychologie* mit dem Titel *Zwischen Amok und Alzheimer* mit seiner an Ernst Jünger erinnernden Betonung kriegerischer Männlichkeit ausführlich zu Wort kommen lassen. »Bald gibt es Krieg«, verkündete er beinahe sehnsuchtsvoll – und liegt damit vielleicht gar nicht so falsch.

In Emmanuel Carréres Buch über den *Nationalbolschewik* Eduard Limonow gibt es ähnliche Passagen, die ein Denken und Fühlen schildern, das unter jungen russischen Männern im Schwange ist: »Der Krieg ist dreckig, das stimmt, der Krieg ist sinnlos, aber verdammt! Das zivile Leben ist genauso sinnlos, weil es öde und vernünftig ist und die Instinkte in Schach hält. Die Wahrheit, die niemand zu sagen wagt, ist, dass der Krieg eine Lust ist, die größte Lust sogar, sonst würde man ihn sofort beenden. Wer einmal davon gekostet hat, will mehr, das ist wie beim Heroin. Die Rede ist hier natürlich vom echten Krieg, nicht von ›chirurgischen Schlägen‹ und anderen Schweinereien, die für Amerikaner gut sind, die bei anderen Polizei spielen wollen, ohne ihren wertvollen Streiter in ›Bodenkämpfen‹ zu riskieren. Die Lust am Krieg, am wirklichen Krieg, ist dem Menschen so natürlich wie die Lust am Frieden; es ist idiotisch, ihn dessen beschneiden zu wollen, indem man immer wieder tugendhaft behauptet: Frieden ist gut und Krieg ist schlecht. In Wirklichkeit ist es wie Mann und Frau, wie Yin und Yang: Man braucht sie beide.«

Sage niemand: Das gibt's nur in der ehemaligen Sowjetunion. Man müsste mal die Texte gewisser hiesiger Rapper und das alltägliche Männer-Gerede auf aggressive Hyper-Virilität und kriegerische Metaphern durchmustern. Der amerikanische Psychohistoriker Lloyd deMause hat detailliert beschrieben, was Metaphern und Bilder über das Unbewusste einer Epoche verraten. Es ist zum Beispiel auffällig, wie oft in letzter Zeit von »Wohlfühloasen« und »Komfortzonen« die Rede ist, die unbedingt und schnell verlassen werden müssen. Was spricht gegen den Aufenthalt in einer Wohlfühloase? Wünschen wir uns das nicht alle? Wir sollen uns aber offenbar auf harte Zeiten einstellen und in Askese einüben – obwohl der Kapitalismus auf dieser Basis keine zwei Monate überleben würde. Diese Metaphern und wie sie verwendet werden sind ein Menetekel, ein Vorbote kommenden Unheils. Die Zeichen stehen an die Wand geschrieben; wer will, kann sie lesen und erkennen und sich gegen das drohende Unheil zur Wehr setzen. Wer sie übersieht, hat sich auch entschieden und rennt sehenden Auges auf den Abgrund zu.

ETHNOLOGIE DES INLANDS

Die Reise nach Darmstadt

Im Februar hatte ich eine Ladung als Zeuge in einem Prozess gegen den von der Presse so genannten »Bombenleger von V.«. Im August 2009 hatte er sich in seiner mit Waffen, Munition und Sprengstoff vollgestopften Wohnung verschanzt, nachdem er zuvor Sprengsätze an zwei Häusern angebracht und um sich geschossen hatte. In diesen Häusern lebten Leute, die Rechnungen des als Handwerker arbeitenden Mannes nicht beglichen hatten und ihm Geld schuldeten. Er nannte diese Aktion seinen »Inkasso-Dschihad«. Nach einem fast 28 Stunden langen Nervenkrieg mit Spezialeinsatzkommandos ergab er sich schließlich der Polizei. Im Juni 2010 fiel dann das Urteil wegen gefährlicher Körperverletzung und Verstoß gegen das Waffengesetz. Er wurde zu einer Strafe von zwölf Jahren Freiheitsentzug verurteilt, die er unter anderem in der JVA Butzbach verbüßte, in der ich in der Folge einer hausinternen Verlegung ab 2013 als Psychologe für ihn zuständig war.

Nun soll der inzwischen 52-Jährige seine Gefängniszelle in einem anderen Gefängnis mit einem Bett verbarrikadiert und die Zelle dann mit Büchern und Papier in Brand gesteckt haben. Seit Montag muss er sich nun wegen besonders schwerer Brandstiftung und Körperverletzung vor dem Landgericht Darmstadt verantworten. Bei dem Brand der Gefängniszelle im August 2015 erlitten drei Mitarbeiter des Gefängnisses Rauchgasvergiftungen, die Gefangenen einer Station mussten evakuiert werden.

Weil man seine Schuldfähigkeit in Frage stellt und eine Unterbringung in der forensischen Psychiatrie prüft, hatte man mich geladen. Ich sollte von meinen Erfahrungen mit ihm berichten. Der psychiatrische Sachverständige hat ihm eine *paranoide Schizophrenie* attestiert und sich eine solche Unterbringung ausgesprochen. Herr K. hatte in der zweiten Jahreshälfte 2013 an einem Theaterprojekt teilgenommen, das ich mit den Mitgliedern der Kulturgruppe durchgeführt habe. Es war mir gelungen, den Schauspieler und Regisseur Christian Lugerth für dieses Projekt zu gewinnen. Hier ein Bericht darüber, den ich Anfang 2014 verfasst habe:

»Ab dem Herbst 2013 hat Christian Lugerth mit der um einige andere Gefangene erweiterten Kulturgruppe Georg Büchners Dramenfragment *Woyzeck* einstudiert und am 30. Dezember vor rund 60 Zuschauern zur Aufführung gebracht. Im Vorfeld der Proben hatten wir den Büchner-Biographen Jan-Christoph Hauschild zu Gast, der uns einen Nachmittag lang über Büchner, seine Zeit und die Entstehungsgeschichte des *Woyzeck* erzählte. Ungefähr 60 Stunden haben wir geprobt, viel gelacht und manche Krise durchlebt und gemeistert. Bei einem der Hauptdarsteller wurden Drogen auf der Zelle gefunden, ein anderer geriet über den Auseinandersetzungen mit dem in den Wahnsinn getriebenen Woyzeck selbst in den Sog eines psychotischen Schubes. Es gelang ihm nicht mehr, den Kopf über der Wasseroberfläche der sogenannten Realität zu halten, und wir mussten ihn von seiner Rolle entbinden und einen Ersatzmann finden. Einigen Teilnehmern, die nicht durch die jahrelange Sozialisation der Kulturgruppe gegangen und geprägt sind, fiel es schwer, drei Stunden bei der Sache zu bleiben und sich zu konzentrieren. Was dann am Ende dabei herausgekommen ist, konnte sich wahrhaftig sehen lassen. Die Darsteller, die durch die Bank zum ersten Mal in ihrem Leben Theater spielten, wuchsen über sich hinaus und machten die beglückende Erfahrung des gemeinsamen und individuellen Gelingens. Lang anhaltender Beifall und eine Menge toller Erfahrungen, von denen manch einer vielleicht ein Leben lang zehren wird, waren ihr Lohn. Der Theaterabend war, wie die Gefangenen sagen, ›ein echter Kracher‹«.

Ob der psychotische Schub, den Herr K. während der Proben durchlebte, wirklich durch den Wahnsinn des Woyzeck ausgelöst wurde, sei einmal dahin gestellt. Wie immer sind solche Phänomene *überdeterminiert*, das heißt sie haben mehrere Ursachen. Meist ist es so, dass akute seelische Probleme durch lebensgeschichtlich weit zurückliegende ungelöste Konflikte bedingt sind. Etwas Aktuelles zapft sie an, holt sie aus der Latenz und macht sie gewissermaßen scharf. Wie dem auch sei, Herr K. wurde jedenfalls unter den Augen der gesamten Gruppe verrückt, wie man umgangssprachlich sagt. Er balancierte eine Weile auf dem immer schmaler werdenden Grat zwischen Wahn und Vernunft und stürzte dann nach der Seite des Wahns ab. Wir mussten ihn also von der Besetzungsliste streichen und einen neuen Hauptmann suchen. Dabei hatte er es sichtlich genossen, innerhalb der Rolle den

Woyzeck ungestraft anbrüllen und »zur Sau machen« zu können. Wenig später konnte er auch seinen Aufgaben als Küster, mit denen die Pfarrer ihn betraut hatten, nicht mehr nachkommen und verlor nach einem heftigen und sehr lautstark ausgetragenen Streit mit der evangelischen Pfarrerin auch seine Arbeit. Nun grub er vollends das Kriegsbeil aus und begann im Grunde, ähnlich wie bei seiner Straftat, sich zurückzuziehen und zu verbarrikadieren. Im Februar 2014 musste man ihn dann, nachdem er gedroht hatte, die Pfarrer und mich »kaltzumachen«, in eine andere Anstalt verlegen. Dort muss sich dann ein ähnlicher Vorgang abgespielt haben, der schließlich in die Brandlegung mündete. Jetzt geht es für ihn um alles, denn eine Einweisung in die forensische Psychiatrie kann eine lebenslängliche Unterbringung bedeuten und bedeutet es in vielen Fällen auch tatsächlich. Man ist, wie man aus dem bekannt gewordenen Fall des Gustl Mollath weiß, dem ärztlichen Regime ausgeliefert und darauf angewiesen, dass diese Ärzte einen eines Tages für geheilt und ungefährlich erklären. Je länger die Unterbringung dauert, desto unwahrscheinlicher wird das.

Seit ich die Ladung erhalten hatte, war ich ziemlich aufgeregt. Ich würde zum ersten Mal im Leben vor Gericht auftreten müssen und dem Mann begegnen, der mir angedroht hatte, mich zu töten. Ich besorgte mir rechtzeitig eine Fahrkarte, ließ mir eine Zugverbindung raussuchen und schaute, wie ich von Darmstädter Hauptbahnhof zum Landgericht kommen könnte. Maßnahmen der Angstminderung. Dennoch bestieg ich am Mittwochmorgen nicht ohne Beklemmungen den Regionalzug Richtung Frankfurt. Lange konnte ich mich meinen Ängsten nicht überlassen, denn in Butzbach stiegen zwei junge Frauen ein und nahmen mir gegenüber Platz. Sie fuhren offenbar nach Frankfurt zur Universität. Es blieb mir gar nichts anderes übrig, als ihrer Unterhaltung zuzuhören. Kaum saßen sie, empörte sich eine der beiden darüber, dass ihre Freundin Conny am Vortag eine halbe Stunde zu spät in ihr Tutorium gekommen war, weil sich jemand vor den Zug geworfen hatte, in dem sie saß. »Ein Suizid in der Rush Hour, das geht gar nicht!« waren sich die beiden einig.

Sie sprachen dann über ihre Heiratspläne. So etwas wird in die Biographie-Planung perfekt eingetaktet: Abitur, Studium, Beruf, Heirat, Kinderkriegen folgen aufeinander wie Perlen auf einer Schnur. »Wir heiraten in einem Hotel. Die Location soll schon etwas Besonderes sein, nicht so ein Dorfgasthof oder Gemeindehaus«, sagte eine, und die andere stimmte ihr zu: »Das kostet zwar eine Stange Geld, aber man heiratet ja nur einmal im Monat.« Ihr Versprecher löste große Heiterkeit aus. Man habe in dem ins Auge gefassten Hotel schon mal probegegessen und es für gut befunden. »Meine Mama freut sich schon auf das Kind und hat versprochen, dann sofort mit der Arbeit aufzuhören und die Betreuung zu übernehmen«, fuhr die Freundin fort. Ihre Freundin bestätigte, dass auch ihre Eltern bereit seien, sie bei der Kinderbetreuung zu unterstützen. »Dann kann ich schneller in meinen Beruf zurückkehren und muss keinen Karriereknick befürchten«, ergänzte sie und berichtete von einer Bekannten, der das offenbar nach einer längeren Babypause so ergangen war. Dass Großeltern die Betreuung der Enkel übernehmen, deckt sich mit meinen Beobachtungen in der Stadt. Immer häufiger begegnen mir ältere Ehepaare oder ältere einzelne Menschen mit kleinen Kindern, die sichtlich nicht ihre Kinder sein können. Immer wenn sich ein neues soziales Muster herausbildet, sind starke ökonomische Interessen im Spiel. Die »Vereinbarkeit von Familie und Beruf«, die seit einigen Jahren verschärft propagiert und im Gleichschritt von Neoliberalen und vermeintlich Progressiven vorangetrieben wird, ist ein kapitalistischer Kampfbegriff, der die fortschreitende Ausbeutung der Arbeitskraft von Eltern verschleiern soll. Es liegt im Interesse der Unternehmen, wenn die Kinderbetreuung in Kinderkrippen und zu den Großeltern ausgelagert wird. Väter und Mütter stehen den Firmen mit ihrer Arbeitskraft dann uneingeschränkt zur Verfügung. Das Prinzip des Outsourcing bei der Betreuung lässt außer Acht, dass es in der Familie um mehr geht als um Effizienz. Es geht um Liebe, Zeit für- und miteinander, Fürsorge, gegenseitige Verantwortung und Hilfe, die Pflege kleiner Gemeinschaften, die letztlich den Kern jeder Gesellschaft bilden. Wer das Familienleben zerlegt wie den Produktionsprozess eines Automobils, untergräbt die kleinste Verantwortungsgemeinschaft, die eine Matrize liefert für jede spätere Solidarität und gegenseitige Hilfe. Weit unterhalb dieser großsozialen Ebene muss es wohl so sein, dass dem Wunsch der Eltern nach einer möglichst kurzen Unterbrechung der beruflichen Entwicklung ein Bedürfnis auf Seiten der Großeltern entspricht. Das Enkelkind vertreibt die Leere, die sich im Leben breit zu machen pflegt, wenn die Kinder aus dem Haus sind, die berufliche Situation stagniert und auch sonst das Leben auf Sparflamme vor sich hindümpelt. Im ökonomistischen Neusprech nennt man so etwas wohl eine *Win-win-Situation*.

Meine beiden Sitznachbarinnen besprachen nun, wie sie ihre bevorstehenden Schwangerschaften ernährungsmäßig gestalten wollten. »Ich werde für diese Zeit Vegetarier«, sagte eine, »vorher will ich aber auf jeden Fall meinen Master noch machen.« Ihre Freundin berichtete nun, wie sie ihrem Freund und zukünftigen Ehemann von der Schwangerschaft in Kenntnis setzen werde. Sie werde die freudige Nachricht in einem Überraschungs-Ei deponieren. »Hoffentlich kriegst du die Verpackung nachher wieder so hin, dass er nichts merkt«, gab ihre Kommilitonin zu bedenken.

Nachdem sie sich wortreich verabschiedet und den Weiberfasching verabredet hatten, stieg eine der beiden in Frankfurt-West aus. Die Zurückgebliebene widmete sich nun voll und ganz ihrem Smartphone, das sie das ganze Gespräch über in der Hand gehalten und nicht aus dem Auge gelassen hatte. Als geschähen dort weltbewegende Dinge.

Ich stieg in Frankfurt um und erreichte wenig später Darmstadt. Eine freundliche Mitreisende zeigte mir den Weg zur Straßenbahnhaltestelle und nannte mir die Linie, mit der ich zum Landgericht gelangen könnte. Wenig später betrat ich das Gerichtsgebäude. Ich wurde einer Prozedur unterzogen, wie beim Betreten eines Hochsicherheitsgefängnisses – die Folge der gewaltsamen Zwischenfälle, die sich in den letzten Jahren in Gerichtssälen ereignet haben. Beim Gang durch die Sicherheitsschleuse reagierte das Gerät auf meine Hüftprothese. Obwohl ich meinen Prothesen-Ausweis vergessen hatte, ließ man mich, nachdem ich angeboten hatte, meine Narbe zu präsentieren, passieren. Ich fragte mich zu dem Saal durch, in dem die Verhandlung gegen Herrn K. stattfand und nahm auf einem der Stühle vor der Tür Platz. Jetzt war ich erstaunlich ruhig und gelassen, ähnlich wie kurz vor meiner Operation im letzten Jahr. Damals verzichtete ich auf die Einnahme der sogenannten *Leck-mich-am-Arsch-Pille*, weil ich vollkommen ruhig war. Ich hatte mein Aufregungspotenzial in den Wochen vor der Operation aufgebraucht, so dass ich nun recht gelassen und unaufgeregt war. Ähnlich ging es mir nun. Kurz nach halb Zehn wurde ich von einem Justizwachtmeister aufgerufen und in den Saal geleitet. Der Richter begrüßte mich freundlich, fragte mich nach meinen Personalien und ermahnte mich obligatorisch, die Wahrheit zu sagen. Anderenfalls könne ich bestraft werden. Ich nickte Herrn K. flüchtig zu, um ihm zu signalisieren, dass ich in friedlichen Absichten erschienen war. Das hinderte ihn aber nicht daran, sofort das Feuer zu eröffnen und verbal auf mich loszugehen. »Jetzt haben Sie also auch noch diesen Psycho-Clown einfliegen lassen«, sagte er, »der ist ja vollkommen empathielos. Außerdem muss ich gleich darauf hinweisen, dass er im Knast mit LSD gehandelt hat und für den Tod eines Häftlings im Jahr 1989 verantwortlich ist, der an einer Überdosis krepiert ist, die er von diesem sauberen Herrn verabreicht bekommen hat.« Der Richter forderte Herrn K. auf, mich nun erst mal zu Wort kommen zu lassen. Ohne Erfolg. Er schimpfte wie ein Rohrspatz und reihte die absurdesten Vorwürfe aneinander. Immer wieder wurde er vom Richter ermahnt, bis er nach der fünften oder sechsten Ermahnung die Verhandlung unterbrach und Herrn K. damit drohte, ihn für die Dauer meiner Aussage von der Verhandlung auszuschließen. Zu meiner großen Verwunderung wurde Herr K. aber nach der Zwangspause wieder vorgeführt. Er nutze die Zeit bis zum Erscheinen des Gerichts zu einer Ansprache ans recht zahlreich erschienene Publikum. Weitschweifig schilderte er die Ungerechtigkeiten, die eine »faschistische Justiz« ihm fortlaufend antue. Als der Gutachter den Raum betrat, wandte er sich ihm zu und begann, ihn wüst zu beschimpfen. Er sei ein »Psycho-Mengele« und »übler Nazi-Scherge«. Man kenne die Rolle der Gutachter ja vom Fall Mollath. Inzwischen war der Staatsanwalt erschienen und verbat sich entschieden die Nazivergleiche des Herrn K.: »Das ist eine Verhöhnung der tatsächlichen Naziopfer.« Das prallte aber an Herrn K. ab und beeindruckte ihn nicht im Geringsten. Kaum setzte der Richter meine Befragung fort, fiel er mir erneut ins Wort und beschimpfte mich als »Nazi-Schwein« und »Vollpfosten«. Diesen Terminus verdankt er der Teilnahme an der Kulturgruppe und der Lektüre von Wolfgang Herrndorfs Roman *Tschick*, in dem die beiden Protagonisten ihre Mitschüler und eigentlich alle anderen als »Vollpfosten« und »Spackos« bezeichnen. Irgendwann hatte Herr K. sich derart verbal verausgabt, dass er auf seinem Stuhl zurücksank und ruhig wurde. Gegen Ende meines Auftritts schien er plötzlich ganz versöhnlich, lobte mich und schwärmte von der Philosophie-AG und der Kulturgruppe. Er erkundigte sich nach dem Verbleib eines russischen Spions, der zeitgleich mit ihm in Butzbach eine mehrjährige Freiheitsstrafe verbüßte. Er scheint bis heute eine Rolle in Herrn K.s verschwörungstheoretischen, paranoiden Konstrukten zu spielen. Es gab sogar einen Moment der Heiterkeit. Als ich davon berichtete, dass die Teilnehmer der Theatergruppe erschrocken gewesen seien über Herrn K.s Abdriften in die Parallelwelt des Wahns, schlug er vor, sie alle als Zeugen zu laden und dazu zu befragen. Ich wurde dann unvereidigt entlassen und ging. Zum Abschied nickte ich Herrn K. noch einmal zu. Ich denke, dass der Prozess auf die Verhängung des Paragraphen 63 StGB hinauslaufen wird, was bedeuten könnte, dass Herr K. sein Leben lang in der Psychiatrie verwahrt wird. Es bleiben dort viele Menschen bis zu ihrem Tod. Als der Gutachter, der vor mir dran war, seine Diagnose *paranoide Schizophrenie* gestellt und darauf hingewiesen hatte, dass man diese Erkrankung inzwischen medikamentös gut behandeln könne, unterbrach Herr K. seine Ausführungen mit dem beinahe gebrüllten Zwischenruf: »Niemals«.

Irgendetwas – vermutlich irgendein schweres frühkindliches Trauma – muss tief in Herrn K. vergraben liegen und treibt ihn in eine destruktive und selbstzerstörerische Richtung. Wie krank er ist, belegt sein Verhalten vor Gericht. Jeder, der noch halbwegs Herr der Lage ist, würde sich wenigstens hier zusammennehmen und von einer möglichst angenehmen und einnehmenden Seite präsentieren. Nicht so Herr K. Er wütet wie Rumpelstilzchen und redet sich um Kopf und Kragen. Ich fürchte, dass sich seine unbändige Wut eines Tages gegen die eigene Person richten und ihn in den Selbstmord treiben wird. Solange er seinen Hass nach außen richten kann und Feinde hat, an denen er sich abarbeiten kann, ist er einigermaßen geschützt. Was aber, wenn er in der Psychiatrie gelandet und ganz auf sich zurückgeworfen ist?

Ich schlenderte dann noch eine Weile nachdenklich durch Darmstadt, wo ich lange nicht gewesen bin. In einer Buchhandlung las ich die ersten Seiten des neuen Romans von Paul Auster, der einer Frage nachgeht, die auch mich beschäftigt: Was hätte aus mir werden können, wenn bestimmte Dinge anders gelaufen wären? Was, wenn meine Mutter nicht so früh gestorben wäre? Was wäre aus mir geworden, wenn ich das Jurastudium zu Ende geführt hätte? Was wäre aus uns geworden, wenn meine Frau Kinder bekommen hätte? Eigentlich hatte ich vor, mir das Buch von meinem Zeugengeld zu kaufen. Aber es hat das Format und das Gewicht eines veritablen Backsteins, den ich dann mit mir hätte herumschleppen müssen, so dass ich den Kauf verschob. Ich ging zu Fuß zum Bahnhof. Ein Müllmann, den ich nach dem Weg gefragt hatte, hatte gesagt, der Fußweg dauere zehn Minuten. Es wurde dann aber eine halbe Stunde. Dieser Müllmann ist jedenfalls kein Fußgänger, dachte ich, als ich den Bahnhof in letzter Minute erreichte, bevor der Zug Richtung Frankfurt losfuhr.

Im Zug nach Hause saß mir gegenüber eine hübsche Migrantin, die eingeschlafen war und dabei ihr Smartphone in der Hand hielt. Auf der anderen Seite des Ganges saß ein junger Mann, der die ganze Fahrt über wie ein Geheimagent in das Mikro seines Telefons hineinsprach, das sich am Revers seiner Jacke befand.

Ich wollte meine Heimreise in Butzbach unterbrechen, um mich mit ein paar ehemaligen Kollegen in einem italienischen Café zu treffen. Kurz vor Butzbach stieg ich aus dem ersten Stock des Wagens hinunter und bezog vor der Tür Stellung, um dann festzustellen, dass dieser Zug in Butzbach nicht hielt. In Gießen angekommen, schaute ich auf den Fahrplan und sah, dass ein Bummelzug Richtung Butzbach bereits bereit stand und gleich abfahren würde. Meine Tageskarte würde mir eine neuerliche Fahrt erlauben und so stieg ich erneut in einen Zug und die Reise begann von neuem.

Früchtchen des Zorns, oder: Der Kampf um Aufmerksamkeit

Letzten Freitag war ich vor der drückenden Hitze in den botanischen Garten geflohen, wo es sich im Schatten hoher Bäume gut aushalten und lesen ließ. Als ich den Garten verließ, wurde ich von den Geräuschen einer öffentlichen Fußballübertragung auf dem Kirchenplatz angezogen. Auf einer riesigen Leinwand lief das Spiel Frankreich gegen Uruguay. Nach dem ersten Tor für Frankreich wandte ich mich zum Gehen und schlenderte Richtung Seltersweg. Auf dem Marktplatz wurde ich Zeuge einer Szene, die meine Aufmerksamkeit fesselte. An der Rückseite eines dieser hässlichen Wartehäuschen am Busbahnhof ist ein öffentliches Telefon angebracht. Ein kleiner Junge hatte den Hörer aus der Halterung gerissen und begann, sich an der Telefonschnur festzuklammern und hin und herzuschaukeln. Es war bloß eine Frage der Zeit, bis die Schnur aus der Verankerung gerissen sein würde. Ich überlegte kurz, ob ich etwas sagen und einschreiten sollte, ließ es dann aber. Warum eigentlich? Aus leidvollen Erfahrungen mit Erziehungsberechtigten, die dann ihr Eigentum am Kind reklamierten und mich aufforderten, »mich da gefälligst rauszuhalten«.

Als ich noch dabei war, mit dem Interventionsimpuls zu kämpfen, trat die Mutter des Jungen um die Ecke des Wartehäuschens. Und was tat sie? Nichts! Sie wischte auf ihrem Smartphone herum und sah dem Treiben ihres Früchtchens blasiert zu. Jetzt begriff ich: Das Kind hatte möglicherweise den ganzen Aufwand nur betrieben, um die Aufmerksamkeit der Mutter für einen Moment vom Smartphone abzulenken und auf sich zu ziehen. Es wollte wahrgenommen werden, einmal spannender sein, als das Geschehen auf dem Display. Was wird das Kind als nächstes tun, wenn diese Aktion nicht ausreicht? Muss es erst krachen und Blut fließen, bis die Mutter sich ihm zuwendet? Wenn alle kindlichen Versuche, Aufmerksamkeit zu erzeugen, ins Leere gehen, wird das Kind immer weiter gehen und ständig neue Grenzen überschreiten. Irgendwann sind es die Körpergrenzen anderer Menschen. Schon Augustinus sagte, die Unschuld des Kindes beruhe auf seiner körperlichen Schwäche, nicht auf dem, was es wolle. Nur seine mangelnden Körperkräfte hindern es daran, großen Schaden anzurichten. Aber, wartet nur ab, bis seine Kräfte ausreichend sind und das erwachsen gewordene Kind wirklich zerstören kann! Wenn die Suche eines Kindes nach Angst mindernden und Halt gebenden Begrenzungen nicht irgendwann erfolgreich ist, ist eine destruktive Entwicklung sehr wahrscheinlich. Manche Gewalttaten von Erwachsenen bis hin zu Amokläufen können als Aufmerksamkeits-Terror verstanden und gedeutet werden. Nach dem Motto: Negative Aufmerksamkeit ist besser, als gar keine!

Früher haben Erwachsene, die Zeugen einer solchen Szene wurden, eingegriffen und auch dem Kind fremder Leute gegenüber darauf bestanden, dass gewisse Grenzen nicht überschritten werden dürfen. Die Eltern haben den Fremden in der Regel zugestimmt und ihnen das Recht zu einer angemessenen Intervention eingeräumt. Heute reagiert niemand mehr auf nichts. Das Drama einer allzu laxen Erziehung ohne Einschränkungen, Regeln und Verbote ist, dass sie oft gar keine Erziehung ist. Ich bin der Letzte, der sich alte Zustände zurückwünscht. Ich habe darunter extrem gelitten und werde das weder vergessen noch verzeihen. Meine Erzieher hätten mich beinahe zur Strecke gebracht. Aber inzwischen ist etwas Schlechtes durch etwas noch Schlechteres ersetzt worden. Eines nicht allzu weit entfernten Tages werden die aggressiven Schwachköpfe das gesellschaftliche Klima und die Umgangsformen dominieren, und Leute wie wir, die noch Bücher, Ernsthaftigkeit und Denken hochhalten, werden als eigenartige Exemplare eines aussterbenden Stammes und gar als Idioten gelten.

Was ist das für ein Signal an Kinder und Jugendliche, wenn Erwachsene ihren Regelverletzungen interesselos zuschauen? Was bei den Kindern ankommt, ist, dass die Erwachsenen ihre eigenen Regeln nicht ernst nehmen und dass man tun kann, was man will und worauf man Lust hat. Wir haben nicht nur ein »Integrationsproblem« mit Migranten aus fremden Ländern und Kulturen, wir schaffen es nicht einmal, unseren eigenen Nachwuchs zu »integrieren« und zum Einhalten von Regeln anzuhalten. Jede Generation von Neugeborenen stellt mit ihrer zunächst prinzipienlosen Lustsuche den jeweils gefundenen Kompromiss zwischen gesellschaftlichen Anforderungen und Trieb- und Glücksansprüchen der einzelnen Gesellschaftsmitglieder in Frage und muss dazu aufgefordert werden, diese Kultur durch das Vollziehen derselben Verdrängungsleistungen zu erhalten. Das ist eine Herkulesaufgabe, und es bedarf der vereinten Anstrengungen aller an der Erziehung Beteiligten, die nachwachsenden Generationen in die Kultur einzuführen und ihre Lustsuche und ihre Aggressionen in sozial verträgliche Bahnen zu lenken. Die gegenwärtig vielfach praktizierte Nicht-Erziehung wird gravierende Folgen haben und den sozialen Zusammenhalt dauerhaft gefährden. Eine Gesellschaft, die aus Smartphone-Wischern, nihilistischen Konsumenten und narzisstischen Selbstdarstellern (wie den Frisuren- und Tattoo-Models unserer Nationalmannschaft) besteht, wird zerfallen und nicht imstande sein, die vielbeschworenen »westlichen Werte« zu verteidigen. Sie kennt sie gar nicht und kann sie deswegen auch nicht vermitteln – weder den eigenen Kindern, noch zuwandernden Fremden. Hauptsache, es ist genug Bier im Haus und der Tank vom SUV ist voll!

In solche Gedanken versunken ging ich weiter. Zu Hause angekommen sah ich, dass die Franzosen dann noch ein Tor schossen und eine Runde weiterkamen.

ETHNOLOGIE DES INLANDS

Staubteufel – Über ein sommerliches Phänomen am Wegesrand

Seit jeher habe ich eine Vorliebe für Feld- und Waldwege, Wege, die nicht asphaltiert oder betoniert sind, sondern rechts und links eine Fahrspur mit Sand und kleinen Steinchen aufweisen und dazwischen mit Gras bewachsen sind. Robert Walser ist mit Vorliebe über sie gewandert. Am liebsten sind sie mir im Sommer, wenn sie trocken und staubig sind. Im Idealfall führen sie durch Felder, an deren Rand Korn- und Mohnblumen wachsen und über denen Lerchen aufsteigen und ihren trillernden Gesang ertönen lassen. Auch Grillen-Gezirpe liegt in der Luft, die vor Hitze vibriert. Oder sie führen durch einen

Wald und sind an den Rändern mit Moos, Farn oder Heidelbeerkraut bewachsen. Hier und da leuchten Fingerhut und Rittersporn. Es duftet nach Harz, das die Hitze aus den Bäumen tropfen lässt. In der Luft liegt das Summen und Brummen von Insekten. Noch gibt es ja einen Rest von ihnen. Überhaupt liegt über alldem inzwischen ein großes »Noch«, alles ist von der *Furie des Verschwindens* bedroht. Unsere Landschaften sind unterm Diktat der Verwertbarkeit weitgehend zu ökologischen Wüsten geworden.

Rund um den Edersee, der mein bevorzugtes Ferienziel ist, gibt es glücklicherweise noch eine Menge solcher Wege. Letzte Woche entdeckte ich einen davon, den ich bisher noch nicht kannte. Er begann am Rande eines Dorfes und führte zunächst durch Wiesen und Felder. Ein Bauer auf seinem Traktor fuhr vorüber und wirbelte, obwohl er langsam fuhr, eine Menge Staub auf. »Es müsste dringend einmal regnen«, rief er mir aus luftiger Höhe entschuldigend zu. Rechter Hand folgte eine Pferdekoppel. Die Pferde standen im Schatten eines Schuppens und schnaubten, als sie mich sahen. Zwei Rotmilane kreisten am blauen Mittagshimmel und stießen ihre heiseren Schreie aus. Die Sonne stand im Zenit. Es ging ein leichter Wind, der die Hitze milderte und erträglich machte. Kurz bevor der Weg in den Wald mündete, zweigte rechts ein kleiner Weg ab. Als ich mich dieser Weggabelung näherte, wurde plötzlich Staub aufgewirbelt, bildete eine spiralförmige Säule, die langsam vom Boden hinauf bis in Höhe meines Kopfes wuchs. Sie stand vielleicht zwanzig Sekunden in der Luft und sank dann wieder in sich zusammen. Es war wie ein Spuk. Danach war nichts mehr von dem Ereignis zu sehen, es gab keinen Sturm, keine Gewitterwolken – einfach nichts, was dieses eigenartige Phänomen erklären konnte. Auch am Boden war nichts zu sehen. Ich bezog es in meiner Ratlosigkeit auf mich und überlegte, was mir jemand damit sagen wollte. Jemand oder etwas wollte mich beeindrucken: »Sieh her, was ich alles zustande bringen kann!« Ein kleines Kunststück der Natur am Wegesrand, flüchtig, aber imposant. Ein Zauberer hatte einen seiner Tricks vorgeführt, blieb selbst aber in der Kulisse verborgen. Ich bin kein religiöser Mensch und glaube nicht an epiphanische Ereignisse, durch die sich Gott den Menschen offenbart. Aber dennoch musste ich an den brennenden Dornbusch denken.

Ich ging dann weiter und tauchte in den kühlen Wald ein. Das eben Erlebte ließ mich so schnell nicht los. Starke sommerliche Sonneneinstrahlung heizt die Luft am Boden stark auf, sie steigt hoch und wird durch Luftströmungen in Rotation versetzt. Es entsteht ein Sog, der Staub aufwirbelt und so das Phänomen überhaupt erst sichtbar macht. So oder so ähnlich wird es gewesen sein, dachte ich. Es war wohl so eine Art Mini-Tornado. Aber auch dieser sachliche Erklärungsversuch nutzte mir nichts. Es blieb etwas Rätselhaftes zurück, das meine Phantasie beschäftigte. Ich hatte keine Lust, mir das Phänomen selbst zu entzaubern und es auf eine dürre Formel zu bringen. Die Poesie verschwindet, wenn man etwas zu genau weiß. Manchmal muss man sich vor Wissen schützen.

Als ich gegen Abend in meiner Pension ankam, erzählte ich den Wirtsleuten, die im Garten beschäftigt waren, von meinem Erlebnis. »Wie du das beschreibst, war das wohl ein Staubteufel. So nennt man das von alters her«, sagten sie. Beide erinnerten sich, dass sie verschiedentlich Staubteufel gesehen hätten, kleinere und größere. »Manchmal entstehen sie in der Mittagshitze auf den Feldern. Dann nennt man sie Heuteufel, weil sie trockenes Gras oder Spreu aufwirbeln. Diese Begriffe stammen aus einer Zeit, als die Leute noch an Gott und damit auch an den Teufel geglaubt haben«, fügte Hildegard erklärend hinzu. Es gebe ja keinen Gott ohne seinen Gegenspieler. Da das Phänomen dieser Staubwirbel den Leuten unerklärlich und unheimlich gewesen sei, hätten sie es mit dem Teufel in Zusammenhang gebracht und sich vor ihnen gefürchtet. Heute gebe es ja weder Gott noch Teufel, niemand wisse mehr, dass der Teufel die Hölle bewohne, Hörner und einen Pferdefuß habe und nach Schwefel rieche. Ihr Enkel Luca erfahre darüber im Konfirmationsunterricht nichts. Diese modernen Pfarrer glaubten selbst nicht mehr, dass es den Teufel gebe. Vielleicht, spekulierte Hildegard weiter, hätte man die Wirbel Staubteufel genannt, weil ja auch Jesus in der Wüste vom Teufel in Versuchung geführt worden sei. Wüste und Staub, das hänge ja irgendwie zusammen, und mit etwas Phantasie könne man ja in den kleinen Staubsäulen einen Teufel erkennen. »So, jetzt muss ich aber die Tomaten gießen«, beendete Hildegard ihren Exkurs in die Kulturgeschichte des Staubteufels.

A

B

C